Nord-Est américain

Congress Street, Detroit.
jimfeng/iStock

Les régions du guide :
(voir la carte à l'intérieur de la couverture ci-contre)

SOMMAIRE

M. Colombo/Moment/Getty Images

NOS INCONTOURNABLES

NOS COUPS DE CŒUR

NOS ITINÉRAIRES

DÉCOUVRIR LE NORD-EST AMÉRICAIN

COMPRENDRE LE NORD-EST AMÉRICAIN

LA SOCIÉTÉ AMÉRICAINE AUJOURD'HUI

LE SYSTÈME POLITIQUE

ÉCONOMIE

GÉOGRAPHIE

HISTOIRE

POUR CHAQUE SITE, RETROUVEZ NOS ADRESSES

ORGANISER SON VOYAGE

ALLER DANS LE NORD-EST AMÉRICAIN

NOS INCONTOURNABLES

★★★ Vaut le voyage ★★ Mérite un détour ★ Intéressant

★★★

Philadelphie

La « cité de l'amour fraternel » de William Penn séduit par son atmosphère européenne et la richesse de son patrimoine culturel.
Voir p. 132.

Pgiam/iStock

Tetra images/hemis.fr

★★★

Washington DC

Créée de toutes pièces pour remplir la fonction de capitale et centre politique des jeunes États-Unis, la ville concentre musées et mémoriaux qui célèbrent l'histoire du pays.
Voir p. 219.

VitalyEdush/iStock

★★★

New York

La cité qui ne dort jamais est un concentré des symboles et des espoirs de l'Amérique : art, architecture, shopping, sorties… la « Grosse Pomme » est incomparable. **Voir p. 32.**

★★★

Chutes du Niagara

À la frontière avec le Canada, cet ensemble de cascades à la fois imposantes et assourdissantes offre un panorama à couper le souffle. **Voir p. 78.**

'nger/Getty Images

Pgiam/E+/Getty Images

★★★

Boston

La capitale du Massachusetts, berceau de l'Indépendance américaine, cultive l'élégance et le bon goût et compte quelques-unes des universités les plus prestigieuses du monde. **Voir p. 100.**

★★★

Taliesin

Le vaste domaine de Frank Lloyd Wright (1867-1959), le plus connu des architectes américains, fut à la fois sa maison et son laboratoire.

Voir p. 511.

DANITA DELIMONT STOCK/Danita Delimont Agency/age fotostock / ADAGP, Paris, 2019

★★

Detroit

Associée à l'industrie automobile américaine, la ville qui s'est déclarée en faillite renaît de ses cendres et s'invente un futur original.

Voir p. 352.

mysticenergy/iStock

ntide Phototravel/Corbis Documentary/Getty Images

. Price/Moment/Getty Images

★★

Baltimore

Après avoir été l'un des grands ports et l'un des principaux poumons économiques du pays, la plus importante ville du Maryland est en pleine renaissance. **Voir p. 188.**

★★★

Chicago

Capitale du Midwest, « Windy City » est une ville cosmopolite et impressionnante qui s'affiche comme l'une des vitrines de l'architecture mondiale. **Voir p. 377.**

jphotostyles/iStock

★★

Route coloniale

La région qui s'étire entre Washington DC et Williamsburg a vu s'établir la première colonie anglaise durable et constitue le berceau de la nation américaine. Une vraie tranche d'histoire ! **Voir p. 336.**

NOS COUPS DE CŒUR

Brooklyn bridge, New York.

TOP 5 Merveilles naturelles

1. Chutes du Niagara (p. 78)
2. Watkins Glen State Park (p. 66)
3. Parc national de Shenandoah (p. 308)
4. Baie de Chesapeake (p. 187)
5. Indiana Dunes National Lakeshore (p. 488)

Parc National de Shenandoah.
drnadig/iStock

❤ **Traverser le pont de Brooklyn** à pied ou à vélo pour jouir d'un panorama imprenable sur Manhattan et le port de New York. **Voir p. 37**.

❤ **Se rafraîchir dans les vagues** vivifiantes de l'Atlantique à deux pas de New York, dans l'une des stations chics de Long Island, comme les Hamptons, et faire une cure de nature sur l'une des îles plus sauvages qui bordent le littoral. **Voir p. 50**.

❤ **Se prendre pour un pionnier** de l'aviation en survolant l'Hudson à bord d'un biplan d'époque à l'Old Rhinebeck Aerodrome. **Voir p. 58**.

❤ **Se régaler** en dégustant un repas italien, français ou américain, préparé par un des grands chefs de demain, formé au Culinary Institute of America, dans la vallée de l'Hudson. **Voir p. 56**.

❤ **Faire un voyage dans le temps** pour découvrir le quotidien des Américains du 19ᵉ s. en milieu rural au Genesee Country Village and Museum, près de Rochester. Il est même possible d'y passer la nuit… sans électricité ni eau courante. Avis aux amateurs. **Voir p. 69**.

J. McCarthy/ Photographer's Choice/Getty Images

Chutes du Niagara.

❤ **Savourer un succulent riesling** produit sur les rives des majestueux lacs Finger. Les vins de la région n'ont rien à envier à leurs homologues européens ! **Voir p. 69**.

❤ **Survoler en hélicoptère** les chutes du Niagara pour un point de vue sans pareil sur cet incroyable phénomène naturel. Éblouissement garanti ! **Voir p. 91**.

Reading Terminal Market, Philadelphie.

TOP 5 Les grandes pages de l'histoire américaine

1. **Independence National Historical Park, Philadelphie** (p. 132)
2. **The Freedom Trail, Boston** (p. 105)
3. **Gettysburg** (p. 166)
4. **Vietnam Veterans Memorial, Washington** (p. 254)
5. **Fort McHenry, Baltimore** (p. 195)

Freedom Trail, Boston.
Skatzenberger/iStock

❤ **Faire son shopping** ou déjeuner sur l'un des stands du Reading Terminal Market de Philadelphie pour goûter les produits que vendent les Amish de la région dans une ambiance animée. **Voir p. 143**.

❤ **Partir le nez au vent** à la découverte des innombrables *murals*, disséminés à travers Philadelphie, qui constituent un véritable musée à ciel ouvert. **Voir p. 144**.

❤ **Pousser la porte d'un « Crab Shake »**, petit restaurant sans prétention spécialisé dans les crabes et autres produits de la mer, dans l'une des petites villes du littoral est du Maryland. Impossible de quitter la région sans avoir mangé au moins une fois des *crab cakes*. **Voir p. 202**.

❤ **Admirer les cerisiers en fleurs** autour du Tidal Basin et fêter les traditions de l'Empire du Soleil levant lors du National Cherry Blossom Festival, qui illumine le printemps de Washington. **Voir p. 256**.

National Cherry Blossom Festival, Washington DC.
Camrocker/iStock

Le marché fermier de Madison.

❤ Fredonner les hits

de Stevie Wonder, redécouvrir les pochettes et admirer les costumes de Diana Ross et des Supremes dans les studios historiques de la Motown. **Voir p. 361**.

Brasserie, Milwaukee.
C. Eckert/age fotostock

❤ Boire une mousse bien fraîche

dans l'une des brasseries de Milwaukee, capitale américaine de la bière. **Voir p. 500**.

❤ Se promener dans les allées du marché fermier

de Madison, l'un des plus grands du pays, et découvrir l'excellence des fromages du Wisconsin, « l'État laitier ». **Voir p. 515**.

❤ Flâner dans les rues fleuries de Beacon Hill,

au cœur d'un Boston romantique et huppé, et rêver devant les vitrines des antiquaires. **Voir p. 101**.

TOP 5 **Vues plongeantes**

1. **Empire State Building, NYC** (p. 40)
2. **Willis Tower, Chicago** (p. 400)
3. **John Hancock Center, Chicago** (p. 427)
4. **One Liberty Observation Deck, Philadelphie** (p. 145)
5. **Top of the World, Baltimore** (p. 191)

Midtown, depuis l'Empire State Building.
A. Leiva/age fotostock

❤ **Fouler les pavés de Fell's Point,** au cœur du Baltimore historique, où se dressaient au 18e s. les plus grands chantiers navals du pays. Miraculeusement sauvée de la démolition, cette zone de la ville regorge de petites boutiques et de restaurants intéressants. **Voir p. 194**.

❤ **Retrouver son âme d'enfant** au Strong National Museum of Play de Rochester, le plus grand musée du monde consacré aux jeux et aux jouets. Pour une fois, les visiteurs sont encouragés à toucher à tout ! **Voir p. 73**.

Acorn Street, Beacon Hill, Boston.
uschools/iStock

Sortie en kayak dans les marais de Back Bay.

Revisiter le passé de l'Amérique en suivant la Route coloniale pour découvrir les premiers établissements anglais du Nouveau Monde et des petites villes pleines de charme comme Richmond, en Virginie. L'ancienne capitale des Etats confédérés durant la guerre de Sécession a conservé de jolis quartiers anciens. **Voir p. 319**.

Faire le tour du monde sans quitter Chicago, en parcourant les différents quartiers ethniques de « Windy City » et en goûtant les spécialités culinaires qui y sont proposées : une pizza dans Little Italy ? Des raviolis vapeur à Chinatown ? De la soupe au chou dans Ukrainian Village ? Des tacos à Pilsen, ancien quartier tchèque devenu mexicain ? La capitale du Midwest, troisième ville du pays, est aussi célèbre pour son architecture, vitrine des plus grands bâtisseurs américains et mondiaux. **Voir p. 390**.

Explorer en kayak les marais de Back Bay, avec pour seuls compagnons les milliers d'oiseaux qui ont élu domicile dans cette réserve protégée de Virginia Beach. Et pour clore en beauté la balade, pagayer jusqu'au restaurant Blue Pete's pour déguster un plateau de fruits de mer en terrasse au-dessus de l'eau. **Voir p. 345**.

TOP 5 Musées insolites

1. Eastern State Penitentiary (p. 151)
2. Harley-Davidson Museum (p. 500)
3. Mill City Museum (p. 527)
4. Corning Museum of Glass (p. 68)
5. American Visionary Art Museum (p. 195)

Mill City Museum, Minneapolis.
W. Bibikow/age fotostock

West Taylor Street, quartier de Little Italy, Chicago.
J. Greenberg/age fotostock

Préparez votre voyage en retrouvant tous nos coups de cœur sur notre site internet ***voyages.michelin.fr***

Retrouvez-nous également sur Facebook®
Facebook.com/MichelinVoyage

Les must de la côte nord-est
en 18 jours

En bref : périple urbain à effectuer en train.

Conseils : la côte nord-est étant desservie par le train ou le bus, il n'est pas utile de louer une voiture pour effectuer la visite de ces grandes métropoles, qui disposent chacune d'un bon réseau de transports en commun. Nul besoin de revenir sur vos pas car vous pourrez arriver d'Europe à Boston et repartir de Washington DC… ou le contraire. L'été est une saison très fréquentée, en particulier à Washington et New York. L'hiver ne manque pas de charme mais il est généralement rigoureux.

Boston.
mjbs/iStock

• J-1 à 4 Boston

Deux musées exceptionnels, l'Isabella Stewart Gardner Museum (**p. 117**) et le Museum of Fine Arts (**p. 116**), les traces de l'indépendance américaine sur le Freedom Trail (**p. 105**), le quartier italien de North End (**p. 109**) et le quartier huppé de Beacon Hill (**p. 101**), le front de mer (**p. 111**) et pourquoi pas, en saison, une sortie en bateau pour aller découvrir les îles proches de la côte et les baleines !

• J-5 à 8 New York

La statue de la Liberté et Ellis Island (**p. 33**), le nouveau World Trade Center (**p. 36**), les remarquables musées que sont le Met (**p. 42**) et le MoMA (**p. 41**), l'Empire State Building, les quartiers à l'identité bien marquée – Wall Street, Soho, Greenwich Village… – sans oublier l'incontournable Central Park (**p. 41**) !

• J-9 à 11 Philadelphie

Comptez une journée pour découvrir les sites liés à l'indépendance américaine, deux jours pour les musées du Benjamin Franklin Parkway (**p. 146**), parmi lesquels la célébrissime collection Barnes (impressionnistes, **p. 148**) et le Museum of Art. Ne manquez pas l'Eastern State Penitentiary (**p. 151**), ni le Reading Terminal Market (**p. 143**), un marché couvert plein de surprises. Partez à la découverte des *murals* : Philadelphie en compte un grand nombre (**p. 144**).

• J-12 à 14 Baltimore

La cité où plane le souvenir d'Edgar Poe possède, entre autres, un Museum of Art (plus grande collection de Matisse au monde) (**p. 189**) et un admirable Museum of Industry (**p. 196**). Découvrez-la au fil de l'eau, en bateau-taxi, et flânez dans ses quartiers pleins de charme comme Fell's Point (**p. 194**), le plus ancien, et Federal Hill, que prolonge l'historique Fort McHenry.

• J-15 à 18 Washington DC

Entre les musées du Mall (**p. 242**), les mémoriaux aux présidents et aux guerres (**p. 253**), les sites liés au gouvernement, Washington est une ville où l'on n'a pas le temps de s'ennuyer. En dehors de ces « classiques », vous pourrez visiter deux musées uniques en leur genre, le Spy Museum (**p. 267**) et le Newseum (**p. 266**), ainsi qu'une remarquable collection d'art privée, la Phillips Collection (**p. 274**).

Les mémoriaux du Mall, Washington.
sborisov/iStock

Un tour en Pennsylvanie
en 8 jours

V.Prokopets/Moment/Getty Images

En bref : env. 400 km dans la campagne autour de Philadelphie.

Hagley Museum, vallée de la Brandywine.
Fotosearch RM/age fotostock

Au cœur du pays amish.
KenWiedemann/iStock

Conseils : tirez parti de votre véhicule pour profiter des joies de la plage dans le New Jersey méridional voisin (p. 180) et ajoutez quelques jours de voyage en conséquence, ou faites une incursion jusqu'à Gettysburg (p. 166), site d'une des plus grandes batailles de la guerre de Sécession.

• J-1 à 4 Philadelphie

Voir itinéraire précédent (**p. 16**).

• J-5 & 6 Vallée de la Brandywine

Découvrez les magnifiques propriétés qui ponctuent la campagne entre Philadelphie et Wilmington : un coin raffiné, qui a séduit les industriels du 19e s. tout comme les artistes contemporains (**p. 162**).

• J-7 & 8 Pennsylvania Dutch Country

Sillonnez Lancaster (**p. 169**) et les petits villages de la région pour découvrir les communautés amish et goûter leurs spécialités.

Deux grandes villes des Grands Lacs
en 8 jours

E. Kovalevich/Moment/Getty Images

En bref : 460 km entre les deux villes, à parcourir en voiture, bus, train ou avion.

Conseil : évitez de voyager dans cette région en hiver car il y fait extrêmement froid.

● J-1 à 5 Chicago

« Windy City » est un musée d'architecture à ciel ouvert, et vous y marcherez beaucoup, le nez au vent. Parmi les musées, le remarquable Art Institute (**p. 409**) peut vous occuper toute une journée, mais il n'est pas le seul : des institutions du Museum Campus à l'université, de Lincoln Park aux plages du lac Michigan en passant par Michigan Avenue, pas le temps de s'ennuyer ! Si vous êtes amateur, passez une soirée dans un des clubs de blues ou de jazz de la ville. Allez à Oak Park (**p. 482**) pour découvrir l'atelier de Frank Lloyd Wright et plusieurs de ses créations.

● J-6 à 8 Detroit

Prenez le temps de découvrir cette ville en pleine renaissance. Le Detroit Institute of Arts (**p. 357**) est l'un des grands musées des États-Unis, le Charles H. Wright Museum of African-American History (**p. 360**) est consacré à l'histoire des Afro-Américains, le Detroit Historical Museum (**p. 359**) évoque à merveille l'histoire de la cité. Amateurs de musique, ne manquez pas le musée de la Motown (**p. 361**) ni un concert en ville. Comptez une bonne journée pour la visite des musées et de l'usine Ford à Dearborn (**p. 372**).

Conseil : il n'est pas inutile de disposer d'une voiture pour visiter les sites éloignés du centre-ville ; sinon, il vous faudra avoir recours aux taxis.

Henry Ford Museum, à Dearborn.
L. Kennedy/Corbis Documentary/Getty Images

Incursion dans le Midwest
en 15 jours

Jim Pintar/iStock

En bref : env. 1000 km entre Grands Lacs et plaines céréalières.

Chicago.
H. Kingsnorth/The Image Bank/Getty Images

Milwaukee Art Museum, par Santiago Calatrava.
M. Robinson/Corbis/Getty Images/ADAGP, Paris, 2019

Conseils : évitez de voyager en hiver, saison véritablement glaciale. Inutile de revenir sur vos pas car il existe des vols directs depuis l'Europe pour Chicago et Minneapolis. La voiture est inutile à Chicago. L'étape suivante, Milwaukee, se trouve à moins de 2h de train ou de bus.

• J-1 à 5 Chicago

Voir itinéraire **p. 19**.

• J-6 et 7 Milwaukee

Flânez dans Downtown (**p. 497**) et découvrez les musées de la ville : musée Harley-Davidson (**p. 500**), musée d'Art (**p. 498**), demeure du capitaine Pabst, Discovery World (**p. 499**)… Ne manquez pas une visite-dégustation dans une brasserie.

En saison, profitez des rives du lac Michigan, remarquablement aménagées. Une incursion sur Old World Third Street (**p. 498**) s'impose pour admirer les édifices d'architecture germanique et goûter des spécialités allemandes.

Conseils : inutile à Milwaukee, un véhicule est indispensable pour circuler dans les environs. Consultez le site Internet du domaine de Taliesin avant d'organiser votre voyage et réservez en ligne (nombre de places limité)

• J-8 & 9 Taliesin et Madison

Visitez le domaine de Frank Lloyd Wright (**p. 511**), déjeunez sur place ou au Green Spring General Store. Visitez Madison (**p. 509**) dans l'après-midi et restez dîner : la capitale du Wisconsin compte de nombreux restaurants gastronomiques.

Conseil : pour continuer vers Minneapolis-St Paul, vous avez le choix entre 5h de route ou 1h d'avion au départ de Milwaukee.

• J-10 à 15 Minneapolis-St Paul

À Minneapolis (**p. 522**), visitez les musées d'art et les vestiges industriels des rives du Mississippi ; à St Paul (**p. 535**), le remarquable Landmark Center et les demeures victoriennes de Summit Avenue. Amateur de shopping ? Une visite au Mall of America (**p. 540**), le plus grand centre commercial du pays, s'impose. En soirée, une pièce de théâtre ou un spectacle au Guthrie Theater, ou encore un concert au club où Prince fit ses débuts.

Conseil : les deux villes sont voisines et reliées par le tram.

Guthrie Theater signé Jean Nouvel.

Du Maryland à la Virginie
en 15 jours

En bref : env. 1200 km entre villes, mer et montagne.

tbabasade/iStock

Parc National de Shenandoah.
zrfphoto/iStock

Charlottesville.
jcarillet/iStock

Conseil : un véhicule est indispensable pour visiter la baie de Chesapeake, aller à Gettysburg, emprunter la Skyline Drive et suivre la Route coloniale.

• J-1 & 2 Baltimore

Voir itinéraire **p. 17**.

Conseil : vous pouvez aussi aller directement de Baltimore à Washington, situées à seulement 30mn de train l'une de l'autre.

• J-3 Gettysburg

Prenez une journée pour visiter Gettysburg (**p. 166**), site de l'une des plus grandes batailles de la guerre de Sécession.

• J-4 & 5 Baie de Chesapeake

Annapolis (**p. 211**), charmante capitale du Maryland, et les petites stations balnéaires de la baie de Chesapeake, comme St Michaels (**p. 213**), vous attendent à la belle saison. Au programme : baignades, antiquaires et dégustation de crabe !

Conseil : en été, réservez vos hébergements à l'avance car la région est très fréquentée.

• J-6 à 8 Washington DC

Voir itinéraire **p. 17**.

• J-9 Old Town Alexandria et Mount Vernon

Tout proches de la capitale, ces deux sites sur la rive ouest du Potomac méritent une visite. Le premier, charmante « banlieue » de DC (**p. 300**), est une petite ville chargée d'histoire où règne une ambiance agréable ; le second fut la demeure de George Washington (**p. 304**).

Conseils : ces deux sites sont accessibles en transports en commun. En été, Mount Vernon est même accessible en bateau : une magnifique excursion !

• J-10 Skyline Drive

La plus belle route du parc de Shenandoah (**p. 309**) suit les pistes indiennes tout au long de l'arête des Blue Ridge Mountains. Sur ses 170 km, on ne compte pas moins de 75 points de vue aménagés. Des paysages absolument somptueux !

Conseil : cette incursion dans le Parc national de Shenandoah est à éviter l'hiver.

• J-11 Charlottesville et Monticello

Charlottesville (**p. 313**) est une cité au riche patrimoine historique, où il fait bon vivre. De là, cap sur Monticello (**p. 314**), le magnifique domaine de Thomas Jefferson.

• J-12 & 13 Route coloniale

Suivez la Route coloniale (**p. 336**) jusqu'à Williamsburg (**p. 333**), et arrêtez-vous à Richmond (**p. 319**), capitale de la Virginie et l'une des plus anciennes villes du pays.

• J-14 & 15 Virginia Beach

Terminez votre séjour dans cette station balnéaire (**p. 340**), à moins de 4h de route de Washington DC. Au programme : des activités nautiques en pagaille mais également la découverte d'une belle réserve protégée à parcourir en kayak.

Virginia Beach.
DenisTangneyJr/iStock

État de New York
en 15 jours

lightphoto/iStock

En bref : env. 1000 km, entre nature et culture.

Conseils : Buffalo connaît les hivers parmi les plus rigoureux du pays, mieux vaut donc éviter cette saison. De plus, de nombreux sites sont fermés ou tournent au ralenti hors saison dans la vallée de l'Hudson et près des lacs Finger. Laissez votre véhicule à Buffalo et reprenez un vol pour New York.

• J-1 à 3 New York

Voir itinéraire **p. 16**.

Vue sur Manhattan, depuis Brooklyn.
Osmany Torres Martín/iStock

• J-4 à 6 Vallée de l'Hudson

Suivez le fleuve jusqu'à Albany (**p. 59**), capitale de l'État, pour découvrir paysages bucoliques, villages historiques et demeures aristocratiques.

• J-7 à 9 Lacs Finger

Sirotez les vins de la région en visitant les nombreux vignobles, baignez-vous dans ses lacs aux eaux cristallines (**p. 65**) ; ne manquez pas le magnifique musée du Verre à Corning (**p. 68**) ni l'incroyable Genesee Country Village and Museum à Mumford (**p. 69**). Vous pourrez faire étape à Watkins Glen d'où part une jolie randonnée le long de cascades et de bassins (**p. 66**).

• J-10 & 11 Rochester

La patrie de Kodak (**p. 70**) mérite d'être découverte pour ses musées inattendus et de grande qualité – musée George Eastman, Strong

Museum of Play, Memorial Art Gallery pour ne citer qu'eux. À la belle saison, le lac Ontario prend des allures de villégiature.

• J-12 & 13
Chutes du Niagara

Les chutes du Niagara (**p. 78**) offrent un spectacle époustouflant. Une journée suffit pour découvrir le parc qui les abrite. Ne négligez pas les charmantes localités toutes proches, comme Lewiston (**p. 82**) ou Lockport (**p. 83**).

• J-14 & 15 Buffalo

L'ancienne grande ville industrielle sinistrée, en pleine renaissance, est devenue une destination à part entière (**p. 85**) ! Ne manquez pas Martin House, l'une des plus belles constructions de Frank Lloyd Wright, ni les trésors de l'Albright-Knox Art Gallery. Promenez-vous sur les rives du lac Érié, récemment mises en valeur.

Conseils : rien ne vous empêche de rester quelques jours de plus à proximité de New York et de profiter de la plage, dans une station balnéaire de Long Island (p. 50). En été, pensez à réserver vos hébergements à l'avance car la destination est prisée. Vous pouvez aussi combiner ce circuit avec celui des Grands Lacs (p. 19), en rejoignant en avion Detroit puis Chicago.

Les chutes du Niagara.
Mike_Kolesnikov/iStock

DÉCOUVRIR LE NORD-EST AMÉRICAIN

Chicago en hiver.
B. Leighty/Photodisc/Getty Images

L'État de New York 1

Carte Michelin National 761 et carte Michelin Régional 581

Central Park, le poumon de Manhattan, New York.
naphtalina/iStock

L'ÉTAT DE NEW YORK

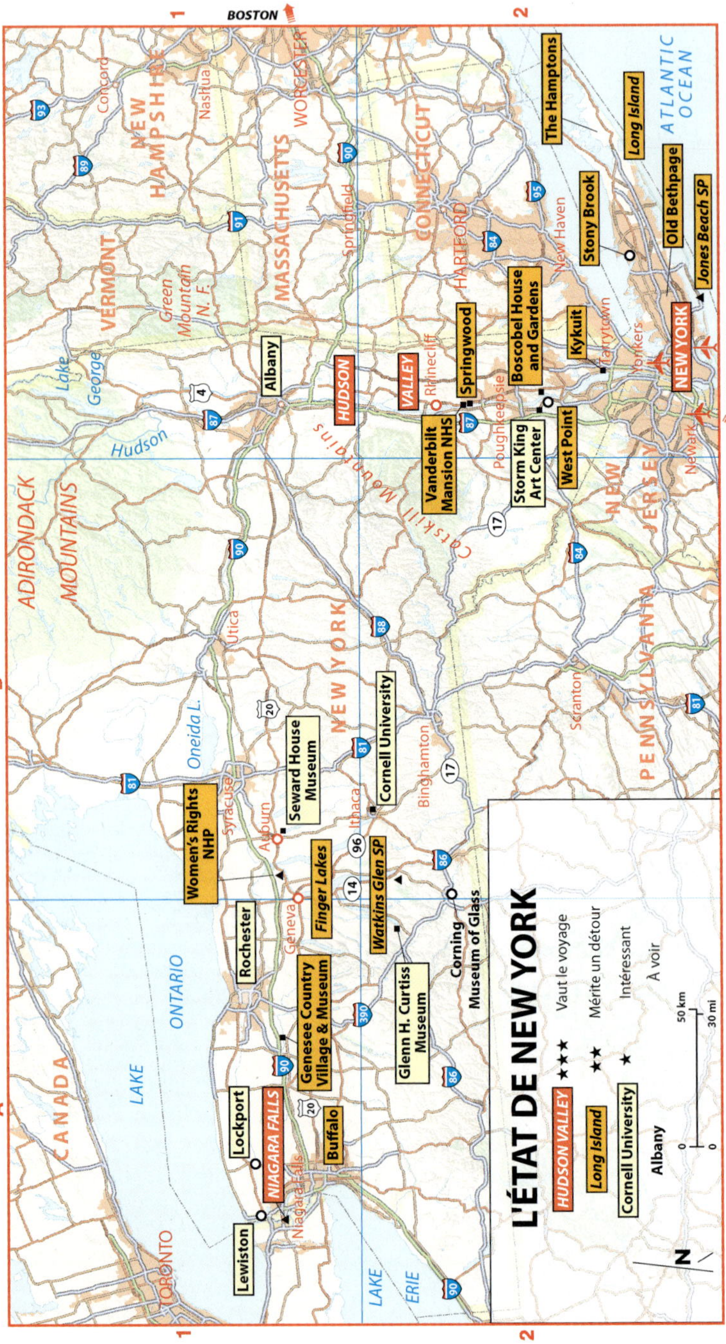

Grand angle sur l'État de New York

Considéré dans le monde entier comme la « capitale » de l'Amérique, New York est incontestablement le centre urbain le plus dynamique et le plus huppé des États-Unis. Au nord, la vallée de l'Hudson déroule ses paysages bleutés, si spectaculaires qu'ils ont donné leur nom au 19e s. à une école de peinture américaine, l'Hudson River School.

UNE VILLE, DES ÎLES

La ville proprement dite s'étend sur 128 ha et se compose de **cinq boroughs** (arrondissements dotés d'un statut administratif et juridique) : Manhattan, Brooklyn, le Queens, le Bronx et Staten Island, répartis sur des langues de terre, des îlots éparpillés et la plus grande partie occidentale de Long Island. L'île elle-même couvre une superficie de plus de 4 000 km², au large de la côte du Connecticut, et sa pointe la plus extrême se situe presque à hauteur de Rhode Island. La densité de l'agglomération est si élevée qu'il est difficile de dire précisément où commence et où finit la ville. Seule l'extrémité orientale de l'île et son inoubliable paysage de falaises, de dunes et de marais salants semble encore préservée de la frénésie new-yorkaise.

GRANDE HISTOIRE ET VILLÉGIATURE

De la sortie nord de New York jusqu'à la vallée de l'Hudson, la succession de demeures anciennes et de sites liés à la guerre d'Indépendance reflète l'histoire mouvementée et le patrimoine architectural de la ville. L'Hudson, fleuve majestueux, a été immortalisé par les peintres de l'école du même nom.

New York City, Long Island et la vallée de l'Hudson constituent des lieux de villégiature réputés, dont les attraits satisferont aussi bien les amoureux de la ville que ceux de la campagne ou de la mer.

LE MEILLEUR MOMENT

De préférence à la période estivale, particulièrement animée, l'automne constitue la saison idéale pour explorer les environs de la métropole. À l'approche de l'été indien, entre début octobre et mi-novembre, la nature compose une majestueuse symphonie de couleurs. La température (21 °C environ) incite alors à une promenade dans Central Park, à un trajet en voiture dans Long Island ou à une escapade dans la vallée de l'Hudson, au milieu d'une nature transfigurée.

New York City « Express »

★★★

8 622 698 hab. - État de New York (NY)

Si vous ne passez qu'un ou deux jours à New York, voici une sélection des sites emblématiques de la ville. Sachez cependant que vous n'aurez qu'une envie : revenir croquer la Grosse Pomme à pleines dents ! Car New York, choc inoubliable, ne laisse personne indifférent. Pour beaucoup, c'est le coup de foudre immédiat. Il suffit de se perdre dans les rues bigarrées que la littérature, le cinéma ou le jazz nous ont rendues si familières… Ou encore de parcourir les canyons taillés entre les falaises étincelantes de ses gratte-ciel, de courir au cœur de Central Park, où flotte le fantôme de Marathon Man, d'emprunter Brooklyn Bridge pour le spectacle de Manhattan surgissant de l'East River… Cité à la fois triviale et sophistiquée, populaire et élitiste, typiquement américaine et toujours européenne, la « ville debout » de Céline est multiple. Il y a la New York du jour, celle des traders et des yuppies à Wall Street, des étudiants à Washington Square, et des fashion victims sur 5th Avenue et à Soho ; puis il y a la New York de la nuit, celle des lumières de la ville, des pulsations multicolores de Times Square ou Broadway, celle des heures grises du petit matin, quand les musiciens de jazz quittant les clubs croisent les employés pressés jaillissant de Grand Central Station, tandis que les marchands de bagels arrangent leurs étals ambulants…

VOUS RESTEZ PLUS LONGTEMPS ?

Pour un court séjour en ville, le Guide Vert Week & Go Michelin New York vous fournira toutes les infos nécessaires. Si vous souhaitez explorer Big Apple dans ses moindres recoins, choisissez le Guide Vert Michelin New York.

NOS ADRESSES PAGE 43

Hébergement, restauration, achats, activités, etc.

S'INFORMER

www.nycgo.com.

Nos adresses pour repérer les différents bureaux de l'office de tourisme).

SE REPÉRER

Carte de région C2 (p. 30). Les incontournables de New York sont situés pour l'essentiel sur l'île de Manhattan. Nous les décrivons du sud (embarcadère pour la statue de la Liberté) vers le nord (Central Park). Chahuté dans la partie méridionale de l'île, la plus anciennement urbanisée, le plan de la ville s'assagit en damier classique, selon un axe nord-sud *(avenues)* croisant l'axe est-ouest *(streets)*. Les rues se nomment en fonction du point cardinal de part et d'autre de 5th Ave (par exemple, W. 14th St. devient E. 14th St.).

Nos adresses, pour l'accès au centre-ville et les transports.

AVEC LES ENFANTS

La statue de la Liberté et l'Empire State Building.

La statue de la Liberté, l'un des emblèmes de New York.
OlegAlbinsky/iStock

Les incontournables de Manhattan

C'est à Manhattan que la ville est sortie de terre, ici que débute bien souvent l'aventure new-yorkaise. Avec sa skyline mythique et ses vieilles rues pavées, la pointe sud de Manhattan est une mine de symboles : The New World Trade Center au souvenir poignant, le pont de Brooklyn élancé à deux pas du port historique, Wall Street et la Bourse de New York, temples mondiaux de la finance, et, au loin, la silhouette familière de la statue de la Liberté.

★★★ STATUE DE LA LIBERTÉ ET ★★ ELLIS ISLAND

Les visites de la statue de la Liberté (piédestal) et d'Ellis Island sont gratuites, seule la traversée en ferry est payante. Les bateaux partent de Battery Park à la pointe sud de Manhattan. Les billets s'achètent au monument Castle Clinton National ou dans le bâtiment du Railroad Terminal Building. Accès en métro : stations Bowling Green, South Ferry, Whitehall St. - Statue Cruises - ☎ 877 523 9849 - www.statuecruises.com - juin-sept. : dép. ttes les 25mn de 8h30 à 17h (16h en sept.) ; oct.-mai : dép. ttes les 25mn de 9h30 à 15h30 - billet combiné pour la statue de la Liberté et Ellis Island : piédestal 18,50 $ (4-12 ans 9 $), couronne (sur réserv. 3 mois av. mini) 21,50 $ (4-12 ans 9 $) - audioguide (en français) inclus - visites guidées gratuites (en anglais) assurées par les park rangers.

Bon à savoir - *N'hésitez pas à venir 2h avant le départ, en raison des files d'attente et des procédures de sécurité. Pour visiter les deux sites, évitez de partir après 13h. Comptez une bonne demi-journée. Attention, les sacs à dos ne sont pas acceptés sur les îles. Prévoyez un pique-nique léger, car les cafés sont bondés.*

En l'absence d'ascenseur pour accéder à la couronne, il vous faudra gravir les 168 marches d'un escalier en colimaçon. Attention, les enfants de moins d'1,22 m (4 pieds !) ne sont pas admis.

★★★ **Statue** – Témoin de l'amitié liant les États-Unis à la France depuis la Révolution américaine, la statue de la Liberté demeure l'un des emblèmes les plus forts du pays ! Le sculpteur **Frédéric Auguste Bartholdi** a choisi la liberté – ici personnifiée – pour symboliser l'entrée dans le Nouveau Monde et signifier à tous sa valeur primordiale. En 1884, la statue financée et réalisée à Paris par les Français fut présentée à l'ambassadeur des États-Unis, puis

SE LOGER
Fairfield Inn and Suites New Yok 6
Room Mate Grace Hotel 2
Washington Square Hotel 3
World Center Hotel 4
414 Hotel 5
SE RESTAURER
Chelsea Market 1
Corner Bistro 2
Frankies Spuntino 570 4
Kung Fu Little Steamed Buns Ramen 6
Mary's Fish Camp 10
Oyster Bar 7
Pier A Harbor House 11
Shake Shack 8
The Loeb Boathouse at Central Park 9
MANHATTAN
0
1/2 mi
0
1 km
Hamilton Grange NM
Strivers Row
MANHATTANVILLE
Schomberg Center
CITY COLLEGE OF NY
Apollo Theater
Studio Museum in Harlem
MARCUS GARVEY PARK
General Grant Natl. Mem.
MORNINGSIDE HEIGHTS
HARLEM
SPANISH HARLEM
Columbia University
MORNINGSIDE PARK
Cathedral of St. John the Divine
Harlem Meer
MANHATTAN VALLEY
Museum of the City of New York
CENTRAL PARK
CARNEGIE HILL
UPPER EAST SIDE
Jacqueline Kennedy Onassis Reservoir
Guggenheim Museum
Gracie Mansion
Neue Galerie
Carl Schurz Park
YORKVILLE
UPPER WEST SIDE
THE METROPOLITAN MUSEUM OF ART
American Museum of Natural History
Whitney Museum
The Lake
The Frick Collection
LENOX HILL
Fifth Avenue
The Pond
Lincoln Center
Columbus Circle
CENTRAL MIDTOWN
DEWITT CLINTON PARK
MOTT HAVEN
THE BRONX
R.F. Kennedy Bridge
Bronx Kill
WARDS ISLAND
Hell Gate
MILL ROCK
Queensboro Bridge
Roosevelt Island
HUDSON RIVER
Harlem River
West Channel
LOWER MANHATTAN

UPPER MANHATTAN
UPPER WEST SIDE
CENTRAL PARK
The Frick Collection
Lincoln Center
Fifth Avenue
UPPER EAST SIDE
HUDSON RIVER
Columbus Circle
The Pond
DEWITT CLINTON PARK
Intrepid Sea, Air Space Museum
CLINTON (HELL'S KITCHEN)
CENTRAL MIDTOWN
WEST MIDTOWN
MOMA
St. Patrick's Cathedral
Theater District
TURTLE BAY
Lincoln Tunnel
Jacob K. Javits Convention Center
Times Square
TOP OF THE ROCK
EAST MIDTOWN
Grand Central Terminal
Broadway
Chrysler Building
NY Public Library
Garment District
Macy's
MURRAY HILL
United Nations Headquarters
Chelsea Piers
CHELSEA
Pierpont Morgan Library
EMPIRE STATE BUILDING
Queens-Midtown Tunnel
The High Line
Madison Square
Chelsea Historic District
EAST RIVER
MEATPACKING DISTRICT
Gramercy Park
WHITNEY MUSEUM OF AMERICAN ART
Union Square
GREENWICH VILLAGE
STUYVESANT SQUARE
Washington Square
WEST VILLAGE
EAST VILLAGE
Little India
Tompkins Sq. Pk.
NOHO
SOHO
Holland Tunnel
The New Museum
BOWERY
LITTLE ITALY-NOLITA
TRIBECA
Washington Market Park
LOWER EAST SIDE
Williamsburg Bridge
Civic Center
CHINATOWN
Woolworth Building
THE NEW WORLD TRADE CENTER
Manhattan Bridge
BROOKLYN
Battery Park City
FINANCIAL DISTRICT
BROOKLYN BRIDGE
Wall St.
New York Stock Exchange
South Street Seaport
Castle Clinton NM
Battery Park
Staten Island Ferry
N
CENTRAL PARK ★★★ Vaut le voyage
Times Square ★★ Mérite un détour
Wall Street À voir
STATUE OF LIBERTY
Ellis Island

démontée pour traverser l'Atlantique. Les fonds collectés par les Américains, grâce à l'intervention auprès du public du patron du journal *New York World*, **Joseph Pulitzer**, permirent la construction du piédestal. La statue, parvenue à New York en juin 1885, fut inaugurée le 28 octobre 1886.
La légende veut que Bartholdi lui ait donné le corps de sa femme et le visage de sa mère. Il fit d'abord un modèle en plâtre, puis fit appel à **Gustave Eiffel** qui construisit une carcasse de fer et d'acier de 125 tonnes. Il la recouvrit de 300 plaques de cuivre (100 tonnes) pour former la « peau » verte de la statue, qui mesure plus de 45 m de la base à la torche. Un homme tiendrait dans sa main (4,80 m de longueur) et son pied l'écraserait facilement. La torche, plaquée d'or, fut remplacée lors des travaux dans les années 1980.
★★ **Ellis Island** – *À votre arrivée, retirez au comptoir les billets pour le film, car les séances sont vite complètes - www.nps.gov/elis.*
Ellis Island fut choisie, à partir de 1892, comme porte d'entrée des États-Unis pour les immigrants venus d'Europe. Le bâtiment de style Art nouveau, qui servait à leur enregistrement, conserve des documents relatant les conditions de vie des millions d'immigrants, acceptés ou refoulés, qui patientaient là de longues heures, voire de longs jours. Le centre ferma en 1954.

★★★ THE NEW WORLD TRADE CENTER

New York et les États-Unis ont définitivement changé le **11 septembre 2001**, quand des avions détournés par des terroristes ont foncé dans les tours jumelles du **World Trade Center** (411 m de hauteur). 1h40 plus tard, elles s'étaient effondrées sur elles-mêmes, sous les yeux du monde qui regardait horrifié l'effroyable nuage de poussière avaler les symboles les plus orgueilleux de la réussite américaine. Deux fois 110 étages disparaissaient, engloutissant 2 973 victimes.
Le projet – Aucun des projets proposés, même celui qui fut finalement retenu, ne se révélait pleinement satisfaisant. Les plans initiaux de **Daniel Libeskind** ont été modifiés par l'architecte **David Childs**, si bien que la première pierre, posée en grande pompe en 2004, a dû être déplacée en 2006.
À la place des sept bâtiments détruits, six nouvelles tours, pour un chantier qui devrait être achevé en 2020. C'est de la partie sud-est du site que l'on voit le mieux l'ensemble du chantier et que l'on mesure son énormité. L'angle des **Church et Vesey Streets** et les portions de part et d'autre sont gardés par de hautes grilles et de sobres plaques évoquant le drame. Le **One World Trade Center** (1 WTC), ex-Freedom Tower, culmine à 541 m, soit 1 776 pieds (évocation de la date de l'indépendance des États-Unis). Il côtoie aujourd'hui les 7 WTC *(inauguré en 2006)*, 4 WTC *(150 Greenwich St. - inauguré en 2013)* et 3 WTC *(175 Greenwich St. - inauguré en 2018)*, et voisinera prochainement avec les 5 WTC *(130 Liberty St.)* et 2 WTC *(200 Greenwich St. - achèvement prévu en 2022)*. Le 2 WTC sera le deuxième plus grand gratte-ciel de la ville et arborera un toit en forme de diamant.
★★★ **Observation Deck** – *One World Trade Center - 285 Fulton St. - ✆ 844 696 1776 - https://oneworldobservatory.com - tlj 9h (8h mai-sept.)-21h ; derniers billets vendus à 20h15 (20h45 mai-sept.) - 34 $ (+ 65 ans 32 $, 6-12 ans 28 $).* L'accès à l'observatoire, installé au 102e étage, se fait grâce au Sky Pod, l'un des ascenseurs les plus rapides du monde : durant la montée (57 secondes) l'évolution de la skyline de Manhattan, depuis le 17e s., est retracée sur les parois de l'ascenseur. Au sommet, la vue à 360 degrés sur Manhattan, à 380 m de hauteur, est époustouflante. Lorsque le ciel est dégagé, il est possible de voir jusqu'à 80 kilomètres à la ronde.

★★ **9/11 Museum & Memorial** – *Entrée par le 1 Albany St. (angle Greenwich St.) - ✆ 212 266 5211 - www.911memorial.org - musée : dim.-jeu. 9h-20h (dernière entrée à 18h), vend.-sam. 9h-21h ; mémorial : tlj 7h30-21h ; horaires sujets à modifications, vérifier sur le site Internet avant votre visite - réservation indispensable (en ligne) - 24 $ (20 $ pour les + de 65 ans, 15 $ pour les 7-12 ans).* Souterrain, le musée est une plongée dans les entrailles du WTC, où des milliers d'objets relatifs à la tragédie sont exposés. Photos et vidéos ponctuent la visite, et un hommage est rendu à chacune des 2 973 victimes tuées lors des attaques-suicide. L'émotion cède la place à une infinie tristesse à l'écoute des nombreux enregistrements sonores, dont les bouleversants messages laissés par de futures victimes, piégées dans les tours en feu ou dans les avions. Les polémiques n'ont toutefois pas épargné les responsables du musée, accusés d'avoir commis des légèretés dans la présentation de la géopolitique mondiale, d'avoir placé une boutique de souvenirs que beaucoup trouvent inappropriée, et surtout d'avoir rapatrié des restes de victimes non identifiés…

Le mémorial, œuvre de l'architecte **Michael Arad**, se compose de deux bassins profonds de 9 m, le long desquels s'écoulent des cascades d'eau, *Reflecting the Absence*. Ils sont entourés d'un parapet composé de plaques de bronze sur lesquelles sont gravés les noms des victimes. Plus de 400 chênes ont été plantés alentour, conférant au site une atmosphère de calme et de sérénité propice au recueillement. Mais un arbre se distingue des autres : un poirier, sauvé des décombres après les attaques. Aujourd'hui, les visiteurs se pressent pour toucher l'écorce de « l'arbre miraculé », symbole de l'espoir et de la renaissance.

★ **Gare** – Inaugurée en mars 2016, la nouvelle gare du World Trade Center est signée Santiago Calatrava. Reconnaissable à ses grandes ailes d'acier, elle est censée accueillir plus de 250 000 voyageurs par jour, et sera dotée d'un immense centre commercial dans le grand hall du bâtiment, mesurant 111 m de long pour 49 m de haut.

WALL STREET ET LA BOURSE

Cette rue, dont le nom vient de la palissade qui protégeait la ville hollandaise, est devenue l'emblème du capitalisme à l'américaine.

Bordée de belles demeures georgiennes et de cafés, Wall Street était au 19e s. un important centre financier et, en 1920, la première place boursière du monde devant Londres. Elle n'a, depuis, jamais été surclassée malgré les krachs de 1929, 1987 et 2008. Lors de ces derniers, les faillites vidèrent de nombreux bureaux, transformés le plus souvent en résidences. Les attentats de 2001 contribuèrent également à l'exode des entreprises vers Midtown ou le New Jersey, de l'autre côté de l'Hudson River.

New York Stock Exchange (NYSE) – Cet édifice (1903) de 17 étages à l'architecture élégante abrite la **Bourse** de New York. Il est conçu à la manière d'un temple, avec colonnes corinthiennes et fronton sculpté d'une allégorie du commerce.

★★★ BROOKLYN BRIDGE

Véritable prouesse technique du 19e s., ce célèbre pont suspendu qui relie Manhattan à Brooklyn fut inauguré en mai 1883. Avant sa construction, 50 millions de personnes environ prenaient chaque année le ferry pour traverser l'East River. Conçu par **John Augustus Roebling**, l'architecte du pont suspendu au-dessus des chutes du Niagara, il fut réalisé par son fils qui s'inspira des nouvelles techniques européennes. Pour bâtir les fondations, les ouvriers étaient immergés dans des caissons emplis d'air comprimé, mais le système

Le Whitney Museum, réalisé par Renzo Piano Building Workshop.
Onnes/iStock

n'étant pas très au point, nombre d'entre eux souffrirent de tympans crevés. Le pont, chef-d'œuvre d'esthétisme et d'ingénierie, est doté d'une allée centrale piétonnière qui s'élève au-dessus des voitures, passe sous les arches néogothiques en granit et file entre les puissants réseaux de câbles. La **vue★★★** sur Manhattan et le port est spectaculaire.

★★ SOHO

Soho, dont le nom vient de **SO**uth of **HO**uston Street, est avec ses boutiques de luxe, ses restaurants, ses bars à la mode et ses galeries d'art l'un des quartiers les plus chics de New York. Colonisé par les artistes à partir des années 1960, l'endroit, devenu trop cher pour eux, est désormais le havre des « bobos ». Outre ses lieux de sortie, Soho est également connu pour être l'un des plus intéressants conservatoires d'architecture en fonte du pays.

Longez Prince Street pour rejoindre **Greene Street★** qui aligne la plus importante collection de façades en fonte. Les deux plus belles, **King and Queen of Greene Street** *(nos 72-76 et 28-30)*, sont un exemple de style Second Empire. En remontant vers **Prince Street**, notez, à l'angle, le pan de mur peint en **trompe-l'œil** figurant une façade de fonte : elle fut exécutée avec humour par le peintre Richard Haas en 1975. Vous pouvez compléter votre flânerie en

SOHO EN FONTE

Durant la seconde moitié du 19e s., les résidences de Soho furent peu à peu remplacées par des entreprises, des bureaux, des entrepôts. Les architectes employèrent la structure en fonte comme nouvelle technique de construction. Découverte par les Anglais à la fin du 18e s., elle permettait d'ériger rapidement des immeubles, présentant une variété de styles inconnue jusqu'alors. Plus légères, les façades comportaient davantage de fenêtres. Les éléments en fonte, coulés dans des moules et reproduits en nombre, pouvaient être conjugués entre eux, en fonction de la taille de l'édifice ou des demandes du client. L'ensemble était ensuite peint. Des rues entières furent ainsi bordées de gracieuses colonnades, de corniches et de frontons peints de délicates couleurs pastel.

redescendant par la tranquille **Wooster Street**, puis par **Broome Street**. Dans cette rue, à l'angle de Greene Street, notez le **Gunther Building** *(nos 469-475)*, une belle réalisation en fonte, ou encore l'élégant édifice au n° 448.

★★ GREENWICH VILLAGE

Greenwich Village incarne avant tout les poètes, les écrivains universels, les peintres et les artistes contestataires, les accords de jazz ou de blues. C'est le terreau intellectuel de New York qui refait le monde dans ses cafés enfumés, le cadre de l'université et de ses étudiants, toujours en mouvement. Il faut s'y perdre au printemps, quand les pruniers du Japon posent leurs nuages de fleurs blanches au-dessus des perrons et que les tables des bars débordent sur les trottoirs, dans une ambiance bohème prisée par les célébrités.
À l'ouest de 6th Avenue s'étend la partie la plus ancienne de Greenwich Village, avec ses rues plantées d'arbres et ses jolies maisons en brique rouge ou en grès brun *(brownstones)*, évocatrices de la vie du Village au début du 20e s. **Grove Street** aligne des rangées de maisons de style fédéral. Le quartier regorge de lieux historiques liés à la création littéraire et théâtrale. Le **Chumley's** *(n° 86)* est un ancien bar hanté par tous les écrivains du Village. Le **Cherry Lane Theater** *(38 Commerce St.)*, fondé dans les années 1920, est l'une des scènes les plus innovantes de New York.

★★ THE HIGH LINE

www.thehighline.org
Parallèle à l'Hudson, cette ligne de chemin de fer désaffectée servait au transport des marchandises pour l'ouest de Manhattan. La portion aérienne reliant Gansevoort Market à la 34th Street, vers Chelsea et Penn Station, a été reconvertie en **coulée verte suspendue**. La balade piétonne commence au Meatpacking District et serpente à travers le quartier de Chelsea. La première section, de 14th à 20th Street, avec ses parterres de graminées et ses chaises longues, a été inaugurée en juin 2009. Avant la fin de sa première année, elle avait déjà reçu plus de 2 millions de visiteurs ! Ouvert fin 2014, le dernier tronçon, entre 30th et 34th Street, permet d'admirer les immeubles d'architectes renommés, tels que l'**IAC Building** (Frank Gehry), le **100 11th Avenue** (Jean Nouvel) et la résidence **HL23** (Neil Denari). Profitez en toute sérénité du large panorama qu'offre le point de vue aménagé au-dessus de la 23rd Street.

★★★ WHITNEY MUSEUM OF AMERICAN ART

99 Gansevoort St. - ✆ 212 570 3600 - www.whitney.org - lun. et merc.-dim. 10h30-18h, fermé mar. (sauf pendant l'été) - 22 $ (étudiants et seniors 18 $, -18 ans gratuit).
Fondé en 1931 par l'artiste collectionneuse Gertrude Vanderbilt Whitney, le musée s'est installé en 2015 dans ce bâtiment signé Renzo Piano, avec vues imprenables sur l'Hudson River et l'ouest de Manhattan. Chaque étage dévoile en outre une superbe terrasse panoramique surplombant la High Line.
Spécialisé dans l'art américain des 20e et 21e s., le fonds compte plus de 21 000 œuvres de 3 000 artistes (dont plus de 3 000 peintures d'**Edward Hopper**) mais on ne découvre la plupart du temps qu'une petite partie des collections permanentes, une large place étant réservée aux expositions temporaires, dans l'optique de replacer constamment la créativité nationale dans les courants artistiques mondiaux, passés et présents.
La visite permet de découvrir les débuts de l'**art moderne américain**, encore influencé par les grands courants européens, les couleurs du fauvisme et les

formes géométriques du cubisme. Parmi les artistes du fonds, on remarque **Marsden Hartley**, Oscar Bluemner, Max Weber, **Georgia O'Keeffe**, **Charles Sheeler**, Stuart Davis, **Arshile Gorky** et Milton Avery.

On passe du réalisme urbain du début du 20e s. à la peinture géométrique puis abstraite, avant d'aborder le réalisme des années 1930. Si la star incontestée du musée est **Edward Hopper**, on découvre sur ses traces **Paul Cadmus** ou **Reginald Marsh**. Viennent ensuite les expressionnistes abstraits, **Robert Motherwell** et **Clyfford Still**, Alexander Calder, Franz Kline, puis **Andy Warhol**, ou, plus récemment, **Kiki Smith**.

★★★ EMPIRE STATE BUILDING

350 5th Ave (entre 33rd et 34th St.) - ✆ 212 736 3100 - www.esbnyc.com - tlj 8h-2h (dernier ascenseur 1h15) - observatoire du 86e étage : 37 $ (6-12 ans 31 $, -6 ans gratuit) ; Main Deck Express (coupe-file) 65 $; montée au 102e étage 20 $ en plus du ticket normal ; Main Deck Express (coupe-file) + montée optionnelle au 102e étage : 85 $ pour tous - audioguide en français (10 $). Comptez 2h avec la queue.

Ce gratte-ciel légendaire était le plus haut de la ville (443 m antenne comprise) jusqu'à ce qu'il soit détrôné par le One World Trade Center, haut de 541 m. L'Empire State Building, construit à l'emplacement du premier hôtel Waldorf-Astoria, fut inauguré le 1er mai 1931. L'affaire aurait pu être un terrible fiasco puisque, les contrats à peine signés, les États-Unis s'enfonçaient dans la Grande Dépression de 1929. Au contraire, cela sembla galvaniser tout le monde. Dès le début, le gratte-ciel éveilla tous les fantasmes. En 1933, le cinéma s'en empare avec le mythique gorille géant, King Kong, qui escalade ses parois. Plus tragique, en 1945, par temps de brouillard, un avion vient s'encastrer dans le 79e étage, faisant 14 victimes. Installée en 1953, l'antenne de télévision surmontant le mât d'origine fut, de fait, équipée d'une lanterne pour avertir les pilotes. Chaque soir, désormais, le sommet de l'édifice s'illumine, les couleurs changeant en fonction des jours et des saisons.

Observatoire – Situé au 86e étage (320 m d'altitude), il domine un des plus beaux **panoramas★★★** de la ville : la forêt de béton de Midtown et Central Park, au nord et, au-delà des immeubles moins élevés du West Village et de Soho, les gratte-ciel du sud de Manhattan, dont le One World Trade Center.

★★ TIMES SQUARE

Carrefour Broadway et 7th Ave.

Trottoirs bondés, déluge de lumières, concert de klaxons… Au cœur du Theater District, Times Square demeure le symbole absolu de la frénésie new-yorkaise ! Au 19e s., **Longacre Square** servait de marché aux chevaux. Son nom changea en 1904 lorsque le quotidien **The New York Times** décida d'y construire ses bureaux. En 1916, on autorisa l'installation des premières **enseignes électriques** qui allaient donner son caractère au célèbre carrefour. À la grande époque du cinéma new-yorkais, le quartier accueillit de célèbres studios, dont la Paramount et la Twentieth Century Fox, puis, à partir des années 1970, il vit chuter sa réputation en raison du trafic de drogue et de l'ouverture de sex-shops dans les rues avoisinantes. Avec les années 1990 revint le calme. Aujourd'hui, Times Square compte encore plusieurs immeubles dignes d'intérêt : au n° 1 le siège (jusqu'en 2007) du **New York Times**, au n° 3 l'agence de presse **Reuters** et au n° 4 le gratte-ciel très high-tech de la **Condé Nast** (1999), reconnaissable à sa tour ronde drapée d'écrans. La **National Geographic Encounter – Ocean Odyssey**, ouverte en 2017, est la toute nouvelle expérience immersive dans les océans de la planète, sans être un aquarium. Totalement inédite, elle est basée sur les jeux d'optique et les illusions, grâce des moyens technologiques de pointe *(natgeoencounter.com - 10h-22h - 39,50 $).*

★★★ TOP OF THE ROCK

Entrée par 50th St. entre 5th et 6th Ave - 67e-70e étage - M B, D, F, M (station 47-50 St./Rockefeller Center) - ✆ 212 698 2000 ou 877 692 7625 (numéro gratuit) - www.topoftherocknyc.com - 8h-0h, ascenseur 8h30-23h - 36 $ (6-12 ans 30 $), 54 $ (6-12 ans 43 $) le billet Sun & Stars (deux visites dans la même journée, une de jour et l'autre de nuit, ticket valable 24h) - réservez la veille par téléphone ou Internet pour choisir votre horaire de visite.

Avec l'Empire State Building, le Rockefeller Center est l'autre moyen de voir Manhattan de haut. Plus basse, la terrasse (259 m) permet d'admirer l'Empire State et Central Park. Le splendide **atrium★★★**, qui s'élève sur trois étages vitrés, présente l'histoire de l'immeuble. L'observatoire, étroit et allongé comme le pont d'un navire, offre un merveilleux **panorama★★★** sur Midtown : préférez le soir, pour profiter des lumières de la ville !

★★★ MUSEUM OF MODERN ART (MOMA)

11 W. 53rd St. (entre 5th et 6th Ave) - M E, M (station 53th St./5th Ave) - ✆ 212 708 9400 - www.moma.org - tlj sf mar. 10h30-17h30 (20h vend.) - fermé 25 déc. et Thanksgiving - 25 $ (étudiants 14 $,-16 ans gratuit) ; gratuit vend. 16h-20h ; le billet, valable 30 j., comprend aussi l'entrée au P.S.1. - plan et audioguide (en français) inclus dans le prix du billet - audioguide spécial enfants (en anglais). Comptez de 1h30 à 3h.

Parmi les musées qu'il faut absolument voir à New York, le MoMA est sans doute le plus agréable à découvrir, même si vous n'êtes pas un grand amateur d'art. Son architecture intérieure légère et aérée, son petit jardin de sculptures et son incroyable concentration de chefs-d'œuvre en font une promenade fascinante dans l'art depuis le milieu du 19e s. Il présente l'avantage de ne pas être immense (on peut le parcourir entièrement en moins de 2h), et même si l'ordre d'apparition des œuvres paraît parfois éclaté, l'œil n'est jamais fatigué et la curiosité sans cesse réveillée.

★★★ CENTRAL PARK

Accès : les lignes de bus 66, 72, 79, 86, 96 et 106 traversent Central Park. En métro, M A, B, C ou D, arrêtez-vous entre les stations Columbus Circle et Cathedral

LES CHEFS-D'ŒUVRE À NE PAS MANQUER AU MoMA

Georges Seurat – *Embouchure de la Seine à Honfleur* (1886)
Paul Cézanne – *Le Grand Baigneur* (1885)
Vincent Van Gogh – *La Nuit étoilée* (1889)
Henri Matisse – *La Danse (I)* (1909)
Claude Monet – *Le Bassin aux nymphéas. Reflets de nuages* (1920)
Pablo Picasso – *Les Demoiselles d'Avignon* (1907), *Garçon conduisant un cheval* (1905-06), *Baigneuse assise* (1930), *Jeune fille devant un miroir* (1932)
Vassily Kandinsky – *Picture with an Archer* (1909), *Four Seasons Series* (1914)
Salvador Dalí – *La Persistance de la mémoire* (1931)
Joan Miró – *Hirondelle Amour* (1933-34)
Willem de Kooning – *Woman (I)* (1950-52)
Andy Warhol – *Gold Marilyn Monroe* (1962)

1

Parkway. Ouv. tte l'année - www.centralparknyc.org - 93 km de chemins de promenade - plans, calendriers et horaires des manifestations aux trois centres d'accueil du parc (The Dairy au centre du parc, Dana Discovery Center au nord et Belvedere Castle) - visites thématiques sur la flore, les oiseaux, les animaux crépusculaires.

Avec ses 341 ha, Central Park est le **poumon vert de New York**. On y vient se reposer de la ville, mais sans vraiment la quitter tant la couronne de gratte-ciel est visible. Sur le plan culturel et festif, c'est un lieu majeur, au cœur de toutes les grandes manifestations. C'est là que les New-Yorkais se retrouvent, spontanément, quand les choses vont mal, comme après le 11-Septembre, ou dès qu'il faut manifester, contre une guerre ou en faveur d'une cause humanitaire. Après avoir été mal famé jusque dans les années 1980, le parc a retrouvé sa vocation récréative pour les familles, les amoureux de la nature, les sportifs et les touristes. Entre la location de vélos, de rollers, de bateaux téléguidés, les tours de barque sur le lac, la visite du zoo et les balades en calèche… tout le monde y trouve son compte !

★★★ THE METROPOLITAN MUSEUM OF ART (THE MET)

5th Ave (face à East 82nd St.) - M 4, 5 et 6 (station 86th St.) - bus lignes 1, 2, 3 et 4 (station 82nd St.) - ✆ 212 535 6710 - www.metmuseum.org - dim.-jeu. 10h-17h30, vend.-sam. 10h-21h - fermé 1er janv., Thanksgiving et 25 déc. - 25 $ (seniors 17 $, étudiants 12 $, -12 ans gratuit), billet valable le même jour pour les Cloisters ; tarif affiché non obligatoire ; audioguide des points forts (en français) 7 $ - visite guidée comprise dans le prix du billet (programme pour chaque langue à l'accueil) - plan du musée en français disponible à l'entrée. Comptez au minimum 3h.

Ce musée mythique, l'un des quatre ou cinq principaux au monde, surgit de la 5th Avenue, encadré de lourdes colonnes et enchâssé dans Central Park. Ses collections gigantesques, soigneusement mises en valeur, s'étendent des antiquités sumériennes à l'art du 20e s. Le musée, qui doit son existence aux nombreux legs et donations de riches mécènes, naquit en 1870. Sa façade Beaux-Arts date de 1902, mais les ailes nord et sud sont de 1911 et 1913. D'autres aménagements ont suivi, tels le pavillon Lehman (1975), l'aile Sackler (1978), la cour Petrie (1990), les salles grecques et romaines (2007) ou celles des arts d'Océanie.

SI VOUS AIMEZ…	LE *BEST OF* DU MET
Les civilisations antiques	Antiquités grecques et romaines (1st floor, à gauche). Art égyptien (1st floor). Art antique du Proche-Orient (2nd floor).
Les arts asiatiques	Arts japonais, coréen, chinois et d'Asie du Sud-Est (2nd et 3rd floors, n-est). Art islamique et d'Asie centrale (2nd floor).
La peinture	Peinture européenne du 14e au 18e s. (2nd floor, partie centrale). Peinture du 19e s. (2nd floor, aile sud). Peinture moderne (1st floor).
Le Moyen Âge	Medieval Court (1st floor, partie centrale, derrière le hall d'entrée).
Les arts décoratifs	European Sculpture and Decorative Arts (1st floor et à droite de la Medieval Court). American Wing (1st floor, mezzanine et 2nd floor).
L'art américain	American Wing : collections de peinture, mobilier et arts décoratifs américains (1st floor, mezzanine et 2nd floor).
Les arts premiers	Arts d'Afrique, d'Océanie et des Amériques (1st floor, aile sud Michael Rockefeller).

NOS ADRESSES À NEW YORK CITY

Plan p. 34-35.

INFORMATIONS TOURISTIQUES

www.nycgo.com
L'**Official NYC Information Center** a plusieurs bureaux :
Midtown – 151 W. 34th St. - lun.-sam. 10h-22h, dim. 10h-21h.
Times Square Broadway Plaza – entre 43rd et 44th St. - www.timessquarenyc.org - tlj 8h-19h.
City Hall – Pointe sud de City Hall Park (sur le trottoir de Broadway à la hauteur de Park Row) - lun.-vend. 9h-18h, w.-end 10h-17h, j. fériés 9h-15h.
Deux autres points info :
Lower East Side Visitor Center – 54 Orchard St. - lun.-vend. 10h-18h, w.-end 12h-17h.
Official NYC Information Kiosk (Chinatown) – Au croisement de Canal St., Walker St. et Baxter St. - tlj 10h-18h, j. fériés 10h-15h.
On trouve également des brochures gratuites : *Where New York*, *New York Quick Guide*, *Official City Guide* (dans les hôtels et les kiosques d'informations touristiques) et *Official NYC Guide* (disponible auprès du New York Convention & Visitors Bureau).

LES PASS

La plupart des musées sont fermés le lundi et les principaux jours fériés. Les billets sont chers, mais les musées ont des périodes d'accès gratuit. Des Pass proposent l'entrée dans une sélection de musées et de sites touristiques. Le **City Pass** est le plus intéressant. Il est valable 9 jours et coûte 126 $ pour un adulte, 104 $ pour un enfant de 6 à 17 ans. Il comprend l'accès à l'Empire State Building, au Metropolitan Museum of Art et à l'American Museum of Natural History, et à 3 autres musées au choix : musée Guggenheim ou Top of the Rock, Statue de la Liberté ou croisière Circle Line, 9/11 Memorial & Museum ou Intrepid Sea, Air & Space Museum. On l'achète dans les musées ou les sites concernés ou encore sur le site www.citypass.com.
Le **New York Pass** existe pour 1 jour (124 $), 2 jours (189 $), 3 jours (273 $) 5 jours (324 $), 7 jours (369 $) ou 10 jours (419 $). Réductions si vous achetez le pass en ligne : www.newyorkpass.com. Faites bien vos comptes, car il est impossible de tout voir dans le temps imparti. Il donne droit, entre autres, à une croisière autour de Manhattan, à l'Empire State Building, au musée d'Histoire naturelle et à de nombreux circuits thématiques, visites guidées et attractions, ainsi qu'aux grands musées (MoMA, Guggenheim, Met, Whitney, mais pas la Frick Collection). Réductions dans certains magasins et restaurants, et pour des spectacles à Broadway. Il s'adresse surtout aux familles avec des enfants.

ARRIVER/PARTIR EN AVION

John F. Kennedy (JFK)

À 24 km au sud-est de Manhattan - www.jfkairport.com.
Shuttle (navette) – Rejoignez le service *Ground Transportation* dans le hall du terminal d'arrivée, où un agent vous guidera. Comptez 20 à 25 $ par personne (1h-1h30 de trajet).
Taxi – Trajet 30-40mn. Prix fixe pour Manhattan 58 $, auquel s'ajoutent un surcoût aux heures de pointe (4,50 $) et le pourboire (10-15 %).

Bus express (NY Airport Service) – Il rejoint (ttes les 20-30mn), les gares de Penn Station, Port Authority et Grand Central. À Grand Central, navette pour les clients des hôtels situés entre 31st et 60th Sts. 18 $ par personne et 1h-1h30 de trajet.
Métro – En sortant du terminal, suivez les panneaux **Air Train**. Pour le sud ou l'ouest de Manhattan ou vers Brooklyn, rejoignez la station Howard Beach sur la **ligne A**. À destination d'East Midtown et de West Midtown, gagnez la station Jamaica Center et prenez le **LIRR** (train régional), pour Penn Station (35mn). Pour Downtown et le Queens, prenez la **ligne E**.
Air Train : 5 $ auquel il faudra rajouter 2,75 $ pour la correspondance avec le métro ; LIRR : 15 $.

La Guardia (LGA)

À 13 km à l'est du centre-ville - ☏ 718 533 3400.
Shuttle (navette) – Rejoignez le service *Ground Transportation* dans le hall de votre terminal : un agent vous indiquera le point de départ de la navette. Comptez 20 $ par pers. 30 à 45mn de trajet.
Taxi – 35-55 $ pour Manhattan, plus péage et pourboire. 30mn.
Bus express (NY Airport Service) – Mêmes conditions de transport qu'avec le bus express de JFK. 15 $.

Newark (EWR)

À 26 km au sud-ouest de Manhattan, dans le New Jersey (45mn à 1h de trajet) - ☏ 973 961 6000.
Taxi – 70-90 $, plus pourboire et surcoût de 5 $ aux heures de pointe.
Train – Suivez les panneaux **Air Train**. Ce monorail conduit aux trains reliant Newark à New York (Penn Station). Billet combiné Air Train + New Jersey Transit : 13 $.

ARRIVER/PARTIR EN TRAIN

Pennsylvania Railroad Station – *À l'angle de 7th Ave et de 32nd St.* Réseau ferroviaire régional et national desservi par Amtrak *(☏ 800 872 7245, www.amtrak.com)*, Long Island Railroad *(☏ 718 217 5477)* et New Jersey Transit *(☏ 201 762 5100)*.
Grand Central Railroad Terminal – *À l'angle de Park Ave et de 42nd St.* Service local assuré par Metro North *(☏ 212 532 4900)*.

ARRIVER/PARTIR EN CAR

Port Authority Bus Terminal – *Angle de 8th Ave et 42nd St. - ☏ 800 221 9903.* La principale gare routière de New York relie la ville aux trois grands aéroports de la région, ainsi qu'aux autres villes américaines. Comptez env. 15 $.
La compagnie **Greyhound** *(☏ 800 231 2222 - www.greyhound.com)* dessert l'ensemble du pays.
Les **Peter Pan Bus Lines** *(☏ 800 343 9999 - www.peterpanbus.com)* circulent surtout dans les États du Nord-Est.
D'autres compagnies relient New York aux grandes villes de la côte est au départ de Chinatown *(rens. www.chinatown-bus.org)*.

SE DÉPLACER

Le réseau des transports – bus, métro et trains de banlieue – est administré par la MTA (Metropolitan Transportation Authority) : **www.mta.info**. Demandez les plans de bus *(Bus Map)* et métro *(New York Subway Map)* dans une station de métro.

Métro Ⓜ

Tickets et tarifs – Le ticket (2,75 $) est valable pour un seul trajet et ses correspondances.

La **Pay-Per-Ride MetroCard** coûte de 5,50 à 80 $. Elle permet le transfert vers le bus, est rechargeable autant de fois que l'on veut, est utilisable pour 4 pers. maximum et permet de gagner 5 % par rapport au prix du ticket de métro.
L'**Unlimited Ride MetroCard** 7-Day (32 $) ou 30-Day (121 $) : accès illimité au métro et au bus.
Se repérer dans le métro – Les lignes ont un numéro ou une lettre. Pour savoir quel quai emprunter, c'est soit la **direction** qui compte (Downtown, Uptown), soit la **destination** (Brooklyn). Attention aux panneaux : pour certaines stations, une entrée séparée est affectée à chaque direction, et une fois que vous êtes passé avec votre ticket, il ne sera plus valable dans l'autre sens si vous vous êtes trompé. Des lignes sont omnibus *(local)*, d'autres *express* : un haut-parleur donne la précision avant l'arrivée du métro. Plusieurs lignes peuvent utiliser le même quai tour à tour : regardez bien le **numéro** ou la **lettre** affichés en tête du train et sur le côté des rames. Si vous vous trompez d'arrêt ou de sortie et que vous franchissez le tourniquet avec une carte, vous devrez attendre 18mn avant de pouvoir réutiliser votre carte.
Les métros circulent **24h/24**, passent toutes les 2 à 5mn aux heures de pointe (7h30-9h, 17h-18h30) et jusqu'à toutes les 20mn entre 0h et 6h30. Certaines stations sont fermées la nuit.
Sécurité et conseils – Le métro est sûr, néanmoins un minimum de prudence s'impose comme dans toute grande ville.

Bus

Les tickets de métro, les MetroCards et le One-Day Fun Pass sont valables dans les bus. La tarification est la même que dans le métro. Les lignes se distinguent par un **numéro**. La lettre qui le précède indique le *borough* d'appartenance : M pour Manhattan, B pour Brooklyn, Bx pour Bronx, etc. À Manhattan, les lignes transversales portent le numéro de la rue qu'elles longent. Pour demander l'arrêt suivant (tous les 2 à 3 blocs), appuyez sur les boutons « Stop » ou sur les bandes verticales jaunes situées entre les vitres. Beaucoup de lignes fonctionnent **24h/24** (fréquence réduite la nuit). Entre 22h et 5h, vous pouvez demander au chauffeur de vous laisser descendre entre deux arrêts.
Transferts – Si vous avez une Pay-Per-Ride MetroCard, les transferts du bus vers le métro ou vers un autre bus sont inclus dans la valeur du ticket pendant 2h après le premier passage à un contrôle. Si vous avez une Unlimited Ride MetroCard, ils sont illimités. Si vous payez avec des pièces, ils ne sont gratuits qu'avec les lignes de bus que croise celui dans lequel vous êtes monté.

Taxis

Prise en charge initiale – 2,50 $.
Compteur – 0,40 $ par 0,2 mile (soit env. 2 blocs), ou 0,40 $/mn arrêtées ou très ralenties.
Heure de pointe – Lun.-vend. 16h-20h, supp. 1 $/course.
Nuit – 20h-5h, supp. 0,50 $/course.
Péages des ponts et des tunnels à la charge du client.
Taxe municipale – 0,50 $/course.
Pourboire (non obligatoire mais recommandé) – 15 à 30 % en sus.
4 passagers maximum.
Les taxis sont libres si leur numéro lumineux sur le toit est allumé. Le site **www.nyccabfare.com** donne une estimation du prix d'une course.

Vélos

La ville a mis en place un système de location à la journée (12 $) ou pour 3 jours (24 $). Pour le mode d'emploi du **citi bike** et la localisation des nombreuses stations en ville, consultez www.citibikenyc.com.

HÉBERGEMENT

Préparez-vous à consacrer une part importante de votre budget à l'hébergement ! N'oubliez pas de rajouter les taxes (14,25 %) et les pourboires.
Pour sortir le soir, préférez les quartiers situés entre Canal St. et la 30th St., et West Midtown.
Lower Manhattan se vide le soir et reste très calme.

Lower Manhattan

POUR SE FAIRE PLAISIR

4 **World Center Hotel** – *144 Washington St. - M Cortland St - ✆ (212) 577-2933 - www.worldcenterhotel.com* - ▤ P *payant* - wifi - *169 ch. 179/340 $* - ✕. Construit face au New World Trade Center. Vues spectaculaires, notamment de la terrasse du 20e étage. Chambres design astucieusement conçues dans un style « technophile ».

Greenwich Village

BUDGET MOYEN

3 **Washington Square Hotel** – *103 Waverly Pl. - M 4th St./Washington Square - ✆ (212) 777-9515 - www.washingtonsquarehotel.com* - ▤ P *payant - 149 ch. 260/350 $* - ✕ *20/35 $*. Art déco, inspiré de la photo de cinéma. Chambres de taille modeste mais très claires. Service attentif et petit-déj. continental compris.

West Midtown

BUDGET MOYEN

5 **414 Hotel** – *414 W. 46th St. - entre 9th et 10th Ave - M 50th St. - ✆ (212) 399-0006 - www.414hotel.com* - ▤ - *22 ch. 239/359 $* ☕ - ✕. Au calme dans une rue arborée, deux maisons de brique réunies par un joli patio. Chambres un peu étroites, sobrement décorées dans un esprit très new-yorkais. Petit-déj. et wifi inclus. L'ensemble dégage une atmosphère reposante de pension de famille.

POUR SE FAIRE PLAISIR

2 **Room Mate Grace Hotel** – *125 W. 45th St. - entre 6th et 7th Aves - M Times Square - ✆ (212) 354-2323 - www.room-matehotels.com* - ▤ P *30 $/j* - piscine - *139 ch. 270/400 $* ☕. En plein Times Square, les petites chambres sont conçues comme des cabines de bateau, mais l'ensemble est moderne, coloré et fonctionnel. Piscine et sauna. À la mode, ce qui explique des prix un peu trop élevés. Promotions sur Internet.

Chelsea

POUR SE FAIRE PLAISIR

6 **Fairfield Inn and Suites New York** – *116 W. 28th St. - à l'angle de Ave of the Americas - M 28th St. - ✆ (212) 206-0998 - www.fairfield.marriott.com* - ▤ P *payant* - ♿ - *110 ch. 220/300 $* ☕. Un excellent hôtel, particulièrement bien situé. On a beau chercher un défaut… on ne trouve pas : l'accueil est souriant et efficace, les chambres de bonne taille, propres et sobrement (mais élégamment) décorées avec du mobilier en bois, et le petit-déjeuner copieux. Une adresse recommandée.

RESTAURATION

À toute heure, vous trouverez de quoi vous restaurer à bon marché, même dans les quartiers les plus huppés (pour un pique-nique, privilégiez les chaînes **Dean & Deluca** et **Whole Foods**

Market, largement présentes dans Manhattan). Le soir, les bonnes tables ne manquent pas. Et le samedi ou le dimanche, faites comme la plupart des New-Yorkais, cédez à la tentation du brunch !

Lower Manhattan

11 **Pier A Harbor House** – *22 Battery Pl. - M Bowling Green - ☎ (212) 785-0153 - www.piera.com - ♿ - lun.-mar. 16h-0h, jeu.-sam. 11h-2h, merc. et dim. 11h-0h - plat 16/24 $.* Posé au bord de l'Hudson, un établissement historique reconverti en restaurant. De la terrasse, la vue porte sur le ballet incessant des bateaux et la statue de la Liberté. Bons produits de la mer, dont un excellent burger de thon mi-cuit et un savoureux *fish and chips*.

Greenwich Village

PREMIER PRIX

2 **Corner Bistro** – *331 W. 4th St. - angle Jane St. - M Bleecker St. - ☎ (212) 242-9502 - www.cornerbistrony.com - 11h30-4h, dim. 12h-4h - moins de 15 $.* Sans doute les meilleurs burgers de la ville et assurément les moins chers (7/9 $).

BUDGET MOYEN

4 **Frankies Spuntino** – *570 Hudson St. - M Christopher St. - ☎ (212) 924-0818 - www.frankiesspuntino.com - ♿ - 11h-23h, vend.-sam. 11h-0h - fermé 25 déc. et le matin en hiver - 13/28 $.* Ambiance élégante et décoration sobre dans ce restaurant italien qui joue la carte de la simplicité et des bons produits. Goûteux crostini (4 $), excellent calamar grillé (17 $) et porc fondant à souhait (18 $). Quelques belles bouteilles (dont un fameux barolo) pour accompagner ces plats d'une bonne tenue. Une bien jolie adresse.

10 **Mary's Fish Camp** – *64 Charles St. - M Christopher St. - ☎ (646) 486-2185 - www.marysfishcamp.com - 12h-15h, 18h-23h ; dim. 12h-16h - à la carte 45/62 $.* Ambiance bruyante mais conviviale dans cet établissement célébrant les fruits de mer de la côte Est. Bar grillé, moules, palourdes et *lobster roll* (sandwich au homard du Maine mélangé à une rémoulade).

Chelsea

PREMIER PRIX

1 **Chelsea Market** – *75 9th Ave - entre 15th et 16th St. - M 8th Ave. - ☎ (212) 652-2110 - www.chelseamarket.com - 7h-2h, dim. 8h-22h.* Voici l'endroit où trouver de quoi concocter un pique-nique : fruits frais ou secs, pâtisseries, sandwiches raffinés, soupes, salades… S'il ne fait pas beau, on peut s'y asseoir ou choisir l'un des petits fast-foods. Fréquentation dense le w.-end.

West Midtown

PREMIER PRIX

8 **Shake Shack** – *691 8th Ave - M 42th St - ☎ (646) 435-0135 - www.shakeshack.com - 10h30-0h - moins de 20 $.* Le fast food haut de gamme de Danny Meyer, pour contenter des envies de burgers juteux (pain brioché de qualité et viande bien assaisonnée ; à partir de 3,75 $). Par contre, évitez les hot dogs, sans grand intérêt. Ne reste qu'à braver la longue file d'attente…

6 **Kung Fu Little Steamed Buns Ramen** – *811 8th Ave - M 42th St., M (proche angle 49th St.) - ☎ (917) 388-2555 - www.kungfulittlesteamedbunsramen.com - 10h30-22h - plat moins de 20 $.* Bienvenue au royaume des *noodles* ! Peter Song, le chef qu'on voit malaxer, étirer et frapper la pâte derrière une vitre, est

1

un spécialiste. Les nouilles se dégustent en soupes ou sautées (10/16 $). Excellents *dumplings* (beignets vapeur).

East Midtown

POUR SE FAIRE PLAISIR

7 **Oyster Bar** – *89 E. 42nd St. - Grand Central Terminal - M Grand Central - ✆ (212) 490-6650 - www.oysterbarny.com - ♿ - 11h30-21h30 - fermé j. fériés et dim. - 25/38 $.* Probablement le meilleur endroit de la ville pour déguster des fruits de mer.

Central Park

BUDGET MOYEN

9 **The Loeb Boathouse at Central Park** – *East 72nd St. - M 72th St. - ✆ (212) 517-2233 - www.thecentralparkboathouse.com - 12h-15h45, w.-end 9h30-15h45, dîner avr.-nov. 17h30-21h, w.-end 18h-21h - plats 14/30 $.* Au cœur de Central Park, cette ravissante véranda offre de romantiques couchers de soleil sur l'eau. Et tout est bon !

BOIRE UN VERRE

Lower Manhattan

The Black Tail – *22 Battery Pl. (2nd floor) - Pier A Harbor House - M Bowling Green - ✆ (212) 785-0153 - http://blacktailnyc.com - 17h-2h - cocktails 18 $.* Jouant sur le thème de la Prohibition à Cuba, ce bar à cocktails à la déco soignée (boiseries, lumières douces) est l'une des dernières sensations new-yorkaises. Excellents breuvages et ambiance joyeuse. Une très bonne adresse.

Tribeca - Soho

Smith and Mills – *71 N. Moore St. - entre Greenwich et Hudson St. - M Franklin St. - ✆ (212) 226-2515 - www.smithandmills.com - 11h-2h, jeu.-sam. 11h-3h.* Avec ses accents rétro et ses cocktails savoureux, ce minuscule bar est le dernier lieu à la mode !

Macao – *311 Church St. - M Canal St. - ✆ (212) 431-8642 - www.macaonyc.com - 17h-2h, jeu.-sam. 17h-4h.* Un ancien bar à opium qui fait frémir le Tout-New York, dont l'enseigne et l'apparence extérieure contrastent avec l'opulence intérieure et l'ambiance électrique, sur deux étages. Décoration traditionnelle chinoise revisitée et cocktails inventifs.

Lower East Side

The Roof – *215 Chrystie St. - bar du Public Hotel - M 2nd Ave. - ✆ (215) 735-6000 - www.publichotels.com/eat-and-drink/the-roof - lun.-merc. 19h-2h, jeu.-vend. 19h-4h, sam. 16h-4h, dim. 16h-2h.* Le *rooftop* du Public Hotel plonge sur la skyline de Manhattan : un cadre splendide pour prendre un verre sur les grands sofas de la terrasse au style épuré, tout en profitant du panorama.

Dudley's – *85 Orchard St. - angle Broome St. - M Delancey St. - ✆ (212) 925-7355 - www.dudleysnyc.com - 9h-2h, jeu.-sam. 9h-4h.* Bar d'angle aux grandes baies vitrées : joli décor bohème et fond sonore jazzy. Cocktails, bières et vins (souvent biodynamiques), restauration à toute heure, simple et efficace.

Mr Purple – *180 Orchard St. - M 2nd Ave. - ✆ (212) 237-1790 - www.mrpurplenyc.com - lun.-mar. 16h-2h, merc. 16h-3h, jeu.-vend. 16h-4h, sam. 11h-4h, dim. 11h-2h.* Le *rooftop* de l'hôtel Indigo est l'un des derniers-nés en ville. Situé au 15e étage, il offre une vue à 360 degrés sur la ville.

Union Square

230 Fifth – *230 5th Ave - proche W. 27th St. - M Union Square - ✆ (212) 725-4300 - www.230-fifth.com - ♿ - 14h-2h, w.-end 10h-2h.*

Un *rooftop* prisé pour sa vue admirable sur l'Empire State Building et les gratte-ciel de Midtown. Les cocktails ne sont pas à la hauteur.

Lillies – *13 E. 17th St. - ✆ (212) 337-1970 - www.lilliesnyc.com - ♿ - 11h-4h - fermé 25 déc.* Vitraux, boiseries, antiquités, cheminée monumentale, lustres imposants et comptoir de marbre. Ce bar respire l'élégance de l'époque victorienne, même si la musique *indie rock* est en revanche franchement contemporaine.

Upper East Side

Serendipity 3 – *225 E. 60th St. - entre 2nd et 3rd Ave - Ⓜ 59th St. - ✆ (212) 838-3531 - www.serendipity3.com - 11h30-0h, vend.-sam. 11h-1h, dim. 11h-0h.* Décor kitsch pour un café-salon de thé qui fait aussi restaurant. Les enfants adorent cette adresse que fréquentait Andy Warhol.

Upper West Side

Hungarian Pastry Shop – *1030 Amsterdam Ave - près de 111th St. - Ⓜ Cathedral Parkway - ✆ (212) 866-4230 - 7h30-23h, sam. 8h30-23h, dim. 8h30-22h.* Face à la cathédrale St John the Divine, ce café hongrois chaleureux a été filmé par de nombreux cinéastes, notamment Woody Allen.

ACHATS

Pour un après-midi shopping dans les grands magasins, rendez-vous du côté de Midtown et de l'Upper East Side. Les boutiques de luxe se trouvent sur Madison Avenue, sur 57th Street et à Soho. 5th Avenue regroupe des magasins variés. Pour les modes baba cool et néopunk, dirigez-vous vers l'East Village et Harlem. Les galeries d'art et la décoration haut de gamme se concentrent, quant à elles, à Chelsea et à Tribeca.

EN SOIRÉE

Downtown (au sud de 30th St.) est la partie de Manhattan la plus animée en soirée. West Midtown, avec **Broadway** et **Times Square**, est le quartier des théâtres. L'**Upper West Side** reste incontournable pour les salles de concert de qualité, notamment le Lincoln Center. Au nord, **Harlem** est le fief du jazz et du blues. Les **27th et 28th Streets** (entre 10th et 11th Ave) sont devenues le repaire des *night clubbers* avertis. Les boîtes ouvrent ou changent de nom et se démodent vite, mais pour quelque temps, ce devrait être l'endroit le plus fashion pour les fêtards. Attention, le prix des consommations est à la hauteur de la réputation de ces lieux.

Brooklyn est apprécié pour ses restaurants-bars et pour les clubs de Williamsburg ou les soirées de Bushwick. Si vous souhaitez vivre une expérience inoubliable, rendez-vous à **Harlem** pour une messe gospel (dim. matin, 9h et 11h). Elles durent 1h et alternent prêches enflammés et chants entraînants (prévoyez de la monnaie pour la quête).

Journaux (sortie le mardi) – *New York Magazine*, *Time Out New York* (payants) et *The Village Voice* (gratuit) répertorient les concerts, les spectacles et les films.

Sites Internet – Pour une billetterie en ligne : www.gotickets.com, www.tickco.com, www.ticketmaster.com.

Kiosques TKTS – *Duffy Square - West 47th St entre Broadway et 7th Ave. et South St. Seaport (angle Front et John St.) - ✆ (212) 912-9770 - www.tdf.org - 15h-20h, mar. 14h-20h, dim. 15h-19h (matinée merc.-jeu. et sam. 10h-14h, dim. 11h-15h).* Billets de spectacles vendus de 25 à 50 % moins cher, pour les représentations de l'après-midi, du soir ou du lendemain. Règlement par espèces ou chèques de voyage.

[redacted]sland

★★

État de New York (NY)

Avec ses plages de sable blanc et ses ports abrités, Long Island offre un lieu de villégiature rêvé. La partie occidentale, peuplée et frénétique, contraste avec la pointe orientale de l'île, divisée entre le North Fork et le South Fork. D'une extrémité à l'autre, activités nautiques et balnéaires, courts de tennis, balades à cheval et excursions font la joie des vacanciers. Le long de la côte nord, les riches New-Yorkais ont construit leurs résidences d'été parmi les plages, les échancrures rocheuses, les bois touffus et les falaises abruptes qui surplombent le détroit de Long Island.

NOS ADRESSES PAGE 52
Hébergement, restauration, achats, activités, etc.

S'INFORMER

Visitor Center – *✆ 877 386 6654 - www.discoverlongisland.com.*

SE REPÉRER

Carte de région C2 (p. 30). L'île s'étire sur 200 km du sud-ouest au nord-est, et sur 32 km à son point le plus large. Son extrémité ouest correspond aux arrondissements de Brooklyn et du Queens, puis l'île se développe vers le nord-est au large des côtes du Connecticut.

À NE PAS MANQUER

Les stations balnéaires des Hamptons.

AVEC LES ENFANTS

Les musées consacrés aux baleines, à Cold Spring Harbor, et aux transports, à Stony Brook.

Découvrir Carte de région p. 30

Oyster Bay C2

À 34 miles à l'est de New York City par la I-495 et la route 25A.

À lui seul, ce savoureux village symbolise la côte nord, surnommée « Gold Coast » (« Côte d'Or »), avec ses sites historiques et ses boutiques pittoresques.

★★ **Planting Fields Arboretum State Historic Park** – *1395 Planting Fields Rd - ✆ 516 922 9200 - plantingfields.org - parc 9h-17h, demeure 11h30-15h30 avr.-sept (oct. w.-end seult) - 8 $/voiture, gratuit en hiver* - P. Ancienne propriété du financier William Robertson Coe, Planting Fields est un vaste domaine de 165 ha dont une partie a été transformée en arboretum, le reste ayant été préservé dans son état naturel. On peut admirer des rhododendrons, des azalées, ainsi que des plantes ornementales et des camélias. Au milieu du parc se dresse **Coe Hall**, bel exemple d'architecture de style néo-Tudor.

Cold Spring Harbor C2

À 8 miles à l'est d'Oyster Bay par la route 25A.

Ce grand centre baleinier du 19e s. propose des expositions consacrées à son illustre passé au **Whaling Museum**★ *(301 Main St. - ✆ 631 367 3418 - www.cswhalingmuseum.org - 11h-17h en été, horaires restreints le reste de l'année - 6 $).*

La plage d'East Hampton.
russellkord.com/age fotostock

★★ Stony Brook C2

À 23 miles à l'est de Cold Spring Harbor par la route 25A.

Ce village situé dans un cadre rural idyllique doit sa célébrité à son quartier d'affaires (1941) et à son complexe de 3,6 ha regroupant différents musées.

★ **Long Island Museum of American Art, History and Carriages** – *1200 Rte 25A - 631 751 0066 - www.longislandmuseum.org - mar.-sam. 10h-17h, dim. 12h-17h - 10 $ -* P. Ce complexe compte un Musée historique, un musée d'Art et un musée de l'Histoire du transport aux États-Unis, ainsi que plusieurs bâtiments d'époque, dont un atelier de forgeron, une école, une grange. L'œuvre du peintre et dessinateur **William Sidney Mount** (1807-1868), qui s'installa à Stony Brook, est exposée au musée d'Art.

★★ Old Bethpage Village Restoration C2

À 19 miles au sud-ouest de Stony Brook par la I-495.

1303 Round Swamp Road - 516 572 8400 - www.nassaucountyny.gov - merc.-dim. 10h-16h - 13 $ - P.

Nichée dans une vallée de 80 ha, la communauté rurale active d'Old Bethpage reflète l'héritage architectural de Long Island. Cinquante et un bâtiments historiques, au sein desquels forgerons, cordonniers, tailleurs et paysans exercent leurs activités, furent transportés sur cet emplacement, après avoir été sauvés de la destruction.

★★ Jones Beach State Park C2

À Wantaugh, 7 miles au sud d'Old Bethpage par la route 106.

1 Ocean State Pkwy - 516 785 1600 - parks.ny.gov - 8 $/voiture (10 $ en haute saison).

Cette station balnéaire jouit de plus de 10 km de plages, ainsi que d'une double exposition sur l'océan et sur la baie. On y trouve le célèbre **Jones Beach Theater**, un stade nautique, des piscines chauffées, des terrains de sport et des aires récréatives.

On peut aussi profiter de la superbe **promenade** qui longe Ocean State Parkway, entre Jones Beach et **Robert Moses State Park★** – sur l'île proche de Fire Island.

★ Fire Island C2

À 8 miles à l'est de Jones Beach State Park par le Robert Moses Causeway.
Riche de multiples plages et longue de plus de 50 km, cette île forme une barrière au large de la côte sud de Long Island.

North Fork C2

À 50 miles à l'est de Stony Brook par la route 25A.
À l'extrémité est de l'île, le North Fork abrite le village préservé de **Cutchcoque** et le port actif de **Greenport**, avant de se prolonger jusqu'à **Orient Point**.

South Fork C2

À 118 miles à l'est de New York par la route 27.
Les élégantes stations de villégiature regroupées sous le nom générique de **The Hamptons★★** s'étendent sur environ 56 km à l'extrémité est du South Fork. Ancienne communauté de marins, **Westhampton Beach** attire aujourd'hui musiciens, écrivains et artistes. **Dune Road**, bien qu'étroite et impraticable par mauvais temps, est l'occasion d'une agréable promenade en voiture le long du littoral.

★ **Southampton** – Le village le plus important des Hamptons regroupe de magnifiques propriétés. Le **Parrish Art Museum** est essentiellement consacré à l'art américain *(279 Montauk Hwy, Water Mill - ✆ 613 283 2118 - parrishart.org - merc.-lun. 10h-17h, 20h le vend. - 12 $).*

East Hampton – Le calme East Hampton a longtemps séduit artistes et écrivains. Sa rue principale, Main Street, bordée de magnifiques ormes, compte plusieurs bâtiments historiques.

★ **Sag Harbor** – Ce charmant port de pêche à la baleine est un véritable musée de l'architecture coloniale et de celle du 19e siècle.

★ **Shelter Island** – Après une courte traversée en ferry au départ de Sag Harbor, l'île offre aux amateurs de promenades (à pied ou à vélo) un cadre de rêve. À l'extrémité orientale de l'île, au milieu de dunes balayées par le vent et qui semblent glisser imperceptiblement vers l'océan Atlantique, se dresse le phare **Montauk Point**, construit en 1795.

NOS ADRESSES À LONG ISLAND

HÉBERGEMENT/RESTAURATION

À l'instar des vignobles du North Fork et du South Fork et de leurs excellents merlots et chardonnays, les fruits de mer (palourdes locales, huîtres, coquilles Saint-Jacques et homards) raviront les gourmets les plus avertis.

BUDGET MOYEN

380 Inn – *380 Montauk Hwy - ✆ (631) 527-7000 - - 19 ch. à partir de 259 $.* Cet agréable motel Hampton est bien situé, à moins de 3,5 km de la mer et d'un golf. Les chambres aux parquets reluisants sont toutes équipées d'une kitchenette impeccable. À la belle saison, on profite de la piscine découverte.

Hudson Valley : de New York à Albany

Vallée de l'Hudson

★★★

État de New York (NY)

Entre les monts Adirondacks et l'océan Atlantique, l'Hudson parcourt plus de 500 km à travers collines et montagnes escarpées. Navigable à partir d'Albany, capitale de l'État de New York, il relie la partie septentrionale de l'État au reste du continent. La vallée, classée Heritage Area (« patrimoine naturel ») par le National Park Service en 1966, offre un environnement à la mesure de l'homme. Une remarquable concentration de demeures historiques témoigne des premiers temps de la colonisation hollandaise. À ce patrimoine se sont agrégées au 19e s. les résidences des nouveaux barons de l'industrie et des grandes dynasties du Nord, telle la famille Roosevelt.

NOS ADRESSES PAGE 61
Hébergement, restauration, achats, activités, etc.

S'INFORMER

Hudson River Valley – *800 232 4782 - travelhudsonvalley.com.*

Albany County Convention & Visitors Bureau – *25 Quackenbush Sq. - 800 258 3582 - www.albany.org.*

Follow the Hudson Valley Art Trail – Les offices de tourisme distribuent ce dépliant qui recense 20 étapes artistiques entre Yonkers, au nord de New York City, et Albany.

SE REPÉRER

Carte de région C1-2 (p. 30). Les sites décrits dans ce chapitre peuvent être découverts dans le cadre d'une excursion au départ de New York en montant vers le nord par la **route 9** le long d'East Bank (rive est), et en redescendant par la **route 9W** sur la rive ouest. Il est aussi possible, une fois arrivé à Albany, de poursuivre le voyage en voiture vers la région des Finger Lakes (*p. 65*) et des chutes du Niagara (*p. 78*). Des ponts traversent le fleuve à intervalles réguliers.

À NE PAS MANQUER

La demeure familiale de Franklin Delano Roosevelt ; les magnifiques points de vue sur l'Hudson qui se révèlent au hasard des routes.

ORGANISER SON TEMPS

Comptez au minimum une journée, et plus si cette région constitue pour vous une étape vers le nord. L'idéal est de disposer d'un véhicule particulier, mais certains sites se trouvent à proximité d'une gare desservie par la Hudson Line du Metro-North Railway, au départ de Grand Central, NYC *(www.mta.info).*

AVEC LES ENFANTS

La visite de l'*USS Slater,* le dernier destroyer d'escorte américain.

Découvrir Carte de région p. 30

★ Washington Irving's Sunnyside C2

À Tarrytown, accès par la route 9 ou en train (arrêt Tarrytown) et taxi.
W. Sunnyside Lane - ✆ 914 631 8200 (914 591 8763 le w.-end) -hudsonvalley.org - P - de déb. mai à mi-nov. : merc.-vend. 10h-17h30, sam.-dim. 9h30-17h - visite guidée seult, départ ttes les 1/2h - 12 $.

Sunnyside est l'ancienne propriété de l'humoriste **Washington Irving** (1783-1859), premier écrivain américain à avoir connu une renommée internationale. Son architecture originale et les vues splendides sur le fleuve symbolisent le style romantique fort prisé au 19e s. Construite en 1835 autour d'une ferme, la maison mêle les influences anglaise, hollandaise, espagnole et écossaise.

★ Lyndhurst C2

À Tarrytown, accès par la route 9 ou en train (arrêt Tarrytown) et taxi.
635 S. Broadway - ✆ 914 631 4481 - lyndhurst.org - P - jeu.-lun. 10h-16h, fermé janv.-mars - visite guidée seult, départ ttes les heures - 20 $.

UNE ARISTOCRATIE AMÉRICAINE

Au cours de ses déambulations new-yorkaises, le promeneur ne manquera pas de croiser les noms de J. P. Morgan, Cornelius Vanderbilt, Andrew Carnegie, Jay Gould ou John D. Rockefeller. Première génération d'autodidactes milliardaires, ces hommes développèrent l'industrie américaine dans les années qui suivirent la guerre de Sécession. Jusqu'alors, la haute société new-yorkaise se composait de familles de colons hollandais, dont la richesse, relative, provenait de biens fonciers ou commerciaux antérieurs. Au cours des années 1870, l'expansion du marché, l'afflux de main-d'œuvre et les lois en faveur des grandes entreprises engendrèrent un nouveau type d'entrepreneur. Édifiant des empires pétroliers, ferroviaires, bancaires ou sidérurgiques, ces industriels accumulèrent une fortune personnelle sans précédent. Comme il seyait aux aspirations de cette « nouvelle aristocratie », de superbes demeures, inspirées des châteaux français et allemands, virent le jour sur la 5th Avenue, entre 42nd et 49th St. De crainte qu'il y ait le moindre doute quant à leurs ambitions royales, les jeunes héritières épousèrent ducs et princes d'Europe, afin de gagner… leurs titres de noblesse.

L'Hudson dans la région de New York.
J. Greim/age fotostock

Étonnant château de style néogothique, Lyndhurst fut conçu en 1838 par Alexander Jackson Davis, l'un des architectes de maisons de campagne les plus prolifiques d'Amérique. La demeure est l'éclatante expression du style néogothique, traditionnellement associé, aux États-Unis, aux églises et aux universités. Les vitraux du peintre américain Louis Comfort Tiffany (1848-1933) et l'intérieur de bois sombre accentuent l'originalité du château.

★★ Kykuit C2

À Sleepy Hollow, accès par la route 9 ou en train (arrêt Tarrytown) et taxi.
914 631 8200 - hudsonvalley.org - P - visite guidée seult, au départ du Philipsburg Manor Visitor Center (sur la route 9) - mai-sept. : merc.-dim. 9h-18h - différentes formules selon les jours, à partir de 25 $.

Kykuit (« poste d'observation » en néerlandais) retrace la vie de quatre générations de la famille Rockefeller. John D. Rockefeller la fit bâtir en 1906 pour son père, le fondateur de la grande compagnie pétrolière Standard Oil. L'actuelle façade d'inspiration Beaux-Arts fut ajoutée ultérieurement. L'agencement intérieur reflète le style néoclassique, dans la tradition des maisons de campagne anglaises. Les chambres actuelles évoquent le séjour de Nelson Rockefeller, ancien gouverneur de l'État de New York, qui emménagea ici en 1963. La maison regorgea alors de meubles anciens, de céramiques chinoises, et d'œuvres d'art extraites de la **collection d'art moderne**★ de Nelson Rockefeller. Les superbes **vues**★ sur l'Hudson se conjuguent à la splendeur des jardins et des œuvres d'art pour composer des tableaux d'une beauté saisissante.

★★ Boscobel House and Gardens C2

1601 route 9D, Garrison, à 4 miles au nord de la jonction avec la route 403.
845 265 3638 - www.boscobel.org - P - merc.-lun. 9h30-17h (16h nov.-déc.), fermé janv. et fév. - visite guidée seult - plusieurs formules à partir de 17 $.

Aménagée et meublée avec soin, cette charmante demeure de style fédéral fut initialement élevée en 1804 sur un emplacement situé à 24 km (15 miles) environ plus au sud. Elle échappa à une destruction complète et fut déplacée sur le parc actuel, avant d'ouvrir au public en 1961. Son architecture sobre et élégante reflète le « goût antique », rendu populaire au 18e s. par l'étude archéologique de la Grèce et de la Rome anciennes. À l'intérieur comme à l'extérieur, on notera les fines colonnes, les fenêtres étroites et les ornements délicats. La maison est pourvue d'un mobilier sobre et élégant, dont certaines réalisations sont l'œuvre de l'ébéniste new-yorkais Duncan Phyfe.

★ Dia : Beacon C2

À Beacon, accès par la route 9 ou en train (arrêt Beacon) et 5mn de marche. 3 Beekman St. - 845 440 0100 - diaart.org - P - nov.-mars vend.-lun. 11h-16h, avr.-oct. jeu.-lun. 11h-18h - 15 $ (-12 ans gratuit). Très bonne cafétéria et agréable parc.

Ouvert en 2003, cet immense espace de plus de 20 000 m² – à l'origine une usine d'impression de boîtes de biscuits en activité de 1929 aux années 1970 – est dédié pour l'essentiel aux œuvres minimalistes et conceptuelles des années 1960 aux années 1990. Inondé de lumière naturelle et doté de ses planchers d'origine, le bâtiment a été réaménagé avec l'aide de l'artiste Robert Irwin, célèbre pour ses installations (on peut en voir dans le musée), et de plusieurs architectes. On y découvre, sur trois niveaux, une partie des collections de la Dia Art Foundation. Parmi les œuvres les plus impressionnantes se trouve la série *Torqued Ellipses*, de Richard Serra, gigantesques sculptures métalliques de plusieurs mètres de hauteur à l'intérieur desquelles le visiteur peut circuler – des modèles réduits permettent de mieux comprendre comment elles fonctionnent. Intéressante aussi, la série de toiles d'Agnes Martin, *Innocent Love* (1999), créée spécialement pour Dia : Beacon, et les installations à base de lumières fluorescentes de Dan Flavin. Parmi les autres artistes exposés : Louise Bourgeois, Joseph Beuys, Walter De Maria, On Kawara…

★ The Culinary Institute of America C2

À Hyde Park, accès par la route 9 ou en train (arrêt Poughkeepsie) et taxi. 1946 Campus Dr. - 845 452 9600 - www.ciachef.edu - P - voir calendrier des visites et des cours sur le site Internet.

Fondé en 1946, le CIA, de son nom de code, est la plus ancienne école de formation aux métiers de la restauration du pays. On peut découvrir le magnifique campus, installé depuis 1972 dans un ancien séminaire de jésuites, grâce à une visite guidée (en anglais) ou en s'y promenant librement. Vous pouvez aussi prévoir de tester l'un des sept restaurants ouverts sur le site, dans lesquels officient les élèves de l'école (*Nos adresses*). Enfin, ne manquez pas de jeter un œil à la spectaculaire librairie consacrée aux livres de cuisine. Depuis sa création, l'école a essaimé en Californie, au Texas et même à Singapour.

★★ Home of Franklin D. Roosevelt National Historic Site (Springwood) C2

À Hyde Park, accès par la route 9 ou en train (arrêt Poughkeepsie) et taxi ou navette gratuite (mai-oct., rens. et horaires sur le site Internet). 800 337 8474 - www.nps.gov/hofr - P - 9h-16h - maison : visite guidée seult (demandez la documentation en français), horaires variables selon les jours ; musée et bibliothèque : vis. libre - 20 $, billet valable 2 jours.

Bon à savoir - La visite commence au Henry A. Wallace Visitor Center (billets, restaurant, boutique) par une exposition générale et un film sur le président Roosevelt et sa famille. Une magnifique carte en mosaïque (au sol) figure l'ensemble du domaine tel que le connut Roosevelt.

Demeure familiale du président américain **Franklin Delano Roosevelt** (1882-1945), Springwood abrite les souvenirs d'une des familles les plus célèbres des États-Unis. Franklin D. Roosevelt naquit dans cette maison en 1882, et s'y installa en 1905 avec son épouse, Eleanor, alors qu'il commençait sa carrière politique. Au fil du temps il agrandit la maison et conçut, notamment, les ailes actuelles, au point de faire ressembler l'ensemble à la Maison-Blanche, version réduite ! C'est dans cette demeure également que

Roosevelt se remit d'une poliomyélite en 1921. Il est enterré en compagnie de son épouse dans la roseraie. La présence des Roosevelt demeure encore sensible dans les différentes pièces, meublées confortablement et emplies de souvenirs personnels.

FDR Library and Museum *(fdrlibrary.org)* – C'est le président Roosevelt qui, le premier, eut l'idée de constituer une bibliothèque avec toutes les **archives** de ses mandats, inaugurant la tradition aux États-Unis. À quelques mètres de la maison, le bâtiment d'origine, remanié et agrandi, abrite donc un centre accessible à quiconque effectue des recherches sur cette période et un passionnant musée sur l'œuvre de celui qui demeure le plus populaire des présidents américains, élu à quatre reprises successives, un record! Le parcours chronologique débute en 1932, avec sa première élection dans le terrible contexte de la crise des années 1930, et s'achève à sa mort en avril 1945. L'homme du **New Deal** *(p. 581)* allait permettre au pays de se redresser puis de se battre contre les puissances de l'Axe durant la **Seconde Guerre mondiale**. L'exposition, ponctuée d'archives filmées, revient aussi sur le rôle actif d'**Eleanor Roosevelt**, féministe et partisane de la lutte en faveur des droits civiques, engagée aux côtés de son mari en politique et très active dans la création de l'Onu.

★ **Eleanor Roosevelt National Historic Site** – *Un peu plus loin, sur la route 9 - 845 229 9422 - www.nps.gov/elro - P - mai-oct. 9h-16h, le reste de l'année jeu.-lun. 13h-15h - visite guidée seult, horaires variables selon les jours - 10 $.* En 1925, Franklin fit construire sur la propriété de Springwood un petit cottage en pierre, qui servirait de résidence secondaire à sa femme. Après le décès de son mari, Eleanor y passa les dernières années de sa vie jusqu'à sa mort en 1962. Ce confortable ensemble de bâtiments en pierre fut baptisé **Val-Kill** d'après le nom d'un proche cours d'eau.

1

★★ Vanderbilt Mansion National Historic Site C2

À Hyde Park, sur la route 9 ou en train (arrêt Poughkeepsie) et taxi.
4097 Albany Post Rd - 845 229 9115 (poste 2010) - www.nps.gov/vama - P - mai-oct. 9h-17h, nov.-avr. 12h et 16h - visite guidée seult - 10 $.

Édifiée en 1898 par Frederick Vanderbilt (petit-fils du « Commodore » Cornelius Vanderbilt) et son épouse Louise comme lieu de vacances, cette demeure est la parfaite illustration des extravagances dont furent coutumiers les « nouveaux riches » de l'Âge d'or. Composée de 50 pièces, la résidence fut construite dans le style Beaux-Arts par McKim, Mead and White. Elle regorge d'œuvres d'art et de meubles de la Renaissance à l'époque rococo. Le parc offre de magnifiques vues sur l'Hudson et sur la chaîne des Catskills au nord et à l'ouest.

★ Walkway over the Hudson State Historic Park C2

À Poughkeepsie, accès par la route 9 ou en train (arrêt Poughkeepsie) et 15mn de marche.
walkway.org - P - 6h30 au coucher du soleil - plusieurs accès depuis la rive est : 61 Parker Ave, 130 Washington St. (40 marches), 83 N Water St. (ascenseur).

Bon à savoir - Il existe aussi une entrée de l'autre côté de l'Hudson, 87 Haviland Rd, Highland.

Longue de 2 km – un record mondial –, cette passerelle qui enjambe l'Hudson a été construite en 1888 et était au départ une voie ferrée qui a servi au transport de marchandises jusque dans les années 1970. Reconvertie depuis 2009 en passerelle piétonne et ceinte d'un grand parc aménagé pour les piétons et les cyclistes, elle permet du haut de ses 64,5 m de jouir d'un splendide panorama sur la région.

★ The Old Rhinebeck Aerodrome C2

À Red Hook, accès par la route 9 ou en train (arrêt Rhinebeck) et taxi. 9 Norton Rd - ✆ 845 752 3200 - www.oldrhinebeck.org - P - mai-oct. 10h-17h - 25 $ (6-17 ans 12 $).

Créé par Cole Palen, un fondu d'aéronautique, ce musée en partie en plein air rassemble 75 engins volants datant de l'âge d'or de l'aviation. La plupart sont des originaux : Blériot IX (1909), Fokker D8 (1918), De Haviland DH82 Tiger Moth (1934), American Eagle (1929)... et sont en état de marche ! Des démonstrations ont lieu les week-ends en été. L'endroit compte également une belle collection de modèles réduits et des véhicules anciens, dont une Ford T de 1914 et une Buick de 1920. Si le cœur vous en dit, vous pourrez vous aussi monter à bord d'un biplan New Standard D-25 de 1929, petit avion de 5 places, pour une virée dans les airs forte en sensations *(juin-oct. sam.-dim. - 75 $/pers.)*.

★ Clermont State Historic Site C2

À Germantown, accès par la route 9G. 1 Clermont Ave - ✆ 845 537 4240 - parks.ny.gov - P 5 $ avr.-oct., gratuit le reste de l'année - avr.-oct. merc.-dim. 10h30-16h, nov.-déc. sam.-dim. 10h30-15h, sur rdv le reste de l'année ; parc accessible toute l'année du lever au coucher du soleil - visite guidée de la demeure ttes les h à partir de 11h - 7 $ (12-18 ans 4 $), accès libre pour le parc.

Ce magnifique domaine a été la propriété de sept générations de Livingston, influente famille de la région de New York, d'origine écossaise. Des jardins pleins de charme aménagés sur la propriété, on jouit de points de vue spectaculaires sur la chaîne des Catskills (d'où le nom du domaine dérivé du français « clair mont ») et sur le fleuve Hudson en contrebas. La demeure de style georgien, construite une première fois en 1740 puis incendiée en 1777 par les Britanniques pendant la guerre d'Indépendance, a été reconstruite rapidement après cet épisode et largement remeublée avec les possessions que la famille avait réussi à mettre à l'abri avant de s'enfuir. Par la suite, elle abritera la deuxième plus grande bibliothèque privée du pays. On peut encore aujourd'hui admirer sur place un exemplaire de l'*Encyclopédie* de Diderot et d'Alembert. Le plus célèbre des Livingston est incontestablement Robert R. (1746-1813), dit le Chancelier, qui fut l'un des cinq rédacteurs de la déclaration d'Indépendance, puis secrétaire d'État aux Affaires étrangères et ambassadeur en France, et à ce titre, partie prenante des négociations lorsque la France vendit la Louisiane aux États-Unis en 1803.

★ Olana State Historic Site

Accès par la route 9G - ✆ 518 828 0135 - www.olana.org - visites guidées oct.-juin tlj sf lun. 10h-16h - entrée libre pour le parc.

En 1870, dans un superbe site d'où la **vue★★** s'étend sur la vallée, le peintre américain **Frederic Edwin Church** (1826-1900) a fait construire, comme peut-être son ultime chef-d'œuvre, cette demeure qui hésite entre styles mauresque et victorien. Au cours de la visite, on admire les tableaux de Church et de ses amis, membres comme lui de l'Hudson River School *(p. 597)*. La villa accueille également des expositions d'art ancien ou contemporain.

★ Storm King Art Center C2

À New Windsor, accès par la route 9W, ou en train (arrêt Beacon) et taxi, ou en bus (départ Port Authority Bus Terminal à New York City, rens. www.coachusa.com). 1 Museum Rd - ✆ 845 534 3115 - stormking.org - P - avr.-oct. : merc.-dim. 10h-17h30 (16h30 en nov.), fermé le reste de l'année - 18 $.

Le Capitole (à droite) sur Empire State Plaza, à Albany.
Ph. Orain/Michelin

1

Commencez la visite de cet étonnant musée de sculptures en plein air par la résidence construite en style dit « normand » (1935). Promenez-vous ensuite à travers le parc et contemplez plus de 100 œuvres réalisées par de grands noms de la sculpture moderne. Fondé en 1970, le centre d'art propose par roulement des expositions, auxquelles sont intégrées régulièrement de nouvelles pièces.

★★ West Point C2

À Highlands Falls, accès par la route 9W ou en train (arrêt Peekskill) et taxi. 2017 New South Post Rd - Visitor Center et musée ouverts au public - ✆ 845 938 2638 - www.usma.edu - 9h-17h - P - campus de l'académie : visite guidée seult (✆ 845 446 4724 - www.westpointtours.com ; plusieurs formules à partir de 16 $; réservation des billets sur le site Internet recommandée - les visiteurs doivent présenter leurs papiers d'identité).

Afin de protéger l'Hudson, il fut établi sur ce site en 1778 un poste militaire hautement stratégique. Après la guerre d'Indépendance, il servit à entreposer les trophées et équipements capturés à l'ennemi. En 1802, le Congrès en fit officiellement l'Académie militaire des États-Unis. Il demeure à ce jour le plus ancien poste militaire encore en activité. La visite de cette école tentaculaire nécessite près d'une journée de marche pour se rendre d'une extrémité à l'autre.

Les installations de West Point, à commencer par le **centre d'accueil** des visiteurs, permettent de découvrir différentes facettes de l'histoire américaine. Les chapelles, les monuments et le **musée militaire**★★ – où sont évoquées de façon exhaustive la technique et l'histoire militaires – sont ouverts au public. Au milieu du campus, **Fort Putnam**★ *(✆ 845 938 3590)*, cœur historique de West Point, offre une vue saisissante sur le fleuve, à plus de 150 m d'altitude. En automne et au printemps se tiennent les **Parades**, revues militaires célèbres dans toute l'Amérique pour la précision avec laquelle défilent les cadets *(renseignements : ✆ 845 938 2637)*.

★ ALBANY

Située sur la rive ouest de l'Hudson, non loin de sa confluence avec la rivière Mohawk, la capitale de l'État de New York (1797) est une petite ville dotée d'une architecture hétéroclite et d'un riche passé puisqu'elle est l'une des plus anciennes du pays. Le souvenir des Hollandais, qui furent les premiers Européens à s'installer dans la région au début du 17e s., est encore présent dans la toponymie et les traditions. Grâce à sa position sur l'axe commercial du canal de l'Érié, doublé par le chemin de fer, la ville a développé une activité industrielle jusqu'à son déclin dans les années 1970. Les entrepôts de l'Hudson destinés au bois ou au bétail sont désormais vides, et la ville s'est tournée depuis vers les activités tertiaires (administration, éducation, banques). Commencez la visite de la ville par le **bureau des visiteurs** *(p. 53)*. Installé dans une station de pompage d'eau, il abrite une intéressante exposition sur l'histoire de la ville, son héritage culturel et les inventions qui y ont vu le jour, comme la boule de billard (1868).

★ Downtown

Le centre s'organise autour du **Capitole★** de l'État de New York *(State St. et Capitole Ave - 518 474 2418 - www.ogs.ny.gov - vis. guidée lun.-vend. 10h, 12h, 14h, 15h, sam. 11h, 13h - gratuit)*, une imposante bâtisse de style néoroman et néo-Renaissance (1899) qui, à la différence des autres capitoles, n'a pas été coiffée d'une coupole. En contrebas des marches se dresse la statue équestre du général Sheridan, natif de la ville et héros de la guerre de Sécession. L'ensemble jouxte l'**Empire State Plaza★** *(www.empirestateplaza)*, un groupe de bâtiments dédiés à une partie de l'administration de l'État de New York, construit à l'initiative du gouverneur Nelson Rockefeller entre 1965 et 1976. Une période que l'on retrouve au fil des 90 sculptures modernes (signées notamment Calder ou Noguchi) disséminées dans le quartier ou encore avec **The Egg★** *(p. 63)*, une détonnante construction accueillant plusieurs salles de spectacles. Dans un tout autre style, remarquez sur Washington Avenue, juste au nord du Capitole, l'incroyable édifice du **New York State Education Department** (1912) et son interminable colonnade. Et pour une vue d'ensemble, grimpez au **Corning Tower Observation Deck** *(5 Empire State Plaza - lun.-vend. 10h-15h45 - gratuit)*, au 42e étage du plus haut bâtiment de l'État en dehors de New York City.

★★ New York State Museum

222 Madison Ave - 518 474 5877 - www.nysm.nysed.gov - mar.-dim. 9h30-17h - donation suggérée 5 $.

Installé jusqu'en 1976 dans le bâtiment du New York State Education Departement, ce musée d'histoire naturelle a pour ambition de démontrer le caractère unique de l'État de New York du point de vue de son patrimoine naturel et culturel. Des vitrines sont ainsi consacrées à la géologie et aux fossiles, à la faune et à la flore (grande collection d'oiseaux), mais aussi aux cultures des Indiens qui se trouvaient là avant l'arrivée des Européens. Une importante section a pour objet New York City, ville-phare de l'État, avec ses quartiers, son fameux *subway*, son architecture unique, ses mythes et ses drames – dont les attentats du 11-Septembre. Au 4e niveau, un manège ancien avec 40 animaux à chevaucher prend le départ toutes les 15mn.

★ Albany Institute of History and Art

125 Washington Ave - 518 4634478 - www.albanyinstitute.org - P - merc.-sam. 10h-17h, jeu. et 1er vend. du mois 10h-20h, dim. 12h-17h - 10 $, gratuit le 1er vend. du mois à partir de 17h.

Fondé en 1791, ce musée, l'un des plus anciens des États-Unis, possède de remarquables collections d'objets qui illustrent de manière précise la vie et la culture de la vallée de l'Hudson de la fin du 17e s. à nos jours. Au fil des expositions temporaires, on découvrira ainsi une partie des fonds composés de peintures, mobilier, argenterie, verrerie, costumes, documents, manuscrits ou photos ayant appartenu à des personnes de tous âges et de toutes classes sociales. Les expositions permanentes sont, elles, consacrées aux antiquités égyptiennes, à la sculpture américaine du 19e s. (Erastus Dow Palmer, Launt Thompson, Charles Calverley) et aux peintres de l'Hudson River School tels que Frederic Edwin Church (*p. 598*).

★ Schuyler Mansion State Historic Park

32 Catherine St. - 518 434 0834 - parks.ny.gov - P - mai-oct. merc.-dim. 10h-17h, visite guidée seult, horaires variables, consultez le site Internet - 5 $.

Cette maison de style georgien, qui se dresse sur une colline dominant l'Hudson, est l'une des rares demeures anciennes d'Albany à avoir survécu au remodelage de la ville dans les années 1960. Elle appartint à Philip J. Schuyler (1733-1804) et sa famille, d'ascendance hollandaise. Général pendant la guerre d'Indépendance, membre du Sénat de l'État puis du pays, Schuyler reçut dans cette demeure relativement modeste Benjamin Franklin et George Washington. Des anecdotes rattachées au lieu agrémentent la visite *(en anglais uniquement)*.

★ USS Slater

141 Broadway St. - 518 431 1943 - www.ussslater.org - avr.-nov. merc.-dim. 10h-16h, visite guidée, horaires variables, consultez le site Internet - 9 $.

Bienvenue à bord du dernier destroyer d'escorte américain utilisé durant la Seconde Guerre mondiale ! L'*USS Slater* fait partie des 563 vaisseaux américains du même type, construits entre 1943 et 1945, qui ont sillonné les eaux de l'Atlantique Nord et du Pacifique pour protéger les bateaux alliés des redoutables sous-marins allemands et des kamikazes japonais. La visite permet de découvrir les conditions de vie des marins à bord.

Corning Preserve

La zone longeant l'Hudson fait l'objet d'un grand projet de revitalisation qui devrait aboutir à l'horizon 2030 *(www.albany2030.org)*. On y trouve des espaces verts et des réserves protégées, à l'instar de **Corning Preserve**, récemment ouverte au public, qui compte des pistes cyclables et piétonnes, des aires de pique-nique et un restaurant installé sur une barge, d'où l'on peut observer de près l'activité du fleuve *(accès depuis Quay St., proche du Visitor Center)*.

NOS ADRESSES DANS L'HUDSON VALLEY

HÉBERGEMENT

West Point

POUR SE FAIRE PLAISIR

The Thayer – *674 Thayer Rd - (845) 446-4731 - www.thethayerhotel.com - P - 151 ch. 199/299 $ - 20 $ -* Il faut montrer patte blanche pour accéder à cet hôtel situé dans l'enceinte de l'académie militaire – cas unique au monde. Inauguré en 1926, cet imposant établissement de style néogothique abrite des chambres très confortables et ne lésine pas sur la décoration… militaire. Sur place, deux restaurants, dont le MacArthur's Riverview, et un bar avec vue panoramique sur l'Hudson, le Zulu Time Rooftop Bar & Lounge (ouv. avr.-nov.).

Rhinecliff

BUDGET MOYEN

Beekman Arms – *6387 Mill St. - (845) 876-7077 - www.beekmandelamaterinn.com - P - 80 ch. 299/409 $ (2 nuits* *mini.)* - ✕. Ouvert en 1766, cet établissement est le doyen des hôtels américains ! Il s'agissait à l'origine d'une modeste auberge – laquelle a tout de même accueilli Benjamin Franklin, dont on peut voir la signature encadrée. Les chambres sont aujourd'hui réparties dans plusieurs lieux. Celles du bâtiment historique sont arrangées avec des meubles et des objets anciens (mais des sanitaires modernes). Les parquets craquent mais l'endroit a beaucoup de charme. Attention : il n'y a pas d'ascenseur pour accéder aux chambres réparties sur trois niveaux.

POUR SE FAIRE PLAISIR

The Rhinecliff – *4 Grinnell St. - ☏ (845) 876-0590 - www.therhinecliff.com - P - 9 ch. 259/389 $* ☕ - ✕. Dès 1853, un hôtel accueillait à ce même endroit les passagers de la ligne fluviale Rhinecliff-Kingston et de la ligne ferroviaire de l'Hudson. L'établissement aujourd'hui en activité est un véritable bijou moderne. Les chambres, toutes différentes, possèdent un balcon avec vue sur le fleuve et au-delà, la chaîne des Catskills.

Albany

BUDGET MOYEN

Morgan State House B & B – *393 State St. - ☏ (888) 427-6063 - http://statehouse.com - P 10 $/j - 6 ch. et 11 studios 149/249 $* ☕. Bien situé face au Washington Park (Downtown), ce B & B a pour cadre une jolie maison de la fin du 19e s. entourée d'un agréable jardin. Les chambres sont aménagées avec un mobilier ancien. Dans un bâtiment séparé, des studios bien équipés accueillent les visiteurs pour des séjours prolongés ou autonomes. Le tout a beaucoup de charme.

POUR SE FAIRE PLAISIR

Renaissance Albany – *144 State St. - ☏ (518) 992-2500 - www.marriott.com - P* 📶 *- 303 ch. 152/255 $* - ✕. Le palace historique de la ville, construit dans les années 1920, a été transformé en un magnifique hôtel moderne. De nombreux éléments du décor d'origine ont été conservés, comme les fresques et les boiseries du hall, et confèrent à l'endroit beaucoup de charme. Les chambres sont d'un grand confort, comme on peut s'y attendre. Excellente situation, à deux pas du Capitole et des musées. Le restaurant Wellington mérite une halte gastronomique.

RESTAURATION

West Point

POUR SE FAIRE PLAISIR

MacArthur's Riverview Restaurant – *Hôtel The Thayer - ☏ (845) 446-4731 - www.thethayerhotel.com - 7h30-14h30, 17h30-21h30, dim. 10h30-14h30, 17h30-21h30 - plats 22/43 $*. Quel que soit le repas que vous y prendrez, vous ne serez pas déçu. Le petit-déjeuner buffet est somptueux (24 $), tout comme le brunch dominical au champagne. On peut prendre place à l'intérieur, dans la salle qui évoque un manoir anglais, ou, si le temps le permet, sur la magnifique terrasse qui surplombe l'Hudson et le jardin d'herbes que cultive le chef.

Hyde Park

BUDGET MOYEN

Caterina de Medici – *CIA – 1946 Campus Dr. - Rte 9 - ☏ (845) 451-1013 - www.ristorantecaterinademedici.com - 11h30-13h, 18h-20h30 - fermé w.-end - à la carte 36/53 $*. Le restaurant italien du Culinary

Institute of America évoque une villa toscane. On y sert de délicieux risottos, pâtes fraîches et tiramisus, préparés et servis par les élèves, sous la supervision d'un chef. La carte est renouvelée plusieurs fois dans l'année.

Albany

BUDGET MOYEN

New World Bistro – *300 Delaware Ave - ✆ (518) 694-0520 - http://newworldbistrobar.com - 16h30-21h30, vend.-sam. 16h30-22h, dim. 11h-21h30 - plats 12/26 $.* « Goûts internationaux, produits locaux » : telle est la devise de ce restaurant qui sert une cuisine colorée et variée inspirée au chef par les produits du marché. Des desserts succulents complètent la carte, et le brunch dominical est fort apprécié. On peut s'installer sur la petite terrasse couverte à la belle saison.

Wellington's – *144 State St. - Voir Hôtel Renaissance Albany - ✆ (518) 992-2432 - http://wellingtonsalbany.com - 6h30-0h, dim. 7h-23h - à la carte 41/55 $.* On aime d'abord le décor ou plutôt les décors de cette grande salle lumineuse. Le menu annonce une cuisine américaine moderne préparée avec des produits frais et locaux si possible. Tout est délicieux et les poissons sont particulièrement bien cuisinés.

POUR SE FAIRE PLAISIR

Angelo's 677 Prime – *677 Broadway - ✆ (518) 427-7463 - http://677prime.com - 11h30-22h, sam. 17h30-22h - fermé dim. - à la carte 53/79 $.* Réputé pour sa viande, ce grand restaurant animé propose notamment un grand choix de steaks accompagnés de sauces diverses. Les amateurs de poissons ne sont pas en reste : la carte affiche huîtres, crevettes et fruits de mer frais livrés tous les jours. Une très bonne adresse.

Jack's Oyster House – *42 State St. - ✆ (518) 465-8854 - www.jacksoysterhouse.com - 11h30-22h - plats 25/50 $.* Ce restaurant qui appartient à la même famille depuis son ouverture en 1913 est devenu une institution locale. On y sert évidemment des huîtres et des fruits de mer, mais aussi des viandes grillées.

BOIRE UN VERRE

Albany

City Beer Hall – *42 Howard St. - ✆ (518) 449-2337 - http://thecitybeerhall.com - 11h-0h, jeu. 11h-1h, vend.-sam. 11h-2h, dim. 11h-22h.* Installé dans un ancien central téléphonique, ce grand bar à bière propose un large choix de productions locales et nationales. On vient là pour boire mais aussi pour manger un morceau : ne négligez pas la carte, courte mais bien composée – notamment les petites assiettes à partager.

EN SOIREE

Albany

The Egg – *Empire State Plaza - ✆ (518) 473-1845 - http://theegg.org.* Cette curieuse construction en forme de demi-œuf (1976, Harrisson & Abramovitz) au cœur de Downtown est l'emblème d'Albany. Elle abrite deux théâtres et des salles où sont organisés des cours variés. Des groupes américains et internationaux, ainsi que des compagnies de danse s'y produisent.

ACHATS

Rhinebeck

Oliver Kita Chocolate – *18 W. Market St. - ✆ (845) 876-2665 - www.oliverkita.com - 12h-18h.* Il est considéré comme l'un des dix meilleurs chocolatiers du pays et l'un des quatre meilleurs de l'État de New York. C'est dire si l'on se presse dans sa boutique pour déguster bouchées et barres de chocolat bio, réalisées selon la tradition française comme aime à le préciser le maître chocolatier.

Albany

Steuben Street Market – *58 N. Pearl St. - ✆ (518) 977-4030 - http://steubenstmarket.com - 8h-17h, sam. 10h-15h - fermé dim.* Ce marché attire les amateurs de bons produits : boulangerie, brûlerie de café, fruits et légumes… On y trouve plein de bonnes choses et on peut se restaurer sur le pouce.

ACTIVITÉS

Albany

Dutch Apple Cruises – *141 Broadway - ✆ (518) 463-0220 - http://dutchapplecruises.com - plusieurs croisières par jour ou par sem. d'avr. à mi-oct., selon la période et la météo (en général à 13h) - 19,95 $ (4-10 ans 12 $) - env. 1h30.* Cette croisière permet d'en apprendre plus sur l'histoire d'Albany, ses installations portuaires et ses jolis villas posées au bord de l'eau (commentaires en anglais).

AGENDA

Vallée de l'Hudson

Dutchess Dragon Boat Race and Festival – *Juil.* Régate de bateaux dragons sur l'Hudson et festival asiatique à Poughkeepsie. *www.dutchessdragonboat.org.*

Bard College Music Festival – *Août.* Le Richard B. Fisher Center, magnifique bâtiment conçu par l'architecte Frank Gehry, au Bard College d'Annandale-on-Hudson (près de Red Hook), accueille tous les étés un festival de musique classique réputé. *fishercenter.bard.edu.*

New York State Sheep and Wool Festival – *Oct.* La petite ville de Rhinebeck met à l'honneur moutons et chèvres, leurs éleveurs et ceux qui utilisent leur laine ! L'occasion d'une grande foire avec de nombreux stands de démonstrations et de vente. *sheepandwool.com.*

Albany

Tulip Festival – *Début mai.* Une célébration de l'héritage hollandais d'Albany avec des expositions florales, des défilés, des concerts…

Festival of Nations – *Fin oct.* À l'Empire State Plaza, ce festival met en avant les traditions d'une trentaine de pays participants. *festivalofnations.net.*

Finger Lakes★★ et Rochester★

Lacs Finger

État de New York (NY)

Les onze plans d'eau composant les Finger Lakes, au cœur de la région Nord de l'État de New York, évoquent l'image de fins pendentifs suspendus à une chaînette invisible. Si chaque lac est à lui seul un joyau, leur ensemble structure le paysage, les activités récréatives et la vie de la région. Plus au nord, en bordure du lac Ontario, la ville de Rochester, traversée par la Genesee River et le canal Érié, est un grand pôle culturel.

NOS ADRESSES PAGE 73
Hébergement, restauration, achats, activités, etc.

S'INFORMER

Finger Lakes Tourism Alliance – *309 Lake St., Penn Yan, NY - ✆ 315 536 7488 - www.fingerlakes.org.*

Visit Rochester – *45 East Ave - ✆ 585 279 8300 - www.visitrochester.com.*

SE REPÉRER

Carte de région AB1-2 (p. 30). La région des Finger Lakes couvre 3 600 ha, délimités au nord par le lac Ontario, au sud par la Pennsylvanie, à l'est par **Syracuse** et à l'ouest par **Rochester**. Elle s'étend sur quatorze comtés. Si le **lac Cayuga** est le plus long (64 km), c'est au **lac Seneca** que revient le record de profondeur (180 m) et au minuscule **lac Canadice** (4,8 km de longueur) d'être le plus élevé (335 m au-dessus du niveau de la mer).

À NE PAS MANQUER

Les paysages de Watkins Glen State Park ; la maison de George Eastman (Rochester) ; les collections de la Memorial Art Gallery (Rochester).

AVEC LES ENFANTS

Les souffleurs de verre au musée Corning ; les animations du Genesee Village and Museum (Mumford) ; les jeux et les jouets du Strong Museum (Rochester).

★★ Finger Lakes Carte de région p. 30

La région allie avec bonheur sites historiques, beauté des paysages et vignobles. De pittoresques communautés se sont installées aux extrémités nord et sud de chaque lac. Leurs rives bénéficient d'un microclimat favorable qui fait de Finger Lakes la deuxième région vinicole des États-Unis, après la vallée Napa en Californie. Les **routes des vins** permettent au visiteur d'associer agréablement dégustation et visite des vignobles.

★ Cornell University B2

À Ithaca.

Campus principal à l'intersection d'Ithaca Rd et de Hoy Rd - ✆ 607 254 4636 - www.cornell.edu - **P**.

En 1865, Ezra Cornell, après avoir fait fortune dans l'industrie du télégraphe, fit don de terrains (120 ha), ainsi que d'une somme généreuse, à l'université de New York. Il souhaitait que cette donation contribue à la fondation d'un collège dispensant un enseignement dans les matières techniques et les sciences humaines. Aujourd'hui, le campus (298 ha) accueille près de 21 000 étudiants, répartis dans plus de 100 disciplines. Remarquablement situé au-dessus du lac

Cayuga, il englobe **McGraw Tower** (1891), dont le sommet domine un panorama exceptionnel, **Sage Chapel**, lieu d'inhumation d'Ezra Cornell, **Old Stone Row**, le plus ancien bâtiment du campus, et **Herbert F. Johnson Museum of Art** *(à l'angle de Central Ave et de University Ave - ☏ 607 255 6464 - museum.cornell.edu - mar.-dim. 10h-17h - gratuit).*

★ **Cornell Botanic Gardens** – *1 Plantations Rd - ☏ 607 255 2400 - www.cornellbotanicgardens.org - P - mar.-dim. 9h30-17h - gratuit.* Au départ du laboratoire d'études de la flore locale et exotique, différents sentiers d'exploration sillonnent le campus.

★★ Watkins Glen State Park B2

À Watkins Glen.

Route 14/1009 Franklin St. - ☏ 607 535 4511 - parks.ny.gov - P - sentier ouv. de mai à mi-nov., camping ouv. de mai à oct. 8h30-19h (horaires variables selon les saisons, consultez le site Internet) - payant de mi-mai à nov. (8 $/voiture).

À la pointe du lac Seneca, Watkins compte parmi les plus beaux vallons de Finger Lakes. La randonnée de 2,4 km au cœur de l'étroite gorge comporte 832 marches, sur un dénivelé de plus de 200 m. La rivière elle-même, Glen Creek, s'écoule le long de 19 cascades et autant de bassins à l'eau claire comme du cristal. Au terme de la randonnée, empruntez l'escalier (extrêmement raide) et revenez par l'un des sentiers supérieurs. Somptueuse vue depuis le pont suspendu (26 m) qui enjambe la gorge et relie les sentiers Indian et South Rim.

★★ Women's Rights National Historical Park B1

À Seneca Falls.

136 Fall St. - ☏ 315 568 2991 - www.nps.gov/wori - P - Visitor Center : merc.-dim. 9h-17h - entrée libre - vis. guidée en anglais, gratuite 10h30 et 13h, au départ du Visitor Center.

Seneca Falls, à l'extrémité nord du lac Cayuga, est surtout connu pour être le centre historique du mouvement des droits de la femme. S'inspirant de l'action des abolitionnistes, une première convention se réunit à cet emplacement en 1848 pour défendre le principe de l'égalité des droits. Une lutte de longue haleine puisque les Américaines ne se verront accorder le droit de vote qu'en

UN PEU D'HISTOIRE

Dès l'ère glaciaire, l'érosion contribua à façonner le relief et à créer un décor spectaculaire, entrecoupé de vallons escarpés, de gorges et de cascades. La région est habitée depuis 1300 par des tribus amérindiennes, regroupées au 16e s. au sein de la puissante Confédération Haudenosaunee (Iroquois). Au milieu du 17e s., les Français ont envoyé du Canada une expédition composée de soldats, d'ouvriers et de prêtres jésuites chargée d'établir une mission sur la rive est du lac Onondaga. Reconstituée au 20e s. (**Sainte Marie Among the Iroquois**), elle a récemment rouvert ses portes sous un nouveau label : **Skä•noñh - Great Law of Peace Center** – *6680 Onondaga Lake Pkwy - Liverpool - www.skanonhcenter.org - merc.-vend. 10h-16h, sam.-dim. 11h-16h, 5 $ (10-17 ans 4 $).*

En 1825, le canal Érié ouvrit l'accès au nord de l'État de New York et favorisa ainsi l'implantation de colons, de commerces et d'industries. L'**Erie Canal Museum★** retrace son histoire *(318 Erie Bd, à hauteur de Montgomery St., à Syracuse - ☏ 315 471 0593 - eriecanalmuseum.org - 10h-17h (15h dim.). - don suggéré 5 $).*

Watkins Glen State Park.
M. Marquand/Getty Images

1920 ! Aujourd'hui, le parc se compose de plusieurs sites liés étroitement à l'histoire de ce mouvement, dont la demeure de l'une des principales animatrices, **Elizabeth Cady Stanton** (1815-1902). Au milieu du parc, le centre d'accueil, par où commence la visite, propose des expositions documentées sur la question féminine, rappelant les nombreuses inégalités dont les femmes ont été victimes – et de quelles façons elles le sont encore, notamment en matière salariale. Non loin de là, dans Declaration Park, se dresse la Wesleyan Chapel, où se déroula la Convention des droits de la femme de 1848. Si vous en avez l'occasion, suivez la passionnante visite guidée. Elle permet de comprendre à quel point les luttes pour l'égalité des « races » et des sexes sont liées et rappelle que chacun possède une voix qu'il peut faire entendre.

★ Seward House Museum B1

À Auburn.

33 South St. - ✆ 315 252 1283 - sewardhouse.org - P - mar.-sam. 10h-17h (ouv. dim. 13h-17h en été), fermé en janv., sur rdv en fév. - visite guidée seult, départ ttes les heures - 12 $.

Cette élégante demeure de style fédéral (1816) reflète la vie aisée et bien remplie du politicien William Henry Seward (1801-1872), qui occupa les lieux pendant 48 ans. La maison est remarquablement aménagée avec les biens des cinq générations qui s'y sont succédé. On y découvre des objets liés à l'attentat perpétré contre le politicien et à son rôle déterminant dans l'achat de l'Alaska.

★ Willard Memorial Chapel B1

À Auburn.

17 Nelson St. - ✆ 315 252 0339 - P - www.willard-chapel.org - mar.-vend. 10h-16h - poss. de visite guidée - 8 $.

Cette chapelle recèle probablement le seul intérieur encore en parfait état conçu par le peintre et verrier Louis Comfort Tiffany. Orné d'un vitrail figuratif exceptionnel, il constitue un véritable catalogue des techniques de Tiffany en matière de mosaïque, de verre cathédrale, de chêne sculpté et de dessin au pochoir.

★★ Corning Museum of Glass

(Musée du Verre Corning) B2

À Corning.

1 Museum Way - ✆ 607 937 5371 - www.cmog.org - P - 9h-17h (20h juin-août) - 19,50 $ (-17 ans gratuit), billet valable 2 jours ; 27,25 $ billet combiné avec le Rockwell Museum of Western Art - consultez le programme des animations et ateliers à l'accueil pour organiser votre visite.

Ouvert par Corning Inc. en 1951, cet immense complexe inclut le plus grand **musée du verre** au monde. Il y a tant à faire et à voir qu'on peut y passer une journée !

Plus de 10 000 objets y sont exposés, couvrant 3 500 ans de travail du verre, de l'Antiquité à nos jours – remarquez en particulier la belle collection de presse-papiers du monde entier, les verreries américaines, dont le vitrail Tiffany de plus de 3 m de hauteur, et l'imposant bateau créé par Baccarat en 1900. Dans l'aile Art + Design contemporains, ouverte en

UN BRUNCH SUR LES RIVES DU LAC SENECA

Dans le manoir-hôtel Belhurst, la vue apaisante, le décor ancien de boiseries sombres et les cheminées ornées de faïences offrent un cadre idéal au délicieux brunch du week-end (25 $). Le restaurant Edgar est par ailleurs réputé pour la qualité de ses steaks…

Edgar's at Belhurst Castle – *Rte 14 - Geneva, NY - ✆ 315 781 0201 - www.belhurst.com.*

ROUTES DES VINS

La région compte plus de 200 vignobles à découvrir au fil de quatre routes différentes. Les conditions naturelles apparentent les productions locales aux vins d'Alsace et de la vallée du Rhin, et les rieslings élaborés ici sont particulièrement réputés.

Canandaigua Lake Wine Trail – *canandaiguawinetrail.com.*
Cayuga Lake Wine Trail – *www.cayugawinetrail.com.*
Keuka Lake Wine Trail – *www.keukawinetrail.com.*
Seneca Lake Wine Trail – *senecalakewine.com.*

mars 2015, vous découvrirez les productions artistiques les plus récentes, classées par thématiques : nature, corps, histoire… mais aussi l'utilisation du verre dans les nouvelles technologies (dans la fibre optique par exemple). Chaque jour, des souffleurs de verre et artistes verriers font la démonstration de leur savoir-faire devant les visiteurs. Le musée offre aussi la possibilité de créer, le temps d'un atelier (de 20 à 40mn), un objet en verre *(21/30 $ selon l'objet choisi).* Le complexe abrite la plus grande librairie au monde consacrée au sujet… et une boutique remplie de pièces plus tentantes les unes que les autres.

1

★ Rockwell Museum of Western Art B2

À Corning.

111 Cedar St. - 607 937 5386 - rockwellmuseum.org - 9h-17h (20h en été) - 11 $.

Hébergée dans l'hôtel de ville restauré, de style néoroman (1893), l'importante collection d'art américain de l'Ouest comprend des œuvres de Remington, Russell, Bierstadt et Moran, rassemblées par Robert F. Rockwell Jr. Le musée abrite aussi des collections d'objets amérindiens et des objets en verre de Steuben.

★ Glenn H. Curtiss Museum A2

À Hammondsport.

8419 Route 54 - 607 569 2160 - www.glennhcurtissmuseum.org - P - été lun.-sam. 9h-17h, dim. 10h-17h, hiver lun.-dim. 10h-16h - 12 $.

Consacré au pionnier de l'aviation Glenn Hammond Curtiss (1878-1930), natif de Hammondsport, ce musée est installé dans un ancien entrepôt vinicole. Comme beaucoup de ses compétiteurs, Curtiss a commencé par s'intéresser aux bicyclettes. Fou de vitesse, il équipe les siennes de moteurs de sa conception. Il se fait ensuite constructeur de motos avant de s'intéresser à l'aviation. En 1907, à Ormond Beach, il devient « l'homme le plus rapide sur Terre » en franchissant 219,5 km/h, un record inégalé jusqu'en 1930. En 1908, il est le premier à faire voler un avion né de ses recherches, le *June Bug*, et piqué par le virus des airs, se lance dans la construction aéronautique, devenant un temps fournisseur de l'armée américaine qui le considère comme le « père de l'aviation navale ». L'usine de Curtiss, implantée dans la petite ville, a aujourd'hui disparu mais le souvenir du plus célèbre enfant du pays demeure dans ce musée où sont exposés nombre des engins variés qu'il a conçus.

★★ Genesee Country Village and Museum A1

À Mumford.

1410 Flint Hill Rd - 585 538 6822 - www.gcv.org - P - été mar.-dim. 10h-16h, horaires variables le reste de l'année, voir le site Internet - 18 $.

« Toucher, ressentir, sentir et goûter le 19e s. » : telle est la devise de ce lieu imaginé de toutes pièces dans les années 1960 par John Wehle, un collectionneur d'art qui considérait que le travail des charpentiers et autres artisans devait lui aussi être préservé et mis en valeur. Il décida donc de sauver de la démolition et des outrages du temps soixante-huit bâtiments de la région, datant de 1797 à 1884, qu'il transplanta sous forme de village dans ce vaste domaine, également doté aujourd'hui d'un musée et de sentiers de randonnée. On peut ainsi remonter le temps en entrant dans des bâtiments d'époque « en activité » : ferme, maison bourgeoise, pharmacie, imprimerie, boulangerie (où sont vendus de délicieux gâteaux à l'ancienne !)… et observer des artisans à l'œuvre (forgerons, potiers, tisseurs, brasseurs, etc). À noter que, dans la boutique, un certain nombre des objets en vente sont issus de leur production. Dans le musée **John L. Wehle Gallery**, on découvre les costumes et textiles d'antan (plus de 3 000 pièces) ainsi que des peintures et objets relatifs au sport et à la nature. Tout au long de l'année, toutes sortes de manifestations sont organisées (foire celtique, Oktoberfest, récolte du houblon…) et pour pousser l'expérience plus loin, il est même possible de passer une nuit dans le village, sans eau ni électricité !

★ Rochester A1

Fondée en 1803, la ville de Rochester doit son développement au percement du canal Érié (*encadré p. 84*), dont les travaux puis la mise en service ont contribué à décupler la population entre 1825 et 1845. Cité commerçante et spécialisée dans les industries de pointe, elle accueille des entreprises comme Kodak, Xerox ou encore Bausch & Lomb, ainsi qu'une université réputée et de nombreuses institutions culturelles. Certes, le développement de la photographie numérique a porté un coup quasi fatal à Eastman Kodak, le principal employeur de la région (qui est passé de 60 000 salariés à la fin des années 1980 à moins de 4 000 aujourd'hui), mais Rochester, 3e ville de l'État de New York, ne cesse de se réinventer et elle est loin d'apparaître comme une cité sinistrée. Dynamique et verte, agréable à vivre et pleine de surprises, elle constitue une excellente étape touristique.

★ High Falls Center and Interpretive Museum

74 Brown Race - ✆ 585 325 2030 - juin-août lun., merc.-vend. 11h-16h, sam. 10h-17h, dim. 12h-16h, horaires restreints le reste de l'année, fermé fin nov.-début mars - accès libre.

Au cœur de la ville, le long de la Genesee River et ses chutes d'eau de près de 30 m, le quartier de Brown Races se transforme depuis les années 1990. Autrefois minoteries et entrepôts, ses bâtiments en brique rouge accueillent désormais restaurants et galeries d'art, ainsi que le High Falls Center and Interpretive Museum qui évoque l'histoire de la ville et de l'exploitation de la force motrice de l'eau. Ne manquez pas, en face du musée, d'emprunter le

POURQUOI KODAK ?

Le nom a fait l'objet des spéculations les plus fantaisistes et pourtant la vérité est toute simple : Kodak est sorti de l'imagination de G. Eastman qui voulait un nom ludique, facile à retenir et suffisamment court pour qu'il ne puisse pas être mal orthographié. Eastman avouait dans l'une de ses missives avoir toujours eu une prédilection pour la lettre K ! Mis en vente au prix de 25 $ en 1888, le premier appareil Kodak était équipé d'une pellicule de 100 photos. Lorsque toutes les poses étaient prises, le propriétaire le retournait à l'usine où l'on développait ses photos. On lui renvoyait alors un appareil rechargé d'une pellicule vierge pour la somme de 10 $.

Genesee River, Rochester.
Danita Delimont/Gallo Images/Getty Images

pont de Rennes qui traverse la rivière. Cet ouvrage piétonnier doit son nom à la ville française avec laquelle Rochester est jumelée.

★ National Susan B. Anthony Museum and House

17 Madison St. - ✆ 585 235 6124 - susanbanthonyhouse.org - mar.-dim. 11h-17h - 15 $ - vis. guidée de la maison à intervalles réguliers et selon la demande.

À l'instar du Women's Rights National Historical Park à Seneca Falls *(p. 66)*, la maison de Susan B. Anthony (1820-1906) permet d'approfondir ses connaissances sur le combat des femmes américaines pour l'égalité. Née dans une famille de quakers abolitionnistes et éduquée, Susan B. Anthony fut l'une des cofondatrices, avec Elizabeth Cady Stanton, de la **National Woman Suffrage Association**. Elle consacra sa vie à la lutte en faveur de l'égalité civique, sillonnant sans relâche l'Europe et les États-Unis pour donner des conférences et encourager les militantes. Elle fut même arrêtée pour avoir essayé de voter lors de l'élection présidentielle de 1872. La visite débute au Visitor Center par une exposition sur sa vie et son œuvre et se poursuit dans la maison où elle vécut de 1866 à sa mort.

En sortant de la maison, promenez-vous dans le quartier, une zone protégée de 9 blocs avec de belles bâtisses du 19ᵉ s. Dans le petit square, un duo sculpté figure la militante prenant le thé avec son ami **Frederick Douglass** *(p. 195)*, fondateur du journal *The North Star*, du nom de l'étoile polaire qui guidait les esclaves en fuite vers le nord.

★★ George Eastman Museum

900 East Ave - ✆ 585 271 3361 - www.eastman.org - P - mar.-sam. 10h-17h, dim. 11h-17h - 15 $ - visites guidées de la demeure et des jardins (sf en hiver) ; possibilité de visite seul, demandez la documentation en français à l'accueil.

Rien ne prédestinait George Eastman (1854-1932) au rôle qu'il joua dans l'histoire de la photographie. Obligé de quitter l'école à 13 ans à la mort de son père, il travaillait dans une compagnie d'assurances lorsqu'il fit l'acquisition d'un appareil photo en 1877. La technique le fascina et il décida de se lancer dans la simplification du procédé en mettant au point des plaques sèches pour les photographes professionnels. Entrepreneur de génie, il fit aussi en sorte de rendre la photo accessible à tous et inventa en 1888 un boîtier portable utilisant une pellicule flexible : le Kodak était né et allait connaître le succès que l'on sait. Au début du 20e s., fortune faite, Eastman fit construire sur une propriété urbaine de 4 ha avec jardins et terres agricoles la magnifique demeure de 37 pièces que l'on visite aujourd'hui. Elle est équipée de tout ce que l'époque pouvait offrir de moderne : générateur électrique, chauffage, téléphone... À l'étage principal, un **musée** rassemble plus de 400 000 clichés et négatifs, 23 000 films et 25 000 appareils photo. De grands noms du cinéma contemporain tels que Martin Scorsese et Steven Spielberg lui ont fait don de leurs archives. Très prisé par les chercheurs, ce lieu de mémoire est aussi un rendez-vous culturel actif où sont organisés conférences, festivals, projections *(mar.-dim., 8 $)* et concerts *(sept.-mai dim. 15h)*.

★★ Memorial Art Gallery

*500 University Ave - ✆ 585 276 8900 - mag.rochester.edu - P - merc.-dim. 10h-17h (21h jeu. et 1er vend. du mois) - 15 $, moitié prix jeu. à partir de 17h - ne manquez pas le restaurant du musée Brown Hound Downtown, dont les murs sont ornés de photos de chiens offertes par les clients - le musée organise chaque année le très suivi Clotheline Festival (**p. 77**).*

Lié à l'université de Rochester dont il occupe l'ancien campus, ce musée inauguré en 1913 et plusieurs fois agrandi est dédié à la mémoire de James John Averell, brillant jeune homme mort pendant la Première Guerre mondiale et fils unique d'Emily S. Watson, qui fit don de ses collections personnelles à l'institution. Le musée s'est enrichi d'œuvres ayant appartenu à George Eastman et d'autres mécènes locaux et continue de mener une politique d'acquisitions active. Sa taille moyenne, ses salles bien agencées, sa muséographie novatrice et la variété de ses collections qui couvrent 5 000 ans d'histoire de l'art en font un lieu passionnant à découvrir.

Le musée est renommé pour ses collections de **portraits** et d'**art américain**, présentées dans plusieurs galeries spécifiques dont l'une, **Seeing America** (1er niveau), montre l'évolution du regard des artistes américains au fil de la construction de leur pays. Une large place est consacrée aux **artistes modernes et contemporains** avec des œuvres comme *The Clown* (George Condo, 2010), *Portrait of Qusuquzah #6* (Mickalene Thomas, 2015), et les installations tournantes de la nouvelle **Media Arts Gallery** (1er niveau). Les **artistes français** sont bien représentés (Adams Gallery, Welt Gallery, 2e niveau) avec, entre autres, Courbet, Cézanne, Vuillard, Braque, Bonnard, Van Dongen et

LE LAC ONTARIO

Au nord de Rochester s'étend le plus petit (18 529 km²) et le plus oriental des cinq grands lacs d'Amérique du Nord. Appelé « lac aux eaux étincelantes » par les Iroquois qui peuplaient la région à l'arrivée des Européens, il marque la frontière avec le Canada (Toronto est à trois heures de route). Durant la courte saison d'été, des marinas et des plages de sable blanc sont aménagées sur ses berges. Petits et grands viennent également se divertir au **Seabreeze Amusement Park** *(4600 Culver Rd - seabreeze.com)* et acheter aux marchands ambulants *white dogs* (hot dogs au veau et porc) et *frozen custard* (crème glacée), deux spécialités locales. Pour la baignade, direction **Ontario Beach Park** et Charlotte Beach *(4800 Lake Ave)*.

trois Monet, dont *Pont de Waterloo, effet de soleil* (1903). Parmi les objets les plus précieux du musée se trouve un **orgue italien baroque** de 600 tuyaux, le seul conservé en Amérique du Nord. Il est en parfait état de marche et chaque dimanche à 13h et 15h, des élèves de la Eastman Music School s'en servent lors de concerts donnés dans le Fountain Court (2e niveau) où il est installé.
Tout autour du bâtiment s'étend le **Centennial Sculpture Park**, vaste espace *(accès gratuit)* agrémenté de sculptures modernes et contemporaines. Certaines ont été créées spécialement pour le lieu, comme les statues en calcaire de *Creation Myth*, de Tom Otterness, et les dix-sept petits personnages en bronze qui les accompagnent, ou la composition en acier multicolore d'Albert Paley, *Soliloquy.*

★★ The Strong National Museum of Play

1 Manhattan Square Dr. - ✆ 585 263 2700 - www.museumofplay.org - P - lun.-jeu. 10h-17h, vend.-sam. 10h-20h, dim. 12h-17h - 15 $ - une application en version française permet de faire un tour du musée en 12 objets à ne pas manquer.

Née dans une famille aisée de Rochester, Margaret Woodbury Strong (1897-1969) a été une petite fille privilégiée, entourée de nombreux jeux et jouets qui ont fini par devenir sa passion. Sa collection constitue la base du plus grand musée au monde dans son genre avec plus de 300 000 objets sur 9 000 m² d'exposition. Devenu le site touristique le plus fréquenté de l'Etat, il accueille chaque année plus de 500 000 visiteurs de tous âges. Il y a là de quoi passer une journée à jouer et découvrir de manière ludique une tranche de culture américaine. Il n'est jamais interdit de toucher, bien au contraire ! Impossible de dire tout ce qui s'y trouve : jeux de société, maisons de poupées, peluches, jeux électroniques des plus anciens aux plus récents, flippers – dont Hercule, le plus grand jamais conçu –, expositions thématiques sur des héros comme ceux de *La Guerre des étoiles* ou Barbie et son ancêtre Lili… Ici on joue à la marchande, là on embarque à bord d'un manège du début du 20e s. ou on part à la rencontre des personnages de *Sesame Street*… Mention spéciale pour Mabel, la poupée préférée de la petite Margaret, qui trône en bonne place.

NOS ADRESSES AUX FINGER LAKES ET À ROCHESTER

HÉBERGEMENT

Watkins Glen

BUDGET MOYEN

Golden Knight Inn & Suites – *4461 rte 14 - ✆ (607) 535-8012 - http://home.htva.net/goldenknightINN - P - ouv. mai-oct. : 20 ch. 119/209 $.* Un hôtel sans prétention, avec vue sur le lac Seneca, bien placé dans la charmante villégiature de Watkins Glen. Plusieurs tailles de chambres dont certaines peuvent accueillir jusqu'à 4 personnes.

POUR SE FAIRE PLAISIR

Watkins Glen Harbor Hotel – *16 N. Franklin St. - ✆ (607) 535-6116 - www.watkinsglenharborhotel.com - P - 104 ch. 279/379 $ -* À la pointe sud du lac Seneca, ce beau complexe hôtelier propose à ses visiteurs des chambres vastes et claires, directement sur le lac. L'établissement est une bonne base pour découvrir ce que la région a à offrir. Le restaurant Blue Pointe Grill mérite le détour.

Seneca Falls

BUDGET MOYEN

Barrister's B & B – *56 Cayuga St. - ✆ (800) 914-0145 - http://sleepbarristers.com - 5 ch. 169/189 $*. Située au cœur du quartier historique de Seneca Falls, à proximité de plusieurs restaurants, cette jolie maison de style Colonial Revival (1860) bâtie par un avocat, d'où son nom, abrite des chambres coquettes, rénovées en 2018, meublées avec goût et pourvues de cheminées. La véranda et le patio sont agréables pour prendre le frais. Petit-déjeuner maison servi dans la salle à manger ou en chambre.

Penn Yan

BUDGET MOYEN

New Vines B & B – *1138 Travis Rd - ✆ (315) 536-4087 - www.newvinesbb.com - 4 ch. 140/179 $*. Voici le bon endroit pour passer une nuit (ou plus) au cœur d'un petit vignoble. Ce B & B sans autre prétention que le confort de ses hôtes (chambres bien aménagées, excellent petit-déjeuner maison, hôtes très accueillants) est une bonne étape dans la région.

Geneva

POUR SE FAIRE PLAISIR

Geneva on the Lake – *1001 Lochland Rd (Rte 14 South) - ✆ (315) 789-7190 - www.genevaonthelake.com - 29 suites à partir de 249 $*. Dans cette demeure, copie d'une villa romaine de la fin du 16ᵉ s., l'impression de poser ses bagages en bordure d'un lac italien est saisissante. Les suites, avec mobilier et objets anciens et vue sur le lac, sont très confortables et les hôtes peuvent profiter des kayaks ou faire des tours en bateau. Le restaurant est excellent. Ne vous laissez pas décourager par les prix : on trouve de nombreuses offres spéciales sur le site Internet.

Rochester

BUDGET MOYEN

East Avenue Inn & Suites – *384 East Ave - ✆ (585) 325-5010 - www.eastaveinn.com - 58 ch. 120/179 $*. Excellent rapport qualité-prix pour cet établissement bien situé dans le centre. Liaison gratuite avec l'aéroport.

UNE FOLIE

The Del Monte Lodge Renaissance Rochester Hotel & Spa – *41 N. Main St. - 14534 Pittsford - ✆ (585) 381-9900 - www.marriott.com - 97 ch. 252/310 $*. Ce magnifique hôtel installé en bordure du canal de l'Érié, à une dizaine de minutes en voiture du centre de Rochester, réunit tous les atouts pour un séjour reposant par sa sitation (plusieurs restaurants et jolies boutiques accessibles à pied, promenades sur les rives du canal) et ses équipements (chambres modernes et confortables, spa). Le restaurant Erie Grill, qui met à l'honneur les produits locaux, mérite une visite même si vous ne séjournez pas à l'hôtel.

RESTAURATION

Watkins Glen

BUDGET MOYEN

Jerlando's Ristorante & Pizzeria – *400 N. Franklin St. - ✆ (585) 535-4254 - www.jerlandospizza.com - 11h-21h, dim. 11h-20h - plats 12/27 $*. Un restaurant italien familial bien établi à Watkins Glen pour déguster tous les classiques transalpins, y compris de copieuses pizzas. Mieux vaut avoir très faim en arrivant !

POUR SE FAIRE PLAISIR

Blue Pointe Grill – *16 N. Franklin St. - T Hotel Watkins Glen Harbor - ✆ (607) 535-6116 - 6h30-22h, vend.-sam. 6h30-23h - plats 21/40 $.* Le restaurant de l'hôtel Watkins Glen Harbor permet, si le temps est de la partie, de diner sur la terrasse face au lac et à la marina. La carte affiche une « cuisine américaine moderne », avec des accents italiens et asiatiques, des viandes grillées et des fruits de mer. Égalementdes options pour les végétariens. Tout est très bien préparé.

Rochester

PREMIER PRIX

LDR Char Pit – *4753 Lake Ave - ✆ (585) 865-0112 - www.ldrcharpit.com - 7h-20h - moins de 15 $.* Sur les bords du lac Ontario, ce dinner propose hot dogs et hamburgers, frites fraîches et *onion rings*. Le vendredi, on y sert aussi du poisson (frit). Pas très diététique mais bon et roboratif. Les murs sont décorés de toutes sortes de souvenirs, dont un espace dédié aux serveuses qui ont travaillé là !

BUDGET MOYEN

Genesee Brew House – *25 Cataract St. - ✆ (585) 263-9200 - www.geneseebeer.com - 11h-22h, jeu.-sam. 11h-23h - plats 13/25 $ - dégustation : 4 $/4 bières - visite : ttes les h. dim.-jeu. 12h-17h, vend.-sam. 12h-19h.* Fondée en 1878, Genesee Brewery est une institution à Rochester. La brasserie – que l'on peut visiter –, des espaces d'exposition et un sympathique restaurant (salades, burgers, cuisine de pub) ont été réinstallés dans une usine d'emballage de près de 1 000 m^2. Toit terrasse.

Dinosaur Bar-B-Que – *99 Court St. - ✆ (585) 325-7090 - www.dinosaurbarbeque.com - 11h-23h, vend.-sam. 11h-0h, dim. 12h-22h - plats 12/23,50 $.* C'est le royaume des amateurs de viande grillée et en particulier des pork ribs, ces côtelettes de porc rôties au barbecue et servies avec une sauce maison. Quelques options pour les végétariens aussi. Grand choix de bière et music *live* certains jours : pour une soirée 100 % américaine.

PETITE PAUSE

Rochester

Pittsford Farm Dairy – *44 N. Main St. - ✆ (585) 586-6610 - 7h-21h (20h en hiver).* Quand on pense crème glacée à Rochester, on pense Pittsford Farm Dairy. Il faut dire que le lait provient d'une ferme qui existe depuis 1880 (toujours exploitée par la même famille) et qu'il est travaillé de manière artisanale pour créer les meilleures glaces qui soient ! Boulangerie sur place.

Spot Coffee – *200 East Ave - ✆ (585) 613-4600 - www.spotcoffee.com - 7h-23h, vend.-sam. 7h-0h.* Installé dans le bâtiment d'un concessionnaire Chevrolet, cet immense café permet de se restaurer sur le pouce en centre-ville (pizzas, salades, sandwichs). Très bien aussi pour le petit-déjeuner.

BOIRE UN VERRE

Rochester

Rohrbach Beer Hall – *97 Railroad St. - ✆ (585) 546-8020 - www.rohrbachs.com - merc.-jeu. 16h-22h, vend. 14h-22h, sam. 10h-22h - visite de la brasserie : sam. 11h, 12h, 14h, 15h.* Cette brasserie fondée en 1991 fut l'une des premières brasseries artisanales de l'État de New York. Il n'est pas nécessaire de faire la visite des installations pour déguster les productions maison, dans une grande salle aux murs de brique rouge et parquets cirés. Toutes sortes de manifestations sont organisées au cours de l'année, dont des séances de yoga (!), des accords mets-bières lors de l'Oktoberfest, etc.

EN SOIRÉE

Rochester

Eastman School of Musique – *433 E Main St./26 Gibbs Ave - ✆ (585) 454-2100 - http://eastmantheatre.org.* Grand philanthrope, George Eastman était aussi un mélomane averti et il a beaucoup œuvré dans ce domaine dans sa bonne ville de Rochester. Il a créé l'orchestre philarmonique de Rochester (1922) qui se produit ici et une école de musique considérée comme la 2e du pays après Julliard. Le théatre compte trois salles pour toutes sortes de concerts.

Food Truck Rodeo – *280 N. Union St. - ✆ (585) 428-6907 - avr.-sept. : merc. 17h-21h.* Les mercredis en fin de journée, les *food trucks* se donnent rendez-vous pour offrir au public un vaste éventail de mets et de gastronomie. Des groupes *live* accompagnent à chaque fois la manifestation. Au même endroit, de mai à sept., le sam. (10h-12h), Flavors of Rochester propose de rencontrer des chefs qui préparent une recette (et la font déguster !).

ACHATS

Penn Yan

Fox Run Vineyards – *670 State Rd 14 - ✆ (315) 536-4616 - www.foxrunvineyards.com - 10h-18h, dim. 11h-18h.* Les vignobles Fox Run, en bordure du lac Seneca, cultivent la vigne vitis vinifera. On peut visiter les installations, déguster les vins, déjeuner sur place (cuisine maison). Les vignobles organisent le premier w.-end d'août un festival de l'Ail (Garlic Festival).

Hammondsport

Dr Frank Vineyards – *9749 Middle Rd - ✆ (800) 320-0735 - www.drfrankwines.com - 10h-17h.* Les héritiers du Dr Frank, qui introduisit la vigne Vitis vinifera aux États-Unis dans les années 1950, produisent sur une propriété dominant le lac Keuka un riesling considéré comme l'un des meilleurs du pays. Dégustations très prisées (voir calendrier sur le site Internet).

Waterloo

Waterloo Premium Outlets – *655 New York 318 - ✆ (315) 539-1100 - www.premiumoutlets.com - 10h-21h, dim. 10h-18h.* Plus de 100 boutiques de marques et de produits variés (Calvin Klein, Gap, Levis, Nike, Under Armour, Bose, Samsonite…) sont réunies ici pour qui veut faire de bonnes affaires ! Sur place : plusieurs restaurants et stands de nourriture locaux.

Rochester

Black Button Distilling – *85 Railroad St. - ✆ (585) 730-4512 - www.blackbuttondistilling.com - 15h-21h, vend.-sam. 11h-22h, dim. 12h-18h - fermé lun.-mar.* Cette distillerie née en 2012 est une véritable *success story*. Fondée par le rejeton d'une famille locale de fabricants de bouton, elle a très vite conquis le public tandis que ses alcools, fabriqués à partir de grains issus à 100 % de l'État de New York, remportaient prix et récompense. La production de 2000 bouteilles par semaine se concentre sur le bourbon, le gin, la vodka et le mooshine, alccol de grain autrefois fabriqué en contrebande. La distillerie est installée juste à côté de la brasserie Rohrbach

Wegman's – *1750 East Ave - ☎ (585) 244-7950 - www.wegmans.com - 24h/24.* Fondée à Rochester en 1916, cette chaîne de supermarchés est une véritable institution locale, aussi indispensable aux habitants de la ville que les Wawa le sont aux Philadelphiens ! Avec 17 magasins dans l'agglomération (et un grand nombre dans l'État de New-York et au-delà), Wegmans a le monopole du cœur pour les achats. Il faut dire qu'on y trouve absolument de tout (grand choix de produits bio), y compris plusieurs comptoirs de vente à emporter (pizzas, boulagerie, sandwichs préparés sur place) et même un café.

ACTIVITÉS

Rochester

Sam Patch Erie Canal Tours – *12 Schoen Pl. - ☎ (585) 662-5748 - http://sampatch.org - plusieurs croisières par jour de mai à oct. selon la période et la météo (minimum ts les jours à 12h et 14h) - 16 $ (-12 ans 8 $) - env. 1h30 - possibilité de déjeuner avec la croisière de 12h.* Le bateau, qui porte le nom du premier « fou » à avoir survécu à un plongeon dans les chutes du Niagara (1829), ne vous fera pas courir de risques ! Embarquement pour une paisible croisière narrative (en anglais) sur le canal, avec passage d'une écluse. Une promenade bien agréable.

AGENDA

Lacs Finger

Waterfront Festival – *Un week-end en juin. www.waterfrontfestival.com.*

Indycar Grand Prix at The Glen et **US Vintage Grand Prix** – *Sept.* Courses automobiles sur le circuit Watkins Glen International (attention : les hôtels sont pris d'assaut à cette occasion). *www.theglen.com.*

Finger Lakes Beer Festival (*oct.*) et **Finger Lakes WIne Festival** (*juil.*).

Rochester

Ville très musicale, Rochester offre de nombreuses manifestations tout au long de l'année et en saison : **Garden Vibes Summer Concerts** *(en août au musée Eastman, ➲ p. 71),* **Aqueduct Park River Concerts** *(merc. en août),* **Bands on the Bricks** *(vend. juil.-août au Rochester Public Market,* **Wegmans Concerts by the Shore** *(merc. juin-août, Ontario Beach Park, ➲ p. 72)…*

Lilac Festival – *Mai.* Expositions florales, marchés, dégustations de bières locales…, plus de 500 000 visiteurs se rendent à Highland Park pour l'occasion.

Clotheline Festival – *Un week-end de sept.* Plus de 400 artistes de la région viennent exposer leurs œuvres (qui sont à vendre) tout autour de la Memorial Art Gallery tandis que des concerts et des spectacles sont organisés dans le Centennial Sculpture Park. *mag.rochester.edu.*

Rochester Fringe Festival – *Une dizaine de jours en sept.* Plus de 500 spectacles en tout genre, dans différents lieux à travers la ville ; la manifestation est inspirée du Fringe Festival né à Édimbourg en 1947. *www.rochesterfringe.com.*

Niagara Falls

★★★

Chutes du Niagara

État de New York (NY)

À 32 km environ en aval de Buffalo, deuxième ville de l'État de New York, le Niagara plonge brusquement au-dessus d'une falaise haute de 50 m et donne naissance à l'un des plus beaux spectacles que la nature puisse offrir. Les trois chutes du Niagara se répartissent entre le Canada et les États-Unis : American Falls et Bridal Veil Falls du côté américain, Horseshoe Falls du côté canadien.

NOS ADRESSES PAGE 88
Hébergement, restauration, achats, activités, etc.

S'INFORMER

Niagara Visitor Center– *10 Rainbow Blvd - Niagara Falls - ✆ 716 282 8992 - www.niagarafallsusa.com*

Buffalo Niagara Visitor Center – *617 Main St. - Buffalo - ✆ 716 852 0511 - www.visitbuffaloniagara.com.*

SE REPÉRER

Carte de région A1 (p. 30). Les chutes parmi les plus célèbres du monde se trouvent à une trentaine de kilomètres au nord de Buffalo.

SE GARER

Plusieurs parkings se trouvent à l'entrée du Niagara State Park. Une navette gratuite *(p. 88)* qui dessert tous les sites touristiques permet aussi de laisser sa voiture au parking de l'hôtel.

À NE PAS MANQUER

Un tour en bateau à bord du *Maid of the Mist* ; Martin House, maison conçue par Frank Lloyd Wright (Buffalo).

AVEC LES ENFANTS

Les activités autour du canal Érié.

Découvrir Carte de région p. 30

L'accès aux chutes les plus célèbres du monde se fait, du côté américain, par la ville qui porte leur nom. Niagara Falls est une cité touristique dont le principal intérêt réside précisément dans la présence du Niagara State Park, où se pressent chaque année plus de 8 millions de visiteurs parmi lesquels, fait curieux, une grande proportion vient du sous-continent indien ! Elle offre un visage hétéroclite, avec quelques bâtiments Art déco, comme l'hôtel Niagara, aujourd'hui fermé (Marilyn Monroe y séjourna pendant le tournage du film éponyme en 1953), des casinos, tenus par les Indiens (d'Amérique), des boutiques pour les touristes. C'est néanmoins une bonne base pour explorer la région, dont l'agriculture demeure la première activité, et les petites villes voisines qui ne manquent ni de charme ni d'intérêt.

Bon à savoir - Les différents sites sont facilement accessibles à pied mais si vous ne voulez pas marcher, le Niagara Falls Scenic Trolley fait le tour du parc en une dizaine d'arrêts.

Le fleuve Niagara marque la frontière entre Canada et États-Unis sur la bande de terre qui sépare les lacs Érié et Ontario. On dit souvent que la vue sur les

Les chutes du Niagara.
febriyanta/iStock

DES CASCADES D'EAU ET DE VISITEURS

Il y a environ 10 000 ans, le fleuve Niagara, qui prend sa source dans le lac Érié, envahit Niagara Escarpment, un plateau calcaire à 12 km au nord. Depuis, l'érosion a entraîné un déplacement des chutes vers l'amont. Aujourd'hui, avec une largeur de 762 m, le Fer à cheval (Horseshoe Falls) draine plus de 90 % des eaux du Niagara – de 1 200 000 à 2 500 000 litres par seconde en été, selon la quantité d'eau détournée au profit des centrales électriques. La chute américaine (American Falls) est large d'environ 335 m, contre 12 m pour le Voile de la mariée (Bridal Veil Falls). Les deux chutes possèdent un débit total supérieur à 225 000 litres d'eau par seconde.

Depuis les premiers Amérindiens, les chutes du Niagara n'ont cessé d'être une source d'émerveillement, non tant pour leur hauteur (elles ne figurent qu'à la 51e place) que pour leur largeur panoramique, leur grondement assourdissant et leur beauté surnaturelle. Explorateurs, poètes, peintres, casse-cou et jeunes mariés affluent sur leurs rives. Avec plus de 8 millions de visiteurs par an, les chutes demeurent l'une des destinations touristiques les plus populaires au monde. Le puissant débit a, depuis longtemps, été exploité par les usines hydroélectriques : elles détournent aujourd'hui entre la moitié et les trois quarts des eaux du Niagara, et alimentent les États-Unis comme le Canada.

chutes est plus spectaculaire du côté canadien. Rien ne vous empêche de passer la frontière en traversant le Rainbow Bridge (pensez à prendre votre passeport) mais les vues depuis l'Observation Deck et le *Maid of the Mist* sont aussi impressionnantes. Faites une pause au restaurant Top of the Falls pour un déjeuner avec vue sur les chutes !

★★ Niagara Falls State Park

332 Prospect St. - ✆ 716 278 1796 - www.niagarafallsstatepark.com - ✕ P - ouv. 24h/24 - le parc est ouvert toute l'année mais les différentes attractions sont fermées

Les visiteurs des chutes du Niagara à Cave of the Winds.

G. Black/age fotostock

de nov. à mai ; consultez les horaires des différentes activités sur le site Internet - pass pour 1 j. : 46 $ incluant cinq activités (Maid of the Mist Boat Tour, Cave of the Winds, Niagara Adventure Theater, Aquarium of Niagara, Niagara Gorge Discovery Center) et le trolley.

Aménagé par Frederick Law Olmsted dans les années 1880, le Niagara Falls State Park (le plus ancien parc d'État du pays) s'étend sur plus de 5 km le long du Niagara et sur les cinq îles situées au sommet du défilé. Ouverte au public en 1885, cette bande de terre verdoyante abrite toutes les activités relatives aux chutes proposées du côté américain.

Commencez par le **Visitor Center** qui présente une exposition intéressante sur la géologie et l'histoire des chutes et le **Niagara Adventure Theater** avec son film sur les casse-cou qui ont tenté avec plus ou moins de succès de se mesurer au phénomène naturel. Vous trouverez aussi sur place une impressionnante boutique de souvenirs.

Niagara Gorge Discovery Center – *À l'ouest du Visitor Center et du Rainbow Bridge qui conduit au Canada - 200 Robert Moses Pkwy North - ✆ 716 278 1070 - 9h-17h - 3 $ -* P. Encore une occasion d'en savoir plus sur les chutes à travers des expositions interactives. Si l'envie vous en prend, vous pourrez aussi vous essayer à l'escalade sur le mur (8 m) mis à la disposition des visiteurs ou explorer les sentiers de randonnée des environs.

Aquarium of Niagara – *Face au précédent, de l'autre côté de la route - 701 Whirlpool St - ✆ 716 285 3375 - www.aquariumofniagara.org - 9h-17h - 13 $ -* P. Plus de 1 500 espèces de poissons et d'animaux marins y sont réunis, illustrant différents milieux naturels, des grands lacs aux récifs de corail. Démonstrations et repas des animaux à intervalles réguliers.

Prospect Point offre une vue d'ensemble sur American Falls, tandis qu'à côté un ascenseur entièrement vitré descend de l'**Observation Tower** jusqu'au pied de l'escarpement. En haut de la tour, le pont à ciel ouvert offre une superbe vue sur les chutes.

AU ROYAUME DES CASSE-COU

De tout temps, les chutes du Niagara ont attiré aventuriers et casse-cou. Les premiers à relever le défi le firent bien malgré eux : lors d'une opération publicitaire organisée en 1827, un équipage constitué d'animaux et d'oiseaux fut embarqué sur un schooner en bois et conduit à une mort certaine sous Horseshoe Falls. Cette dernière demeure la chute préférée des casse-cou, car aucun rocher ne les attend à l'arrivée. Jean-François Gravelet, également connu sous le nom de « Great Blondin », fut le premier, en 1859, à traverser le défilé du Niagara sur une corde raide. Il réédita son exploit sur une bicyclette ou en portant son imprésario à dos d'homme. Un autre casse-cou installa un réchaud sur la corde raide et cuisit deux omelettes, qu'il tendit aux passagers du *Maid of the Mist*. L'une des tentatives les plus fréquentes, bien que rigoureusement interdite, consiste à dévaler les chutes à l'intérieur d'un tonneau. En 1901, l'institutrice Annie Edson Taylor devint la première à passer l'épreuve avec succès. Par la suite, les casse-cou ne furent jamais en manque d'imagination et inventèrent toutes sortes de dispositifs. Cependant, le plongeon le plus spectaculaire demeure sans doute celui de Roger Woodward. En 1960, le jeune garçon, âgé de sept ans, fut précipité sous les chutes, vêtu seulement d'un gilet de sauvetage. Il s'en sortit avec quelques égratignures…

L'UNDERGROUND RAILROAD

Comme Detroit et d'autres villes frontalières du Canada, Lewiston fut, avant l'abolition de l'esclavage en 1865, l'un des terminus du « Chemin de fer souterrain », longue voie clandestine vers la liberté qu'empruntèrent au cours du 19e s. plusieurs dizaines de milliers d'esclaves en fuite. Il s'agissait pour eux de passer au-delà de la ligne Mason-Dixon, ligne de démarcation entre les États abolitionnistes du Nord et les États esclavagistes du Sud, délimitant les frontières du Maryland avec celles du Delaware et de la Pennsylvanie. Le terme d'Underground Railroad englobait tout un réseau de routes – qui n'excluait d'ailleurs ni le train ni le bateau à l'occasion – et toutes les personnes de bonne volonté s'impliquant dans cette dangereuse entreprise : abolitionnistes, anciens esclaves... Tous employaient un vocabulaire lié au monde ferroviaire. *www.niagarafallsundergroundrailroad.org.*

Un sentier bordé d'arbres suit la rive américaine du Niagara jusqu'aux ponts qui conduisent à **Goat Island**. Cette île paisible sépare le Fer à cheval (Horseshoe Falls) et la chute américaine (American Falls). **Terrapin Point**, à l'ouest de l'île, offre le plus beau panorama sur Horseshoe Falls depuis les États-Unis.

★★★ **Maid of the Mist Boat Tour** – *Au départ de Niagara Falls State Park - ℘ 716 284 8897 - www.maidofthemist.com -* P *- mai-oct. - 18,25 $.* Lancé en 1846, le premier *Maid of the Mist* possédait une coque en bois et était alimenté au charbon. Aujourd'hui, quatre bateaux en acier et à moteur diesel assurent la liaison entre le pied de Prospect Point *(accessible par l'ascenseur de la tour)* et celui des Horseshoe Falls. Des ponchos imperméables à capuche sont distribués aux passagers pour les protéger des torrents d'eau. Cette excursion, souvent auréolée d'arcs-en-ciel, constitue l'une des expériences les plus excitantes que puissent offrir les chutes du Niagara.

★★ **Cave of the Winds** – *sur Goat Island -* ✕ P *- mai-oct. - 19 $.* Précédée par la visite du **World Changed Here Pavilion** (présentation interactive des chutes et de leur histoire), cette excursion au cœur de la « grotte des vents » conduit au pied du Voile de la mariée. Équipé d'un imperméable et de sandales antidérapantes, le visiteur descend en ascenseur, sur 50 m environ, dans la gorge du Niagara, avant d'emprunter un chemin qui conduit au pied des chutes. La promenade aboutit au **Hurricane Deck**, sur lequel les rafales d'eau s'abattent dans un bruit de tonnerre lorsque souffle le vent d'est.

À proximité

★ LEWISTON

À 8 miles (13 km) au nord de Niagara Falls par Robert Moses Pkwy North.
Cette localité en bordure du Niagara possède une histoire et une richesse architecturale sans rapport avec sa petite taille. Siège d'une importante bataille de la guerre de 1812, elle fut l'un des terminus de l'Underground Railroad *(encadré ci-dessus)*, ce que rappelle le groupe sculpté *Freedom Crossing* en bordure du fleuve. N'hésitez pas à flâner le long de Center Street, bordée de cafés et de petites boutiques.

L'office de tourisme de Niagara Falls diffuse une brochure intitulée *A Guide to Historic Lewiston* pour accompagner votre promenade dans la ville.

★ Castellani Art Museum

5795 Lewiston Rd - Niagara University - ℘ 716 286 8200 - www.castellani artmuseum.org - P *- mar.-sam. 11h-17h, dim. 13h-17h - gratuit.* Situé sur le campus principal de l'université de Niagara, ce musée présente les collections rassemblées par Armand J. Castellani, un modeste émigré italien arrivé aux États-Unis en 1917 qui connut le succès et se passionna pour l'art contemporain. Le fonds, riche de 5 700 pièces présentées au cours d'expositions tournantes, comprend des œuvres d'artistes tels que Picasso, Miró, Dalí, Calder, Lichtenstein, Rauschenberg ou encore Warhol.

★★ Niagara Power Project Power Vista

5777 Lewiston Rd - ✆ 716 286 6661 - www.nypa.com - P - 9h-17h - gratuit.

Ce site remarquable appartient à la New York Power Authority, plus grand fournisseur d'électricité de l'État grâce aux installations réalisées sur le Niagara, en l'occurrence deux immenses centrales hydrauliques construites à la fin des années 1950. Pour y accéder, on emprunte une passerelle couverte, à plus de 100 m au-dessus du fleuve, d'où la vue sur les turbines est impressionnante. À l'intérieur, sur deux niveaux, une exposition interactive permet d'en savoir plus sur l'électricité et l'énergie grâce à toutes sortes d'expériences dont le visiteur est acteur – mieux vaut se débrouiller en anglais pour savoir ce dont il est question ! Le reste de l'exposition est consacré à la géologie et à l'histoire de la région, occupée avant l'arrivée des Européens par les Indiens Tuscaroras. Une fresque immense montre le père Hennepin entouré d'autochtones en 1678. Le jésuite français fut l'un des premiers étrangers à voir les chutes. D'autres événements sont relatés comme la lutte entre Tesla, partisan du courant alternatif, et Edison, favorable au courant continu ; ou, plus récemment, la construction titanesque des centrales. Très didactique, un film en 4D suit le parcours d'une goutte d'eau tombée du ciel dans le long processus de sa transformation en énergie.

1

★ LOCKPORT

À 23 miles (37 km) à l'est de Niagara Falls par la route 31.

discoverlockport.com.

L'existence de la deuxième ville du comté de Niagara est liée au percement du canal Érié dans le premier quart du 19e s. Les premiers ouvriers, émigrés irlandais, arrivèrent ici vers 1821 au début des travaux, se greffant à l'embryon de communauté créé par des quakers en 1816. Lorsque le canal fut opérationnel, les écluses manuelles comportaient une série de cinq portes successives dont chacune nécessitait l'intervention de dix hommes – l'une d'entre elles est encore visible aujourd'hui. Autant dire qu'elles n'ouvraient pas à la demande et que l'on attendait qu'il y ait suffisamment de bateaux pour les manipuler… ce qui pouvait durer plusieurs semaines. Les mariniers descendaient à terre, cherchaient à se divertir… et c'est ainsi que Lockport se développa. La petite ville mérite aujourd'hui une visite pour les activités qu'elle offre autour du canal – promenades à pied et en bateau (*Nos adresses*) – et pour la visite de l'incroyable grotte liée au patrimoine industriel local.

★★ Lockport Cave and Underground Boat Ride – *5 Gooding St. - ✆ 716 438 0174 - lockportcave.com - mai-oct. plusieurs tours par jour selon la saison, voir calendrier sur le site Internet - 17,55 $. À la fin du mois d'octobre et à l'approche d'Halloween, des tours spécial fantômes et grotte hantée sont organisés ! Attention : il faut pouvoir marcher au moins une vingtaine de minutes, grimper des marches et ne pas être claustrophobe pour effectuer la visite.*

Sans la mésaventure survenue au début des années 1960 à un chauffeur de taxi fatigué, la visite de la grotte n'aurait peut-être pas lieu aujourd'hui ! Lorsqu'il gare son véhicule sur une hauteur surplombant le canal Érié pour faire une petite sieste, notre homme ne se doute pas qu'il va bientôt se retrouver

LE CANAL ÉRIÉ

S'il est aujourd'hui surtout dédié à la plaisance, le canal qui relie Buffalo, sur le lac Érié, à New York, via l'Hudson River, connectant ainsi les Grands Lacs à l'océan Atlantique, a joué un grand rôle dans le développement économique du pays. L'idée folle de son percement a germé dans quelques esprits visionnaires dès la fin du 17e s. mais ce n'est qu'en 1811 que DeWitt Clinton, gouverneur de l'État de New York, obtint son financement. Les travaux commencent en juillet 1817, à Rome, au milieu du parcours, et le canal, littéralement creusé à la main, est achevé en octobre 1825. Les ouvriers qui travaillaient dix-huit heures par jour dans des conditions épouvantables (pour 2 pennies de l'heure) extrayaient des blocs de pierre dont beaucoup finiront dans les constructions de Manhattan. Long de 584 km, pour une largeur de 12 m et une profondeur de 1,20 m, pourvu de 83 écluses permettant de compenser 183 m de dénivelé, le canal réduisit les coûts du transport entre la côte est et les zones de l'intérieur du continent, favorisant le développement de villes comme Buffalo, Rochester, Syracuse, mais aussi l'expansion du port de New York. Au cours de la deuxième moitié du 20e s. la concurrence de la voie maritime du Saint-Laurent, du chemin de fer et du transport routier a finalement conduit à son abandon.

quelques mètres plus bas au fond d'une grotte. À Lockport, tout le monde a oublié l'existence de cette cavité souterraine aménagée au milieu du 19e s. pour abriter les turbines mécaniques qui, à partir de l'eau prélevée d'une dérivation du canal, alimentaient en énergie les usines installées en bordure de l'ouvrage. En 1920, lorsque ferment les dernières usines de pâte à papier, les accès à la grotte sont bouchés… jusqu'à cette fameuse sieste. Depuis les années 1970, un particulier, propriétaire du terrain, a décidé d'ouvrir le lieu au public. La visite débute sur les bords du canal par un rappel de son histoire et de son fonctionnement, puis le développement de l'activité industrielle locale. Vient le moment de pénétrer dans la grotte au plafond parsemé de stalactites. De nombreux objets de l'époque de son aménagement y ont été retrouvés. La visite se poursuit par un tour en bateau sur un petit canal souterrain. Impressionnant et très intéressant !

★★ Old Fort Niagara

À Youngstown, dans Fort Niagara State Park, au-delà de Robert Moses Pkwy N. (route 18), à 22 km au nord de Niagara Falls State Park.

716 745 7611 - www.oldfortniagara.org - P - juil.-août 9h-19h, le reste de l'année 9h-17h - différentes activités et visites au cours de la journée - 12 $.

Situé sur le spectaculaire promontoire dominant le déversement du Niagara dans le lac Ontario, à quelque 24 km des chutes, cet ensemble de 8,8 ha servit successivement de forteresse aux Français, aux Anglais et aux Américains. Le fort permettait de contrôler l'accès au Niagara, l'un des points stratégiques de la région occidentale de l'État de New York.

Après restauration, les bâtiments du 18e s. ont retrouvé leur aspect initial. Chacun possède une plaque à la gloire du pays qui présida à sa construction. La France, première à occuper le site en 1679, est à l'origine du **French Castle★** (1726), joyau qui couronne la forteresse. Par temps clair, il offre une **vue★★** inégalée sur Toronto, de l'autre côté du lac. Les Britanniques s'emparèrent du fort en 1759, mais le cédèrent aux Américains en 1796. À l'exception d'une brève période de domination britannique au cours de la guerre de 1812, Fort Niagara est, depuis, demeuré possession américaine.

Old Fort Niagara.
R. Cummins/Getty Images

★ BUFFALO

Une position stratégique, une intense activité industrielle, une décadence inexorable… Buffalo a connu le destin de trop nombreuses villes qui ont vu le vent de l'économie tourner. Dans les années 2000, la cité a retrouvé un second souffle. Elle présente aujourd'hui le curieux visage d'une ville surdimensionnée qui au pic de sa gloire comptait 600 000 habitants et en abrite à peine 260 000 aujourd'hui. La faiblesse des loyers et l'espace disponible attirent désormais start-ups et artistes venus des quatre coins du pays et du Canada. Et la ville est réputée pour ses services médicaux de haut niveau et ses établissements d'enseignement supérieur, mais aussi ses brasseries. Elle n'est plus seulement, comme elle se présentait elle-même, la porte d'accès aux chutes du Niagara, mais une destination à part entière qui mérite d'être découverte.

La ville étant très étendue, il faut se déplacer en voiture.

★ Downtown

Le cœur de Buffalo porte encore la marque de la splendeur passée de la ville. Entre deux espaces en friche, on découvre d'incroyables bâtiments comme le **Prudential★**, un des premiers gratte-ciel réalisé en 1896 par le grand architecte Louis Sullivan (28 Church St.) ; le **M & T Center★** *(1 Fountain Plaza)*, construit dans le style Beaux-Arts en 1901 et coiffé d'une coupole dorée ; l'**Electric Tower★** *(535 Washington St.)*, gratte-ciel de même style (1912-1925) ; ou encore le **City Hall★**, de style Art déco (1929-1931), qui domine toute la ville de ses 115 m de hauteur. Dans Main Street, l'épine dorsale du **Theater District**, se succèdent les salles de spectacles dont certaines ont connu des jours meilleurs.

★ Canal Side District

www.canalsidebuffalo.org.

Comme son nom l'indique, ce quartier est situé en bordure du canal Érié, à l'un des terminus de l'ouvrage. Hérissée d'entrepôts et de silos longtemps laissés à l'abandon, à l'exception notable de ceux de General Mills, en activité ici depuis un siècle et demi, la zone a fait l'objet d'un grand plan de revitalisation, devenant une partie animée de Buffalo, surtout le week-end, où l'on vient en famille flâner au bord de l'eau, faire du vélo, du kayak et pique-niquer… Il s'y passe toujours quelque chose : cours de yoga en plein air, expositions, concerts, et plusieurs bâtiments ont été transformés en galeries et restaurants. Côté visite, il ne faut pas manquer le **Buffalo et Erie County Naval and Military Park★** *(1 Naval Park Cove, Pearl St. et Main St. - ✆ 716 847 1773 - buffalonaval-park.org - horaires variables selon les saisons - 12 $*, où les destroyers et autres vaisseaux de guerre de la marine américaine terminent leur existence. C'est le plus grand « cimetière » du pays en son genre.

★★ Martin House Complex

175 Jewett Pkwy - ✆ 716 856 3858 - www.martinhouse.org - à partir de 10h ou 11h selon la saison - plusieurs types de tours guidés à partir de 19 $, voir calendrier sur le site Internet. Les maisons se visitent seulement en petits groupes avec un guide mais l'accès au Greatbatch Pavilion est libre.

Dans le quartier cossu de Parkside, à deux pas du grand parc Delaware dessiné par Frederick Law Olmsted (le concepteur de Central Park), cette demeure est l'une des réalisations majeures de **Frank Lloyd Wright** *(p. 491)*. L'architecte, l'un des principaux initiateurs du style Prairie dont les constructions visaient à se fondre dans leur environnement, a conçu celle-ci en 1903-1905 pour son ami Darwin D. Martin, un influent homme d'affaires local. Dans le Visitor Center, installé au sein du très moderne Greatbatch Pavilion réalisé par l'architecte japonaise Toshiko Mori, on découvre une passionnante exposition sur Buffalo et sur le travail de Wright. La visite guidée conduit ensuite dans les différents bâtiments que compte la propriété : les écuries transformées en garage, la serre, le cottage du jardinier, la petite Barton House pour la sœur du propriétaire, et enfin la maison de maître, pensée jusqu'à son mobilier conçu par FLW, « architecte total ». Laissée à l'abandon en 1937 après la mort de son propriétaire, la maison fut sauvée de la démolition dans les années 1950 puis servit à loger le président de l'université de Buffalo. Certaines parties comme la serre et la magnifique pergola ont été reconstruites et les intérieurs sont toujours en cours de réaménagement, travail minutieux et de longue haleine, car tout est refait à l'identique d'après photos.

UN BIJOU DANS LA CEINTURE DE ROUILLE

Officiellement fondée en 1832, **Buffalo** se trouve au cœur d'une région iroquoise que fréquentèrent au 18e s. explorateurs et commerçants français. Située sur les bords du lac Érié, à la frontière du Canada (province de l'Ontario), la ville doit son développement au percement du canal et à sa proximité des Grands Lacs. Tout au long du 19e s., elle a vu arriver des immigrés, dont beaucoup d'Irlandais et d'Allemands, qui ont alimenté les industries locales. En 1873, la ville est connectée par chemin de fer à la Pennsylvanie et son charbon ; elle devient alors un grand centre de production d'acier et connaît une nouvelle vague d'immigration, en provenance cette fois d'Italie et de Pologne. En 1901, elle compte 500 000 habitants et organise, triomphante, l'Exposition panaméricaine. Participant à l'effort de guerre des années 1940, le « bijou de la Rust Belt » entre dans une période difficile à la fin des années 1960 : l'abandon du canal et la désindustrialisation frappent de plein fouet la cité, qui s'enfonce dans le marasme. La Buffalo que l'on découvre aujourd'hui est en pleine renaissance.

Le City Hall, Buffalo.
Jacek_Sopotnicki/iStock

★★ Albright-Knox Art Gallery

1285 Elmwood Ave - ✆ 716 882 8700 - www.albrightknox.org - P - mar.-dim. 10h-17h (22h le 1er vend. du mois)- 12 $.

Créé par l'académie des Beaux-Arts de Buffalo en 1862, ce musée a pour cadre un imposant bâtiment de style classique inauguré en 1905 et offert par John J. Albright, un philanthrope de Buffalo. Il doit la deuxième partie de son nom à l'importante donation effectuée par Seymour Knox en 1962. Le lieu est connu pour avoir été le premier du pays à acquérir des œuvres de Picasso et de Matisse. Le musée couvre une large tranche d'histoire de l'art du 18e s. à nos jours, avec une prédilection pour le 20e s. Seuls 3 % du fonds sont visibles faute de place et les accrochages changent régulièrement. Parmi les œuvres majeures : *La Maison de la Crau* de Van Gogh (1888), *La Toilette* de Picasso (1906), *Convergence* de Pollock (1952), *Orange and Yellow* de Rothko (1956), *Cow* de Warhol (1976). L'édifice est entouré d'une roseraie et d'un jardin de sculptures comprenant notamment des pièces d'Isamu Noguchi et d'Anish Kapoor.

★ Buffalo and Erie County Botanical Gardens

2655 South Park Ave - ✆ 716 887 1584 - www.buffalogardens.com - P - 10h-17h - 11 $ - audioguide gratuit.

Ce magnifique jardin botanique qui occupe une partie de South Park, autre création de Frederick Law Olmsted à Buffalo, a été conçu selon le modèle des jardins de Kew (Londres) et inauguré en 1900. Il comprend 12 serres où les plantes sont réparties de façon thématique (palmeraie, bégonias, Everglades…) et des jardins extérieurs, dont une roseraie, un jardin de plantes autochtones et un espace destiné aux enfants.

NOS ADRESSES AUX NIAGARA FALLS ET ENVIRONS

TRANSPORTS

Niagara Falls

Le Discover Niagara Shuttle dessert gratuitement 14 arrêts, de la ville à Old Fort Niagara en passant par le parc et Lewiston. Rens. : *www.discoverniagara.org.*

HÉBERGEMENT

Niagara Falls

POUR SE FAIRE PLAISIR

The Giacomo – *222 First St. - ✆ (716) 299-0200 - http://thegiacomo.com - P - 41 ch. 279/389 $* ☕. Ce bel édifice Art déco abrite un luxueux hôtel depuis lequel il est possible d'accéder aux chutes du Niagara à pied. Au dernier étage, un lounge panoramique permet de jouir d'une vue imprenable sur la ville et de profiter du feu d'artifice qui illumine les chutes plusieurs fois par semaine.

Lewiston

POUR SE FAIRE PLAISIR

Niagara Crossing Hotel & Spa – *100 Center St. - ✆ (716) 754-9070 - www.niagaracrossinghotelandspa.com - - 68 ch. 144/280 $* ☕. Cet établissement évoque une auberge de campagne de luxe. Les chambres sont vastes et pourvues d'une cheminée ; certaines donnent sur le fleuve Niagara en contrebas.

Buffalo

L'offre est très abondante et le quartier de Downtown compte de nombreux hôtels de chaîne, des plus simples aux plus luxueux.

POUR SE FAIRE PLAISIR

Hotel @ The Lafayette – *391 Washington St. - ✆ (716) 853-1505 - http://buffalobrewerydistrict.com - P - 57 ch. 169/239 $* ☕ - ✕. L'ancienne grande dame de Buffalo, une imposante construction de style French Renaissance du début du 20e s., s'est refait une beauté tout en conservant des éléments de son fastueux décor. C'est l'un des rares hôtels qui se détache des nombreux hôtels de chaine standardisés de Downtown. Sur place, on trouve trois restaurants et une brasserie.

The Mansion on Delaware – *414 Delaware Ave - ✆ (716) 886-3300 - www.mansionondelaware.com - P - 28 ch. à 225/379 $* ☕ - ✕. Bien placé à proximité de Downtown, dans le quartier animé d'Allentown, ce bel hôtel a pour cadre une maison patricienne du 19e s. Sur place, un valet se met à la disposition des hôtes pour les aider à organiser au mieux leur séjour : réservation d'une table au restaurant, d'une place de spectacle, service de taxi aux alentours… La décoration, très réussie, illustre le parti pris de la modernité, avec des touches anciennes ; plusieurs chambres disposent d'une cheminée.

RESTAURATION

Niagara Falls

BUDGET MOYEN

Savor – *28 Old Falls St. - 14303 Niagara Falls - ✆ (716) 210-2525 - ✆ (716) 210-2580 - www.nfculinaryinstitute.com - 11h30-21h - fermé w.-end - plats 14/32 $.* Le restaurant phare du Culinary Institute de Niagara Falls est vraiment l'une des meilleures tables de la ville. L'occasion de déguster un repas préparé par les chefs de demain, à partir de produits locaux frais, le tout à un prix très raisonnable. Le bâtiment abrite aussi un café-pâtisserie justement nommé La Pâtisserie et un deli pour un repas sur le pouce, Old Falls Street Deli.

Top of the Falls – *Terrapin Point, Goat Island - ✆ (716) 278-0340 - www.niagarafallsstatepark.com - 11h-21h, vend.-dim. 11h-22h - moins de 20 $.* Situé à l'intérieur du parc, ce restaurant permet de prendre un repas face aux chutes ! La cuisine est simple (burgers, salades, *fish & chips*…) mais met en avant les produits de la région.

Zaika Indian Cuisine – *421 Third St. - ✆ (716) 804-0444 - www.anindianzaika.com - 11h30-22h - plats 15/26 $ et buffet certains jours.* L'un des innombrables – et des plus réputés – restaurants indiens de la ville qui soigne ses visiteurs étrangers les plus nombreux ! On y déguste une savoureuse cuisine des quatre coins du sous-continent : tandooris, biryanis, tikka masala…

Lewiston

PREMIER PRIX

The Silo – *115 N. Water St. - ✆ (716) 754-9680 - www.lewistonsilo.com - mai-sept. : 10h-22h - moins de 15 $.* Installé dans un ancien silo à charbon qui alimentait les bateaux à vapeur qui sillonnaient le Niagara, ce restaurant avec vue sur l'eau (terrasse et salle panoramique) propose une cuisine simple mais de qualité : burgers, *fish & chips*, salades, plats végétariens… Dans un ancien wagon de train voisin, on peut aussi acheter des glaces.

BUDGET MOYEN

Carmelo's – *425 Center St. - ✆ (716) 754-2311 - www.carmelos-restaurant.com - 17h-21h, vend.-sam. 17h-21h30 - fermé dim.-lun. - à la carte 31/50 $.* Un restaurant de cuisine rustique comme il aime à se définir lui-même. La tendance est clairement italienne avec d'excellentes pâtes maison, des escalopes milanaise, des saltimboccas… La carte change tous les jours selon le marché.

Buffalo

BUDGET MOYEN

Anchor Bar – *1047 Main St. - ✆ (716) 886-8920 - www.anchorbar.com - 11h-22h, vend. 11h-23h, sam. 12h-23h, dim. 12h-22h - plats 13/27,50 $.* C'est ici, qu'en 1964, ont été inventées les fameuses *Buffalo wings* : des ailes de poulet frites nappées d'une sauce plus ou moins piquantes que l'on retrouve aujourd'hui aux quatre coins du pays. Le fils de la géniale cuisinière, Teressa Belissimo, qui tenait alors le restaurant avec son mari, dirige désormais ce lieu populaire et incontournable.

Thin Man Brewery – *492 Elmwood Ave - ✆ (716) 923-4100 - http://thinmanbrewery.com - 15h-1h, vend. 15h-2h, sam. 11h-2h, dim. 12h-0h - plats 12/18 $.* Située dans le charmant quartier d'Elmwood Village, la dernière-née des micro-brasseries de Buffalo est un endroit animé om l'on se retrouve pour déguster burgers sophistiqués, moules-frites, saucisses et choucroute… Les produits locaux et bio sont privilégiés.

Toutant – *437 Ellicott St. - ✆ (716) 342-2901 - www.toutantbuffalo.com - 17h-0h, vend.-sam. 17h-1h, dim. 11h30-0h - fermé mar.-merc. - plats 14/29 $.* Dans un décor trendy – murs de briques apparentes, planchers bruts et déco industrielle – on se régale de plats du Sud : shrimp and grits, poulet frit et jambalaya… Très bon brunch le dimanche.

POUR SE FAIRE PLAISIR

Trattoria Aroma – *307 Bryant St. - ✆ (716) 881-7592 - http://aromabryant.com - 11h30-21h, vend. 11h30-22h, sam. 17h-22h, dim. 11h-21h - plats 24/31 $.* Cuisine italienne moderne et toujours fraîche dans ce restaurant de quartier. La carte des vins italiens est l'une des plus grande de la ville.

PETITE PAUSE

Lewiston

Orange Cat Coffee Co. – *703 Center St. - ✆ (716) 754-2888 - 6h-18h, sam. 8h-18h, dim. 8h-15h.* Il ne faut pas croire la légende qui prétend que ce bâtiment est hanté. Pas de fantôme ici, mais un excellent accueil avec du bon café, toutes sortes de boissons et de snacks pour manger léger. Agréable terrasse en saison.

Lockport

Scripts Café – *2 East Ave - ✆ (716) 438-1212 - www.scripts-cafe.com - 7h-18h, sam. 9h-16h - fermé dim.* Salades, sandwichs, quiches, grand choix de plats végétariens, pâtisseries… ici, tout est fait maison et si possible bio ; et la grande salle lumineuse se prête particulièrement bien au petit-déjeuner et au déjeuner.

Buffalo

Tipico – *128 Fargo Ave - ✆ (716) 331-3954 - http://tipicocoffee.com - 6h-21h, sam. 7h-21h, dim. 7h-20h.* Pas très loin du lac Érié, ce coffee-shop de quartier propose des petits snacks à grignoter parmi lesquels de délicieux toasts à la ricotta. La vaste salle aux grandes baies vitrées et murs de brique est très agréable.

EN SOIRÉE

Niagara Falls

Seneca Niagara Casino – *310 Fourth St. - ✆ (877) 873-6322 - http://senecaniagaracasino.com.* Un casino tenu par les Sénécas, les habitants historiques de la région, appartenant à la Confédération iroquoise.

Buffalo

Buffalo Philharmonic Orchestra – *Kleinhans Music Hall – 3 Symphony Circle - ✆ (716) 883-3560 - http://bpo.org.* L'orchestre philharmonique de Buffalo se produit dans cet étonnant bâtiment rond conçu par les architectes Eero et Eliel Saarinen en 1940.

Nietzsche's – *248 Allen St. - ✆ (716) 886-8539 - http://nietzsches.com - 12h-2h, jeu.-sam. 12h-4h.* Musique *live* tous les soirs depuis plus de 25 ans et « *open mic* » (n'importe qui peut monter sur scène) le lundi soir.

Shea's Performing Arts Center – *646 Main St. - ✆ (716) 847-1410 - www.sheas.org.* Cet ancien cinéma muet, ouvert en 1926, accueille concerts, pièces de théâtre et comédies musicales.

Food Truck Tuesday – *Larkin Square - 745 Seneca St. - ✆ (716) 362-2665 - http://larkinsquare.com - avr.-oct. : mar. 17h-20h.* Comme beaucoup d'autres villes, Buffalo connaît aussi un grand rassemblement de food trucks à la belle saison. Plus de 40 camions de nourritures diverses et variées se donnent rendez-vous ici dans une ambiance bon enfant, avec des concerts de musique *live* chaque semaine.

ACHATS

Niagara Falls

Fashion Outlets – *1900 Military Rd - ✆ (716) 297-2022 - www.fashionoutletsniagara.com - 10h-21h, dim. 10h-18h.* Plus de 200 boutiques de vêtements, d'accessoires et de chaussures pour renouveler sa garde-robe avec 75 % de réduction.

Lockport

Art 247 – *247 Market St. - ✆ (716) 404-9884 - www.theart247.com - 10-17h, w.-end 11h-17h - fermé lun.-mar.* Une trentaine d'artistes locaux présentent ici leurs créations : peinture, objets, accessoires…

Flight of Five Winery – *2 Pine St. - ✆ (716) 433-3360 - www.flightoffivewinery.com - 12h-18h, vend.-sam. 12h-19h (janv.-avr. fermé mar.-merc.).* Ce caviste-bar à vins est installé dans le bâtiment de l'ancienne mairie de Lockport depuis laquelle les potentats locaux observaient les progrès des forçats du canal. On y déguste évidemment des vins de la région, accompagnés de nourriture légère, mais c'est aussi un lieu animé où sont organisés des concerts, des ateliers de peinture…

ACTIVITÉS

Niagara Falls

Rainbow Air – *454 Main St. - ✆ (716) 284-2800 - www.rainbowairinc.com - avr.-oct. à partir de 115 $ (90 $ enfant) pour une dizaine de mn.* Pour une expérience mémorable et l'une des vues les plus impressionnantes des chutes : un survol en hélicoptère !

Lewiston

Whirlpool Jet Boats – *115 S. Water St. - ✆ (888) 438-4444 - www.whirlpooljet.com - plusieurs départs par jour de mai à sept. selon la période et la météo - 67 $ (6-12 ans 45 $) - env. 1h.* Pour les amateurs de sensations fortes qui n'ont pas peur de se faire mouiller – ou plutôt tremper : une balade dans des rapides de classe 3 et de classe 5 sur le Niagara !

Lockport

Lockport Locks & Erie Canal Cruise – *210 Market St. - ✆ (716) 433-6155 - www.locportlocks.com - plusieurs croisières par jour de mai à mi-oct. selon la période et la météo (mais au moins tous les jours à 12h30 et 15h) - 18,50 $ (4-10 ans 10 $) - env. 2h.* Une croisière bien agréable pour parcourir quelques miles sur le canal Érié et franchir d'impressionnantes écluses.

AGENDA

Niagara Falls

Toute l'année, les chutes sont illuminées en fin de journée (calendrier sur le site Internet du parc) et les mer., vend. et dim. vers 22h, elles sont éclairées par un feu d'artifice.

Niagara Falls Music and Art Festival – *Un long w.-end en juin.* Art, gastronomie, dégustations de vins, concerts en plein air… *www.festivalatthefalls.com.*

Lockport

Locktoberfest – *En oct.* Grande fête de la bière à Lockport. *locktoberfest.org.*

Buffalo

Garden Walk – *Fin juil.* Visites guidées et autoguidées de 400 jardins publics et privés. *gardenwalkbuffalo.com.*

National Buffalo Wing Festival – *Un w.-end début sept.* La spécialité culinaire qui a fait la renommée de la ville est à l'honneur, avec dégustations et différentes manifestations en plein air. *buffalowing.com.*

Lewiston

Lewiston Peach Festival – *Un long w.-end en sept.* C'est la fête de la pêche ! Dégustations, concerts, foire artisanale… *www.lewistonpeachfestival.com.*

Lewiston Jazz Festival – *En sept.* Un festival de jazz international et réputé, avec des concerts gratuits. *www.lewistonjazz.com.*

Boston et ses environs 2

Carte Michelin National 761 et carte Michelin Régional 581

Boston.
Pgiam/E+/Getty Images

BOSTON ET SES ENVIRONS

VOIR AUSSI LES PLANS DES QUARTIERS DE BOSTON

Plan de Beacon Hill p. 102
Plan de Freedom Trail p. 106
Plan de Waterfront p. 110
Plan de Back Bay p. 114

C
D
I-95, PORTSMOUTH, NH, PORTLAND, ME
TORIN BRIDGE
BUNKER HILL MONUMENT
CHARLESTOWN
CHARLESTOWN NAVY YARD
BUNKER HILL PAVILION
PAUL REVERE LANDING
CHARLESTOWN BRIDGE
PIER 4
SALEM
FREEDOM TRAIL
BOSTON MUSEUM OF SCIENCE
Science Park
North Station
OLD NORTH CHURCH
NORTH END
SUMNER TUNNEL (TOLL)
CALLAHAN TUNNEL
MGH
WATERFRONT
Charles/MGH
Bowdoin
EACON HILL
STATE HOUSE
Government Center
FANEUIL HALL
Aquarium
State
Park St.
BOSTON COMMON
Downtown Crossing
PUBLIC GARDEN
Boylston
Chinatown
South Station
FEDERAL RESERVE BANK
GENERAL COURTHOUSE
CHINATOWN
SOUTH STATION
Arlington
BAY VILLAGE
THEATER DISTRICT
COMMONWEALTH PIER
Fort Point Channel
I-90 Access Hwy.
BOSTON CONVENTION CENTER
NE Medical Center
BOSTON
N
0 1/4 mi
0 500 m
1
2
QUINCY, CAPE COD
J.F.K. LIBRARY AND MUSEUM

Grand angle sur Boston

LA NAISSANCE DE BOSTON

En 1630, un millier de puritains conduits par **John Winthrop** débarquèrent sur cette côte pour installer le siège de la Compagnie de la baie du Massachusetts. Déçus par les conditions de vie de Salem et de Charlestown, ils jetèrent leur dévolu sur une petite presqu'île appelée Shawmut par les Indiens Massachusetts (« le peuple des Grandes Collines »), et qu'habitait alors un ermite anglican, le révérend **William Blackstone,** débarqué en Amérique du Nord en 1623 à Weymouth. Celui-ci leur fit bon accueil, et ils fondèrent une colonie sur ses terres.

Après avoir été baptisée Trimountain (ou Tremont) en raison de sa topographie, la colonie adopta le nom de Boston, en souvenir de la ville du Lincolnshire (Angleterre) dont plusieurs colons étaient originaires. Une société théocratique s'organisa sous la houlette du gouverneur John Winthrop, qui fit observer une morale impitoyable. Grâce à son commerce maritime et à ses chantiers navals, Boston se développa pour devenir la ville la plus importante des colonies d'Amérique – un rang qu'elle conserva jusque dans les années 1850.

LES DÉBUTS DE L'INDÉPENDANCE AMÉRICAINE

À la fin du 18e s., les treize colonies anglaises d'Amérique étaient accablées de taxes (sur le vin, le café, le sucre, l'indigo, les produits textiles) que le Parlement anglais leur réclamait pour renflouer les caisses de la Couronne, après les guerres coûteuses engagées contre les Français et les Indiens. Cette politique fiscale était perçue comme injuste par les colons qui, en tant que citoyens britanniques, revendiquaient des droits de représentation au Parlement de Londres et entendaient faire respecter le principe selon lequel un territoire non représenté ne pouvait être taxé. Après la proclamation du **Stamp Act** en 1765, loi imposant l'achat d'un timbre fiscal à apposer sur tout document officiel, le peuple réagit avec force, mettant le feu à la maison du gouverneur et organisant un blocus.

Suite à l'adoption en 1767 de nouveaux droits de douane (sur le thé, le papier, le verre, le plomb) réglementés par les **Townshend Acts**, des manifestations éclatèrent à nouveau. L'Angleterre envoya aussitôt des troupes pour faire respecter la loi de la Couronne. L'hostilité des colons grandit de jour en jour. Des incidents, opposant les Bostoniens aux Anglais, finirent par éclater.

Le **massacre de Boston** fut le premier d'une série d'affrontements. Le 5 mars 1770, un groupe de Bostoniens se réunit devant la State House pour protester. Un officier anglais et plusieurs soldats répondirent à leurs insultes, tuant cinq personnes. L'activiste **Samuel Adams** se saisit de l'occasion pour rallier une bonne partie de la population à sa cause. Les Townshend Acts furent abrogés dans l'année, excepté l'exorbitante taxe sur le thé. Un autre protestataire, **John Hancock**, organisa alors le boycott du thé vendu par la Compagnie britannique des Indes orientales. Pour la sauver de la faillite, le gouvernement britannique fit passer le **Tea Act** en mai 1773, autorisant la Compagnie à vendre son thé aux colonies sans payer les taxes et donc moins cher que les autres importateurs et les contrebandiers. Cela provoqua la ruine des marchands indépendants et la colère des colons anglais d'Amérique. En novembre 1773, les Bostoniens interdirent aux capitaines de trois navires de la Compagnie de décharger leur cargaison. Le 16 décembre, plusieurs colons tentèrent de résoudre la situation. Les Anglais refusant tout compromis, Samuel Adams prononça une phrase restée célèbre : « Cette réunion ne peut plus contribuer à sauver le pays. » Quatre-vingt-dix Bostoniens déguisés en Indiens jetèrent à la mer les cargaisons de thé des vaisseaux anglais. Cet incident est resté célèbre sous le nom de **Boston Tea Party**. En représailles, les Anglais fermèrent le port (1774) et prirent des mesures punitives – surnommées **« Intolerable Acts »** par les colons. Dès lors, des milices s'organisèrent.

LA CHEVAUCHÉE LÉGENDAIRE DE PAUL REVERE

En avril 1775, le général anglais Thomas Gage envoya 800 soldats à Concord et Lexington pour se saisir des armes et des munitions dissimulées par les colons et arrêter les meneurs John Hancock et Samuel Adams. Mais, avertis, les patriotes avaient mis en place un stratagème : la nuit de l'attaque, le sacristain de l'église d'Old North *(p. 110)* signalerait à l'aide de lanternes accrochées au clocher la voie choisie par les Anglais. Le signal fut donné, et Paul Revere partit aussitôt au grand galop prévenir Samuel Adams et John Hancock, réfugiés à Lexington. Grâce à cette chevauchée légendaire, les miliciens purent se préparer à temps à l'attaque anglaise.

LE SIÈGE DE BOSTON ET LA BATAILLE DE BUNKER HILL

Les Anglais se retranchèrent dans Boston tandis que les « Américains » les assiégeaient. Voulant asseoir leur position stratégique, les Britanniques décidèrent de s'emparer des hauteurs de la ville et choisirent, pour l'aménager, l'éminence de Bunker Hill (colline fortifiée), à Charlestown. Les chefs rebelles se hâtèrent d'occuper les collines voisines (Breed's Hill). Le 17 juin 1775, les Anglais tombèrent sur une redoute (fortification) érigée par les Américains durant la nuit. Mais les colons manquèrent bientôt de munitions.
Les Anglais finirent par se saisir du retranchement, mais à quel prix ! Plus de 10 % de la totalité des officiers anglais tués pendant la guerre d'Indépendance perdirent la vie au cours de cet assaut. Malgré son nom – bataille de Bunker Hill – cet affrontement eut bien lieu sur les hauteurs de Breed's Hill.

LA RETRAITE DES ANGLAIS

Durant les premiers mois de 1776, les armes et les munitions prises par les miliciens au Fort Ticonderoga furent convoyées à travers toute la Nouvelle-Angleterre jusqu'à Boston. Le 2 mars, l'artillerie rebelle commença à bombarder la ville ; le 5 mars, voyant l'arsenal des patriotes renforcé sur les hauteurs de Dorchester Heights, les Anglais durent accepter un compromis : s'ils abandonnaient Boston aux « Américains », le général anglais Howe et ses troupes pourraient quitter la ville librement. Washington y fit une entrée triomphale, et la cité portuaire ne fut plus jamais le théâtre d'hostilités.

« METTRE LES COLLINES À BAS POUR REMBLAYER LES BAIES »

Au cours du 19e s., Boston connut une explosion démographique, passant de 18 000 habitants en 1790 à 54 000 en 1825. Au début du 20e s., la ville dénombrait plus de 500 000 âmes. Un urgent besoin d'espace fit naître toute une série de projets de remblaiement qui transformèrent à jamais sa topographie.
La grande transformation de Boston fut entamée au début du 19e s. avec le développement de Beacon Hill *(p. 101)*. Les décennies suivantes virent la

création du quartier résidentiel de South End. Le projet le plus spectaculaire fut réalisé dans la zone insalubre de Back Bay, au nord du goulet. Après 40 années de travaux, la ville s'était agrandie de quelque 182 ha et se targuait de posséder un des plus beaux quartiers résidentiels planifiés de tous les États-Unis. Après le Grand Incendie de 1872, qui ravagea 776 bâtiments, de nombreuses résidences et églises furent reconstruites dans Back Bay, accélérant la transformation du noyau historique en un quartier commerçant.

LE NOUVEAU BOSTON

Vers le milieu du 20e s., Boston connut une régression démographique et une récession urbaine et économique. Face à cette situation, les autorités de la ville établirent, en 1957, la **Boston Redevelopment Authority** (BRA). Dirigé par **Edward Logue**, cet organisme prit en charge le réaménagement d'un quart du territoire de Boston.

Dans les années 1960, on fit appel à l'architecte **I. M. Pei**, ancien étudiant de l'école d'architecture du MIT, pour élaborer les plans du nouveau **Government Center** sur le site de Scollay Square, un ancien quartier chaud de Boston. Ce projet de 260 millions de dollars donna naissance au City Hall – l'hôtel de ville. Au cours des décennies suivantes, I. M. Pei contribua à remodeler le visage de la ville en réalisant plusieurs commandes importantes : la 200 Clarendon St. (anciennement John Hancock Tower), la Kennedy Library et l'aile ouest du Museum of Fine Arts.

Autre grand chantier des années 1960, le Prudential Center souleva une vive controverse, son gigantisme brisant l'unité architecturale des quartiers voisins de Back Bay. Plus heureuse, la rénovation du Faneuil Hall Marketplace dans les années 1970 a redonné vie au centre-ville.

Dans les années 1980, le **Financial District**, depuis longtemps établi aux abords de Federal St. et Congress St., commença à s'étendre en direction du quartier du port, nouvellement réaménagé. La réhabilitation du Waterfront – le front de mer –, accélérée par le développement du Faneuil Hall Marketplace, a ainsi permis au centre historique de la ville de retrouver son lien privilégié, originel, avec la mer.

LES BOSTONIENS

Le « *proper Bostonian* » ou **Brahmin**, descendant des anciennes familles anglo-saxonnes de colons puritains, forme une caste à part. Conservateur, cultivé, il a étudié à Harvard, mais ne représente aujourd'hui qu'une minorité.

Débarqués par milliers après la famine des années 1840, les **Irlandais**, désargentés mais travailleurs, se sont vite intégrés au mode de vie américain et nombre d'entre eux ont, par la suite, accédé à de hautes fonctions locales et fédérales. Leur représentant le plus célèbre fut John F. Kennedy.

Vers la fin du 19e s., les **Italiens**, originaires essentiellement du Sud, remplacèrent peu à peu les Irlandais et les juifs dans les vieilles maisons de North End et dans le quartier de West End, aujourd'hui détruit.

La communauté des **Afro-Américains**, l'une des plus anciennes des États-Unis, fut formée à l'origine par des esclaves antillais arrivés à Boston en 1638. Un nombre croissant d'esclaves libres s'installèrent dans le North End, luttant pour l'Indépendance. En 1780, l'esclavage fut officiellement aboli dans le Massachusetts, consacrant la politique abolitionniste menée par cet État. Après l'inauguration de leur église, l'African Meeting House (1806), les Noirs vinrent s'installer à Beacon Hill. Ils habitent désormais en grande partie à Roxbury et dans les banlieues proches de Dorchester et Mattapan.

Une population **latino-américaine** en augmentation s'est installée dans des îlots de South End, Jamaica Plain et East Boston. Avec d'autres minorités comme les **Asiatiques** (le quartier chinois s'encastre dans le centre), ces groupes constituent aujourd'hui près d'un tiers de la population de la ville.
Chaque année, les universités de la région attirent étudiants et professeurs venus du monde entier. Les **étudiants**, dont le nombre a été estimé à plus de 250000, ajoutent à la diversité sociale et culturelle de Boston. Ils résident autour des nombreux campus disséminés dans la ville et ses banlieues, particulièrement à Cambridge, Brookline et Allston-Brighton.

L'EXPLOSION DES BIOTECHS

Le commerce maritime fut à l'origine de la fortune de Boston. Après une période de marasme économique au début du 20e s., la modernisation dans les années 1950 et 1960 des services portuaires et des quelque 40 km de quais a augmenté la capacité du fret. Néanmoins, Boston ne figure pas aujourd'hui parmi les 20 premiers ports américains.
Le secteur tertiaire a suivi la même évolution. Deux grandes compagnies d'assurances, Prudential et John Hancock, ont fait construire les deux plus hauts gratte-ciel de la ville dans le quartier de Back Bay. Les financiers qui contrôlent les fortunes générées par le commerce maritime et l'industrie sont établis dans **Financial District**. Ils exercent plus que jamais un rôle clé dans l'économie de la Nouvelle-Angleterre.
L'industrie a connu une ère nouvelle avec l'ouverture de la route 128, dans les années 1950, et l'installation le long de ce périphérique de quelque 700 firmes spécialisées dans la recherche et le développement électronique et informatique. Boston est considérée comme la capitale mondiale dans ces domaines, et ses universités sont des pépinières de chercheurs et de savants. La santé représente aussi un secteur de pointe pour la ville : ses hôpitaux sont de grands centres de recherche et de traitement, comme le **Massachusetts General Hospital**, l'un des plus importants du monde. La récession dont a été frappée toute l'Amérique dans les années 1980 n'a pas épargné Boston. Après quelques signes de relance au début des années 1990, la finance, les entreprises de biotechnologie, en pleine expansion, redonnent un second souffle à la cité. C'est désormais le **secteur hôtelier** et immobilier qui tient la tête d'affiche : la Millennium Tower, culminant à 208 m, en est un bel exemple.

UN BAIN DE CULTURE

Boston fut créée par des puritains cultivés, soucieux d'établir un système d'éducation solide. C'est ainsi que furent fondées la Boston Public Latin School (vers 1630), puis Harvard (1636), respectivement première école publique et première université des colonies d'Amérique. Depuis, Boston a gardé sa suprématie dans ce domaine, et l'on compte dans la ville et ses environs 68 établissements réputés, dont **Harvard** et le **Massachusetts Institute of Technology** (MIT) à Cambridge, Radcliffe, la Boston University, le New England Conservatory of Music, le Boston College, le Wellesley College… Au 19e s., Boston, surnommée « l'Athènes de l'Amérique », abritait de nombreux intellectuels. Ses habitants voyageaient avec curiosité et rapportaient de leurs pérégrinations des merveilles qui constituèrent le fonds des collections du Museum of Fine Arts, de l'Isabella Stewart Gardner Museum et des musées de Harvard. Un mécène, Henry Lee Higginson, créa en 1881 le **Boston Symphony Orchestra**, qui se produit toujours dans le Symphony Hall et, l'été, donne des concerts gratuits sur la Charles River Esplanade.

Boston

★★★

645 966 hab. (aire métropolitaine : 6 millions d'hab.)

Capitale historique du Massachusetts, berceau de l'Indépendance américaine, Boston est aujourd'hui le poumon financier, administratif, universitaire et culturel de la Nouvelle-Angleterre. Au cœur d'une aire métropolitaine regroupant près de 6 millions d'habitants, la cité s'enorgueillit de posséder quelques-unes des universités les plus prestigieuses du monde – Harvard, MIT – et des musées qui n'ont rien à envier à ceux de sa voisine, New York. Élégante, « trendy », parsemée de nombreux espaces verts, Boston cultive le bon goût et mérite un séjour prolongé.

NOS ADRESSES PAGE 120
Hébergement, restauration, achats, activités, etc.

S'INFORMER

Greater Boston Convention and Visitors Bureau – *617 536 4100 ou 888 733 2678 - www.bostonusa.com.*
Pour obtenir un plan et tout savoir sur la ville et ses environs, les loisirs, musées, hébergements, restaurants, festivals, le GBCVB dispose de deux centres d'accueil :
Boston Common Visitor Information Center – *139 Tremont St. - lun.-vend. 8h30-17h, w.-end. 9h-17h.* Visite guidée du Freedom Trail.
Prudential Center Visitor Information Center – *800 Boylston St. - lun.-vend. 9h-17h30, w.-end. 10h-18h.*
National Park Service – *617 242 5601 - www.nps.gov/bost - 9h-17h - fermé 1er janv., Thanksgiving et 25 déc.* Le service des parcs nationaux propose la visite gratuite de plusieurs bâtiments situés le long du Freedom Trail. Il dispose d'un centre d'accueil à Faneuil Hall *(p. 108).*

SE REPÉRER

Carte de région CD1-2 (p. 30) – *carte Michelin 581 MN7-8.* Les bureaux du Financial District et les enseignes commerciales de Downtown Crossing sont réunis dans un quartier nommé Downtown, entouré, au sud, par Chinatown, le Theater District et South Station, au nord par Faneuil Hall, à l'ouest par le Boston Common et, à l'est, par le Waterfront (front de mer). Au sud-ouest s'étendent Back Bay et South End, gagnées sur les eaux.

SE GARER

Les parkings sont nombreux (au Waterfront, à Government Center/Quincy Market, à Post Office Square), mais les tarifs souvent prohibitifs (20 $ la demi-journée)… Le Boston Common Garage *(Charles St., au cœur du Boston Common)* pratique des tarifs attractifs la nuit et les week-ends.

À NE PAS MANQUER

L'exceptionnel Museum of Fine Arts ; les rues pittoresques du « quartier-village » de Beacon Hill ; l'Isabella Stewart Gardner Museum, étonnant palais vénitien au cœur de la ville.

ORGANISER SON TEMPS

Boston est une ville à taille humaine qui se visite facilement à pied, en alternant avec de courtes liaisons en métro *(plan p. 121).*

AVEC LES ENFANTS

Les bateaux-cygnes du Public Garden ; le Duck Tours *(p. 122).*

Beacon Hill.
benedek/iStock

Se promener

★★ BEACON HILL Plan p. 102

Circuit tracé en vert sur le plan de Beacon Hill (p. 102) – Comptez 1h30 (sans les visites guidées). Pour situer Beacon Hill, voir le plan de Boston (p. 94-95). Départ de la station de métro Ⓣ Park St.

Bon à savoir – Les promeneurs sont invités à faire preuve de prudence en cas de mauvais temps, car les trottoirs sont parfois très en pente et les pavés irréguliers peuvent être glissants.

Quartier par excellence des « Boston Brahmins » (*p. 98*), mais aussi de la première communauté noire de la ville, Beacon Hill conserve une atmosphère provinciale contrastant avec l'agitation des quartiers limitrophes. Une promenade romantique y est de rigueur. Remarquez certains heurtoirs de portes en forme de homards, glands, sphinx…, les ferronneries ouvragées des balcons du premier étage, ainsi que les jardinières colorées. Les balcons de West Cedar Street méritent qu'on les admire, plus particulièrement encore à la nuit tombée lorsque les lampadaires à gaz éclairent faiblement les façades ocre des maisons victoriennes.

Park Street

Passé la **Park Street Church**★ (*p. 107*), cette agréable rue monte en douceur vers la **State House**★★ (*p. 105*), dont elle offre de belles vues.

Tournez à droite dans Beacon St.

★ Boston Athenaeum

10 1/2 Beacon St. - ✆ 617 227 0270 - www.bostonathenaeum.org - ♿ - lun., mar. et merc. 9h-18h, jeu. et vend. 9h-17h30, sam. 9h-16h, fermé dim. et j. fériés - 5 $.

VOUS RESTEZ PLUS LONGTEMPS ?
Si vous souhaitez explorer Boston et sa région dans ses moindres recoins, choisissez le Guide Vert Boston et la Nouvelle-Angleterre.

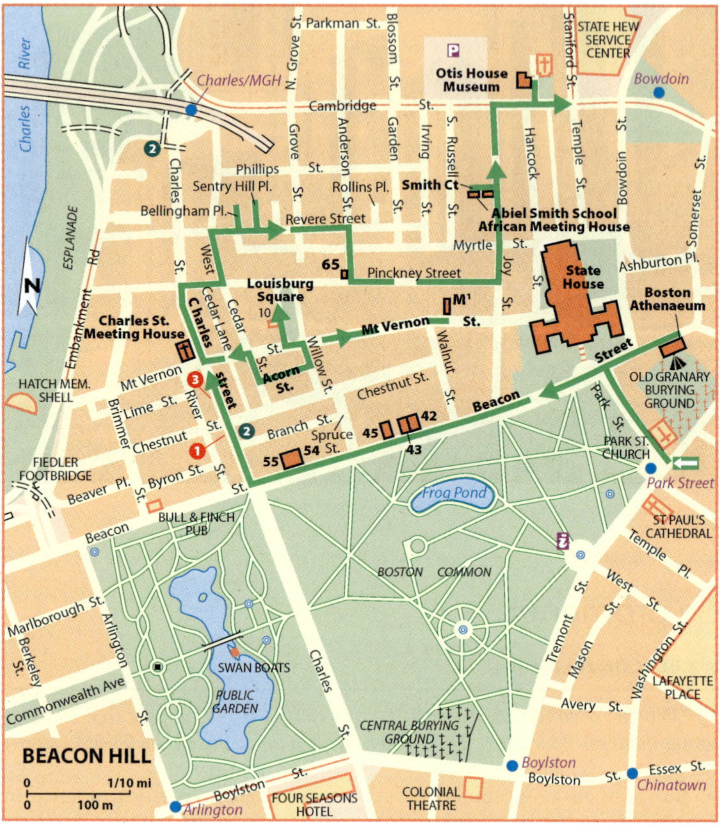

SE LOGER	SE RESTAURER
Beacon Hill Hotel & Bistro........................2	Bin 26 Enoteca........................1
	Figs........................3

Lors de sa fondation en 1807, cette vénérable institution bostonienne était l'une des premières bibliothèques de prêt des États-Unis. Au cours du 19e s., un grand nombre de chefs-d'œuvre appartenant aux réserves de l'Athenaeum constituèrent le fonds de l'éminente collection du Museum of Fine Arts (*p. 116*). Le bâtiment actuel fut construit dans les années 1840 pour abriter le patrimoine sans cesse plus volumineux de la bibliothèque, qui regroupe aujourd'hui 600 000 ouvrages et œuvres d'art. La galerie d'art (*1er étage*) expose des œuvres du fonds présentées par roulement. Plusieurs salles et terrasses offrent de belles **vues** sur l'ancien cimetière, Old Granary Burying Ground.

Revenez vers le parc et descendez Beacon St.

★ Beacon Street

L'écrivain Oliver Wendell Holmes la décrivait comme « une rue ensoleillée où réside la crème de la crème ». Avec son alignement de somptueux édifices sur le versant sud de la colline, elle offre des vues très convoitées sur le

Common. À l'ouest, elle se prolonge dans le quartier de Back Bay (p. 112), et au-delà.
Remarquez, au **n° 42-43**, le bâtiment de granit abritant le très sélect Somerset Club, dont la section droite est attribuée à Alexander Parris (1819), et, au **n° 45**, la dernière des trois maisons que Bulfinch conçut pour Harrison Gray Otis sur Beacon Hill (1806).
Dépassez Spruce St.
Aux **n°s 54** et **55**, ces élégantes demeures néoclassiques seraient dues à Asher Benjamin, architecte de la Charles Street Meeting House et de l'Old West Church. Le n° 55 accueille la National Society of Colonial Dames, dont les membres, en vraies « proper Bostonians » (p. 98), attestent d'une ascendance remontant parfois au *Mayflower*.
Tournez à droite dans Charles St.

★ Charles Street

C'est la rue commerçante et animée de Beacon Hill, où voisinent antiquaires, galeries d'art et cafés. À l'angle formé avec Mount Vernon Street se trouve la **Charles Street Meeting House**, due à Asher Benjamin (1807). Cette église servit de cadre aux réunions des célèbres abolitionnistes William Lloyd Garrison, Frederick Douglass et Sojourner Truth ; elle a été convertie en bureaux au cours des années 1980 et abrite aujourd'hui un café animé et des commerces.
Prenez Mount Vernon St. en direction de State House. Tournez à droite dans West Cedar St. et à gauche dans Acorn St.

★★ Acorn Street

Cette ruelle romantique, grossièrement pavée de gros galets, est la rue la plus photographiée de Beacon Hill.

UN MUSÉE DE L'ARCHITECTURE À CIEL OUVERT

La colline de Beacon Hill est le seul vestige des trois sommets que comptait Trimountain à l'origine. Son nom lui vient du fanal *(beacon)* que les puritains édifièrent en 1634 pour alerter la population en cas d'attaque. De 1795 à 1798, l'architecte **Charles Bulfinch** surveilla la réalisation de la nouvelle State House sur le versant sud de la colline. La réussite de ce grand projet incita Bulfinch, Harrison Gray Otis et leurs associés à concevoir un élégant quartier résidentiel sur des terrains adjacents qu'ils achetèrent au peintre John Singleton Copley. De 1799 à 1850, ils transformèrent radicalement Trimountain : le sommet de Beacon Hill fut raboté de près de 20 m, et les deux autres hauteurs furent nivelées, ce qui fournit suffisamment de remblai pour combler certains **marais** alentour (où se trouve aujourd'hui North Station). Des rues furent percées, bientôt embellies de demeures en brique de **style anglais**. Entre Pinckney St. et le Common, le versant sud ensoleillé était réservé à la haute société et à sa respectable communauté intellectuelle et artistique, représentée par Daniel Webster, Julia Ward Howe et la famille Alcott. Au 19e s., le flanc nord devint le centre de la **communauté noire** de Boston, qui fournit de nombreux domestiques aux Bostoniens aisés de la colline. La détermination des habitants du quartier a permis de conserver ce joyau urbain, classé Quartier historique depuis 1955. Le troisième jeudi de mai, des **jardins privés** de Beacon Hill sont ouverts au public *(billet 45 $)*.
Renseignements : www.beaconhillgardenclub.org ✆ 617 227 4392.

Au bout d'Acorn St., tournez à gauche dans Willow St.

★★ Louisburg Square

À l'angle de Willow St. et Mount Vernon St.

Baptisée en l'honneur de la victoire des miliciens du Massachusetts sur les Français à Louisbourg (Nouvelle-Écosse, Canada) en 1745, cette place est l'un des endroits les plus huppés de Boston. Ses façades néoclassiques et son parc privatif ont très peu changé depuis leur création dans les années 1830 et 1840. Au n° 10 vécut l'écrivain Louisa May Alcott, de 1880 jusqu'à sa mort en 1888.

Quittez Louisburg Square et reprenez Mount Vernon St. en direction de State House.

★★ Mount Vernon Street

Qualifiée par Henry James de « seule rue respectable dans toute l'Amérique », Mount Vernon Street se targue de posséder les plus élégantes résidences de Beacon Hill.

Nichols House Museum (M1) – *55 Mount Vermont St. - ✆ 617 227 6993 - www.nicholshousemuseum.org - visite guidée (30mn) - avr.-oct. : mar.-sam. 11h-16h ; reste de l'année : jeu.-sam. 11h-16h - fermé j. fériés - 8 $.* C'est la seule maison du quartier accessible au public. Conçue en 1804 par Bulfinch, elle appartenait à une Bostonienne haute en couleur, Miss Rose Standish Nichols. Cette féministe, militante pour la paix, paysagiste spécialiste des jardins européens, y réunissait l'élite du quartier. Le mobilier et les collections (tapisseries flamandes, broderies, peintures, sculptures…) donnent le cadre de ces rencontres.

Tournez à gauche dans Joy St.

Smith Court

Après l'Indépendance, ce cul-de-sac devint le cœur de la communauté noire bostonienne. Nombre de ses habitants travaillaient pour les familles aisées de l'autre versant *(encadré p. 107)*.

★ **Abiel Smith School** – *46 Smith Court - ✆ 617 742 5415 - www.nps.gov/boaf - ♿ - lun.-sam. 10h-16h - fermé 1er janv., Thanksgiving et 25 déc. - 5 $ pour les 3 sites décrits.* La première école pour les élèves noirs de la ville (1834) conserve une salle de classe d'époque et accueille des expositions sur l'histoire afro-américaine.

À l'arrière se trouve la plus ancienne église de la communauté noire du pays, l'**African Meeting House★** *(8 Smith Court - mêmes horaires que l'Abiel Smith School).* Construit en 1806 par des Noirs de confession baptiste las de la discrimination rencontrée dans les églises fréquentées par les Blancs, cet élégant édifice de brique fut un grand centre de la lutte antiesclavagiste. Pendant presque tout le 20e s., le sanctuaire servit de synagogue. Le niveau inférieur abrite le **Museum of Afro-American History**. Le niveau supérieur est réservé à la Meeting House.

Au bout de Joy St., tournez à droite dans Cambridge St.

★ Otis House Museum

141 Cambridge St. - ✆ 617 227 3957 - www.historicnewengland.org/historic-properties/homes/otis-house - visite guidée (30mn) - merc.-dim. 11h-17h - fermé j. fériés - 10 $.

Cette maison construite en 1796 est l'œuvre de deux hommes qui influencèrent considérablement l'architecture de Boston : Bulfinch, l'architecte, et Harrison Gray Otis, le promoteur immobilier, avocat et homme politique. Première des trois maisons que Bulfinch conçut pour Otis à Beacon Hill, ce bâtiment de style fédéral témoigne du goût pour l'élégance dont les Bostoniens firent preuve au lendemain de l'Indépendance. Au 1er étage, des fenêtres

d'influence palladienne adoucissent la façade. À l'intérieur, remarquez le mobilier d'époque, les moulures ouvragées, les décorations au pochoir et l'escalier sans mur de cage.
La maison abrite à la fois un **musée** et le siège de la Society for the Preservation of New England Antiquities, fondée en 1910, et qui administre 36 maisons-musées dans cinq États.

★★★ THE FREEDOM TRAIL Plan p. 106

Circuit tracé en vert sur le plan du Freedom Trail (p. 106) – Comptez d'une demi-journée (arrêts rapides et rythme soutenu) à une journée. Pour situer le Freedom Trail, voir le plan de Boston (p. 94-95). Départ du Visitor Center situé sur le Common (S'informer, p. 100). Ⓣ Park St.
Informations complémentaires sur le Freedom Trail : 617 242 5642 - www.nps.gov/bost.
Bon à savoir – Ce « chemin de la Liberté » (Freedom Trail) est matérialisé au sol par un pavement de briques ou une ligne peinte en rouge.

★ Boston Common

Depuis qu'il fut vendu aux puritains en 1630 par le révérend Blackstone, et rendu public, ce parc paysager de 20 ha occupe une place de choix dans le cœur des Bostoniens. L'endroit servit tour à tour de pâturage (des vaches y ont déambulé jusqu'en 1830), de terrain de manœuvres pour l'armée, de site aux exécutions publiques, de lieu de rassemblements et de concerts. Aujourd'hui en plein cœur de la ville, il est parcouru de sentiers ombragés qui relient Downtown, Beacon Hill et Back Bay.
Le long de Boylston Street, le **Central Burying Ground** (1756) abrite la tombe du peintre américain Gilbert Stuart (1755-1828), célèbre pour ses portraits.
Remontez le parc pour rejoindre l'intersection menant à Beacon Hill.

★★ State House

24 Beacon St. - 617 727 3676 - malegislature.gov/StateHouse/Visit- ♿- entrée libre et possibilité de visite guidée 30/45mn) sur réserv. - lun.-vend. 10h-15h30 - fermé j. fériés - gratuit.
Le dôme doré du siège du gouvernement du Massachusetts est chéri par les Bostoniens depuis près de deux siècles. Construit en 1798 par Charles Bulfinch, le bâtiment d'origine au portique très saillant fut agrandi de plusieurs ailes en 1895 et 1916. La plupart des ornements et décors intérieurs voulus par Bulfinch ont été préservés.
Les statues placées devant la State House représentent Anne Hutchinson *(aile ouest)*, bannie de la colonie au 17e s. pour ses options théologiques, Mary Dyer *(aile est)*, pendue pour son appartenance aux quakers, l'orateur Daniel Webster *(à gauche)* et Horace Mann *(à droite)*, pionnier de l'éducation américaine.
L'entrée principale ouvre sur le **hall dorique**, qui doit son nom à ses colonnes. Tout en marbre, l'**escalier du Sénat** a été ajouté au 19e s. Il est orné d'œuvres représentant la chevauchée de Paul Revere, le discours de James Otis et la Boston Tea Party. Dans le **hall des Drapeaux**, on reconnaît le *Mayflower*, John Eliot évangélisant les Indiens et la bataille de Concord, le 19 avril 1775.
L'escalier principal mène au **hall du 2nd étage** que domine la statue de Roger Wolcott, gouverneur du Massachusetts durant la guerre hispano-américaine (25 avril-10 décembre 1898), signée Daniel Chester French. À ce niveau se trouvent également la chambre du Sénat, la salle de réception du Sénat, le bureau du gouverneur et la Chambre des représentants.

En face de la State House, le **Shaw Civil War Monument★ (A)** est un bas-relief en bronze sculpté par Augustus Saint-Gaudens et dédié à la gloire du colonel Robert Gould Shaw et de son régiment, le 54e d'infanterie, qui fut le premier à être composé de volontaires noirs engagés dans la guerre de Sécession. Shaw fut tué en 1863 pendant l'attaque de Fort Wagner en Caroline du Sud. Leur histoire est racontée dans le film *Glory* (1989) avec Matthew Broderick dans le rôle de Shaw.

Revenez sur vos pas et rendez-vous à l'angle de Tremont St. et de Park St. Suivez la ligne rouge/pavée jusqu'à la fin de l'itinéraire.

★ Park Street Church

1 Park St. - ✆ 617 523 3383 - www.parkstreet.org - ♿ - visite guidée de mi-juin à fin août : mar.-sam. 9h30-15h - fermé 4 juil.

Son pittoresque clocher de bois, haut de plus de 60 m, abrite un carillon électronique qui égrène toutes les heures les notes d'hymnes connus.

C'est dans cette église de brique construite en 1809, nettement influencée par l'architecte anglais Christopher Wren, que William Lloyd Garrison fit son

SE LOGER
Omni Parker House 1

SE RESTAURER
Bricco 6
Daily Catch 4
Quincy Market 7
Trattoria Il Panino 9

BLACK HERITAGE TRAIL

Le Black Heritage Trail est un itinéraire de 2,6 km révélant 14 sites majeurs de l'histoire afro-américaine, dont l'African Meeting House, la plus ancienne église bâtie pour des Noirs aux États-Unis.
Pour plus de détails, contactez le Boston African-American National Historic Site *(14 Beacon St., Suite 401 - ✆ 617 742 5415 - www.nps.gov/boaf)*, qui propose des visites guidées gratuites en anglais *(début mai-début sept.)*.

premier discours antiesclavagiste en 1829. L'hymne *America* y fut chanté pour la première fois le 4 juillet 1831.

★ Old Granary Burying Ground

Ce cimetière occupe l'ancien emplacement d'un grenier à grains *(granary)* du 17e s. La plupart des grands révolutionnaires y sont enterrés : **James Otis**, **Samuel Adams**, **Paul Revere** et **John Hancock**. L'obélisque situé en son centre est dédié aux parents de Benjamin Franklin.

★ King's Chapel

À l'angle de Tremont St. et School St. - ✆ 617 227 2155 ou 617 523 1749 - www.kings-chapel.org - ♿ - en été : lun.-sam. 10h-17h, dim. 13h30-17h ; de Labor Day (1er lun. de sept.) à Memorial Day (dernier lun. de mai) : sam. 10h-16h, dim. 13h30-16h - fermé durant les offices - contribution demandée (3 $) - concert (1h) mar. 12h15.

Première église anglicane de la Nouvelle-Angleterre, cet édifice en granit conçu par **Peter Harrison** en 1749 remplaça la chapelle en bois construite sur ce site dans les années 1680. Neuf ans seulement après l'évacuation anglaise de Boston, l'édifice fut converti pour devenir la première église unitarienne des États-Unis. Son **intérieur** georgien est très élégant.
Le petit **cimetière★** qui jouxte l'église est le plus ancien de Boston (1630) ; John Winthrop, le premier gouverneur de la colonie du Massachusetts, et John Alden, passager du *Mayflower* et fondateur de la colonie de Plymouth, y sont enterrés.

Old City Hall (B)

45 School St.

Cet édifice de granit (1865), exemple d'architecture de style Second Empire de Boston, a été construit à l'emplacement de la première école publique d'Amérique (Boston Public Latin School, vers 1630). Son concepteur, Arthur Gilman, a également contribué à l'urbanisme de Back Bay. Après la construction du nouveau City Hall *(p. 108)* en 1968, le bâtiment a été affecté à un usage commercial.
Des statues ornent l'esplanade : l'une représente Benjamin Franklin, né à proximité, tandis que l'autre, un âne en bronze, symbolise le parti démocrate.

★★ Old South Meeting House

310 Washington St. - ✆ 617 482 6439 - www.oldsouthmeetinghouse.org - ♿ - avr.-oct. : 9h30-17h ; reste de l'année : 10h-16h - fermé j. fériés - 6 $.

Les grands orateurs de la révolution, Samuel Adams et James Otis, se succédèrent à la chaire de cette église pour inciter leurs compatriotes à les suivre, et c'est d'ici que partirent les faux Indiens de la Boston Tea Party *(p. 97)*, le 16 décembre 1773. C'est aujourd'hui un musée retraçant ces événements pré-révolutionnaires.

★★ Old State House

206 Washington St. (à l'angle de State St.) - ☏ 617 720 1713 - www.bostonhistory.org - juil.-août : 9h-18h ; reste de l'année : 9h-17h - fermé j. fériés et 1è semaine de fév. - 10 $ (étudiants et seniors 8,50 $, gratuit -18 ans).

Le plus ancien bâtiment public de Boston (1713) servit de quartier général au gouvernement anglais jusqu'à l'Indépendance, et fut le cadre de plusieurs événements clés de l'histoire des États-Unis. En 1770 se déroula sous ses fenêtres l'épisode du massacre de Boston (*p. 96*). Après que les colonies américaines se furent affranchies de la Couronne à Philadelphie le 4 juillet 1776, la déclaration d'Indépendance fut lue pour la première fois en public depuis son balcon, deux semaines plus tard. La foule en délire brûla alors le lion et la licorne, symboles de la Couronne, qui ornaient le pignon du bâtiment (les figures actuelles sont des copies). Salle de réunion du gouvernement du Massachusetts jusqu'à la construction de la nouvelle State House en 1798, l'Old State House servit ensuite de magasin, puis de City Hall (hôtel de ville). En 1881 fut fondée la Bostonian Society afin de convertir l'édifice en un musée consacré à l'histoire de la ville. À l'intérieur, un escalier en spirale mène à la chambre du Conseil, d'où l'on peut apercevoir le balcon où fut prononcée la déclaration historique.

Derrière la State House, à l'angle de Congress Street et de State Street, se trouve un îlot où un cercle de pavés commémore le **massacre de Boston (1)**.

City Hall

Congress St. (face au Faneuil Hall).

Émergeant de son socle de brique, cette pyramide de béton renversée, au gris-beige délavé par le poids des ans, reste l'une des réalisations architecturales les plus controversées de Boston depuis son achèvement en 1968. Elle est l'œuvre de trois architectes : Kallman, McKinnell et Knowles, qui ont travaillé sur les plans de Pei et se sont inspirés du modernisme de Le Corbusier et ont contribué à faire reconnaître le « brutalisme » (terme employé par les architectes anglais) aux États-Unis. Depuis les galeries du 4e étage, on peut observer les réunions du conseil municipal *(merc. 16h)*.

La ville tente de rendre plus vivante et agréable sa *plaza*, à l'arrière du bâtiment : des festivals ont lieu au fil de l'année, un *beer garden* ouvre en été, une patinoire et un village de Noël sont installés en décembre.

★★ Faneuil Hall

Dock Square (entrée principale face au Quincy Market) - ☏ 617 242 5675 - www.nps.gov/bost/historyculture/fh.htm - ♿ - 9h-17h - fermé 1er janv., Thanksgiving, 25 déc. et durant certaines manifestations municipales. Gratuit.

Légué à la ville de Boston par le riche négociant d'origine française Peter Faneuil en 1742, ce vénérable bâtiment servit de salle de réunion pendant la guerre d'Indépendance.

Son dôme est surmonté d'une girouette représentant une sauterelle, commandée par Peter Faneuil en 1742. Inspirée du bronze qui orne le Royal Stock Exchange de Londres, la sauterelle est l'emblème du port de Boston depuis le 18e s. Devant l'entrée se dresse une statue de Samuel Adams, dans une attitude résolue à s'opposer à la présence des Anglais à Boston.

Un escalier conduit à la grande salle de réunion où se tiennent régulièrement les cérémonies de naturalisation d'Américains. Un tableau de George P.A. Healy, *Daniel Webster's Second Reply to Hayne*, représente le sénateur du Massachusetts, Daniel Webster, s'adressant à son homologue de Caroline du Sud, Robert Y. Hayne, dans l'enceinte du Sénat. À l'étage supérieur se trouve un

Old State House.
L. Decoudin/Michelin

musée, administré par la plus ancienne organisation militaire américaine, **The Ancient and Honorable Artillery Company** (*℘ 617 227 1638 - ♿ - lun.-vend. 9h-15h30 - fermé j. fériés*).

★★ Quincy Market

Derrière Faneuil Hall - ℘ 617 523 1300 - www.faneuilhallmarketplace.com - ♿ - lun.-sam. 10h-21h, dim. 11h-18h - fermé Thanksgiving et 25 déc. - l'été, location gratuite sur place de jeux de société.

Le centre commerçant animé de Faneuil Hall Marketplace, plus connu sous le nom de son édifice principal, Quincy Market, illustre une **rénovation urbaine** réussie. Tout cela respire l'esprit Disneyland et on y goûte une ambiance familiale, à défaut d'authenticité… et de qualité gastronomique.

Union Street

À la fin du 18e s., cette rue était bordée de tavernes et de pubs. Le duc d'Orléans, futur roi de France sous le nom de Louis-Philippe, habita plusieurs mois au premier étage de **Ye Olde Union Oyster House (C)**, véritable institution de Boston : le restaurant fonctionne encore aujourd'hui ! Il y donnait alors des leçons de français pour assurer sa subsistance.

Traversez Blackstone St. pour gagner Haymarket où se tient, vend. et sam., un marché en plein air très animé. Vous pouvez également profiter d'une pause gourmande dans le Boston Public Market (merc.-dim. 8h-20h) : des halles de produits locaux (fudge et chocolat, bières, fromages et charcuterie, fruits et légumes, etc.). Le chemin se poursuit dans Hanover St., artère principale du quartier italien de **North End**.

★ Paul Revere House

19 North Square - ℘ 617 523 2338 - www.paulreverehouse.org - de mi-avr. à fin oct. : 9h30-17h15 ; reste de l'année : 9h30-16h15 - fermé lun. de janv. à mars, pdt les vac. scolaires, 1er janv., Thanksgiving et 25 déc. - 3,50 $.

Cette maison en bois, l'une des seules du 17e s. qui subsiste à Boston, était déjà vieille de 90 ans lorsque **Paul Revere** l'acheta en 1770. C'est d'ici que cet orfèvre, de souche française huguenote, partit pour sa fameuse chevauchée vers Lexington (p. 97). L'intérieur est équipé du mobilier de sa famille.

★ Paul Revere Mall

Cette petite place relie les églises St Stephen et Old North. La **statue équestre (2)** représentant Paul Revere est de Cyrus Dallin. Des plaques de bronze évoquent le rôle joué par les habitants de North End dans l'histoire de la ville.

★★★ Old North Church (Christ Church)

193 Salem St. - 617 523 6676 - oldnorth.com - ♿ - avr.-mi-nov. : 9h-18h ; mi-nov.-mars : 10h-16h - fermé Thanksgiving Day et 25 déc. (sf pour le service) - donation suggérée de 3 $.

Les Américains éprouvent un attachement tout particulier pour cette église à laquelle Longfellow dédia un poème *(Paul Revere's Ride)* évoquant les deux lanternes, suspendues au clocher, qui donnèrent l'alarme le 18 avril 1775 à Paul Revere. Construite en 1723, Old North Church était coiffée d'une flèche par deux fois démolie par des tempêtes ; la flèche actuelle date de 1954. À l'intérieur, les bancs fermés, les larges baies et la chaire d'où le président

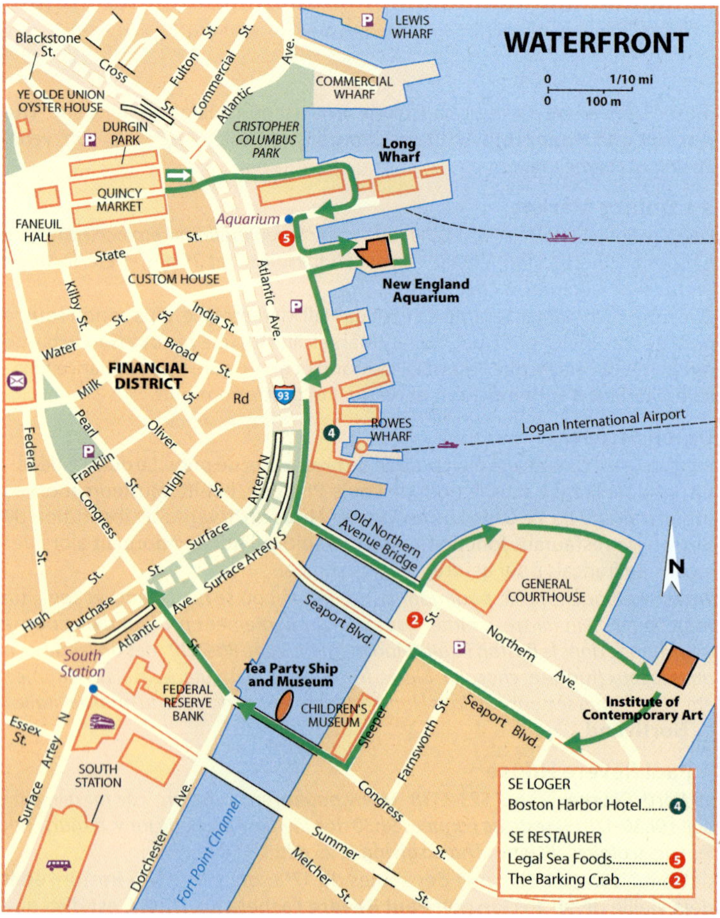

Gerald Ford inaugura le bicentenaire des États-Unis sont caractéristiques des églises coloniales de la Nouvelle-Angleterre. Les quatre anges de bois placés près de l'orgue font partie d'un butin provenant d'un vaisseau français. Dans le **musée (M²)** attenant sont présentées des répliques des fameuses lanternes.

Revenez dans Hanover St. pour goûter quelques spécialités italiennes ou simplement vous plonger dans l'ambiance locale. À moins que vous ne préfériez poursuivre la ligne rouge du Freedom Trail dans Hull Street (avec au n° 44 la « plus petite maison de Boston ») puis vers Charlestown.

★ WATERFRONT Plan p. 110

Circuit tracé en vert sur le plan du Waterfront (p. 110) – Comptez une 1/2 journée. Pour situer le Waterfront, voir le plan de Boston (p. 94-95). Départ du Quincy Market (p. 109). Ⓣ Aquarium. Avancez vers les quais.

Bon à savoir – Afin de tirer parti au mieux de votre journée, consultez à l'avance tous les horaires des manifestations organisées par l'aquarium, des excursions en bateau et des musées.

Long Wharf

Autrefois, cet embarcadère (1710) ressemblait à une avenue monumentale de plus de 600 m de long, entre la Custom House Tower et le port, et accueillait les navires de trop fort tonnage pour s'amarrer aux autres quais. Au cours des siècles, Long Wharf diminua de moitié et perdit peu à peu ses boutiques et ses entrepôts.

Long Wharf est l'embarcadère des bateaux visitant le port et les îles, ainsi que de la navette desservant l'aéroport.

Rejoignez l'aquarium sur le quai suivant.

★★ New England Aquarium

Central Wharf - ✆ 617 973 5200 - www.neaq.org - ♿ - juil.-août : dim.-jeu. 9h-18h, vend.-sam. 9h-19h ; reste de l'année : lun.-vend. 9h-17h, w.-end 9h-18h - fermé Thanksgiving et 25 déc. - 27,95 $ (3-11 ans 17,95 $).

Une semi-pénombre donne l'illusion d'un monde sous-marin. Poissons, invertébrés, amphibiens et autres animaux aquatiques sont répartis selon leur environnement naturel, en enfilade sur quatre étages, autour d'un **réservoir central** de 700 000 litres qui reconstitue un fond corallien de la mer des Antilles où évoluent des requins, des tortues géantes et d'autres espèces de poissons habitant cette mer chaude. Au bord du Sea Tide pool, les jeunes visiteurs peuvent manipuler crabes, étoiles et oursins de mer.

Descendez Atlantic Ave vers le sud et prenez l'Old Northern Ave Bridge. Continuez à longer les quais.

★ Institute of Contemporary Art

100 Northern Ave - ✆ 617 478 3100 - www.icaboston.org - ♿ ✕ - mar.-merc. et w.-end 10h-17h, jeu.-vend. 10h-21h - 15 $ (jeu. 17h-21h : gratuit pour tous ; dernier sam. du mois : gratuit pour les familles).

Revêtue de verre et de métal, la base de cet audacieux édifice, conçu par l'agence Diller Scofidio + Renfro (2006), supporte une imposante structure en porte-à-faux sous laquelle le visiteur peut profiter, à l'extérieur mais abrité, du panorama sur le port de Boston. 6 000 m² accueillent des expositions temporaires. Au rez-de-chaussée, caféteria et boutique attrayante.

Bon à savoir – En juillet 2018, dans East Boston, l'ICA a ouvert l'espace d'expositions temporaires **ICA Watershed**, accessible en ferry.

Suivez le Seaport Bd à droite et tournez à gauche dans Sleeper St. puis à droite dans Congress St.

Tea Party Ship and Museum

306 Congress St. - ✆ 866 955 0667 - www.bostonteapartyship.com - ♿ ✕ - visite guidée (1h30) - 10h-17h (dép. ttes les 30mn) - 29,95 $ (seniors et étudiants 26,95 $, enf. 23 $), réduction si achat en ligne.

Pour revivre un tournant de l'histoire américaine, vous êtes invité à monter à bord du *Beaver*, l'un des trois bateaux sur lesquels se déroula la Tea Party (*p. 97*). Plus qu'à la découverte d'un musée, c'est à une expérience que les visiteurs sont conviés : acteurs en costume d'époque (qui ne ménagent pas leur énergie), hologrammes (très bien faits) et projection d'un film permettent de revivre l'événement (à condition de bien maîtriser l'anglais). Boutique de souvenirs en tout genre et salon de thé *(Abigail's Tea Room)*.

C'est au départ du Waterfront que s'effectuent par ailleurs les croisières et excursions vers les îles du port de Boston.

★★ BACK BAY Plan p. 114

Circuit tracé en vert sur le plan de Back Bay (p. 114) – Comptez une 1/2 journée. Pour situer Back Bay, voir le plan de Boston (p. 94-95). Départ de la station de métro Ⓣ Symphony ; suivez Huntington Ave vers le nord.

Considéré par le critique et historien Lewis Mumford comme la réalisation marquante de l'**urbanisme américain du 19e s.**, ce quartier élégant recèle une architecture variée qui voit des rangées de maisons victoriennes merveilleusement conservées, ombragées par des rangées d'arbres, voisiner avec des gratte-ciel modernes à l'esthétique inégale. Le style des premières résidences s'inspirait de l'architecture française contemporaine : toit à la Mansard, élévation modérée et uniformité architecturale. À partir de 1870, les bâtiments affichèrent un style plus éclectique (néogothique, néoroman, néo-Renaissance italienne, néogeorgien) que l'on rencontre surtout à l'ouest de Dartmouth Street. À l'est, Back Bay côtoie le **Public Garden** ; au nord, l'**esplanade** qui borde la **Charles River** est un lieu privilégié de détente et la plus importante scène de concert en plein air. Au sud, le quartier se prolonge par South End, quartier résidentiel chic aux nombreux cafés et restaurants.

★★ Christian Science Center

175 Huntington Ave - ✆ 617 450 2000 - www.christianscience.com - ♿ ✕ - visite guidée de l'église (dép. ttes les h.) - mi-juin-août : 10h-17h sf. merc. 13h-17h, dim. 11h-16h30 ; reste de l'année : mar. 12h-16h, merc. 13h-16h, jeu.-sam. 12h-17h, dim. 11h-15h - fermé lun. et j. fériés - gratuit.

Ce bel ensemble abrite le siège mondial de l'Église de la science chrétienne, la *Christian Science*, fondée en 1866 par Mary Baker Eddy, originaire du New Hampshire. Alors gravement blessée, elle avait rapidement guéri après avoir médité un évangile. Mary Baker Eddy pensa alors avoir découvert la science d'une véritable relation de l'homme à Dieu. Après une étude intensive de la Bible, elle publia la première édition de *Science and Health with Key to the Scriptures*. En 1879, elle créa The Church of Christ, Scientist qui devint The First Church of Christ, Scientist en 1892.

Dans les années 1970, un groupe d'architectes placés sous la direction de **I. M. Pei** a agrandi le Christian Science Center, avec trois bâtiments de béton : l'**Administration Building**, haut de 26 étages, le **Colonnade Building** à portique, et la **Sunday School**. L'ensemble évoque un groupe de sculptures abstraites disposées autour d'un vaste **miroir d'eau** (204 m sur 30 m).

Continuez à remonter Huntington Ave vers le nord et tournez à droite dans Stuart St., puis à gauche dans Clarendon St.

★★ 200 Clarendon (anciennement John Hancock Tower)

Entrée dans St James Ave. Pas d'ascenseur public pour monter aux étages.

I.M. Pei fut le concepteur de cette tour de 60 étages revêtue de 10 344 plaquettes de verre trempé de 10 cm d'épaisseur. Élevé en 1975, ce gratte-ciel est le plus haut de toute la Nouvelle-Angleterre.

Traversez St James Ave.

★★ Trinity Church

Copley Sq. - ✆ 617 536 0944 - www.trinitychurchboston.org - ♿ - horaires variables, consultez le site, fermé lun. - audioguide : 10 $ (seniors et étudiants 8 $, -12 ans gratuit) ; visite guidée gratuite dim. après l'office.

Édifiée en 1877, cette église néoromane de granit et de grès est l'œuvre maîtresse de l'architecte **Henry Hobson Richardson**. Celui-ci avait fait ses études aux Beaux-Arts de Paris où il avait été très marqué par l'architecture romane. Sa Trinity Church renouvela le débat architectural aux États-Unis et popularisa son style très personnel, connu ici sous le nom de « roman richardsonien » (*p. 592*). L'ancienne cathédrale de Salamanque l'inspira pour le clocher, tandis que le cloître St-Trophime à Arles est à l'origine du tracé du porche ouest décoré de statues bibliques. Richardson chargea John La Farge du programme décoratif intérieur, un condisciple des Beaux-Arts de Paris, dont les fresques sont considérées comme l'une de ses plus belles réalisations.

Suivez St James Ave, tournez à droite dans Dartmouth St. et continuez jusqu'à Boylston St.

★★ Copley Square

Principale place publique de Back Bay, Copley Square recèle quelques trésors architecturaux parmi les plus célèbres de Boston et offre un curieux contraste entre la silhouette de la Trinity Church et l'immense 200 Clarendon. Au sud se dresse la sobre façade calcaire du luxueux **Fairmont Copley Plaza Hotel** (1912), pastiche de Renaissance italienne conçu par Henry J. Hardenbergh, l'architecte qui réalisa le Plaza Hotel de New York. À l'ouest se trouve la belle façade de la **Boston Public Library** (19e s.), au nord-ouest l'étonnante **New Old South Church**.

★★ Boston Public Library

700 Boylston St. (entrée par Copley Square) - ✆ 617 536 5400 - www.bpl.org - ♿ ✕ - lun.-jeu. 9h-21h, vend.-sam. 9h-17h, dim. 13h-17h - fermé j. fériés.

Considérée aux États-Unis comme le bâtiment le plus représentatif du style néo-Renaissance italienne, cette bibliothèque (qui abrite notamment un formidable fonds Jeanne d'Arc) a influencé l'architecture civile américaine pendant plus d'un demi-siècle. Les architectes McKim, Mead et White (1895) se sont approprié les principes développés par Henri Labrouste à la bibliothèque Sainte-Geneviève (1850, place du Panthéon à Paris). Un grand quadrilatère rectangle obéit à une organisation spatiale rationnelle : un premier étage où sont répertoriés les ouvrages (près de 15 millions de volumes), un second posé au-dessus qui accueille une haute et lumineuse salle de lecture en arcades (Bates Hall) où travaillent les étudiants, sous de belles lampes de bureau. Dans une salle adjacente, peu éclairée, des peintures d'**Edwin Abbey** *(Quest of the Holy Grail)* ornent les murs. Vous pouvez également monter au troisième et dernier étage admirer dans le couloir les fresques de **John Singer Sargent** (*encadré p. 116*) représentant le judaïsme et le christianisme à travers des figures chaotiques et presque effrayantes. Les différents niveaux sont desservis par un escalier monumental décoré des peintures murales de **Pierre Puvis de Chavannes** (1824-1898), l'artiste qui décora aussi la Sorbonne de ses fresques.

À l'extérieur, la façade est ponctuée de lanternes en fer forgé, de reliefs signés **Augustus Saint-Gaudens,** d'une élégante rangée de fenêtres arquées et d'une liste de noms d'illustres personnages issus du monde des sciences, des arts et des lettres qui courent tout le long du bâtiment.

Sur Boylston Street, l'**annexe** moderne contiguë a été conçue par Philip Johnson, un architecte renommé dont la volonté fut de créer une certaine unité avec le bâtiment principal en utilisant du granit sombre.

De l'autre côté de Boylston Street se dresse la pittoresque **New Old South Church** (1874, Cummings et Sears) que coiffent un clocher élevé et un dôme de style vénitien. Le célèbre marathon de Boston s'achève à hauteur de cet édifice ; une ligne bleu et jaune sur le bitume le rappelle.

Continuez dans Boylston St.

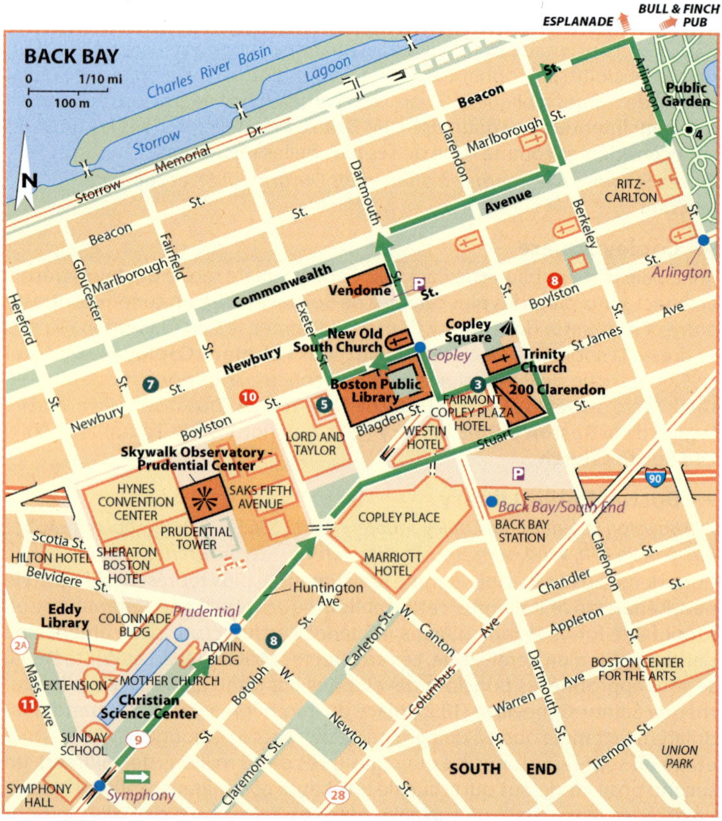

SE LOGER
Fairmont Copley Plaza 3
Inn at St. Botolph 8
Lenox Hotel 5
Newbury Guest House 7

SE RESTAURER
Asta 11
Atlantic Fish 10
Parish Cafe 8

Skywalk Observatory - Prudential Center

800 Boylston St. - ✆ 617 859 0648 - www.prudentialcenter.com/shop - ♿ P - mars-oct. : 10h-22h ; reste de l'année : 10h-20h ; dép. du dernier ascenseur 30mn av. fermeture - fermé Thanksgiving Day et 25 déc. - 20 $ (seniors 16 $, -12 ans 14 $) ; billetterie au kiosque de Prudential Arcade et à l'entrée du Skywalk.

Au 50e étage de la Prudential Tower (52 étages), une plate-forme d'observation, le Skywalk, offre une **vue** imprenable et à 360° sur les environs. Un audiotour décrit les sites majeurs de la ville. Au même étage, le **Dreams of Freedom Museum** *(mêmes horaires)* propose des animations interactives sur l'histoire de l'immigration en Nouvelle-Angleterre.

Revenez sur vos pas dans Boylston St. Au niveau de la Boston Public Library, tournez à gauche dans Exeter St., puis à droite dans Newbury St. avec ses antiquaires, ses boutiques de luxe et ses cafés. Tournez ensuite à gauche dans Dartmouth St. et continuez jusqu'à Commonwealth Ave.

★★ Commonwealth Avenue

Inspirée des grands boulevards parisiens percés sous Napoléon III, cette artère large de plus de 60 m fut un temps l'adresse obligée de la nouvelle classe aisée de Boston. Surnommé aujourd'hui « Comm'Ave », cet axe a su préserver un peu de sa grandeur et de son élégance passées.

Sur votre gauche *(nº 160)* se trouve le bâtiment **Vendome** (1871, W. G. Preston), autrefois le plus luxueux hôtel de Back Bay, où descendirent des célébrités comme Oscar Wilde, Mark Twain, Sarah Bernhardt et le président Ulysses Grant.

Engagez-vous sur le mall et dirigez-vous vers la droite.

Tournez à gauche dans Berkeley St. et à droite dans Beacon St.

2

★ Beacon Street

Continuez jusqu'à l'angle de Beacon St. et d'Arlington St.

Dans cette jolie rue résidentielle bordée de grandes demeures, les amateurs de séries télévisées se rendront au **Bull and Finch Pub** *(84 Beacon St.)* : cette maison en pierre et en brique a été popularisée par le feuilleton américain des années 1980 *Cheers*. Au niveau du carrefour, le pont piétonnier *Fiedler Footbridge* permet d'accéder à l'**esplanade de la Charles River★**.

Aménagé au début des années 1930, ce parc délicieux qui s'étire sur plus de 15 km attire les amateurs de jogging ou de rollers, mais aussi les cyclistes, les pique-niqueurs et les adeptes du canotage. Un endroit idéal pour sentir le pouls de la ville, s'offrir un peu de fraîcheur lors des grandes chaleurs estivales et profiter des manifestations qui animent le mois de juillet : feux d'artifice (notamment celui du 4-Juillet) et concerts… *(d'autres accès permettent d'entrer dans le parc, notamment au bout d'Exeter St.).*

Retournez à l'angle de Beacon St. et d'Arlington St., et prenez Arlington St.

★★ Public Garden

Ce parc de 10 ha au charme anglais indémodable est délicatement dessiné et planté. Entouré d'une élégante grille en fer forgé, il fut gagné sur les marécages de Back Bay dans les années 1830 dans le but d'y aménager un jardin botanique. Aujourd'hui, cet écrin de verdure où alternent parterres de fleurs, sentiers ombragés et statues commémoratives est célèbre pour ses **bateaux-cygnes**. Depuis 1870, ces embarcations légères glissent sur les eaux du lac artificiel et passent sous un pont suspendu encadré de saules pleureurs. Près de l'entrée située sur Arlington Street s'élève la **statue équestre** (4) de George Washington (1878, Thomas Ball), dont le regard semble porter loin dans Commonwealth Avenue. Au nord-est, une irrésistible cane en bronze suivie de ses canetons en file indienne, héros du livre illustré de Robert McCloskey, *Laissez passer les canards,* sont disposés à même le sol.

★★ KENMORE ET FENWAY Plan p. 94-95 A2

★★★ Museum of Fine Arts (MFA)

465 Huntington Ave - Ⓣ Museum of Fine Arts - ✆ 617 267 9300 - www.mfa.org - ♿ ✂ - lun.-mar. et w.-end 10h-17h, merc.-vend. 10h-22h - fermé j. fériés - collections permanentes et expositions temporaires 25 $ (gratuit merc. après 16h, contribution souhaitée).

Le **bâtiment néoclassique** (1909) et l'**extension** signée I. M. Pei and Partners (1981) comprennent les espaces d'exposition, un restaurant, deux cafés-brasseries, une librairie, une boutique et un auditorium dans lequel se tiennent au fil de l'année des festivals de cinéma *(voir programmation sur le site).* Certaines des œuvres mentionnées ci-dessous sont susceptibles de ne pas être visibles, car le musée pratique une politique d'exposition par roulement.

★★ **Art antique (Égypte, Nubie et Proche-Orient)** – Grâce aux fouilles entreprises par le musée et par l'université Harvard dès 1905, on voit ici une admirable collection d'art égyptien couvrant quatre millénaires. Les fouilles menées à Gizeh permirent de ramener des trésors datant de l'**Ancien Empire** (2778-2360 av. J.-C.), que seul le musée d'Égyptologie du Caire peut égaler.

★★ **Art antique (Grèce et Rome)** – Camées, bronzes, vases grecs et romains, et sculptures, dont une tête d'Aphrodite inspirée par le style de Praxitèle, composent la collection d'art classique du MFA, reconnue pour sa richesse. À voir aussi, le bas-relief à trois côtés provenant de l'île de Thasos.

★★★ **Arts d'Asie, d'Océanie et d'Afrique** – Depuis un siècle, cette collection est considérée comme le plus bel ensemble d'art oriental du monde ! Le **sous-continent indien** est représenté par des sculptures (2e s. av. J.-C.-5e s. apr. J.-C.), des miniatures provenant de palais moghols (16e-19e s.) et différentes œuvres de métal, de jade et d'ivoire.

Les collections japonaises et chinoises sont exceptionnelles. Dès 1879, Edward Morse, Ernest Fenollosa et William Sturgis Bigelow firent de longs séjours au Japon. Ils en rapportèrent des collections d'œuvres d'art dont ils firent don au musée, et qui constituèrent la base de ce département.

★★ **Arts des Amériques** – La collection américaine se compose principalement de peinture, de mobilier et d'argenterie. En peinture, le 18e s. fut dominé par deux grands portraitistes : **Gilbert Stuart**, dont les deux portraits les

LES ARTS DES AMÉRIQUES

Dirigez-vous vers les collections des Amériques pour les peintures de **John Singleton Copley** (1738-1815). Il a portraituré les personnalités qui ont œuvré pour l'indépendance des États-Unis et qui sont évoquées tout au long du **Freedom Trail** *(p. 107).* Vous pourrez ainsi mettre un visage sur les noms de Samuel Adams et Paul Revere. Arrêtez-vous également dans la salle consacrée aux tableaux de **John Singer Sargent** (1856-1925). Ce portraitiste mondain, ami d'Isabella Stewart Gardner, a décoré de fresques les murs de la Boston Public Library *(p. 114)* ainsi que ceux du grand escalier et de la rotonde du MFA. Ami de Claude Monet, il sut mettre en relation les collectionneurs américains avec ses amis impressionnistes. Soyez attentif au portrait *Daughters of Edward Darley* duquel transparaît la virtuosité et l'élégance du peintre.

plus fameux, représentant George et Martha Washington (dits *Athenaeum Portraits*), sont exposés en alternance ici et à la National Portrait Gallery de Washington, et **John Singleton Copley**, qui fut le peintre des marchands opulents de Boston et de leurs familles (*encadré page de gauche*). Au 19e s., les peintres représentèrent davantage les paysages, surtout des marines, la mode étant aux voyages et à la découverte des océans, ce qu'illustrent les œuvres de **Fitz Hugh Lane** *(Boston Harbor ; Owl's Head, Penobscot Bay, Maine)*, d'**Albert Pinkham** et de **Winslow Homer** *(Fog Warning ; Lookout - « All's Well »)*.

★★ **Art de l'Europe** – La plupart des écoles européennes du Moyen Âge à nos jours sont représentées dans ce musée. Une chapelle catalane, décorée de fresques du 12e s. et de tableaux du 15e s., évoque la peinture romane. L'**école flamande** est admirablement représentée avec *Saint Luc peignant la Vierge* de Rogier Van der Weyden (15e s.). Dans la magnifique **Koch Gallery**, dont les œuvres des 16e et 17e s. sont ornées de dorures, se côtoient Rosso Fiorentino *(Le Christ mort et les anges)*, El Greco *(Fray Hortensio Felix Paravicino)*, Velásquez *(Le Prince Baltasar Carlos et son nain)*, mais aussi Le Tintoret, Poussin et Rubens. La **galerie hollandaise** expose notamment *Le Temps dévoilant la Vérité* de Tiepolo, l'une des plus belles allégories de cet artiste, ainsi que des portraits de Rembrandt. Parmi les **maîtres français du 19e s.** figurent Renoir *(Bal à Bougival)*, Monet *(Rue de la Bavolle à Honfleur ; Bateaux dans un port)*, Degas *(Chevaux de course à Longchamp)*, Manet *(Le Chanteur de rue ; L'Exécution de Maximilien ; Portrait de Victorine Meurent)*, et Cézanne *(Madame Cézanne dans un fauteuil rouge)*.

Art contemporain – Représenté surtout aux niveaux 1 et 2, l'art contemporain n'est pas le plus représenté, mais trouve néanmoins sa place à travers les **expositions temporaires**.

2

★★★ Isabella Stewart Gardner Museum

280 The Fenway - Ⓣ Museum - ☏ 617 566 1401 - www.gardnermuseum.org - ♿ ✕ - merc.-lun. 11h-17h, jeu. 11h-21h - fermé mar. et j. fériés - 15 $ (gratuit à vie pour toutes les Isabelle !).

Isabella Stewart Gardner (1840-1924), New-Yorkaise devenue Bostonienne par son mariage avec Jack Lowell Gardner, devait toute sa vie défrayer la chronique mondaine de la vieille ville puritaine par ses excentricités à la Sarah Bernhardt. Outre la musique, sa passion était de rassembler des œuvres d'art. En 1899, elle fit édifier ce **palais de style vénitien** du 15e s., baptisé **Fenway Court**, pour présenter ses trésors. Mobilier, tissus, peintures, sculptures : c'est elle-même qui se chargea de l'aménagement des galeries, dont le charme désuet continue de se diffuser depuis sa mort.

Rez-de-chaussée – Dans le **cloître espagnol**, des carreaux de céramique provenant d'une église mexicaine du 17e s. servent de cadre au tableau de John Singer Sargent *El Jaleo*, qui illustre de façon magnifique la ferveur du flamenco. Des sculptures classiques et un superbe pavement de mosaïques romaines (2e s.) provenant de la villa Livia ornent la **cour intérieure**. Dans les **petites galeries** entourant la cour sont présentées des toiles françaises et américaines des 19e et 20e s.

1er étage – La **salle des primitifs italiens** abrite un retable de Simone Martini *(Madone avec quatre saints)*, une œuvre de Fra Angelico *(Dormition de la Vierge)*, une miniature de Gentile Bellini *(Portrait d'un artiste turc)* et un fragment de fresque de Piero della Francesca (15e s.).

La **salle Raphaël** doit son nom à deux œuvres de l'artiste : le portrait du *Comte Tommaso Inghirami* et une *Pietà*. On verra également *La Tragédie de Lucrèce* de Sandro Botticelli, et une *Vierge à l'Enfant* de Giovanni Bellini.

La **salle des tapisseries** sert de cadre aux concerts. Sur un chevalet a été placée la *Santa Engracia* de l'artiste espagnol Bermejo (15e s.). Le fameux *Thomas Howard, comte d'Arundel* par Rubens, ainsi que des œuvres de Hans Holbein et Antoon Van Dyck *(Femme à la rose)*, sont exposés dans la **salle hollandaise**. Remarquez les cadres sans toiles : celles-ci ont été volées en 1990 (dont un Rembrandt) et n'ont jamais été retrouvées…
2nd étage – Après la **salle Véronèse**, dont les murs sont tendus de cuirs repoussés espagnols et vénitiens, on entre dans la **salle du Titien** qui contient un chef-d'œuvre, *L'Enlèvement d'Europe*, commandé par Philippe II d'Espagne. La **salle gothique** présente le portrait en pied d'Isabella Stewart Gardner par son ami John Singer Sargent.

À voir aussi

★ John F. Kennedy Presidential Library and Museum

Plan p. 94-95 C2 en dir.

Columbia Point, à Dorchester (près de l'University of Massachusetts) - Ⓣ JFK/UMass (à 800 m du musée ; navette gratuite) - ✆ 866 535 1960 - www.jfklibrary.org - ♿ ✕ - 9h-17h - fermé 1er janv., Thanksgiving et 25 déc. - 12 $ (seniors 10 $, 13-17 ans 9 $, -12 ans gratuit).

De cette structure de béton et de verre, réalisée par I. M. Pei, se détache sur le front de mer le **Contemplation Pavilion**, excroissance lumineuse et spectaculaire de neuf étages. La visite *(sous-sol et rez-de-chaussée)* reprend les épisodes marquants de la carrière du plus jeune président élu des États-Unis : premier débat électoral télévisé de JFK, crises des missiles de Cuba, création des Peace Corps, conquête spatiale, guerre froide, guerre du Vietnam, mur de Berlin et lutte contre la ségrégation raciale. Des souvenirs personnels, des retransmissions de discours célèbres, des objets emblématiques plantent le décor. Les étages supérieurs sont réservés aux chercheurs. Ce musée pourrait se réduire à un panégyrique *people*, il n'en est rien pour qui prendra le temps de regarder et écouter les nombreux documents, instructifs, qui jalonnent la visite.

S'instruire à Cambridge

Située au nord de l'agglomération de Boston dont elle fait partie, Cambridge compte parmi les villes que fondèrent les pionniers puritains de la baie du Massachusetts au 17e s. D'abord baptisée Newton, elle adopta en 1638, soit deux ans après avoir créé Harvard University, le nom de Cambridge, afin de s'inscrire dans l'héritage intellectuel de sa prestigieuse homonyme anglaise. Près de quatre siècles plus tard, elle est toujours le centre de formation qu'elle rêvait de devenir, comptant deux des plus grands établissements universitaires de la planète : Harvard et le MIT.

★★★ HARVARD UNIVERSITY Plan p. 94-95 A1 en dir.

Le campus historique borde la Charles River au nord de Memorial Drive - Ⓣ Harvard - ✆ 617 495 1573 - www.harvard.edu.

Harvard Information Center – *Smith Campus Center - 1350 Massachusetts Ave - ✆ 617 495 1573 - lun.-sam. 9h-17h.* Visites guidées du campus conduites par des étudiants *(se renseigner sur www.harvard.edu/on-campus/visit-harvard/calendar).*

▶ *Circuit tracé en vert sur le plan de Harvard University – Comptez 1h sans les visites. Départ de la porte Johnston, métro Ⓣ Harvard ; suivez Massachusetts Ave vers le nord.*

Bon à savoir – Le campus est ouvert gratuitement au public toute l'année, excepté lors des célébrations de début et fin d'année universitaire. Il est interdit d'entrer dans les bâtiments sans porter son badge.

Fondée en 1636, la première université créée sur le sol américain est l'un des fleurons de l'enseignement aux États-Unis et dans le monde. Elle devint une université moderne au 19e s. lorsqu'elle ouvrit de nouvelles facultés : médecine (1782), théologie (1816), droit (1817), médecine dentaire (1867), arts et techniques (1872). Les femmes y furent admises pour la première fois en 1879 dans un campus voisin : Radcliffe, surnommé l'Annexe. Avec 37 milliards de dollars, Harvard bénéficie de la dotation la plus élevée du monde. La liste des personnalités qui y ont étudié est longue : douze présidents, dont Barack Obama (et sa fille aînée à partir de 2017) et George W. Bush, des prix Nobel, des écrivains, comme Norman Mailer, et des artistes, dont les musiciens Yo-Yo Ma et Leonard Bernstein, et plus récemment le créateur de Facebook, Mark Zuckerberg.

Tous les styles architecturaux sont représentés sur le **campus** (500 bâtiments), du style colonial aux réalisations de Gropius (1950, Harkness Commons et Graduate Center) (G) et Le Corbusier (Carpenter Center of Visual Arts).

★★ **Harvard Art Museums**

32 Quincy St. - www.harvardartmuseums.org - 10h-17h - fermé j. fériés - 15 $. Situés à l'origine dans des bâtiments différents, les trois musées d'Harvard ont été réunis en 2014 dans un bâtiment rénové et agrandi (de 40 %) par l'architecte **Renzo Piano**. Derrière la sobre façade en brique, une fois franchie la porte du musée, la spectaculaire cour intérieure, baignée de lumière par la grande verrière pyramidale, a des allures italianisantes. Le **Fogg Museum**, la plus ancienne des trois collections (1895), présente un panorama de l'art occidental du Moyen Âge à nos jours ; parmi les pièces maîtresses du **Sackler Museum**, céramiques et sculptures d'Asie, estampes japonaises et une remarquable collection de **bronzes** et de **jades** chinois ; enfin, le **Busch-Reisinger Museum** était la seule collection aux États-Unis dédiée à l'art des pays germanophones des 18e et 19e s.

★ MASSACHUSETTS INSTITUTE OF TECHNOLOGY (MIT) Plan p. 94-95 A1

Au bord de la Charles River, le long de Memorial Dr. et Massachusetts Ave - Ⓣ Kendall Center/MIT.

Bon à savoir – Plans et informations sur les visites guidées gratuites par les étudiants (en anglais) dans le Building 7, au 77 Massachusetts Avenue.

Cet institut, l'un des plus prestigieux au monde, fut fondé à Boston en 1861 par le géologue et physicien **William B. Rogers**. À l'avant-garde de la technologie, le MIT est réputé dans le domaine de la recherche appliquée et se compose de cinq écoles : ingénierie, sciences pures, sciences humaines et sociales, gestion *(management)*, architecture et urbanisme. Celles-ci accueillent près de 10 000 étudiants, originaires de 50 États différents et de 100 pays étrangers.

Parsemé de bâtiments, allant du néoclassicisme au postmodernisme, aménagé de vastes esplanades et espaces verts, pour le plus grand confort des étudiants, le campus du MIT est moins homogène architecturalement que sa voisine, Harvard University, mais offre de belles surprises.

MIT Museum – *265 Massachusetts Ave - ☏ 617 253 4444 - http://web.mit.edu/museum - ♿ - 10h-17h (jeu. 19h en juil.-août) - fermé j. fériés - 10 $ (-18 ans, étudiants et seniors 5 $, -5 ans gratuit) ; gratuit le dernier dim. de chaque mois de sept. à juin.* Les expositions du musée démontrent, par des sculptures cinétiques, des hologrammes et d'autres réalisations se nourrissant de technologies modernes, que l'art et la science peuvent ne faire qu'un.

NOS ADRESSES À BOSTON

INFORMATIONS UTILES

Change

Travelex Currency Services – *Logan International Airport (terminal E) - ✆ 617 569 6740 - 7h-22h. Agence en ville : 745 Boylston St. - ✆ 617-266-7560 - lun.-vend. 9h-17h.*

Currency Exchange – *100 Huntington Ave (niveau 2, Copley Place) - ✆ 617 266 3300 - lun.-sam. 10h-20h, dim. 12h-18h.*

Consulat

Consulat de France – *Park Sq. Building - 31 St James Ave (Suite 750) - ✆ 617 832 4400 - boston.consulfrance.org - lun.-jeu. 9h-12h sur rdv.*

Internet

Boston Public Library – *700 Boylston St. - ✆ 617 536 5400 - www.bpl.org - lun.-jeu. 9h-21h, vend.-sam. 9h-17h, dim. 13h-17h.* Une trentaine de postes en accès libre, dont dix réservés aux sessions rapides *(15mn max.)*. Wi-fi disponible, ainsi que dans toutes les annexes de la BPL.

Médecins

Urgences – *✆ 911*

Massachusetts General Hospital – *✆ 617 726 2000. 55 Fruit St.*

Pharmacie

CVS Pharmacy – *587 Boylston St. - ✆ 617 437 8414 - 24h/24.*

Ce plan montre les principales stations de métro de la MBTA

Police

Police/Ambulance/Incendie – ☏ *911.*
Police (hors urgence) – ☏ *617 343 4240.*

Poste

N° unique : ☏ *800 275 8777.*
Freedom Trail – *217 Hanover St. - lun.-vend. 8h-18h, sam. 8h-14h ;* **Beacon Hill** – *24 Beacon St. - lun.-vend. 9h30-17h ;* **Back Bay** – *133 Clarendon St. - lun.-vend. 7h30-17h30, sam. 7h30-16h.*

Presse

Presse quotidienne – *Boston Globe* (cahier consacré aux loisirs et sorties chaque jeudi) ; *Boston Herald.*

TRANSPORTS

Se rendre à Boston

Avion – Desservi par des vols nationaux et internationaux, le **Logan International Airport** *(☏ 617 561 1800 ou 800 235 6426 - www.massport.com/logan-airport)* est situé à 5 km au nord-est du centre-ville. Service de taxis (comptez 30/40 $), de bus (transfert direct avec la *Silver Line*) et de métro (arrêt « *Airport* », sur la ligne bleue, accessible depuis les terminaux par navette gratuite).
Des navettes maritimes, disponibles sur appel, relient l'aéroport à Rowes Wharf en moins de 10 minutes (**Rowes Wharf Water Taxi** - *☏ 617 406 8584 - mai-oct. : 7h-22h, dim. 7h-20h ; nov.-mars : lun.-vend. 7h-20h*), à Quincy et à Hull (**Harbor Express** - *☏ 617 222 6999 - www.harbor-express.com*). Le **ferry de Salem** *(☏ 978 741 0220 - www.bostonharborcruises.com/salem-ferry - de fin mai à déb. nov.)* fait la liaison entre Boston (Central Wharf) et Salem (45mn). La plupart des agences de location de voitures ont un bureau à l'aéroport (*Organiser son voyage, p. 642*).
Train – Les trains de la compagnie **Amtrak** *(☏ 800 872 7245 - www.amtrak.com)* qui assurent les trajets longue distance arrivent à **South Station** *(angle Atlantic Ave et Summer St.)*. Pour la banlieue et les environs proches, renseignez-vous auprès de la **Massachusetts Bay Transportation Authority (MBTA)** *(☏ 617 222 3200 - www.mbta.com)*, dont les trains partent de South Station ou de **North Station** *(150 Causeway St.)*.
Bus – Si vous optez pour le bus, vous arriverez à South Station. Plusieurs compagnies desservent la ville : **Greyhound** *(☏ 800 231 2222 - www.greyhound.com)* ; **Peter Pan Bus Line** *(☏ 800 343 9999 - www.peterpanbus.com)* ; **Megabus** *(☏ 877 462 6342 - http://us.megabus.com)* ; **Lucky Star** *(☏ 888 881 0887 - www.luckystarbus.com)* : ces bus arrivent et partent du Chinatown de New York.

Sur place

Bus et métro – Le réseau des bus et métro de Boston est géré par la **Massachusetts Bay Transportation Authority (MBTA)** *(☏ 617 222 3200 - www.mbta.com)*. Les 5 lignes de métro (Rouge, Bleue, Orange et Verte, Argent), qui desservent la ville et ses environs, passent au moins par l'une de ces quatre stations centrales : Downtown Crossing, Park Street, State et Government Center. Les stations sont signalées par le symbole Ⓣ, visible à l'entrée des bouches de métro.
Les **horaires** sont affichés à la station Park Street. Ils circulent en général du lun. au sam. de 5h à 0h45, et le dim. de 6h à 0h45.
Pour les **tarifs**, prévoyez 2,75 $ pour un ticket de métro ou de

bus et 2,25 $ si vous utilisez une **CharlieCard** en plastique, rechargeable. Ces cartes permettent aussi d'acheter des « pass » : pour un montant fixe, l'accès au réseau est illimité (bus, métros, ferries et trains circulant dans la zone 1A) pendant un jour (One-Day Link Pass - 12 $) ou une semaine (One-Week Link Pass - 19 $). Les CharlieCards sont disponibles sur le site Internet de la MBTA, aux stations de métro, à l'aéroport Logan et aux kiosques d'information du Boston Common et du Quincy Market. Le bureau d'information de la station Park Street, les guichets de South Station et North Station, ainsi que la plupart des hôtels disposent de plans gratuits du réseau.

Voiture – En raison des problèmes de circulation (embouteillages fréquents, stationnement difficile et cher), les déplacements en voiture sont peu recommandés : préférez la marche ou les transports en commun.

Pour les parkings, voir Se garer, p. 101.

Ferry – Les liaisons Long Wharf-Charlestown et Long Wharf-aéroport Logan sont assurées par la **Massachusetts Bay Transportation Authority (MBTA)** (*617 222 3200 - www.mbta.com*).

Taxi –**Green & Yellow Cab** (*617 625 5000*) ; **Town Taxi** (*617 536 5000*).

VISITES

Carte de réduction

Le **CityPassBoston** (*59 $, 3-11 ans 47 $ - valable 1 an*) est disponible aux bureaux d'information, dans la plupart des hôtels et auprès des sites concernés. Il permet l'accès au New England Aquarium, au Museum of Science, au Skywalk Observatory et, au choix, au Museum of Fine Arts ou à une croisière en ferry dans le port.

Visites guidées en français

Boston le nez en l'air– *3h de visite de Boston à pied et en français, en petits groupes, env. 50 $/pers.*

Croisières

Duck Tours – *617 267 3825 - www.bostonducktours.com.* Un circuit qui ravira les enfants : découverte de la ville à bord d'un bus amphibie qui parcourt les artères principales et navigue le long de la Charles River. Départs de Prudential Center *(durée 1h20)*, Museum of Science *(durée 1h20)* et New England Aquarium *(durée 1h05). 37,50 $, 12-18 ans 31 $, -12 ans 26 $.*

Observation des baleines

New England Aquarium – *1 Central Wharf - (617) 973-5200 - www.neaq.org - 9h-17h, w.-end 9h-18h.*

Boston Harbor Cruises – *1 Long Wharf - (617) 227-4321 - www.bostonharborcruises.com - 6h30-22h - tickets 53 $/pers. (-11 ans 33 $).* Excursions en mer et observation des baleines.

HÉBERGEMENT

L'hébergement à Boston est cher. Les tarifs varient selon la saison (avec une baisse janv.-mars) et le jour de la semaine ; notez que de nombreux établissements du centre-ville, pour la plupart très onéreux, proposent des réductions le week-end. La plupart des B & B sont excentrés, regroupés dans les quartiers résidentiels *(attention, les B & B exigent en général un séjour minimum de 2 nuits)*. Une taxe de 12,45 % est à ajouter au prix de la chambre.

Centrales de réservation

Elles permettent, sur Internet ou par téléphone, de réserver une chambre d'hôtel, un B & B, un studio ou un appartement.

Air Bnb – *www.airbnb.fr/s/Boston Massachusetts*. Un site qui mise sur l'hébergement collaboratif partout sur la planète.

Bed & Breakfast Agency of Boston – ✆ *(617) 720-3540 - www.boston-bnbagency.com.*

Beacon Hill

Plan p. 102

BUDGET MOYEN

2 Beacon Hill Hotel & Bistro – *25 Charles St. - ✆ (617) 723-1133 - www.beaconhillhotel.com* - ▤ ♿ 📶 - *13 ch. 269/499 $* ☕ - 🍴. Aux beaux jours, glissez-vous sur le toit-terrasse de ce boutique-hôtel chic de la rue principale de Beacon Hill pour y déguster un verre de vin. Huppé, élégant, le lieu sied bien au quartier (antiquaires, restaurants haut de gamme). Chambres contemporaines, épurées. Le petit-déjeuner, copieux, est compris dans le tarif et servi dans la salle de restaurant, aménagée façon bistrot parisien : naturellement, la carte y est d'inspiration française.

Freedom Trail - Waterfront

Plans p. 106 et p. 110

POUR SE FAIRE PLAISIR

1 Omni Parker House – *60 School St. - ✆ (617) 227-8600 - ✆ (888) 444-6664 - www.omniparkerhouse.com* - 🅿 *51 $/nuit* - ♿ - *551 ch. 269/417 $* - 🍴. Charles Dickens y lut pour la première fois son *Chant de Noël* en public, John F. Kennedy le choisit pour demander Jackie en mariage et Boston lui doit encore son célèbre cream pie : un établissement légendaire ! Ouvert en 1855, il est aussi, sous ses plafonds à moulures, le plus vieil hôtel en fonctionnement des États-Unis.

UNE FOLIE

4 Boston Harbor Hotel – *70 Rowes Wharf - ✆ (617) 439-7000 - www.bhh.com* - ▤ 🅿 *payant* - ♿ 📶 - *230 ch. 401/645 $* - 🍴. Son charme classique – chandeliers, marbres, tapisseries, mobilier ancien – ferait presque oublier sa jeunesse : bâti en 1987, cet hôtel jouit de belles vues sur le port. Dans ses murs, le restaurant Meritage sert une cuisine régionale contemporaine de haut rang. Concerts de jazz en été.

Back Bay

Plan p. 114

POUR SE FAIRE PLAISIR

7 Newbury Guest House – *261 Newbury St. - ✆ (617) 670-6000 - ✆ (800) 437-7668 - www.newburyguesthouse.com* - 📶 - *32 ch. 249/359 $* ☕. Une élégante *guesthouse* dans trois brownstones des années 1880, sur les Champs Élysées du shopping ! Les plus belles chambres, avec meubles de style victorien, parquet et baies vitrées, suscitent la convoitise : réservez au moins un mois à l'avance !

8 Inn at St. Botolph – *99 Saint Botolph St. - ✆ (617) 236-8099 - www.innatstbotolph.com* - 🅿 - *16 ch. 139/409 $*. Ce boutique-hôtel combine le charme d'une petite adresse dans une maison de style victorien en briquettes rouges, et le positionnement idéal, à l'intersection de deux quartiers centraux : Back Bay et le South End. La décoration est moderne et élégante, et toutes les chambres sont équipées d'une kitchenette.

UNE FOLIE

5 Lenox Hotel – *61 Exeter St. - ✆ (617) 536-5300 - ✆ (800) 225-7676 - www.lenoxhotel.com - 214 ch. 295/549 $* - 🍴. La restauration de sa façade, tout comme ses

2

efforts en matière d'écotourisme, ont valu à cet hôtel de charme construit en 1901 de nombreuses récompenses. À deux pas des boutiques de Newbury Street et Copley Square, l'adresse séduit particulièrement les femmes d'affaires. Chambres tout confort, restaurant, et deux bars très populaires auprès des Bostoniens aisés : le City-Bar, lounge, et le pub irlandais Solas. Proche du métro.

3 **Fairmont Copley Plaza** – *138 St James Ave - (617) 267-5300 - (800) 257-7544 - www.fairmont.com - 383 ch. 452/699 $ -* . Plafonds à dorures, lustres de cristal, mobilier de style Renaissance et Louis XIV, motifs floraux et carreaux écossais : c'est LE palace classique de Back Bay, qui, depuis 1912, a vu défiler présidents américains et hauts dignitaires étrangers. En 1975, Elizabeth Taylor et Richard Burton y passèrent leur seconde lune de miel : une institution ! Restaurant Oak Bar + Kitchen : pour une cuisine traditionnelle américaine.

RESTAURATION

Beacon Hill

Plan p. 102

BUDGET MOYEN

3 **Figs** – *42 Charles St. - (617) 742-3447 - http://toddenglishfigs.com - 11h30-22h, vend.sam. 11h30-23h, dim. 12h-22h.* Une pizzeria en vogue sous la houlette d'un chef star : Todd English. Pâtes fines et ingrédients de qualité attirent beaucoup de monde… Difficile d'en profiter en toute quiétude.

POUR SE FAIRE PLAISIR

1 **Bin 26 Enoteca** – *26 Charles St. - (617) 723-5939 - www.bin26.com - 12h-22h, vend. 12h-23h, sam. 10h-23h, dim. 10h-22h - plats 26/38 $.* Une table claire et épurée qu'habillent des cloisons de bouteilles et des photographies abstraites. Chic et branché (comme beaucoup de ses confrères de Charles St.), ce bistrot à vins délivre une cuisine italienne sophistiquée et goûteuse : raviolis au homard, tagliatelles cacao aux cèpes, palourdes marinées. Une jolie adresse.

Freedom Trail - Waterfront - North End

Plans p. 106 et p. 110

PREMIER PRIX

7 **Quincy Market** – *Faneuil Hall Marketplace - South Market Building - (617) 523-1300 - www.faneuilhallmarketplace.com - 10h-21h, dim. 12h-18h.* Burgers, hot dogs, sushis, enchiladas, pretzels, poulets curry, *lobster rolls*… Ultratouristique mais incontournable, ce vaste *food court* abrite plus de 40 enseignes. Autant le dire, l'endroit amusera plus les enfants qu'il ne satisfera les gastronomes. Si vous désirez un lobster roll, essayez celui de The Boston Chowda Co. (www.bostonchowda.com), certainement le plus correct que l'on puisse trouver au Quincy Market. Les amateurs de pizzas se rendront au stand Regine.

BUDGET MOYEN

4 **Daily Catch** – *323 Hanover St. - (617) 523-8567 - http://thedailycatch.com - - 11h-22h - plats 21/29,50 $.* Autres adresses : 2 Northern Ave (Seaport) et 441 Harvard St. (Brookline). Rustique, une cabane de pêcheurs parmi les pizzerias du quartier italien : *clam chowder, fish & chips* et spécialités de calamars, comme ceux, superbes, aux pâtes à l'encre de seiche.

2 **The Barking Crab** – *86 Sleeper St. - (617) 426-2722 -*

www.barkingcrab.com - ouv. mai-oct. : 11h30-23h, jeu.-sam. 11h30-0h - plats 21/33 $. Ambiance de fête foraine sous les lampions pour cette cabane en bois posée au bord de l'eau, dressant fièrement sa toile aux couleurs éclatantes (jaune et rouge). Elle propose une vue magique sur les gratte-ciel et ses fruits de mer ultra-frais (excellent *lobster roll*) sont servis dans des corbeilles en plastique. Intéressant choix de bières locales.

5 **Legal Sea Foods** – *255 State St. - ✆ (617) 742-5300 - www.legalseafoods.com - 11h-22h, vend.-sam. 11h-23h - à la carte 27/48 $.* Autres adresses : 26 Park Sq. (*✆ 617 426-4444*) et 100 Huntington Ave (*✆617 266-7775*). Impossible de manquer cette chaîne régionale de restaurants de fruits de mer qui compte une dizaine d'établissements hors de la Nouvelle-Angleterre. Décor assez impersonnel, mais les plats proposés, avec en vedette palourdes (*clams*) et homard, font vite oublier ce petit bémol.

9 **Trattoria Il Panino** – *11 Parmenter St. - ✆ (617) 720-1336 - www.trattoriailpanino.com - P 22 $ - 11h-23h, vend.-sam. 11h-2h - plats 20/30.* La plus ancienne trattoria de Boston ! Saumon prosciutto, thon in Padella, penne et autres pâtes continuent, dans ce décor toujours authentique, de récolter tous les suffrages.

POUR SE FAIRE PLAISIR

6 **Bricco** – *241 Hanover St. - ✆ (617) 248-6800 - www.bricco.com - 16h-23h, vend.-sam. 16h-2h (pizzas : vend.-sam. seult) - à la carte 61/76 $.* Une trattoria lounge et sophistiquée. Recommandé dans le quartier – car il sait aussi rester simple –, Bricco séduit avec son osso buco et risotto au safran, ses tortelli aux miel, truffes et ricotta, sa pièce de sanglier aux cèpes. La très belle carte des vins fait honneur aux crus italiens.

Back Bay

Plan p. 114

PREMIER PRIX

8 **Parish Cafe** – *361 Boylston St. - ✆ (617) 247-4777 - www.parishcafe.com - 11h30-2h, dim. 12h-2h - à la carte 30/39 $.* Un café-bistrot qui fait la différence par sa large terrasse ouverte sur Boylston Street et sa carte de sandwichs conçue par les grands chefs de Boston (12,50/20,50 $). Vous n'aurez que l'embarras du choix… Vous pouvez aussi vous contenter d'un cocktail.

POUR SE FAIRE PLAISIR

10 **Atlantic Fish** – *761 Boylston St. - ✆ (617) 267-4000 - www.atlanticfish.com - 11h30-23h, vend. 11h30-23h30, sam. 11h-23h30, dim. 11h-23h - à la carte 42/79 $.* Une brasserie tendance chic, aux belles boiseries, et dont les nombreux et virevoltants serveurs assurent un service efficace. Point d'esbroufe : la carte, centrée sur la mer, déploie toutes les variétés des poissons et crustacés de l'Atlantique, d'une fraîcheur absolue. Des huîtres au homard en passant par les poissons et les palourdes, la symphonie est bien réglée et sans fausse note.

11 **Asta** – *247 Massachusetts Ave - ✆ (617) 585-9575 - www.astaboston.com - mar.-sam. 18h-22h30 - menu 80/110 $.* Un restaurant qui propose 3 menus dégustation imposés (de 3, 5 ou 8 plats) et de très jolis vins à la carte. Cuisine fine, originale et audacieuse (tagliatelles aux noix et cœurs de canard, agneau magnifiquement cuit accompagné d'une confiture d'oignons aux olives). Cuisine

ouverte sur la salle, ambiance relax et discrètement chic, déco brut mais chaleureuse (briquettes rouges). Une très belle adresse.

PETITE PAUSE

North End

Mike's Pastry – *300 Hanover St. - ✆ (617) 742-3050 - 8h-22h30, vend.-sam. 8h-23h30.* Dans cette institution du quartier, au décor plutôt pompeux, on déguste des viennoiseries et des pâtisseries colorées, accompagnées d'un bon espresso. Interminables files d'attente le week-end.

Back Bay

Georgetown Cupcakes – *83 Newbury St. - ✆ (617) 927-2250 - www.georgetowncupcake.com - 10h-21h, dim. 20h.* Brun, bleu, jaune, fuchsia, nappé de crème ou de chocolat, surmonté d'une fleur ou d'un cœur… les cupcakes de cette enseigne créée par deux sœurs sont irrésistibles. Élaborés avec des ingrédients soigneusement sélectionnés, les parfums suivent le fil des saisons : fraise, noisette, sirop d'érable, coco… Quand le temps le permet, prenez un café à la terrasse du café attenant, Thinking Cup.

BOIRE UN VERRE

Beacon Hill

The Sevens – *77 Charles St. - ✆ (617) 523-9074 - 11h30-1h, dim. 12h-1h.* L'un des seuls endroits où prendre un verre à Beacon Hill. Depuis 1933, ce pub assez classique réunit, dans une ambiance bruyante et animée, habitants de Beacon Hill et touristes. Salle tout en longueur, envahie d'écrans TV diffusant clips et matchs. Musique pop/rock en fond sonore et petite restauration.

Freedom Trail - Waterfront

Drink – *348 Congress St. - ✆ (617) 695-1806 - www.drinkfortpoint.com - 16h-1h.* Au sous-sol d'un restaurant italien (Sportello), un bar branché qui privilégie les matériaux bruts (brique et bois). Pas de carte des cocktails : ils sont élaborés en fonction des envies et des goûts de chacun. Ambiance décontractée et service impeccable.

Back Bay

Sonsie – *327 Newbury St. - ✆ (617) 351-2500 - www.sonsieboston.com - 8h-23h, jeu.-sam. 8h-0h.* Lumières (très) tamisées dans ce bar-restaurant fréquenté par une clientèle plutôt trendy. Très beau comptoir en bois, où déguster vin, bière ou cocktail. Carte des mets sans surprise, dominée par les inévitables pizzas, salades et steaks.

Lolita Cocina and Tequila Bar – *271 Dartmouth St. - ✆ (617) 369-5609 - www.lolitatequilabars.com - 16h-2h.* Dans un sous-sol aux allures de château hanté, où les éclairages rouges font ressortir les vieux murs de brique, on déguste d'étranges préparations fumantes accompagnées de margaritas.

ACHATS

Downtown

Avec plus de 500 boutiques, grands magasins (Macy's), restaurants, bars et hôtels, **Downtown Crossing** *(Washington St. et Summer St. - www.downtowncrossing.org)* est le plus important quartier commerçant de Boston.

Derrière le City Hall, le **Faneuil Hall Marketplace** *(Dock Sq. - www.faneuilhallmarketplace.com)* concentre plus de 70 restaurants, traiteurs et bars.

Beacon Hill

Le long de **Charles Street** se trouve la plus forte concentration d'antiquaires de la ville. Préparez-vous à briser votre tirelire dans ce quartier très huppé.

Back Bay

Copley Place *(Huntington Ave et Dartmouth St.)* accueille restaurants et boutiques sur deux niveaux. Parmi celles-ci : Neiman-Marcus, Tiffany, Gucci et Barney's.

Une passerelle donne accès à l'immense **Prudential Center** *(800 Boylston St., entre Gloucester St. et Exeter St. - www.prudentialcenter.com)*, où l'on trouve Lord & Taylor, Saks Fifth Avenue, Legal Sea Foods.

Percée le long de Back Bay, **Newbury Street** *(www.newbury-st.com)*, la plus chic des artères commerçantes de Boston, est bordée de galeries d'art, de magasins d'antiquités, de boutiques de design et de restaurants haut de gamme.

EN SOIRÉE

Les pages arts et loisirs des journaux et magazines locaux répertorient les événements et listent les théâtres.

Billets de spectacle

BosTix Ticket Booths – *Faneuil Hall Marketplace et Copley Sq. - ✆ 617 482 2849 - www.artsboston.org - ✉ - lun.-sam. 10h-18h, dim. 11h-16h.* Billets demi-tarif le jour des représentations.

Ticketmaster – *✆ 617 931 2000 - www.ticketmaster.com.*

Clubs

Scullers Jazz Club – *400 Soldiers Field Rd - ✆ (617) 562-4111 - www.scullersjazz.com.* L'une des scènes jazz les plus renommées de Boston. Restaurant.

Middlesex Lounge – *315 Massachusetts Ave - Cambridge - ✆ (617) 868-6739 - www.middlesexlounge.com - jeu.-sam. 19h-2h.* House, techno et disco tiennent la vedette dans cette salle à la playlist consensuelle.

AGENDA

Chinese New Year Parade – *Fin janv.-début fév. www.bostonusa.com.*

New England Spring Flower Show – *En mars. www.masshort.org.*

Boston Marathon – *3e lun. d'avr. www.bostonmarathon.com.*

Harborfest – *En juillet. www.bostonharborfest.com.*

Restaurant Week – *En août. www.bostonusa.com/restaurantweek.*

Boston Film Festival – *1 semaine en sept. www.bostonfilmfestival.org.*

First Night Boston – *Le 31 décembre. www.firstnight.org.*

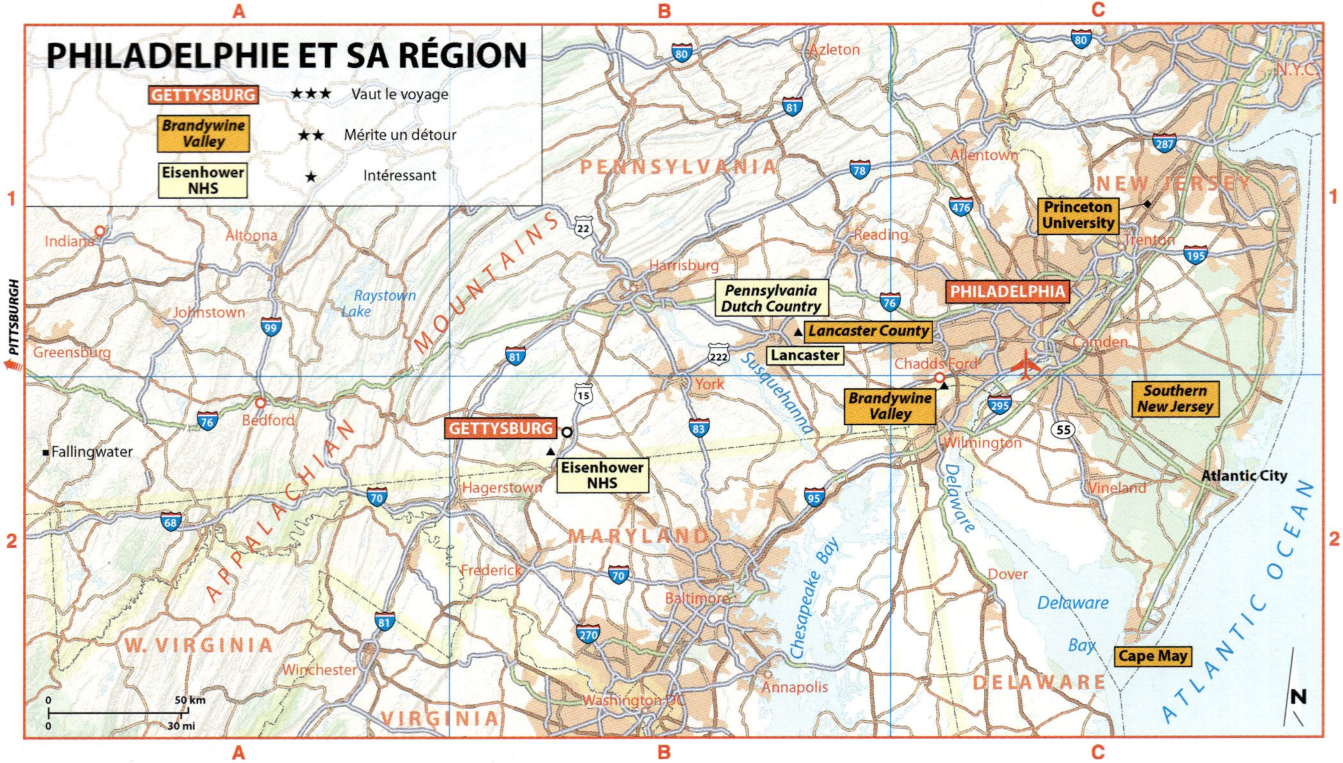
PHILADELPHIE ET SA RÉGION
GETTYSBURG ★★★ Vaut le voyage
Brandywine Valley ★★ Mérite un détour
Eisenhower NHS ★ Intéressant
A
B
C
1
2
PENNSYLVANIA
NEW JERSEY
MARYLAND
DELAWARE
W. VIRGINIA
VIRGINIA
APPALACHIAN MOUNTAINS
ATLANTIC OCEAN
PHILADELPHIA
GETTYSBURG
Princeton University
Pennsylvania Dutch Country
Lancaster County
Lancaster
Brandywine Valley
Eisenhower NHS
Southern New Jersey
Cape May
Atlantic City
Fallingwater
PITTSBURGH
N.Y.C.
Azleton
Allentown
Reading
Trenton
Camden
Chadds Ford
Wilmington
Vineland
Dover
Harrisburg
York
Hagerstown
Frederick
Baltimore
Annapolis
Washington DC
Winchester
Indiana
Altoona
Johnstown
Greensburg
Bedford
Raystown Lake
Susquehanna
Chesapeake Bay
Delaware
Delaware Bay
80
81
78
476
287
195
76
295
55
22
222
15
83
95
99
70
68
270
0
50 km
0
30 mi
N

Philadelphie et sa région 3

Carte Michelin National 761 et carte Michelin Régional 582

Grand angle sur Philadelphie et sa région

Philadelphie, l'un des plus importants foyers historiques des États-Unis, est située à 160 km de la côte atlantique. Au même titre que le comté de Bucks, la Brandywine Valley, le comté de Lancaster ou Gettysburg, la ville offre un imposant ensemble de monuments anciens. Proche du New Jersey, la région attire aussi bien les amateurs de jeux dans ses rutilants casinos (Atlantic City, NJ) que les amoureux de soleil sur ses plages du littoral atlantique.

L'INDÉPENDANCE AU CŒUR DE LA FORÊT

À l'origine, la région était habitée par les Indiens lenni lenape, tribu pacifique à laquelle le quaker anglais William Penn acheta les terres pour fonder, en 1776, la ville de Philadelphie, au cœur d'une région boisée à laquelle il associa son nom : la Pennsylvanie (« forêt de Penn »). C'est là que Thomas Jefferson lut pour la première fois la déclaration d'Indépendance, marquant ainsi les débuts de la guerre du même nom. Onze ans plus tard, les fondateurs de la Constitution américaine se réunissaient dans Independence Hall et donnaient forme aux futurs États-Unis d'Amérique.

GUERRE FRATRICIDE

Lors de la guerre d'Indépendance, la région fut particulièrement convoitée. Deux sites, étroitement liés à George Washington, sont demeurés célèbres : le campement du général américain dans Valley Forge et sa traversée du fleuve Delaware. Près d'un siècle plus tard, au cours de l'été 1863, l'une des plus importantes batailles de la guerre de Sécession fit rage à Gettysburg (200 km à l'ouest de Philadelphie) et aux alentours : Robert E. Lee, commandant de l'armée confédérée de Virginie du Nord, s'opposa aux forces de l'Union, dirigées par le général George Meade. À l'issue de la bataille de trois jours, difficilement gagnée par les Nordistes, la cause sudiste était condamnée à l'échec.

DANS ET HORS DU TEMPS

Philadelphie se distingue par sa riche histoire, ses multiples activités culturelles et sa diversité ethnique, qui garantissent un séjour aussi instructif que divertissant. Las de l'animation urbaine, le visiteur n'aura que l'embarras du choix pour découvrir les environs. À l'ouest, dans le bucolique comté de Lancaster (à une heure en voiture), les Amish refusent toute idée de confort moderne, comme l'électricité, et se déplacent en voiture attelée. Au sud-ouest de Philadelphie, la belle et verdoyante Brandywine Valley séduit les artistes contemporains, comme elle avait attiré les industriels au 19e s.

Dans les Allegheny Mountains.

R. T. Nowitz/age fotostock

Philadelphie

Philadelphia

★★★

1 567 442 hab. - Pennsylvanie (PA)

Berceau de l'histoire des États-Unis, la « cité de l'amour fraternel » de William Penn symbolise les premiers pas de la jeune nation américaine. Hommes et femmes fuyant la persécution religieuse, immigrants et industriels ont façonné la ville, sans oublier l'incomparable génie créatif de Benjamin Franklin. Même si les gratte-ciel ont un peu modifié son allure, cette grande métropole culturelle et chargée d'histoire demeure une ville à l'atmosphère européenne et l'une des destinations touristiques les plus prisées des États-Unis.

NOS ADRESSES PAGE 154
Hébergement, restauration, achats, activités, etc.

S'INFORMER

Independence Visitor Center – Plan I - *1 N. Independence Mall W. - 1 800 537 7676 - www.phlvisitorcenter.com. Également une antenne au City Hall.*

SE REPÉRER

Carte de région C1 (p. 128).
Philadelphie se trouve à 94 miles (151 km) au sud de New York et à 141 miles (227 km) au nord de Washington DC, soit à quelques heures de train seulement.

SE GARER

La ville compte de nombreuses places de parking disponibles pour quelques heures, et des parkings où laisser votre voiture plusieurs jours si votre hôtel n'offre pas ce service. Les parkings centraux situés au croisement de Samson et 2nd St. ou de Market et 5th St. sont les plus pratiques. Cela dit, Philadelphie étant facilement accessible en train depuis les villes de la côte est, et le centre-ville se parcourant pour l'essentiel à pied, mieux vaut éviter la voiture.

À NE PAS MANQUER

Les musées d'art : la Barnes Foundation et le Philadelphia Museum of Art ; l'incroyable Eastern State Penitentiary ; le Museum of the American Revolution ; la cloche de la Liberté.

ORGANISER SON TEMPS

Prévoyez 4 ou 5 jours sur place. Si vous séjournez à New York, vous pouvez programmer un aller-retour dans la journée. Réservez vos billets pour la fondation Barnes et Independence Hall avant d'organiser votre séjour.

AVEC LES ENFANTS

Les passionnantes activités du Franklin Institute Science Museum ; les Magic Gardens.

Se promener Plan I (Old City) p. 136 et plan II (Center City) p. 141

★★★ INDEPENDENCE NATIONAL HISTORICAL PARK Plan I A2-3

215 965 2305 - www.nps.gov/inde - sauf mention contraire, les sites sont ouverts tlj 8h30-18h - entrée libre - activités et visites guidées gratuites.

Philadelphie.
Pgiam/iStock

Délimité à l'est et à l'ouest par 2nd St. et 6th St., au nord et au sud par Market St. et Walnut St., le parc historique rassemble sur 22 ha plusieurs monuments qui furent les témoins privilégiés de la tumultueuse naissance des États-Unis. Il s'enorgueillit de posséder les symboles de la liberté les plus respectés du pays : Independence Hall et Liberty Bell.

Attention – Les billets d'entrée pour Independence Hall sont limités à un quota quotidien. Ils se retirent au Visitor Center *(voir page de gauche)*, tous les jours à partir de 8h30 (sauf après 17h toute l'année, en janv. et fév., 4th of July et Thanksgiving, où ils ne sont pas nécessaires). Il est également possible de les réserver en ligne sur le site du parc historique *(www.nps.gov/inde - 1,50 $ de frais de traitement)*.

3

★★ Liberty Bell Center A2

526 Market St., entre 5th St. et 6th St.

Le pavillon à la façade en verre, construit à l'occasion du bicentenaire des États-Unis (1976), conserve jalousement la révérée **cloche de la Liberté**★★★ (Liberty Bell). Fondue à Londres, elle dut être refondue peu après son arrivée à Philadelphie en raison de l'apparition d'une fêlure. Accrochée au beffroi d'Independence Hall en 1753, elle y demeura pendant près de 100 ans. La cloche, sur laquelle est gravé l'un des versets du Lévitique (livre de l'Ancien Testament) prônant « la liberté dans tout le pays pour tous ses habitants », annonça la première lecture publique de la déclaration d'Indépendance, le 8 juillet 1776. Au 19e s., les anti-esclavagistes la surnommèrent « Liberty Bell ». Elle représente aujourd'hui le symbole national de la liberté.

★★ Independence Hall A2

520 Chestnut St., entre 5th St. et 6th St.

Inscrit au patrimoine mondial de l'Unesco, le bâtiment en brique de style georgien et surmonté d'un dôme (1756) fut, à l'origine, le siège du gouvernement de Pennsylvanie. En mai 1775, les délégués du second Congrès continental se réunirent dans la salle des séances (Assembly Room) pour convenir

Quand la colonie se rebiffe

Dès le milieu du 17e s., Suédois, Britanniques et Hollandais s'établissent le long des rives du Delaware. La lutte pour le contrôle de la vallée du Delaware se conclut par le triomphe des Britanniques. En 1681, **William Penn**, fils de l'amiral britannique Sir William Penn, commence sa « croisade » dans le Nouveau Monde. Fuyant la persécution religieuse en Angleterre, Penn établit une colonie quaker pacifique sur une bande de terre délimitée par le Delaware et la Schuylkill, judicieuse situation entre deux grandes voies d'eau. La colonie prospère attire quakers et immigrants européens en quête de tolérance. La ville qu'il dessine selon un plan quadrillé servira de modèle dans tout le pays. Dès 1700, elle est, après Boston, la colonie la plus peuplée, le principal centre économique du pays et l'un de ses grands ports.

CREUSET DE L'INDÉPENDANCE

À la fin du 18e s., la volonté d'indépendance de certaines colonies s'affirme face au gouvernement britannique fortement contesté. Sa densité et sa prospérité font de Philadelphie le lieu naturel du premier **Congrès continental** (1774), où sont abordées les relations tendues entre le Nouveau et le Vieux Monde. Deux ans plus tard, le second Congrès continental scelle la séparation avec la Grande-Bretagne. Pendant la dernière décennie du 18e s., Philadelphie sert de capitale aux États-Unis, avant que le siège du gouvernement soit transféré à Washington en 1800, après une courte parenthèse à Annapolis. La révolution industrielle contribue à la prospérité économique de la ville, où les immigrants ne cessent d'affluer.

LA 6e MÉTROPOLE DU PAYS

La cité connaît un développement harmonieux jusqu'à la fin de la Seconde Guerre mondiale, période à partir de laquelle elle doit faire face, jusqu'à la fin des années 1980, à de graves difficultés économiques. Les années 1990 marquent la renaissance de la « cité de l'amour fraternel » et la revitalisation du centre-ville. Aujourd'hui, l'économie de la sixième ville des États-Unis repose sur les industries de la santé et les services.

Centre culturel et artistique de premier ordre, Philadelphie compte trois grandes universités (Pennsylvania, Drexel et Temple). C'est une ville où l'on aime aussi le sport, célébré à travers les équipes locales des Sixers (basket), des Eagles (football), des Flyers (hockey sur glace) et des Phillies (baseball).

Depuis sa position privilégiée au-dessus de l'hôtel de ville, William Penn semble contempler son enfant et dire inlassablement, comme il le fit en une occasion : « Et toi, Philadelphie… que d'amour, que d'attention, que de labeur il a fallu pour que tu voies le jour ! »

UN CITOYEN SANS ÉGAL

Quinzième enfant d'un fabricant de savon britannique émigré à Boston au début du 18e s., **Benjamin Franklin** (1706-1790) fréquente l'école pendant deux ans avant d'être placé comme apprenti imprimeur chez son frère James en 1718. À 17 ans, il part pour Philadelphie, où il crée avec succès sa propre imprimerie. Pour donner cours à sa soif créatrice, il publie en 1732, sous le pseudonyme de Richard Saunders, *Poor Richard's Almanach (L'Almanach du pauvre Richard)*, « sermons » destinés à instruire le peuple. Devenu un personnage influent de Philadelphie, il participe à la fondation d'institutions, tels la Library Company of Philadelphia, l'hôpital de Pennsylvanie ou l'Académie de Philadelphie, ancêtre de l'université de Pennsylvanie. Parallèlement, Franklin se passionne pour la science et ses expériences dans le domaine de l'électricité le rendent célèbre en Europe. Élu à l'Assemblée de Pennsylvanie en 1747, il consacre la majeure partie de son temps à la politique et au combat pour l'indépendance. Si les États-Unis révèrent Benjamin Franklin comme l'un de leurs pères fondateurs, les habitants de Philadelphie évoquent avec fierté ce « citoyen sans égal ».

de la réponse que les colonies devaient apporter à l'hostilité croissante des Britanniques. La nomination de George Washington comme commandant en chef de l'armée continentale à la fin de l'été fut considérée par le roi George III comme un acte de rébellion ouverte. Le 4 juillet 1776, la déclaration d'Indépendance fut adoptée à l'unanimité : le signal de la guerre d'Indépendance était donné. La première lecture publique de la déclaration se déroula dans **Independence Square**, le 8 juillet 1776. En 1781, alors que la sécession semblait imminente, Independence Hall servit de cadre à la promulgation des articles de la Confédération. Six ans plus tard, la Convention constitutionnelle nomma un nouveau gouvernement et, le 17 septembre 1787, ratifia la Constitution. Aujourd'hui, le bâtiment a retrouvé son aspect initial et la plupart de ses boiseries originelles.

De part et d'autre du bâtiment se trouvent **Congress Hall** (côté ouest), lieu de réunion de la Chambre des représentants et du Sénat de la jeune nation américaine (1790-1800), et **Old City Hall★** (côté est) où la Cour suprême siégea de 1791 à 1800.

American Philosophical Society (N) – *104 S. 5th St. - ✆ 215 440 3440 - www.amphil soc.org - mar.-dim. 10h-16h (17h en été), fermé déc.-mi-avr. - entrée libre.* Les membres de cette institution fondée par Benjamin Franklin en 1743 se réunissent encore de nos jours. Elle accueille des expositions temporaires sur l'histoire.

Library Hall – *105 S. 5th St. - ✆ 215 440 3400 - www.amphilsoc.org - lun.-vend. 9h-16h30 - entrée libre.* Également fondée par Benjamin Franklin, cette bibliothèque est en quelque sorte l'ancêtre de la Library of Congress. Elle compte plus de 350 000 volumes et périodiques, 11 millions de manuscrits, 250 000 images, une quantité incalculable d'originaux, dont une bonne partie sont consultables en ligne.

★ Portrait Gallery in the Second Bank of the United States A2

420 Chestnut St. - www.nps.gov - tlj mai-sept. 11h-17h, horaires restreints le reste de l'année (voir le site Internet).

Ce bâtiment aux colonnes en marbre (1818, William Strickland) est un superbe exemple d'architecture néogrecque. Ouverte en 1824, la banque fut l'une des plus puissantes institutions financières au monde jusqu'à ce

SE RESTAURER

Amada................ 17

The City Tavern................ 5

Fork................ 2

Pizzeria Stella................ 3

Zahav................ 16

que le président Andrew Jackson en abroge les statuts (1832). Le lieu abrite aujourd'hui une collection de portraits des principaux personnages historiques des États-Unis.

Carpenters'Hall A2

320 Chestnut St. - www.carpentershall.com - mar.-dim. 10h-16h - fermé mar. en janv.-fév.

De style georgien, cet édifice tout en briques rouges et moulures blanches (1770) appartient depuis sa construction à la guilde des charpentiers de Philadelphie. En 1774, les 56 délégués des treize colonies, révoltés contre les « lois intolérables » promulguées par la Grande-Bretagne, s'y retrouvèrent pour la première fois afin de décider de l'attitude à adopter. On y découvre aujourd'hui une exposition d'objets ayant trait à la période (papiers, mobilier, tableaux, drapeaux, etc.).

★★ Museum of the American Revolution B2

1001 S. 3rd St. - ✆ 215 253 6731 - www.amrevmuseum.org - 10h-17h - 25 $ sans réserv. ou 19 $ avec créneau horaire réservé, possibilité de billet combiné avec le National Constitution Center - visites guidées thématiques, audioguide en anglais 5 $, brochure en français.

Consacré au conflit qui a conduit à la naissance des États-Unis d'Amérique, ce magnifique espace constitue une excellente introduction à cette page d'histoire fondatrice et à la découverte des sites qui lui sont liés. Il abrite une collection de pièces rarement ou jamais montrées auparavant : armes, papiers, objets variés, costumes et uniformes, tableaux, ainsi que la plus précieuse relique de la période, la **tente de campagne★★★** de George Washington. Celle-ci est « mise en scène » dans une salle à part et visible après la projection d'un film *(ttes les heures)*.

Le parcours chronologique, ponctué de films intéressants, immerge dans l'action le visiteur auquel sont expliqués les étapes du combat dans les colonies américaines à la fin du 18e s., les protagonistes, les interrogations et les contradictions – quelle place laisser aux femmes et aux esclaves dans une lutte qui met en avant la liberté ? Parmi les temps forts de la visite : le déboulonnage de la statue du roi George III à New York en 1776, la bataille de Brandywine (*p. 163*) comme si vous y étiez, la reproduction grandeur nature de l'Arbre de la Liberté *(Liberty Tree)* de Boston, autour duquel se réunissaient les « fils et filles de la Liberté ».

★ Franklin Court A2

Entrée sur Market St. ou Chestnut St., entre 3rd St. et 4th St. - 5 $.

Éminent citoyen de Philadelphie, Benjamin Franklin fit édifier ici une maison pour sa famille, vers 1760. Détruite, la résidence a été recréée autour d'une structure en acier. Sur le site, le **Benjamin Franklin Museum★** abrite une intelligente exposition autour de la vie et l'œuvre de ce personnage hors du commun. Le **Printing Office** reflète l'importance de la presse et de la diffusion des nouvelles, que notre homme avait été l'un des premiers à soutenir. L'imprimerie qu'il construisit pour son petit-fils, Benjamin Franklin Bache, imprimeur et directeur de journal, est reconstituée *(démonstration des instruments plusieurs fois par jour)*.

À l'extrémité nord de Franklin Court, les **Market Street Houses**, reproductions des maisons à louer que Benjamin Franklin fit bâtir dans les années 1780, restituent l'imprimerie et l'atelier de reliure sous leur forme originelle.

D'autres sites, qui ne font pas à proprement parler partie du parc historique, se trouvent cependant à sa lisière et peuvent se visiter dans la foulée.

★ National Museum of American Jewish History (S) A2

101 S. Independence Mall - ✆ 215 823 3811 - www.nmajh.org - mar.-vend. 10h-17h, sam.-dim. 10h-17h30, fermé lors des fêtes juives - 15 $.

Parmi les derniers-nés de Philadelphie, ce musée présente derrière sa grande façade de verre l'histoire de la communauté juive des États-Unis. Le parcours chronologique commence au dernier étage, où le visiteur est invité à un voyage dans le temps interactif, vivant et « incarné », puisque toutes ses étapes ou presque sont évoquées à travers des histoires vraies. À la grande Histoire se superposent donc des dizaines de destins personnels, l'occasion d'évoquer aussi la vie quotidienne et les traditions de cette communauté multiforme. La visite s'achève au rdc dans le **Hall of Fame** où figurent les portraits de juifs américains célèbres, parmi lesquels la femme politique Golda Meir, la chanteuse Barbra Streisand, le cinéaste Steven Spielberg, l'écrivain Isaac B. Singer.

★ Philadelphia History Museum A2

15 S. 7th St. - ✆ 215 685 4830 - www.philadelphiahistory.org - fermé jusqu'à nouvel ordre.

Récemment réaménagé, le musée d'histoire de Philadelphie est installé dans un bâtiment (1826) occupé à l'origine par le Benjamin Franklin Institute. Il a été conçu par l'architecte John Haviland, à qui l'on doit aussi Eastern State Penitentiary (*p. 151*). On retrouve des points communs dans les deux constructions, à commencer par les arches qui soutiennent les plafonds. Excellente introduction à l'histoire et à l'esprit de Philadelphie, ce petit musée s'organise sur deux niveaux.

Au premier, **City Stories** présente une histoire chronologique de la ville selon trois niveaux de lecture, grâce à des tableaux, des objets significatifs et des textes. Sur des écrans vidéo, des Philadelphiens parlent de leur ville. Plus loin, une gigantesque carte de Philadelphie occupe le sol d'une pièce entière.

Au 2e niveau, des expositions temporaires présentent les savoir-faire et les traditions de Philadelphie, ainsi que deux salles où sont réunis des objets liés à l'histoire de la cité, toutes périodes confondues : Philly, chien empaillé et ancienne mascotte d'un régiment ayant servi pendant la Première Guerre mondiale, voisine avec le bureau de George Washington, un verre ayant appartenu à B. Franklin, la ceinture donnée en 1682 par les Indiens Lenape à Penn, etc.

★★ OLD CITY Plan I (p. 136)

www.oldcitydistrict.com

Cœur du premier lieu d'installation de William Penn, ce quartier qui s'étend entre Florist St. au nord, Walnut St. au sud, 6th St. à l'ouest et le fleuve Delaware à l'est, a connu une spectaculaire renaissance. Son renouveau contraste avec la décrépitude qu'il connaissait il y a quelques décennies encore. Restaurants branchés et bâtiments historiques restaurés – accueillant troupes théâtrales, ateliers d'artistes et galeries d'art – jalonnent désormais le quartier qui compte aussi un certain nombre de boutiques originales et de restaurants très sympathiques.

Free Quaker Meeting House A2– *Angle 5th St. et Arch St.* Construite en 1783, elle témoigne de la forte présence quaker aux premiers temps de Philadelphie.

Bon à savoir – Le premier vendredi de chaque mois, les galeries, salles d'exposition et théâtres du quartier organisent une nocturne de 17h à 21h.

Elfreth's Alley.
miralex/iStock

★★ National Constitution Center A2

525 Arch St. - ✆ 215 409 6600 - constitutioncenter.org - lun.-vend. 9h30-17h, sam. 9h30-18h, dim. 12h-17h - 14,50 $.

Bien intégré dans son environnement, cet édifice ultramoderne abrite un centre unique en son genre. Il est consacré à la **Constitution américaine**, ratifiée dans Independence Hall en 1787 et appliquée deux ans plus tard. C'est le musée de « We the People », première phrase du texte de la Constitution, un document qui revêt aujourd'hui encore une importance considérable aux yeux des citoyens américains. Les différentes salles foisonnent de vidéos, de questionnaires interactifs et de souvenirs intéressants. Vous pourrez ainsi tester vos connaissances en histoire américaine et voir plusieurs objets emblématiques : le feutre du président Roosevelt, la robe du juge O'Connor, première femme à être entrée à la Cour suprême en 1981, une impression de la Constitution parue dans un journal local voilà plus de deux siècles, etc.

3

United States Mint (Monnaie des États-Unis) A2

151 N. Independence Mall E. - ✆ 215 408 0112 - www.usmint.gov - lun.-vend. 9h-16h30 - entrée libre - audioguide et excellente brochure en anglais - pièce d'identité requise à l'entrée.

Le premier hôtel de la Monnaie américain fut créé à Philadelphie en 1792. Après trois déménagements, il a été logé en 1969 dans le bâtiment que l'on visite aujourd'hui, considéré comme le plus grand du monde en son genre. C'est l'occasion de découvrir les secrets de fabrication des pièces de monnaie, dont on suit le processus depuis une passerelle à une douzaine de mètres au-dessus de la chaîne de travail ; la minutie des opérations n'empêche pas l'installation de produire un million de pièces toutes les 30mn ! Regardez la première presse américaine (1792) et faites la connaissance de Peter, un aigle chauve qui avait élu domicile dans le bâtiment d'origine. Ne manquez pas d'admirer les mosaïques de verre créées par Tiffany (1901) pour l'inauguration du troisième édifice et réinstallées ici. Elles illustrent la fabrication des pièces dans la Rome antique.

★ Christ Church B2

2nd St., au nord de Market St. - ☏ 215 922 1695 - www.christchurchphila.org - lun.-sam. 9h-17h, dim. 12h30-17h - entrée libre.

À l'origine simple chapelle anglicane (1695), l'église du Christ est un superbe édifice de style georgien (1754), surmonté d'une tour. La congrégation royaliste à laquelle était rattachée l'église changea de camp après que George Washington et quinze des signataires de la déclaration d'Indépendance y eurent rempli leurs devoirs religieux. Elle est considérée comme une sorte d'« église de la Nation ». William Penn fut baptisé (en Angleterre) dans les **fonts baptismaux** situés au fond de l'église.

Christ Church Burial Ground – *Angle N. 5th St. et Arch St. - mars-déc., si le temps le permet, lun.-sam. 10h-16h, dim. 12h30-16h, fermé déc.-fév.* À quelques blocs de l'église, le cimetière recèle notamment la tombe de Benjamin Franklin, mais aussi celles de plusieurs héros des guerres révolutionnaires et de signataires de la déclaration d'Indépendance.

★ Elfreth's Alley B2

Entre N. 2nd St. et Front St.

Nommée en hommage à son ancien propriétaire, le forgeron Jeremiah Elfreth, cette ruelle pleine de charme date du début du 18e s. Certaines maisons remontent à 1725 et les artisans d'autrefois ont laissé la place à des citadins privilégiés qui s'enorgueillissent de vivre dans la rue « la plus anciennement habitée de manière continue du pays ».

Elfreth's Alley Museum – *N° 126 - ☏ 215 574 0560 - www.elfrethsalley.org - horaires variables, consultez le site Internet - 8 $.* Installé dans la maison d'un tailleur, le musée évoque la vie quotidienne à l'époque coloniale.

Betsy Ross House B2

239 Arch St. - ☏ 215 629 4026 - historicphiladelphia.org - 10h-17h - 5 $.

Cette maison en brique fut celle de la couturière quaker Betsy Ross (1752-1836), à laquelle on attribue la confection de la première bannière étoilée. Son logement et son atelier ont été conservés. L'endroit accueille des expositions temporaires à caractère historique et organise des activités qui séduiront petits et grands (projection de films, ateliers de cuisine, etc.).

Fireman's Hall Museum (Musée du Pompier) B2

142 N. 2nd St. - ☏ 215 408 0114 - mar.-sam. 9h-16h (21h le 1er vend. du mois) - entrée libre.

SOUTH PHILLY

Ce quartier de Philadelphie a longtemps agi comme un aimant sur les immigrants, notamment italiens. Ceux-ci ont profondément marqué la culture de South Philly. Aujourd'hui, l'essentiel de l'animation est assurée par le bruyant **Italian Market** *(9th St., entre Christian St. et Wharton St. - bus 47 depuis Washington Square - italianmarketphilly.org - fermé lun.).* Les gourmets viennent s'approvisionner parmi un vaste choix de produits frais, dont beaucoup proviennent d'Italie. On peut aussi y prendre un excellent repas, sur le pouce ou plus élaboré.

Mummers Museum – *1100 S. 2nd St./Washington Ave - bus 57 (3rd & Market St.) - ☏ 215 336 3050 - mummersmuseum.com - merc.-sam. 9h30-16h - 5 $.* Il abrite les costumes pailletés portés à l'occasion de la parade annuelle des Mummers *(1er janvier)*, défilé de mimes importés par les colons suédois au 17e s.

Installé dans une caserne de pompiers (1902), ce musée évoque la manière dont les hommes ont lutté contre le feu, terreur des villes en bois des temps passés. On y découvre costumes, engins, outils, photos, etc. C'est le plus ancien musée américain de ce type.

★ PENN'S LANDING ET SOCIETY HILL Plan I (p. 136)

En bordure du Delaware, juste à l'est du noyau historique, s'étend **Penn's Landing** où William Penn et les premiers colons se réfugièrent dans des grottes creusées à même les falaises. Le plan d'eau entre Vine Street et South Street a été converti en parc de loisirs, avec pistes de jogging, patinoire, amphithéâtre et musée du port maritime. Dominant l'extrémité nord, le **pont Benjamin Franklin** franchit le Delaware, tandis que restaurants branchés et boîtes de nuit de South Street caractérisent l'extrémité sud.

Construites durant les années turbulentes qui précédèrent l'Indépendance, églises et demeures du 18e s. ornent avec grâce **Society Hill**, quartier contigu

SE LOGER
- Cambria Dowtown Center City ... 9
- Club Quarters ... 2
- La Reserve Center City B&B ... 4
- Loews Philadelphie ... 7
- Rodeway Inn ... 5
- The Independent ... 6
- The Logan ... 8

SE RESTAURER
- Dim Sum Garden ... 9
- Harper's Garden ... 7
- McGillins ... 1
- Rangoon ... 10
- Real Food Eatery ... 6
- Rouge ... 12
- Sampan ... 13
- Sang Kee ... 11
- Strangelove's ... 4
- The Love ... 15
- The Rooster ... 8

à Penn's Landing et délimité par Independence Hall et Lombard Street. Restaurées, certaines des plus belles églises de la ville sont concentrées dans Society Hill. Parmi elles, **St Peter's** *(313 Pine St.)* date de 1761, **Old St Mary's** *(252 S. 4th St.)* fut édifiée en 1763 et **Gloria Dei Church/Old Swedes Church★** *(angle Columbus Blvd et Christian St.)*, la plus ancienne église de Philadelphie, a été fondée vers 1700 par des luthériens d'origine suédoise.

★ Independence Seaport Museum B3

211 S. Columbus Blvd (accès piétonnier via le pont de Walnut St.) - ✆ 215 413 8655 - www.phillyseaport.org - 10h-17h (20h jeu.-sam. en été), fermé lun. janv.-mars - 17 $ (8 $ après 17h en été)- plusieurs possibilités de visite guidée.

Ce vaste musée installé en bordure du Delaware propose des expositions temporaires, liées aux thèmes de la marine, du commerce, de l'immigration, autant de domaines qui assurèrent le développement du port. Deux vaisseaux *(United States Ship)* historiques sont ancrés à proximité et peuvent être visités : l'**USS Olympia★**, croiseur de l'amiral Dewey (1892), le plus ancien navire de guerre en acier encore flottant et le seul survivant de la guerre hispano-américaine (1898), et l'**USS Becuna**, sous-marin de la Seconde Guerre mondiale. Depuis 2016, on visite le **schooner Diligence**, une goélette de la fin du 18e s., longue de 31 m, reconstituée par des bénévoles et présentée en intérieur dans le cadre d'une exposition sur la révolution américaine face à la piraterie.

★ Hill-Physick House A3

321 S. 4th St. - ✆ 215 925 7866 - www.philalandmarks.org - voir le calendrier des jours d'ouverture et de fermeture sur le site Internet - visite guidée seult - 8 $.

Achetée en 1815 par le « père de la chirurgie américaine », le docteur Philip Syng Physick, cette imposante demeure (1786) fut occupée par la famille Physick jusqu'en 1940, avant d'être léguée à l'hôpital de Pennsylvanie. Dans les années 1960, Walter et Leonore Annenberg, célèbres philanthropes, achetèrent la propriété et en firent un modèle du style fédéral. Le beau mobilier d'époque illustre la vie de la grande bourgeoisie autrefois.

Pennsylvania Hospital – *800 Spruce St. - www.uphs.upenn.edu/paharc - lun.-vend. 10h-16h - entrée libre.* Le docteur Physick travailla et enseigna dans cet établissement tout proche de sa maison, fondé en 1751 par Benjamin Franklin et le docteur Bond. On visite l'amphithéâtre où il dispensait ses cours, mais on peut aussi se contenter d'admirer de l'extérieur ces bâtiments en brique rouge considérés comme l'un des meilleurs exemples du style colonial du pays.

South Street AB3

Délimitant la partie sud de Society Hill, cette rue branchée est un haut lieu de la contre-culture depuis les années 1960. Les blocs compris entre le front de mer et 10th Street sont bordés d'une kyrielle de magasins, restaurants et clubs.

★ **Magic Gardens** – *1020 South St. - ✆ 215 733 0390 - phillymagicgardens.org - merc.-lun. 11h-18h - 10 $ - visite guidée sam.-dim. à 14h, brochure en français et jeux pour les enfants.* Œuvre de l'artiste philadelphien **Isaiah Zagar** (1939-), connu pour ses mosaïques, ce jardin labyrinthique est tapissé d'éclats de verre, de miroirs, de porcelaine, où l'on s'émerveille à découvrir sirènes, animaux et messages poétiques. Les rues voisines comptent aussi des panneaux de mosaïques repérés sur un plan fourni à l'entrée.

★★ CENTER CITY Plan II (p. 141)

Délimité sur son axe nord-sud par Vine Street et Pine Street, ce secteur historique constitue le principal quartier commerçant de Philadelphie depuis les

City Hall (hôtel de ville).
J. Fuste Raga/age fotostock

années 1870, époque où fut bâti l'actuel hôtel de ville. Près d'un siècle plus tard, le quartier fit l'objet de nouvelles constructions destinées à redynamiser un secteur en plein déclin.

★ City Hall (Hôtel de ville) B2

1401 John F. Kennedy Blvd, entre 15th St. et 13th St. - ✆ 215 686 2840 - lun.-vend. 9h-17h - pour les pièces intérieures, visite guidée seult (à 12h30) - entrée libre.

3

Cœur du centre-ville, cet édifice de style Second Empire est le plus grand bâtiment municipal des États-Unis. Composé de près de 700 pièces, il fut dessiné par l'architecte John McArthur. À son achèvement en 1901, l'énorme immeuble aux épais murs de soutènement parut obsolète et son existence même fut remise en cause. Seul le coût exorbitant d'une éventuelle démolition le sauva. Le City Hall demeure le « palais d'honneur » de Philadelphie. Sa tour (167 m) est couronnée d'une gigantesque statue de William Penn, le fondateur de Philadelphie – songez qu'une mèche de ses cheveux mesure près de 40 cm ! Au pied de la statue, un **pont d'observation** *(lun.-vend. 9h30-16h15 - 8 $)* offre une vue panoramique de la ville. Parmi les pièces les plus remarquables du bâtiment : **Mayor's Reception Room** aux lambris en acajou et **Conversation Hall** au plafond couvert de feuilles d'aluminium.

★ Reading Terminal Market B2

N. 12th St. et Arch St. - readingterminalmarket.org - 8h-18h.

Achevé en 1893, le marché couvert fut longtemps le principal lieu d'approvisionnement des habitants de la ville, abritant jusqu'à 350 détaillants, avant de connaître une période de déclin dans les années 1970. Il a retrouvé sa splendeur et son activité en 1993, lorsque le **Pennsylvania Convention Center** *(1001 Arch St.)* fut construit tout en préservant les locaux historiques du marché alimentaire. Les Amish viennent, excepté le dimanche, vendre là leurs produits (fromages réputés) ; c'est l'endroit parfait pour faire une pause déjeuner et rapporter des « souvenirs gourmands ».

Chinatown s'étend au nord-est du Convention Center *(Nos adresses)*.

Peindre à ciel ouvert

New York, capitale des *murals* ? On l'ignore trop souvent mais c'est à Philadelphie que revient ce titre. Depuis 1984, la ville a vu naître dans le cadre du **Mural Arts Program** plus de **3 000 peintures murales** qui font désormais partie du paysage urbain et font de Philadelphie la plus grande galerie d'art à ciel ouvert au monde.

MARRE DES GRAFFITIS ?

Nous sommes en 1984. La ville en crise est la proie des graffitis. Toujours plus envahissants, ils frappent indistinctement monuments prestigieux et murs à l'abandon. En réaction, la municipalité propose à l'artiste **Jane Golden** de piloter un programme destiné à réfléchir avec les graffeurs aux possibilités d'intervenir dans la ville. Il s'agit de les amener à une démarche positive dans le cadre de laquelle ils puissent à la fois s'exprimer et apporter une plus value à l'espace urbain. L'idée – qui laisse sceptique les adeptes du graffiti sauvage, gage absolu de sa liberté et donc de sa qualité esthétique –, a porté ses fruits et connaît des prolongements au sein des programmes d'aide sociale puisque les membres du Mural Arts Program effectuent aussi des formations en prison. Ils apprennent aux détenus un métier lié à la peinture ou à la maçonnerie qu'ils pourront exercer à leur libération.

DES MURS ORGANISÉS

Les peintures murales visibles à Philadelphie ne sont pas toutes l'œuvre de « jeunes délinquants » rentrés dans le droit chemin. Beaucoup ont été réalisées par des artistes invités, parfois non rémunérés, et toujours grâce à des fonds collectés auprès du public pour l'achat du matériel. Toutes ces peintures sont fragiles, d'abord parce qu'elles sont exposées aux éléments mais aussi parce qu'elles sont souvent peintes sur des murs appartenant à des particuliers. Elles peuvent donc disparaître au fil des constructions et des démolitions. Ce qui ne les rend que plus attachantes.

COMMENT LES VOIR ?

Les *murals* sont disséminés à travers la ville, à l'occasion dans des quartiers peu fréquentables, censés se gentrifier sous l'action des artistes… Toutefois, en marchant dans le centre, on peut déjà prendre la mesure des chantiers accomplis. Le **Mural Mile** passe devant dix-sept *murals (départ S. 7th St./ Chestnut St. - arrivée S. 6th St./South St. - comptez une bonne heure)* : peinte par David Guinn sur le mur d'un refuge pour animaux, **Gimme Shelter** (2004 - *1236 Lombard St.*) a pu être financée grâce aux fonds versés par les propriétaires de chiens et de chats souhaitant y voir figurer leur fidèle compagnon ; **Mural at Dirty Franks** de David McShane (2001 - *345 S. 13th St.*), sur le mur du bar éponyme, figure plusieurs Frank célèbres qu'on s'amuse à reconnaître (Zappa, Sinatra, Delano Roosevelt, etc.) ; **Philadelphia Muses** de Meg Seligman (1999 - *1235 Locust St.*) s'attache à montrer des personnalités qui ont compté dans l'histoire de la ville. La plus grande fresque se trouve sur le chemin de l'aéroport : **How Philly Moves** (« Comment Philly bouge ») de JJ Tziou (2011) couvre environ 7 900 m^2 le long des parkings *(sur la gauche en arrivant de la ville)* et a été conçue pour être vue d'un véhicule roulant idéalement à 55 miles/h (90 km/h).

Rens. : www.muralarts.org. *Nos adresses, Visites.*

★ Masonic Temple B2

1 N. Broad St., au nord du City Hall - ✆ 215 988 1900 - pamasonictemple.org - visite guidée seult - mar.-sam. 10h, 11h, 13h, 14h, 15h - 15 $.

Considéré comme l'un des plus beaux temples francs-maçons des États-Unis – c'est aussi l'un des plus grands du monde –, ce bâtiment en granit de style normand, orné de flèches et de tours, a été conçu par le frère James Windrim. La décoration intérieure, extrêmement diversifiée, s'inspire des emblèmes des différentes loges. Au niveau supérieur, un petit musée présente une intéressante série de documents et d'objets, dont l'un des deux tabliers maçonniques de frère George Washington. Cet objet chargé de symboles (le rouge pour le courage, le sang, la vie ; le bleu pour l'éternité, la fidélité, l'immortalité ; le blanc pour la pureté et l'innocence ; l'œil pour la vigilance et l'Être suprême ; la ruche pour le caractère industrieux, etc.) est un symbole en soi dans la franc-maçonnerie : inspiré de celui du tailleur de pierre, il rappelle que le franc-maçon doit fuir l'oisiveté et mener une vie active.

★ Pennsylvania Academy of the Fine Arts B1-2

118-218 N. Broad St. - ✆ 215 972 7600 - www.pafa.org - mar.-sam. 10h-17h, dim. 11h-17h - visite guidée de la collection permanente merc., vend., sam. 13h et 14h - 15 $.

Plus ancien musée et première école d'art des États-Unis, l'académie fut fondée en 1805 par le peintre Charles Willson Peale et le sculpteur William Rush sur le modèle de l'académie des Beaux-Arts de Londres. Les collections et les expositions temporaires, qui couvrent de façon chronologique plus de trois siècles d'art américain, sont présentées dans deux bâtiments distincts.

Le **bâtiment principal** *(entrée)* est un édifice victorien en brique et pierre calcaire (1876, Frank Furness et George Hewitt) en tout point remarquable. On y découvre des œuvres du 18e s. à la première moitié du 20e s. Au fil des accrochages, qui changent plusieurs fois dans l'année, on peut y voir des toiles de **Mary Cassatt**, très inspirée par les impressionnistes français, **John Singer Sargent**, immense portraitiste, **Winslow Homer**, surtout connu pour ses marines, et bien d'autres dont les noms sont moins célèbres hors de leur pays. Certaines œuvres, du fait de leurs dimensions et de leur portée, sont toujours visibles comme *Penn's Treaty with the Indians*★ de **Benjamin West** (1772), évocation de la rencontre légendaire de William Penn et des Indiens lenape, ou encore le grand portrait de George Washington par **Gilbert Stuart**, dit *Lansdowne Portrait*★★ (1796).

Le **Samuel M. V. Hamilton Building** (2006) voisin, doté de larges baies vitrées et de vastes espaces d'exposition, est quant à lui consacré à l'art depuis les années 1950 et à la sculpture. Le premier niveau accueille des expositions temporaires, le second, selon le même principe d'accrochages tournants, des œuvres d'artistes comme **Richard Diebenkorn** ou **Roy Lichtenstein**.

One Liberty Place – B2 - *1650 Market Pl.* Reconnaissable à sa pointe bleutée qui évoque le Chrysler Building de New York, ce gratte-ciel fut le premier édifice à s'élever plus haut que la statue de Penn couronnant l'hôtel de ville. Sa construction symbolisa en 1984-1987 la croissance nouvelle de la ville. Inauguré en 2016 au dernier étage du building, l'**Observation Deck** *(phillyfromthetop.com - 10h-21h printemps-été, 20h le reste de l'année - à partir de 14,50 $, prix variable selon l'heure de la journée)* fait profiter les visiteurs d'une **vue**★★ panoramique plongeante ; des tables d'orientation (en plusieurs langues) aident à reconnaître les monuments et racontent l'histoire de la ville.

Les salles de spectacles abondent le long de South Broad Street, dont l'**Academy of Music** (v. 1850), quartier d'hiver du Philadelphia Orchestra *(1420 Locust St. - ☏ 215 893 1935 - www.academyofmusic.org)*. Des magasins d'antiquités bordent **Antique Row** *(Pine St., entre S. 9th St. et S. 12th St. - www.antique-row.org)*, tandis que les espaces verts de **Rittenhouse Square**, l'un des parcs du plan tracé par William Penn, procurent une agréable détente, au cœur de l'animation du centre-ville.

★ Mütter Museum and Garden A2

19 S. 22nd St. - ☏ 215 560 8564 - muttermuseum.org - 10h-17h - 18 $ (16 $ lun.-mar.).
Médecin et chirurgien novateur, **Thomas Dent Mütter** (1811-1859) était également un collectionneur passionné. Il accumula au cours de sa vie toutes sortes de spécimens, moulages, squelettes et ouvrages relatifs à sa discipline, soit une collection de 1 700 pièces qu'il légua au College of Physicians, l'académie de médecine de la ville, avec l'idée d'ouvrir un musée. Inauguré en 1863 et installé dans ce bâtiment par la suite, l'établissement demeure le plus grand du pays dans son genre. Parmi ses trésors, on découvre le moulage du torse des siamois les plus célèbres du 19e s., Chang et Eng, lesquels eurent chacun une vie de famille et des enfants, résidant successivement chez l'un ou l'autre ; une incroyable collection de 139 crânes ou encore une partie du cerveau d'Albert Einstein. Certaines vitrines abritent des préparations anatomiques que les âmes sensibles éviteront de regarder…
Mitoyen du musée, le **jardin médicinal du Dr Rush** abrite une cinquantaine d'espèces de plantes.

★★★ BENJAMIN FRANKLIN PARKWAY Plan II AB1 (p. 141)

Conçue sur le modèle des Champs-Élysées, l'avenue relie l'hôtel de ville et le musée d'art de Philadelphie. Parsemée de monuments commémoratifs, dont la statue du patriote polonais **Tadeusz Kościuszko** (1977) et le **Soldiers and Sailors Monument** (1927), elle traverse Logan Circle *(à l'extrémité sud-est)*, où se dressent l'élégante **Swann Memorial Fountain** (fontaine du Cygne), du sculpteur américain Alexander Calder, et la **Free Library of Philadelphia** (bibliothèque de Philadelphie, 1927, Horace Trumbauer), dont les immeubles jumeaux *(à l'angle de 19th St. et de Vine St.)* évoquent ceux de la place de la Concorde.
Les musées qui s'y succèdent ont valu à l'artère d'être baptisée **Museum Row** (Allée des musées). Elle est ponctuée de 109 drapeaux de pays entretenant des relations avec la ville, disposés par ordre alphabétique à l'exception de cinq d'entre eux – celui d'Israël se trouve par exemple devant le musée de

History of Immigration, par Simon Huelsbeck.
Ch. Goupi/age fotostock

l'Holocauste. Celui de la France, heureuse coïncidence, se trouve devant le musée Rodin (*ci-après*).

★ Cathedral Basilica of Saints Peter and Paul B1

1723 Race St. (à la hauteur de N. 18th St.) - 215 561 1313 - cathedralphila.org - lun.-vend. 7h30-17h, sam. 9h-18h30, dim. 8h-19h30.

Principale église de l'archidiocèse de Philadelphie, la cathédrale de style Renaissance (1864) a été conçue sur le modèle de l'église San Carlo al Corso, à Rome. Elle renferme une superbe voûte en berceau et à caissons, formant un arc au-dessus du transept et de la nef, ainsi qu'un oculus peint par Constantino Brumidi. Son dôme en cuivre qui s'élève à l'intérieur à 47,5 m du sol est orné d'une représentation de l'Assomption de la Vierge.

★ Academy of Natural Sciences of Drexel University A1

1900 Benjamin Franklin Pkwy, sur Logan Circle - 215 299 1000 - www.ansp.org - lun.-vend. 10h-16h30, sam.-dim. et j. fériés 10h-17h - 19,95 $, réductions sur le site Internet.

3

Cette académie de sciences naturelles (1812) jouit d'une position prédominante en matière de recherche scientifique et abrite l'une des plus importantes collections du monde : 18 millions de spécimens, parmi lesquels 10 millions de coquillages et mollusques, 4 millions d'insectes, 1 million de fossiles, mais aussi des éléments rapportés par Meriwether Lewis et William Clark lors de leur expédition à travers les États-Unis (1804-1806), ou encore le premier dinosaure trouvé dans le pays… un trésor dont le visiteur ne voit en fait pas grand-chose. Le musée est cependant très actif et propose à ses visiteurs toutes sortes d'activités variant au fil de l'année.

Au premier niveau, le **Dinosaur Hall★** est une des sections les plus intéressantes : on y découvre différents squelettes et fossiles, on peut observer concrètement comment travaillent les paléontologues sur le terrain et dans leurs laboratoires, on est autorisé aussi à toucher des fossiles au **Fossil Prep Lab**… Les plus facétieux se font photographier devant la Time Machine qui fait défiler des dinosaures dans le paysage derrière eux. Plus loin, le conservatoire des papillons **Butterflies!** invite à passer un moment au milieu de gracieux lépidoptères.

Différents **dioramas** grandeur nature montrent dans leur milieu naturel des animaux originaires d'Amérique du Nord *(1er niveau)*, d'Asie et d'Afrique *(2e niveau)*. Au 3e niveau, dans la section **Outside Inn**, les plus jeunes ont l'occasion de voir au plus près et de toucher quelques animaux (jamais les mêmes) : lapins, tortues ou serpents.

★ Franklin Institute Science Museum A1

222 20th St. - ✆ 215 448 1200 - www.fi.edu - été 9h30-19h (17h le reste de l'année) - plusieurs formules à partir de 23 $.

Fondé en 1824 pour enseigner les disciplines scientifiques aux artisans et aux ouvriers, l'Institut Franklin réussit à faire de la science un divertissement. On accède au musée par le **Benjamin Franklin National Memorial**, surmonté d'un dôme et dominé par une immense statue du grand homme, particulièrement célébré à Philadelphie.

Les trois niveaux d'exposition abordent des sujets aussi variés que les **communications**, le transport, l'**informatique**, l'**espace**, les **phénomènes naturels**, la **géologie** ou encore le **corps humain**. Ne manquez pas de toucher le morceau de météorite tombée il y a 50 millions d'années en Arizona, âgée de 50 milliards d'années, estime-t-on, soit 500 millions d'années de plus que le Soleil… C'est le plus vieil objet connu au monde ! Autre réussite, la traversée d'un cœur géant reconstitué, équivalent à deux étages.

L'endroit compte aussi un **planétarium** et deux salles de **cinéma IMAX**, sans parler des expositions temporaires et des expériences comme les **Escape Rooms**, pièces où les joueurs enfermés doivent résoudre des énigmes et faire preuve de toute leur ingéniosité pour sortir. Bref, c'est un monde en soi. Vous n'y serez pas seul, loin de là, et si vous voyagez avec des enfants, il y a fort à parier que cette visite constituera un de leurs meilleurs souvenirs, tant ils trouveront à voir, à faire et, pour une fois, à toucher ! La boutique, on s'en doute, est une caverne d'Ali Baba pleine de tentations.

★★★ Barnes Foundation's Galleries and Arboretum A1

2025 Benjamin Franklin Pkwy - ✆ 215 278 7200 - www.barnesfoundation.org - merc.-lun. 11h-17h - audioguide en français et visites guidées sur réserv. - 25 $ (6-18 ans 10 $), 45 $ avec visite guidée en anglais.

Bon à savoir – La fondation met chaque jour en vente un nombre limité de billets aux guichets. Pour être sûr de pouvoir entrer, il est indispensable de réserver sur place ou à l'avance, sur le site Internet.

Jusqu'en 2012, il fallait se rendre à Merion, lointaine banlieue de Philadelphie, pour admirer les collections de la fondation Barnes, le plus grand ensemble de **peintures impressionnistes et postimpressionnistes★★★** jamais réuni par un particulier. Homme hors du commun à tous points de vue, **Albert C. Barnes** (1872-1951), né pauvre à Philadelphie, est devenu **médecin** puis millionnaire grâce à l'invention d'un produit antiseptique révolutionnaire. Le docteur Barnes était aussi un grand amateur d'art, un **collectionneur** bien conseillé, un **théoricien de l'art** et un pédagogue, estimant que tout homme a droit à l'éducation et à la connaissance des beaux-arts. À cette fin, il créa en 1922 une fondation portant son nom, puis un musée destiné à présenter sa collection à un public choisi – des ouvriers, des individus peu éduqués, des Afro-Américains. Ce n'est qu'après sa mort accidentelle que la demeure de Merion fut ouverte à tous, en respectant un quota restreint d'entrées, étant donné l'exiguïté des lieux.

En 2012, la collection a gagné un **nouvel écrin** – superbe bâtiment contemporain aux formes géométriques, conçu par les architectes Todd Williams et Billie Tsien – mais, tenu par les clauses du legs, **l'agencement est resté rigoureusement le même** : les œuvres sont présentées selon l'accrochage d'origine, orientation identique, même écartement entre les toiles, etc. Barnes avait privilégié les associations de formes et de couleurs, et non les regroupements par artiste ; les œuvres ne sont d'ailleurs pas identifiées afin que le visiteur puisse en profiter sans *a priori*.

Au fil de la vingtaine de salles réparties sur deux étages, on découvre ainsi **181 Renoir, 69 Cézanne, 59 Matisse, 46 Picasso, 21 Soutine, 18 Rousseau, 16 Modigliani**, artistes les mieux représentés, mais aussi des toiles de Rubens, Goya, Manet, Van Gogh, De Chirico, pour ne citer qu'eux, des objets africains (statuettes, textiles, etc.), des antiquités égyptiennes, grecques et romaines, du mobilier et des objets décoratifs qui ornaient la villa de Barnes.
La Famille de l'artiste (1896) et *Jeanne Durand-Ruel* (1876) de **Renoir**, *Les Joueurs de cartes* (1892) de **Cézanne**, *La Joie de vivre* (1906) et *L'Atelier aux poissons rouges* (1912) de **Matisse**, *L'Ascète* (1903) de Picasso, *Les Poseuses* (1888) de **Seurat**, *Le Facteur Roulin* (1889) de **Van Gogh,** *Nu couché de dos* (1917) de **Modigliani** font sans doute partie des tableaux les plus connus de la collection, mais il n'est évidemment pas possible de tout citer. Chacun appréciera les chefs-d'œuvre au hasard de ses déambulations, de son cœur et de son humeur, comme l'avait souhaité le docteur Barnes.

★ Rodin Museum A1

2154 Benjamin Franklin Pkwy (entre N. 21st et N. 22nd St.)- ✆ 215 763 8100 - www.rodinmuseum.org - merc.-lun. 10h-17h - donation suggérée 10 $ - audioguide en anglais inclus.

Bon à savoir – Une navette gratuite *(angle N. 22nd St.)* relie le musée Rodin au Philadelphia Museum of Art toutes les heures; si vous préférez marcher, les deux musées se trouvent à moins de 15mn l'un de l'autre. Il n'y a pas de cafétéria dans le musée.

Installé dans un bel édifice de style Beaux-Arts construit à la fin des années 1920 par l'architecte Paul Cret, ce musée abrite la plus importante collection d'œuvres d'**Auguste Rodin** (1840-1917) hors de France. Il est le fruit de la passion de Jules E. Mastbaum, entrepreneur et philantrope, grand admirateur du sculpteur français. Dans les jolis **jardins**, véritable havre de paix conçu par l'architecte et paysagiste français Jacques Gréber, et dans les quatre belles salles, on découvre une centaine de pièces bien mises en valeur et représentatives des différentes périodes du travail de celui qui est considéré comme le père de la sculpture moderne. Une des salles est consacrée à **Balzac**, personnalité qui fascinait Rodin, lequel réalisa une statue commémorative très mal accueillie lors de sa présentation (1898) – un exemplaire se dresse depuis 1939 à l'angle du boulevard Raspail et du boulevard du Montparnasse, à Paris. Ne manquez pas les célèbres **Portes de l'Enfer**, ni le classique **Penseur**, inspirés par *La Divine Comédie* de Dante, tout comme **Le Baiser**.

★★★ Philadelphia Museum of Art A1

2600 Benjamin Franklin Pkwy (angle N. 26th St.) - ✆ 215 763 8100 - www.philamuseum.org - mar.-dim. 10h-17h (bâtiment principal : merc. et vend. 20h45) - 20 $; 1er dim. du mois et merc. après 17h donation libre ; audioguide en anglais 5 $ - navette ttes les heures pour le musée Rodin.

Le musée est actuellement en travaux mais demeure ouvert ; certaines galeries peuvent être fermées au moment de votre passage.

À l'extrémité nord de Benjamin Franklin Parkway, ce majestueux bâtiment de style néo-grec (1928) héberge l'un des plus riches musées d'art des États-Unis, ouvert à l'occasion de l'Exposition universelle de 1876. Aujourd'hui, il abrite plus de 225 000 objets, répartis en quatre grands départements : Asie, Amérique, Europe et 20e s.
Bel édifice de style Art déco, le **Perelman Building**, extension ouverte en 2007 *(2525 Pennsylvania Ave - navette ttes les 15mn)*, présente les collections de photographies, dessins, costumes, ainsi que des expositions temporaires.

S'IL FALLAIT N'EN VOIR QUE DIX…

Le Philadelphia Museum of Art est plus particulièrement réputé pour ses **toiles impressionnistes**, ses **œuvres du 20e s.** (il conserve le plus grand nombre de Duchamp au monde), son fonds d'**art américain**, ses **reconstitutions d'intérieurs** de toutes les époques et les aires géographiques *(period rooms)*, qui mêlent harmonieusement mobilier, art décoratif et peintures, et pour sa **collection d'armes et armures**, la deuxième du pays. Nos dix chefs-d'œuvre préférés :

Thomas Eakins – *The Gross Clinic* (Gallery 111)
Paul Cézanne – *Les Grandes Baigneuses* (Gallery 157)
Vincent Van Gogh – *Tournesols* (Gallery 161)
Pablo Picasso – *Trois Musiciens* (Gallery 167)
Marcel Duchamp – *Le Grand Verre (La Mariée mise à nu par ses célibataires, même)* (Gallery 182)
Jan Van Eyck – *Saint François d'Assise recevant les stigmates* (Gallery 219)
Mandapa du temple de Madanagopalaswamy (Gallery 224)
Salle de réception du palais d'un noble chinois (Gallery 226)
Maison de thé Sunkaraku (Gallery 244)
Wilhelm von Worms l'Ancien – Armure d'homme et de cheval (Gallery 247)

Un hôte inattendu accueille les visiteurs en bas du **grand escalier** de 72 marches qui conduit au bâtiment principal : c'est la statue de **Rocky Balboa** (1980), boxeur de fiction incarné par Sylvester Stallone dans la célèbre saga (1976-2006). Une présence pas si inattendue que cela si l'on se souvient de la scène d'entraînement de Rocky qui s'achève, après un long footing à l'aube, en haut des marches. L'athlète aux poings levés se retourne vers Philly, prêt à conquérir le monde. L'escalier, symbole de persévérance, est devenu mythique depuis la prestation de Stallone, qui a offert la sculpture à la ville. Après de nombreuses discussions et contre l'avis des conservateurs, elle a finalement été placée au pied de l'escalier ! Vous n'êtes pas obligé pour autant de monter les marches en petites foulées…

Niveau inférieur – Ces espaces abritent des collections d'imprimés et de photographies ainsi que quelques salles d'art moderne et contemporain.

Niveau 1 – *Art américain (galleries 100-120), Art européen 1850-1900 (150-165), Art moderne et contemporain (166-187).* Des portraits de Copley, l'un des premiers peintres américains, aux poteries Rookwood, réalisées depuis 1880 dans la région de Cincinnati, les salles consacrées à l'**art américain★★★** sont d'une richesse exceptionnelle. Remarquez en particulier le mobilier et l'argenterie, souvent de fabrication locale, comme les meubles shaker (fin 18e s.) qui équipaient l'intérieur de ces colons rigoristes qui « tremblaient » *(to shake)* face à Dieu. Le portraitiste **Charles Willson Peale** est bien représenté, tout comme **Thomas Eakins**. L'auteur de **The Gross Clinic★★** (*La Clinique du Dr Gross*, 1876), qui figure le célèbre chirurgien de Philadelphie en plein action, choqua le public par le réalisme de son tableau. Le peintre s'est représenté dans l'angle inférieur droit. Autre œuvre intéressante, **The Annonciation★** d'**Henry Ossawa Tanner** (1898) montre Marie sous les traits d'une jeune Orientale. L'artiste, élève de Eakins, fut le premier Afro-Américain à étudier à l'académie des Beaux-Arts de Philadelphie mais, devant le peu d'avenir qui s'offrait à lui dans son pays, choisit de s'installer en France.

Carpeaux, Corot et les peintres de Barbizon, Degas, Monet, Seurat, Morisot, Vuillard, Bonnard, Braque, Delaunay, Léger…, les artistes français dominent la section d'**art européen**★★ et sont aussi nombreux dans les salles d'art moderne et contemporain. Citons plus particulièrement *Les Grandes Baigneuses* de **Cézanne** (1894-1905), magistrale réinterprétation du genre qui fait le lien entre classicisme et peinture moderne, les **Tournesols**★★ de **Van Gogh** (1890), nature morte qui figure dans une explosion de couleurs les fleurs aux différents stades de leur vie, **Trois Musiciens**★★★ de **Picasso** (1921), où l'artiste s'est représenté en compagnie de ses amis, les poètes Apollinaire et Max Jacob, les nombreuses œuvres de **Marcel Duchamp**, dont certaines comme **Le Grand Verre**★★★ (1915-1923) furent installées par l'artiste en personne. Ne manquez pas la salle où sont exposées les neuf toiles de la série *Fifty Days at Iliam* de **Cy Twombly** (1978, gallery 185), qui évoquent un épisode de la guerre de Troie dans le contexte du conflit au Vietnam.

Niveau 2 – *Art européen 1100-1500 (200-219) - Art asiatique (220-244) - Armes et armures (245-249) - Art européen 1500-1850 (251-298).* Les salles d'art européen jusqu'à la Renaissance présentent, entre autres, un ensemble exceptionnel de **détails architecturaux** provenant de monastères (Saint-Genix de Fontanes, Saint-Michel de Cuxa) ou de chapelles (vitraux de la Sainte-Chapelle), ainsi que des peintures et sculptures religieuses, dont un **diptyque**★★ de **Van der Weyden** (v. 1460) et **Saint François d'Assise recevant les stigmates**★ de **Van Eyck** (v. 1430), première représentation du sujet dans la peinture flamande, en rupture avec la tradition italienne. Les salles dévolues à la période suivante montrent plusieurs reconstitutions d'intérieurs flamands, anglais, français, italiens, aux côtés d'un superbe choix d'œuvres, de Pinturicchio à Titien, en passant par Rubens, Poussin, Vouet, Chardin, et une étonnante *Tête de Christ* de **Rembrandt** (v. 1656, gallery 262), découverte dans les réserves du musée il y a quelques années seulement.

Dans les salles d'art asiatique, ne manquez pas la reconstitution du mandapa (hall) du **temple de Madanagopalaswamy** dédié à Krishna, provenant de Madurai (v. 1550) ; la **salle de réception du palais d'un noble chinois**★★ à Pékin (première moitié du 17e s.), avec ses remarquables boiseries peintes ; l'exceptionnelle **maison de thé Sunkaraku**★★★ (v. 1917), autrefois à Tokyo, l'une des trois constructions de Ögi Rodö encore debout. Enfin, parmi les trésors des armes et armures, l'ensemble composé d'une **armure d'homme et de cheval** réalisée au début du 16e s. par Wilhelm von Worms l'Ancien, le plus célèbre des armuriers de Nuremberg de son temps, est sans doute l'un des plus anciens exemples du genre visible au monde.

3

À proximité

★★ Eastern State Penitentiary Plan II A1 (p. 141)

2027 Fairmount Ave - bus Septa 48, 43, 33, 32, 7, bus Phlash ou Big Bus - ✆ 215 236 3300 - www.easternstate.org - 10h-17h - 16 $, réductions sur le site Internet - excellent audioguide en anglais inclus - animations et visites guidées au fil de la journée.

Des visites guidées sont aussi organisées la nuit à la rencontre des fantômes qui hantent les lieux…

La visite de cette prison est intéressante à plus d'un titre. Ce monument de l'architecture du 19e s., miraculeusement préservé, se présente à nous comme le symbole d'une **sauvegarde patrimoniale réussie** autant qu'un passionnant témoignage sur l'histoire de la **théorie carcérale**.

Tout commence en 1787, lorsque le docteur Benjamin Rush fonde un groupe de réflexion sur la situation des prisons, pionnier en la matière. Philadelphie dispose alors d'un établissement pénitentiaire dans Chesnut Street où les

UNE VIE DE CHIEN
En 1924, Pep le chien rejoint les prisonniers sous le matricule 2559. Son crime ? Il est accusé d'avoir tué le chat de la femme du directeur. Espérons que sa présence a apporté un réconfort aux prisonniers, comme le souhaitait le directeur.

conditions d'enfermement sont particulièrement déplorables. Les prisonniers s'y côtoient sans distinction de sexe ni d'âge. En 1821, la municipalité approuve la construction d'un nouveau complexe, à plus de 3 km du centre-ville : l'Eastern State Penitentiary ouvrira ses portes huit ans plus tard.

La **prison modèle** aux allures de forteresse médiévale est conçue par l'architecte John Haviland selon un plan en rayon à partir d'une rotonde centrale. Elle peut détenir 250 prisonniers, qui disposent d'une cellule et d'une courette individuelles. Leur isolement n'est pas punitif mais doit les inciter à **« faire pénitence »**, à réfléchir sur leur crime. Ils se déplacent le visage couvert d'une capuche afin de ne pas être reconnus, ce qui favorisera leur réinsertion. Les peines ne sont jamais très longues, quelques années tout au plus. Le **modèle pennsylvanien** fait des émules et plus de trois cents prisons sont bientôt construites sur ce principe aux États-Unis et en Europe.

Cependant, l'isolement, très critiqué, est abandonné en 1913. L'augmentation de la population carcérale conduit à ajouter des cellules, voire un étage à certains bâtiments, et à enfermer plusieurs prisonniers par cellule. En 1923, les femmes sont déplacées dans une autre prison, et le pénitencier vétuste doit fermer ses portes en 1971, non sans avoir connu mutineries et tentatives d'évasion.

Depuis la réouverture partielle du site au public en 1991, on visite les cours, les couloirs, l'hôpital, les lieux de culte des différentes confessions, ainsi que quelques cellules remises en état – dont celle, très luxueuse, d'**Al Capone**, qui passa ici huit mois en 1929. Des photographies montrent la prison au fil des ans. On se prend à réfléchir à la relation entre système carcéral et criminalité, dans un pays où près de 1 individu sur 100 est en prison (taux le plus élevé au monde) et où 5,6 meurtres sont commis pour 100 000 habitants (à titre comparatif, le taux d'incarcération en France se situe autour de 1 pour 1 000 et le taux d'homicide volontaire aux alentours de 1,7).

★ FAIRMOUNT PARK Plan II A1 en dir. (p. 141)

Bordant le musée des Beaux-Arts, Fairmount Park (1855) est l'un des plus grands parcs urbains au monde (plus de 3 700 ha). Il s'étire le long de la Schuylkill River, en direction du nord-ouest, et englobe **Memorial Hall** *(angle 42nd St. et N. Concourse Dr.)* – un pavillon de style Beaux-Arts érigé à l'occasion de l'Exposition universelle de 1876 –, l'**Azalea Garden** (jardin des Azalées) *(sur Kelly Dr.)*, superbe au printemps, et le **Horticulture Center** *(angle N. Horticultural et Montgomery Dr.)* orné d'un pavillon japonais, **Pine Breeze Villa★**.

★ **Boat House Row** – *Kelly Dr., le long de la Schuylkill, au nord d'Azalea Garden - www.boathouserow.org.* Une succession de douze hangars à bateaux et de maisons du 19e s., joliment éclairés la nuit, réunit les clubs des amateurs d'aviron.

★ Philadelphia Zoo A1 en dir.

3400 W. Girard Ave - bus Septa 38, trolley 15, bus Phlash ou Big Bus - ☎ 215 243 100 - www.philadelphiazoo.org - mars-oct. 9h30-17h (16h le reste de l'année) - 25 $ - P 16 $.

Il se passe toujours quelque chose au zoo ! Presque toutes les demi-heures, les visiteurs sont autorisés à poser des questions aux gardiens des animaux et

Fairmount Park, avec le musée des Beaux-Arts en arrière-plan.
russellkord.com/age fotostock

assister à la distribution des repas. Le programme du jour est communiqué avec le billet d'entrée. Parmi les activités : promenades à dos de poney ou de chameau, manège, petit train, promenades en barque, voire en ballon, etc. Le parc zoologique de Philadelphie, aménagé sur le modèle d'un jardin d'agrément victorien, est le plus ancien zoo des États-Unis (1859). On peut observer plus de 1 300 animaux du monde entier. Ne manquez pas, en particulier, les panthères de l'Amour, qui appartiennent à une espèce hautement en danger et sont visibles dans la section **KeyBank Big Cat Fall**. Au **Rare Animal Conservation Center**, on en apprend plus sur les animaux qui nécessitent d'être protégés. La **PECO Primate Reserve**, qui abrite différentes espèces de singes, est aussi passionnante. Un nouvel espace est plus particulièrement dédié aux enfants, le **KidZooU**, où ils apprennent à mieux connaître grenouilles, chèvres, pigeons et autres animaux familiers.

★ Fairmount Park Houses A1 en dir.

215 683 8100 - parkcharms.com - horaires variables selon les saisons.
Au 18e et au début du 19e s., les habitants fortunés de Philadelphie se firent construire des maisons de campagne sur les falaises en surplomb de la Schuylkill River. Les sept demeures, ouvertes au public, constituent un remarquable témoignage sur l'architecture intérieure de l'époque. Citons la plus ancienne, **Cedar Grove★** *(Lansdowne Dr.)*, une ferme en pierre brute de 1746, et **Mount Pleasant★** *(Fountain Green Dr.)*, aux superbes boiseries intérieures.

★ **Woodford Mansion** – *2300 N. 33rd St. - bus Septa 32 - 215 229 6115 - www.woodfordmansion.org - P - mar.-dim. 10h-16h, visite guidée seult - 8 $.* Cette demeure de style georgien (1756), remaniée par ses propriétaires successifs, abrite une magnifique collection de meubles de style colonial, souvent de fabrication locale, et d'objets patiemment collectionnés par Naomi Wood, philanthrope de Philadelphie.

★ **Strawberry Mansion** – *2450 Strawberry Mansion Dr. - bus Septa 32 - 215 228 8364 - www.historicstrawberrymansion.org - P - avr.-déc. merc.-dim. 10h-16h, mars jeu.-sam. 11h-14h, fermé janv.-fév. - visite guidée seult - 5 $.*

Accessible à pied depuis le précédent, le « manoir de la Fraise » est plus imposant. Construit dans les années 1780 sous le nom de Summerville, il prit son nom actuel vers 1845 car ses propriétaires y faisaient pousser des fraises qu'ils servaient au public. Sa décoration intérieure est plus éclectique : la cuisine recrée une taverne du 18e s., la salle de réception abrite des meubles achetés à Paris en 1825, etc. Au dernier étage, deux pièces renferment une intéressante collection de poupées envoyées à Philadelphie pour la célébration du 150e anniversaire de l'indépendance du pays : elles figurent chacune un des États américains.

NOS ADRESSES À PHILADELPHIE

Plan I (Old City) p. 136
Plan II (Center City) p. 141

TRANSPORTS

Se rendre à Philadelphie

Avion – Philadelphia International Airport – *8000 Essington Ave (à 11 km au sud-ouest du centre-ville) - ✆ 215 937 6937 - www.phl.org.* Taxis *(30 $ prix fixe)*, voitures à louer, navettes collectives ou individuelles pour le centre-ville. L'**Airport Line** relie les terminaux à plusieurs stations du centre-ville dont N. 11th St/Market St. et à la gare ferroviaire *(www.septa.org - ttes les 30mn - 5h-0h - 8 $).*

Train – Très pratique si vous arrivez de New York *(env. 1h30 - à partir de 54 $)* ou de Washington-Baltimore *(1h45 - à partir de 53 $).*

30th St. Station – *2955 Market St. - www.amtrak.com.*

Sur place

On marche beaucoup à Philadelphie et la plupart des sites touristiques sont accessibles à pied depuis le centre. La ville compte un métro dont vous n'aurez pas besoin (sauf si vous venez de l'aéroport) et un grand nombre de lignes de bus, le tout exploité par la **Septa** *(www.septa.com).* Deux bus sont plus particulièrement destinés aux touristes, le Phlash et le Big Bus.

Phlash – Dessert 20 arrêts. *ridephillyphlash.com - mai-août et déc. : tlj 10h-18h ; sept.-nov. : vend.-dim. 10h-18h - env. 1 bus/15mn - 2 $/ticket, pass 5 $/j. (en vente dans les bus et les offices de tourisme).*

Big Bus – Bus touristique *hop on and off*, qui dessert 25 arrêts. *www.phillytour.com - juin-août 9h30-18h (ttes les 20mn), automne et printemps 9h30-16h30 (ttes les 45mn), hiver 10h-16h (ttes les h) - à partir de 35 $/1 j., réductions sur le site Internet (en vente dans les bus, en ligne ou inclus dans les pass, voir ci-dessous).* Également des sorties nocturnes en été.

Trolley Works– Même principe, même prix, mêmes horaires et même compagnie que le précédent.

Vélo– La ville a mis en place **Indego**, un système de prêt en libre service qui compte plus de 130 stations *(à partir de 10 $/j. - www.rideindego.com).*

VISITES

Philadelphia City Pass – *fr.citypass.com/philadelphia - plusieurs formules à partir de 49 $.* Le *pass* donne accès à trois, quatre ou cinq attractions selon le tarif choisi. Big Bus et coupe-file.

Philadelphia Pass – *www.philadelphiapass.com - à partir de 59 $/1 j. (prix progressif de 1 à 5 jours).* Le *pass* donne accès à plus de trente attractions. Big Bus et coupe-file.

Visites guidées – Un grand choix de visites thématiques en anglais, notamment de Independence National Historic Park.

Fresques murales – *215 925 3633 - www.muralarts.org*. Pour découvrir les *murals* de Philadelphie (*p. 144*), visite audioguidée, ou en groupe à pied, en vélo, en trolley, avec conférencière en français sur demande.

INFORMATIONS UTILES

CVS Pharmacy – Plan II A2 - *1826 Chestnut St. (Rittenhouse Square) - 215 972 0909 - www.cvs.com - 24h/24*. Consultez le site Internet de la chaîne pour trouver une Minute Clinic en cas de problème mineur.

HÉBERGEMENT

BUDGET MOYEN

4 **La Reserve Center City B & B** – Plan II, A2 - *1804 Pine St. - Rittenhouse Square - (215) 735-1137 - www.lareservebandb.com - P - 12 ch. à partir de 121/176 $*. La maison de 4 étages (sans ascenseur) tient plus du petit hôtel que du B & B, mais elle est très agréable et bien placée, non loin de Rittenhouse Square. Les chambres sont vastes et toutes différentes, certaines partagent une salle de bains.

5 **Rodeway Inn** – Plan II, B2 - *1208 Walnut St. - Center City - (215) 546-7000 - www.rodewayinncc.com - P 17 $/j - - 44 ch. 141/245 $*. Un petit hôtel simple qui a pour principaux avantages sa situation centrale et ses tarifs intéressants. Les chambres ne sont ni très grandes ni spécialement charmantes, mais elles sont bien pensées et tout à fait suffisantes.

POUR SE FAIRE PLAISIR

8 **The Logan** – Plan II, A1 - *1 Logan Square (18th St. Et Benjamin Franklin Pkwy) - Logan Square - (215) 963-1500 - www.theloganhotel.com - P payant - - 391 ch. 229/318 $ -* . Très bien situé, cet hôtel récemment rénové séduira les amateurs de raffinement, de calme et d'art contemporain (plusieurs œuvres intéressantes décorent les parties communes et certaines chambres). Les chambres possèdent tout le confort attendu, et la terrasse et la library (bibliothèque) sont parfaites pour se détendre. Le Logan est aussi réputé pour son toit-terrasse qui accueille un bar lounge tendance, l'Assembly, et son restaurant, succursale de la toute petite chaîne « rural chic » Urban Farmer Market, qui met à l'honneur les produits locaux et bio.

2 **Club Quarters** – Plan II, B2 - *1628 Chesnut St. - Center City - (215) 282-5000 - http://clubquarters.com/philadelphia - P 28 $/24h - - 275 ch. 139/194 $ -* . Si cette petite chaîne d'hôtels s'adresse en priorité aux voyageurs d'affaires, ses excellents équipements et sa situation centrale séduiront toutes les clientèles. Les chambres sont spacieuses et bien insonorisées.

6 **The Independent** – Plan II, B2 - *1234 Locust St. - Center City - (215) 772-1440 - http://theindependenthotel.com - P - 24 ch. 179/230 $ - -* . Il faut prendre un ascenseur pour atteindre la réception de cet hôtel agréable et bien placé dans un quartier animé, à deux pas des sites touristiques. Les chambres aux décors variés – certaines ont une cheminée, d'autres des murs en brique apparente –, parfois un peu sombres, sont calmes et

3

confortables. Tous les soirs en semaine, l'hôtel offre à ses clients une *happy hour* à partir de 18h. En bas, très bon restaurant italien : Little's Nonna.

9 **Cambria Downtown Center City** – Plan II, B2 - *219 S. Broad St. - Center City - ✆ (215) 732-5500 - www.cambriaphiladelphia.com - P 45 $ - 223 ch. à partir de 199 $ -* ✕. Idéalement placé, à proximité des principaux sites à visiter qui sont accessibles à pied, cet hôtel moderne décline des chambres vastes et agréables sur le thème du jazz. Tout le confort attendu est là. Le bâtiment abrite l'un des derniers *rooftop* bars comme Philadelphie les aime tant : Attico *(mar.-sam. à partir 17h - www.atticorooftop.com)*, qui propose une vue époustouflante sur la ville et une restauration légère de type méditerranéen.

UNE FOLIE

7 **Loews Philadelphie** – Plan II, B2 - *1200 Market St. - Center City - ✆ (215) 627-1200 - www.loewshotels.com/philadelphia-hotel - P 49 $/j - 581 ch. 189/334 $ -* ✕. En plein centre, à deux pas du City Hall, cet établissement a élu domicile dans un des premiers gratte-ciel de Philadelphie. L'immeuble de style Paquebot des années 1930 était destiné à l'origine à une banque dont certains éléments ont été conservés, comme les portes de la chambre forte et les pendules Cartier dans le lobby. Les chambres blanches, rénovées en 2018 et agrémentées de touches de couleur vive, allient design et grand confort. À l'excellent restaurant Bank & Bourbon (cuisine américaine moderne), les amateurs de whisky et de bourbon seront aux anges, conseillés par un sommelier spécialisé.

RESTAURATION

Vous pouvez aussi consulter **philly.eater.com**.

Même si toutes les cuisines du monde sont présentes à Philadelphie, il serait dommage de partir sans avoir goûté aux spécialités locales. Les **Crabfries** sont des frites recouvertes d'une sauce au fromage, parfois aillée, et de miettes de crabe (pas toujours présentes en dépit du nom du plat !). Le **Philly Cheesesteak** est un sandwich au rosbeef nappé de fromage fondu, servi chaud, dans un pain long. Réservé aux solides estomacs, le **Twinkie Burger** est un cheeseburger au bacon, passé dans la friture… Philadelphie s'inscrit dans une longue tradition en matière de **bière**, au point d'avoir consacré au sujet un festival *(Agenda)*. Dans la ville, qui compte plusieurs microbrasseries, l'une des marques les plus connues est la **Yuengling**, qui existe depuis 1829. Le **Chinatown** (Plan II B1) de Philadelphie n'échappe pas à la règle. C'est une mine pour prendre un bon repas, à tous les prix, y compris les plus modiques. Originaux et recommandés :

9 **Dim Sum Garden** – Plan II, B1 - *1020 Race St. - ✆ (215) 873-0258 - www.dimsumgardenphilly.com - 10h30-22h30 - moins de 20 $*. Spécialisé dans les bouchées vapeur.

10 **Rangoon** – Plan II, B2 - *112 N. 9th St. - ✆ (215) 829-8939 - www.rangoonrestaurant.com - 11h30-21h, sam. 11h30-22h - à la carte 23,50/33 $*. Pour une cuisine birmane.

11 **Sang Kee** – Plan II, B1 - *238 N. 9th St. - ✆ (215) 925-7532 - www.sangkeechinatown.com - 10h30-22h30, vend.-sam. 10h30-23h30 - moins de 20 $*. Pour son succulent canard laqué.

PREMIER PRIX

3 **Pizzeria Stella** – Plan I, B3 - *420 S. 2nd St. - Old City - ✆ (215) 320-8000 - www.pizzeriastella.net - P payant - 11h30-22h, vend. 11h30-23h, sam. 11h-23h, dim. 11h-22h - plats 11/27 $.* L'un des treize restaurants de Stephen Starr, le chef le plus connu de la ville, reçoit année après année la récompense de la meilleure pizzeria de Philadelphie. Combinaisons inédites et toujours réussies, très bons *gelati* maison.

6 **Real Food Eatery** – Plan II, B2 - *207 S. 16th St. - Center City - ✆ (215) 608-8941 - http://realfoodeatery.com - 11h-21h - 12/18 $.* Une grande salle claire avec des baies vitrées sur la rue, parfaite pour déjeuner sur le pouce, d'un bol ou d'une salade à composer soi-même à partir d'ingrédients frais et bio. Simple et bon.

8 **The Rooster** – Plan II, B2 - *1526 Samson St. - Center City - ✆ (215) 454-6939 - www.roostersoupcompany.com/- 11h-19h - 10/13 $.* Une salle toute en longueur avec un comptoir et un sol carrelé noir et blanc qui rappelle les deli juifs new-yorkais. Même chose dans les assiettes : épais sandwiches au pastrimi, au saumon fumé… Le tout sert aussi une bonne action : tous les profits sont reversés à une association d'aide aux sans-abris.

BUDGET MOYEN

1 **Mc Gillin's** – Plan II, B2 - *1310 Drury St. - Center City - ✆ (215) 735-5562 - www.mcgillins.com - 11h-2h - plats 10/19 $.* L'une des plus vieilles tavernes (irlandaises) de Philadelphie (1860) est restée l'une des plus authentiques et attractives. La bière coule à flots et les plats sont aussi savoureux que variés. En fin de semaine, l'endroit est plein à craquer, idem les soirs de matchs ou pour la St-Patrick.

13 **Sampan** – Plan II, B2 - *124 S. 13th St. - Center City - ✆ (215) 732-3501 - www.sampanphilly.com - P - 16h-22h, merc.-jeu. 16h-23h, vend.-sam. 16h-0h, dim. 16h-21h - à la carte 30/43 $.* Passez outre l'impression de déjà-vu que produit la lecture de la carte, ce restaurant de spécialités asiatiques a comme nul autre l'art de renouveler les saveurs. Parfums, textures, présentation, décor même, tout est parfait ! Grâce aux « petites assiettes », on peut goûter plusieurs plats.

4 **Strangelove's** – Plan II, B2 - *216 S. 11th St. - Center City - ✆ (215) 873-0404 - http://strangelovesbeerbar.com - 11h30-23h, vend. 11h30-0h, sam. 11h-0h, dim. 11h-22h - 13/17 $.* Pour tous les goûts, pour toutes les envies, sandwichs, salades, plats plus consistants, dont un bon choix de végétariens… On vient pour l'excellente cuisine, la carte de saison, mais aussi pour l'impeccable sélection de bières pression, souvent fabriquées par des microbrasseries.

7 **Harper's Garden** – Plan II, B2 - *31 S. 18th St. - Rittenhouse Square - ✆ (267) 886-8552 - http://harpersgardenphilly.com - 12h-2h (0h dim.-mar.) - 12/23 $.* Niché à deux pas de Rittenhouse Square, cet établissement pas comme les autres est une véribale « oasis urbaine », à la fois un restaurant (beaucoup de plats façon tapas à partager) où prendre place en intérieur ou en extérieur, et un excellent bar, animé en soirée.

5 **The City Tavern** – Plan I, B2 - *138 S. 2nd St. - Old City - ✆ (215) 413-1443 - www.citytavern.com - 11h30-21h, vend.-sam. 11h30-22h, dim. 11h30-20h - plats 24/37 $.* Piège à touristes ? Non,

pas du tout. La réplique de la taverne de 1772, où les héros de l'Indépendance américaine se réunissaient pour organiser la révolution, est aussi une bonne adresse pour se restaurer ! Les serveurs en costume d'époque apportent des huîtres frites ou du porc à la sauce au miel et clou de girofle, deux des plats favoris de Thomas Jefferson. Mais rassurez-vous, la carte compte aussi quelques plats plus contemporains : fish & chips, croque-monsieur, etc.

POUR SE FAIRE PLAISIR

17 **Amada** – Plan I, B2 - *217-219 Chestnut St. - Old City - ✆ (215) 625-2450 - http://philadelphia.amadarestaurant.com - P 21 $ - 11h30-22h, vend. 11h30-23h, sam. 11h-23h, dim. 11h-22h - soir plats 13/44 $.* Des spécialités d'Andalousie ? Voilà qui n'est pas fréquent aux États-Unis. Vous trouverez ici l'endroit parfait, loin du folklore traditionnel, pour goûter une paëlla (au homard), des plats à la plancha ou des tapas (assortiment 65 $). Délicieux menu au déjeuner pour 15,50 $ (lunch Old City).

2 **Fork** – Plan I, A2 - *306 Market St. - Old City - ✆ (215) 625-9425 - www.forkrestaurant.com - 17h30-22h, vend.-sam. 17h30-22h30, dim. 11h-21h30 - à la carte 59/64 $.* Connu des gourmets, ce restaurant met l'accent sur les produits locaux, de préférence bio et toujours de saison. Les plats, aux portions raisonnables, ont souvent un accent méditerranéen, la cuisine est raffinée mais pas prétentieuse, à l'image de l'ambiance et du décor.

16 **Zahav** – Plan I, B3 - *237 St James Pl. - Old City - ✆ (215) 625-8800 - www.zahavrestaurant.com - 17h-22h (23h vend.-sam.) - 15/20 $ - menus dégustation 45/54 $.* La cuisine israélienne est très à la mode à Philadelphie et ce restaurant élégant sans être compassé est l'un des meilleurs endroits pour goûter à toutes sortes de mezzes plus savoureux les uns que les autres.

15 **The Love** – Plan II, A2 - *130 S. 18th St. - Rittenhouse Square - ✆ (215) 433-1555 - www.theloverestaurant.com - 11h30-14h30, 17h-22h (23h vend.-sam.), à partir de 10h pour le brunch sam.-dim. - 17/38 $.* Une salle aux murs de brique chaulés et un décor chaleureux donnent un cadre parfait pour un dîner raffiné et convivial, composé de plats qui utilisent au maximum les produits locaux. La carte change au fil des saisons et satisfera les palais curieux de saveurs inédites.

12 **Rouge** – Plan II, B2 - *205 S. 18th St. - Rittenhouse Square - ✆ (215) 732-6622 - www.rouge98.com - 11h30-23h, dim.-mar. 11h30-22h - plats 18/32 $.* Chic mais pas guindé, ce restaurant évoque un boudoir avec ses tentures mauves et ses confortables fauteuils en velours. On peut aussi prendre place autour du bar circulaire, juste pour boire un verre. La carte originale et raffinée illustre parfaitement la cuisine fusion, teintée d'accents asiatiques. Également des huîtres, une sélection de fromages, des plats d'inspiration française. Petite terrasse sur la place en saison.

PETITE PAUSE

Food trucks – *roaminghunger.com.* Comme à New York, Baltimore et dans un certain nombre d'autres villes, ces camions vendent à l'heure du déjeuner des plats à emporter. Une option à ne pas négliger !

Di Bruno's Brothers – Plan II, B2 - *1730 Chesnut St. - Rittenhouse Square - ☏ (215) 665-9220 - www.dibruno.com - 9h-20h30, sam. 9h-20h, dim. 9h-19h.* Que de tentations dans cette épicerie fine italienne ! Plats et sandwichs à emporter, comptoir de dégustation pour le petit-déjeuner ou le thé (à partir de 7h), petit restaurant (à partir de 11h30, 10h30 le dim.). Tout est délicieux.

Independence Beer Garden – Plan I, A2 - *100 S. Independence Mall W. - Old City - ☏ (215) 922-7100 - www.phlbeergarden.com - 11h30-0h, merc.-jeu. 11h30-1h, vend.-sam. 11h30-2h.* Le dernier-né des *beer gardens*, dont Philadelphie a le secret, est aussi l'un des plus réussis. Idéalement placé, à deux pas des sites de l'Independence National Historic Park, cet immense endroit compte différents espaces dont la majorité en plein air. Grand choix de bières, évidemment, restauration de pub, beaucoup d'espace pour jouer (babyfoot, fléchettes, etc.), suivre un match sur écran géant, voire s'allonger sur une chaise longue les pieds dans le sable. Parfait pour une pause, et plus.

Jim's Steaks – Plan I, B3 - *400 South St. - Old City - ☏ (215) 928-1911 - www.jimssoureet.com - 10h-1h, vend.-sam. 10h-3h, dim. 11h-1h.* Une des adresses les plus réputées pour les Philly Cheesesteaks.

Reading Terminal Market – Plan II, B2 - *N. 12th St. et Arch St. - Center City - ☏ (215) 922-2317 - www.readingterminalmarket.org - P 4 $ - 8h-18h, dim. 9h-17h.* Un nombre incalculable de stands pour manger sur le pouce. Parmi les plus renommés : DiNic's et son sandwich au porc, élu meilleur sandwich du pays, et Pearls Oyster Bar pour ses moules marinières incomparables.

The Bellevue Gourmet Food Court – Plan II, B2 - *200 Broad St. et Walnut St. - Center City - ☏ (215) 875-8350 - www.bellevuephiladelphia.com - Wi-Fi - 11h-18h, sam. 11h-17h.* Le niveau inférieur du prestigieux hôtel

3

Le Reading Terminal Market.
aimintang/iStock

Bellevue, aujourd'hui un Hyatt, est occupé par un food court dont les Anglo-Saxons ont le secret : sushis, pizzas, burgers, nouilles chinoises, pitas, sandwichs, tacos, un vaste choix à consommer sur place ou à emporter.

EN SOIRÉE

Kimmel Center for the Performing Arts – Plan II, B2 - *300 S. Broad St. - Center City - ✆ (215) 670-2300 - www.kimmelcenter.org - P payant - ♿.* Ce grand complexe conçu par l'architecte Rafael Viñoly (2001) abrite plusieurs institutions culturelles, dont l'excellent orchestre de Philadelphie.

Walnut Street Theater – Plan I, A2 - *825 Walnut St. - ✆ (215) 574-3550 - www.walnutstreettheatre.org.* Le plus ancien théâtre du pays (1809) présente tous les ans dans un cadre superbe plusieurs comédies musicales. Un must!

Howl at the Moon – Plan II, B2 - *258 S. 15th St. - Rittenhouse Square - ✆ (215) 546-4695 - www.howlatthemoon.com - 18h-2h, mar. 19h-2h - dim.-mar. sur réserv. pour des évènements privés.* Un piano-bar très animé, où l'on joue beaucoup d'autres instruments de musique. Groupes *live*, danse, cocktails… Toujours plein et très sympathique.

The Franklin Bar – Plan, II A2 - *112 S. 18 th St. - Rittenhouse Square - ✆ (215) 467-3277 - http://thefranklinbar.com - 17h-2h.* Conçu comme un *speakeasy* aux temps de la Prohibition, l'endroit est considéré comme le meilleur bar à cocktails de la ville : lumières tamisées, fauteuils club et hauts tabourets, choix immense et petites assiettes en accompagnement.

Assembly Rooftop Lounge – Plan II A1 - *Hôtel The Logan - ✆ (215) 783-417,1 - http://assemblyrooftop.com - 16h-0h, vend.-sam. 16h-2h.* Ce bar branché installé au dernier étage de l'hôtel The Logan s'est rapidement fait une réputation dans la ville, où il est unique en son genre. Magnifique panorama sur Philadelphie garanti, champagne bar pour les amateurs et restauration légère pour accompagner les cocktails. L'hiver, on peut rester dehors grâce à un système de chauffage, ou prendre place à l'intérieur où la vue reste spectaculaire grâce aux grandes baies vitrées.

Stratus Lounge – Plan I, A2 - *433 Chestnut St. - Old City - ✆ (215) 925-2889 - www.stratuslounge.com - mar. 17h-22h, merc.-vend. 17h-0h, sam. 19h-0h, dim. 0h-2h - fermé lun.* La terrasse située au 11e étage de l'hôtel Monaco accueille un bar… sans vue, mais pourvu de vastes canapés. DJs certains soirs, excellents cocktails et plein de bonnes choses à grignoter. Chic et branché.

ACHATS

Aucune taxe ne s'appliquant aux achats, Philadelphie est un paradis pour le shopping. Toutes les grandes marques sont représentées, en particulier dans le quartier de Rittenhouse Square, autour de Market St. et de Broad St. Pour un shopping chic, commencez par le grand magasin **Macy's** (Plan II, B2, *Market St. et S. 13th St.).*

South Street (Plan I, AB3) compte de nombreuses enseignes indépendantes, tout comme plusieurs rues d'**Old City**.

Antique Row (Plan II, B2), traditionnellement dévolu aux antiquaires, aligne magasins *vintage* et boutiques de cadeaux et de décoration *(www.antique-row.org)*.

Jeweler's Row (Plan I, A2), le plus ancien quartier de bijoutiers du pays compte aussi un tas de boutiques et de restaurants animés *(www.jrow.org)*.

Market East (Plan II, B2) foisonne de bonnes choses à rapporter : chocolats, confitures et fromages amish, etc.

Art in the Age – Plan I, B2 - *116 N. 3rd St. - Old City - ✆ (215) 922-2600 - www.artintheage.com - 11h-19h, dim. 12h-18h.* Autre lieu original, ce magasin diffuse quatre alcools anciens remis au goût du jour, dont une délicieuse liqueur de rhubarbe. Impossible d'en acheter sur place (il faut se rendre dans un *liquor store*) mais chaque jeudi, à partir de 17h, et chaque premier vendredi du mois à partir de 18h, *happy hour* et fête de quartier y sont organisées dans une excellente ambiance. La boutique propose aussi une sélection d'objets, de cosmétiques et de vêtements, renouvelée plusieurs fois par an, au fil des invitations faites à des créateurs qui y occupent des « *corners* ». Elle est aussi revendeur de la marque de lunettes Warby Parker, qui offre une paire pour toute paire achetée.

Century 21 – Plan I A2 - *812 Market St. - Center City - ✆ (215) 952-2121 - www.c21stores.com - 9h-20h, sam. 10h-20h, dim. 11h-19h.* Plus besoin d'aller à New York pour faire de bonnes affaires dans l'enseigne du discount : maroquinerie, chaussures, vêtements, linge de maison…, toutes les marques sont réunies sur plus de 9 000 m² avec au minimum 65 % de réduction.

United by Blue – Plan I, B2 - *205 Race St. - Old City - ✆ (215) 278-7746 - ✆ (267) 457-3114 - http://unitedbyblue.com - 7h-19h, w.-end 8h-19h.* Imaginée comme un lieu de réunion pour les habitants du quartier, cette boutique pas comme les autres organise des expositions, ateliers, etc. C'est aussi un café où il fait bon faire une pause ou déjeuner, et enfin un magasin qui vend une ligne de vêtements (surtout de T-shirts) dont les bénéfices sont employés à nettoyer les plages et les océans.

AGENDA

Mummers Parade – *Le 1er janv.* Lors de ce défilé, l'un des plus anciens du pays, les Mummers *(➲ p. 140)*, parés de leurs costumes chatoyants, paradent du City Hall à Washington Ave en passant par Market St. *www.phillymummers.com.*

St Patrick's Day – *Le 17 mars.* Journée particulièrement animée à Philadelphie, qui compte une importante communauté d'origine irlandaise : défilés, concerts, fêtes dans les pubs…

Italian Market Festival – *3e w.-end de mai.* Le marché italien de 9th Street *(➲ p. 140)* sert de cadre à un festival ancien : procession d'une vingtaine de statues de saints provenant de la paroisse voisine, élection de la reine de Mai et dégustations de spécialités gastronomiques italiennes.

Philly Beer Week – *Fin mai-début juin.* Le plus grand festival du genre en Amérique est l'occasion de déguster les nombreuses bières produites localement. *www.phillybeerweek.org.*

Wawa Welcoming America Festival – *Fin juin-4 juil.* Important festival placé sous le patronage de Wawa. Beaucoup de monde et d'ambiance, spectacles, défilés, feux d'artifice, etc. *www.welcomeamerica.com.*

Brandywine Valley

Vallée de la Brandywine

★★

Pennsylvanie (PA) et Delaware (DE)

En se frayant son chemin à travers le comté de Chester jusqu'au fleuve Delaware, l'étroite Brandywine Creek (connue localement sous le nom de Brandywine River) laisse derrière elle une vallée si charmante qu'elle a incité les industriels à y construire d'élégantes demeures et les artistes à en immortaliser les paysages. Située entre Philadelphie et Wilmington, la vallée de la Brandywine conserve ainsi une ambiance rurale non dénuée d'un certain raffinement.

NOS ADRESSES PAGE 165
Hébergement, restauration, achats, activités, etc.

S'INFORMER

Chester County Conference and Visitors Bureau – *300 Greenwood Rd, Kennett Square (PA) - ✆ 484 770 8550 - www.brandywinevalley.com.*

SE REPÉRER

Carte de région C1-2 (p. 128).
La vallée s'étire de Chester County (PA) jusqu'au Delaware.

À NE PAS MANQUER

La demeure du collectionneur Henry Francis Du Pont de Nemours et les collections d'art décoratif du musée de Winterthur.

AVEC LES ENFANTS

Enchanted Woods au Winterthur Museum & Country Estate.

Découvrir Carte de région p. 128

★★ Longwood Gardens C1

À Kennett Square (PA), route 1 (à 30 miles/48 km à l'ouest de Philadelphie, à 12 miles/19 km au nord de Wilmington). 1001 Longwood Rd - ✆ 610 388 1000 -. longwoodgardens.org - ✕ P - juin-août : dim.-jeu. 9h-18h, vend.-sam. 9h-22h (horaires variables selon les saisons) - 23 $ (30 $ autour de Noël) - visites guidées thématiques (le calendrier sur le site Internet).

Le domaine propose animations et concerts, dont un spectaculaire festival de jeux d'eau en septembre.

Pierre S. Du Pont de Nemours (1870-1954), arrière-petit-fils d'Éleuthère Du Pont de Nemours, créa ce chef-d'œuvre horticole en assumant parallèlement les exigeantes fonctions de président du conseil d'administration de Du Pont de Nemours et de General Motors. Après avoir acheté le noyau initial (80 ha) en 1906, Du Pont de Nemours fit agrandir de façon significative la propriété (420 ha).

★ **Peirce-du Pont House** – Cette ferme en brique fut construite par les quakers Joshua et Samuel Peirce (1730) avant de devenir la maison de campagne de Du Pont de Nemours. Un film et des expositions retracent la vie de l'industriel et l'évolution des jardins.

Derrière la maison, un chemin conduit à travers l'arboretum d'origine vers l'**Italian Water Garden**★★ (jardin d'eau italien). Au nord-ouest, l'imposant

Longwood Gardens.
J. Greim/age fotostock

Conservatory★★ (jardin d'hiver), de style Beaux-Arts, accueille de spectaculaires plantations florales renouvelées au gré des saisons. Dans **Main Fountain Garden** se déroule, les soirs d'été, le **festival des Fontaines**★★, où musique, lumières et jets d'eau composent un somptueux spectacle.

★★★ Winterthur Museum & Country Estate C1

À Winterthur (DE), route 52 (à 9 miles/14 km au sud de Longwood Gardens). 5105 Kennett Pike - 800 448 3883 - www.winterthur.org - - mar.-dim. 10h-17h - 20 $ - visites guidées thématiques (le calendrier sur le site Internet).

À proximité de Wilmington (DE), ce musée d'art décoratif américain fut, par le passé, la demeure du collectionneur **Henry Francis Du Pont de Nemours** (1880-1969). Construit dans les années 1830, le bâtiment de style néo-grec,

3

DE LA POUDRE DANS LA VALLÉE

À la fin du 17e s., les Indiens lenni lenape accueillirent Francis Chadsey, l'un des premiers colons européens. Son fils, John Chads, paysan et pasteur, est considéré comme le fondateur de **Chadds Ford**, village au cœur de la vallée réputé pour ses boutiques d'artisanat et ses établissements vinicoles. En septembre 1777, sur les collines environnantes, le général Howe déjoua les manœuvres des troupes de George Washington. **Brandywine Battlefield Historic Site** *(sur la route 1, à l'est du village de Chadds Ford - www.ushistory.org/Brandywine -)* a conservé le champ de bataille et deux fermes quakers, quartiers généraux du marquis de La Fayette et du général Washington.

Conscient du potentiel hydroélectrique représenté par le fleuve, le Français **Éleuthère Irénée Du Pont de Nemours** établit une usine de poudre à canon sur les rives de la Brandywine, au début du 19e s. La poudrerie Hagley devint par la suite l'une des plus importantes au monde et, dirigée par une famille de philanthropes, contribua à la prospérité de la région.

Hagley Museum.
J. Greim/age fotostock

réparti sur trois niveaux, forme le cœur du manoir actuel. Outre ce dernier, la propriété comporte 24 ha de **jardins★**, une bibliothèque de recherche et un magasin de cadeaux.

La visite guidée du manoir conduit à travers **175 pièces reconstituées★★★**, au sein desquelles est répartie l'exceptionnelle **collection d'art décoratif★★★** de Du Pont de Nemours. Riche de plus de 90 000 objets, ce fonds représente la plus importante collection américaine de meubles, portraits et œuvres en porcelaine, étain ou argenterie (1640-1860).

Annexes du manoir, les galeries abritent l'exposition interactive **Perspectives on the Decorative Arts in Early America★** (1er niveau), et la **collection de meubles★★** de Winterthur (2e niveau).

Dans les jardins, les enfants apprécieront particulièrement l'espace qui leur est destiné : **Enchanted Woods** (1,2 ha), des « bois enchantés » où l'on croise des jeux, une maison dans les arbres, un cottage, etc.

★★ Brandywine River Museum C1

À Chadds Ford (PA), route 1 (à 28 miles/45 km au sud-ouest de Philadelphie, à 11 miles/18 km au nord de Wilmington). 1 Hoffman's Mill Rd - 610 338 2700 - www.brandywinemuseum.org - 9h30-17h - 18 $.

Sur la rive de la Brandywine, ce musée d'art occupe l'emplacement d'un moulin à blé datant de la guerre de Sécession. Célèbre pour sa collection de peintures de l'illustrateur **Newell Convers Wyeth** (1882-1945), de son fils **Andrew Wyeth** (1917-2009) et de son petit-fils **Jamie Wyeth** (né en 1946), le musée propose également, dans les **Brandywine Heritage Galleries★** (rez-de-chaussée), des œuvres de Howard Pyle, Maxfield Parrish, Charles Dana Gibson et Rockwell Kent. Au deuxième étage, la **galerie Andrew Wyeth★★** présente un riche éventail de peintures illustrant la carrière de l'artiste.

À la belle saison, profitez des magnifiques **jardins★** qui entourent le musée et présentent des spécimens de la flore locale.

Il est également possible de visiter *(visite guidée seult)* la maison familiale et l'atelier où **N. C. Wyeth** vécut et travailla jusqu'à sa mort en 1945, ainsi que la **Kuerner Farm** *(visite guidée seult ; navette au départ du musée)* qui apparaît dans nombre de toiles de l'artiste.

★★ Hagley Museum and Library C2

À Wilmington (DE), route 141 (à 28 miles/45 km au sud de Philadelphie). 200 Hagley Creek Rd - ✆ 302 658 2400 - www.hagley.org - ✕ P - nov.-mi mars 9h-16h, 17h le reste de l'année - 15 $.

Sur la rive boisée de la Brandywine, ces bâtiments en granit du début du 19e s. faisaient partie d'un vaste ensemble industriel, premier producteur mondial de poudre à canon. Fondée en 1802 par le chimiste français **Éleuthère Irénée Du Pont de Nemours** (1771-1834), la poudrerie Hagley céda la place à Du Pont Company, le numéro un mondial de l'industrie chimique.

Commencez la visite par le Visitor Center installé dans Henry Clay Mill (1814). À bord d'un tramway, parcourez ensuite le parc *(voitures interdites au-delà du centre d'orientation)*, où divers moulins, roues hydrauliques et ateliers d'usinage permettent de reconstituer le travail quotidien des ouvriers.

Au sommet de la colline, en amont de l'usine, se dresse l'imposant **Eleutherian Mills★**, de style georgien, où Éleuthère Du Pont de Nemours et ses descendants résidèrent de 1803 à 1890, année où une explosion les contraignit à évacuer les lieux.

NOS ADRESSES DANS LA BRANDYWINE VALLEY

HÉBERGEMENT

POUR SE FAIRE PLAISIR

Fairville Inn – *506 Kennet Pike - Chadds Ford (PA) - ✆ (610) 388-5900 - http://fairvilleinn.com - P - 15 ch. 185/210 $.* À quelques *miles* de Longwood Gardens, cette maison de style fédéral (v. 1850) possède un charme fou. Les grandes chambres, réparties dans trois bâtiments différents, sont décorées de meubles Chippendale, d'abat-jour faits main et d'un papier inspiré du musée de Winterthur (Suisse). Derrière la façade jaune qui se détache sur un jardin soigné, on sert l'après-midi le thé accompagné d'un séduisant assortiment de biscuits maison.

RESTAURATION

BUDGET MOYEN

Bellefonte Café – *804 Brandywine Bd - Wilmington (DE) - ✆ (302) 761-9175 - http://bellefontecafe.letseat.at - 11h-21h, jeu.-vend. 11h-22, sam. 12h-22h, dim. 12h-15h - moins de 15 $.* Dans une jolie maison en bois, de style colonial, ce restaurant coloré propose une bonne cuisine internationale, à tendance latine. Musique *live* plusieurs soirs par semaine. Agréable terrasse.

Hank's Place – *1625 Creek Rd - US 1 and Rt 100 - Chadds Ford (PA) - ✆ (610) 388-7061 - www.hanks-place.net - ♿ - 6h-19h, lun. 6h-15h, dim. 7h-15h - formules 17/23 $.* Un endroit convivial pour des plats maison d'un bon rapport qualité-prix. Excellente adresse pour les petits-déjeuners.

Gettysburg

★★★

7 608 hab. - Pennsylvanie (PA)

Haut lieu du tourisme de mémoire américain, les champs et les forêts de Gettysburg furent les témoins, en juillet 1863, du pire carnage de la guerre de Sécession. C'est également à Gettysburg que fut prononcé, quatre mois plus tard, l'un des discours les plus importants de l'histoire des États-Unis.

S'INFORMER
Visitor Center –*571 W. Middle St. - ✆ 717 334 6274 - www.destinationgettysburg.com.*

SE REPÉRER
Carte de région B2 (p. 128).
Gettysburg se trouve à 2 ou 3h de route de Baltimore (54 miles/87 km) et de Washington (78 miles/126 km), et 3h30-4h de Philadelphie (118 miles/190 km).

À NE PAS MANQUER
La résidence des Eisenhower, qui remplit en quelque sorte la fonction de « seconde Maison-Blanche ».

ORGANISER SON TEMPS
Comptez une journée pour tout voir, en prenant votre temps.

AVEC LES ENFANTS
Le Cyclorama, efficace.

Découvrir Carte de région p. 128

★★★ GETTYSBURG NATIONAL MILITARY PARK B2

1195 Baltimore Pike, route 97 - ✆ 717 334 1124 - www.nps.gov/gett - P - accès libre au site 24h/24; Visitor Center et musée avr.-oct. 8h-18h, 17h le reste de l'année - 15 $ pour le musée, le film et le Cyclorama - accès gratuit en trolley depuis le centre-ville (www.rabbittransit.org).

Théâtre de la bataille de Gettysburg (1863), ce parc de 2 360 ha fut déclaré Parc militaire national par le Congrès (1895). L'immense **Visitor Center** en brique *(accès via Taneytown Rd ou Steinwehr Ave/Business Rte 15 - avr.-sept. 8h-18h (17h le reste de l'année)* s'est développé à partir du musée érigé dans les années 1920 par la famille Rosensteel, grands amateurs de souvenirs de la guerre de Sécession. Certaines pièces de la collection Rosensteel, riche de 4 000 objets, tels qu'uniformes et armes à feu, sont exposées au **Gettysburg Museum of the Civil War★★**, construit dans le centre d'accueil. On y a également reconstitué sur une carte lumineuse les déplacements des troupes lors de la bataille.

Situé en face du parking sud du Visitor Center, le **Cyclorama Center** contient une **peinture circulaire★★** (110 x 8 m), intitulée *La Charge de Pickett*. Achevée en 1884 par le Français Paul Philippoteaux, elle est le point central du **Cyclorama Program★**, spectacle son et lumière retraçant le déroulement de la bataille de Gettysburg.

★ The Soldiers'National Cemetery

Sur Taneytown Rd, en face du Visitor Center.

Plus de 3 500 victimes de l'Union furent enterrées sur ce terrain de 7 ha où le président Lincoln prononça son fameux discours, en novembre 1863 (*page de droite*). Les tombes sont réparties en demi-cercles concentriques autour du **Soldiers'National Monument**, figure allégorique de la liberté.

Au nom de la Nation

LA BATAILLE DE GETTYSBURG

Comptant sur les pertes subies au printemps 1863 par les forces de l'Union, **Robert E. Lee** (1807-1870), commandant de l'armée confédérée de Virginie du Nord, poursuivit sa progression, espérant s'emparer de Harrisburg, capitale de l'État de Pennsylvanie. Pour contrer le général Lee, Joe Hooker, général en chef de l'Union, déplaça l'armée du Potomac vers le nord. Juste avant que la bataille n'éclate, Hooker fut remplacé par George Meade à la tête des 93 000 soldats de l'Union. Du 1er au 3 juillet, les forces nordistes affrontèrent les 75 000 soldats de la Confédération au cours d'une bataille dont aucun des deux généraux n'avait anticipé l'impact. Le 1er juillet au soir, les Confédérés semblaient avoir pris la mesure de leur adversaire. Cependant, le 3 juillet, la chance avait tourné. Lee comprit alors que seule une action désespérée permettrait de reprendre les positions stratégiques passées aux mains des soldats de l'Union. L'après-midi, 12 000 Confédérés, sous la conduite du général George Pickett, chargèrent les forces de l'Union à Cemetery Ridge. À peine s'élancèrent-ils sur le champ de bataille que les rebelles furent fauchés par le feu ennemi. La **charge du général Pickett** coûta la vie à 6 000 Confédérés. Le jour suivant, Lee ordonna le retrait de ses troupes : la cause sudiste vivait ses dernières heures.

La bataille de Gettysburg se solda par 27 000 victimes pour les Confédérés et 24 000 pour les forces de l'Union. La ville et la campagne environnante offraient un spectacle de désolation. Deux avocats locaux prirent conscience de la nécessité de préserver le champ de bataille et de créer un cimetière national afin d'offrir aux victimes la reconnaissance qu'elles méritaient.

LE DISCOURS DE GETTYSBURG

Lors de l'inauguration du cimetière national de Gettysburg, le 19 novembre 1863, le président Abraham Lincoln fut invité à « ajouter quelques remarques » au discours de deux heures d'Edward Everett. À l'époque, sa brève intervention ne suscita que quelques applaudissements. De nos jours, cette allocution est considérée comme l'un des discours politiques majeurs de l'histoire des États-Unis.

« Il y a quatre-vingt-sept ans, nos pères créaient, sur ce continent, une nation libre et respectueuse du principe selon lequel tous les hommes naissent égaux. Aujourd'hui, notre pays est engagé dans une guerre civile, qui met à l'épreuve sa solidité et sa longévité. Nous nous trouvons ici même sur l'un des principaux champs de bataille, dont une partie est dédiée à ces hommes qui ont sacrifié leur vie pour la nation. Il était de notre devoir de rendre hommage à leur souvenir.

Certes, notre engagement semble dérisoire en regard de celui de ces hommes, vivants ou morts, qui se sont battus avec courage et ont sanctifié cette terre bien mieux que nous ne pourrions le faire aujourd'hui. Sans doute nos propos seront-ils oubliés à peine émis. Pourtant, le sacrifice de ces hommes doit rester à jamais gravé dans la mémoire de la nation américaine. Désormais, il nous reste à nous, les vivants, à prolonger cette œuvre si noblement entamée et à nous y engager chaque jour un peu plus, pour que ces morts ne l'aient pas été en vain, pour que cette nation connaisse un renouveau de liberté, et que le gouvernement du peuple, par le peuple, pour le peuple ne disparaisse pas de notre planète. »

★★ Circuit en voiture

Circuit de 24 miles/39 km environ – Comptez 2 heures. Plans disponibles au Visitor Center, point de départ de la visite.

Cette visite libre retrace par ordre chronologique les événements de la bataille de Gettysburg et invite à marcher sur la trace des soldats de la guerre de Sécession. Premier arrêt, McPherson Ridge fut le cadre des premières heures de la bataille. À proximité, **Eternal Light Peace Memorial** *(N. Confederate Ave)* rend hommage aux morts de l'Union. Différents champs de bataille complètent la visite, tels que **Big Round Top**, **Wheatfield**, où les vifs affrontements firent plus de 4000 victimes, et **High Water Mark**, où les soldats de l'Union repoussèrent les hommes de Pickett. **East Cavalry Battlefield Site**, où le général sudiste « Jeb » Stuart, à la tête de la cavalerie, rendit les armes, clôt la visite *(sur la route 30, à 4 miles/6 km env. au nord-est du Visitor Center)*. Le champ de bataille est ponctué de plus de 1 300 monuments commémorant les victimes des deux camps.

★ Eisenhower National Historic Site

Accès en navette depuis le Visitor Center à des horaires variables selon les saisons, consultez le site Internet - ✆ 717 338 9114 - www.nps.gov/eise - 9 $.

Sise au milieu d'une immense prairie (280 ha), cette ferme fut la résidence permanente du président **Dwight D. Eisenhower** (1890-1969) et de son épouse Mamie. Lorsque Eisenhower devint en 1953 le 34e président des États-Unis, la ferme fit office, à l'occasion, de Maison-Blanche : certains hommes d'État éminents, comme Nikita Khrouchtchev et Charles de Gaulle, y furent reçus. Après deux mandats présidentiels, Eisenhower se retira dans cette maison. Il y mourut en 1969, à l'âge de 78 ans, de même que sa femme, dix ans plus tard.

Après une brève présentation assurée par le personnel du parc, on se promène dans la maison dont le décor est demeuré identique à celui qu'il était du temps d'Eisenhower.

La visite du **parc** donne l'occasion d'admirer les écuries, les annexes et le centre de réception, où une brève vidéo retrace la carrière d'Eisenhower.

Gettysburg national military park.
Bdphoto/iStock

Pennsylvania Dutch Country

★

523 594 hab. - Pennsylvanie (PA)

Environné de terres ondulantes, le « pays des Allemands » de Pennsylvanie forme le cœur du comté de Lancaster. Fief de la plus importante communauté mennonite au monde et de la deuxième communauté amish des États-Unis, le comté de Lancaster attire les visiteurs curieux d'un mode de vie épargné par le stress de la civilisation moderne... mais néanmoins converti aux aléas d'un tourisme grandissant. Pour échapper aux autocars qui transportent leurs cargaisons de visiteurs curieux, mieux vaut emprunter les routes secondaires et se perdre dans la campagne.

NOS ADRESSES PAGE 175
Hébergement, restauration, achats, activités, etc.

S'INFORMER

Pennsylvania Dutch Convention & Visitors Bureau – *501 Greenfield Rd, Lancaster - ✆ 1 800 723 8824 - www.discoverlancaster.com.* Ne manquez pas de vous y arrêter pour collecter cartes, documentation et bons de réduction. Le personnel est de bon conseil.

SE REPÉRER

Carte de région B1 (p. 128). Le comté de Lancaster se trouve à 64 miles/103 km à l'ouest de Philadelphie. Lancaster est une bonne base pour découvrir la région ; toutes les attractions proposées dans ce chapitre se trouvent à une vingtaine de minutes au maximum de la ville.
Respectez les limitations de vitesse car vous ne manquerez pas de croiser des calèches tirées par des chevaux.

À NE PAS MANQUER

Le National Watch and Clock Museum.

ORGANISER SON TEMPS

En deux jours, on peut se faire une bonne idée de la région et de ce qu'elle a à offrir en rayonnant à partir de Lancaster. Comptez une demi-journée à une journée pour Lancaster, et un jour à un jour et demi pour explorer les sites des environs, tous proches, en fonction de vos centres d'intérêt.

AVEC LES ENFANTS

Les activités des fermes amish et les promenades en train ; le Wolf Sanctuary pour observer des loups ; le Turkey Hill Experience pour fabriquer son propre parfum de glace.

Découvrir Carte de région p. 128

★ LANCASTER B1

À 69 miles/111 km à l'ouest de Philadelphie, sur l'US-30.
Ce bourg précolonial auquel mènent, tels les rayons d'une roue, les routes principales du comté de Lancaster, figure au centre de l'un des plus riches territoires agricoles du pays. Aujourd'hui les visiteurs apprécient aussi bien le passé historique de la région que son charme bucolique. Après des débuts

Loin du monde

À partir de 1700, les membres de différentes **sectes anabaptistes protestantes**, fuyant les persécutions religieuses dont ils étaient l'objet en Suisse ou en Rhénanie, émigrèrent en Pennsylvanie. Ils purent alors vivre en toute quiétude leurs convictions religieuses. Des mennonites d'origine suisse établirent vers 1700 une colonie permanente en Pennsylvanie, suivis, dans les années 1720, par les premiers membres de la future secte amish.

LE BAPTÊME CONSENTI

Amish et mennonites sont issus du mouvement anabaptiste lié à la Réforme (16e s.). Ces chrétiens évangélistes prônent le baptême des adultes, plutôt que celui des enfants. Les adeptes de **Menno Simons** furent appelés mennonites et ceux qui suivirent l'évêque mennonite **Jakob Amman**, après sa séparation des mennonites en 1693, reçurent le nom d'amish. Amman estimait que les règles mennonites sur l'excommunication n'étaient pas assez strictes : selon l'évêque suisse, les croyants devaient éviter tout contact, fût-il social, professionnel ou religieux, avec une personne excommuniée.

LE TEMPS S'ARRÊTE

Le comté de Lancaster est le foyer du plus ancien groupe, secte très conservatrice composée de 16 000-18 000 membres environ. Ses adeptes proscrivent l'utilisation du téléphone, de l'électricité et des véhicules à moteur. Les principales valeurs amish sont la famille, la communauté, l'humilité et la séparation avec le monde. Hommes, femmes et enfants s'habillent de vêtements stricts et unis. Les femmes, au visage vierge de tout maquillage, sont coiffées de bonnets noirs et habillées de longues robes. Les hommes maintiennent leurs pantalons à l'aide de bretelles et se couvrent la tête d'un chapeau en feutre ou en paille. Lorsqu'ils sont mariés, ils se laissent pousser la barbe (à l'inverse, la moustache est considérée comme non hygiénique et par trop militaire).

ENTRER DANS LA COMMUNAUTÉ

Les enfants fréquentent l'école jusqu'à l'âge de quatorze ans, car une éducation prolongée serait superflue dans le contexte rural où ils sont appelés à évoluer. Les adolescents sont autorisés à conduire et à posséder une voiture, car ils ne deviendront membres de l'Église qu'après l'avoir rejointe librement à l'âge adulte.

PARLER AMISH

Aujourd'hui, nombre d'Amish continuent de parler un dialecte mâtiné d'allemand et d'anglais. Appelé Pennsylvania Dutch, le nom du dialecte est une déformation du mot germanique *deutsch* (« allemand »).

Au cœur du pays amish.
Esbin-Anderson/age fotostock

modestes (1721), la ville se développa et devint capitale d'État de 1777 à 1778 et de 1789 à 1812. Grâce à l'université Franklin & Marshall (1787), elle compte un grand nombre d'étudiants et connaît une certaine animation, que l'on retrouve dans les nombreuses galeries d'art de Downtown et la scène du **Fulton Theatre** *(12-14 N Prince St. - www.thefulton.org)*, l'un des plus anciens du pays (1852), où se donnent pièces de théâtre et comédies musicales, et que l'on peut visiter *(vend. en été, 12h - 5 $)*.

Divers édifices témoignent de la riche histoire architecturale de la ville : **Penn Square** *(à l'angle de King St. et de Queen St.)*, l'ancien hôtel de ville (1797), le marché central (1889) et le Griest Building, construit sur 12 niveaux (1924).

★ **Église luthérienne de la Trinité** – *31 S. Duke St.* Sa haute tour de près de 60 m et sa flèche de style colonial (1761) sont visibles quel que soit le lieu où l'on se trouve.

3

Central Market

23 N. Market St. - centralmarketlancaster.com - mar. et vend. 6h-16h, sam. 6h-14h.

Célèbre pour sa construction en brique et son architecture de style roman, ce vaste marché construit en 1889 mais dont l'origine remonte à 1730 abrite maintenant plus de 60 boutiques où trouver courtepointes *(quilts)*, *shoofly pies* (tourtes garnies de mélasse et de sucre brun) et autres spécialités locales.

★ The Demuth Museum

120 E King St. - ℘ 717 299 9940 - www.demuth.org - mar.-sam. 10h-16h, dim. 13h-16h - entrée libre.

Peu connu en France, comme trop de peintres américains, **Charles Demuth** (1883-1935) est pourtant dans son pays un artiste majeur, principal représentant du mouvement précisionniste. Originaire de Lancaster, il a grandi dans la maison qui abrite aujourd'hui le musée et compte parmi les plus anciennes de la ville (dernier quart du 18e s.). Sa famille était implantée dans la région de longue date, comme en témoigne le Demuth Tobacco Shop voisin (1770). Diplômé de l'académie des Beaux-Arts de Philadelphie, élève à l'académie

Julian à Paris, lié au marchand d'art Alfred Stieglitz, Demuth a peint des compositions variées tant au niveau des sujets que des techniques utilisées. Ses œuvres, influencées par le cubisme et le futurisme, sont annonciatrices pour les dernières d'entre elles du pop art.

★ Hans Herr House

1849 Hans Herr Dr. - ✆ 717 464 4438 - hansherr.org - P - avr.-nov. 9h-16h, visites guidées 9h, 11h, 13h, 15h - 8 $.

Au début du 18e s., vingt-sept mennonites, fuyant la persécution religieuse en Allemagne, créèrent la première colonie européenne du comté, sous la direction de Hans Herr. En 1719, son fils, Christian Herr, construisit cette demeure médiévale à deux niveaux qui est aujourd'hui la plus ancienne du comté. De style germanique, elle est la plus ancienne du comté. À l'intérieur de la maison en pierre restaurée, les pièces sont meublées d'antiquités antérieures à 1750.

Landis Valley Museum

2451 Kissel Hill Rd - ✆ 717 569 0401 - www.landisvalleymuseum.org - ✕ P - mar.-sam. 9h-17h, dim. 12h-17h, fermé mar. janv.-mi-mars - 12 $.

Le musée est constitué d'un village (6,4 ha) d'une vingtaine de bâtiments restaurés ou recréés, reproduisant fidèlement la vie rurale de la communauté allemande de Pennsylvanie aux 18e et 19e s. Des démonstrations, assurées par des artisans, sont consacrées à la confection de chaussures, de courtepointes ou à des travaux de tissage.

★ Wheatland

1120 Marietta Ave - ✆ 717 392 4633 - www.lancasterhistory.org - P - lun.-sam. 9h30-17h - visite guidée seult, au départ du Ware Commons, Lancaster County Historical Society ttes les h. de 10h à 15h - 15 $.

Construit en 1828 pour l'avocat et banquier William Jenkins, originaire de Lancaster, ce manoir de style fédéral fut la demeure de **James Buchanan** (1791-1868) – seul président américain originaire de Pennsylvanie – de 1848 à sa mort. Buchanan acheta la propriété alors qu'il n'était que secrétaire d'État, sous la présidence de James Polk. Le mobilier reflète l'activité présidentielle de Buchanan et nombre de pièces décoratives présentées sont des dons provenant de hauts dignitaires étrangers.

★★ COMTÉ DE LANCASTER B1

Le comté de Lancaster offre un tableau bucolique… que vous ne serez pas seuls à goûter. En haute saison, les touristes sont très nombreux et la plupart des attractions ont été pensées à leur attention. Les divers musées, villages historiques et boutiques d'édredons et de dessus-de-lit de Bird-in-Hand, Ephrata ou Intercourse donnent un avant-goût de la culture et du mode de vie amish. N'hésitez pas à vous aventurer dans la campagne, où les fermiers amish cultivent encore leurs terres à la charrue. Sur les **marchés** en bordure des routes sont vendus les produits locaux et les spécialités régionales, comme le *shoofly pie*, tourte à la mélasse extrêmement sucrée.

★★ Communauté d'Ephrata

À 14 miles/22 km au nord-est de Lancaster par la route 222 North puis la route 322 West. 632 W. Main St. - Ephrata (PA) - ✆ 717 733 6600 - www.ephratacloister.org - P - avr.-oct. : lun.-sam. 9h-17h, dim. 12h-17h ; fermé lun. nov.-déc. et mars, fermé lun.-mar. janv.-fév. - 10 $.

C'est dans le nord-est du comté que s'épanouit, de 1732 à 1813, l'une des plus anciennes communautés religieuses des États-Unis, sous la conduite du piétiste allemand **Conrad Beissel** (1691-1768). Les Amish prêchaient le travail et le sacrifice de soi. Les membres célibataires étaient répartis en « frères » et « sœurs », travaillaient 18 heures par jour et dormaient sur d'étroits bancs en bois. La communauté fonda l'une des premières presses d'imprimerie du pays, élabora plus de 1 000 cantiques et créa de superbes lettres enluminées du nom de *Frakturschriften*. Après avoir acquis une notoriété certaine au milieu du 18e s., la communauté déclina progressivement après la mort de Beissel.

La visite propose une vidéo et l'accès à l'austère **Saal**, ou temple (1741), qui servait aux offices. À côté, le bâtiment **Saron** (1743) abritait les sœurs et se composait d'une cuisine, d'une salle d'étude et de cellules réparties sur trois niveaux. Les portes basses obligeaient les membres à s'incliner en signe d'humilité et leur rappelaient combien la voie d'accès au Ciel est étroite.

★ Bird-in-Hand

À 8 miles/13 km à l'ouest de Lancaster, route 340.

bird-in-hand.com.

Le village emprunte son nom à celui d'une taverne locale (18e s.). Pour approcher la culture amish, entrez dans l'**Amish Experience Theater★** de **Plain & Fancy Farm** *(3121 Old Philadelphia Pike/Route 340 - 717 768 8400 - amishexperience.com - - été : lun.-sam. 9h-17h, dim. 11h-17h, se rens. pour les horaires d'hiver - différentes formules à partir de 12,95 $).* Le théâtre propose un spectacle multimédia, *Jacob's Choice (40mn),* qui illustre le conflit intérieur d'un jeune homme, partagé entre sa fidélité aux idéaux amish et son désir de se lancer dans le monde. Vous trouverez sur place un restaurant traditionnel, une épicerie, une boulangerie.

Intercourse

À 4 miles/6 km à l'est de Bird-In-Hand, route 340.

Ce village pittoresque est situé au cœur des terres amish. Ses magasins d'antiquités et boutiques de courtepointes attirent les touristes, tout comme le Kitchen Kettle Village, qui regroupe plus de 40 magasins et stands.

★ Lititz

À 9 miles/14 km au nord de Lancaster, à l'intersection des routes 501 et 722.

Lititz Springs Park Welcome Center - 24 N. Broad St. - 717 626 8981 - lititzpa.com.

Chaque 2e vendredi du mois, les boutiques ferment plus tard et le centre-ville accueille des animations.

Cette petite ville industrielle fut fondée en 1756 par une secte protestante originaire de Moravie et de Bohême (l'actuelle République tchèque), fuyant les persécutions religieuses. Baptisée du nom d'une baronnie de Bohême, Lititz fut rattachée à l'Église de Moravie pendant près d'un siècle. Elle dut sa prospérité à la ligne de chemin de fer Reading-Columbia qui y marqua son premier arrêt en 1863 (et ferma en 1952). C'est aujourd'hui l'une des plus jolies bourgades de la région et le magazine américain *Travel Budget* lui a d'ailleurs décerné en 2013 le titre de « petite ville la plus cool du pays ». **Main Street**, la rue principale, composée de cinq blocs, est bordée d'édifices des 18e et 19e s., dont la **Moravian Church★** (1787) qui domine le paisible **Church Square** *(Main St., entre Cedar St. et Locust St.).*

Lititz Springs Park *(N Broad St. - www.lititzspringspark.org)* est une charmante oasis de verdure où il fait bon pique-niquer ou se reposer à l'ombre des grands arbres en observant les canards, bercé par le clapotis du cours d'eau qui traverse le parc.

★ **Wolf Sanctuary of Pennsylvania** – *465 Speedwell Forge Rd - ✆ 717 626 4617 - wolfsanctuarypa.org - P - horaires variables selon les saisons, voir le calendrier sur le site Internet, réservation nécessaire certains jours, notamment pour les visites les nuits de pleine lune - à partir de 15 $.*

Il n'y a plus de loups à l'état sauvage en Pennsylvanie depuis plus d'un siècle mais il est possible d'en observer en semi-liberté dans ce sanctuaire, où une cinquantaine d'entre eux a été recueillie. Une occasion d'en savoir plus sur ces canidés, leur mode de vie, les dangers qui les menacent et ce qu'il est possible de faire pour les protéger.

★ Strasburg

À 9 miles/14 km au sud-est de Lancaster par la route 462.

Située sur la route reliant York et Philadelphie depuis 1793, Strasburg fut colonisée par les huguenots français avant de devenir communauté allemande. Aujourd'hui la ville est célèbre pour ses attractions ferroviaires.

Strasburg Rail Road – *301 Gap Rd, Ronks (PA) - route 741, à 1 mile/1,6 km à l'est de la 896 - ✆ 717 687 7522 - www.strasburgrailroad.com - ✕ P - horaires variables, consultez le site Internet - fermé janv. - différentes formules à partir de 19 $.* Le site propose un voyage insolite à bord d'un train tout droit sorti de l'époque victorienne tiré par une locomotive à vapeur. À certaines heures, il est possible de se restaurer à bord.

Railroad Museum of Pennsylvania – *300 Gap Rd, Strasburg (PA) - route 741 - ✆ 717 687 8628 -rrmuseumpa.org - P - lun.-sam. 9h-17h, dim. 12h-17h - fermé lun. de nov. à mars - 10 $.* Le musée abrite toute une série de trains historiques et projette différentes vidéos consacrées à l'univers ferroviaire.

★ Columbia

À 13 miles/21 km à l'ouest de Lancaster par la route 30.

445 Linden St. - ✆ 717 684 5249 - parivertowns.com.

Comme certaines de ses voisines, cette jolie petite ville, bordée par la rivière Susquehanna et baptisée en l'honneur du découvreur de l'Amérique, offre à ses visiteurs une promenade agréable avec ses antiquaires et ses restaurants. Les premiers colons européens s'y installèrent en 1726 et développèrent les services de ferry sur le cours d'eau. En 1789, Columbia manqua de peu d'être choisie comme capitale du pays et de l'État – Harrisburg, plus centrale, lui fut finalement préférée. Au 19e s., l'arrivée du chemin de fer accéléra le développement de la ville et finit par supplanter le ferry. La diminution des ressources forestières au début du 20e s. puis la crise des années 1930 et l'arrêt de la ligne ferroviaire entraînèrent le déclin de la cité. Aujourd'hui, elle revit grâce notamment au tourisme.

★★ **National Clock and Watch Museum** – *514 Poplar St. - ✆ 717 684 8261 - nacwcc.org - P - mar.-sam. 10h-17h, dim. 12h-16h - 9 $.*

Lorsqu'il ouvrit ses portes en 1977, ce musée consacré à l'horlogerie comptait quelque 1 000 pièces. Aujourd'hui, ce sont plus de 12 000 objets, montres (à gousset, de poignet, de James Bond…), instruments de navigation, outils de fabrication qui ont investi les vitrines. La visite, organisée de façon chronologique, retrace l'histoire de la mesure du temps depuis la plus haute Antiquité et souligne l'importance du travail des astronomes. Une grande partie des collections est consacrée à l'horlogerie américaine, et notamment à la marque Hamilton, créée et longtemps établie à Lancaster, et dont la montre Ventura fut le modèle fétiche d'Elvis Presley. Plusieurs reconstitutions d'ateliers et vidéos présentent le travail des horlogers à différentes époques. Le clou de la visite est l'incroyable **Engle Monumental Clock**, conçue et achevée après vingt ans de travaux en 1878 par Stephen D. Engle. Considérée à l'époque comme la

8e merveille du monde, cette horloge haute de 3,3 m comprend trois tours et 48 automates qui apparaissent selon les heures sur des musiques différentes. Elle indique même les phases de la lune et les marées ! Plusieurs fois par jour, un employé du musée la met en route pour le plus grand bonheur des visiteurs.

★ **Turkey Hill Experience** – *301 Linden St. - ✆ 844 847 4884- www. turkeyhillexperience.com - P - horaires variables selon les saisons, consultez le calendrier sur le site Internet - plusieurs formules à partir de 19,95 $.*

Cette visite ravira tous les gourmands, quel que soit leur âge ! L'histoire de la marque Turkey Hill a débuté dans une laiterie de la région dans les années 1930. Au fil des décennies, les surplus de lait de l'établissement ont été transformés en produits dérivés, notamment en crèmes glacées dont la réputation a atteint son apogée dans les années 1980. Aujourd'hui, la firme a ouvert à Columbia un espace où l'on découvre, par le biais d'animations interactives, le processus de transformation du lait et où l'on apprend à traire une vache (pis mécaniques !). Les expériences gustatives sont aussi de la partie puisque l'on goûte des glaces, milk-shakes et boissons à base de lait… on peut même créer son propre parfum de glace et imaginer la publicité qui vantera ses mérites !

NOS ADRESSES DANS LE PENNSYLVANIA DUTCH COUNTRY

HÉBERGEMENT

BUDGET MOYEN

Bird in Hand Family Inn – *2740 Old Philadelphia Pike - 17505 Bird-in-Hand - ✆ (717) 696-6730 - http://bird-in-hand.com - P - 125 ch. 129/189 $* - Cet hôtel tenu par la même famille depuis 1925 s'articule autour du bâtiment d'origine de la ferme. Un bon choix pour un séjour avec des enfants qui trouveront sur place de nombreux jeux et pourront découvrir les animaux de la ferme.

Cork Factory – *480 New Holland Ave - 17602 Lancaster - ✆ (717) 735-2075 - www.corkfactoryhotel.com - P - 77 ch. 204/239 $* - . Une fabrique de bouchons (1875) transformée en hôtel ! L'endroit offre de vastes chambres dont la décoration a conservé des éléments d'architecture industrielle. Proche du centre-ville mais une voiture est nécessaire pour s'y rendre.

Country Inn of Lancaster – *2133 Lincoln Hwy E - 17602 Lancaster - ✆ (717) 393-3413 - www.countryinnoflancaster.com - P - 125 ch. 160/175 $* - . Parmi les hôtels et les motels de chaîne qui bordent cette longue route, celui-ci se distingue par son aspect rustique et son emplacement en retrait de la circulation. Une bonne situation entre Lancaster et les environs.

POUR SE FAIRE PLAISIR

The Inn & Spa at Intercourse Village – *3542 Old Philadelphia Pike - 17534 Intercourse - ✆ (717) 768-2626 - www.inn-spa.com - P - 12 ch. 159 $* - . Cette demeure victorienne (1909) au cœur du pays amish abrite un charmant B & B. Les chambres sont meublées de pièces anciennes, les fenêtres garnies de rideaux en dentelle, les lits de couvertures en patchwork, et pour ne rien gâcher, le lieu abrite aussi un spa et un très bon restaurant.

Swiss Woods B & B – *500 Blantz Rd - 17543 Lititz - ✆ (717) 627-3358 - www.swisswoods.com - P - 7 ch. à partir de 185/230 $*. Cette belle maison accueille ses hôtes au

3

cœur d'un domaine de 14 ha, non loin du Wolf Sanctuary. Les chambres, toutes décorées différemment et avec goût, portent des noms qui rappellent la Suisse. Excellent petit-déjeuner fait maison et cookies et boissons à disposition des clients toute la journée. Un bel endroit pour se poser quelques jours.

RESTAURATION

BUDGET MOYEN

Annie Bailey's Irish Pub and Restaurant – *28 E. King St. - 17602 Lancaster - ✆ (717) 393-4000 - www.anniebaileys.com - 11h-2h - plats 16/24 $.* Un pub irlandais tout ce qu'il y a de plus traditionnel ! La Guiness coule à flots, les *fish & chips* croustillent à souhait. Ambiance très sympatique.

Lancaster Brewing Company – *302 N. Plum St. - 17602 Lancaster - ✆ (717) 391-6258 - www.lancasterbrewing.com - 11h30-22h - plats 15/25 $.* Cette brasserie met à l'honneur les produits locaux autant dans l'assiette que dans les verres (bonnes bières).

Smokehouse BBQ & Brews – *3121 Old Philadelphia Pike - 17505 Bird-in-Hand - ✆ (717) 431-8400 - http://smokehousebbqandbrews.com - P - 11h30-19h, vend.-sam. 11h30-20h - plats 14/25 $.* Un endroit pour carnivores (quelques options végétariennes toutefois) : viandes grillées, marinées, fumées… On peut composer des assiettes d'accompagnement pour goûter différents plats. Grand choix de bières produites dans la région.

POUR SE FAIRE PLAISIR

Carr's Restaurant – *50 W. Grant St. - 17603 Lancaster - ✆ (717) 299-7090 - http://carrsrestraurant.com - 11h30-21h30, vend.-sam. 11h30-22h, dim. 11h30-14h30 - fermé lun. - plats 19/35 $.* Situé à deux pas du Marché Central, ce restaurant réputé sert une cuisine américaine et internationale à base de produits frais. La carte est renouvelée régulièrement et il y a toujours quelques spécialités régionales (*meatloaf, pot pie…*). Bon brunch le dimanche.

The Loft – *201 W. Orange St. - 17603 Lancaster - ✆ (717) 299-0661 - www.theloftlancaster.com - 11h30-14h, 17h30-21h, sam. 17h30-21h - fermé dim.-lun. - plats 20/36 $.* Un restaurant en étage, dont le décor un peu d'un autre temps évoque un lieu à mi-chemin entre le relais de chasse et le pub anglais. Ne vous fiez pas aux apparences : la cuisine est excellente et il y a toujours du poisson frais.

PETITE PAUSE

Tomato Pie Café – *23 N. Broad St. - 17543 Lititz - ✆ (717) 627-1762 - www.tomatopiecafe.net - 7h-21h, dim. 8h-17h.* L'endroit parfait pour prendre le petit-déjeuner ou un repas léger. Au menu : salades, sandwichs, quiches dont une fameuse tourte à la tomate qui sert d'enseigne à l'établissement.

ACHATS

Farmer's Market – *22 N. Broad St - 17543 Lititz - www.lititzfarmersmarket.com - de mi-mai à mi-oct. : jeu. 16h30-20h.* De nombreux producteurs de la région se regroupent sur ce charmant marché où l'on trouve des produits frais mais aussi des confitures, des gâteaux…

Julius Sturgis Pretzel Bakery – *219 E. Main St. - 17543 Lititz - ✆ (717) 626-4354 - www.juliussturgis.com - 9h-17h - fermé dim.* Autre record de longévité, cette boulangerie spécialisée depuis 1861 dans les pretzels, ces cousins des bretzels, format XL et tendres. Le bâtiment (mi-18e s.) est aussi l'un des plus anciens de la ville.

Kitchen Kettle Village – *3529 Old Philadelphia Pike - 17529 Intercourse - ✆ (717) 768-8261 - www.kitchenkettle.com - 9h-18h (17h en hiver sf autour de Noël) - fermé dim.* Une quarantaine de boutiques (artisanat, dont les fameux *quilts*, souvenirs, produits de bouche, restauration, etc.) compose ce « village » créé de toutes pièces à l'intention des touristes. On peut malgré tout acheter des confitures, des fromages et des charcuteries locales.

Tanger Outlets – *311 Stanley K. Tanger Bd - 17602 Lancaster - ✆ (717) 392-7260 - ✆ (800) 408-3477 - www.tangeroutlet.com - 9h-21h, dim. 10h-19h.* Plus de 60 magasins d'usine de marques telles que Nike, Levis ou Calvin Klein.

Wilbur Chocolate – *48 N. Broad St - 17543 Lititz - ✆ (888) 294-5287 - www.wilburbuds.com - 9h-17h - fermé dim.* Voici la boutique de l'un des plus anciens chocolatiers américains (1884). On y découvre un petit musée, mais surtout toute la gamme de la maison, dont les fameux *buds*, mini-bouchées qui ont précédé les célèbres *kisses* de Hershey.

ACTIVITÉS

Intercourse Bike Works – *3614 Old Philadelphia Pike - 17529 Intercourse - ✆ (717) 929-0327 - www.intercoursebikeworks.com - 9h-18h, sam. 9h-17h - fermé dim.* Pour se lancer sur les routes du Dutch County à vélo, des tours auto-guidés et thématiques (Wine & Beer, Amish Dinner…) en petits groupes. À partir de 47 $ (équipement et boissons compris).

US Hot Air Balloon Ride – *2737 Old Philadelphia Pike - 17505 Bird-in-Hand - ✆ (800) 763-5987 - www.ushotairballoon.com.* Pour découvrir la région « avec vue » rien de tel qu'une promenade en ballon ! Plusieurs possibilités, de la balade en groupe au charter privé en passant par la croisière thématique. À partir de 199 $/pers.

AGENDA

Lancaster Roots and Blues – *Un long w.-end fin fév.* Ce festival rend hommage aux racines de la musique américaine dans plusieurs salles de Lancaster, dont le célèbre Village Nightclub (villagenightclub.com). *www.lancasterrootsandblues.com.*

Lititz 4th of July – La fête de l'Indépendance (4 juillet) donne lieu à des réjouissances dans le joli parc de la petite ville.

Longs Park Art Festival – *Un long w.-end début sept.* Ce grand parc au nord de Lancaster accueille un festival réputé : expositions d'artistes, concerts… Tout au long de l'été, le dimanche, concerts des Summer Music Series. *longspark.org.*

Whoopie Pie Festival – *Un w.-end en sept.* La ferme Hershey, à Strasburg, célèbre le gâteau le plus emblématique de la région. *whoopiepiefestival.com.*

Pumpkin Madness – *Un dim. début nov.* Un spectacle tout à fait exotique pour les Européens que cette journée organisée autour de la citrouille ! Lancer et sculpture de courges, concours de tartes. Le tout dans une ferme implantée à Ronks, à une douzaine de kilomètres à l'est de Lancaster. *www.cherrycrestfarm.com.*

Southern New Jersey

New Jersey méridional

★★

New Jersey (NJ)

Des lumières étincelantes d'Atlantic City jusqu'à la vallée fertile du Delaware, le New Jersey méridional se caractérise par la diversité de ses attractions naturelles et culturelles. Le quaker John Fenwick établit en 1675 la première colonie de langue anglaise dans cette vallée, où la poterie et l'agriculture avaient été introduites au début de l'an mille par les tribus indiennes lenni lenape. À l'extrémité sud de l'État, entre la baie du Delaware et l'infini de l'Atlantique, Cape May vous attend avec ses jolies maisons victoriennes et ses immenses plages de sable.

S'INFORMER
visitsouthjersey.com.

SE REPÉRER
Carte de région C1-2 (p. 128) – Le New Jersey (dont la capitale est Trenton) est bordé par l'État de New York au nord, l'Atlantique à l'est et le Delaware à l'ouest. Atlantic City se trouve à 127 miles/204 km au sud de New York et à 62 miles/100 km au sud-est de Philadelphie.

À NE PAS MANQUER
Le charme victorien de Cape May.

Découvrir Carte de région p. 128

★★ PRINCETON UNIVERSITY C1

À 45 miles/72 km au nord de Philadelphie.
First Campus Center - ✆ 609 258 3000 - www.princeton.edu.

Installée en pleine verdure, Princeton occupe le même emplacement depuis 1756. L'université, rattachée à l'Ivy League (groupe des huit universités les plus prestigieuses du nord-est des États-Unis), fut fondée en 1746 par des pasteurs presbytériens sous le nom de College of New Jersey. Actuellement, elle compte plus de 5 000 étudiants et s'honore d'inclure dans ses anciens élèves les présidents James Madison et Woodrow Wilson.

L'immense campus ombragé comporte plus de 180 bâtiments aux styles architecturaux les plus divers. Élevé en 1756, **Nassau Hall★**, de style néoclassique, s'enorgueillit d'une **Faculty Room★** lambrissée, qui a été dessinée sur le modèle de la Chambre des Communes. Derrière, la cour de style georgien incluait à l'origine East College (aujourd'hui détruit) et West College, tous deux édifiés en 1836. Au début des années 1900, Ralph Adams Cram, spécialiste de l'art gothique, ébaucha un nouveau plan ; on lui doit notamment la **chapelle★** (1928), dont l'architecture triomphante s'inspire du King's College de Cambridge (Angleterre).

Marquant la limite nord-ouest de l'université, Nassau Street constitue la principale artère de la ville de **Princeton★**. Les bâtiments de style colonial ou fédéral et les édifices de style néo-Tudor dominent un centre-ville ne présentant que peu d'intérêt.

Nassau Street, Princeton.
Fotosearch RM/age fotostock

★ Princeton University Art Museum

McCormick Hall, sur Nassau St. (au centre du campus universitaire) - ✆ 609 258 3788 - artmuseum.princeton.edu - P - mar.-merc. et vend.-sam. 10h-17h, jeu. 10h-21h, dim. 12h-17h - entrée libre.

Ouvert en 1882 pour rassembler les différentes ressources pédagogiques, le musée abrite une collection aussi vaste que diverse. Parmi les salles les plus représentatives, il convient de citer la **galerie de la peinture et de la sculpture américaines** (avec des œuvres d'Augustus Saint-Gaudens et de Frederic Remington), l'importante exposition de céramiques de la Grèce antique, la **galerie romane** et ses frises funéraires, les **galeries asiatiques** (où bronzes, estampes et calligraphie restituent quatre millénaires d'art oriental) et les **galeries d'art européen** et leur **salle médiévale**.

ATLANTIC CITY C2

Atlantic City Convention & Visitors Authority – *2314 Pacific Ave - ✆ 609 348 7100 - atlanticcitynj.com.*

Cette station balnéaire fut fondée dans les années 1820 par le docteur Jonathan Pitney afin de promouvoir les vertus thérapeutiques de l'eau de mer. Depuis sa création, Atlantic City n'a cessé de symboliser la civilisation américaine des loisirs. Jacob Kelm, propriétaire d'hôtels, et Alex Boardman, cadre dans l'industrie ferroviaire, créèrent la première promenade en bord de mer afin de maintenir le sable à distance des hôtels. Dès 1900, parcs de loisirs, numéros de cirque et orchestres musicaux firent de la station une référence en termes de loisirs. La première miss des États-Unis y fut couronnée en 1921.

Aujourd'hui, les jeux d'argent semblent demeurer la raison d'être d'Atlantic City, dont les casinos rutilants et tape-à-l'œil sont installés à proximité ou en bordure du **Boardwalk**★, promenade longue de 7,2 km, qui n'a pas été épargnée ces dernières années : dévastée par l'ouragan Sandy en octobre 2012, la promenade a été la proie des flammes en 2013. Les dégâts ont été réparés et on peut à nouveau arpenter le légendaire front de mer, qui a donné son nom à un roman, puis à une série américaine, *Boardwalk Empire*, consacrée à l'homme politique mafieux Enoch L. Johnson (Thompson dans la série). « Nucky » a tenu la ville dans ses griffes pendant les années 1920-1930 (*p. 653*).

Absecon Lighthouse – *31 Rhode Island Ave - 609 449 1360 - www.abseconlighthouse.org - juil.-août : tlj 10h-17h (20h jeu.) ; juin et sept. : jeu.-lun. 11h-16h - 8 $.* Avec ses 50,9 m, le plus haut phare du New Jersey est aussi le troisième du pays. Il s'est allumé pour la première fois en 1857.

★★ CAPE MAY C2

À 46 miles/74 km au sud d'Atlantic City.

Welcome Center – *609 Lafayette St. - 609 884 5508 - www.capemay.com.*
Sa situation entre l'Atlantique et la baie du Delaware constitue l'un des principaux atouts de Cape May. Elle attira à l'origine les pêcheurs de baleine de Nouvelle-Angleterre, qui vinrent s'installer là dans les années 1680. Forte de ses longues plages et de l'air du large, la bourgade devint une station balnéaire très prisée à partir du 19e s. On construisit alors villas et hôtels qui disparurent au cours de différents incendies, en particulier celui de 1878, et furent remplacés par des demeures de style victorien, très en vogue à l'époque. Classée patrimoine national (National Historic Landmark) depuis 1976, Cape May doit sa réputation touristique à son incomparable architecture victorienne, ses plages de sable et son éventail de manifestations culturelles : **Spring Festival** (avril-mai), **Cape May Music Festival** *(mai-juin)* et **Victorian Week** *(octobre). Rens. www.capemaymac.org.*

★★ Downtown

Le charme victorien de Cape May réside essentiellement dans le centre-ville, délimité par Congress Street et Franklin Street d'une part, et Beach Avenue et Lafayette Street d'autre part. Il est préférable de le découvrir à pied.

Hughes Street★, **Columbia Avenue★**, où se dresse Chalfonte Hotel (1876) – villa américaine et plus ancien hôtel en activité de Cape May –, et **Jackson Street★** constituent quelques-uns des plus beaux échantillons architecturaux de la ville. Prenez le temps de boire un verre dans l'une des demeures de ce quartier historique, à l'ornementation excentrique (galets en écaille et balustrades sculptées).

LE FER DE LA GUERRE

Dès les années 1770, les dissensions avec l'Angleterre tournant au conflit armé que l'opinion prévoyait, le sud du New Jersey joua un rôle logistique décisif. Aussi fut-il le théâtre de deux grandes batailles : Trenton et Princeton. Les terres sableuses et boisées de **Pine Barrens★**, situées au-dessus d'un énorme aquifère, fournirent le fer nécessaire à la fabrication des munitions lors de la guerre d'Indépendance. L'un des premiers hauts fourneaux de Pine Barrens fut construit à **Batsto Village★★** *(à Wharton State Forest, route 542 - 609 561 0024 - www.batstovillage.org -* ♿ P*)*, qui continue de refléter la vie d'une colonie rurale du 19e s. Au tournant du 20e s. se développèrent la culture de la myrtille et celle de la canneberge, toujours florissante. Aujourd'hui, le New Jersey méridional associe harmonieusement le charme de son passé colonial et l'agrément d'un cadre paisible.

Les planches d'Atlantic City.
J. Greenberg/age fotostock

★ Emlen Physick Estate

1048 Washington St. - ✆ 609 884 5404 - www.capemaymac.org - P - poss. de visite guidée, horaires variables, consultez le site Internet - 12 $.

On attribue à **Frank Furness**, célèbre architecte de Philadelphie, la paternité de ce manoir bâti pour le docteur Emlen Physick (1879), petit-fils du célèbre docteur Philip S. Physick (*p. 142*). La demeure est un des rares exemples du **Stick Style** (le style « bâton »), un des avatars du style victorien qui souligne la structure du bâtiment par l'application de boiseries décoratives sur une ossature en bois. Le décor intérieur a été modifié en 1889, aménagements visibles notamment dans le hall et le superbe escalier.

★ Cape May Lighthouse

À 3 miles/5 km au sud de Cape May, dans Cape May Point State Park.
215 Light House Ave - ✆ 609 884 5404 - www.capemaymac.org - P - horaires variables, en général 10h-16h, consultez le site Internet - 8 $.

Construit en 1859, il continue d'éclairer l'accès à Philadelphie via le Delaware. Ses 199 marches conduisent à une exposition et offrent, à chaque étage, une vue magnifique.

★ Historic Cold Springs Village

À 3 miles/5 km au nord de Cape May, route 9.
720 Seashore Rd (US 9) - ✆ 609 898 2300 - hcsv.org - P - juil.-août : mar.-dim. 10h-16h30 ; hors saison les bâtiments sont fermés, mais le parc demeure accessible - 14 $.

Ce musée en plein air comporte plus de 25 bâtiments du 19e s. restaurés. Le **Visitor Center** (1894) projette une vidéo sur la vie à l'époque de leur construction. Ce site boisé sert également de cadre à diverses démonstrations d'artisanat traditionnel.

Une pause est possible à la micro-brasserie locale, **Cold Springs Brewery** *(733 Seashore Rd - www.coldspringbrewery.org - mar.-sam. 12h-20h, 18h le dim.)*, installée dans une ferme du début du 19e s.

Baltimore et la baie de Chesapeake 4

Carte Michelin National 761 et carte Michelin Régional 582
Carte de région, p. 184-185.

Chesapeake Bay Bridge.
P. A. Souders/Corbis/VCG/Getty Images

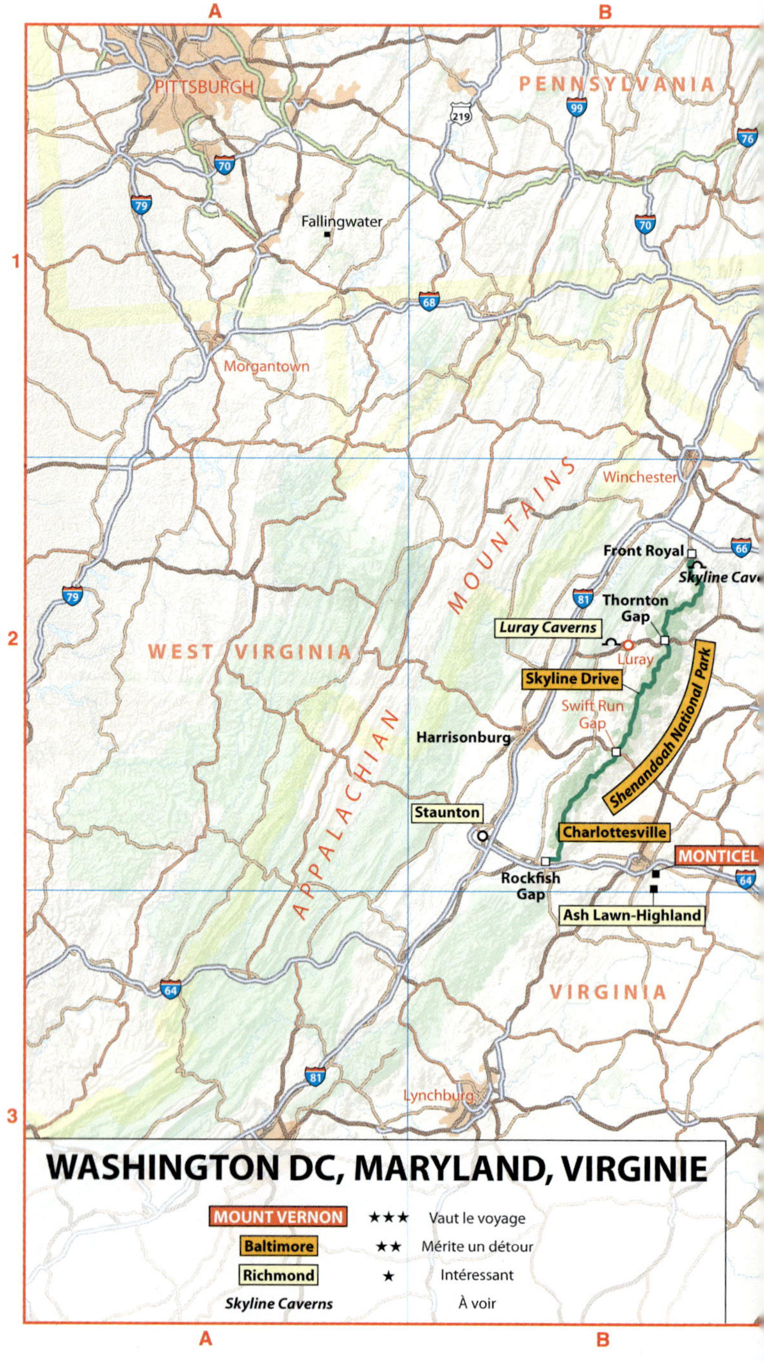
A
B
1
2
3
PITTSBURGH
PENNSYLVANIA
219
99
76
70
79
Fallingwater
68
Morgantown
MOUNTAINS
Winchester
Front Royal
66
Skyline Cav
81
Thornton Gap
Luray Caverns
Luray
WEST VIRGINIA
Skyline Drive
Swift Run Gap
Shenandoah National Park
Harrisonburg
APPALACHIAN
Staunton
Charlottesville
MONTICEL
Rockfish Gap
Ash Lawn-Highland
VIRGINIA
Lynchburg
WASHINGTON DC, MARYLAND, VIRGINIE
MOUNT VERNON ★★★ Vaut le voyage
Baltimore ★★ Mérite un détour
Richmond ★ Intéressant
Skyline Caverns À voir
A
B

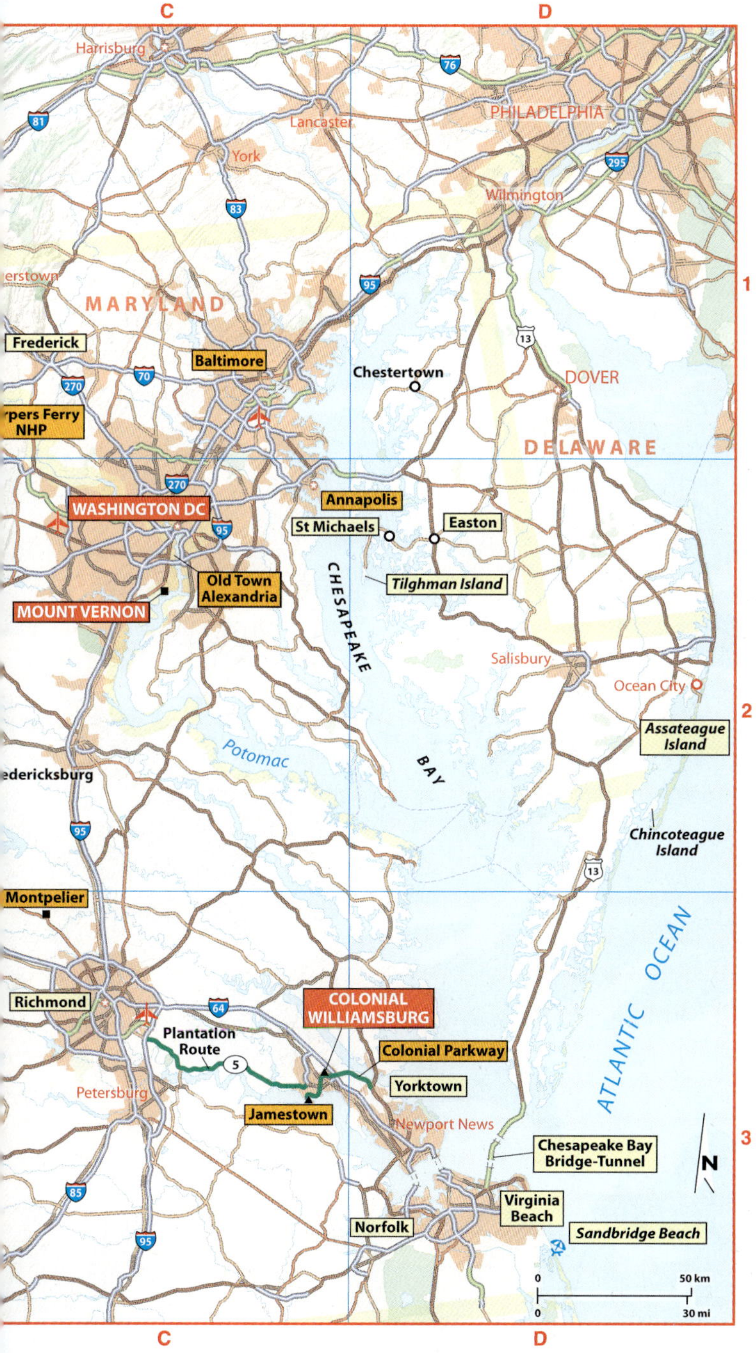
C
D
1
2
3
Harrisburg
Lancaster
York
PHILADELPHIA
Wilmington
MARYLAND
DELAWARE
DOVER
Frederick
Baltimore
Chestertown
pers Ferry NHP
WASHINGTON DC
Annapolis
St Michaels
Easton
Tilghman Island
Old Town Alexandria
MOUNT VERNON
CHESAPEAKE BAY
Salisbury
Ocean City
Assateague Island
Potomac
edericksburg
Chincoteague Island
Montpelier
ATLANTIC OCEAN
Richmond
COLONIAL WILLIAMSBURG
Plantation Route
Colonial Parkway
Yorktown
Petersburg
Jamestown
Newport News
Chesapeake Bay Bridge-Tunnel
Virginia Beach
Sandbridge Beach
Norfolk
N
0
50 km
30 mi

Grand angle sur la baie de Chesapeake

Le plus grand estuaire des États-Unis et le troisième du monde par la taille s'étire sur environ 320 km de longueur entre Havre de Grace (Maryland) et Norfolk (Virginie), et sur 5,4 à 56 km de largeur. Il compte 18 804 km de littoral, incluant des zones humides de marées et des centaines d'îles, soit plus que toute la côte ouest du pays. Alimenté par un nombre incalculable de voies d'eau dont cinquante tributaires majeurs au nombre desquels la Susquehanna, le Potomac, le Rappahannock, la York et la James, il contient plus de 57 000 millions de litres d'eau. La baie n'est pas très profonde, 6,4 m en moyenne, et le point le plus profond se trouve au sud-est d'Annapolis (Maryland), à Bloody Point (53 m).

UN ÉCOSYSTÈME UNIQUE

Cet espace où se rencontrent eau douce et eau salée abrite une **vie animale et végétale exceptionnelle** : on y trouve 348 espèces de poissons, 173 espèces de coquillages, 1 000 autres espèces d'animaux, 2 700 espèces de plantes… Cet écosystème est vital pour l'économie de la région qui est la **plus grande zone de pêche du pays** (plus de 227 000 tonnes chaque année). Les Indiens Algonquins ne s'y étaient pas trompés, eux qui avaient nommé l'endroit *chesepiooc*, « grande baie aux coquillages ». Plus de **17 millions de personnes**, en Virginie, au Maryland, au Delaware, en Virginie-Occidentale, en Pennsylvanie, à New York et à Washington DC, vivent autour de la baie ou de son exploitation, dont 10 millions directement sur les côtes.

UNE ZONE MORTE ?

Cette énorme pression humaine, agricole et industrielle n'est pas sans **répercussions écologiques** sur le milieu naturel. La baie, qui connaît des problèmes de pollution depuis les années 1970, détient la triste palme de la première **zone morte** de la planète. On considère aujourd'hui qu'environ 40 % de la baie est « morte », c'est-à-dire que la présence d'algues asphyxie les eaux à tel point que la vie ne peut plus s'y développer. De nombreux efforts sont faits, notamment par le biais de la **Chesapeake Bay Foundation** *(www.cbf.org)*, pour prévenir la pollution et préserver ce qui peut encore l'être. Dans les lieux désignés, la baignade est sûre, tout comme la consommation des fruits de mer. Afin de se débarrasser des déchets qui envahissaient le port de Baltimore, un système flottant de ramassage automatique mû par roue hydraulique et énergie solaire a été installé en mai 2014. La **Inner Harbor Water Wheel**, affectueusement rebaptisée Mister Trash Wheel (« Monsieur Roue à ordures ») *(healthyharborbaltimore.org - face au quai 6 et à l'hôtel Marriott)*, a traité depuis son inauguration plus de 900 tonnes de déchets. La famille s'est agrandie avec la mise en service de Professor Trash Wheel (2016) et Captain Trash Wheel (2018), dans deux autres quartiers de la ville.

Vue aérienne de Chesapeake Bay.

SuperStock/Science Faction Images/age fotostock

Baltimore

★★

621 849 hab. - Maryland (MD)

Principale ville du Maryland, Baltimore a connu dans les années 1980 une spectaculaire renaissance. Le port industriel en déclin de la baie de Chesapeake a laissé place à une métropole active, au centre-ville hérissé de gratte-ciel signés par les architectes les plus réputés des États-Unis. Riche d'une longue histoire, connue pour ses traditions culinaires, Baltimore est désormais une destination touristique à part entière et une ville à (re)découvrir.

NOS ADRESSES PAGE 200
Hébergement, restauration, achats, activités, etc.

S'INFORMER

Visitor Center B3 – *401 Light St. - ✆ (1) 877 225 8466 - www.baltimore.org.*

Fell's Point Visitor Center D3 – *1724 Thames St. - ✆ 410 675 6750 - www.preservationsociety.com.*

SE REPÉRER

Carte de région C1 (p. 184-185), plan de la ville p. 192-193. Grand port américain, Baltimore est situé dans la partie centrale du Maryland ; la ville se trouve à environ 65 km au nord-est de Washington DC.

SE GARER

Il n'est pas difficile de laisser sa voiture avant de partir à la découverte de la ville à pied, en bus ou en navette fluviale. Plusieurs parkings, couverts ou non, sont aménagés autour d'Inner Harbor, dont un derrière le Maryland Science Center.

Pour trouver un emplacement au meilleur prix, consultez le site baltimore.bestparking.com.

À NE PAS MANQUER

Le Walters Art Museum, le Baltimore Museum of Art, le Baltimore Museum of Industry, le quartier de Fell's Point.

ORGANISER SON TEMPS

On peut passer trois ou quatre jours à Baltimore, en prenant le temps de flâner dans les différents quartiers.

AVEC LES ENFANTS

L'aquarium, le Maryland Science Center, le B & O Railroad Museum.

Le port de Baltimore.
SeanPavonePhoto/iStock

Découvrir le Baltimore Museum of Art★★

Plan de la ville p. 192-193, B1 en dir.

10 Art Museum Dr. (angle N. Charles St. et 31st St.) - bus MTA 3 de Charles St. et MTA 11 de Penn Station - ✆ 443 573 1700 - www.artbma.org - merc.-vend. 10h-17h, sam.-dim. 11h-18h - entrée libre.

Fierté de la ville, le musée d'art s'est refait une beauté pour son 100e anniversaire, célébré en 2014. Installé dans ce bâtiment conçu dans les années 1920 par John Russell Pope, tenant américain du néoclassicisme, il a gagné de nouveaux espaces et redéployé ses collections variées.

Si le BMA a été pionnier à de nombreuses occasions, par exemple en organisant la première exposition d'art africain (1936) et d'artistes afro-américains du pays (1939), il est surtout connu pour abriter la **Cone Collection**★★★ (art français fin 19e s.-1re moitié du 20e s.). Léguée au musée en 1950, la fabuleuse collection des sœurs Etta (1870-1949) et Claribel (1864-1929) Cone, natives de Baltimore, attire à juste titre les amateurs du monde entier. Prises de passion pour l'art français et aidées par leur amie Gertrude Stein, elles acquirent dès 1898 des œuvres de Picasso, Cézanne, Degas, Monet, Van Gogh, Gauguin, et surtout **Matisse**, avec qui les deux sœurs eurent de nombreux échanges. Le musée possède aujourd'hui un des plus beaux fonds d'œuvres du peintre au monde, dont le *Nu bleu* (1907), le *Nu rose* (1935) ou encore *Robe violette*

DIX ŒUVRES À NE PAS MANQUER AU BMA

Antoine Van Dyck – *Renaud et Armide*, 1629 (European Painting & Sculpture Galleries)
Paul Gauguin – *Vahine no te Vi (Femme à la mangue)*, 1892 (Cone Collection Galleries)
Paul Cézanne – *La Montagne Sainte-Victoire vue de la carrière Bibémus*, 1897 (Cone Collection Galleries)
Henri Matisse – *Nu bleu (Souvenir de Biskra)*, 1907 (Cone Collection Galleries)
Henri Matisse – *Grand nu couché (Nu rose)*, 1935 (Cone Collection Galleries)
Georgia O'Keeffe – *Pink Tulip*, 1926 (American Wing Galleries)
Joan Miró – *Portrait n° 1*, 1938 (Modern Art Galleries)
Andy Warhol – *The Last Supper*, 1986 (Contemporary Wing)
Olafur Eliasson – *Flower Observatory*, 2004 (Contemporary Wing)
Alexander Calder – *100 Yard Dash*, 1969 (Sculpture Garden)

Trajectoire d'un port

Reconnu officiellement le 30 juillet 1729, le port de Baltimore existe depuis 1706. Il se trouve dans la colonie du Maryland, fondée en 1632, au cœur d'une région agricole fertile et à proximité de grandes plantations de tabac qui recherchaient un point d'exportation pour leurs produits.

PORT, TRANSPORT ET FORT

L'estuaire du fleuve Patapsco, dans la baie de Chesapeake, est un site propice au développement de Baltimore. Grand port américain le plus proche des Antilles, alors en plein boom sucrier, la ville devient la plaque tournante du trafic d'**esclaves** envoyés dans les plantations américaines. De ses chantiers de **construction navale** sortent dès la fin du 18e s. les premiers schooners connus sous le nom de **Baltimore Clippers**. Comptant parmi les foyers de l'Indépendance américaine, Baltimore s'oppose avec force aux Britanniques pendant la guerre de 1812. Le 13 septembre 1814, les navires de guerre anglais bombardent sans succès le fort McHenry.

L'INDUSTRIE, CLÉ D'AVENIR

En 1825, Baltimore, deuxième ville de la jeune nation, produit et exporte toutes sortes de marchandises. Déjà intense, l'activité du port est renforcée en 1830 par l'ouverture de la ligne de chemin de fer **Baltimore and Ohio Railroad**, qui établit la jonction avec la rivière Ohio, axe déterminant pour la circulation des biens et des personnes vers l'Ouest (*p. 200*). La **guerre de Sécession** (1861-1865) offre à la ville nordiste, qui se situe à la limite des États confédérés, des débouchés inespérés à son économie : pour faire face à la demande d'uniformes, Baltimore devient l'un des grands centres de l'**industrie textile** américaine. Après le conflit, la ville absorbe un apport massif de population en provenance du Sud mais aussi d'**immigrants européens**. Cette main-d'œuvre favorise les activités industrielles, au premier rang desquelles l'**agroalimentaire** et la **sidérurgie**. En février 1904, une grande partie du centre-ville est ravagée par un **incendie** qui ne fait miraculeusement qu'une seule victime. C'est l'occasion de reconstruire une cité plus moderne.

D'AUTRES SOLUTIONS

En 1950, la ville, qui compte près d'un million d'habitants, se classe au 6e rang démographique du pays. Elle entame une période de **déclin** qui culmine dans les années 1960 et 1970 avec la **désindustrialisation massive** des villes américaines. Après avoir changé de mains plusieurs fois depuis sa création en 1889, l'aciérie de Sparrows Point, devenue le fantôme d'elle-même, a finalement fermé ses portes en 2012, alors qu'elle avait été dans les années 1950 la plus importante au monde, employant près de 35 000 personnes. Baltimore doit produire de gros efforts pour se réinventer, et se transforme avec succès en lançant des **plans de réhabilitation** à partir des années 1980. Aujourd'hui, les secteurs dominants sont l'éducation, la médecine et la recherche scientifique, grâce à la très réputée **Johns Hopkins University**. Le tourisme occupe une part non négligeable dans le redéploiement de la cité, tout comme la construction navale et les activités portuaires (11e rang américain). La ville fait désormais partie de la **grande banlieue de Washington DC**, à 30mn de train seulement de la capitale. Nombreux sont les Baltimoriens à effectuer l'aller-retour quotidien, car se loger à Baltimore est infiniment moins onéreux.

avec anémones (1937). Les appartements des deux collectionneuses ont été reconstitués grâce à des documents d'archives, tandis qu'un ingénieux dispositif interactif montre, grâce à une visite virtuelle, la façon dont elles avaient disposé leurs acquisitions.
Le musée possède aussi d'importantes collections d'**art africain★★**, **européen★** (17e-19e s.), un vaste fonds d'**art américain★★** (Warhol, Johns, Stella, O'Keeffe, De Kooning, etc.), dont une section **arts décoratifs★★** qui comprend d'intéressantes *period rooms* (pièces d'art décoratif reconstituées par époque). Présentées de façon thématique, les collections d'**art contemporain★★** (des années 1950 à nos jours) sont installées dans une nouvelle aile, vaste et lumineuse, et rassemblent un des plus grands ensembles de travaux de **Warhol** visibles aux États-Unis. Situé au 1er niveau, l'Atrium Court est bordé d'exceptionnelles **mosaïques★★** (2e-6e s.) provenant d'Antioche (Turquie actuelle), ancienne capitale de la Syrie romaine.
Dans le **Sculpture Garden★** *(ouv. jusqu'au crépuscule)*, deux jardins paysagers abritent trente-quatre sculptures de la fin du 19e s. aux années 1980 (Rodin, Bourdelle, Calder, Heizer, etc.). Des concerts de jazz y sont organisés en été.
Le restaurant Gertrude mérite une visite à part entière (Nos adresses).

Se promener Plan de ville p. 192-193

★★ INNER HARBOR ET HARBOR EAST BC2-3

baltimorewaterfront.com.
Sauvé de la décrépitude qui était la sienne dans les années 1960, le port de Baltimore renaît de manière spectaculaire. C'est aujourd'hui le centre de gravité de la ville, point de départ de courtes croisières et agréable lieu de promenade, non loin d'un des derniers « géants » de l'industrie locale : la raffinerie de sucre Domino qui fonctionne depuis les années 1920. L'un des symboles de la renaissance de l'Inner Harbor est la transformation réussie de la centrale électrique, à proximité de l'aquarium, en un centre commercial attrayant. Depuis 2010, Inner Harbor s'étend vers l'est, gagnant sur le *no man's land* le petit quartier de **Harbor East**, à la fois résidentiel et commerçant. Ses rues sont organisées autour de l'imposant monument commémoratif du massacre de Katyn, perpétré par les Soviétiques contre l'armée polonaise en 1943, qui témoigne de l'importance historique de la communauté polonaise à Baltimore.

4

★ Maryland Science Center B3

601 Light St. - 410 685 2310 - www.mdsci.org - mar.-vend. 10h-17h, sam. 10h-18h, dim. 11h-17h (fermeture 1h plus tôt sept.-mars) - à partir de 24,95 $.
Comme tant de villes américaines, Baltimore possède son musée des sciences *hands on*, un lieu où le visiteur est invité à toucher à tout et à tout essayer. L'endroit séduit, et pour cause, un vaste public de petits et grands curieux qui y découvriront de quoi percer de nombreux mystères : vie et mort des dinosaures, fonctionnement du corps humain, secrets de l'énergie, prodiges de la conquête spatiale… Dans chaque section, des ateliers et des démonstrations ont lieu au fil de la journée. On peut aussi voir des films dans la salle IMAX et dans celle du planétarium *(programme et horaires à l'accueil)*.

★ Top of the World B2

401 E. Pratt St. - 410 837 8439 - www.viewbaltimore.org - juin-sept. : lun.-jeu. 10h-18h, vend.-sam. 10h-19h, dim. 11h-18h - fermé lun.-mar. le reste de l'année - 6 $ - proposé dans le Harbor Pass (p. 201).

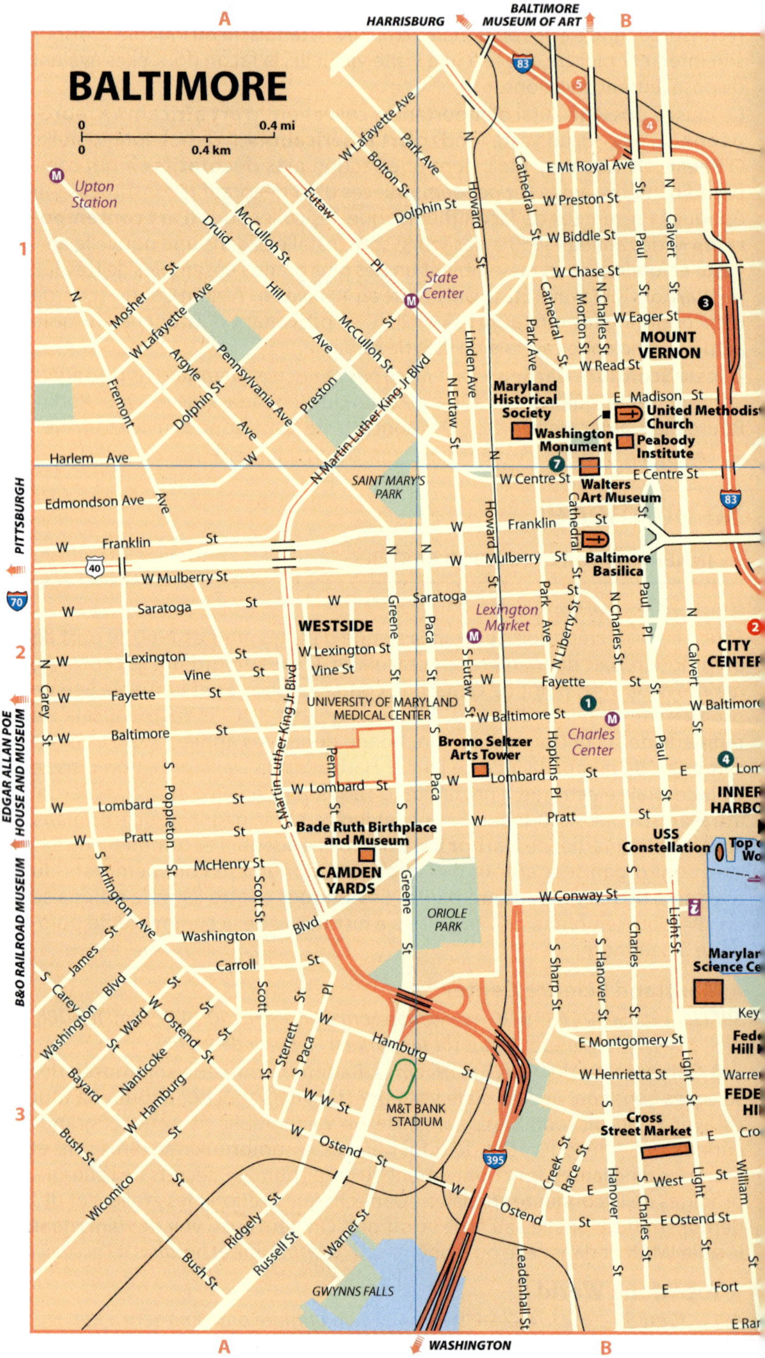
BALTIMORE
0 0.4 mi
0 0.4 km
HARRISBURG
BALTIMORE MUSEUM OF ART
PITTSBURGH
EDGAR ALLAN POE HOUSE AND MUSEUM
B&O RAILROAD MUSEUM
WASHINGTON
Upton Station
State Center
Lexington Market
Charles Center
MOUNT VERNON
Maryland Historical Society
Washington Monument
Walters Art Museum
United Methodist Church
Peabody Institute
Baltimore Basilica
SAINT MARY'S PARK
WESTSIDE
CITY CENTER
UNIVERSITY OF MARYLAND MEDICAL CENTER
Bromo Seltzer Arts Tower
Bade Ruth Birthplace and Museum
CAMDEN YARDS
ORIOLE PARK
M&T BANK STADIUM
USS Constellation
INNER HARBOR
Cross Street Market
GWYNNS FALLS
Harlem Ave
Edmondson Ave
W Franklin St
W Mulberry St
W Saratoga St
W Lexington St
Vine St
W Fayette St
W Baltimore St
W Lombard St
W Pratt St
McHenry St
Washington Blvd
Carroll St
W Conway St
Hamburg St
W Ostend St
E Mt Royal Ave
W Preston St
W Biddle St
W Chase St
W Eager St
W Read St
E Madison St
E Centre St
W Centre St
E Montgomery St
W Henrietta St
E West St
E Ostend St
E Fort
N Howard St
N Eutaw St
Linden Ave
Park Ave
Cathedral St
N Charles St
Morton St
St Paul St
N Calvert St
Light St
Leadenhall St
S Hanover St
S Sharp St
Greene St
Paca St
Penn St
Scott St
Poppleton St
N Carey St
Fremont Ave
Mosher St
W Lafayette Ave
Druid Hill Ave
McCulloh St
Eutaw Pl
Bolton St
Dolphin St
Pennsylvania Ave
Argyle Ave
Preston St
N Martin Luther King Jr Blvd
S Martin Luther King Jr Blvd
S Arlington Ave
James St
S Carey St
Washington Blvd
Ward St
W Ostend St
Nanticoke St
W Hamburg St
Bayard St
Bush St
Wicomico St
Ridgely St
Russell St
Warner St
Sterrett St
S Paca St
W West St
Creek St
Race St
Hanover St
S Charles St
William St
Key
83
395
40
70

SE LOGER
Admiral Fell Inn 3
Brookshire Suites 4
Homewood Suites by Hilton Baltimore 6
Hotel Revival 7
Lord Baltimore 1
SE RESTAURER
Ampersea 6
Attman's Delicatessen 1
Café Gia 11
Ida B's Table 2
Phillips Seafood 10
Thames Street Oyster House 8
GREENMOUNT CEMETERY
Johns Hopkins Station
Shot Tower Station
Star-Spangled Banner Flag House
LITTLE ITALY
Baltimore Maritime Museum
Broadway Market
Robert Long House
HISTORIC FELL'S POINT
HARBOR EAST
Frederick Douglass and Isaac Myers Maritime Park
PATTERSON PARK
NORTHWEST HARBOUR
Baltimore Museum of Industry
PHILADELPHIA
FORT MC HENRY
E Hoffman St
E Preston St
E Biddle St
E Chase St
E Eager St
Madson
Monument
Orleans St
E Fayette St
E Baltimore St
E Lombard St
Pratt St
Jefferson St
E Fairmount Ave
Gough St
Bank St
Eastern Ave
Fleet St
Aliceanna St
Lancaster St
Thames St
Feel St
Foster Ave
Fait Ave
Hudson St
Boston St
Essex St
Key Hwy
Harvey St
E Fort Ave
Hull St
Haubert St
Key Hwy E
N Broadway
S Broadway
N Caroline St
S Caroline St
N Central Ave
S Central Ave
N Wolfe St
S Wolfe St
N Washington St
S Washington St
N Patterson Park Ave
S Patterson Park Ave
N Chester St
S Chester St
N Collington Ave
N Castle St
N Port St
N Ann St
S Ann St
S Durham St
S Regester St
S Bethel St
S Bond St
S Eden St
S Exeter St
S High St
S President St
Harford Ave
Aisquith St
Ensor St
Colvin St
Low St
S Montford Ave
40
C
D
1
2
3
N

Lieu idéal pour commencer la visite de Baltimore, le 27e niveau du **World Trade Center★** (1978, I. M. Pei) offre une **vue★** exceptionnelle à 360° sur la ville et ses environs. Au rez-de-chaussée, un petit mémorial rend hommage aux victimes des attentats du 11-Septembre.

★★ National Aquarium C2

Pier 3, 501 E. Pratt St. - ✆ 410 576 3800 - www.aqua.org - horaires variables, consulter le site web - 39,95 $ - le billet d'entrée comprend le programme des activités et des spectacles quotidiens - proposé dans le Harbor Pass (p. 201).

Abrité dans deux bâtiments couronnés de pyramides en verre, l'aquarium est l'attraction la plus prisée de Baltimore : autant dire que vous n'y serez pas seul. L'aquarium principal, bâti sur cinq niveaux desservis par des tapis roulants, abrite la plupart des expositions au fil desquelles différents milieux ont été recréés. L'**Amazon River Forest** reconstitue en particulier le milieu amazonien et montre serpents et grenouilles géantes ; dans **Australia : Wild Extremes** est recréée une rivière qui s'écoule dans une gorge avec toute la faune locale (crocodiles, tortues, pythons à tête noire, etc.). Dernier des espaces ouverts au public, le **Blacktip Reef** présente, au centre de l'aquarium, la réplique d'un récif de corail du bassin indo-pacifique avec plus de 700 animaux de 65 espèces différentes. L'amphithéâtre du pavillon des mammifères marins, le **Dolphin Discovery**, propose plusieurs fois par jour des sessions d'information sur les dauphins, spécimens à l'appui, pour un temps limité sans doute : consciente de l'aspect « contre nature » des spectacles, la direction les a arrêtés en 2012, et songe à transférer ses hôtes dans une grande réserve, loin des yeux du public.

★ Baltimore Maritime Museum C2

Vente des billets Pier 3, à côté du Lightship Chesapeake - ✆ 410 539 1797 - www.historicships.org - horaires variables selon les saisons et les bâtiments : juin-août 10h-18h au minimum - 15-18 $ selon le nombre de lieux visités.

Ce musée flottant se compose de cinq attractions situées entre les quais 1 et 5. Chacune propose des animations différentes et des visites guidées qui varient au fil de la journée *(programme affiché devant chaque lieu)*.

Pier 1 – Corvette mise à l'eau en 1854, l'**USS Constellation** prit part à la guerre de Sécession puis servit de navire-école à l'Académie maritime d'Annapolis.

Pier 3 – On visite le **bateau-phare Chesapeake** (1930), à côté duquel est ancré le sous-marin furtif **USS Torsk** (1945), qui comptabilise un nombre record de plongées (11 884).

Pier 5 – Le bateau garde-côte **Roger B. Taney** (1936) est le dernier témoin de l'attaque japonaise contre la base navale américaine de Pearl Harbor.

Tout au bout de la jetée, le **phare Seven Foot Knoll** constitue le plus ancien bâtiment *screwpile* du Maryland. Il est appelé ainsi car il est maintenu à l'aide de sept pieux en fonte fixés à même la baie.

★★ HISTORIC FELL'S POINT D2-3

Situé à l'est d'Inner Harbor, de Harbor East et de Little Italy, Fell's Point est le plus ancien quartier de Baltimore et, paradoxalement, le mieux préservé. Il doit son nom à **William Fell**, propriétaire de la zone dans les années 1720. Son port en eau profonde le désigna pour l'implantation des **chantiers navals** qui firent la réputation et la prospérité de la ville. Les populations immigrées, employées en masse dans le secteur, s'installèrent à proximité.

Épargné par le grand incendie de 1904, Fell's Point est tombé en déshérence dans la première moitié du 20e s. et a même failli disparaître dans les années

1960 sous la menace d'un projet autoroutier qui ne vit heureusement jamais le jour. Inscrit au National Register of Historic Districts, il bénéficie d'une politique de rénovation qui a porté ses fruits. C'est aujourd'hui un quartier plein de charme avec ses rues pavées et ses maisons anciennes, qui entourent le **Broadway Market** (D3) (1796), l'un des marchés couverts les plus anciens de la ville. C'est aussi un quartier prisé, en pleine « gentrification », et un des hauts lieux de la vie nocturne locale. On y flâne, on y fait du shopping dans des petites boutiques originales et on y déguste d'excellents repas.

Robert Long House – D3 - *812 S. Ann St. - ✆ 410 675 6750 - visite guidée uniquement, rens. www.preservationsociety.com.* Construite vers 1765 par un marchand originaire de Pennsylvanie – ce que traduit le style architectural –, cette maison est l'édifice résidentiel le plus ancien de Baltimore. Le charmant **Robert Long House Colonial Garden** attenant est ouvert au public du lever au coucher du soleil *(avr.-nov. - entrée libre).*

Frederick Douglass and Isaac Myers Maritime Park C3

1417 Thames St. - ✆ 410 685 0295 - www.douglassmyers.org - lun.-vend. 10h-16h, sam.-dim. 12h-16h - 5 $.

Installé dans un ensemble de beaux bâtiments au bord de l'eau, ce petit musée est avant tout un lieu éducatif, impliqué dans la formation des enfants défavorisés. Il porte les noms de deux personnalités marquantes de la communauté afro-américaine. **Frederick Douglass** (1818-1895), né esclave et devenu l'un des grands activistes de la cause abolitionniste, travailla dans sa jeunesse sur les chantiers navals de Fell's Point. **Isaac Myers** (1835-1891), né à Baltimore dans une famille noire libre, contribua à créer un chantier naval coopératif appartenant à des Noirs, le Chesapeake Marine Railway and Dry Dock Company. Une petite exposition retrace la vie de ces deux hommes au destin exceptionnel. On découvre aussi quelques objets liés au passé maritime de Baltimore, et une incroyable embarcation, le Trappe Creek Canoe, sans doute construit par un esclave d'une plantation de la région au début du 19e s.

★ FEDERAL HILL ET FORT McHENRY BC3

Cette partie de la ville, qui s'étire sur une éminence à l'arrière du Maryland Science Center et surveille l'entrée sud du port, était au 19e s. un quartier populaire, organisé autour d'un important marché, **Cross Street Market** (1846), toujours en activité. C'était aussi un quartier industriel, du fait de la proximité de la Patapsco River, qui abrita notamment, dans sa partie orientale, les derniers chantiers navals de Baltimore, fermés dans les années 1980. Objet de réhabilitations réussies, Federal Hill est devenu un des endroits prisés de Baltimore. Ses bars et restaurants attirent en soirée et le week-end un public nombreux. Pour bénéficier d'un beau point de vue sur le port, grimpez jusqu'à **Federal Hill Park** *(accès par Battery Ave).*

American Visionary Art Museum C3

800 Key Hwy - ✆ 410 244 1900 - www.avam.org - mar.-dim. 10h-18h - 15,95 $ - proposé dans le Harbor Pass (p. 201) - boutique intéressante.

On remarque d'abord les fresques sur le trottoir, puis la façade très réussie du bâtiment principal, recouverte d'une mosaïque de verre, de faïence et de miroirs. Consacré à l'art brut, ce musée original et unique est constitué de trois espaces rassemblant des œuvres d'**artistes autodidactes**, originaires du monde entier. Les collections permanentes sont exposées par roulement dans le bâtiment principal, les sculptures en plein air occupent un espace découvert, et le dernier bâtiment est consacré aux expositions temporaires.

★★ Baltimore Museum of Industry C3

1415 Key Hwy - ✆ 410 727 4808 - www.thebmi.org - P - mar.-dim. 10h-16h - 12 $.
Ce lieu intelligent constitue la meilleure introduction possible à l'histoire de la ville. Installé dans une conserverie d'huîtres, reconstruite après un incendie dans les années 1860, il présente une belle architecture adaptée au sujet. La visite débute par la projection d'un **documentaire** *(15mn)* qui retrace le développement du grand port, puis libre au visiteur de parcourir les salles et de découvrir les différents aspects de la vie économique de Baltimore. On visite ainsi une conserverie, un atelier de forgeron, une imprimerie, un atelier de confection textile, etc. On peut approfondir ses connaissances sur la **construction navale**, dynamisée par la ruée vers l'or au 19e s., sur l'expansion des clippers, qui date de la même époque, sur l'éclairage au gaz dont Baltimore fut la première bénéficiaire aux États-Unis, sur l'**industrie textile** et la demande d'uniformes pendant la guerre de Sécession, portant Baltimore au deuxième rang des centres textiles américains après New York, sur la production de **peinture industrielle**, de néons, etc. Il est rappelé au visiteur les difficiles conditions de vie et de travail d'une population laborieuse, comprenant nombre d'enfants, qui a contribué à la prospérité du pays. Les excellentes visites guidées *(en anglais, à intervalles réguliers le sam. ou en fonction de la demande)* sont l'occasion de voir **fonctionner plusieurs instruments**.

★ Fort McHenry D3 en dir.

2400 E. Fort Ave - bus MTA 1 sur Light St. ou Water Taxi arrêt 17 (avr.-sept.) - ✆ 410 962 4290 - www.nps.gov/fomc - juin-août 9h-18h - fermeture 1h plus tôt le reste de l'année, sauf événement particulier - 15 $ valable 7 j.
Bâti en 1798 à l'entrée sud du port, à l'emplacement d'un ensemble qui avait défendu la ville pendant la guerre d'Indépendance, le fort McHenry est l'œuvre d'un architecte français, **Jean Foncin**. Entouré de fortifications pentagonales, il est de toute évidence inspiré par la technique de Vauban. Le fort s'est surtout illustré pendant la **Guerre de 1812** en protégeant l'accès à la ville contre les assauts de l'armée britannique, le 13 septembre 1814. **Francis Scott Key** (1779-1843), un jeune avocat qui avait assisté à la bataille, immortalisa le combat par un poème qui deviendrait en 1931 l'hymne national américain, **The Star-Spangled Banner** *(La Bannière étoilée)*.
Les rangers qui assurent la gestion du fort proposent tout au long de la journée des visites guidées et des activités, tandis que certains des bâtiments, transformés en musée, abritent des expositions relatives au lieu et à la vie militaire au 19e s. (armes, uniformes, etc.).
Pour en savoir plus, la maison de Mary Pickersgill, qui fabriquait les bannières, se visite : **Star-Spangled Banner Flag House★** *(C2, 844 E. Pratt St. - ✆ 410 837 1793 - www.flaghouse.org - mar.-sam. 10h-16h - 9 $.*
Voir aussi National Museum of American History à Washington DC, p. 244.

★★ MOUNT VERNON B1

mvpconservancy.org, www.mountvernon.org.
Symphony Hall, Opera House, School of Arts, Peabody Institute, Pratt Library..., le quartier de Mount Vernon est le creuset des grandes **institutions culturelles** de la ville. Organisé autour du monument à George Washington, il respire l'opulence et se prête à la flânerie. Entre jolies églises et petits squares, les rues ombragées sont bordées d'imposantes demeures patriciennes en grès sombre, qui témoignent de la prospérité des grandes familles du 19e s.

La bibliothèque du Peabody Institute.
Ch. Heeb/hemis.fr

Basilica Baltimore B2

409 Cathedral St. - ☏ 410 727 3565 - americasfirstcathedral.org - lun.-dim. 8h-16h - visite guidée gratuite lun.-sam. 9h, 11h, 13h, dim. 12h.

Construit entre 1806 et 1821 par l'architecte d'origine anglaise **Benjamin Latrobe**, cet édifice massif est la plus ancienne cathédrale du pays, et l'un des principaux foyers de rayonnement du catholicisme aux États-Unis. À ce titre, elle a reçu la visite d'éminentes personnalités du monde religieux, tels le pape Jean-Paul II (1995), mère Teresa (1996) ou le patriarche de Constantinople Bartholomée Ier (1997). Conçue selon un plan en croix latine, la basilique est coiffée d'une coupole percée de 24 immenses fenêtres. L'autel et son mobilier ont été offerts par le clergé français en 1821, et les grandes peintures proches de l'entrée (*Jésus mort et la Mère des douleurs* de Jean-Baptiste Paulin Guérin, 1817) par Louis XVIII la même année. La crypte abrite un petit musée. Adjacent à la cathédrale, le jardin de prières Jean-Paull II invite à une pause.

4

★★ Walters Art Museum B1-2

600 N. Charles St. - ☏ 410 547 9000 - thewalters.org - merc.-dim. 10h-17h (21h jeu.) - entrée libre - audioguide en anglais gratuit.

C'est à William Thompson Walters (1819-1894), baron du rail, philanthrope et grand amateur d'art, et à son fils Henry (1848-1931) que Baltimore doit ce ravissant musée constitué à partir des collections rassemblées par les deux hommes et ouvert dès 1874 au public. Reflet du goût et des centres d'intérêt des Walters dont l'histoire est évoquée au 4e niveau *(level 4)*, les quelque 30 000 œuvres du fonds couvrent une période allant du 3e s. av. J.-C. au début du 20e s. La muséographie particulièrement soignée et la taille moyenne du musée en font un lieu des plus agréables à découvrir.

Level 2 (2e niveau) – Dans les sections consacrées aux **civilisations anciennes** (Égypte, Orient, Grèce, Rome, Étrurie), une salle présente de rares et splendides bijoux de provenances variées (**The Ancient Treasury**). De l'autre côté de l'escalier central, disposées autour du bel atrium consacré aux sculptures (**Sculpture Court**), s'ouvrent certaines salles dédiées à l'**art européen** : peinture hollandaise, armes et armures, arts décoratifs (Fabergé – le musée possède deux œufs de Pâques à surprise en or émaillé –, Lalique, Tiffany, etc.), incroyable reconstitution d'un cabinet de curiosités (**Chamber of Wonders★★**) avec ses fossiles, ses cartes, ses animaux empaillés, ses ivoires, ses livres reliés, etc.

Level 3 (3e niveau) – Les salles d'**art médiéval** sont un des points forts du musée : une succession de salles mettent en scène différentes civilisations, de l'art byzantin aux armures ottomanes en passant par les bijoux barbares, que l'on a rarement l'occasion de voir, les objets de culte provenant d'Éthiopie, tout aussi rares, les icônes de Russie et les vitraux gothiques. Le **Vase de Rubens** attire l'attention : taillé dans un bloc d'agate au 4e s. à Byzance, il fut rapporté en France à l'occasion des croisades et passa entre différentes mains avant d'être acquis par Rubens en 1619. De l'autre côté de l'escalier central se succèdent les salles **Renaissance et baroque** (Italie, Espagne, France). Parmi les pièces les plus importantes figurent *La Madone aux candélabres* (v. 1513), qui fut le premier **Raphaël** à entrer dans une collection américaine, et **Saint François recevant les stigmates★★** (v. 1590) du **Greco**.

Installée sur 4 niveaux dans un bâtiment annexe *(passerelle d'accès intérieure au 3e niveau du bâtiment principal)*, la collection d'**art asiatique★★** est l'une des plus belles du pays. Couvrant 2000 ans d'histoire et de culture sur une aire géographique allant du Népal au Japon, en passant par le Tibet, la Chine, la Corée, le Myanmar, la Thaïlande (plus grande collection de sculptures hors de Thaïlande) et le Cambodge, elle présente notamment des trésors issus de la collection de Doris Duke (1912-1993), riche héritière du tabac et philanthrope. On admire en particulier la section consacrée au bouddhisme, hindouisme et jaïnisme, qui abrite un des plus anciens exemples de **rouleau peint tibétain★★** figurant la déesse Tara (12e s.) Le musée compte aussi une collection de quelque **850 manuscrits** précieux ; quelques-uns sont exposés, d'autres sont consultables via un astucieux kiosque interactif.

★ Maryland Historical Society B1

201 W. Monument St. - ✆ 410 685 3750 - www.mdhs.org - merc.-sam. 10h-17h, dim. 12h-17h ; bibliothèque accessible sur RV - 9 $, gratuit 1er mar. du mois.

Les riches collections de la société historique du Maryland sont réparties sur trois niveaux dans deux bâtiments, l'un ancien, l'autre moderne, reliés par une passerelle. Au 3e niveau, on admire des pièces de **mobilier** produites à Baltimore et dans le Maryland – remarquez les meubles peints, spécialités de la ville au 19e s. ; au 2e niveau, on découvre le **manuscrit original de l'hymne américain**, *Star-Spangled Banner*, par Francis Scott Key – l'objet est tellement précieux qu'il n'est dévoilé qu'une fois par heure ; au 1er niveau sont installés une galerie relative à l'**histoire du Maryland**, une remarquable collection de **jouets anciens** et un ensemble de tableaux réalisés par la famille **Peale**, Charles Willson et ses fils (James, Titian, Rubens, Raphaelle et Rembrandt), qui figurent parmi les premiers grands peintres des États-Unis.

★ Washington Monument B1

699 N. Charles St. - ✆ 410 396 0929 - merc.-dim. 10h-17h - 6 $ (6-13 ans 4 $) - réservation nécessaire sur le site Internet : le nombre de billets est limité.

Les habitants de Baltimore ne manquent pas de faire remarquer que le premier mémorial dédié à George Washington a été construit ici même et non à Washington. L'obélisque en marbre et en brique, haut de 54 m (1829, Robert Mills) et couronné d'une énorme statue du 1er président américain, constitue le monument le plus célèbre de Baltimore. Ses 227 marches étroites (soit l'équivalent de 13 étages tout de même !) conduisent à une magnifique vue d'ensemble sur la ville.

Peabody Institute B1

1 E. Mt Vernon Pl. - ✆667 208 6500 - peabody.jhu.edu- bibliothèque (entrée au nº 17) : horaires variables, voir peabodyevents.library.jhu.edu.

Bon à savoir – L'institut compte plusieurs orchestres et formations qui excellent dans des répertoires variés (jazz, opéra, musique de chambre, musique symphonique, etc.) et donnent une centaine de concerts chaque année. Consultez le programme.

Fondé en 1857 par le philanthrope George Peabody (1795-1869), qui lui a laissé son nom, l'institut, aujourd'hui rattaché à l'université Johns Hopkins, abrite la plus ancienne école de musique du pays et l'une des plus prestigieuses. Le compositeur Philipp Glass et la violoniste Hilary Hahn ont notamment été formés ici. Le lieu compte aussi l'une des plus belles **bibliothèques★★** que l'on puisse voir aux États-Unis. Installée dans ce bâtiment réalisé par l'architecte Edmund G. Lind en 1878, elle s'élève sur cinq niveaux de galeries coiffés d'une verrière. Spectaculaire, son décor néoclassique à colonnes engagées et balustrades en fer forgé, tout de blanc et or, fournit à ce temple du savoir un cadre à la hauteur des quelque 300 000 ouvrages qu'il renferme, dont une édition de *Don Quichotte* de 1617 et une édition originale de *Moby Dick* (1851).
En sortant, remarquez à l'angle nord-ouest de la place, au nº 10, l'imposante **United Methodist Church** (1872). Elle a été réalisée avec six types de pierres différentes dont la serpentine verte. La rosace est inspirée de celle de Notre-Dame de Paris.

À voir aussi

Bromo Seltzer Arts Tower B2

21 S. Eutaw St. - Downtown - ✆ 443 874 3596 - www.bromoseltzertower.com - sam. 11h-16h, visite de l'horloge 11h30, 12h30, 13h30, 14h30 - 8 $.

Inspirée du Palazzo Vecchio de Florence, cette tour (1911) de 15 étages qui fut un temps le plus haut édifice de la ville est reconnaissable de loin aux horloges qui ornent les quatre faces de son sommet. Également connue sous le nom de tour Emerson, du nom de la compagnie pharmaceutique qui la fit construire, elle abrite aujourd'hui une dizaine d'ateliers d'artistes ouverts au public, et un petit musée présentant des verreries. On peut aussi découvrir les secrets de l'horloge lors d'une visite guidée.

Babe Ruth Birthplace and Museum A2

216 Emory St. (à l'ouest de Inner Harbor) - ✆ 410 752 2490 - baberuthmuseum.org - tlj 10h-17h (19h les jours de matchs des Orioles), fermé lun. d'oct. à mars - 10 $ (5-16 ans 5 $) - proposé dans le Harbor Pass (p. 201).

Si vous n'êtes pas fan de baseball, le nom de Babe Ruth, alias The Bambino ou The Babe, ne vous dira sans doute rien. **George Herman Ruth** (1895-1948) est pourtant considéré comme le meilleur joueur de tous les temps dans sa discipline. Avec les Red Sox de Boston puis les Yankees de New York, il a excellé dans toutes les positions du terrain. Consacré à la vie du joueur et au baseball, ce musée est installé dans sa maison natale.
Par un hasard de l'histoire, elle est située à deux pas du stade de l'équipe de baseball de Baltimore, les Orioles, dans un quartier autrefois surnommé **Pigtown** (Cochonville) car c'est là que débarquait le bétail transporté par les wagons de la B & O, destiné à rejoindre les abattoirs de cette partie de la ville.

★ B & O Railroad Museum A2 en dir.

901 W. Pratt St. (Barre Circle, au nord de Camden Yards) - bus Charm City Circulator ligne orange - ☏ 410 752 2490 - www.borail.org - P - lun.-sam. 10h-16h, dim. 11h-16h - 20 $.

La compagnie ferroviaire Baltimore & Ohio Railroad (B & O) fut la première à proposer un service régulier aux États-Unis, inaugurant en 1830 une ligne entre le port de Baltimore et la rivière Ohio, en Virginie-Occidentale. Aujourd'hui, quelque deux cents locomotives et wagons constituent la principale attraction de ce musée situé sur l'emplacement de la gare de Mount Clare. Près de quarante locomotives et wagons, dont un de la ligne Paris-Lyon-Méditerranée (offert par la France), sont exposés dans la **rotonde** en brique et en bois (1884). À l'extérieur du musée se trouve le reste de la collection, dont la plus puissante locomotive à vapeur jamais construite, la Chesapeake & Ohio's Allegheny (1941). Il est aussi possible de faire une promenade à bord d'un train : le Choo Choo Blueville et le Happy Train pour les plus petits, le Mile One Express pour tous les visiteurs *(horaires variables selon les saisons et les conditions météorologiques - 10 $).*

Edgar Allan Poe House and Museum A2 en dir.

203 N. Amity St. (au nord-est de l'University of Maryland) - bus MTA 1 de Charles St. - ☏ 410 752 2490 - www.poeinbaltimore.org - juin-oct. jeu.-dim. 11h-16h - 8 $.

Chaque année en octobre, le musée organise un festival en hommage à l'œuvre de l'écrivain et à son influence.

Edgar Allan Poe (1809-1849) fait partie de ces artistes dont la notoriété est plus grande à l'étranger que dans leur propre pays. Il fut notamment traduit par Baudelaire et influença les symbolistes français. Né à Boston, l'auteur des *Aventures d'Arthur Gordon Pym* et des *Histoires extraordinaires* passa une partie de sa vie à Baltimore, où sa famille émigrée d'Irlande s'était installée en 1755. Il vécut dans cette modeste maison de brique louée par sa tante Maria Clemm de 1832 à 1835, en compagnie de ses cousins et de sa cousine Virginia, qui allait devenir sa femme. Cette zone nouvellement lotie se trouvait alors hors des murs de la ville. La petite maison de trois chambres était à l'origine jumelée avec une demeure semblable, dont elle était séparée par le porche encore visible aujourd'hui. On découvre un intérieur très dépouillé, tel qu'il était à l'époque, comprenant plusieurs éléments d'origine. Poe est enterré dans le cimetière de **Westminster Church** tout proche *(519 W. Fayette St.).*

NOS ADRESSES À BALTIMORE

Plan de ville p. 192-193

TRANSPORTS

Se rendre à Baltimore

Avion – Baltimore-Washington International Airport *(à 17 km au sud de la ville) - ☏ 410 859 7111 - www.bwiairport.com.* Taxis *(env. 35 $)*, location de voitures, navettes collectives ou individuelles pour le centre-ville et au-delà (Supershuttle - *☏ 1 800 BLUEVAN - www.supershuttle.com - env. 15-20 $)*, tramway Light Rail *(mta.maryland.gov - 1,80 $).*

Train – Très pratique si vous arrivez de Washington, à 30mn de trajet seulement *(16-40 $)*. **Penn Station** – *500 N. Charles St. (au nord de Mount Vernon) - www.amtrak.com.* La gare est desservie par le Charm City Circulator.

Sur place

Les transports publics sont gérés par le **MTA** *(mta.maryland.gov).*

Métro – Le métro de Baltimore n'est pas utile aux touristes.

Bus – *1,80 $ - pass 1 j. 4,20 $.*
Charm City Circulator – *www. charmcitycirculator.com - 1 bus/10-15mn - horaires variables selon les jours et les saisons.* Les cinq lignes de ce bus gratuit desservent tous les points d'intérêt, à l'exception du Baltimore Museum of Art et de la maison de Poe.
Water Taxi – *www. baltimorewatertaxi.com - 1 taxi/10-15mn - horaires variables selon les jours et les saisons - 9 $ - pass 1 j. 16 $ - tickets en vente sur les bateaux.* Fortes de leurs 5 lignes et de leurs 17 arrêts, ces navettes fluviales sillonnent le port, constituant un agréable moyen de transport.

VISITES

Harbor Pass – *Rens. auprès de l'office de tourisme ou sur baltimore. org - 53,95 $.* Valable quatre jours, le pass donne accès à six sites, parmi lesquels l'Aquarium, le Science Center, le Visionary Art Museum, le Babe Ruth Museum et le Top of the World.
Waterfront Partnership – En ville, et particulièrement autour de Inner Harbor, leurs agents vêtus d'un T-shirt jaune frappé d'un I sont là pour vous renseigner et vous aider ; également sur baltimorewaterfront.com.

HÉBERGEMENT

Les grandes chaînes hôtelières sont présentes à Baltimore, des plus luxueuses aux plus simples. Sachez que les hôtels sont plus chers à proximité de Inner Harbor que *downtown* (Charles Center), alors qu'ils ne sont éloignés que de quelques blocs.

BUDGET MOYEN

7 **Hotel Revival** – B1 - *101 W. Monument St. - Mount Vernon - ☏ (410) 727-7101 - www.jdvhotels. com - P payant - ♿ - 107 ch. à partir de 120 $. - ✕.* Ce superbe hôtel inauguré au printemps 2018 est installé dans l'édifice de brique rouge qui abrita l'exposition inaugurale du Baltimore Museum of Art en 1923. Les chambres sont dotées d'un mobilier mid-century mis en valeur par des textiles originaux. La plupart des œuvres d'art sont à vendre. L'hôtel compte en outre deux très bons restaurants, dont l'un se double d'un rooftop bar avec vue sur le monument de G. Washington.

1 **Lord Baltimore** – B2 - *20 W. Baltimore St. - City Center - ☏ (410) 539-8400 - www. lordbaltimorehotel.com - ▤ P 15/25 $/j - ♿ - 440 ch. 139/211 $ - ✕.* Construit en 1928, le palace a rouvert ses portes en 2014 après rénovation. Il a conservé son lobby sous son plafond à caissons et s'est doté de chambres modernes, sobrement meublées, d'un bon rapport qualité-prix. L'hôtel compte, entre autres, un restaurant, un *rooftop bar*, le LB Sky Bar (19e ét.), avec terrasse, et une succulente boulangerie-café.

4 **Brookshire Suites** – B2 - *120 E. Lombard St. - Inner Harbor - ☏ (410) 625-1300 - www. brookshiresuites.com - P 35 $/ nuit - ᯤ - 97 ch. 139/175 $ - ✕.* À un bloc de Inner Harbor, cet hôtel au design contemporain propose des chambres confortables. Installé dans le lobby, le bar est bien agréable avec ses canapés moelleux.

POUR SE FAIRE PLAISIR

3 **Admiral Fell Inn** – D3 - *888 S. Broadway - Fell's Point - ☏ (410) 522-7380 - http:// admiralfell.com - ♿ ᯤ - 80 ch. 159/299 $ - ✕.* Bien situé dans le quartier animé de Fell's Point, à côté du Water Taxi et proche

du centre, cet hôtel de charme était une résidence pour marins en quête d'un lieu « sobre », puis un YMCA. Il conserve de ses anciennes affectations un aspect accueillant, tandis que le confort de ses chambres spacieuses et claires vous garantit des nuits au calme. Ne manquez pas de prendre un verre au pub de l'hôtel, Tavern at the Admiral.

6 **Homewood Suites by Hilton Baltimore** – C3 - *625 S. President St. - Harbor East - ✆ (410) 234-0999 - http://homewoodsuites3.hilton.com -* - *165 ch. 199/306 $*. Un hôtel dont les chambres tout confort sont pourvues de kitchenettes remarquablement équipées. Le tout à quelques minutes d'Inner Harbor.

RESTAURATION

Vous trouverez bon nombre de restaurants au voisinage immédiat d'Inner Harbor. Leur présence dans le quartier touristique par excellence n'est pas forcément synonyme de qualité médiocre. Ainsi, malgré ses allures de « cantine à touristes », 10 **Phillips Seafood** (C2) est une institution locale *(601 E. Pratt St. - www.phillipsseafood)*.

PREMIER PRIX

1 **Attman's Delicatessen** – C2 - *1019 E. Lombard St. - ✆ (410) 563-2666 - www.attmansdeli.com - 8h-18h30, dim. 8h-17h - plats 11/22 $*. Si le petit-fils du fondateur a repris le flambeau de ce *deli*, la qualité est toujours au rendez-vous comme en témoigne l'affluence quotidienne. Dans un décor d'un autre âge, vous dégusterez d'excellents sandwichs au *corned beef* et le meilleur pastrami de Baltimore.

BUDGET MOYEN

11 **Café Gia** – C2 - *410 S High St. - Little Italy - ✆ (410) 685-6727 - http://cafegiabaltimore.com - 11h-14h, 17h-21h, vend. 11h-14h, 17h-22h, sam. 12h30-22h, dim. 16h-21h - plats 18/29 $*. Dans un décor plutôt kitsch, on déguste de bons plats d'inspiration sicilienne. Sympathique balcon à l'étage, chauffé l'hiver.

2 **Ida B's Table** – B2 - *235 Holliday St - Downtown - ✆ (410) 844-0444 - www.idabstable.com - mar.-jeu. 11h-21h, vend. 11h-22h, sam. 10h-22h, dim. 10h-20h, f. 15h-17h - plats 12/29 $*. Installé dans une fabrique d'emballage de confiseries dont il a gardé l'atmosphère industrielle, ce restaurant rend hommage Ida Bell Wells-Barnett (1862-1931), journaliste activiste afro-américaine. C'est l'occasion de découvrir une *soul food* moderne, réalisée avec des produits locaux et bio : poulet frit, gumbo, *shrimps and grits*… des plats souvent originaires du sud du pays, savoureux et réconfortants. Animations régulières : expositions et *music live* (vend.-sam., 19h).

Gertrude's – Hors plan - *10 Art Museum Dr. - ✆ (410) 889-3399 - www.gertrudesbaltimore.com - 11h30-21h, sam. 10h-21h, dim. 10h-20h - fermé lun. - plats 19/28 $*. On retrouve son nom en tête des restaurants qui préparent les meilleurs *crab cakes* de la ville ! Le restaurant mitoyen du Baltimore Museum of Art, baptisé en l'honneur de la grand-mère du chef, John Shields, est une valeur sûre avec ses plats traditionnels, ses grandes et ses petites assiettes. Cuisine « Chesapeake » : beaucoup de produits de la mer mais aussi tout un choix de burgers, et un *Afternoon Tea* (vend.-sam. sur réserv.) très prisé. Beau décor contemporain.

LP Steamer's – Hors plan - *1100 E. Fort Ave - Federal Hill/ Locust Point - ✆ (410) 576-9294 - http://locustpointsteamers.com - 11h30-21h30, vend.-sam. 11h30-22h - plats 10/28 $*. Ce petit restaurant ne paie pas de mine. Il est pourtant considéré comme l'une des meilleures *crab houses* de Baltimore. On y savoure, en toute simplicité et avec les doigts, toutes sortes de fruits de mer ultra-frais, crus, vapeur ou frits, accompagnés d'une bonne bière.

POUR SE FAIRE PLAISIR

8 **Thames Street Oyster House** – D3 - *1728 Thames St. - Fell's Point - ✆ (443) 449-7726 - www.thamesstreetoysterhouse.com - 17h-21h30, merc.-jeu. 11h30-21h30, vend.-sam. 11h30-22h30 - à la carte 35/53 $ - réserv. conseillée.* Une véritable institution en matière de fruits de mer et d'huîtres, qui arrivent de la côte chaque jour. Nombreuses spécialités de la région Mid-Atlantic (*crab cakes*) et de Nouvelle-Angleterre (*lobster roll*). On s'installe au bar en zinc du rez-de-chaussée, d'où l'on voit les écaillers s'activer, ou dans la salle à l'étage, pour une ambiance plus feutrée.

6 **Ampersea** – C3 - *1417 Thames St. - Fell's Point - ✆ (443) 681-5310 - http://ampersea.com - 11h-22h, vend. 11h-23h, sam. 10h-23h, dim. 10h-22h - plats 15/34 $*. Associé au Frederick Douglass-Isaac Myers Maritime Park, ce restaurant se blottit au bord du port, qu'on aperçoit à travers les baies vitrées de la magnifique salle à manger. L'établissement travaille en collaboration avec la fondation Living Classrooms et contribue à former des jeunes. La carte varie en fonction du marché, les légumes proviennent souvent d'une serre bio exploitée à deux pas par l'association, et les charcuteries sont « maison » – une rareté. Belle terrasse en été.

Wine Market Bistro – Hors plan - *921 E. Fort Ave - Federal Hill - ✆ (410) 244-6166 - www.winemarketbistro.com - 11h30-20h30, vend.-sam. 11h30-21h30, dim. 11h-19h - soir plats 17/45 $.* Dans ce loft branché, à la fois caviste et restaurant, on découvre une cuisine gastronomique inventive, accompagnée d'une bonne sélection de vins. On peut faire son choix dans la boutique et déguster à table moyennant un droit de bouchon de 11 $.

PETITE PAUSE

Food trucks – Baltimore a son lot de *food trucks*, généralement de très bonne qualité. Il y en a pour tous les goûts mais ils sont rarement garés au même endroit (consultez le *food truck tracker* de **charmcityfoodtrucks.com**). Parmi les *food trucks* les plus réputés, **Gypsy Queen** *(www.gypsyqueencafe.com)* propose un choix de plats végétariens, **GrrChe** *(www.grrche.com)* des *grilled cheese sandwiches*.

Marchés – Ils offrent aussi une occasion de faire une bonne pause. **Broadway Market** (D3, *1640-41 Aliceanna St. - Fell's Point - lun.-sam. 7h-18h)* dénombre plusieurs stands pour se restaurer ; **Cross Street Market** (B3, *1065 S. Charles St. - Federal Hill - lun.-sam. 7h-18h*), beaucoup plus grand que le précédent, compte aussi divers vendeurs, dont Nick's Inner Harbour Seafood. *Rens. : www.bpmarkets.com.*

Mt Vernon Market Place – *520 Park Ave - ✆ (443) 796-7393 - http://mountvernonmarketplace.*

com - 11h-22h, vend.-sam. 11h-0h. Ce marché couvert est le dernier rendez-vous des « foodies » de Baltimore : une quinzaine de vendeurs y proposent des produits frais, souvent locaux, et la plupart sont doublés d'un stand de restauration. Au choix : sorbets artisanaux, brûlerie de café, mets coréens, éthiopiens… et, paraît-il, les meilleures huîtres de la ville.

EN SOIRÉE

Fell's Point et, dans une moindre mesure, **Federal Hill** comptent de nombreux bars et pubs animés en soirée, certains avec *music live* comme le **Cat's Eye Pub** *(D3, 1730 Thames St. - Fell's Point - www.catseyepub.com)* et **The Elk Room** *(D3, 1010 Fleet St. - Fell's Point - www.theelkroom.com)*, un bar façon *speakeasy*. Les bars d'hôtel restent un bon choix pour prendre un verre. Essayez par exemple celui de l'**hôtel Monaco** *(B2, 2 N. Charles St. - Charles Center - www.monaco-baltimore.com)*, réputé pour son « mixologue », ou ceux du **Lord Baltimore** *(p. 201)* et du **Revival** *(p. 201)*, tous deux pourvus d'un bar panoramique. Pensez aussi aux concerts donnés au **Peabody Institute** *(p. 199)*.

Baltimore Symphony Orchestra – B1 - *1212 Cathedral St. - Mount Vernon - Joseph Meyerhoff Simphony Hall - (410) 783-8000 - www.bsomusic.org* - P. Fondé en 1916, le BSO est l'un des orchestres les plus prestigieux du pays. Dirigé par la chef Marin Alsop depuis 2007, il part régulièrement en tournée et participe à des programmes éducatifs à Baltimore. La saison dure de mi-septembre à mi-juin mais un programme estival intéressant invite tout de même à franchir les portes de la belle salle de concert hors saison.

The Mobtown Ballroom – A3 - *861 Washington Bd - Barre Circle - (443) 699-3040 - http://mobtownballroom.com - consultez le programme sur le site, en général lun. et vend. à partir de 19h30, 1ermar. du mois à partir de 21h - leçons de danse : lun. 7 $, vend. 10 $.* Une église reconvertie accueille plusieurs soirs par semaine des danseurs de tous niveaux, venus prendre une leçon et poursuivre la soirée dans une ambiance endiablée. Un endroit que les amateurs de danse ne doivent manquer sous aucun prétexte.

Showroom-Motor House – Hors plan - *120 W. North Ave - Station North - (410) 637-8300 - http://motorhousebaltimore.com - tlj à partir de 9h - fermeture variable selon les événements.* Situé au nord de Pennsylvania Station, dans un quartier d'artistes en plein développement, cet ancien garage qui a conservé sa belle architecture est un lieu de bouillonnement culturel. Ateliers, expositions, performances, spectacles mais aussi un bar et un restaurant attendent les visiteurs qui auront la curiosité de pousser jusque là !

ACHATS

The Antique Man – D3 - *1806-12 Fleet St. - Fell's Point - (410) 732-0932 - www.theantiquemanltd.com - w.-end 13h-17h.* Une caverne d'Ali Baba où dénicher objets anciens et souvenirs *vintage*, dont certains spécifiques à Baltimore.

Under Armour – C3 - *700 S. President St. - Harbor East - (410) 528-5304 - www.underarmour.com - 10h-21h, dim. 11h-19h.* Fondé par deux sportifs sortis de l'University of Maryland, Under Armour a son QG à Baltimore et perpétue la tradition textile de la ville, même si ses vêtements n'y sont pas fabriqués.

Grande sélection d'articles de la marque, devenue la deuxième en Amérique après Nike.

ACTIVITÉS

Promenades sur l'eau

Tout autour d'Inner Harbor, en particulier à hauteur du Visitor Center, plusieurs compagnies proposent des **promenades en bateau** à la découverte du port. Adressez-vous directement aux kiosques pour acheter les billets ou réservez sur les sites Internet.

Seadog Sightseeing & Speedboat – *✆ (800) 700-0735 - www.seadogcruises.com - 42 $/75 minutes.*

Inner Harbor Spirit – *www.spiritcruises.com - fermé en hiver - comptez 20-25 $/h.*

Urban Pirates – *911 S Ann St - au départ de Fell's Point (proche de l'arrêt 11 du Water Taxi) - ✆ (410) 327-8378 - www.urbanpirates.com - tickets 25 $ (enf. 12/22 $).* La compagnie transporte ses passagers à bord d'une réplique de galion.

Chessie – *✆ (410) 528-1087 - http://baltimorepaddleboats.org - à partir de 12 $/30mn.* Location de pédalos et de petits bateaux électriques individuels.

Football américain

M & T Bank Stadium – *1101 Russell St. - ✆ (410) 261-7283 - www.baltimoreravens.com.* Les Ravens (« corbeaux ») jouent dans un stade encore plus grand que le précédent (71008 places). Les performances de cette jeune équipe (1996) sont généralement très bonnes.

Baseball

Oriole Park at Camden Yards – B2-3 - *333 W. Camden St. - Camden Yards - ✆ (410) 685-9800 - http://baltimore.orioles.mlb.com.* En dépit d'un passage à vide entre 1998 et 2011, l'équipe des Orioles (« loriots ») fait la fierté de la ville. Le stade où elle joue peut accueillir pas loin de 50 000 spectateurs. Suivre un match durant la saison de la Major League (avr.-oct.) promet une expérience riche en émotions.

AGENDA

Artscape – *Autour du 2e ou 3e w.-end de juil.* Attirant plus de 350 000 visiteurs, le plus grand festival gratuit du pays se déroule chaque année depuis 1982 durant trois jours : expositions, concerts, spectacles de danse, de théâtre, d'acrobates, etc., sans oublier les nombreux stands de restauration ! *www.artscape.org.*

Cinema al Fresco – *Juil.-août.* Festival de cinéma en plein air au cœur de Little Italy tous les vendredis soir. Musique à partir de 19h et film à 21h. *www.littleitalymd.com.*

Frederick

★

59 200 hab. - Maryland (MD)

Charmante étape à une distance raisonnable de Baltimore ou de Washington DC, Frederick, située à l'extrémité orientale de la chaîne de Blue Ridge, est la deuxième ville du Maryland. Elle séduit par son atmosphère coquette, son art de vivre et la richesse de son patrimoine historique, lié à sa position de carrefour stratégique.

NOS ADRESSES PAGE 209
Hébergement, restauration, achats, activités, etc.

S'INFORMER

Visitor Center – *151 S. East St. - ☎ 301 600 4047 - www.visitfrederick.org.* Excellente documentation, beaucoup d'idées de promenades dans la région. Ne manquez pas le film de 15mn sur l'histoire de la ville. Rens. et inscriptions pour les visites guidées thématiques.

SE REPÉRER

Carte de région C1 (p. 184-185).
Frederick se trouve à 46 miles/74 km à l'ouest de Baltimore par la I-70, à 44 miles/71 km de Washington par la I-270 et à 33 miles/53 km au sud de Gettysburg par la US-15.

SE GARER

Le plus simple est de laisser sa voiture dans un des parkings du centre-ville comme celui de Caroll Creek *(44 E. Patrick St.)* ou de Court Street *(2 S. Court St.)* et de partir à la découverte de la ville à pied.

À NE PAS MANQUER

Le National Museum of Civil War.

ORGANISER SON TEMPS

On peut passer deux jours à découvrir la ville et ses environs.

AVEC LES ENFANTS

Le Roads & Rails Museum.

Se promener

Fondée vers 1745, Frederick s'est développée grâce à une importante immigration allemande. Siège du comté du même nom, la ville fut reliée au canal Chesapeake & Ohio et a vu sa vocation commerçante renforcée avec l'arrivée d'une branche du chemin de fer Baltimore & Ohio en 1831. Les abondantes ressources naturelles de la région alimentaient en outre son activité de cité minière et industrielle. Au cours de la guerre de Sécession, elle se trouva au cœur de plusieurs actions. Aujourd'hui, le centre ville a été remis en valeur et nombre de bâtiments industriels transformés en boutiques. Ne manquez pas de flâner dans les rues du centre – Patrick St., Court St., Market St., Carroll St., Church St. – afin de découvrir demeures anciennes, églises et le **Carroll Creek Park★**. Sa promenade a été aménagée en 2016 sur plus d'1,5 km dans le cadre d'un projet de lutte contre les inondations *(plusieurs points d'entrée dont S. Carroll St.)*. Le pont en trompe-l'œil **Community Brigde** mérite le détour (*sur S. Carroll St., entre E. Patrick St. et E. All Saints St.*).

★ National Museum of Civil War Medecine

48 E. Patrick St. - ☎ 301 695 1864 - www.civilwarmed.org -lun.-sam. 10h-17h, dim. 11h-17h - 9,50 $.

Vue vers Baker Park depuis l'hôtel de ville.
J. Arnold Images/hemis.fr

Rien d'étonnant à ce qu'un musée dédié à la médecine en temps de guerre – en l'occurence la guearre de Sécession – ait élu domicile dans une région si durement éprouvée par le conflit. La guerre civile américaine a constitué un tournant dans l'histoire de la médecine puisqu'elle a favorisé, entre autres, la médecine de champ de bataille, les systèmes d'évacuation des blessés, les hôpitaux, les unités de réhabilitation. La visite, qui évoque aussi bien la formation des médecins que le recrutement des soldats et la médecine vétérinaire à travers objets, photos et mises en scène – le musée possède la seule tente chirurgicale de l'époque connue –, permet de tordre le cou à quelques idées reçues : les deux tiers des 700 000 morts du conflit n'ont pas succombé à leurs blessures mais à des maladies, les médecins disposaient de médicaments et d'anesthésiants efficaces, les trois quarts de amputés ont survécu, etc.

Roads & Rails Museum

200 N. East St - ✆ 301 624 5524 - www.roadsnrails.com - vend., sam. et lun. 10h-17h, dim. 12h-17h - 10 $.

Né de la passion de David Burroughs pour les trains miniatures, ce musée, repris par ses fils, possède la quatrième plus importante collection au monde. Plus de vingt circuits mettent en scène dans des paysages variés des véhicules fabriqués pour l'essentiel par la société américaine Lionel, de solide réputation (1900-1993). Le musée s'enrichit constamment de nouveaux modèles et compte aussi une salle consacrée aux LEGO®. Il sera difficile de résister à la boutique !

Mount Olivet Cemetary

515 S. Market St. - ✆ 301 662 1164 - www.mountolivetcemeteryinc.com - P - tlj de 7h au coucher du soleil, mausolées 8h30-16h50.

À la périphérie sud de la ville, ce charmant cimetière inauguré en 1854 est toujours en usage. Paisible et bucolique, il abrite quelque 39 000 sépultures, dont celles de soldats tombés lors des batailles de Gettysburg et Monocacy *(Confederate Row)*, la tombe de **Francis Scott Key** (auteur des paroles de l'hymne national, p. 196), et plusieurs mausolées dont un aux combattants de la Seconde Guerre mondiale et un aux pompiers morts en service.

Monocacy National Battlefield

4632 Araby Church Rd (à 3,6 miles/5,7 km au sud de downtown, par la MD-355) - 301 662 3515 - www.nps.gov/mono - P - tlj de 7h au coucher du soleil - Visitor Center 9h-17h - visite guidée gratuite des sites : lun.-vend. 11h et 13h.

Rendez-vous au préalable au Visitor Center, lequel abrite un intéressant musée et dispense un dépliant détaillant les sites à visiter sur une dizaine de kilomètres.

La bataille de Monocacy est réputée avoir « sauvé Washington DC ». Elle s'est déroulée dans les proches environs de Frederick, le 9 juillet 1864. Quelques jours plus tôt, le 4, les confédérés emmenés par le général Early avaient franchi le Potomac à Harper's Ferry, en Virginie, étape décisive dans leur progression vers la capitale. À Monocacy, ils rencontrèrent une petite armée improvisée par le général Wallace qui prit l'initiative de leur faire face, avec un seul objectif : retarder leur avancée vers Washington. Mission accomplie avec un millier de morts, blessés ou prisonniers. Les sudistes se déployèrent alors vers Baltimore mais épuisés par cette bataille qu'ils n'attendaient pas, vaincus à Fort Steven les 11-12 juillet, ils se retirèrent en Virginie, mettant fin à leur dernière tentative de porter la guerre vers le nord.

Dans les environs D1-2

★ Cunningham Falls State Park

À Thurmont, 16 miles/26 km au nord de downtown, par la Hwy 15. 14039 Catoctin Hollow Rd - accès aux chutes et au lac : 14274 William Houck Dr. - 301 271 7574 - dnr.maryland.gov - P -avr.-oct. tlj de 8h au coucher du soleil ; reste de l'année à partir de 10h - poss. de camping et chalets à louer (avr.-oct.).

Lieu de promenade prisé des habitants de Frederick, ce parc situé au cœur des Cacoctin Mountains présente deux visages. Une plage très agréable à la belle saison (buvette, aires de jeux, tables de pique-nique) est aménagée près d'un grand lac. Du parking à côté commence un sentier *(1,2 km, facile)* qui mène à des **chutes d'eau** de près de 25 m de haut. D'autres sentiers de randonnée rayonnent jusqu'à 43 km (bien indiqués, carte sur le site Internet).

NUNC EST BIBENDUM (C'EST MAINTENANT QU'IL FAUT BOIRE)

Le comté de Frederick compte pas moins de 29 établissements de petite taille dédiés à la production de bière, vins et spiritueux. Beaucoup se visitent ou proposent au moins des dégustations. Certains se trouvent à Frederick même, comme la **distillerie McClintock** *(35 S. Carroll St. - www.mcclintock-distilling.com)* qui produit du gin et de la vodka bio, ou **Flying Dog Brewery** *(4607 Wedgewood Bd - flyingdogbrewery.com)*, devenue la plus grande brasserie du Maryland ; d'autres produisent dans les environs, et notamment à Thurmont, telle **Catoctin Breeze Winery** *(15010 Roddy Rd - www.catoctin-breeze.com)* où se déroulent souvent concerts et animations, tout comme à **Springfield Manor** (*Nos adresses*), maison d'hôtes où l'on produit du vin, mais aussi des alcools forts dont un gin parfumé à la lavande récoltée sur place. C'est bien maintenant qu'il faut boire… (avec modération et sauf, il va sans dire, si vous conduisez un véhicule).

L'office de tourisme recense les établissements sur une carte fort pratique. En juin, Frederick organise le **Wine Festival** autour des vins locaux à Carroll Creek Park.

Manor Area, la deuxième partie du parc *(accès : 6709 Cunningham Falls Park Rd)*, abrite un camping et les vestiges d'un **haut fourneau** (Cactoctin Furnace), construit en 1774 pour produire de la fonte brute à partir d'hématite récoltée localement. Un sentier conduit sur le site qui fonctionna jusqu'au début du 20e s.

National Grotto Shrine of Lourdes

À Emmitsburg, 22 miles/35 km au nord de downtown, par la Hwy 15. 16330 Old Emmitsburg Rd - 301 447 5318 - www.nsgrotto.org - P - tlj 8h30-16h30.

Sur un superbe site d'où la **vue** embrasse la vallée, cette réplique de la grotte de Lourdes a été construite en 1875, soit seulement 17 ans après l'apparition de la Vierge à Bernadette Soubirous. Une première église dédiée à la Vierge avait été construite là au début du 19e s., suivie par la fondation de l'université de Mt St Mary et d'un séminaire catholique. On apprécie la promenade dans le parc parsemé de sculptures et de mosaïques figurant le chemin de croix et les Mystères du rosaire, quelles que soient ses croyances religieuses. L'endroit fait l'objet de plusieurs pélerinages dont l'un, vietnamien, honore Notre-Dame de Lavang.

Seton Shrine

À 2 km du précédent par la Hwy 15. 339 S. Seton Ave - 301 447 6606 - setonshrine.org - P - lun.-sam. 9h-18h, dim. 12h-18h (17h en hiver) - poss. de visite guidée de la basilique et des maisons.

Le parcours religieux se poursuit avec la visite d'un lieu qui honore la mémoire d'**Elizabeth Ann Seton** (1774-1821). La **première femme américaine cannonisée** par l'église catholique (1975) est enterrée dans le cimetière du site qui comprend aussi la maison où elle vécut (Stone House) et l'école qu'elle fonda (White House). Cet établissement d'enseignement catholique pour filles est le plus ancien du pays en son genre. E. A. Setton est aussi à l'origine de la première congrégation de sœurs formée aux États-Unis, les sœurs de la Charité de Saint-Joseph, laquelle a donné naissance à d'autres branches et continue ses activités. Lieu de culte, l'imposante basilique (1861-1965) abrite une exposition sur la vie et l'œuvre de la sainte.

NOS ADRESSES À FREDERICK

HÉBERGEMENT

Il n'y a malheureusement pas encore d'hôtel de charme ou de bed & breakfast à Frederick même. Le parc hôtelier se compose d'hôtels de chaîne tout à fait convenables, situés à la périphérie de la ville, c'est-à-dire à moins d'une dizaine de minutes de voiture. Au sud de downtown, le **Country Inn & Suites** *(5579 Spectrum Dr. - www.countryinns.com)* est un bon choix pour un budget moyen.

POUR SE FAIRE PLAISIR

Springfield Manor – Hors plan - *11836 Auburn Road - Thurmont - (301) 271-0099 - www.springfieldmanor.com - P - 8 ch. à partir de 225 $ avec petit-déj. -* ✕.
Située sur un domaine de plus de 50 ha qui abrite aussi une distillerie et un vignoble, cette demeure patricienne appartint à James Johnson, propriétaire du haut fourneau de Catoctin. Elle compte de belles chambres meublées d'antiquités et toutes différentes. L'endroit accueille des

manifestations, dont le Maryland Lavender Festival qui met à l'honneur les lavandes cultivées sur place.

RESTAURANTS

BUDGET MOYEN

Family Meal –– Hors plan - *882 N. East St. - ☏ (301) 378-2895 - www.voltfamilymeal.com - P - 7h-22h - plats 12/21 $.* Ne vous fiez pas à l'environnement qui n'est pas spécialement charmant (zone commerciale sans intérêt). Dans son restaurant, installé dans une ancienne concession automobile (beau décor industriel), Bryan Voltaggio, également à la tête du réputé Volt, a créé un *diner* moderne où redécouvrir les classiques de la cuisine familiale américaine des trois repas : *French toasts, macaronis and cheese, fried chicken…*

The Wine Kitchen on the Creek – Hors plan - *50 Carroll Creek Way - ☏ (301) 663-6968 - www.thewinekitchen.com - mar.-jeu. 11h30-21h, vend.-sam. 11h30-22h, dim. 11h-21h - plats 12/28 $.* Agréablement situé sur la promenade de Carroll Creek (terrasse), ce « bistrot américain » comme il se nomme propose des produits de saison, frais, de préférence bio et locaux, accommodés de manière originale. La carte change souvent et le choix de vins est impressionnant. Le brunch dominical est très couru. Une adresse de charme.

Jojo's Restaurant & Tap House – Hors plan - *16-18, E. Patrick St. - ☏ (301) 732-5197 - http://jojosrestauranttaphouse.com - lun.-vend. 11h30-2h, sam.-dim. 11h-14h - plats 13/25 $.* En centre-ville, ce bel espace en brique apparente accueille un restaurant de cuisine américaine moderne et un bar où l'on sert une grande sélection de bières pression, dont beaucoup proviennent de microbrasseries locales. Il s'y passe toujours quelque chose : *music live, taco night…* Très sympathique.

SHOPPING

Le centre de Frederick compte de nombreuses boutiques de décoration et antiquaires-brocanteurs, dont le plus grand **Emporium Antiques** *(112 E. Patrick St.)* est installé dans un ancien garage en briques (1912). Autre site intéressant pour le shopping et pour se restaurer, **Everedy Square & Shab Row district** *(East et Church St.)*, un ensemble d'immeubles de la fin du 18e s. qui abritaient autrefois des ateliers, des fabriques et des logements pour la population noire de la ville. On y donne des concerts de *music live* le 3e vend. du mois (avr.-oct.)

St Michaels.
W. Bibikow/age fotostock

Annapolis ★★ et le littoral est du Maryland ★

38 722 hab. - Maryland (MD)

Située à l'entrée du Chesapeake Bay Bridge jeté au-dessus de la baie, la coquette petite ville d'Annapolis est la porte d'entrée de l'Eastern Shore, cette vaste presqu'île qui s'étend entre la baie de Chesapeake et l'océan Atlantique. Le « littoral est » se caractérise par ses tranquilles villages de pêcheurs, ses petites fermes et ses côtes basses où alternent criques paisibles et marais déserts… Après un séjour en ville, la destination est idéale pour les voyageurs en quête d'authenticité.

4

NOS ADRESSES PAGE 215
Hébergement, restauration, achats, activités, etc.

S'INFORMER

Visitor Center – *26 West St.* - *410 280 0445* - *www.visitannapolis.org*. Importante documentation, notamment sur les visites autoguidées et les promenades en bateau.

SE REPÉRER

Carte de région CD1-2 (p. 184-185).
Annapolis est à 30 miles/48 km à l'est de Washington DC, et à 30 miles au sud-est de Baltimore, via la route I-97 sud et la route US-301 est.

ORGANISER SON TEMPS

Vous pouvez passer plusieurs jours à explorer la région et quitter les rives protégées de la baie de Chesapeake pour les plages de l'océan Atlantique. Véhicule indispensable.

AVEC LES ENFANTS

La nature, notamment les poneys sauvages de la réserve naturelle de Chincoteague.

LES CRABES BLEUS
Lorsque s'installe l'été, rien n'est plus cher au palais des habitants du Maryland que la dégustation de ces petits crustacés. Bien que l'on trouve le crabe bleu *(callinectes sapidus)* jusqu'à hauteur du cap Cod (au sud-est de Boston), il abonde surtout dans la baie de Chesapeake. Durant la saison, de juin à octobre, cette spécialité régionale peut être appréciée sous diverses préparations : les **picking crabs**, dont on croque la coquille pour extraire la chair, les **crabes à carapace molle** *(soft shell crab)*, ayant mué mais n'ayant pas encore reconstitué leur nouvelle coquille (mai-septembre), et les **crab cakes**, célèbres pâtés de crabe du Maryland.

★★ Annapolis C2

Fondée sur les rives de la Severn River par des puritains de Virginie (1648), Annapolis, nommée en l'honneur de la princesse Anne (1665-1714), future reine de Grande-Bretagne et d'Irlande, fut le siège du gouvernement colonial (1694), puis celui des États-Unis, juste après la guerre d'Indépendance. Fière de son patrimoine de maisons georgiennes – c'est la ville américaine qui compte le plus grand nombre de structures datant du 18e s. –, la capitale du Maryland est aujourd'hui une cité accueillante et pleine de charme où viennent se ressourcer les plaisanciers. Les blocs truffés de boutiques et de bistrots autour de **City Dock** fourmillent de visiteurs tout au long de l'année.

★ Maryland State House

100 State Circle - ✆ 410 946 5400 - msa.maryland.gov - 9h-17h - entrée libre, pièce d'identité nécessaire.
Érigé en 1779, ce bâtiment, le plus ancien en son genre dans le pays, fut le capitole des États-Unis en 1783-1784 lorsque, à cette même période, Annapolis devint capitale de la Nation. Construit sur une éminence, il domine toute la ville de son étonnant dôme en bois. C'est ici que le traité de Paris, mettant fin à la guerre d'Indépendance, fut ratifié le 14 janvier 1784.

★★ **Hammond Harwood House** – *19 Maryland Ave - ✆ 410 263 4683 - hammond harwoodhouse.org - avr.-déc. merc.-lun. 12h-17h, visite guidée seult, départ ttes les h. à partir de 12h- 10 $ (6-18 ans 5 $).* Parmi les nombreuses demeures de l'époque coloniale que compte Annapolis, celle-ci est sans doute la plus intéressante. Elle a été construite en 1776 pour le riche planteur de tabac Matthias Hammond par l'architecte anglais William Buckland, qui construisit également la William Paca House et la Chase-Lloyd House à Annapolis. Il a privilégié le style anglo-palladien, alors en vogue, que caractérisent l'emploi d'un fronton, la symétrie et l'équilibre des proportions. La façade s'inspire de la villa Pisani, sise à Montagnana, en Vénétie, créée par Palladio. L'intérieur a conservé son beau mobilier d'époque et ses riches boiseries sculptées. Par un de ces curieux hasards de l'histoire, la petite-fille du juge Jeremiah Townley Chase, propriétaire de la maison en 1810, épousa William Harwood… arrière-petit-fils de William Buckland.

★ U.S. Naval Academy

Visitor Center Armel-Leftwich - 52 King George St. - ✆ 410 263 8687 - www.usnabsd.com - P - visites guidées : horaires variables selon les mois, consultez le calendrier sur le site Internet - présentez-vous au Visitor Center, muni d'une pièce d'identité - 11,50 $ - grande boutique de souvenirs.

Pendant de West Point *(**p. 59)*, cette prestigieuse école militaire créée en 1845 se déploie sur un paisible campus de 135 ha, en bordure de Severn River et de College Creek. Elle forme en quatre ans les officiers de marine américains et les Marines – ils sont plus de 4 500 à y étudier tous niveaux confondus. La visite guidée du « Yard », nom commun de l'académie, inclut **Bancroft Hall** : ce bâtiment de style baroque (1906) couvre près de 11 ha et revendique 8 km de couloirs.

★★ **Navy Chapel** – Peu d'édifices d'Annapolis supportent la comparaison avec l'église construite en 1908 par Ernest Flagg. Conçue sur le modèle des Invalides à Paris, elle est surmontée d'un superbe dôme en cuivre. Elle abrite la crypte où repose John Paul Jones (1749-1792), marin écossais héros de la guerre d'Indépendance.

U.S. Naval Academy Museum – *Preble Hall.* Après la visite guidée, ne manquez pas le musée, où vous trouverez une collection exceptionnelle de **maquettes de bateaux**★★ réalisées en Angleterre aux 17e et 18e s.

★ Le littoral est du Maryland D1-2

Des petits villages chargés d'histoire sont facilement accessibles depuis Annapolis. Ils offrent l'occasion de se reposer dans de superbes Bed & Breakfast, de chiner dans les magasins d'antiquités, d'observer les oiseaux ou de déguster les fruits de mer de la région, comme les **crabes bleus** *(**encadré page de gauche)* ou les huîtres.

★ Easton

À 41 miles/65 km à l'est d'Annapolis par la route 50. Welcome and Ressource Center, 11 S Harrison St. - 410 820 8822 - www.eastonmd.org. Des dépliants bien conçus permettent d'effectuer des promenades autoguidées.

Formée autour de l'installation d'une communauté de quakers à la fin du 17e s., cette petite ville, régulièrement élue parmi les plus charmantes du pays, est la capitale du comté de Talbot. Elle abrite plusieurs bâtiments anciens et de nombreuses galeries d'art et boutiques d'antiquaires, concentrés sur quelques pâtés de maisons. Construite en 1801, la **Bullitt House** (108 E Dover St.) est l'une des plus anciennes et des plus jolies de la ville *(ne se visite pas)*. Plus étonnant, la ville possède un patrimoine Art déco notable avec le cinéma Avalon (42 E Dover St.), inauguré en 1928, et les **boutiques** qui s'alignent entre le 13 et le 25 Goldsborough St., dont l'une aurait été un *speakeasy* à l'époque de la Prohibition. Au 11 N Washington St. se dresse une statue de **Frederick Douglass** (1818-1895), né esclave dans la région et devenu l'une des plus grandes figures de la cause abolitionniste. À l'angle de Washington St. et Federal St., le **Steward Building** (1812), aujourd'hui petit immeuble de bureaux, abrita le Brick Hotel, premier établissement hôtelier du littoral est du Maryland ; Douglass y séjourna après la guerre de Sécession.

★ St Michaels

À 10 miles/16 km d'Easton par la route 33 50 et 611. www.stmichaelsmd.org.

Autre destination touristique prisée, le charmant port de St Michaels, autrefois spécialisé dans le commerce du tabac, abrite un petit quartier historique avec de belles maisons de l'époque coloniale et du début du 19e s., organisé autour de **St Mary Square**. Une anecdote est attachée à la **Cannonball House** (5B Mulberry St.) : lorsque la marine britannique s'apprêta à attaquer la ville pendant la guerre de 1812, les habitants de St Michaels suspendirent des lanternes dans les arbres pour tromper l'ennemi, un stratagème efficace puisque seule cette demeure fut endommagée par un boulet de canon. Ne manquez pas de visiter le **Chesapeake Bay Maritime Museum** *(213 N Talbot St. - ✆ 410 745 2916 - cbmm.org - mai-oct. 9h-17h, nov.-avr. 10h-16h - 15 $, 8-17 ans 6 $)*. Cet intéressant musée dont une partie des expositions se situe en plein air permet de découvrir l'histoire naturelle et économique de la baie. On découvre le Hooper Strait Lighthouse (1879), phare qui a été déplacé pour être exposé ici, toutes sortes d'embarcations de pêcheurs et un chantier naval. Une section est consacrée à la récolte des huîtres, une autre au conditionnement de la chair de crabe, une autre encore aux nombreux oiseaux migrateurs qui passent par la région.

★ Tilghman Island

À 17 miles/27 km au sud de St Michaels par la route 33. *tilghmanisland.com.*
Reliée par un pont au continent, cette petite île (7 km²) portant le nom de la famille qui en était propriétaire au 18e s. a des allures de bout du monde. Fréquentée par une communauté de pêcheurs très active, elle attire également les touristes, le plus souvent pour la journée (plusieurs restaurants et possibilités d'hébergement). On en fait le tour très facilement et même s'il n'y a pas grand-chose à voir, on s'y rend pour l'ambiance. Parmi les attractions locales, le **Phillips Wharf Environmental Center** *(21604 Chicken Point Rd - ✆ 410 886 9200 - phillipswharf.org - mi-avr.-oct. jeu.-lun. 10h-16h, se renseigner pour les horaires d'hiver - entrée libre)*, installé dans une ancienne conserverie d'huîtres, permet d'en savoir plus sur la faune de la baie et l'aquaculture qu'on y pratique. Le **Tilghman Watermen's Museum** *(6031 Tilghman Island Rd - ✆ 410 886 2930 - tilghmanmuseum.org - sam.-dim. 10h-15h - entrée libre)* retrace l'histoire de l'île et de ses habitants.

★ Assateague Island National Seashore

À 112 miles/180 km à l'est d'Annapolis et 77 miles/123 km à l'est d'Easton par les routes 50 et 611. Visitor's Center : 11800 Marsh View Lane - Berlin, MD - ✆ 410 641 1441 - www.nps.gov/asis/- mars-déc. tlj 9h-17h, fermé mar.-merc. le reste de l'année - 20 $/véhicule, valable 7 j. - ⛺ ♿ 🅿.

Chaque dernier mercredi et jeudi de juillet se déroule à l'extrémité sud de cette île-barrière un événement exceptionnel : le **parcage des poneys★** (Pony Penning). C'est au cours de ce rassemblement populaire que sont vendus les poulains. Longue de près de 60 km, l'île abrite en effet plusieurs centaines de poneys sauvages, issus des spécimens introduits au 17e s. par des colons désireux d'échapper aux taxes sur les pâturages. Ils galopent toujours en liberté dans la **Réserve naturelle de Chincoteague**. Les poneys sont regroupés et conduits à travers le mince détroit (lorsque la mer est calme) jusqu'à la ville de **Chincoteague** *(en face de la baie de Chincoteague, route 175)* pour y être vendus *(www.chincoteague.com)*.

NOS ADRESSES À ANNAPOLIS ET SUR LE LITTORAL EST DU MARYLAND

TRANSPORTS

Sur place

Annapolis est une petite ville qui se découvre essentiellement à pied, ce qui fait partie du charme de la visite. Un trolley touristique (avec commentaires historiques et culturels en anglais) fait le tour des principaux sites touristiques en 60mn et constitue une promenade agréable *(départ du Visitor Center* *p. 211**, plusieurs départs par jour selon la saison, 18 $, voir calendrier sur www.townetransport.com).*

HÉBERGEMENT

POUR SE FAIRE PLAISIR

Loews Annapolis – *126 West St. - (410) 263-7777 - www.loewshotels.com/annapolis - - 215 ch. 189/429 $ -* . À moins de 10mn de marche du port et des attractions de la ville, cet hôtel abrite des chambres pimpantes et confortables. Souvent décorées de motifs bleus et de ces rayures marine si bien accordées à l'humeur locale, certaines peuvent accueillir une famille. Le restaurant West, qui dispose d'une terrasse en été, prépare des plats qui mettent à l'honneur les spécialités de la Chesapeake Bay.

Waterfront Hotel – *80 Compromise St. - (410) 268-7555 - www.annapoliswaterfront.com - payant - - 150 ch. 299/461 $ -* . Cet hôtel de la chaine Marriott jouit d'une situation exceptionnelle face à la marina d'Annapolis. Les chambres, de standing, possèdent pour certaines une vue sur la baie. À défaut d'y loger, on peut manger au restaurant Pusser's, situé dans l'enceinte de l'hôtel.

St Michaels

BUDGET MOYEN

St Michaels Inn – *1228 S. Talbot St. - (410) 745-3333 - www.stmichaels-inn.com - - 92 ch. 90/211 $* . Loin des nombreux B & B de charme que l'on peut trouver dans les environs, ce motel bien placé propose des chambres fonctionnelles et confortables pour un prix raisonnable.

Easton

POUR SE FAIRE PLAISIR

Inn at 202 Dover – *202 E. Dover St. - Easton - (866) 450-7600 - www.innat202dover.com - - 1 ch. 289 $ et 4 suites 475/525 $ -* . De tous les hébergements de la région, ce B & B est celui qui remporte la palme de l'accueil, du confort et de la qualité de la table. Les propriétaires, Shelby et Ron Mitchell, ont rapporté une foule d'objets des quatre coins du monde pour décorer cette demeure historique (1874) qu'ils ont magnifiquement restaurée. Si les quatres suites et la chambre évoquent chacune des univers bien différents (French, Safari, Asian, English, Victorian), toutes ont en commun leur raffinement extrême. Le petit-déjeuner est une expérience mémorable, tout comme un repas pris au restaurant Peacock.

RESTAURATION

BUDGET MOYEN

Level – *69 West St. - (410) 268-0003 - http://lannapolis.com - 17h-23h, vend.-sam. 17h-1h - assiettes autour de 15 $.* Un concept de *small plates* (petites assiettes) de plus en plus populaires dans un pays où l'on sert trop souvent des portions gargantuesques. La carte est courte et change très souvent, les plats sont d'inspiration locale et méditerranéenne, les ingrédients choisis avec soin. Pour un repas façon tapas, à partager.

Pusser's Carribean Grill – *80 Compromise St. - Voir Waterfront Hotel - ✆ (410) 626-0004 - http://pussersusa.com - 6h30-23h, w.-end 7h-23h - plats 18/30 $.* Un restaurant aux accents caribéens qui porte le nom d'une marque de rhum célèbre. Le choix de cocktails est grand, tout comme celui des plats à base de poisson et fruits de mer frais – goûtez au chutney à la mangue et au *poke*, célèbre plat hawaïen. La salle est immense mais en saison il fait bon s'attabler au bord de l'eau et observer le ballet des bateaux.

POUR SE FAIRE PLAISIR

Rams Head Tavern – *33 West St. - ✆ (410) 268-4545 - www.ramsheadtavern.com - 11h-2h, dim. 10h-2h - à la carte 28,50/50,50 $.* L'endroit est une taverne depuis le 18e s. et l'établissement actuel, à l'enseigne de tête de bélier, une institution depuis plus d'un quart de siècle. L'animation ne fait jamais défaut (musique live tous les soirs), la sélection de bières est impressionnante tout comme le choix de plats de poissons. Les amateurs de viande ne sont pas en reste pour autant. À la belle saison, on peut dîner en extérieur, sous une treille de glycine.

St Michaels

BUDGET MOYEN

Awful Arthur's Seafood Company – *409 S. Talbot St. - ✆ (410) 745-3474 - http://awfularthurusa.com - 11h-21h, vend.-sam. 11h-22h - plats 15/23 $.* Une institution depuis 1975 pour savourer les produits de la mer de la région : huîtres, coquillages, poisson… Tout est frais et la carte varie au fil des arrivages. Également un grand choix de sandwichs élaborés à base de homard, d'huîtres frites, de crevettes…

POUR SE FAIRE PLAISIR

Bistro St Michaels – *403 S. Talbot St. - 21663 St Michaels - St Michaels, MD - ✆ (410) 745-9111 - www.bistrostmichaels.com - 17h-21h, vend. 17h-22h, sam. 10h-13h30, 17h-22h, dim. 10h-13h - fermé mar.-merc. - plats 20/32 $.* Installé dans une demeure victorienne de la principale artère de la ville, ce restaurant propose une cuisine inventive et copieuse, à base de produits locaux et de fruits de mer. Ornant les murs de la salle à manger, les affiches publicitaires sur les trésors de la cuisine française aiguiseront votre appétit. Parmi les spécialités de saison les plus remarquables : le *chowder* (potage épais à base de poisson ou de fruits de mer) au crabe et au maïs, et le sauté de crabe à carapace molle (*soft shell crab*).

Easton

UNE FOLIE

Peacock – *202 E. Dover St. - Voir Inn at 202 Dover - ✆ (410) 819-8007 - www.innat202dover.com - dîner jeu.-lun. à partir de 17h30 - plats 38/45 $.* Tout comme le B & B auquel elle est rattachée, cette table est l'une des meilleures de l'Eastern Seashore. Aux fourneaux, le chef Douglas Potts revisite les classiques avec inventivité et n'hésite pas à se montrer exotique à l'occasion. Tout est évidemment frais et les crab cakes, spécialité du Maryland, sont particulièrement savoureux. Pour accompagner ce repas d'exception, la cave compte quelque 70 références de crus dont certains sont des millésimes.

PETITE PAUSE

Miss Shirley Café – *1 Park Pl. - 21401 Annapolis - ✆ (410) 268-5171 - www.missshirleys.com - 7h-15h, w.-end 7h30-15h30.* Un peu à l'écart du centre touristique, ce sympathique café est fréquenté par les « locaux » qui aiment y prendre le petit-déjeuner ou y manger sur le pouce à midi.

JoJo's Cupcakes & Cream – *218 N. Washington St. - 21601 Easton - ✆ (410) 763-4930 - http://jojoscupcakesandcream.com - 11h-17h, vend.-sam. 11h-18h - fermé dim.-lun.* Le rendez-vous des gourmands qui trouvent ici des cupcakes maison, des milk-shakes, des crèmes glacées artisanales dans plus de 30 parfums différents… Autre adresse à St Michaels : 101 S. Talbot St.

ACTIVITÉS

Les sorties en bateau sont évidemment un *must* dans la région. Le Visitor Center d'**Annapolis** distribue une brochure qui répertorie les prestataires dont l'offre varie selon la saison, de la promenade de 40mn dans le port à celle d'une journée jusqu'à St Michaels ou Baltimore. Vous pouvez aussi vous rendre directement sur le port et consulter les horaires des bateaux, clairement indiqués devant chacun d'entre eux.

À **St Michaels**, plusieurs compagnies proposent de la même façon des sorties en bateau. Rendez-vous au port ou consultez le site Internet de l'office de tourisme.

TriCycle and Run – *929 S. Talbot St. - 21663 St Michaels - ✆ (410) 745-2836 - http://tricycleandrun.com - 10h-17h, dim. 10h-14h - fermé mar. - 15 $/1/2 j, 25 $/j - équipement compris.* Pourquoi ne pas louer un vélo pour explorer la région dont la topographie se prête bien à ce mode de transport ? Les plus courageux se rendent même à Tilghman Island de cette manière !

AGENDA

Wine Fest – *Un week-end fin avril.* St Michaels accueille des producteurs de vins du monde entier qui font découvrir leurs produits : dégustations, concours… *www.winefestatstmichaels.com.*

Concerts in the Park – *Juin-sept., tous les jeu. à 18h.* Des concerts gratuits au Muskrat Park d'Annapolis (Willow Green St.), si le temps le permet.

Annapolis Boat Shows – *Oct. et juin.* À Annapolis, une des plus anciennes et des plus grandes foires-expositions consacrées aux bateaux : les bateaux à moteur sont exposés à l'automne, les voiliers au printemps. *www.annapolisboatsohow.com.*

Chesapeake Film Festival – *Fin oct.* Plusieurs salles d'Easton, dont l'Avalon Theatre, accueillent cette manifestation consacrée au 7e art. *www.chesapeakefilmfestival.com.*

Waterfowl Festival – *Un long week-end fin nov.* Plusieurs édifices d'Easton se transforment en galeries d'art où des artistes variés exposent leurs créations. *www.waterfowlfestival.com.*

Washington DC 5

★★★

672 228 habitants

Carte Michelin National 761 et carte Michelin Régional 582

PLANS DE WASHINGTON DC

Vue sur le Washington Monument depuis le Lincoln Memorial.

Pgiam/iStock

Grand angle sur Washington DC

Vitrine des États-Unis, Washington symbolise, avec ses monuments néoclassiques, ses vastes musées et ses larges perspectives, l'idéal américain. Située à la frontière de la Virginie et du Maryland, à 140 km environ du littoral, la cité se dresse en bordure du Potomac. La capitale et centre politique des États-Unis n'en demeure pas moins une ville ouverte : le Congrès et la Maison-Blanche, notamment, accueillent volontiers les visiteurs désireux de voir la démocratie américaine à l'œuvre. À l'inverse de la plupart des capitales, la cité n'a jamais connu d'autre régime politique que la démocratie. Elle abonde en témoignages rendus aux grandes figures de l'histoire américaine : George Washington, Thomas Jefferson, Abraham Lincoln ou John Kennedy. L'entrée des principaux musées est libre, reflet de cet idéal démocratique.

LE CHOIX D'UNE CAPITALE

C'est le président **George Washington** qui choisit, conformément à la Constitution (1787), d'installer le gouvernement de la jeune nation américaine en terrain neutre – c'est-à-dire ni à New York ni à Philadelphie, deux des premières capitales –, près de **Georgetown**, port alors florissant du Potomac. Washington appréciait particulièrement cette région, où il était propriétaire d'une plantation, Mount Vernon (*p. 304*). En 1788, le Maryland et la Virginie cédèrent un terrain en forme de losange de 16 km de côté, s'étendant jusqu'à la rive ouest du Potomac. Il serait plus tard baptisé **« district of Columbia »**, en référence au personnage féminin qui symbolise le pays dès les années 1730, nom inspiré du patronyme de Christophe Colomb.

UN PLAN ORTHOGONAL

Un architecte français, **Pierre Charles L'Enfant** (1754-1825), jeune Parisien engagé aux côtés des insurgés américains pendant la guerre d'Indépendance, fut chargé de concevoir le plan de la ville. L'Enfant plaça le Capitole sur Jenkins Hill, éminence dominant le fleuve. Selon un axe est-ouest, il ébaucha une « Grande Avenue » large de 120 m environ (l'actuel Mall), le long de laquelle s'installeraient les représentations diplomatiques et les institutions culturelles. L'avenue était reliée, selon un axe nord-sud, à la « demeure du Président », qui communiquerait avec le Capitole, via une artère à vocation commerçante (l'actuelle Pennsylvania Avenue), longue de 1,6 km.

HOMMES ET POUVOIR

En dépit de nombreux contretemps, dont la démission de L'Enfant en 1792, la capitale fédérale était opérationnelle en 1800, date à laquelle le président John Adams emménagea à la **Maison-Blanche**. Malmenée pendant la guerre de 1812 contre les Anglais, la ville continua néanmoins à se développer. Alexandria fut rendue à la Virginie en 1847 tandis que le quartier de Georgetown rejoignait le district de Columbia en 1871. Pendant la guerre de Sécession (1861-1865), la population augmenta considérablement avec l'afflux des volontaires venus rejoindre les rangs de l'Union tandis que l'abolition de l'esclavage dans le district de Columbia (1862) attirait les fuyards venus des États du Sud. L'aménagement du canal reliant l'Ohio à la baie de Chesapeake favorisa le développement commercial de la ville et les améliorations apportées aux

Au pied du Washington Monument avec le Capitole en arrière-plan.
R. T. Nowitz/age fotostock

transports dynamisèrent les banlieues dans les quartiers proches de la Virginie et du Maryland. La présence des institutions fédérales et des banques draina hommes de pouvoir et grosses fortunes, mais aussi des industriels, qui disposaient sur place d'une main-d'œuvre abondante.

WASHINGTON DC AUJOURD'HUI

Le nouveau cœur magnétique de DC s'est indéniablement déplacé vers l'est et vers le sud, très loin des grandes artères du centre, des bâtiments officiels et des enseignes du luxe. Les « corridors » ventilent une joyeuse dynamique de 14th Street et Logan Circle vers **DC East** : Bloomingdale, H Street et 8th Street, de Union Market à Barracks Row. C'est là, à partir de cet axe marqué par la 8e, que l'avenir se dessine : du sud (Navy Yard, South West Waterfront-The Wharf et Anacostia) vers le nord (Brookland) et l'est (Ivy City).

Le bien-vivre et le bien-respirer semblent avoir toujours été des obsessions ici. Côté gastronomie, des *farmers'markets* aux torréfacteurs *(roasters)* et autres micro-brasseries ou distilleries, qui grignotent le cœur de DC, saveurs, parfums et ambiances ont évolué dans le même sens. C'est à qui, de New York ou de Washington, sera déclarée la ville la plus cool de la côte est.

Fière de sa dizaine d'établissements d'enseignement supérieur et de ses musées prestigieux, la capitale doit une partie de son charme à l'épouse de Lyndon Johnson, président des États-Unis entre 1963 et 1969. Les **espaces verts**, aménagés en parcs fleuris, furent une priorité de la First Lady. Depuis 1899, en outre, The Height of Building Act, en limitant la hauteur des bâtiments, veille sur la cohérence de la ville, les perspectives sont donc libres de se dérouler à l'infini. Chaque saison enfin y apporte sa touche de couleur. Au printemps, le Cherry Blossom Festival célèbre les cerisiers en fleurs. En été, les feux d'artifice du 4-Juillet (fête nationale) embrasent le ciel au-dessus de Washington Monument. Au mois d'octobre, les bords du canal Chesapeake & Ohio enveloppent le promeneur dans son manteau d'automne. Et, début décembre, un des must consiste à voir le président en exercice illuminer l'arbre de Noël sur l'Ellipse.

SE LOGER

- Beacon Hotel and Corporate Quarters ... 1
- Capitol Hill Hotel ... 2
- Henley Park Hotel ... 3
- Hotel George ... 5
- Hotel Lombardy ... 7
- Hotel Rouge ... 9
- Kimpton Mason & Rook Hotel ... 8
- Pod DC Hotel ... 14
- The Fairfax at Embassy Row ... 15
- The Inn at Dupont Circle South ... 10
- The Jefferson ... 12
- The Liaison Capitol Hill ... 11
- The Madison Downtown ... 6
- The Melrose Georgetown Hotel ... 13

SE RESTAURER

- A Baked Joint ... 2
- Acadiana ... 3
- Al Tiramisu ... 4
- Ambar ... 9
- Beefsteak ... 10
- Bidwell ... 14
- Bistro Bis ... 1
- Blue Duck Tavern ... 15

Bombay Club 16	Jaleo 6	Plume 31
Boqueria 18	Joe's Seafood, Prime Steak and Stone Crab 26	Rasika 13
Cava Grill 19	Le Bon Café 7	Ris 38
Chercher 20	Marcel's 27	Rose's Luxury/ 17
China Chilcano 21	McCormick & Schmick's 8	Shake Shack 33
Daikaya 22	Oyamel 28	Ted's Bulletin 40
District Commons 23	Pete's Diner 11	The Occidental Grill 39
Fiola 25	Pineapple and Pearls 30	Tortilla Coast 24
Georgia Brown's 5	Pizzeria Paradiso 12	Tosca 35

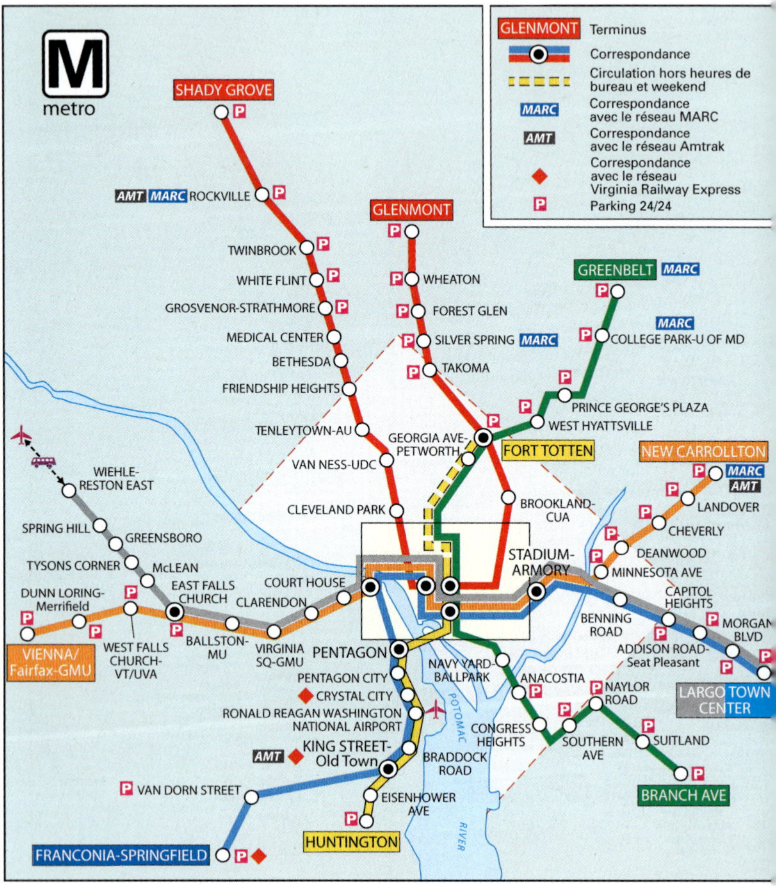
M
metro
GLENMONT
Terminus
Correspondance
Circulation hors heures de bureau et weekend
MARC
Correspondance avec le réseau MARC
AMT
Correspondance avec le réseau Amtrak
Correspondance avec le réseau Virginia Railway Express
P
Parking 24/24
SHADY GROVE
ROCKVILLE
TWINBROOK
WHITE FLINT
GROSVENOR-STRATHMORE
MEDICAL CENTER
BETHESDA
FRIENDSHIP HEIGHTS
TENLEYTOWN-AU
VAN NESS-UDC
CLEVELAND PARK
GLENMONT
WHEATON
FOREST GLEN
SILVER SPRING
TAKOMA
GEORGIA AVE-PETWORTH
FORT TOTTEN
BROOKLAND-CUA
GREENBELT
COLLEGE PARK-U OF MD
PRINCE GEORGE'S PLAZA
WEST HYATTSVILLE
NEW CARROLLTON
LANDOVER
CHEVERLY
DEANWOOD
MINNESOTA AVE
STADIUM-ARMORY
CAPITOL HEIGHTS
BENNING ROAD
MORGAN BLVD
ADDISON ROAD-Seat Pleasant
LARGO TOWN CENTER
WIEHLE-RESTON EAST
SPRING HILL
GREENSBORO
TYSONS CORNER
McLEAN
DUNN LORING-Merrifield
EAST FALLS CHURCH
WEST FALLS CHURCH-VT/UVA
VIENNA/Fairfax-GMU
BALLSTON-MU
VIRGINIA SQ-GMU
CLARENDON
COURT HOUSE
PENTAGON
PENTAGON CITY
CRYSTAL CITY
RONALD REAGAN WASHINGTON NATIONAL AIRPORT
KING STREET-Old Town
BRADDOCK ROAD
EISENHOWER AVE
HUNTINGTON
VAN DORN STREET
FRANCONIA-SPRINGFIELD
NAVY YARD-BALLPARK
ANACOSTIA
CONGRESS HEIGHTS
SOUTHERN AVE
NAYLOR ROAD
SUITLAND
BRANCH AVE
POTOMAC
RIVER

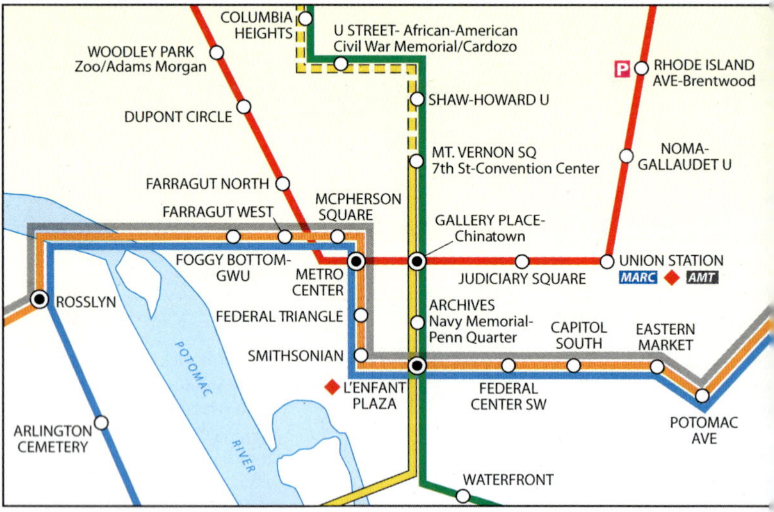
COLUMBIA HEIGHTS
U STREET- African-American Civil War Memorial/Cardozo
WOODLEY PARK Zoo/Adams Morgan
DUPONT CIRCLE
SHAW-HOWARD U
RHODE ISLAND AVE-Brentwood
MT. VERNON SQ 7th St-Convention Center
NOMA-GALLAUDET U
FARRAGUT NORTH
FARRAGUT WEST
MCPHERSON SQUARE
GALLERY PLACE-Chinatown
FOGGY BOTTOM-GWU
METRO CENTER
JUDICIARY SQUARE
UNION STATION
MARC
AMT
ROSSLYN
FEDERAL TRIANGLE
ARCHIVES Navy Memorial-Penn Quarter
CAPITOL SOUTH
EASTERN MARKET
SMITHSONIAN
L'ENFANT PLAZA
FEDERAL CENTER SW
POTOMAC AVE
ARLINGTON CEMETERY
WATERFRONT
POTOMAC
RIVER

NOS ADRESSES À WASHINGTON DC

Plan du centre p. 222-223
Plan de Georgetown, p. 281
Plan des quartiers nord, p. 288
Sauf indication contraire, les adresses du carnet pratique sont localisées sur le plan du centre.

INFORMATIONS UTILES

Ambassade de France – *4101 Reservoir Rd NW - Georgetown - ✆ 202 944 6000 - fr.franceintheus.org.*
Ambassade de Belgique – *3330 Garfield Street NW - ✆ 202 333 6900 - unitedstates.diplomatie.belgium.be.*
Ambassade de Suisse – *2900 Cathedral Ave NW - ✆ 202 745 7900 - www.eda.admin.ch.*
Ambassade du Luxembourg – *2200 Massachusetts Ave NW - ✆ 202 265 4171 - washington.mae.lu.*
Ambassade du Canada – *501 Pennsylvania Ave NW - ✆ 202 682 1740 - international.gc.ca.*
Santé – **CVS Pharmacy** – A1 - *6 Dupont Circle - Ⓜ Dupont Circle - ✆ 215 785 1466 - www.cvs.com - 24h/24.* Consultez le site Internet pour trouver une Minute Clinic en cas de problème mineur. Pour les problèmes plus sérieux, demandez à l'ambassade de France la liste des médecins conseillés.

TRANSPORTS

Se rendre à Washington

Avion – La capitale fédérale est desservie par trois aéroports, deux en Virginie, un dans le Maryland.
Ronald Reagan Washington National Airport – *À 7 km au sud du centre-ville - Alexandria - ✆ 703 417 8000 - flyreagan.com.* Pour rejoindre la ville : taxi *(15-20 $)*, navettes collectives ou individuelles (**Supershuttle** - *✆ (1) 800 258 3826 - www.supershuttle.com - env. 15 $*), ou Ⓜ Ronald Reagan National Airport *(à partir de 2,10 $)*.
Dulles International Airport – *À 41 km à l'ouest du centre-ville - ✆ 703 572 2700 - flydulles.com.* Pour rejoindre la ville : taxi *(60-70 $)*, navettes collectives ou individuelles (**Supershuttle** - *env. 30 $*). En attendant le prolongement de la Silver Line jusqu'à l'aéroport, il faut prendre le Silver Line Express Bus *(5 $)* jusqu'à Ⓜ Wiehle-Reston East, puis le métro *(3,80 $ jusqu'à Ⓜ L'Enfant Plaza)*.
Autre option : le bus 5A *(7,50 $ - 15mn)* conduit jusqu'à Ⓜ Rosslyn, puis le métro *(3,80 $, jusqu'à Ⓜ L'Enfant Plaza)*.
Baltimore-Washington International Thurgood Marshall Airport – *À 45 km au nord du centre-ville - ✆ (1) 800 435 9294 - www.bwiairport.com.* Pour rejoindre la ville : taxi *(env. 100 $)*, navettes collectives ou individuelles (**Supershuttle** -- *env. 40 $*), train (navette gratuite de l'aéroport) pour la gare ferroviaire de Union Station *(www.amtrak.com, à partir de 15 $)*, BWI Express Metro Bus *(7 $)* jusqu'à la station Ⓜ Greenbelt, puis le métro *(3,80 $ jusqu'à Ⓜ L'Enfant Plaza)*.
Train – Très pratique si vous venez de Baltimore, à 30mn de trajet seulement *(16-40 $)*. Washington est aussi à moins de 2h de train de Philadephie *(à partir de 40 $)* et à env. 3h de train de New York *(à partir de 86 $)*. **Union Station** – D1 - *50 Massachusetts Ave NE - www.amtrak.com.* La gare est desservie par la ligne de métro rouge.

Sur place

EN MÉTRO – **M** - **Metrorail** - *www.wmata.com.* Il compte six lignes, repérables à leur couleur, qui quadrillent la ville jusqu'à Alexandria. Le tarif dépend de l'heure et de la longueur du trajet *(à partir de 2 $).*
SmartTrip Card – Magnétique, facile à recharger, elle coûte 2 $.
Lignes – Un même quai peut être utilisé par des trains de lignes différentes. Repérez la couleur de la ligne, indiquée sur les panneaux d'affichage et sur les voitures par ses initiales : YL (*yellow*, jaune), OR (orange), BL (*blue*, bleu), RD (*red*, rouge), GR (*green*, vert), SV (*silver*, argent).
EN BUS – Le réseau de bus est géré par le même opérateur que le métro. Le trajet coûte à partir de 2 $ en ville. Veillez à monter dans le bus muni de l'appoint en monnaie ou d'une SmartTrip Card.
EN BUS TOURISTIQUE – **Old Town Trolley** – *✆ 844 356 2603 - www.trolleytours.com - 1 bus/30mn env. - 9h-17h30 - Hop-on Hop-off à partir de 46,95 $.* Ils passent par les sites touristiques jusqu'à Arlington. **Big Bus Tours** – *✆ (1) 877 332 8689 - www.bigbustours.com - 1 bus/15-20mn env. - 9h-18h - Hop-on Hop-off à partir de 45 $.* En haute saison, ces deux compagnies assurent aussi des services en nocturne.
À VÉLO – Des bicyclettes en libre-service, reconnaissables à leur couleur rouge, sont à retirer dans l'une des quelque 500 stations de l'agglomération. *www.capitalbikeshare.com. Gratuit les 30 premières minutes, puis 2 $/1h - forfaits 7 $/1 j. ou 15 $/3 j.*
EN BATEAU – Water-taxis et navettes fluviales opèrent tte l'année (sf météo contraire). C'est un moyen agréable de se déplacer, surtout à la belle saison.
Embarcadères –
Georgetown-Washington Harbour – *3100 K St. NW (angle 31st St.).*
National Mall –*4592 Ohio Drive SW (angle West Basin Drive).*
The Wharf – *950 Wharf St. SW.*
Alexandria City Marina – *105 North Union St.*
MGM National Harbor – *145 National Plaza.*
Mount Vernon – *Embarcadère à 10mn à pied de la maison de George Washington. Différentes formules, du simple trajet à la soirée avec DJ, en passant par l'excursion commentée.*
Compagnies –
Potomac River Boat Company – *www.potomacriverboatco.com.*
DC Cruises – *www.dc-cruises.com.*
Spirit Cruises – *www.spiritcruises.com.*
Odyssey Cruises – *www.odysseycruises.com.*
EN VOITURE – Washington étant dotée d'un bon système de transports en commun, il est fortement conseillé de laisser sa voiture dans un parking. Vous n'aurez aucun mal à les trouver par le biais de votre hôtel (tarifs prohibitifs) ou sur un des sites Internet qui indiquent les places disponibles en temps réel *(washingtondc.bestparking.com).*

SE REPÉRER

La ville est divisée en quadrants grâce auxquels il est possible de situer un lieu, au nord-ouest (NW), au nord-est (NE), au sud-est (SE), au sud-ouest (SW), à partir du point d'origine, lequel est marqué par une étoile au sol sous la rotonde du Capitole. Les rues organisées selon un axe nord-sud sont numérotées en ordre ascendant de chaque côté du Capitole tandis que celles qui courent d'est en ouest portent des lettres dans l'ordre ascendant de l'alphabet. Il n'y a toutefois pas de rue A, car elle correspond au Mall, ni de rue B, qui correspond à Constitution Avenue pour sa partie NE et NW, et à Independence Avenue pour sa partie SE et SW. Il est donc indispensable de connaître les coordonnées géographiques d'une adresse.

VISITES

Renseignements – En dehors des quelques offices de promotion de quartier, on peut se rendre à **Destination DC** – *901 7th St. NW - 4e ét. - M Gallery Place- Chinatown - ✆ 202 789 7000 - washington.org.* Les **musées du Mall**, la **Maison-Blanche** et le **Capitole** disposent de leur propre Visitor Center.

Mode d'emploi – N'oubliez pas qu'il y a beaucoup de visiteurs en été et que vous serez amené à faire la queue, une attente allongée par les procédures de sécurité à l'entrée de la plupart des sites. Certains lieux nécessitent une réservation préalable, plus ou moins longue. Lisez attentivement les informations indiquées dans les conditions de visite pour ne pas être pris au dépourvu.

Visites organisées – Si vous n'êtes pas freiné par la barrière de la langue, l'offre est immense. **Cultural Tourism DC** *(✆ 202 661 7581 - www.culturaltourismdc.org)*, **DCbyfoot** *(✆ 202 370 1830 - (freetoursbyfoot.com)* et **Washington Walks** *(✆ 202 484 1565 - www.washingtonwalks.com)* proposent des promenades thématiques à pied. **Bike and Roll DC** *(✆ 202 842 2453 -bikethesites.com)* propose des balades à vélo ou en rollers de mars à déc.

Croisières – Les bateaux de **Spirit Cruises** *(www.spiritcruises.com)*, **Odyssey Cruises** *(www.odysseycruises.com)* et **Potomac Riverboat Company** *(au départ d'Alexandria - p. 305 - www.potomacriverboatco.com)* sillonnent le Potomac, souvent à l'occasion de croisières déjeuner ou dîner. Certains bateaux vont jusqu'à Georgetown *(p. 279)* et Mount Vernon *(p. 304)*.

HÉBERGEMENT

La capitale compte un grand nombre d'hôtels susceptibles de satisfaire tous les publics, à condition de consacrer un certain budget au logement. Étudiez les différents sites de réservation, consultez les sites des hôtels qui offrent souvent des promotions et comparez les prix : si vous n'êtes pas tenu par des dates précises, vous pourrez faire de sérieuses économies en dehors de la période de haute saison *(juin-sept.)* : le reste de l'année, à Washington, comme dans toutes les villes d'affaires, les tarifs affichent de fortes baisses le week-end mais les hôtels imposent alors parfois un séjour de deux nuits minimum.

Downtown regroupe beaucoup d'hôtels de standing, Dupont Circle et Adams Morgan abritent des établissements plus abordables. Alexandria *(p. 298)* peut se révéler une bonne option : la ville est agréable et bien desservie.

Capitol Hill (plan p. 222)

POUR SE FAIRE PLAISIR

2 **Capitol Hill Hotel** – D2 - *200 C St. SE - M Capitol South - ✆ (202) 543-6000 - www.capitolhillhotel-dc.com - P 50 $/nuit - - 153 suites 125/350 $* . Proche du Capitole, dans une petite rue résidentielle ombragée,

5

cet hôtel récemment rénové propose des chambres bien aménagées et toutes équipées d'une petite cuisine.

5 Hotel George – D1 - *15 E St. NW - M Union Station - ✆ (202) 347-4200 - www.hotelgeorge.com - P 50 $/j - ♿ 📶 23 $/j - 139 ch. 114/223 $ - ✕.* C'est l'un des hôtels branchés du moment! Sa décoration minimaliste, qui rend hommage au premier des présidents américains, et ses couleurs vives séduisent tous les voyageurs, qu'ils soient là pour affaires ou pour le plaisir. Restaurant de cuisine française, Bistro Bis, réputé.

11 The Liaison Capitol Hill – D1 - *415 New Jersey Ave NW - M Union Station - ✆ (202) 638-1616 - www.jdvhotels.com/hotels/washington-dc/washington-dc-hotels/the-liaison-capitol-hill-dc - P 59 $/nuit - ♿ 📶 - 343 ch. 109/519 $ - ✕.* Une décoration contemporaine, des chambres bien équipées (chargeurs pour différents appareils électriques, tapis de yoga, oreillers ergonomiques, etc.), une piscine et un bar avec vue au dernier étage… Et, en plus, une savoureuse cuisine du sud des États-Unis au restaurant Art and Soul.

Downtown (plan p. 222)

BUDGET MOYEN

14 Pod DC Hotel – C1 - *627 H St. NW - M Gallery Pl-Chinatown - ✆ (202) 847-4444 - www.thepodhotel.com - ♿ 📶 - 245 ch. à partir de 109 $ - ✕.* Au cœur de Penn Quarter, un hôtel minimaliste et design mais néamoins très confortable pour les voyageurs qui se passent du superflu (mini bar, planche à repasser…), un choix qui se ressent dans les prix compétitifs. Le restaurant Crimson Diner (cuisine du Sud des États-Unis), le *rooftop bar* Crimson View et le confidentiel Whiskey Bar sont aussi de bonnes adresses.

3 Henley Park Hotel – C1 - *926 Massachusetts Ave NW - M Mount Vernon Sq.-7th St. Convention Ctr - ✆ (202) 638-5200 - www.henleypark.com - P 40 $/nuit - 📶 - 96 ch. 109/189 $ - ✕.* Avec ses allures de manoir de style Tudor, le Henley Park séduit une clientèle raffinée et exigeante. Proche du Convention Center, il met à disposition des hôtes une navette gratuite pour le centre-ville et Capitol Hill. Avec ses murs de brique et ses poutres apparentes, le restaurant The Tavern surfe sur la même veine et propose en soirée des plats d'un bon rapport qualité-prix (18/36 $), ainsi qu'un brunch au champagne réputé (30 $).

POUR SE FAIRE PLAISIR

8 Kimpton Mason and Rook Hotel – B1 - *1430 Rhode Island Ave NW - M McPherson Square - ✆ (202) 462-9001 - ✆ (202) 742-3100 - www.masonandrookhotel.com - www.ihg.com/kimptonhotels - P 50 $/nuit - ♿ 📶 payant - 178 ch. 179/333 $ - ✕.* Un boutique-hôtel tendance pop au décor flashy, orné de portraits à la Andy Warhol et de grands tirages noir et blanc de surfeurs. Chambres variées, dont certaines comptent des lits superposés pour ceux qui voyagent avec des enfants. Bar à tapas très agréable en soirée.

6 The Madison Downtown – B1 - *1177 15th and M St. NW - M Farragut North - ✆ (202) 862-1600 - http://www3.hilton.com - P 59 $/j - ♿ 📶 - 356 ch. 174/256 $ - ✕.* Cet hôtel, qui bénéficie d'un emplacement de choix à proximité de la Maison-Blanche et de Dupont Circle, joue la carte du confort moderne allié à une décoration de style fédéral.

Maison-Blanche (plan p. 222)

UNE FOLIE

12 The Jefferson – B1 - *1200 16th St. NW - M Farragut North - ✆ (202) 448-2300 - www.jeffersondc.com - ♿ wifi - 95 ch. 346/476 $* - ✕. Ce luxueux établissement est un des plus beaux hôtels historiques des États-Unis. Son ambiance feutrée distille tout le charme de la vieille Amérique, de son hall et ses salons décorés de marbres et boiseries jusqu'à son bar toujours animé à l'heure de l'apéritif. Les chambres sont douillettes et superbement équipées. Quant au restaurant Plume, il est devenu une des tables incontournables pour les gourmets de DC.

Foggy Bottom (plan p. 222)

POUR SE FAIRE PLAISIR

13 The Melrose Georgetown Hotel – A1 - *2430 Pennsylvania Ave NW - M Foggy Bottom-GWU - ✆ (202) 955-6400 - www.melrosehoteldc.com - P 51 $/nuit - ♿ wifi - 240 ch. 147/219 $* - ✕. Le décor impersonnel de cet hôtel rénové en 2013 est largement compensé par la grande qualité de l'accueil, le confort de ses chambres et de sa literie impeccable, sa situation parfaite au cœur de DC et les multiples services qu'on y trouve.

7 Hotel Lombardy – A1 - *2019 Pennsylvania Ave NW - M Foggy Bottom-GWU ou Farragut North - ✆ (202) 828-2600 - www.hotellombardy.com - P payant - wifi - 140 ch. 159/229 $* - ✕. Rénové dans l'esprit de ses débuts, cet hôtel des années 1930 se dresse au cœur du Washington des affaires. Les chambres, au décor raffiné et bien équipées, ont conservé leur caractère.

Dupont Circle (plan p. 222)

BUDGET MOYEN

10 The Inn at Dupont Circle South – A1 - *1312 19th St. NW - M Dupont Circle - ✆ (202) 359-8432 - www.thedupontcollection.com - wifi - 8 ch. 140/230 $* ☕. Une adresse qui a ses fidèles : on y est accueilli comme chez des amis, dans une maison pleine de charme où l'hôtesse prépare des petits-déjeuners mémorables. La plupart des chambres sont dotées d'une cheminée mais certaines doivent partager des sanitaires impeccables avec une autre.

1 Beacon Hotel and Corporate Quarters – B1 - *1615 Rhode Island Ave NW - M Dupont Circle - ✆ (202) 296-2100 - www.beaconhotelwdc.com - P payant - ♿ wifi - 199 ch. 109/209 $* - ✕. L'ex-Governor's House Hotel a fait l'objet d'une rénovation de 20 millions de dollars et cela se voit ! Fruit de cet effort, l'hôtel impeccable, au décor classique, a su fidéliser une clientèle d'affaires. Pour les séjours prolongés, des studios bien équipés sont à louer.

POUR SE FAIRE PLAISIR

9 Hotel Rouge – B1 - *1315 16th St. NW - M Dupont Circle ou Farragut North - ✆ (202) 232-8000 - www.rougehotel.com - P 47 $/nuit - ♿ wifi - 137 ch. 96/256 $* - ✕. L'hôtel Rouge a fait de cette couleur sa marque de fabrique, du lobby aux chambres et à son bar élégant. Vous y serez même reçus avec un Bloody Mary ! Les chambres sont dotées d'équipements dernier cri (TV à écran plat, PlayStation, lecteurs de DVD, etc.) et certaines disposent de kitchenettes.

15 The Fairfax at Embassy Row – A1 - *2100 Massachusetts Ave NW - M Dupont Circle - ✆ (202) 293-2100 - www.fairfaxwashingtondc.com - P 49 $/j. - wifi (lobby) - 259 ch.*

5

à partir de 159 $ - ✕. Très bien placé à deux pas de la Phillips Collection, du métro Dupont Circle et même des principaux sites pour ceux qui n'auraient pas peur de marcher 15-20mn, cet hôtel classique où les diplomates se donnent rendez-vous depuis les années 1920 offre tout le confort qu'on attend dans sa catégorie. Les chambres et les salles de bains sont de bonne taille, le service excellent. Un bon choix.

Georgetown (plan p. 281)

POUR SE FAIRE PLAISIR

17 **Georgetown Suites** – B2 - *1111 30th St. NW - M Foggy Bottom, M GWU - (202) 298-7800 - www.georgetownsuites.com - P 35 $/j - - 220 suites 225/385 $*. À deux pas de l'animation du centre historique de Georgetown, cet hôtel est parfait pour un voyage en famille ou un séjour longue durée. Chambres spacieuses et équipées de kitchenettes.

Adams Morgan (plan p. 288)

BUDGET MOYEN

19 **Kalorama Guest House** – A2 - *2700 Cathedral Ave NW - M Woodley Park-Zoo - (202) 297-4999 - www.kaloramaguesthouse.com - P 15 $/j - - 10 ch. 99/249 $*. Les chambres de cet établissement sont réparties dans plusieurs maisons victoriennes. Elles sont très simples et ne disposent pas toutes d'une salle de bains privée, ce que compensent la situation et les attentions portées à la clientèle.

18 **Adam's Inn** – A2 - *1746 Lanier Pl. NW - M Columbia Heights - (202) 745-3600 - www.adamsinn.com - P 29,50 $/nuit - - 27 ch. 109/209 $*. Même genre que le B & B précédent, certaines chambres partageant une salle de bains. La maison met à disposition des clients une petite cuisine. En saison, le petit-déjeuner est servi dans le jardin.

RESTAURATION

Retrouvez notre sélection d'adresses dans les carnets pratiques de chaque quartier.

Dans cette ville plus hétérogène qu'on ne le croit, où la jeunesse avoue se plaire, le **healthy fooding** a fatalement fait bouger les lignes. La consécration, en tous sens, de cette mue spectaculaire, c'est l'existence d'un *Guide Michelin* de la ville depuis 2016. Le culinaire bouge, comme le reste, sous l'effet de consommateurs qui ne craignent pas de se porter aux extrémités de Washington, où prospère la culture bio et alternative. De manière générale, les restaurants haut de gamme s'alignent sur **K Street** (AB1) et **Connecticut Avenue** (B1), tandis que sur **Maine Avenue SW** (BC2), vous trouverez des établissements spécialisés dans les produits de la mer. Pour une ambiance plus décontractée et innovante, filez vers **8th St.** *(p. 238)*, **Georgetown** *(p. 283)* ou vers le **Nord** (U Street, Logan Circle, 11th Street - *p. 290*).

À Adams Morgan, vous aurez l'embarras du choix pour dîner « ethnique », en particulier mexicain et éthiopien.

Washington possède son petit **Chinatown** où se côtoient les restaurants de tous les pays d'Asie.

ACHATS

Retrouvez notre sélection d'adresses dans les carnets pratiques de chaque quartier.

La ville regorge de boutiques, de quoi combler les amateurs de shopping. Les plus pressés qui cherchent tout au même endroit fonceront chez **Macy's** *(C1, 1201 G St. NW - Downtown - M Metro Center)* ou dans le centre commercial de **Union Station**

Union Station.
Tim Brown/iStock

(D1, *50 Massachusetts Ave NE - Capitol Hill - Ⓜ Union Station).* Pour résoudre le casse-tête des cadeaux, pensez aux boutiques des musées : **gadgets** et déguisements à l'International Spy Museum, **cadeaux artistiques** et livres d'art à la National Gallery of Art, **artisanat** indien et bijoux en argent et turquoise au National Museum of the American Indian, **pierres dures** et maquettes de dinosaures au National Museum of Natural History, etc.

EN SOIRÉE

Retrouvez notre sélection d'adresses dans les carnets pratiques de chaque quartier.

Pour en savoir plus sur les spectacles et les événements, toujours nombreux et variés à Washington, consultez le site de l'office de tourisme *(washington.org)*, www.timeout.com/washington-dc, les pages « Entertainment » du *Washington Post (www.washingtonpost.com).*

AGENDA

Retrouvez notre sélection d'adresses dans les carnets pratiques de chaque quartier.

National Cherry Blossom Festival – *Mars-avr.* Manifestations autour de la floraison des cerisiers plantés près du Tidal Basin. *www.nationalcherryblossomfestival. com.*

Embassy Open Houses – *Mai.* Les ambassades ouvrent leurs portes aux visiteurs. *www.culturaltourismdc.org.*

DC Jazz Festival – *Juin.* Des concerts souvent en plein air, dans différents lieux de la ville. *dcjazzfest.org.*

Smithsonian Folklife Festival – *Juin-juil.* Le monde entier s'invite sur le Mall ! *festival.si.edu.*

Military Bands Summer Concerts – *Juin-août.* Les différents corps d'armée donnent de très bons concerts gratuits autour du Capitole. *www.aoc.gov.*

Fête nationale, 4th of July – Le 4-Juillet est fêté de manière grandiose dans la capitale. Concerts, défilés, feux d'artifice depuis Washington Monument.

Screen on the Green – *En été, lun. à 20h.* Sur Constitution Ave, entre 4th et 7th St., cinéma gratuit en plein air sur les pelouses du Mall ! *www.nps.gov/nama ; www.dcoutdoorfilms.com.*

Capitol Hill ★★★

Capitol Hill est à la fois le point culminant de Washington East et le point central d'Old City, la partie de Washington construite d'après le plan originel de L'Enfant. Il regroupe les bâtiments des pouvoirs législatif et judiciaire du gouvernement fédéral. Au-delà, les rues résidentielles alignent leurs jolies rangées de maisons du 19e s. où pointent des îlots « trendy ». Vers l'est fleurissent les quartiers en voie de gentrification, marqueurs d'une ville en mouvement.

NOS ADRESSES PAGE 239
Hébergement, restauration, achats, activités, etc.

S'INFORMER

Capitol Hill Business Improvement District – *Union Station (à la hauteur des bus) - ✆ 202 842 3333 - www.capitolhillbid.org.* Le quartier est sillonné par des « ambassadeurs » que vous reconnaîtrez à leur T-shirt bleu vif marqué d'une étoile dorée. Ils circulent à pied ou à vélo et sont à votre disposition pour répondre à vos questions.

SE REPÉRER

Plan du centre D1-2, p. 222-223.
M *Union Station, Capitol South ou Federal Center SW.*

SE GARER

Mieux vaut circuler à pied, mais si vous tenez absolument à vous déplacer en voiture, le parking de Union Station est ouvert 24h/24.

À NE PAS MANQUER

La visite du Capitole.

ORGANISER SON TEMPS

Faites une pause déjeuner à Eastern Market, si vous restez autour du Capitole pour continuer la visite du Mall, ou à Union Market, pour prendre la température des nouveaux quartiers.

Découvrir Plan du centre p. 222-223

★★★ Capitol D2

East Capitol St. NE & 1st St. SE - ✆ 202 226 8000 - www.visitthecapitol.gov - visite guidée seult, 8h30-15h30, sur réserv. en ligne ou sur place à partir de 9h (nombre de billets limité) - entrée libre - audioguide en français.

Le dôme du Capitole.
krblokhin/iStock

Visitor Center –*Sous East Plaza, lun.-sam. 8h30-16h30.*
Attention – *Il existe une seconde entrée, moins fréquentée, par la Library of Congress (fléchage au niveau -1), reliée par un souterrain au Capitole. Quelle que soit l'entrée empruntée, les visiteurs doivent être munis d'une pièce d'identité avec photographie. Les grands sacs, produits d'alimentation et boissons sont interdits dans l'enceinte du Capitole.*

Deux parcours sont proposés au public, l'un dure 45mn, l'autre 90mn. Plutôt efficace et agréable, en dépit des foules qui se pressent dans le saint des saints, la visite est organisée par groupes d'une trentaine de personnes, encadrées par un conférencier. Elle combine adroitement émotion et histoire : les espaces symboliques, où brûle la flamme démocratique des États-Unis, côtoient les vestiges du Capitole tel qu'il se présentait avant 1850. C'est à cette période, en effet, que décision fut prise d'élargir les ailes qui abritaient le **Congrès** (c'est-à-dire la Chambre des représentants et le Sénat, *p. 235*) et d'agrandir en proportion le dôme. La construction de ce dernier fut même poursuivie, au début des années 1860, en pleine guerre de Sécession, le président Lincoln estimant qu'il s'agissait d'un signe fort que le Nord donnait aux fédérés du Sud. Couronné par la statue de la Liberté que nous voyons aujourd'hui, le dôme prit sa forme définitive en 1865. Une restauration achevée en 2016 lui a rendu sa fraîcheur.

Dès l'origine, le Capitole fut pensé par l'architecte français Pierre Charles L'Enfant pour coiffer la colline *(the hill)* située à l'extrémité du Mall (*p. 242)*. Un Britannique, l'architecte **William Thornton**, dessina le bâtiment en 1793, en s'inspirant du Panthéon de Rome pour la coupole centrale, plans ensuite modifiés par Benjamin Latrobe et Charles Bulfinch. Le premier édifice ne subsiste qu'en de rares endroits, ceux que la guerre anglo-américaine de 1812 a épargnés.

Old Senate Chamber – On visite encore tout de même l'hémicycle feutré du vieux Sénat, opérationnel de 1810 à 1859. Ne vous fiez pas à la tranquillité de ce petit bijou néoclassique, il fut le théâtre de débats enflammés ; la question de l'esclavage suscita le plus violent d'entre eux.

Old Supreme Court Chamber – L'ancienne chambre de la Cour suprême permet aussi de se réapproprier l'ancien Capitole. Ce bel espace aux arrondis dynamiques et au décor spartiate vit Abraham Lincoln, encore avocat, perdre l'un de ses procès.

Rotunda – À l'inverse, la salle de la coupole est moins fonctionnelle que commémorative et symbolique. C'est ici que prêtent serment les présidents

Une colline, des bâtiments

LE SIÈGE DU GOUVERNEMENT

Lorsque, en 1791, l'architecte Pierre Charles L'Enfant choisit la colline alors baptisée Jenkins Hills pour bâtir le futur bâtiment du Congrès, il imaginait que les quartiers résidentiels de la ville se développeraient du côté est. L'arrivée des chantiers navals et des casernes de la marine au début du 19e s. *(8th et Eye St. SE)* encouragèrent l'implantation de résidences entre le Capitole et le fleuve. Après la guerre de 1812, la zone continua à se développer et à la fin du siècle The Hill était devenu un quartier de classes moyennes.

LES CONSTRUCTIONS FÉDÉRALES

Le bâtiment de la Library of Congress fut construit au début du 19e s., suivi plus tard par Union Station et le bureau de poste, tous deux conçus par Daniel Burnham. Dans les années 1930, la Folger Shakespeare Library, les annexes de la Library of Congress et la Cour suprême furent bâties à leur tour. Au nord-est du Capitole, on édifia le Russell Building (1909, Carrère and Hastings), le Dirksen Building (1958) et le Hart Building (1982), tandis que du côté sud furent érigés le Cannon Building (1908, Carrère and Hastings), le Longworth Building (1933) et le Rayburn Building (1965). En 1980, la Library of Congress ouvrit un troisième bâtiment, le James Madison Memorial Building, construction moderne qui abrite aussi un mémorial dédié au 4e président du pays.

UN QUARTIER REDYNAMISÉ

La composition sociale de la population du quartier a varié au cours du 20e s. Dans les années 1950, les classes moyennes ont progressivement laissé la place à une population défavorisée vivant dans des maisons mal entretenues. Les demeures des rues situées entre le Capitole et Lincoln Park ont par la suite été rachetées et réhabilitées. Depuis les années 1970, les résidents de ce quartier se sont beaucoup mobilisés pour préserver leur environnement. De nos jours, Easter Market *(200 7th St. SE)* en est le cœur commerçant, tout comme Independence Avenue, fréquentée par le personnel du Capitole. Érigé en 2000, le Japanese American Memorial *(Louisiana et New Jersey Ave et D St. NW)* est l'un des derniers monuments apparus dans le quartier : ses deux grues en bronze prises dans un barbelé rendent hommage aux Américains d'origine japonaise mis à l'index pendant la Seconde Guerre mondiale.

la liberté dans la discipline et la diversité dans l'unité (*E pluribus unum*, « De plusieurs, un », lit-on sur l'une des bannières fictives).

Statuary Hall – Attenante à la rotonde, cette salle semi-circulaire a conservé le décor rigoureux qui était le sien lorsqu'elle servait, au 19e s., de Chambre des représentants.

House of Representatives et **Senate** – *Il faut une permission spéciale pour les visiter, voir le site Internet.* Au troisième niveau, celui des galeries, la Chambre des représentants accueille les 435 membres du Parlement (à la droite du président de la Chambre les démocrates, à sa gauche les républicains). De l'autre côté du hall siège l'actuel Sénat, composé de 100 sénateurs (deux par État).

★ United States Botanic Garden C2

100 Maryland Ave SW - ✆ 202 225 8333 - www.usbg.gov - 9h-17h - entrée libre.

Faites un petit détour par ce jardin botanique, qui est l'un des plus anciens du pays (1820). Dans la grande serre (**Conservatory**), plusieurs milieux naturels ont été recréés et plusieurs espaces thématiques aménagés. On découvre la végétation d'Hawaii et celle des milieux désertiques, des plantes médicinales et une collection d'orchidées, des espèces rares ou menacées, une forêt primaire, etc. Une promenade aménagée à plus de 7 m du sol conduit le visiteur au-dessus de la canopée. À l'extérieur, des jardins ont été dessinés : une magnifique roseraie, un jardin de plantes endémiques, un autre propre à attirer les papillons… Profitez d'une pause dans l'amphithéâtre pour admirer le Capitole.

★ Supreme Court D2

1 1st St. NE - ✆ 202 479 3000 - www.supremecourt.gov - lun.-ven. 9h-16h30 - entrée libre.

Située en face du Capitole, la juridiction suprême des États-Unis a été mise en place en vertu de l'article III de la Constitution américaine (1788) ; elle veille au respect de ladite Constitution et sert de contre-pouvoir aux organes législatif et exécutif. De part et d'autre de l'escalier en marbre du bâtiment (1935, Cass Gilbert) se dressent deux sculptures de James Fraser, *Contemplation of Justice* et *Authority of Law*. La devise des neuf juges inamovibles, « *Equal Justice Under Law* » (« égalité de tous devant la loi »), est gravée sur le fronton de l'édifice. Les juges siègent dans la **salle des audiences**, assis sur un banc surélevé entouré de colonnes. Dans le hall principal du rez-de-chaussée, la **statue de John Marshall** (1755-1835) rend hommage au « juge suprême » qui occupa le poste de 1801 à 1835.

★★ Library of Congress D2

101 Independence Ave SE (face au Capitole et au sud de la Cour suprême) - ✆ 202 707 5000 - www.loc.gov - lun.-sam. 8h30-16h30 - visite guidée ttes les h lun.-vend. 10h30-15h30 ; sam. 10h30, 11h30, 13h30, 14h30 - entrée libre.

Richement orné, ce bâtiment de style Beaux-Arts abrite la plus grande bibliothèque du monde, qui accueille autant les chercheurs que le public.

Fondée en 1800, elle fut d'abord installée dans le bâtiment du Capitole et réservée aux membres du Congrès. Après les destructions de la guerre anglo-américaine, le fonds fut restauré grâce à Thomas Jefferson qui vendit sa bibliothèque personnelle au Congrès. Ouverte à tous en 1864, la bibliothèque du Congrès fut déplacée en 1897 dans un nouveau bâtiment.

Thomas Jefferson Building★★ – Depuis 1897, l'accueil du public se fait ici. Avec les deux autres bâtiments de la Library of Congress, ils renferment plus de 20 millions de livres, 61 millions de manuscrits, 5 millions de cartes et d'atlas, 5 millions de partitions.

Great Hall – Le Grand Hall du Jefferson Building est réputé pour la beauté de son plafond percé d'une grande verrière colorée, son décor à la feuille d'aluminium et ses escaliers en marbre. Dans les couloirs en loggia se déploie un programme de peintures allégoriques, parfois sur fond rouge pompéien, ponctué par les noms d'hommes de lettres (du côté français, c'est Molière qui a été retenu pour figurer aux côtés d'Homère et de Dante). Parmi les trésors abrités ici, un précieux exemplaire manuscrit enluminé de la **Grande Bible de Mayence** (milieu du 15e s.) dialogue ironiquement avec une des premières Bibles réalisées selon le procédé mécanique de **Gutenberg**. De l'une à l'autre, bien qu'elles soient quasi contemporaines, le pas de la communication moderne avait été franchi.
Main Reading Room – Une galerie surplombe la salle de lecture principale, en rotonde, sous le dôme de l'édifice décoré d'une peinture représentant le développement de la culture occidentale. D'une hauteur impressionnante (50 m), la salle est entourée de colonnes de marbre et de fenêtres à vitraux, entre lesquelles sont installées les 236 tables destinées aux chercheurs.

Folger Shakespeare Library D2

201 E. Capitol St. SE - ✆ 202 544 4600 - www.folger.edu - lun.-sam. 10h-17h, dim. 12h-17h - entrée libre - possibilité de visite guidée - également conférences, théâtre, etc.
Créée par Henry Clay Folger et son épouse Emily Jordan dans les années 1930, la bibliothèque Folger abrite plus de 275 000 ouvrages et manuscrits de la Renaissance, dont 79 des 240 premières éditions des œuvres complètes de Shakespeare. Des bas-reliefs illustrant diverses scènes tirées de l'œuvre du grand dramaturge ornent la façade en marbre de ce monument de style Art déco (Paul Cret). À l'intérieur, remarquez la **grande salle** de style Tudor et le **théâtre élisabéthain**. À l'extérieur, un charmant **jardin élisabéthain** est aussi accessible au public.

★ Union Station D1

50 Massachusetts Ave NE - ✆ 202 371 9441 - ♿ P - www.unionstationdc.com.
Quarante millions de personnes arpentent chaque année le hall de granit blanc de Union Station, à la fois gare ferroviaire, lieu culturel (salles d'exposition, 9 cinémas), mall (130 magasins) et « *food court* ». Le premier centre commercial de Washington est aussi un exemple réussi de style Beaux-Arts. Sa construction en 1907 selon les plans de Daniel Burnham marqua une étape importante dans le développement de la zone centrale de la capitale. Inspirés des thermes de Dioclétien à Rome, les plafonds voûtés en berceau culminent à 30 m, couronnant l'architecture de granit immaculé, où s'intègrent le marbre et la feuille d'or. La façade emprunte son dessin à l'arc de Constantin, mais les prisonniers daces ont laissé la place à six figures allégoriques qui illustrent les progrès du chemin de fer.

Eastern Market D2

225 7th St. SE (et North Carolina Ave) - M Eastern Market - easternmarket-dc.org - mar.-vend. 7h-19h, sam. 7h-18h, dim. 9h-17h.
Inauguré en 1873, le plus vieux marché de la ville encore en activité a été installé dans un bâtiment tout neuf après un incendie en 2007. Très animé, ce grand marché couvert convient aussi bien pour faire des courses que pour déjeuner. Le week-end, artisans et brocanteurs installent leurs stands à l'extérieur de la halle, à la place des marchands de fruits et légumes.

Library of Congress.
OlegAlbinsky/iStock

CREATING THE UNITED STATES

Barracks Row D2

8th St. SE, entre D et I St.

Avec ses petites maisons colorées et de guingois, cette portion de 8th Street, à voir plutôt le soir, rassemble boutiques improbables, cafés *trendy* et restaurants pris d'assaut. Elle tient son nom de la proximité des Marine Barracks (casernes), premier lieu d'implantation des Marines (1801) censés protéger le Navy Yard, sur l'Anacostia River, et le Capitole. La présence des militaires a favorisé l'éclosion des commerces dont la concentration a animé le quartier pendant des décennies. Après une traversée du désert entre les annés 1960 et 1990, l'endroit a repris des couleurs sous l'initiative heureuse de quelques personnalités et d'une culture associative solidement ancrée entre ses murs.

Navy Yard D2 en dir.

Rens. : www.capitolriverfront.org.

Au sud de 8th Street, Navy Yard fut, dans les années 1880, le plus grand **chantier naval** des États-Unis. Longtemps restée à l'abandon, cette zone au bord de l'Anacostia connaît un vaste programme de rénovation depuis quelques années. Hormis des immeubles modernes avec vue sur la rivière, des espaces verts et quelques restaurants, les sites dignes d'intérêt s'y font encore rares, mais les commerces s'installent peu à peu. Allez notamment faire un tour à la brasserie **Bluejacket**, installée dans un impressionnant hangar du Navy Yard. *(300 Tingey St. SE, ✆ 202 524 4862 - bluejacketdc.com)* et à **District Winery** (385 Water St SE - *✆ 202 484 9210 - districtwinery.com), premier établissement vinicole de la ville. Les deux se visitent et abritent aussi de bons restaurants.*

Enfin, ne manquez pas de faire une pause au **Yards Park**, un espace aménagé avec des bassins et des jets d'eau particulièrement rafraîchissants pendant la période estivale.

Autour de 8th Street NE

La visite des quartiers situés au nord-est de Capitol Hill donne la température d'une ville qui manie adroitement urbanisme, culture, capitaux et associations de quartier. La promenade à pied est joliment tranquille jusqu'à G Street. Au-delà, le paysage urbain est moins « rangé ».

H Street – Croisant 8th St., ce lieu encore mal famé au début des années 2000 fut relancé par la restauration de l'**Atlas Performing Arts Center** (2006, www.atlasarts.org), dont les activités culturelles brassent tous les publics. Boutiques et cafés branchés éclosent sur ce qui est en passe de redevenir H Street Corridor, dans un environnement plutôt bruyant et désordonné, mais attachant, surtout le samedi *(Nos adresses)*.

Union Market – Encore un lieu récemment restauré *(Nos adresses)* dans un cadre franchement pas touristique. À voir par les flâneurs curieux, en attendant le développement d'Ivy City, de l'autre côté de Gallaudet University.

Deux stations de la Red Line vous séparent de Brookland, autre quartier tendance, et de la basilique (p. 241 et 290).

NOS ADRESSES À CAPITOL HILL

Plan du centre p. 222-223

RESTAURATION

PREMIER PRIX

Sally's Middle Name – Hors plan - *1320 H St. NE* - M *Union Station (à 25mn de marche) - (202) 750-6529 - http://sallysmiddlename.com - 17h30-22h, vend. 17h30-23h, sam. 10h30-23h, dim. 10h30-21h - fermé lun.-mar. - plats 13/20 $.* Murs de céramique blanche, comptoir de marbre et tables en bois, cuisine ouverte et menu écrit sur les carreaux ou sur de grands tableaux noirs. On commande une assiette de champignons rissolés, une salade de tomates, des légumes tout frais. Un lieu animé et sympathique.

7 **Le Bon Café** – D2 - *210 2nd St. SE* - M *Capitol South - (202) 547-7200 - www.leboncafedc.com - 7h-15h, sam. 8h-15h, dim. 8h-14h - moins de 10 $.* Une jolie petite terrasse qui fleure bon les vacances, pour déjeuner sur le pouce (sandwichs, salades, pâtisseries) ou faire une pause après la visite du Capitole. Et le café est bon !

11 **Pete's Diner** – D2 - *212 2nd St. SE* - M *Capitol South - (202) 544-7335 - 6h-15h, dim.-lun. 7h-14h - env. 10 $.* La terrasse voisine du Bon Café propose une cuisine typique de *diner*. Plats corrects et roboratifs. Également une bonne option pour prendre le petit-dejeuner tout près du Capitole.

BUDGET MOYEN

14 **Bidwell** – D1 - *1309 5th St. NE* - M *NoMa-Gallaudet U - (202) 547-0172 - www.bidwelldc.com - 11h30-22h, vend. 11h30-23h, sam. 9h30-23h, dim. 9h-22h - fermé lun. - plats 16/27 $.* Situé dans Union Market, Bidwell remplit tous les critères du lieu moderne incontournable – look tendance, décor chico-industriel (aération apparente, murs de béton), quartier hype de NoMa – et propose une cuisine qui justifie son succès. Les produits, frais, viennent du jardin sur le toit et le menu, bien que classique, est composé par un chef audacieux (chorizo servi sur une purée de piments piquillo, poulet rôti aux herbes croustillant accompagné de pommes de terre tendres et croquantes). Un délice !

9 **Ambar** – D2 - *523 8th St. SE* - M *Eastern Market - (202) 813-3039 - www.ambarrestaurant.com - 11h-22h, vend. 11h-23h, sam. 10h-23h, dim. 10h-22h - plats moins de 15 $.* Venez armé d'un solide appétit dans ce restaurant de Barracks Row, qui propose plus de quarante small plates. Dans un décor tout en bois, la « *Balkan Experience* » offre, pour un prix raisonnable, un tour à volonté des saveurs d'Europe de l'Est.

40 **Ted's Bulletin** – D2 - *505 8th St. SE* - M *Eastern Market - (202) 544-8337 - www.tedsbulletin.com - 7h-22h30, vend.-sam. 7h-23h30 - plats 16/29 $.* À peine franchie la porte de ce *diner*, un classique du genre, vous voici propulsé dans un cadre délicieusement rétro. Vous pourrez vous installer en terrasse, au comptoir capitonné de skaï ou, à l'arrière, dans la belle salle Art déco. Au menu, une cuisine américaine traditionnelle aux portions plus que généreuses : hamburgers, omelettes, viandes, salades ainsi que d'excellents milk-shakes (avec ou sans alcool). Du matin au soir, il y a foule, mais le service reste efficace et toujours très accueillant.

24 Tortilla Coast – D2 - *400 1st St. SE - M Capitol South - ✆ (202) 546-6768 - www.tortillacoast.com - 11h-22h, jeu.-vend. 11h-23h, dim. 11h-21h - moins de 15 $.* Burritos, nachos, quesadillas, enchiladas et autres spécialités mexicaines sont au rendez-vous dans ce restaurant tex-mex ouvert depuis 1988. Les margaritas sont particulièrement réputées, avis aux amateurs !

POUR SE FAIRE PLAISIR

1 Bistro Bis – D1 - *15 E St. NW - M Union Station - ✆ (202) 661-2700 - http://bistrobis.com - P - 7h-22h30 - à la carte 49/75,50 $.* Une des « cantines » préférées des membres du Congrès, qui apprécient les spécialités de bistrot à la française réinterprétées par Jeffrey Buben. La soupe à l'oignon est l'un de ses grands succès, tout comme l'immense plateau de fromages, qui présente aussi des productions artisanales provenant des États-Unis ou d'ailleurs.

17 Rose's Luxury – D2 - *717 8th St. SE - M Eastern Market - ✆ (202) 580-8889 - http://rosesluxury.com - 17h-22h - fermé dim. - plats 15/36 $ - sans réserv. sf pour le roof garden, privatisable pour un groupe de 8 à 10 pers.* Ce restaurant à la devanture discrète est l'un des plus courus de la capitale, venez donc très tôt et préparez-vous à une longue file d'attente (en particulier le vendredi soir). Dans un cadre et une ambiance étonnamment décontractés, laissez-vous surprendre par les spécialités du chef Aaron Silverman, récompensé par une étoile au Guide Michelin, comme la soupe de pop-corn, les spaghettis à la fraise ou la délicieuse salade de porc aux piments et aux litchis.

UNE FOLIE

30 Pineapple and Pearls – D2 - *715 8th St. SE - M Eastern Market - ✆ (202) 595-7375 - www.pineappleandpearls.com - ♿ - mar.-vend. 17h-23h.* Promesse d'une expérience mémorable, Pineapple and Pearls, étoilé Michelin en 2016, propose une cuisine ambitieuse et hyper-créative sans formalité. Assis au bar ou servi à table par le chef Aaron Silverman, vous allez vivre un enchantement permanent qui va durer une partie de la nuit. Pour un prix fixe (vins inclus), le chef devenu le chouchou des Washingtoniens, après le succès de Rose's Luxury, fait défiler des mariages de saveurs et de textures sans fin. Un voyage gustatif (treize plats) qui a son prix. À défaut de réserver pour le dîner, vous pourrez profiter de la charmante salle en journée où l'on vous servira café et chocolat chaud délicieux, pâtisseries et sandwichs (mar.-vend. 8h-14h et sam. 8h-16h).

PETITE PAUSE

Jimmy T's Place – D2 - *501 E Capitol St. SE - angle 5th St. - M Eastern Market - 6h30-15h - fermé lun.* Pour prendre un breakfast in America à petit prix dans une des jolies maisons colorées de l'historique Capitol Hill. Ce café authentique a échappé à toutes les modes : tables en formica vert, banquettes en moleskine orange, objets incongrus. Le patron sert calmement et à volonté un café américain dans des mugs improbables, de rares clients au comptoir dévisagent les nouveaux venus, le temps s'étire… Une expérience dépaysante. Petit-déjeuner basique et complet 6 $.

Cava Mezze – D2 - *527 8th St. SE - Eastern Market - Union Station - M Eastern Market - ✆ (202) 543-9090 - www.cavamezze.*

com - 11h30-14h30, 17h-22h, vend. 11h30-22h, sam. 10h-22h, dim. 10h-21h. Happy hour à 17h ou brunch le week-end (arrivez tôt ou réservez), vous nagerez en pleine branchitude à deux pas de Barrack Rows. *Rooftop*, salle agréable à la déco design, service avenant, et chef très inspiré à la cuisine (plats 10/15 $).

BOIRE UN VERRE

Maketto – D1 - *1351 H St. NE - M Union Station (à 25mn de marche) - ✆ (202) 838-9972 - http://maketto1351.com - 7h-22h, vend.-sam. 7h-23h, dim. 7h-17h.* De très bonnes ondes dans ce grand loft aux murs de brique peints en blanc, où sont vendus à prix d'or quelques vêtements et accessoires branchés. À l'étage, on prend un café (le meilleur de Washington) au calme, en compagnie d'étudiants le nez sur leur ordinateur, à moins de préférer un verre au bar ou sur la terrasse dans une ambiance hipster électrique en soirée.

SORTIR

Angelika Pop-up – D1 - *550 Penn St. NE - M NoMa-Gallaudet U - ✆ (571) 512-3311 - www.angelikafilmcenter.com.* Dans les espaces nouvellement aménagés d'Union Market (☛ ci-dessous), ce cinéma, petit frère de celui de Soho à New York, combine films actuels, films d'auteurs américains et étrangers, retransmissions des grandes scènes du théâtre, documentaires. Events à surveiller !

ACHATS

Union Market – D1 - *1309 5th St. NE - M NoMa-Gallaudet U - ✆ (301) 347-3998 - http://unionmarketdc.com - 11h-20h, w.-end 8h-20h - fermé lun.* La grande halle de ce marché alimentaire ouvert dans les années 1930 est l'épicentre de la gastronomie branchée à DC. Joliment restaurée, elle abrite désormais des cafés au design contemporain, des new food concepts et magasins d'alimentation, des installations d'artistes, un cinéma et des boutiques amusantes, dont Salt & Sundry *(shopsaltandsundry.com - fermé lun. - autre boutique à Logan Circle)*, temple branché du bon goût et des belles matières : meubles faits main, céramiques, nappes, lins de toutes sortes, sacs, bougies, ingrédients originaux.

H Street NE – *13th St. NE - entre 8th et 15th St. - M Union Station.* Transformations à vue dans le tout nouveau quartier qui bouge. Allez-y si possible le samedi matin pour le marché fermier *(www.freshfarmmarkets.org - avr.-déc. sam. 9h-12h30)*, et passez chez Maketto, la boutique des hipsters (☛ Boire un verre).

Arts Walk at Monroe Street Market – *625 Monroe St. - M Brookland-CUA - ✆ (202) 640-4755 - www.monroestreetmarket.com - 9h-18h, vend. 9h-17h, sam. 10h-17h, dim. 12h-17h.* Dans Brookland, autre quartier en mouvement, un complexe récent abrite au rez-de-chaussée des ateliers/boutiques d'artistes. Analog *(studio 5, merc.-dim. 12h-19h, 17h w.-end)* associe vêtements, bijoux et accessoires vintage à des objets de déco et de la papeterie fait main. Un marché fermier le samedi, des studios de danse *(www.danceplace.org)*, des concerts animent l'endroit à dates régulières *(voir le site Internet)*.

AGENDA

H Street Festival – *2e ou 3e sam. de sept.* Festival multiculturel, performances, cuisine, stands divers, etc. *www.hstreetfestival.org.*

Musées du Mall

★★★

Symbole de la Nation et des valeurs fondatrices de la démocratie américaine, la longue et large esplanade qui marque d'un trait de verdure le centre-ville d'est en ouest, entre Capitole et Potomac, est bordée de musées d'une richesse inouïe, dans la forme comme dans le contenu. Outre l'universalité du génie humain, les musées du Mall nous font revivre la conquête de l'air aussi bien que la conquête de l'Ouest, réveillent la mémoire de l'Holocauste autant que celle de l'esclavage. C'est dans le bâtiment ultra-contemporain du dernier-né de la Smithsonian Institution, le National Museum of African American History and Culture, qu'est évoquée l'histoire afro-américaine.

NOS ADRESSES PAGE 252
Hébergement, restauration, achats, activités, etc.

S'INFORMER
The Castle – *1000 Jefferson Dr. - Ⓜ Smithsonian - ✆ 202 633 1000 - www.si.edu - 8h30-17h30.*

SE REPÉRER
Plan du centre BC2, p. 222-223.
Le Mall s'étend d'est en ouest entre le Capitole et le Potomac. Les musées sont concentrés sur la partie orientale. Ⓜ *L'Enfant Plaza, Smithsonian, Federal Triangle, Federal Center SW, Archives-Navy Memorial.*

À NE PAS MANQUER
Le National Air and Space Museum, la National Gallery.

ORGANISER SON TEMPS
Ne sous-estimez pas les distances entre les différents musées ni les files d'attente devant les plus fréquentés, en particulier le National Air and Space Museum et le National Museum of African American History and Culture. Tâchez de visiter ces derniers de préférence en début ou en fin de journée.

AVEC LES ENFANTS
Le National Air and Space Museum, le National Museum of Natural History.

Découvrir Plan du centre p. 222-223

Bon à savoir – Commencez votre visite par le **Castle** - *1000 Jefferson Dr. - Ⓜ Smithsonian - ✆ 202 633 1000 - www.si.edu - 8h30-17h30.* Construit en grès rouge par James Renwick Jr. (*p. 261*) dans un style romano-gothique, le « château » abrite le siège de la Smithsonian Institution. Il fait office de Visitor Center pour l'ensemble des musées. L'entrée est **gratuite** dans tous les musées, lesquels sont ouverts **tous les jours**, sauf le 25 décembre, de **10h à 17h/17h30** (selon les lieux). De rares musées, certains jours d'affluence, prolongent leurs horaires jusqu'à **19h30** *(consultez les sites Internet).*

Nous présentons les musées dans le sens des aiguilles d'une montre au départ du Château.

★★ FREER AND SACKLER GALLERIES B2

1050 Independence Ave SW - Ⓜ Smithsonian - ✆ 202 633 1000 - www.freer-sackler.si.edu.

Smithsonian Institution.
AppalachianViews/iStock

Ces deux musées, reliés par un passage au niveau inférieur, offrent un panorama des arts et civilisations orientales, de l'Antiquité à nos jours.

Inaugurée en 1923, la **Freer Gallery** doit son nom et son existence à Charles L. Freer (1854-1919), un industriel originaire de Detroit qui lui légua les 9000 pièces de ses collections (art américain, arts de l'Asie du Sud-Est). Le plus ancien des musées de la Smithsonian Institution n'est pas très grand mais possède des pièces d'exception, exposées par roulement. Il est organisé autour d'une cour intérieure paisible et pleine de charme où il est agréable de faire une pause. Les collections d'**art japonais** (exceptionnels paravents) et d'**art de l'Himalaya** sont en tout point remarquables, tout comme le fonds de pièces coréennes et chinoises (du néolithique à nos jours).

Le musée est aussi fameux pour abriter l'une des plus importantes collections au monde de toiles et de gravures de **James McNeill Whistler** (1834-1903), qui fut à la peinture américaine ce que Manet fut à la nôtre. Portraits et marines donnent une idée assez juste de cet artiste fasciné par Vélasquez, les estampes japonaises et le nuagisme de Turner. Le clou de la visite est la **Peacock Room**★ (salle des Paons), seul aménagement d'intérieur créé par le peintre (1876), destiné à la salle à manger londonienne du riche armateur Frederick Leyland, autour de ses collections de porcelaine bleue et blanche et du tableau de Whistler, *The Princess from the Land of Porcelain* (La Princesse du pays de la porcelaine). Les murs tendus de cuir de Cordoue sont couverts d'un lacis d'étagères et de panneaux vert et or figurant des paons. Le peintre passa outre certaines indications de son commanditaire qui, furieux, menaça de ne pas le payer. En réponse, Whistler peignit deux volatiles en pleine dispute et intitula le panneau *Art and Money; or, the Story of the Room* (Art et argent; ou l'Histoire de la pièce)... Freer put acquérir le décor auprès des héritiers de Leyland et le fit réinstaller chez lui à Detroit, en 1904.

La deuxième partie des collections exposées a été léguée par Arthur M. Sackler (1913-1987), psychiatre new-yorkais passionné par l'Orient. On y voit en particulier un remarquable ensemble de **jades chinois** (3500 av. J.-C.), des objets

LA SMITHSONIAN INSTITUTION

Cette institution de recherche scientifique est née en 1846 sous l'impulsion du scientifique britannique James Smithson (1770-1829), qui légua sa fortune au gouvernement américain afin que soit créée dans ce pays neuf « une institution pour l'accroissement et la diffusion du Savoir pour tous les hommes ». Elle gère aujourd'hui, sous l'égide du gouvernement fédéral, dix-neuf musées (dont dix-sept à Washington DC incluant tous les musées du Mall excepté la National Gallery of Art) et neuf centres de recherche. Elle travaille en collaboration avec nombre d'autres lieux à travers le monde.

cérémoniels anciens en or et argent (Proche-Orient) et des œuvres d'artistes contemporains originaires d'Asie (expositions temporaires).

★★ NATIONAL MUSEUM OF AMERICAN HISTORY B2

14th St. and Constitution Ave N - M Smithsonian ou Federal Triangle - ✆ 202 633 1000 - americanhistory.si.edu - 10h-17h30.

Bon à savoir – *Depuis 2015, le musée fait l'objet d'une ample campagne de restauration. Les dernières salles devraient rouvrir au plus tard en 2020. En attendant, l'essentiel du parcours reste visible.*

Dépositaire des grands symboles nationaux (du bureau portatif de Jefferson aux souliers de rubis du *Magicien d'Oz*), ce musée, riche de plus de 16 millions d'objets, dresse un portrait historique, social et culturel de l'Amérique.

1er niveau – Consacrées aux innovations techniques et à l'esprit d'entreprise, les salles montrent l'impact de l'agriculture, des transports, de la science et de la technologie sur la vie quotidienne des Américains. On peut ainsi voir de près une Ford T, la première voiture au monde produite en série à partir de 1913, et découvrir les véhicules électriques les plus récents, en savoir plus sur les inventions d'Edison, etc.

2e niveau – Le musée conserve le premier **drapeau américain★** *(encadré page de droite)*, émouvant survivant du pilonnage britannique sur Fort McHenry, qui menaça de réduire à néant la jeune démocratie (1814) pendant la guerre anglo-américaine. L'heureuse issue de cet épisode héroïque inspira l'hymne national américain. Le phénomène d'iconisation progressive est rendu par une scénographie enflammée, qui rappelle notamment l'utilisation de l'immense drapeau au lendemain de la guerre de Sécession, quand il fallut que les États à nouveau réunis pansent leurs plaies.

Au même étage, la salle consacrée aux **American Stories** raconte l'histoire des États-Unis à travers une foule d'anecdotes et d'objets ayant appartenu aux hommes et aux femmes qui l'ont construite (gants de boxe et peignoir de Muhammad Ali, saxophone de Coltrane, etc.).

3e niveau – Il est consacré d'un côté à la musique, aux instruments et aux traditions musicales américaines ; de l'autre, à l'institution présidentielle américaine : l'arrivée des présidents à DC après l'indépendance, leur fonction, leurs pouvoirs, la vie à la Maison Blanche (objets personnels, faire-part, etc.), la communication (affiches, radio, etc.). Très visitée, la salle des **First Ladies** (premières dames américaines) rappelle le rôle qu'elles ont joué et… les vêtements qu'elles ont portés, de Dolley Madison, épouse du 4e président (1809-1817) à Michelle Obama, femme du président sortant.

★★ NATIONAL MUSEUM OF NATURAL HISTORY BC2

Angle Constitution Ave et 10th St. NW - M Federal Triangle ou Smithsonian - ✆ 202 633 1000 - naturalhistory.si.edu - 10h-17h30.

Ce musée installé dans un bâtiment de style néoclassique (1911) propose à ses visiteurs un voyage dans le temps pour appréhender l'origine des espèces mais aussi une découverte du monde qui nous entoure. Il compte d'importantes collections (120 millions de spécimens) et un laboratoire de recherche très actif. Un **éléphant d'Afrique**, haut de près de 4 m, accueille le visiteur dans la vaste rotonde.

Le **1er niveau** invite à découvrir les mammifères et les habitants des océans, et à se pencher sur le berceau de l'humanité, l'Afrique. Remarquez en particulier la **baleine bleue** (135 t), le **récif de corail★** et le **squelette d'un diplodocus** haut de 27 m.

Le **2e niveau** compte un insolite **zoo des insectes**, une magnifique **volière de papillons** et des fossiles de **dinosaures**. Le musée doit sa réputation à son département de géologie, clou de la visite, qui présente une fabuleuse **collection de pierres précieuses★★**, dans laquelle figure le légendaire Hope, plus gros diamant bleu du monde (45,52 carats).

Plus récent, le **Discovery Center** abrite un théâtre hémisphérique IMAX 2D et 3D.

★★★ NATIONAL GALLERY OF ART C2

6th St. & Constitution Ave NW - M Archives-Navy Memorial - ✆ 202 737 4215 - www.nga.gov - 10h-17h, dim. 11h-18h, fermé 25 déc. et 1er janv. - visite guidée des collections en français, 1er et 3e lun. du mois à 12h (gratuit - départ de la Rotonde, West Building).

Bon à savoir – *Depuis la réouverture de l'East Building en 2016, le musée expose le meilleur de l'art européen et américain en abolissant la traditionnelle rupture entre la création du passé et le moderne 20e s. Renseignez-vous sur le plan d'accrochage le jour de votre visite et demandez le programme des activités (visites générales, thématiques, concerts, etc.).*

RELIQUE NATIONALE

Surnommé *Stars and Stripes* (Étoiles et Bandes), le drapeau américain comporte treize bandes rouges et blanches. Elles figurent les treize États fondateurs qui s'unirent pour former les États-Unis d'Amérique. Les cinquante étoiles blanches cousues dans un rectangle bleu représentent les États actuels (à l'origine, le drapeau n'en comptait que treize). Adopté le 14 juin 1777, moins d'un an après la déclaration d'Indépendance, il inspira à **Francis Scott Key**, après la bataille décisive de Fort McHenry, remportée contre les Anglais en 1814, un poème qui devait devenir en 1931 l'hymne national américain, **The Star-Spangled Banner** *(La Bannière étoilée)*. C'est le drapeau qui flottait sur ce fort de Baltimore que l'on peut voir au National Museum of American History. Assemblé à Baltimore par Mary Pickersgill, fabricante de drapeaux (*p. 196*), il comporte quinze bandes et quinze étoiles (le nombre d'États dans l'Union à l'époque) et mesurait 9,14 x 2,8 m – il a été endommagé et amputé de quelques morceaux depuis. Conservé dans des conditions qui doivent empêcher toute détérioration supplémentaire, il fait figure de relique nationale, au même titre que les premiers exemplaires de la Constitution.

Attention, chefs-d'œuvre ! La première idée d'un musée national d'art a germé dans l'esprit d'**Andrew W. Mellon** (1855-1937), nommé en 1921 secrétaire du Trésor à Washington. En 1936, le financier et collectionneur originaire de Pittsburgh propose au président Franklin D. Roosevelt de donner sa collection et de financer le bâtiment qui l'abriterait, proposition agréée par le Congrès. La fondation de la National Gallery of Art est entérinée en mars 1937, suivie de près par le lancement des travaux, confiés à John Russell Pope (1874-1937). Le plan et la sévérité néoclassiques de l'édifice, actuel West Building, éclatent à l'extérieur dans les immenses murs aveugles. À l'intérieur, la rotonde centrale, inspirée du Panthéon de Rome (et du Capitole !), repose sur de hautes et généreuses colonnes. Mellon et Pope ont juste le temps de voir les premières fondations avant de mourir, à un jour d'intervalle, en août 1937.

Quand le musée ouvre en 1941, il compte 126 peintures et 26 sculptures léguées par Andrew Mellon, dont l'*Annonciation* de **Jan Van Eyck**, si précise dans son réalisme idéalisé, la *Madone d'Albe* de **Raphaël**, merveille d'équilibre entre la suavité du peintre et l'énergie de Michel-Ange, et le *Portrait de la marquise de Pontejos* de **Goya**. Mellon, qui avait insisté pour que le musée ne portât pas son nom afin de favoriser les dons d'autres mécènes, avait vu juste. Le musée s'enrichit de collections exceptionnelles, telles celles offertes par Samuel H. Kress (1939), qui légua entre autres le *Laocoon* du **Greco**, celle des Widener, grâce auxquels *La Femme à la balance* de **Vermeer** a rejoint les collections en 1942, ou encore celle de Chester Dale qui fit entrer en 1962, entre autres chefs-d'œuvre, *Le Vieux Musicien* d'Édouard Manet et *La Famille de saltimbanques* de Picasso, qui a rejoint le nouveau parcours de l'East Building et en marque le seuil. La famille Mellon continue de soutenir le musée, donnant en 1967 la *Ginevra de Benci* de **Léonard de Vinci**, une des premières œuvres – quasi-minérale – de l'artiste, *The Voyage of Life* de **Thomas Cole** (1842), sur le thème des différents âges de la vie, ou encore *Le Garçon au gilet rouge* de **Cézanne**. Ils ont précédé la récente donation (2014) de dessins, estampes et livres d'artistes, qui va encore et toujours de Manet à Picasso. Rappelons aussi que la fondation **Rothko** a donné en 1986 un **fonds exceptionnel** d'œuvres du peintre de l'abstraction lyrique, mort en 1970 (285 peintures et quelque 500 études), et que la NGA s'est enrichie en 2015 du non moins exceptionnel **fonds Corcoran** (*p. 261*). De même, **Barnett Newman** et **Calder** sont représentés par des ensembles uniques que l'East Building récemment rénové met particulièrement en valeur.

West Building – Les 104 salles du bâtiment ouest offrent à la délectation du visiteur un parcours didactique de l'art sous toutes ses formes (peinture, sculpture, arts décoratifs), du 13e au 20e s., formant ainsi l'un des premiers musées d'art du monde. Le vœu d'Andrew Mellon est exaucé.

Au premier étage, sur des murs colorés ménageant des perspectives évocatrices, la **peinture américaine★★★** – John Copley (1738-1815), Winslow Homer (1836-1910), Thomas Eakins (1844-1916), James Whistler (1834-1903) – tient sa place, éminente, à proximité des séquences les plus brillantes, l'**art vénitien et toscan de la Renaissance★★★**, les portraits princiers de Van Dyck et Rubens, Vermeer et Rembrandt du côté des Pays-Bas, la **modernité française★★★**, de Manet (mis en vedette) à Cézanne, Gauguin, Soutine et Modigliani.

Le rez-de-chaussée, consacré à la **sculpture** et aux **arts décoratifs★★**, expose des chefs-d'œuvre de la sculpture française, dont une des *Petite danseuse de quatorze ans* de Degas, mais aussi des pièces de la Renaissance italienne et un exemple exceptionnel d'art médiéval, le calice de l'abbé Suger de Saint-Denis.

East Building – Poursuivant l'entreprise lancée par leur aïeul, Paul Mellon et Ailsa Mellon Bruce ont financé la construction d'un bâtiment additionnel, qui

Le National Museum of the American Indian, conçu par l'architecte Douglas Cardinal.
Ch. Heeb/hemis.fr

fut achevé en 1978. Consacrée aux œuvres du 20e s., cette aile est reliée à la précédente par une spectaculaire et glamour galerie souterraine (*Multiverse*, sculpture de lumière de Leo Villareal).
Avec son plan en triangles agencés, l'édifice aux lignes pures de **I. M. Pei** ouvre sur un atrium dominé par un immense mobile d'**Alexander Calder**. Sa rénovation (2016) s'est accompagnée d'un transfert significatif d'ouest en est, le moindre n'étant pas le déplacement de la *Famille de saltimbanques* de **Picasso**, qui transcende le misérabilisme de la période bleue et annonce la sobriété solaire des tableaux roses. À partir de lui, désormais, se déroule le grand récit de l'art moderne, d'une rive à l'autre de l'Atlantique. Le nouveau parcours, en effet, recompose le dialogue qui a toujours lié l'art américain aux différentes avant-gardes européennes, et inversement, à partir des années 1960.

★★★ NOS ÉTOILES PRÉFÉRÉES À LA NGA

Jan Van Eyck – *Annonciation*, v. 1434-1436
Léonard de Vinci – *Ginevra de Benci*, v. 1474-1478
Raphaël – *La Madone d'Albe*, v. 1510
Titien – *Vénus au miroir*, v. 1555
El Greco – *Laocoon*, v. 1610-1614
Rembrandt – *Autoportrait*, 1659
Johannes Vermeer – *La Femme à la balance*, v. 1664
James Abbott McNeill Whistler – *Symphonie n° 1 : la fille en blanc*, 1862
Édouard Manet – *Le Chemin de fer*, 1873
Paul Cézanne – *Le Garçon au gilet rouge*, 1890
Pablo Picasso – *La Famille de saltimbanques*, 1905
Edward Hopper – *Ground Swell*, 1939
Arshile Gorky – *L'Artiste et sa mère*, v. 1926-v. 1942
Mark Rothko – *Untitled*, 1955

Le mall de la Nation

UNE VASTE ESPLANADE

Pierre Charles L'Enfant, qui dressa les plans de la capitale fédérale, avait envisagé de créer cette grande avenue, de Jenkins Hill jusqu'au site de l'actuel **Washington Monument**. La construction du mémorial dédié au premier président américain commença en 1848, celle du Château de la Smithsonian Institution l'année suivante : le destin du Mall était scellé. Après une crue dévastatrice du Potomac en 1881, le Congrès vota l'aménagement des berges au sud et à l'ouest du fleuve. À la fin du 19e s., plus de 251 ha avaient été mis en valeur en vue d'aménager le **Potomac Park**, tandis que le Tidal Basin (Bassin des marées) était créé pour assurer le renouvellement de l'eau par le biais du canal de Washington.

LA PROMENADE DES MUSÉES

La McMillan Commission, chargée en 1901 de réfléchir au développement de la ville, fit transformer le Mall en une large promenade bordée d'arbres… que des casernes en bois vinrent défigurer un temps pendant la Première Guerre mondiale. En 1923, la Smithsonian Institution inaugura la Freer Gallery of Art sur le côté sud du Mall ; en 1941, la **National Gallery of Art** se dressait sur le côté nord, non loin du nouveau bâtiment des archives nationales. La partie sud-ouest du Mall fut développée à la fin des années 1930, avec la construction du **Jefferson Memorial** sur les rives du Tidal Basin.

LE RÊVE AMÉRICAIN

Après la Seconde Guerre mondiale, le Mall continua à se peupler de constructions commémoratives et de musées, dont le plus récent, le remarquable **National Museum of African American History and Culture,** situé à proximité du Washington Monument, a ouvert en 2016. Les autres font régulièrement l'objet de réaménagements pour répondre aux exigences d'un public toujours plus nombreux, tandis que les espaces verts du Mall sont toujours en évolution. Point de ralliement traditionnel des manifestations à coloration politique, le Mall accueille aussi et surtout les grandes cérémonies dont les célébrations du 4-Juillet, fête nationale américaine.

National Mall & Memorial Parks - www.nps.gov/nama.

Le parti pris d'accrochage laisse le public découvrir les salles sans ordre imposé. Belles matières, lumière douce, accrochage aéré président à cette déambulation où se conjuguent plaisir et savoir. La salle du surréalisme confronte de façon habile Picasso et Gorky. Les salles du **réalisme américain★★★** des années 1920-1930 réservent une bonne place aux lutteurs de George Bellows (1882-1925), à Robert Henri (1865-1929) et son autre célèbre élève, Edward Hopper (1882-1967), et aux fleurs sensuelles de Georgia O'Keeffe (1887-1986). Deux espaces, gagnés dans la partie supérieure des tours, les **Tower Galleries★★★**, ménagent aux grands Rothko et Barnett Newman *(Stations of the Cross)* d'un côté, et aux Calder, de l'autre, un accrochage limpide sur de grands murs blancs éclairés par une lumière zénithale. Entre les deux, une **terrasse** donne à belle hauteur sur l'alignement de Pennsylvania Ave.

National Gallery of Art Sculpture Garden – *Sur le Mall, angle 7th St. et Constitution Ave NW.* Ornée de 21 sculptures du 20e s. (Guimard, Calder, Chagall, Bourgeois, Miró, etc.), elle dessine une véritable oasis au sein de la ville. L'hiver, la très belle fontaine circulaire est transformée en patinoire.

Free Jazz in the Garden – Tous les vend. (17h-20h30), de mai à août, des concerts de jazz gratuits sont donnés dans le Sculpture Garden *(voir le programme sur le site Internet).*

★★ NATIONAL MUSEUM OF THE AMERICAN INDIAN C2

4th St. & Independence Ave SW - M Federal Center SW - 202 633 6644 - nmai.si.edu - 10h-17h30.

Inauguré en 2004, l'avant-dernier-né des musées du Mall est dédié aux *Native Americans*. Il s'intéresse aux coutumes, à l'histoire et à l'art des peuples indigènes établis sur le continent américain.

Construction aux formes arrondies qui évoque une falaise sculptée par les éléments, le bâtiment contraste avec les édifices néoclassiques qui l'entourent. Il a été conçu par une équipe d'architectes, tous d'origine indienne, dans le respect des croyances de leurs peuples. C'est ainsi que l'entrée principale donne sur l'est, et que les angles où pourraient se loger les mauvais esprits sont bannis…

Faites le tour de l'atrium Potomac et grimpez au quatrième niveau. La visite commence par un film, **Qui nous sommes**, et se poursuit en descendant les différents étages. À travers panneaux, photographies et **objets exceptionnels** extraits du fonds gigantesque du NMAI (présentés hélas dans une scénographie qui laisse à désirer), on découvre, par exemple, l'histoire et les croyances des Amérindiens *(4e niveau)*, les chemins des Incas *(3e niveau)* ou les différentes communautés de DC *(2e niveau)*.

5

★★★ NATIONAL AIR AND SPACE MUSEUM C2

600 Independence Ave SW - M L'Enfant Plaza - 202 633 2214 - airandspace.si.edu - 10h-17h30.

Fondé en 1946, le plus célèbre, le plus fréquenté et l'un des plus vastes musées de Washington présente une impressionnante collection d'objets aéronautiques et astronautiques. Retraçant l'histoire de la conquête du ciel et de l'espace, des centaines d'avions, vaisseaux spatiaux, fusées, missiles et satellites sont répartis à travers 23 galeries, sur deux niveaux desservis par des escalators.

Le ton est donné dès le hall d'entrée où sont accrochés divers objets volants, tels le **Spirit of St Louis★**, qui traversa l'Atlantique en 1927 piloté par Charles

Le National Museum of African American History and Culture, par l'architecte David Adjaye.
Alan Karchmer/NMAAHC

Lindbergh, ou le **Bell X-1** avec lequel Chuck Yeager fut le premier homme à franchir le mur du son en 1947. Plusieurs modules de **vaisseaux spatiaux** sont exposés – *Spoutnik*, *Explorer*, *SpaceShipOne*, le premier engin à avoir volé dans l'espace – ainsi qu'une pierre rapportée de la Lune que le public peut toucher. De là, la découverte du musée commence ! On peut essayer le simulateur de vol (gall. 103), regarder un film dans le cinéma IMAX ou au planétarium, apprendre comment volent les avions et les fusées (gall. 109), ou encore découvrir le **Skylab★★**, première station orbitale lancée par la Nasa en 1973 (gall. 114), les **télescopes spatiaux★★** (gall. 111), le cockpit d'un Boeing 747 dans lequel il est possible de pénétrer (gall. 102), l'épopée des frères Wright, pionniers de l'aviation (gall. 209) et les engins des premiers aviateurs (gall. 208), comme le *Lockheed Vega* d'Amelia Earhart, la première femme à avoir traversé l'Atlantique en 1928.

★★ HIRSHHORN MUSEUM AND SCULPTURE GARDEN C2

700 Independence Ave SW - Ⓜ L'Enfant Plaza - ✆ 202 633 4674 -hirshhorn.si.edu - 10h-17h30.

Ce musée est installé dans un superbe bâtiment de Gordon Bunshaft, qui a suscité de très vives critiques à son achèvement (1966). Il abrite au creux de sa forme cylindrique et sur ses claires cimaises l'une des plus riches collections d'art moderne des États-Unis. À son inauguration en 1974, **Joseph Hirshhorn** (1899-1981), homme d'affaires d'origine lettone, fit don à l'État de 6 000 œuvres contemporaines. Un jardin de sculptures a été aménagé. On y retrouve les plus grands noms de la sculpture européenne et américaine du 20e s. : Rodin, Calder, Moore, Hepworth, etc.

★★★ NATIONAL MUSEUM OF AFRICAN AMERICAN HISTORY AND CULTURE B2

1400 Constitution Ave NW - Ⓜ Smithsonian ou Federal Triangle - ✆ 844 750 3012 - nmaahc.si.edu - 10h-17h30.

QUAND DC RENCONTRE L'EAU

Quartier qui monte sur le Waterfront, en bordure du Potomac, où se poursuit la construction d'immeubles résidentiels, modernes et élégants, **The Wharf** (le quai) est devenu un lieu de promenade incontournable. Prévus dans le projet de L'Enfant, étroitement liés au commerce au 19e s., notamment autour du marché aux poissons (toujours en activité – *1100 Maine Ave SW*), les quais furent utilisés pendant la guerre de Sécession par l'armée. Après le conflit, les opportunités d'emplois portuaires attirèrent une population d'esclaves libérés. Le quartier, pauvre et insalubre, tomba progressivement en désuétude. Les lieux ont repris vie depuis 2017 et l'ouverture de la première tranche du Wharf. Il s'y passe toujours quelque chose (festivals, animations, marchés), on peut y louer des kayaks et des *paddle boards*, y flâner en famille ou entre amis. L'endroit regorge de bonnes adresses pour sortir (*Nos adresses)* et dîner. Dans un mouchoir de poche, **Kaliwa** *(751 Wharf St. SW)*, cuisine asiatique fusion ; **Lupo Marino** *(40 Pearl St. SW)*, italien ; **Mi Vida** *(98 District Square SW)*, mexicain, sont d'excellents choix. – *www.wharfdc.com* - M *Waterfront-SEU (ligne verte) ; bus 52, 74 ; water taxi : embarcadère 950 Wharf St. SW (www.potomacriverboatco.com).*

Bon à savoir – *À son ouverture, le NMAAHC a dû délivrer des* **timed pass** *tellement demandés qu'il fallait les retirer* **trois mois à l'avance**. *Vérifiez sur le site Internet avant votre séjour.*

Dédié à l'histoire des Afro-Américains, le 19e et dernier musée de la Smithsonian a été inauguré en grande pompe en septembre 2016 par Barack Obama, premier président noir des États-Unis. Situé au cœur des mémoriaux américains, emplacement symbolique s'il en est, le bâtiment de six étages figure une couronne africaine composée de 3 600 plaques forgées, inspirée d'une statue-pilier visible dans le musée. Riche de 37 000 objets, l'édifice de près de 40 000 m² est divisé en deux parties. La première, souterraine, est consacrée à l'**histoire et l'émancipation des Noirs**, en passant par l'esclavage et la ségrégation. La scénographie spectaculaire a réussi à intégrer une case d'esclave et un wagon de 1918 dont certains sièges étaient réservés aux Noirs. De nombreuses photos et vidéos rendent la visite extrêmement vivante. L'émotion est palpable dans beaucoup de salles, comme celle dédiée au jeune Emmett Till, sauvagement assassiné en 1955 à l'âge de 14 ans dans le Mississippi, et devenu l'un des symboles de la lutte pour les droits civiques. Des dizaines de milliers de personnes vinrent s'incliner sur son cercueil, resté ouvert selon les vœux de sa mère pour témoigner des atrocités qu'il avait subies. Rosa Parks évoquera ce sombre épisode de l'histoire américaine lorsqu'elle refusera de céder sa place dans le bus de Montgomery. La seconde partie, aux étages supérieurs, s'intéresse à la **culture** et à la **société** (d'Ella Fitzgerald à Prince). Conçu pour qu'une meilleure compréhension réciproque s'instaure, le NMAAHC est une belle leçon d'histoire.

À proximité

MUSEUM OF THE BIBLE C2

400 4th St. SW- M *Federal Center SW - 844 750 3012 - www.museumofthebible.org - 10h-17h - 19,95 $ (donation suggérée) - boutique intéressante.*

Inauguré en 2017, l'un des plus vastes musées de la capitale fédérale a été créé à l'initiative de l'entrepreneur Steve Green, chrétien plutôt conservateur et collectionneur d'objets et de documents relatifs à l'histoire de la Bible. Le bâtiment, magnifique et imposant, abrite des galeries qui éclairent le livre saint et son contenu, mais aussi son influence sur la culture, notamment en Amérique, colonisée par des individus persécutés pour leurs croyances religieuses (2e niveau : **The Impact of the Bible**). Le musée présente une **collection d'objets★** prêtés à long terme par l'Autorité des Antiquités d'Israël (5e niveau), rarement exposés en dehors de leur pays d'origine. Au 4e niveau, consacré à l'**histoire de la Bible** sont montrés différents exemples de bibles, et plusieurs fragments supposés des Manuscrits de la mer Morte. L'expérience la plus surprenante attend les visiteurs au 3e niveau où se rejouent en son et lumière des épisodes de l'Ancien et du Nouveau Testament dans une sorte de **Bible Experience**... insolite. Au même niveau, on découvre aussi la **reconstitution de Nazareth** au 1er s., avec ses activités traditionnelles, ses bâtiments et ses figurants en costume avec lesquels on peut dialoguer pour comprendre comment on vivait à l'époque de la naissance de Jésus.
Outre ses collections, le musée présente plusieurs expositions temporaires et propose des conférences et des activités variées.

NOS ADRESSES À CAPITOL HILL

Les **musées** comptent tous au moins une cafétéria (à l'exception des Freer and Sackler Galleries), en général bruyante, ruineuse et sans génie culinaire. En dehors de ces maigres ressources, l'offre en matière de restauration se limite presque exclusivement aux vendeurs de hot dogs et de sandwichs qui stationnent sur les trottoirs et aux *food trucks* le long d'Independence Avenue. Si le temps s'y prête, les bancs et les pelouses du Mall vous attendent pour **pique-niquer**. Les hamburgers addictifs de Shake Shack sont à 10mn de la National Gallery *(p. 270)*. Le soir, ou pour une journée sportive aux beaux jours, cap sur le Wharf.

BOIRE UN VERRE/SORTIR

The Wharf

Whiskey Charlie – C2 - *975 7th St. SW - Ⓜ Waterfront-SEU - ✆ (202) 488-2500 - http://whiskeycharliewharf.com - tlj à partir de 15h.* Situé au sommet du flambant neuf Hilton-Canopy, le premier *rooftop* du Wharf est un magnifique espace moderne avec une terrasse qui surplombe le Potomac. Idéal pour siroter un cocktail raffiné en grignotant des tapas assortis.

Union Stage – C2 - *40 Water St. SW - Ⓜ Waterfront-SEU - ✆ (877) 987-6487 - www.unionstage.com - à partir de 17h (12h sam., 13h dim.).* Un endroit éclectique où écouter de la musique, voir des comédiens, déguster une bière, se régaler d'une pizza... Programme varié et ambiance bon enfant.

Pearl Street Warehouse – C2 - *33 Pearl St. SW - Ⓜ Waterfront-SEU - ✆ (202) 380-9620 - www.pearlstreetwarehouse.com - tlj sf lun. à partir de 8h30 - concerts : horaires variés.* Jazz, pop, folk, rock... la scène est ouverte à toutes les musiques américaines. Pour plonger complètement dans l'ambiance USA, un *diner* avec tous les classiques du genre fonctionne sur place dès le petit-déjeuner !

Mémoriaux du Mall★★★ et Arlington★★

Dans sa partie ouest, entre 15th Street et le Potomac, le Mall est un « jardin du souvenir ». Les monuments élevés à la mémoire des présidents américains et des anciens combattants s'enchaînent entre les plans d'eau et les espaces verts. De l'autre côté du fleuve, dans la petite ville d'Arlington, le cimetière militaire prolonge la promenade mémorielle.

SE REPÉRER
Plan du centre AB2 (p. 222-223). Le Mall s'étend d'ouest en est entre le Potomac et le Capitole. Les mémoriaux sont placés sur la partie occidentale. M *Smithsonian.*

À NE PAS MANQUER
La vue panoramique depuis le sommet du Washington Monument, celle sur le Potomac depuis le Lincoln Memorial, les cerisiers en fleurs en saison.

ORGANISER SON TEMPS
Comptez une demi-journée pour voir les mémoriaux et autant pour visiter Arlington.

★★★ Mémoriaux du Mall Plan du centre p. 222-223

★★ United States Holocaust Memorial Museum B2

100 Raoul Wallenberg Pl. SW - ✆ 202 488 0400 - www.ushmm.org - 10h-17h30 - entrée libre.

Bon à savoir – *De mars à août, en raison de l'affluence, l'entrée se fait sur réservation. Imprimez votre pass à partir du site du musée, ou retirez-en un à l'entrée, en fonction des places disponibles.*

Destiné à « célébrer la mémoire des morts et à éduquer les vivants », le musée est dévolu à l'histoire de l'Holocauste. Le bâtiment en brique et calcaire (1993, I. M. Pei & Partners) évoque un « pénitencier » à l'architecture postmoderne, avec ses miradors et ses poutres apparentes en métal et en verre. Les expositions incluent d'émouvants films d'archives, photographies et enregistrements sonores des survivants du génocide.

4e niveau – Au début du parcours, chaque visiteur reçoit une fiche relative à l'une des trop nombreuses victimes de cette tragédie. Y figurent sa photo et son histoire, une manière de sortir de l'anonymat des individus au destin brisé. Dans des salles plongées dans une semi-pénombre, on découvre les **circonstances** qui ont amené Hitler au pouvoir, la politique menée par les nazis, l'instauration des ghettos, la déportation et la mise en place de la solution finale.

3e niveau – Les **conditions d'existence** dans les camps de concentration et d'extermination sont évoquées par un wagon à bestiaux comme ceux à bord desquels les déportés arrivaient dans les camps, des menus objets de leur quotidien, et par la maquette d'une chambre à gaz. Des images, souvent à la limite du soutenable, sont projetées sur des écrans.

MÉMORIAUX MODE D'EMPLOI
Exception faite du Washington Monument, les mémoriaux sont accessibles gratuitement 24h/24. Des rangers sur place proposent chaque jour un programme d'activités (visites guidées, etc.) - *✆ 202 426 6841 - www.nps.gov/nama - 9h-22h, sf 25 déc.*

2e niveau – L'étage est consacré à la résistance et aux réseaux d'aide aux victimes, ainsi qu'au procès de Nuremberg, à l'après-guerre, et aux « Justes parmi les nations », et notamment à **Raoul Wallenberg**, diplomate suédois en poste à Budapest, qui contribua à sauver plusieurs dizaines de milliers de juifs. Cette visite émouvante se termine dans le vaste **Hall of Remembrance** (salle du Souvenir), où chacun peut allumer une bougie entre les murs gravés des noms des différents camps.

★★ The Washington Monument B2

2 15th St. NW - www.nps.gov/wamo - juin-août 9h-22h (17h le reste de l'année) - entrée libre - retirez votre billet le jour même à partir de 8h30 au Washington Monument Lodge (15th St.) ou réservez en ligne (1,50 $/billet).

Bon à savoir – *En été, il n'est pas rare qu'une file d'attente soit déjà formée au Lodge à 8h30… Toutefois, vérifiez sur le site Internet que l'ascenseur fonctionne. À l'heure où nous rédigeons ce guide, les visites sont suspendues jusqu'à nouvel ordre.*

Difficile de manquer cet immense **obélisque de marbre blanc** qui se dresse dans le ciel à 169 m : c'est l'un des symboles de la ville… et la plus haute colonne de pierre au monde dans son genre. Hommage à George Washington qui fut le premier président des États-Unis (1789-1797), le monument a été conçu par Robert Mills et inauguré en 1888, quarante ans après le début des travaux. Au sommet vous attend une **vue★★★** impressionnante.

★★ National World War II Memorial B2

1750 Independence Ave SW - www.nps.gov/nwwm.

Conçu à la manière d'un parc où il fait bon flâner, ce mémorial inauguré en 2004 convoque la mémoire des 16 millions d'Américains qui participèrent à la Seconde Guerre mondiale. Deux arches composées de colonnes commémoratives évoquent les terrains d'opérations des États-Unis, l'Atlantique et le Pacifique ; chacune des 56 colonnes, ornée d'une couronne, représente un État ou un territoire américain. Des bancs disposés au calme autour d'un immense bassin à fontaines *(Rainbow Pool)* invitent à la méditation. Sur le côté ouest du mémorial, 4 048 étoiles dorées – une pour cent Américains morts durant le conflit –, sont gravées sur le **Freedom Wall** (mur de la Liberté).

★★★ Vietnam Veterans Memorial A2

Bacon Dr. & Constitution Ave NW - www.nps.gov/vive.

Comme fiché en terre, un long mur de granit noir dresse la liste des noms des 58 226 Américains qui perdirent la vie durant le conflit du Vietnam, entre 1959

Cerisiers en fleurs sur les bords du Tidal Basin avec le Jefferson Memorial en arrière-plan.
E Remsberg/age fotostock

et 1975. Sobrement appelé **The Wall** (le mur), l'émouvant monument a été conçu en 1982 par Maya Ying Lin. Il est toujours très fréquenté par des proches et des anciens qui viennent ici se souvenir ou rendre hommage. Gravés dans l'ordre chronologique des pertes, les noms des morts sont suivis d'un losange, ceux des disparus d'une croix.

Vietnam Women's Memorial – Non loin, dans un bouquet d'arbres, se dresse une statue en bronze (1992, Glenna Goodacre) représentant trois femmes engagées dans l'armée autour d'un soldat blessé. Elle rend hommage aux auxiliaires féminines qui servirent au Vietnam (plus de 265 000).

★★★ Lincoln Memorial A2

À l'extrémité de 23rd St. NW - www.nps.gov/linc.

Situé à l'extrémité du Mall, le mémorial dédié à Abraham Lincoln est facile à reconnaître : il figure au revers des billets de 5 $ et sur les pièces en cuivre de 1 penny. Conçu comme un temple grec, il est doté de trente-six colonnes doriques, autant que le nombre d'États de l'Union en 1865, à la mort du 16e président des États-Unis. Le monument fut inauguré en 1922 en présence de Robert Todd Lincoln, seul survivant des enfants Lincoln. Réalisée en marbre blanc par le sculpteur Daniel Chester French, la **statue★★★** du président se dresse, monumentale (5,7 m de hauteur), en haut d'une volée de marches. Sur le mur de gauche est gravé le discours de Gettysburg (*Gettysburg Address*), que prononça le président Lincoln en pleine guerre de Sécession (1863). Du haut des marches, **vue★★★** grandiose sur le **Reflecting Pool**, plus grand miroir d'eau de DC, le Washington Monument et le Mall.

★★ Korean War Veterans Memorial A2

French Dr. & Independence Ave SW - www.nps.gov/kowa.

Plantées dans l'herbe, dix-neuf statues en acier inoxydable de plus de 2 m figurent des soldats en habit de pluie qui semblent patrouiller. Sur un des côtés de cet espace ouvert, un mur de granit noir présente 2 500 photos d'hommes et de femmes ayant participé à la guerre de Corée (1950-1953) au cours de laquelle 54 000 soldats américains perdirent la vie, 110 000 furent blessés et 8 000 portés disparus. Sous le drapeau national, une inscription les remercie pour leur sacrifice : « Notre nation honore ses fils et ses filles qui répondirent à l'appel pour aller défendre un pays et un peuple qu'ils ne connaissaient pas. »

District of Columbia War Memorial A2

West Potomac Park - 1900 Independence Ave SW - www.nps.gov/nama.

Inauguré en 1931, ce petit monument circulaire ceint de colonnes doriques rappelle la mémoire des 26 000 habitants de Washington qui servirent sous les drapeaux pendant la Première Guerre mondiale. Les noms des 499 morts sont gravés à la base de l'édifice.

★★ Martin Luther King, Jr. Memorial A2

1964 Independence Ave SW - www.nps.gov/mlkm.

« *Out of a mountain of despair, a stone of hope* » (Nous pourrons tailler dans la montagne du désespoir la stèle de l'espoir). Ainsi parlait Martin Luther King, Jr. lors du célèbre discours « *I have a dream* » qu'il prononça sur les marches du Lincoln Memorial le 28 octobre 1963. Cette phrase a donné son surnom de **Stone of Hope** au monument, où elle figure en compagnie d'autres citations du pasteur noir. Dernier-né des mémoriaux du Mall (2011), la gigantesque statue (9 m) qui émerge d'un bloc de granit blanc représente Martin Luther King, Jr., militant non violent en faveur des droits civiques des Noirs aux États-Unis, assassiné à Memphis en 1968. Le prix Nobel de la Paix, dont le visage a été sculpté par le Chinois Lei Yixin, contemple le Tidal Basin et la promenade des Cerisiers.

★★ Franklin Delano Roosevelt Memorial AB2

1850 W. Basin Dr. SW - www.nps.gov/frde.

Situé le long de la promenade des Cerisiers sur la rive du Tidal Basin, ce monument (1997) rend hommage à l'homme qui présida aux destinées du pays de 1933 à 1945. Ses mandats se sont enchaînés à une période particulièrement difficile de l'histoire américaine, entre la Grande Dépression et la Seconde Guerre mondiale. Plusieurs espaces à ciel ouvert, cloisonnés par des murs de granit rouge du Dakota du Sud, évoquent la détermination du 32e président à surmonter la crise économique, les efforts du New Deal, les dévastations de la guerre, la mort prématurée de Roosevelt, etc. Une statue de son épouse, **Eleanor**, rappelle le rôle important joué par la première dame, en particulier dans la création de l'ONU.

★★★ Thomas Jefferson Memorial B2

701 E. Basin SW - www.nps.gov/thje.

John Russell Pope, l'architecte de la National Gallery, s'est encore une fois inspiré du Panthéon de Rome pour rendre hommage au 3e président des

FLEURS D'AMITIÉ

Le 27 mars 1912, Helen Taft, première dame des États-Unis, préside, en compagnie de la vicomtesse Chinda, épouse de l'ambassadeur du Japon, une importante cérémonie sur le Mall : la mise en terre, à l'extrémité de 17th Street, des deux premiers cerisiers offerts par l'Empire du Soleil levant à l'Amérique en signe d'amitié entre les deux nations. Quelques semaines auparavant, 3 020 de ces arbres avaient fait le voyage jusqu'à Seattle à bord du paquebot Awa Maru puis avaient été acheminés en train vers la capitale fédérale. Les arbres sont toujours debout, rejoints par d'autres spécimens plantés au cours du 20e s. sur les bords du Tidal Basin. Chaque année au printemps, le **Cherry Blossom Festival** (festival des Cerisiers en fleurs) attire des milliers de visiteurs qui viennent profiter du spectacle enchanteur. Diverses manifestations ponctuent le festival (démonstrations de cerfs-volants, dégustations de saké, défilés, etc.). *www.nationalcherry blossomfestival.org.*

Le cimetière militaire d'Arlington.
F. Soreau/Photononstop

États-Unis. Ouvert au public en 1942, le monument de marbre blanc doté d'un dôme spectaculaire évoque le style de Monticello, demeure de Jefferson en Virginie (p. 314). Le fronton sculpté figure le grand homme entouré de quatre des rédacteurs de la déclaration d'Indépendance : Benjamin Franklin, John Adams, Roger Sherman et Robert Livingston. À l'intérieur, une statue en bronze monumentale (5,7 m), réalisée par le sculpteur Rudulph Evans, montre le président tenant à la main un parchemin de ce texte fondateur.

Tidal Basin – Les trois derniers mémoriaux se situent autour de cette pièce d'eau créée en 1888, pour des raisons à la fois fonctionnelles et d'agrément, à partir d'un bras mort du Potomac. Le Tidal Basin articule aujourd'hui l'ouest du Mall et East Potomac Park, pour le plaisir des promeneurs. (*encadré page de gauche*)

Pour rejoindre Arlington et le cimetière militaire à pied, remontez vers le Lincoln Memorial et empruntez Arlington Memorial Bridge.

★★ Arlington across the river Plan du centre p. 222-223

Liée à ses débuts à la famille Alexander (*p. 300*), Arlington fut comme Alexandria cédée par la Virginie pour former le **district of Columbia** entre 1789 et 1846, année où ses habitants demandèrent par référendum de revenir dans le giron de la Virginie. Pendant la guerre de Sécession (1861-1865), la petite localité fut occupée par les forces de l'Union, qui établirent leur QG à Arlington House. Devant le nombre de victimes de la guerre enterrées sur la propriété, l'endroit fut décrété cimetière national en 1888. La population s'accrut considérablement au début du 20e s. à Arlington, qui deviendra une banlieue de Washington DC appréciée des cols blancs.

★★ Arlington National Cemetery A2 en dir.

À 2 miles/4,8 km à l'ouest de Washington, de l'autre côté du Potomac, après avoir traversé Arlington Memorial Bridge.

National Dr. - 877 907 8585 - Ⓜ Arlington Cemetery - www.arlingtoncemetery.org - 8h-19h (17h oct.-mars) - entrée libre.

Welcome Center – *Carte gratuite, petit guide en vente, et toilettes.*

Le cimetière militaire d'Arlington est la dernière demeure de quelque 300 000 hommes **morts au combat** pendant les guerres auxquelles les États-Unis ont participé depuis 1864. Y sont inhumés également des **personnalités** américaines – astronautes, scientifiques, mais aussi écrivains.
Un certain nombre de **présidents américains** sont inhumés à Arlington. La tombe de **John F. Kennedy** (1917-1963), auprès duquel reposent son épouse et certains de ses frères, porte une flamme perpétuelle.
Le cimetière est ponctué de près de trente **mémoriaux** où est honorée ici la mémoire des victimes du vol 103 de la Pan Am, abattu à Lockerbie en 1988, là celle des infirmières des armées américaines ou encore celle de l'équipage de l'*USS Maine*, cuirassé coulé au large de Cuba en 1898.
Derrière le Memorial Amphitheater, où se déroulent les cérémonies funèbres, se trouve la **Tomb of the Unknowns** (tombe du soldat inconnu) devant laquelle a lieu toutes les 30mn la relève de la garde.
★ **Arlington House** – *℘ 703 557 0613 - www.nps.gov/arho - 9h30-17h - entrée libre*. La visite de la demeure familiale des Lee laisse entrevoir le cadre de vie d'une famille patricienne dans les années 1830. On visite aussi les quartiers réservés aux esclaves.

★★ US Marine Corps War Memorial (Iwo Jima Memorial) A2 en dir

Marshall Dr. (entre Arlington National Cemetery et Arlington Bd) - Ⓜ Rosslyn - 6h-0h.
La mémoire des combattants de la terrible bataille menée sur l'île japonaise d'Iwo Jima dans le cadre de la guerre du Pacifique, en février-mars 1945, est célébrée par la statue en bronze de Felix de Weldon (1954). Le monument est directement inspiré de la photographie *Raising the Flag on Iwo Jima* qui valut à Joe Rosenthal le prix Pulitzer *(tirage exposé au Newseum - p. 267)*. Clint Eastwood, dans *Mémoires de nos pères* (2006), raconte les circonstances qui ont élevé la photographie des GIs plantant le drapeau de la victoire en icône de l'histoire américaine.

Pentagon A2 en dir.

I-395 at Washington Bd - ℘ 703 697 1776 - Ⓜ Pentagon - pentagontours.osd.mil - visite guidée seult, sur réserv. préalable **entre 15 jours et 3 mois à l'avance** *auprès de votre ambassade - arrivez, muni d'une pièce d'identité, au moins 30mn avant le départ de la visite pour les contrôles de sécurité.*
Construit en un temps record et inauguré en 1943, l'édifice à cinq côtés est un immeuble de bureaux dont la superficie au sol correspond à deux fois celle de l'Empire State Building ! On y trouve 19 escalators, 131 escaliers, 284 toilettes, 691 fontaines à eau et suffisamment de câble téléphonique pour faire quatre fois et demie le tour de la Terre… Ses cinq étages et quelque 28 km de couloirs abritent les quartiers généraux du **United States Department of Defense** (ministère de la Défense) et des **United States Armed Forces** (Army, Navy, Air Force, Marines, Cost Guards).
La visite guidée commence par un film sur l'histoire du bâtiment. On traverse ensuite des galeries où sont évoqués les conflits auxquels le pays a pris part, et le Hall of Heroes, où figure la liste des récipiendaires de la prestigieuse **Congressional Medal of Honor**, la plus haute distinction militaire américaine.
La visite se poursuit à l'extérieur, du côté ouest du bâtiment, sur le site du crash du vol 77 d'American Airlines, détourné pour s'abattre sur le Pentagone le 11 septembre 2001. Accessible à tous, un **mémorial** *(pentagonmemorial.org - 24h/24 - entrée libre)* honore la mémoire des 59 passagers et 125 employés du Pentagone qui perdirent la vie ce jour-là.

La façade Sud de la Maison Blanche.
OlegAlbinsky/iStock

Maison-Blanche★★ et Foggy Bottom★

Dominé par l'imposante demeure présidentielle de la Maison-Blanche, ce quartier sous haute surveillance compte plusieurs espaces verts admirablement entretenus, quelques musées et des rues résidentielles où s'alignent des rangées de maisons pimpantes. Au sud-ouest, Foggy Bottom, autrefois industriel, descend jusqu'aux rives du Potomac, où le Kennedy Center for the Performing Arts a trouvé ses marques en 1971. Autour du temple de l'art vivant, demeures anciennes et entrepôts reconvertis abritent hôtels et restaurants sous les appartements occupés par des diplomates, des dignitaires et des célébrités.

NOS ADRESSES PAGE 262
Hébergement, restauration, achats, activités, etc.

5

SE REPÉRER
Plan du centre AB1-2 (p. 222-223).
M *Farragut West*.

À NE PAS MANQUER
La vue de la Maison-Blanche depuis Lafayette Park ; un spectacle au Kennedy Center (une performance gratuite tous les jours à 18h sur Millennium Stage).

ORGANISER SON TEMPS
Comptez une demi-journée pour flâner dans le quartier.

★★ Autour de la maison-Blanche

Plan du centre p. 222-223

★★ White House B1

1600 Pennsylvania Ave NW - ✆ 202 456 1414 - www.whitehouse.gov.

Bon à savoir – *Gérées par le White House Visitor Center (1450 Pennsylvania Ave NW - ✆ 202 208 1631- www.nps.gov/whho - 7h30-16h), les visites guidées de la Maison-Blanche (7h30-13h30) doivent être réservées entre* **21 jours et 3 mois à l'avance** *auprès de votre ambassade à Washington (**p. 225**) si vous êtes ressortissant étranger, via votre député si vous êtes citoyen américain. Le Visitor Center donne déjà un bon aperçu de la demeure présidentielle.*

Conçue par l'entrepreneur irlandais James Hoban en 1792, la **Maison-Blanche**, bâtiment en pierre de trois niveaux de style georgien, est la demeure des chefs d'État américains et de leur famille depuis John Adams (1801). Theodore Roosevelt (1901-1909) entreprit de rendre au bâtiment son aspect d'origine et ses successeurs lui emboîtèrent le pas.

Installée dans un parc de plusieurs hectares, la Maison-Blanche donne sur Pennsylvania Avenue. Son portique sud domine l'**Ellipse**, vaste pelouse où se déroulent les manifestations officielles. Le portique nord à colonnade fait face à **Lafayette Park**. Seuls le rez-de-chaussée et le premier niveau sont accessibles aux visiteurs. De nombreux tableaux de grands peintres américains ornent les salles (Hassam, Singer Sargent, Whistler, Stuart…). Décorée de lustres en cristal de Bohême, l'**East Room** (Salon est) accueille cérémonies, concerts et bals. La **Green Room** (Salon vert) est tapissée de soie moirée et ornée de meubles provenant de l'atelier de Duncan Phyfe (19e s.). La décoration classique de la **Blue Room** (Salon bleu), de forme elliptique, comprend sept fauteuils dorés, commandés à Paris par James Monroe. Site des dîners officiels, la salle à manger peut accueillir jusqu'à 140 convives.

La **West Wing** (aile ouest), popularisée dans une série télévisée du même nom, abrite les bureaux du président dont le fameux bureau ovale et, au sous-sol, la **Situation Room**, salle où sont gérées les situations d'urgence.

★ Lafayette Square – B1

Ainsi baptisé en hommage au marquis de La Fayette, il s'étend sur 3 ha au nord de la Maison-Blanche. Dessiné dans les années 1930 à la place d'un plan du 19e s., il compte, autour de la statue équestre du président Andrew Jackson, quatre sculptures de généraux de la guerre d'Indépendance, dont une du marquis de La Fayette par **Alexandre Falguière** *(angle sud-est).*

★ Eisenhower Executive Office Building B1

1650 Pennsylvania Ave NW (à droite de la West Wing de la Maison-Blanche) - fermé au public.

L'EEOB abrite l'**Executive Office of the President** (bureau exécutif du président). Il fut bâti en 1888, en remplacement d'un édifice vétuste, dans le style Second Empire proche de celui de la Renwick Gallery. Alors siège du département d'État et des ministères de la Guerre et de la Marine, le bâtiment se détériora au fil du temps et semblait promis à la démolition lorsqu'il fut « annexé » en 1947 par les membres de l'exécutif de la Maison-Blanche – d'où le nom qu'on lui connaît aujourd'hui –, et réhabilité dans les années 1960 sous l'administration Kennedy.

★ Renwick Gallery B1

1661 Pennsylvania Ave (angle 17th St.) - ✆ 202 633 7970 - renwick.americanart.si.edu - 10h-17h30 (Smithsonian Institution).

Un des rares exemples du style Second Empire à avoir survécu aux changements de goût et aux démolitions du vieux Washington, la Renwick Gallery fut

sauvée par Jackie Kennedy, en 1965, lorsque le quartier de Lafayette Square fut remodelé.
La proximité de la Maison-Blanche faisait partie du projet initial de son créateur, le banquier **William W. Corcoran** (1798-1888), qui souhaitait offrir à ses concitoyens un musée abritant le meilleur de l'art européen et américain, ancien et moderne. En 1859, il s'attacha les services de **James Renwick Jr.**, l'architecte du Castle *(**p. 242)*, et l'encouragea à s'inspirer de l'architecture et des principes décoratifs du nouveau Louvre de Napoléon III, très marqué par la Renaissance. Ouverte en 1874, la Renwick Gallery fut ensuite reconnue d'utilité publique par le Congrès. Une récente et brillante campagne de restauration restitue le génie du lieu originel en l'adaptant aux manifestations d'**art contemporain**. À l'évidence, les habitants de la ville sont heureux d'avoir retrouvé leur galerie et on les comprend. Dès que l'on franchit les premières marches du grand escalier au tapis rouge gentiment décalé, sous la sculpture lumineuse de Leo Villareal, un petit air de l'ancienne *gentry* de Washington vous saisit. Il circule sous les hauts plafonds de salles généreuses, où subsistent quelques colonnes et l'unique vestige du goût Corcoran, la réplique de *L'Esclave grecque* de Hiram Powers (premier nu impudique jamais exposé aux États-Unis, au début des années 1840). Face aux rondeurs sculptées de la jeune femme, les espaces du grand Salon sont propices aux installations spectaculaires.

Corcoran Gallery of Art B1

500 17th St. NW - 202 639 1700 - www.corcoran.org.
En 1869, William Corcoran fit don de sa collection, de terrains et du bâtiment de la Renwick Gallery pour créer la Corcoran Gallery of Art et, deux ans plus tard, la Corcoran School of Art. À l'étroit dans Renwick House, les instances créées par Corcoran déménagèrent en 1897 dans ce bâtiment de style Beaux-Arts. Aujourd'hui, la Corcoran School of the Arts and Design est toujours active, tandis que 6000 chefs-d'œuvre de la collection ont été versés à la National Gallery et à différentes institutions culturellesà travers le pays en 2015.

★ Foggy Bottom Plan du centre p. 222-223 A1

Au sud-ouest de la Maison-Blanche, entre Pennsylvania Ave et Constitution Ave - M Foggy Bottom-GWU.
Situé en bordure du Potomac, ce quartier est l'un des plus anciens de la ville. Autrefois au cœur d'une zone industrielle, il doit son nom de « fond brumeux » aux fumées que dégageaient les usines et aux vapeurs montant du fleuve. Il a été transformé en une zone de bureaux après la Seconde Guerre mondiale et abrite la **George Washington University**, installée dans la portion nord autour de Washington Circle dès 1912, mais aussi les bureaux de la Banque mondiale, du département d'État, de l'Académie des sciences. Vous aurez l'occasion de vous rendre dans cette partie de la ville si vous assistez à un spectacle au **John F. Kennedy Center for the Performing Arts** *(Nos adresses)*, ou si, amateur d'histoire, vous souhaitez vous approcher du complexe du **Watergate** *(2650 Virginia Ave)*, où se nouèrent les événements à l'origine de la démission du président Nixon en 1974.

NOS ADRESSES AUTOUR DE LA MAISON-BLANCHE ET À FOGGY BOTTOM

Plan du centre p. 222-223

RESTAURATION

Autour de la Maison-Blanche

BUDGET MOYEN

8 **McCormick & Schmick's** – B1 - *1652 K St. NW - M Farragut North - ✆ (202) 861-2233 - www.mccormickandschmicks.com - 11h30-22h, sam. 16h-22h, dim. 16h-21h - plats 18,50/40,50 $.* Cette chaîne de restaurants que l'on retrouve à travers tout le pays s'est fait une spécialité de fruits de mer et de steaks. Produits ultrafrais pour une carte qui change chaque jour selon les arrivages. Le décor est élégant sans être compassé et les prix restent raisonnables.

5 **Georgia Brown's** – B1 - *950 15th St. NW - M McPherson Sq - ✆ (202) 393-4499 - http://gbrowns.com - P payant - 11h30-22h, vend.-sam. 11h30-23h, dim. 10h-22h - plats 22/39 $.* Avis aux amateurs de cuisine du sud des États-Unis, cette adresse est pour vous ! On y prépare de main de maître les beignets de tomates vertes, le jambalaya et le poulet frit. Il vous faudra garder une petite place pour un Peach Cobbler, tourte à la pêche, ou un cheesecake à la patate douce. Le brunch dominical est monumental. Musique *live* certains soirs.

POUR SE FAIRE PLAISIR

16 **Bombay Club** – B1 - *815 Connecticut Ave NW - M Farragut West - ✆ (202) 659-3727 - www.bombayclubdc.com - 11h30-14h30, 17h30-22h30, vend. 11h30-14h30, 17h30-23h, sam. 17h30-23h, dim. 11h30-14h30, 17h30-21h30 - plats 18/28 $.* Le Bombay Club est une institution depuis Bush Senior. Tenu par l'aimable Ashoka Bajaj, il est toujours prisé des hommes politiques. Très sophistiquée, la délicieuse cuisine indienne (agneau légèrement épicé, calamar tendre au fenouil et à l'anis, glace à la cardamome…) y est servie en gants blancs.

26 **Joe's Seafood, Prime Steak and Stone Crab** – B1 - *750 15th St. NW - M McPherson Sq - ✆ (202) 489-0140 - http://joes.net/dc - 11h30-23h, vend.-sam. 11h30-0h, dim. 11h30-22h - à la carte 42/85 $.* Deux jolies salles au décor de style Beaux-Arts, des serveurs en nœud papillon, un immense bar où l'on s'attable. Le ton est donné : dans une ambiance très américaine, on déguste certes des burgers, mais surtout une cuisine de la mer. Les stone crabs et autres crustacés, frais et généreusement servis, attirent du monde. Réservation conseillée.

39 **The Occidental Grill** – B1 - *1475 Pennsylvania Ave NW - M Federal Triangle - ✆ (202) 783-1475 - www.occidentaldc.com - 11h30-22h, sam. 11h-22h, dim. 11h-21h - à la carte 45/78 $.* L'un des plus anciens restaurants de Washington (1906) affiche toujours à sa carte une cuisine américaine « classique », simple et savoureuse, principalement à base de grillades, viande ou poisson. Les produits proviennent dans la mesure du possible de producteurs bio des environs. La décoration est à la fois sobre et originale : murs ornés de quelque 1 500 photos signées de clients célèbres ayant fréquenté l'endroit.

Foggy Bottom

PREMIER PRIX

10 **Beefsteak** – A1 - *800 22nd St. NW - M Foggy*

Bottom-GWU - ✆ (202) 296-1439 - http://beefsteakveggies.com - 10h30-22h - moins de 10 $. Fréquenté par les étudiants du quartier, cette cantine habillée en restaurant végétarien a beaucoup d'atouts. Pour 9 $, un grand bol de légumes frais cuits à la vapeur sous vos yeux et assaisonné à la demande est un bon antidote à la malbouffe, à consommer sur place ou à emporter, accompagné d'un jus de fruits frais. Service expéditif, déco « retour aux sources » (bois et céramique), une des meilleures adresses du genre, créée par le chef José Andrés (p. 270).

BUDGET MOYEN

23 District Commons – A1 - *2200 Pennsylvania Ave NW - M Foggy Bottom-GWU - ✆ (202) 587-8277 - www.districtcommonsdc.com - 11h30-23h30, vend. 11h30-0h30, sam. 11h-0h, dim. 11h-22h - à la carte 37/63 $.* Parfait pour une expérience typiquement américaine, District Commons propose une cuisine locale, teintée d'influences du Sud, et une sélection de bières impressionnante. Le bar en U, les tables de bois, les piliers en béton, le beau plancher composent un décor minimaliste mais confortable. N'hésitez pas devant le burger, un must.

POUR SE FAIRE PLAISIR

38 Ris – A1 - *2275 L St. NW - M Foggy Bottom-GWU - ✆ (202) 730-2500 - www.risdc.com - P 10 $ - wifi - 11h30-22h, sam. 17h-22h, dim. 10h-21h - à la carte 52/64 $.* Ris Lacoste, l'une des rares femmes chefs de Washington, s'inscrit dans la droite ligne de la cuisine de Julia Child, apôtre de la cuisine française, à qui elle a d'ailleurs consacré un documentaire. Le secret de son succès ? Des spécialités issues des quatre coins du monde et élégamment revisitées, avec de bons produits de saison. Chez Ris, les huevos rancheros mexicains, le croque-mademoiselle parisien, la cassolette de fruits de mer à la portugaise, les gaufres belges ou le tartare de St-Jacques à la tequila ont une saveur à nulle autre pareille…

15 Blue Duck Tavern – A1 - *1201 24th St. NW - M Foggy Bottom-GWU - ✆ (202) 419-6755 - www.hyatt.com - 6h30-14h30 et 17h30-22h30, vend.-sam. 6h30-14h30 et 17h30-23h - à la carte 60/92 $.* Située dans l'hôtel Park Hyatt, cette taverne chic et moderne, étoilée Michelin en 2016, est la quintessence de la sophistication décontractée. Dès l'entrée par la porte de sept mètres, les grandes baies vitrées et les sièges en bois font forte impression. La cuisine ouverte dispose d'un four à bois où l'on met à cuire aussi bien le pain croustillant que l'agneau braisé ou le magret de canard rôti… Une approche artisanale haut de gamme, à déguster dans la salle à manger ou dans l'immense *lounge*. Réservation conseillée. Brunch le week-end.

27 Marcel's – A1 - *2401 Pennsylvania Ave NW - M Foggy Bottom-GWU - ✆ (202) 296-1166 - www.marcelsdc.com - 17h-22h, vend.-sam. 17h-23h, dim. 11h-21h30 - à la carte 115 $ - caviar 150/175 $.* Dans la salle à manger feutrée de Marcel's, le service aimable est attentif sans empressement. On vient ici apprécier les influences belges et françaises qui ne manquent pas d'affleurer à la carte – foie gras poêlé sur un confit de canard accompagné de cerises à l'eau-de-vie ou cailles grillées sur une salade d'artichaut – mais également d'autres soupçons d'ailleurs, comme cette soupe de potiron au curry.

PETITE PAUSE

Autour de la Maison-Blanche

Bread Line – B1 - *1751 Pennsylvania Ave NW - Ⓜ Farragut West - ✆ (202) 822-8900 - http://breadline.com - 7h-17h30 - fermé le w.-end.* Parfaite pour prendre le petit-déjeuner, un sandwich à midi ou un gâteau au goûter, cette boulangerie séduira les amateurs de bon pain. Du traditionnel jambon-beurre baguette à la pita-falafel en passant par les *empanadas* et les pizzas, de quoi se restaurer avantageusement. Terrasse à la belle saison.

Foggy Bottom

Bourbon Coffee – A1 - *2101 L St. NW - Ⓜ Foggy Bottom-GWU - ✆ (202) 525-1886 - www.bourboncoffeeusa.com - 6h30-18h, sam. 8h30-17h - fermé dim.* Le cadre agréable de ce café où l'on se sert au comptoir fait la part belle aux objets d'artisanat. On apprécie la qualité exceptionnelle du café et la démarche des créateurs de cette société, qui s'attachent à répartir les profits avec les producteurs rwandais qu'ils distribuent.

ACHATS

Freshfarm Foggy Bottom Market – *23rd et I St. NW Walkway - ✆ (202) 362-8889 - http://freshfarm.org - avr.-nov. merc. 15h-19h.* Ambiance bon enfant, à deux pas du métro, et petite restauration possible.

SORTIR

Warner Theater – *513 13th St. NW - Ⓜ Metro Center - ✆ (202) 783-4000 - www.warner.theater.* Un théâtre des années 1920 construit par le célèbre studio : concerts rock, danse, Broadway…

Musique classique et danse

John F. Kennedy Center for the Performing Arts – A1-2 - *2700 F St. NW - Ⓜ Foggy Bottom-GWU - ✆ (202) 416-8100 - www.kennedy-center.org - ♿.* Dans les six salles de ce centre se produisent le National Symphony Orchestra, le Washington National Opera, le Susan Farrell Ballet et de nombreux artistes, orchestres et compagnies de passage.

International Spy Museum.
amedved/iStock

Downtown

★★

Siège d'imposantes constructions au 19e s., Downtown a trouvé un second souffle depuis le développement, à la fin des années 1990, de Penn Quarter. Entre Pennsylvania Avenue, où siège le FBI, et Chinatown au nord s'est développé un quartier chic où marques de luxe, restaurants fins et musées font bon ménage. Animé en journée comme en soirée, il attire autant les visiteurs que les Washingtoniens en quête d'un lieu de sortie.

NOS ADRESSES PAGE 270
Hébergement, restauration, achats, activités, etc.

S'INFORMER

Downtown DC Business Improvement District – *202 638 3232 - www.downtowndc.org.* Le quartier est sillonné par des « ambassadeurs », reconnaissables à leur casquette rouge. Ils répondent gracieusement à toutes les questions.

Penn Quarter – *pqliving.com.*

SE REPÉRER

Plan du centre BC1-2 (p. 222-223).
M *Federal Triangle*. À partir de la station de métro, les sites décrits sont facilement accessibles de l'un à l'autre.

À NE PAS MANQUER

La vue depuis la terrasse du Newseum, la National Portrait Gallery.

ORGANISER SON TEMPS

Comptez deux jours.

AVEC LES ENFANTS

L'International Spy Museum et son incroyable boutique.

Découvrir Plan de ville p. 222-223

Old Post Office Pavilion (Pavillon de l'ancienne poste) B2

100 Pennsylvania Ave NW - ☏ 202 695 1100 - www.trumphotels.com/washington-dc.

En 1899, les services postaux américains se dotent de ce bâtiment de style roman richardsonien, dont la haute tour culmine à 96 m. Un temps complexe commercial, le premier « gratte-ciel » de Washington DC est reconverti depuis septembre 2016 en un luxueux hôtel, par la compagnie Trump International Hotels. La **tour de l'horloge**, gérée par le service des parcs nationaux, se visite toujours et offre une des plus belles vues qui soient sur la ville *(tlj 9h-17h - entrée libre).*

Federal Bureau of Investigation C1-2

935 Pennsylvania Ave NW - ☏ 202 324 3000 - NW - ☏ 202 324 3000 - www.fbi.gov - visite réservée aux citoyens et résidents américains.

Officiellement appelé J. Edgar Hoover FBI Building, le bâtiment, semblable à une forteresse (1975, Stanley Gladych), abrite près de 8 000 employés. Durant le long règne (1924-1972) de J. Edgar Hoover, les bureaux du FBI devinrent la principale autorité fédérale en matière de criminalité.

Ford's Theatre C1

511 10th St. NW - ☏ 202 619 7225 - www.nps.gov/foth - 9h-17h - entrée libre - visite guidée thématique (en anglais).

Inauguré en 1863, ce théâtre fut le cadre de l'assassinat du président Abraham Lincoln, le 14 avril 1865. Transporté à **Petersen House** *(516 10th St. - 9h30-17h30 - entrée libre)*, le 16e président des États-Unis décéda le lendemain matin. Le théâtre restauré, de style victorien, rouvrit en 1968 comme salle de spectacles et mémorial dédié à la fin tragique de Lincoln.

National Archives C2

700 Pennsylvania Ave NW - ☏ 866 272 6272 - www.archives.gov - 10h-17h30 - entrée libre.

Ce « temple » néoclassique construit en 1937 par John Russell Pope abrite les archives nationales, qui constituent une source inépuisable de documents historiques pour les chercheurs américains ou étrangers. Dans la **Rotonde**, certaines pièces, comme la **déclaration d'Indépendance** (rédigée par Thomas Jefferson, 4 juillet 1776), deux pages de la **Constitution** (1787) et les dix premiers amendements de la Constitution américaine (1791), appelés **Bill of Rights**, sont exposés au public dans des vitrines. D'autres galeries abritent des expositions permanentes et temporaires.

★★ Newseum C2

555 Pennsylvania Ave NW - M Archives - ☏ 202 292 6100 - www.newseum.org - lun.-sam. 9h-17h, dim. 10h-17h - 24,95 $.

Vous cherchez une vue *vraiment* panoramique sur Washington ? Montez sur la Hank Greenspan Terrace, au sommet du bâtiment du musée…

Ouvert en 2008, ce musée unique en son genre fait partie des stars de la capitale fédérale. Installé dans une imposante structure de marbre, de verre et d'acier, il présente de manière interactive, sur sept niveaux, le monde des médias – en particulier la presse et la télévision –, partant l'histoire du 20e s. Internet a changé notre rapport à l'actualité et à ceux qui la décryptent, voire la font, les journalistes. Mais ce changement a aussi renforcé notre distance critique vis-à-vis des médias. Doit-on nécessairement croire ce qu'on lit ou

voit ? Non, répond le Newseum. Et il le prouve en multipliant les points de vue et les sources. Retraverser l'histoire de la presse depuis le 17e s. est devenu insuffisant. Si ce lieu a trouvé son public, c'est qu'il nous oblige à réfléchir sur nos modes d'information et nos réactions à l'événement. Une visite particulièrement intéressante à l'heure des *fake news* et des attaques contre les médias.
Sur le **parvis** devant le bâtiment sont ainsi affichées tous les jours cinquante unes de journaux publiés dans chaque État du pays : un panorama intéressant des informations relayées par la presse en Amérique.
Hall (niveau 1) – La **Pulitzer Prize Photographs Gallery** rassemble une collection de photographies récompensées par le prix Pulitzer. Un documentaire et des bornes interactives diffusant les interviews des lauréats révèlent les secrets qui se cachent derrière de célèbres images de l'histoire.
Empruntez l'ascenseur vitré, au centre du bâtiment, vers le dernier niveau.
Niveau 6 – Cet étage est occupé par la terrasse qui surplombe Pennsylvania Avenue, la « grand'rue de l'Amérique », où se déroulent défilés et manifestations. On découvre également, en écho à l'exposition du parvis, les unes de quatre-vingts journaux du monde entier (**Today's Front Pages**).
Niveau 5 – **La News Corporation - News History Gallery** présente les unes de journaux qui ont marqué l'Histoire, tandis que dans une salle voisine sont montrées les images de journaux télévisés qui ont fait le tour du monde, comme l'invasion soviétique en Afghanistan ou l'entrée des chars place Tien'anmen.
Niveau 4 – La **Comcast 9/11 Gallery** revient sur les événements du 11 septembre 2001. Parmi les objets exposés, l'antenne de télévision qui se trouvait au sommet du World Trade Center.
Niveau 3 – La **Time Warner News Gallery** est l'occasion d'évoquer la liberté de la presse à travers le monde. C'est aussi là que se trouve le studio d'enregistrement télévisé du musée, d'où sont transmises régulièrement des émissions.
Niveau 2 – La **NBC Interactive Newsroom** nous confronte à l'élaboration d'un journal, et la **Pulitzer Prize Photographs Gallery** revient sur le travail des grands photographes de presse récompensés par le prix Pulitzer. Leurs clichés ont marqué à jamais les esprits, qu'il s'agisse de la photo des soldats américains plantant leur drapeau à Iwo Jima (*p. 258*) ou de celle de l'élection du très photogénique Barack Obama.

★ International Spy Museum C1

800 F St. NW - Gallery Place-Chinatown - 202 393 7798 - www.spymuseum.org - 10h-18h ou 9h-19h - horaires sujets à variations, vérifiez avant de vous déplacer - 20,95 $.
Pour éviter la longue file d'attente, achetez votre billet en ligne au préalable. D'ici 2020, le musée devrait déménager au 955 L'Enfant Plaza SW, dans un bâtiment plus grand.
Ce musée consacré aux espions et au monde des services secrets est plus sérieux qu'il n'en a l'air au premier abord. La visite commence au dernier étage où le visiteur est invité à se choisir une **fausse identité** pour passer quelques heures incognito.
School for Spies (École des espions) – Après un court film sur le monde des (vrais) espions (Briefing Theater), cette section présente un nombre incalculable d'ingénieux gadgets, comme le tube de rouge à lèvres qui cache un pistolet ou l'appareil photo à dissimuler dans une boutonnière, et toutes sortes de systèmes d'écoute. L'Aston Martin « technologique » est digne de celle de James Bond.
The Secret History of History (L'histoire secrète de l'Histoire) – Les services secrets depuis l'époque de George Washington.

5

Kogod Courtyard par Foster + Partners, reliant la National Portrait Gallery et l'American Art Museum.
W. Bibikow/age fotostock

Spies Among Us (Des espions parmi nous) – La Seconde Guerre mondiale et ses problématiques sont traitées dans cette galerie où l'on s'intéresse aux techniques de déchiffrement et de décryptage.

War of the Spies (La guerre des espions) – Le visiteur est plongé dans Berlin à l'époque de la guerre froide : reconstitution d'un café et d'un canal d'écoutes du côté soviétique.

The 21st Century – Cette section met en lumière les défis auxquels les espions sont confrontés au 21e s.

Ne quittez pas le musée sans passer par la **boutique** et ses gadgets plus étonnants les uns que les autres !

★★ National Portrait Gallery and Smithsonian American Art Museum C1

8th & F St. NW - Ⓜ Gallery Place-Chinatown - ✆ 202 633 8300 - 11h30-19h - entrée libre.

Alliance de sévérité dorique et de longs corridors, ce grand bâtiment de style néo-grec (1836-1868) abrite deux musées agencés autour d'une cour centrale que coiffe une canopée de verre aux lignes contemporaines. Complémentaires, ils relèvent de la Smithsonian Institution et occupent chacun une des ailes de cet édifice dédié à l'art et aux citoyens des États-Unis.

National Portrait Gallery – *npg.si.edu*. Se voulant l'album de famille des États-Unis, ce musée réunit près de 15 000 peintures, sculptures, gravures ou photographies, autant d'images de ces hommes et de ces femmes « qui ont apporté une contribution significative à l'histoire, au développement et à la culture » du pays. Parmi les pères fondateurs, le **portrait de Benjamin Franklin**, par le Français Duplessis, est si célèbre qu'il figure sur les billets de 100 $. Bien que les présidents américains occupent une des sections les plus larges (ne pas manquer l'émouvant **Lincoln★** photographié par Alexander Gardner, **George Washington** par Gilbert Stuart, **Nixon** par Norman Rockwell, **Clinton** par Chuck Close, **Obama** par Kehinde Wiley), l'Amérique des capitaines d'industrie (J. D. Rockefeller, Andrew Carnegie) et des militaires partage les cimaises avec les grands noms du sport, du rock, du jazz et du cinéma : George Gershwin, Marilyn Monroe, Elvis Presley et Michael Jackson nous rappellent que la légende compte plus ici que l'histoire.

Smithsonian American Art Museum (SAAM)– *americanart.si.edu*. Riche de 40 000 œuvres réalisées par 7 000 artistes, le musée couvre trois siècles d'art aux États-Unis. La collection forme donc le pendant indispensable aux salles de la NGA (*p. 245*).

La visite, globalement chronologique, débute par la section **American Experience★★**, où le visage du pays se dévoile sous le pinceau des plus grands, d'**Edward Hopper** (*Cape Cod Morning*, 1951) à **Georgia O'Keeffe** (*Manhattan*, 1932). Au deuxième niveau, un siècle et demi d'art américain se développe de salle en salle (Whistler, Benton, Hopper). On comprend ce qui relie les paysagistes mystiques (Alfred Bierstadt, *Among the Sierra Nevada*, 1868) aux impressionnistes américains (Mary Cassatt, *The Caress*, 1902) et aux figures du modernisme (Dove, Stuart Davis, Stella). Particulièrement intéressante est la collection des œuvres de **George Catlin★** (1796-1872), qui vécut parmi les Indiens et rapporta des portraits en ethnographe moderne, conscient que la « conquête de l'Ouest » allait faire disparaître bien des choses.

Le troisième niveau est consacré à l'**art contemporain**, de l'expressionnisme abstrait au pop art. Voyez en particulier *Merce C* de **Franz Kline** (1961), hommage abstrait au danseur et chorégraphe Merce Cunningham, et *Electronic Superhighway : Continental US, Alaska, Hawaii* du Coréen **Nam June Paik** (1995), le père de l'art vidéo.

★ National Museum of Women in the Arts B1

1250 New York Ave NW - Ⓜ Metro Center - ✆ 202 783 5000 - www.nmwa.org - lun.-sam. 10h-17h, dim. 12h-17h - 10 $.

Fondé en 1987, ce musée a pour vocation de mieux « faire connaître les femmes dans l'art et leurs contributions à l'histoire de l'art », à travers 4 500 pièces de tous les continents, de la poterie indienne à la sculpture la plus contemporaine. L'œuvre la plus ancienne date de la fin du 16e s. Il s'agit du *Portrait d'une femme noble* de la Bolognaise Lavinia Fontana, considérée comme la première femme artiste professionnelle. Également, sculptures de Camille Claudel, tableaux de Rosa Bonheur, Berthe Morisot, Mary Cassatt, Georgia O'Keeffe, Frida Kahlo.

Outre ses trois niveaux d'exposition, le musée abrite un auditorium, un centre de recherches et une bibliothèque. Il organise régulièrement des manifestations (concerts, conférences, projections de films, etc.).

NOS ADRESSES DANS DOWNTOWN

Plan du centre p. 222-223

RESTAURATION

PREMIER PRIX

20 Chercher – C1 - *1334 Ninth St. NW - M Mt Vernon Sq - ☎ (202) 299-9703 - www.chercherrestaurant.com - 11h-23h - à la carte 21/24 $.* Chercher appelle les appétits aiguisés. Situé au deuxième étage d'une maison à la sortie de Little Ethiopia, le restaurant aux murs de brique colorés propose une authentique cuisine des montagnes Chercher, comme le ragoût d'agneau, servi avec des légumes mijotés, où l'on vient tremper un morceau d'*injera* (galette).

22 Daikaya – C1 - *705 6th St. NW - M Gallery Pl-Chinatown - ☎ (202) 589-1600 - www.daikaya.com - 11h-22, vend.-sam. 11h-0h - moins de 15 $.* L'atmosphère plus que dynamique de Daikaya fait partie intégrante de l'expérience. Toujours plein à craquer, ce petit restaurant de *ramen* vaut la peine d'attendre parfois un peu longuement. On peut y déguster cinq types différents de ramen : *shio, choyé, mugi-miso, spicy miso* et végétarien (possibilité d'ajouter des ingrédients ou des nouilles), assis à de grandes tables communes ou au comptoir avec vue sur les marmites fumantes, sur fond de pop. Idéal pour un déjeuner bon et rapide.

2 A Baked Joint – C1 - *440 K St. NW - M MT Vernon Sq - ☎ (202) 408-6985 - http://abakedjoint.com - 7h-15h, jeu.-vend. 7h-22h, sam. 8h-22h, dim. 8h-18h - plats autour de 11 $.* Le petit frère du désormais emblématique Baked and Wired remplit ses promesses. Dans un quartier en pleine rénovation, l'entreprise familiale a fait le choix du design industriel marié au mobilier en bois pour habiller sa boulangerie à l'ancienne, où la qualité des cafés et des thés accompagne la saveur, le croustillant des pains et pâtisseries, à faire pâlir d'envie un boulanger français. Excellents sandwichs et salades.

19 Cava Grill – C1 - *707 H St. NW - M Gallery Place-Chinatown - ☎ (202) 719-0111 - http://cava.com - 10h45-22h - moins de 10 $.* Selon un rituel qui gagne progressivement ces enseignes destinées à se multiplier, on choisit une « base » et on ajoute au gré de ses envies tous les ingrédients de son choix. Très frais et soigneusement préparés sur place, dans des salles à l'aménagement trendy, ou à emporter, les pitas, salades ou grain bowls constituent des repas équilibrés et pleins de saveurs. Autres adresses à Dupont et Columbia Heights notamment.

33 Shake Shack – C1 - *800 F St. NW (angle 9th St.) - M Gallery Place-Chinatown - ☎ (202) 800-9930 - www.shakeshack.com - 11h-23h, vend.-sam. 11h-0h.* Le petit *food truck* de Madison Square a mangé du lion. Savoureux, moelleux et juteux à souhait, les hamburgers et les hot dogs de la célèbre chaîne new-yorkaise devenue internationale s'arrachent comme des petits pains. Excellente alternative à la médiocrité des cafétérias de musée, si vous passez la journée sur le mall. Autre adresse près de Dupont Circle.

BUDGET MOYEN

6 Jaleo – C1 - *480 7th St. NW - Gallery Pl.-Chinatown - M Gallery Pl-Chinatown - ☎ (202) 628-7949 - www.jaleo.com - ♿ - 11h-22h, mar.-jeu. 11h-23h, vend.-sam.*

11h-0h - plats 12/26 $. Les tapas fantaisistes du chef José Andrés font la réputation de ce lieu depuis vingt ans. La cuisine y est créative et audacieuse, à l'image de ces *croquetas de pollo*, dorées et fourrées au poulet et béchamel, servies dans une Converse Chuck Taylor en résine. On peut également goûter la cuisine expérimentale d'El Bulli, car Andrés et Ferran Adrià sont amis depuis l'enfance. Si vous ne connaissiez pas les olives liquides, c'est le moment de goûter…

21 **China Chilcano** – C2 - *418 7th St. NW - M Archives - ☏ (202) 783-0941 - www.chinachilcano.com - 11h-23h, vend.-sam. 11h-0h, dim.-lun. 11h-22h - moins de 20 $*. Encore une réussite de José Andrés ! Venez combattre la monotonie à coups de pisco et goûter à son audacieuse cuisine dans un décor espiègle, personnalisé à l'envi par les clients, jusque dans les toilettes où l'on peut griffonner un commentaire sur les murs d'ardoise. Le chef hispano-américain mêle avec brio les influences japonaises et chinoises à la culture péruvienne : beignets vapeur chinois accompagnés d'une sauce au piment rocoto, hamachi servi dans un fond de leche de tigre légèrement épicé… Surprenant et délicieux.

28 **Oyamel** – C2 - *401 7th St. NW - M Archives - ☏ (202) 628-1005 - www.oyamel.com - 11h-0h, jeu.-sam. 11h-2h - à la carte 22,50/35 $*. À deux pas des précédents, Oyamel diffuse toutes les saveurs du Mexique dans un lieu dynamique et joyeux. Sous la direction du très actif José Andrés, le chef explore techniques et ingrédients pour proposer une cuisine authentique qui dépasse de loin les simples tacos. Œufs brouillés, chilaquiles, salsa à mourir… le tout à déguster autour d'un *wrap bar* ou assis à table.

The Red Hen – Hors plan - *1822 1st St. NW - M Shaw-Howard U - ☏ (202) 525-3021 - www.theredhendc.com - 17h30-22, vend. 17h30-23h, sam. 17h-23h, dim. 17h-21h30 - à la carte 47/56 $*. Relayé par son effigie géante peinte sur les murs de brique, le joyeux caquetage de la poule rouge attire la jeunesse washingtonienne dans le quartier de Bloomingdale. Ambiance vivante et décontractée de ferme funky, bois récupéré, briques apparentes et four à bois dans la cuisine. Les plats américains sont ponctués de notes italiennes et de quelques ingrédients exotiques utilisés avec doigté. Valeur sûre, la *pasta* a la faveur du grand nombre : les mezze rigatoni sauce fenouil sont la preuve que simple ne veut pas dire ennuyeux. Délicieux pétoncles caramélisés couronnant une polenta crémeuse. Et réservez une place pour la crème d'érable, douce comme on les aime.

13 **Rasika** – C2 - *633 D St. NW - M Archives - ☏ (202) 637-1222 - www.rasikarestaurant.com - lun.-vend. 11h30-14h30, 17h30-22h30, vend. 11h30-14h30, 17h-23h, sam. 17h-23h - fermé dim. - à la carte 35/57 $*. Ce point névralgique de la ville très apprécié (pensez à réserver) attire tous les genres avec sa cuisine indienne décontractée et son ambiance animée. Les traditionnels tandooris côtoient des plats moins attendus comme le cabillaud à l'anis étoilé ou le homard au gingembre et au piment vert. Menus dégustation à partir de 50 $ (sans boisson). Autre adresse dans West End.

POUR SE FAIRE PLAISIR

35 **Tosca** – B1 - *1112 F St. NW - M Metro Center - ☏ (202) 367-1990 - www.toscadc.com - 11h30-14h30, 17h30-22h30, vend. 11h30-14h,*

17h30-23h, sam. 17h30-23h - fermé dim. - à la carte 66/90 $. Situé au rez-de-chaussée d'un immeuble de bureaux, Tosca passe plutôt inaperçu. Néanmoins la cuisine raffinée et le décor moderne attirent une clientèle aisée, qui apprécie de régler ses affaires devant un bon plat italien. Leur référence : les pâtes, préparées à toutes les sauces provenant des quatre coins de l'Italie, comme les scialatielli trempées dans une sauce à la crème et au vin blanc servies avec un ragoût de lapin. Vins italiens et californiens.

3 **Acadiana** – C1 - *901 New York Ave NW - M Mt Vernon Sq - ✆ (202) 408-8848 - www.acadianarestaurant.com - 11h30-23h, vend. 11h30-23h30, sam. 17h-23h30, dim. 11h-21h30 - à la carte 39/58 $*. Acadiana vient épicer un quartier plus connu pour son centre de congrès, ses meetings et ses hommes d'affaires occupés. On y sert des classiques de la cuisine créole et cajun (jambalaya, poulet fumé, gombo d'andouille), mis au goût du jour. Ne pas oublier, en dessert, la tarte aux noix de pécan avec glace à la vanille, noix et caramels grillés.

25 **Fiola** – C2 - *601 Pennsylvania Ave. NW - M Archives - ✆ (202) 525-1402 - www.fioladc.com - 11h30-22h, vend. 11h30-22h30, sam. 17h-22h30, dim. 17h-21h - plats déj. 22/36 $ - menus soir 135/165 $*. Étoilé Michelin en 2016, policé et professionnel avec son décor haut de gamme, Fiola séduit la classe politique, tandis que le bar élégant, parfait pour un rendez-vous d'affaires, est aussi apprécié pour décompresser après une journée de boulot. La cuisine sophistiquée, d'influence italienne, compense le cadre et le service un peu stricts : flan au foie gras, polenta aux truffes noires, gorgonzola et mousse de parmesan, raviolis de homard… le talent du chef impressionne. Bonne carte des vins pour les porte-monnaie garnis.

PETITE PAUSE

La Colombe – C1 - *900 6th St. NW - angle I St. - M MT Vernon Sq - ✆ (202) 795-7909 - www.lacolombe.com - 6h30-19h. America deserves better coffee* : on partage le point de vue des fondateurs de cette chaîne, née il y a vingt ans pour mettre le café à l'honneur. Poussez la porte d'un de leurs cafés, toujours installés dans des lieux amusants, style loft cool. Et le café ? Délicieux… Autre adresse près de Logan Circle.

ACHATS

Palmer Alley – BC1 - Pour un shopping de folie, le luxe s'est donné rendez-vous sur Palmer Alley et 10th Street NW (Hermès, Dior, Vuitton, Zadig & Voltaire, Kathy Spade, Gucci, etc.).

Dupont Circle ★ et Embassy Row ★

Après des années de déclin, Dupont Circle nourrit dans les années 1960 un des foyers de la contre-culture à Washington. Étudiants et hippies occupèrent des lieux vétustes aux pâles reflets d'une splendeur déchue. Vinrent les démolitions immobilières des années 1970, entraînant la mobilisation des habitants qui firent classer le Circle et la partie située au nord de T Street. Les maisons ont été restaurées avec goût et le quartier, avec ses boutiques branchées, ses bars et ses restaurants animés, son quartier gay, a retrouvé son prestige.

NOS ADRESSES PAGE 277
Hébergement, restauration, achats, activités, etc.

SE REPÉRER

Plan du centre AB1 (p. 222-223).
Dupont Circle, dans NW Washington, se situe au carrefour de Massachusetts et Connecticut Ave.
M *Dupont Circle.*

À NE PAS MANQUER

La Phillips Collection.

ORGANISER SON TEMPS

Comptez une bonne demi-journée entre la visite de la Phillips Collection et une promenade sur Embassy Row.

★ Dupont Circle Plan du centre p. 222-223 AB1

Au croisement de Massachusetts Ave, Connecticut Ave, New Hampshire Ave, 19th St. et P St. NW.

Conçue dans le plan de L'Enfant, cette place circulaire se trouve au cœur d'un quartier animé et cosmopolite. Elle doit son nom à l'amiral Samuel F. du Pont, héros de la guerre de Sécession. Sa statue en bronze se dressait là jusqu'en 1921 avant d'être déplacée dans le Delaware par la famille du grand homme, qui la remplaça par l'actuelle fontaine en marbre. Le jardin circulaire, entouré de bancs, quoique soumis au bruit de la circulation, est apprécié par

SPLENDEUR ET MISÈRE

Mise en valeur à partir des années 1870, cette partie d'Old City attira dès lors une population aisée. Les nouveaux arrivants investirent dans des demeures à la mesure de leurs fortunes, formant une « colonie de millionnaires » à la puissance ostentatoire. Le sénateur du Nevada, William Stewart, fit élever en 1873 un manoir extravagant *(détruit)* entre Massachusetts et Connecticut Ave, dans le style Second Empire, pourvu d'une écurie de pur-sang. Dupont Circle prit un tournant plus commercial dans les années 1920, certaines maisons furent même démolies pour laisser place à des boutiques et des bureaux, puis la crise des années 1930 en chassa les dernières traces de splendeur. Après guerre, pensions de famille, petits appartements, clubs privés et bureaux se partagèrent les bâtiments du quartier en déclin, que se réapproprièrent bientôt des habitants en quête d'un nouveau mode de vie. Devenu un foyer de contre-culture dans les années 1960, Dupont Circle a échappé de peu aux démolitions des années 1970 et a trouvé un nouveau souffle.

UNE TELLE TOILE FAIT SENSATION, OÙ QU'ELLE AILLE

Ainsi parlait Duncan Phillips dans l'euphorie de son achat en 1923. Il voyait dans cette peinture, « l'une des plus belles du monde », « le chef-d'œuvre de Renoir, qui vaut tous les Titien ou Giorgione et mieux que tous les Rubens. Sa gloire est immense et les gens feront des milliers de kilomètres jusque chez nous pour le voir ». Il ne s'était pas trompé. **Le Déjeuner des canotiers★★★** d'**Auguste Renoir** (1881) est sans doute l'œuvre la plus connue de la collection. La dernière grande toile impressionniste du peintre représente un déjeuner entre amis sur les bords de Seine dont les personnages sont bien réels : il y a là Aline Charigot, sa future épouse, qui tient un petit chien sur ses genoux, le peintre Gustave Caillebotte, au premier plan à droite, ou encore Hippolyte-Alphonse Fournaise et sa sœur Alphonsine, enfants du propriétaire de l'auberge, tous deux accoudés à la rambarde.

les promeneurs et les étudiants qui profitent de la connexion wifi gratuite.
Gay District – Les boutiques gay se sont installées sur Connecticut Ave vers le nord, jusqu'à Q Street. Les restaurants et les cafés sont plutôt concentrés sur 17th Street, entre P et R Street.
Remontez vers Q Street, que vous prendrez à gauche.

★★★ The Phillips Collection A1

1600 21st St. NW - ✆ 202 387 2151 - www.phillipscollection.org - mar.-sam. 10h-17h (jeu. 20h30), dim. 12h-18h30 - entrée libre en sem. (donation appréciée), 10 $ sam. et dim., expositions temporaires payantes - concerts le dim. et intéressant programme d'activités.

Présentée dans le cadre intime de sa demeure, la collection de Duncan Phillips compte aujourd'hui 3 000 pièces, essentiellement d'**art moderne**, exposées dans trois espaces muséaux : la demeure elle-même, une aile moderne ajoutée en 1960 (Goh Annex), et la dernière extension de 2006 (Sant Building). Une bibliothèque, un centre de recherches, un auditorium et une salle dédiée à des concerts, installée dans la Music Room de la demeure principale, complètent le parcours artistique. Dans leur maison, les Phillips ouvrent en 1921 un **musée** intimiste à vocation didactique.

Si cette collection est l'une des premières en Amérique à promouvoir l'**art moderne**, elle ne le fit que progressivement. On le mesure à l'enthousiasme que soulève l'achat du **Déjeuner des canotiers★★★** de **Renoir** en 1923 (*encadré ci-dessus*), alors que Picasso croquait au même moment des baigneuses autrement plus décoiffantes. Ce dernier n'entrera d'ailleurs dans la collection qu'en 1927, mais ce sera par un tableau « classique » de la période bleue, **La Chambre bleue★** de 1901. De même, le fauve et presque cubiste **Matisse** arrive tard dans la collection, après ses pères, Puvis de Chavannes et Redon.

La prudence de Duncan Phillips est aussi respectable que justifiée en ce qu'elle procède d'une pédagogie de l'art moderne. Pour le faire apprécier, il juge indispensable de faire dialoguer les époques. Ainsi **Chardin**, **El Greco** et **Goya** entrent-ils dans la collection. Ce musée exalte la libération des formes, la mort du sujet, qui seront l'une et l'autre la grande victoire du 20e s.

La passion du collectionneur pour **Pierre Bonnard** relève de cette inclination pour les coloristes du passé et leurs héritiers. **La Femme au chien★★** date de 1922, elle fut acquise trois ans plus tard, ouvrant une série superbe d'achats (le musée ne compte pas moins de **dix-sept toiles** du peintre nabi) qui scellait une connivence profonde entre les deux hommes. L'ami américain aimait

Le Déjeuner des Canotiers, par Auguste Renoir.
DEA PICTURE LIBRARY/De Agostini Editore/age fotostock

sans restriction cette peinture somptueuse et mélancolique à la fois, peuplée par la fausse sérénité des femmes, et qui savait résister à la pure abstraction. Après avoir soutenu Bonnard, il devait défendre **Nicolas de Staël** et **Rothko** dans les années 1950. À ce dernier, il réserve même un espace dédié, une sorte de **chapelle★★** consacrée au culte des vibrations diaphanes de la couleur et de l'espace infini. Autres trésors moins connus de la collection Phillips, **The Migration Series★**, de **Jacob Lawrence**, un ensemble de soixante toiles peintes au début des années 1940 qui illustrent la migration des Noirs américains vers le Nord pendant l'entre-deux-guerres. **The Laib Wax Room**, une pièce entièrement tapissée de cire d'abeille, a été mise en place en 2013 par l'artiste allemand **Wolfgang Laib** (né en 1950).

★ Embassy Row Plan du centre p. 222-223 A1

Massachusetts Ave, entre Scott Circle et Observatory Circle. Il faut apprécier l'architecture pour entreprendre la promenade de 50mn à pied (sans compter les arrêts).

RICHESSE OBLIGE...

Telle était la conviction profonde de quelques-uns de ces milliardaires américains qui dessinèrent, au tournant de 1900, la carte des musées de leur pays. Il leur fallait laisser une marque différente de leur passage sur terre que cette traînée d'or. Constituer une collection, l'ouvrir au public, mêler réussite et philanthropie. Ce double volontariat, économique et culturel, eut pour conséquence le mariage précoce entre argent et art moderne. Ces musées privés, bien avant la création du MoMA de New York en 1929, s'ouvrirent en effet aux formes artistiques les plus récentes, de l'impressionnisme français à Picasso. Autant de stimulants pour susciter, par ailleurs, une école américaine proprement moderne. *p. 600.*

L'**avenue des Ambassades** regroupe une cinquantaine de représentations diplomatiques, généralement reconnaissables à leurs drapeaux. L'**architecture Beaux-Arts** occupe une place privilégiée : au début du 20e s., de nombreux architectes formés à Paris furent choisis par les habitants fortunés de Washington pour dresser les plans de leurs hôtels particuliers. Après la Grande Dépression de 1929, ces superbes demeures furent souvent vendues aux pays étrangers cherchant un lieu pour abriter leurs ambassades.

Nº 2118 – **Anderson House** *(10h-16h - fermé lun. - entrée libre - visite guidée)*. Dans cette demeure construite en 1905 pour l'homme d'affaires Larz Anderson et sa femme Isabel, s'est établie la **Society of the Cincinnati**, une organisation patriotique fondée en 1783 par des officiers américains et français qui combattirent ensemble pour l'indépendance. La collection d'objets et de tableaux qui documentent la guerre de 1787 et la société est exposée avec le beau mobilier que conserve la maison.

La portion la plus intéressante d'Embassy Row commence à l'angle de 22nd St. et de Massachusetts Ave.

Nº 2200 – **Ambassade du Luxembourg**, demeure Beaux-Arts (1909).

Sheridan Circle – La statue équestre du général Philip H. Sheridan (1831-1888), héros de la guerre de Sécession, a été réalisée en 1908 par **Gutzon Borglum**, connu pour avoir dessiné les immenses têtes des présidents américains sur le mont Rushmore. La **résidence de l'ambassadeur d'Égypte** *(nº 2301)* est reconnaissable à sa façade convexe et son allure palladienne. À l'angle de 23rd St. s'élève **Everett House** (1915), résidence de l'ambassadeur de Turquie.

Nº 2306 – **Ambassade de Lettonie**, de style colonial espagnol.

Nºs 2305 et **2311** – Résidence de l'**ambassadeur du Chili** et **ambassade d'Haïti**, de style Beaux-Arts (1910).

Nº 2349 – **Hauge Mansion**, ambassade du Cameroun (début 20e s.), de style « châteauesque ».

Nº 2520 – **Ambassade du Japon** (1931).

Nº 2551 – **Islamic Center of Washington DC** – 1957.

Nº 3000 – **Ambassade du Brésil** (1909), style néo-Renaissance.

Nº 3100 – **Ambassade de Grande-Bretagne** élevée dans le style d'un cottage anglais du 18e s.

★★ Washington National Cathedral A1 en dir.

3101 Wisconsin Ave NW - ✆ 202 537 6200 - Ⓜ Woodley Park-Zoo/Adams Morgan ou Cleveland Park - www.cathedral.org - lun.-vend. 10h-17h - ascension de la tour centrale, programme des visites et concerts, voir le site Internet.

Visible de très loin, l'imposante cathédrale néogothique et sa tour **Gloria in Excelsis** (91 m) dominent la ville depuis leur emplacement privilégié (Mount St Alban). La dernière pierre de la cathédrale, officiellement appelée Cathedral of St Peter and St Paul, fut posée en 1990, soit 83 ans après le début des travaux. Très imposant, l'intérieur est éclairé par de beaux vitraux contemporains.

NOS ADRESSES AUTOUR DE DUPONT CIRCLE ET À EMBASSY ROW

Plan du centre p. 222-223

RESTAURATION

PREMIER PRIX

12 **Pizzeria Paradiso** – A1 - *2003 P St. NW - M Dupont Circle - (202) 223-1245 - www.eatyourpizza.com - 11h30-23h, vend.-sam. 11h30-0h, dim. 12h-23h - pizza 13/21 $.* Dans cette microbrasserie quasi historique (depuis 1991), on se régale d'une pizza croustillante, accompagnée d'une bière maison. La terrasse bien abritée et un service jeune et dynamique sont un plus dans ce quartier. Autre adresse à Georgetown : 3282 M St. NW.

BUDGET MOYEN

2Amys – Hors plan - *3715 Macomb St. NW - Cleveland Park (à 20mn de marche) - M Cleveland Park - (202) 885-5700 - www.2amysdc.com - lun. 17h-22h, mar.-jeu. 11h-22h, vend.-sam. 11h-23h, dim. 12h-22h - moins de 15 $.* Les pizzas au feu de bois de 2Amys sont DOC (l'équivalent de l'AOC française), c'est-à-dire conformes aux exigences de la norme VPN (Verace Pizza Napoletana), une association créée pour protéger et promouvoir la pizza napolitaine. Inutile de préciser que les fans de pizza peuvent courir jusqu'à ce lieu plutôt excentré. Alors que les habitués commandent les small plates au bar à vins, le menu a tout pour satisfaire les aventuriers : palourdes et coques aux câpres, pizza Etna aux aubergines confites et olives.

POUR SE FAIRE PLAISIR

4 **Al Tiramisu** – A1 - *2014 P St. NW - M Dupont Circle - (202) 467-4466 - www.altiramisu.com - 12h-14h, 17h-22h, vend. 12h-14h, 17h-22h30, sam. 17h-22h30, dim. 17h-22h - plats 25/32 $.* Une atmosphère classique mais élégante, où de petites tables sont toisées par des étagères remplies de bouteilles de limoncello fait maison, attire diplomates, artistes et intellectuels dans ce restaurant italien à l'ancienne. Le chef, applaudi par *DC Slow Food*, propose une cuisine authentique et simple, comme les pappardelle aux champignons portobello, les poissons grillés ou les côtes d'agneau… Tiramisu mémorable !

18 **Boqueria** – A1 - *1837 M St. NW - M Farragut North - (202) 552-0392 - www.boquerianyc.com - 11h30-22h30, vend. 11h30-23h30, sam. 10h30-23h30, dim. 10h30-21h30.* Boqueria a beau être importé de New York, les saveurs arrivent directement d'Espagne. Filez en haut pour dîner en tête-à-tête dans un décor contemporain, tandis qu'au bar les noms des fromages et des viandes affichés sur l'ardoise aiguisent l'appétit. Défilé de tapas, salades, sandwichs et quelques plats catalans.

UNE FOLIE

31 **Plume** – B1 - *1200 16th St. NW - M Farragut North - (202) 448-2300 - www.plumedc.com - mar.-sam. 17h30-21h - menu 117/312 $.* Dans l'opulence d'un décor qui rend hommage à l'Amérique coloniale tout en préservant l'intimité de chaque table – imposants piliers et sol en damier, argenterie, cristal et feu crépitant dans la cheminée en hiver –, le menu de ce restaurant étoilé Michelin en 2016 allie les classiques de la cuisine européenne et les ingrédients locaux de saison. Le prix fixe

(réservation obligatoire) annonce une soirée d'opportunités gastronomiques, tel le saumon royal lentement poché dans la cire d'abeille, tandis que la pavlova aux violettes cristallisées et au lebné prouve que la cuisine est inventive du début jusqu'à la fin du repas…

PETITE PAUSE

Afterwords Cafe – A1 - *1517 Connecticut Ave NW - M Dupont Circle - ✆ (202) 387-1400 - www.kramers.com - 7h30-1h, vend-sam. 7h30-3h - sam.-merc. : music live.* Un café avec une belle terrasse, une excellente librairie (Kramerbooks), un restaurant à la carte variée (moules à la thaïe aux tacos, salades au thon braisé). Cet endroit, très populaire, est tout cela à la fois pour le plus grand bonheur de sa fidèle clientèle.

Firehook Bakery – A1 - *1909 Q St. NW - M Dupont Circle - ✆ (202) 588-9296 - www.firehook.com - 6h30-21h, dim. 7h-19h.* Un rude choix que nous impose cette boulangerie réputée qui regorge de délicieux produits (cookies à se damner). Également du salé et un grand jardin pour se poser. Autres adresses : 215 Pennsylvania Ave SE (Capitol Hill) et 912 17th St. NW (Farragut Ave).

EN SOIRÉE

Eighteenth Street Lounge – A1 - *1212 18th St. NW - M Dupont Circle - ✆ (202) 466-3922 - www.18lounge.com - 17h-2h, vend. 17h-3h, sam. 21h-3h, dim. 21h-2h - fermé lun.* Un lieu incontournable de la nuit dans le quartier de Dupont Circle. Cette demeure, qui appartint autrefois à Teddy Roosevelt, a été convertie en un bar lounge. Cinq espaces différents offrent autant d'ambiances, parmi lesquelles un Jazz Bar et un Deck Bar (sur le toit). DJ réputés et ambiance sélect (ni jeans ni chaussures de sport).

Ozio – B1 - *1813 M St. NW - M Dupont Circle - ✆ (202) 822-6000 - http://oziodc.com - 17h-2h, vend. 17h-3h, sam. 18h-3h, dim. 12h-2h - fermé lun.* Six espaces bars différents, un grand choix de martinis, une cave à cigares, sans oublier une carte de restaurant aux spécialités italiennes : Ozio est le bon endroit pour passer la soirée, quelles que soient vos attentes, puisqu'on y danse aussi en fin de semaine.

Georgetown

★★

Quartier résidentiel très convoité, siège d'une importante université, Georgetown mêle ambiance animée et atmosphère paisible. Les boutiques internationales attirent sur Wisconsin Avenue et M Street promeneurs du coin et touristes dans la journée, tandis que les boîtes de nuit, les bars et restaurants entretiennent une vie nocturne à plusieurs vitesses, de la plus cosy à la plus internationale. À l'écart de l'agitation se déploient, dans la quiétude des rues étroites, des maisons de style fédéral, pimpantes et colorées, promesse d'une jolie promenade, à moins que vous ne préfériez les berges animées du canal C & O.

NOS ADRESSES PAGE 284
Hébergement, restauration, achats, activités, etc.

SE REPÉRER

Plan du quartier (p. 281).
Georgetown est situé au nord-ouest de Washington, en bordure du Potomac. Wisconsin Avenue et M Street forment les principales artères commerçantes. Le quartier n'est pas desservi par le métro (la station Foggy Bottom est à 15mn de marche), mais par les bus 31, 32 et 36. En saison, pourquoi ne pas prendre une navette fluviale ? *(p. 226)*

SE GARER

Évitez la voiture car les parkings sont rares.

À NE PAS MANQUER

Une promenade sur l'ancien chemin de halage, les jolies demeures de N Street, les collections et le jardin de Dumbarton Oaks.

ORGANISER SON TEMPS

Prévoyez une journée. Pour une entrée en matière matinale ou nocturne, commencez par longer les berges du canal C & O. Elles ont conservé le charme vivant d'une intimité de quartier. SI vous préférez la foule et l'animation, foncez directement sur M Street ou à Washington Harbour, le long du Potomac (très touristique).

Se promener

5

Au cœur de la ville, juste à l'intersection de M Street et de Wisconsin Avenue, paradis du shopping, est installé dans un bâtiment en brique contruit en 1838 pour y entreposer du tabac le grand centre commercial **Georgetown Park**, restauré en 2014. De l'autre côté du carrefour, le **dôme doré** de la Riggs National Bank (aujourd'hui PNC Bank) est depuis longtemps un point de repère dans le ciel de la ville. Le long de l'ancien canal et du fleuve s'alignent des constructions en brique, au milieu desquelles le **Washington Harbour** (1986), récent complexe d'habitations, de bureaux, de boutiques et de restaurants, détonne un peu. Ses cours ornées de fontaines et de bassins spectaculaires s'étagent en terrasses jusqu'au Potomac d'où la vue est très belle.

★ CHESAPEAKE AND OHIO CANAL B2

Circuit de 1,5 mile. Départ à l'angle du chemin de halage et de 30th St. NW.

Georgetown est le terminus du Chesapeake & Ohio Canal, qui longeait sur 300 km le Potomac vers l'ouest, jusqu'à Cumberland (Maryland), afin d'éviter le passage des chutes sur le Potomac grâce à ses 75 écluses. Il devait relier l'Ohio, principal affluent du Mississippi, apportant de décisifs débouchés commerciaux aux ports atlantiques de la baie. Le dernier tronçon ne fut jamais construit et l'Ohio ne fut jamais relié à l'Atlantique par cette voie, comme l'avait rêvé George Washington. Abandonné dans les années 1930, le canal fut transformé en parc en 1971. Près de l'écluse n° 3, une statue (**1**) rend hommage à William O. Douglas, juge de la Cour suprême, dont l'action permit de faire classer et de transformer le canal. Le **chemin de halage** constitue aujourd'hui un lieu de promenade très agréable.
Le bâtiment en brique de style fédéral (v. 1810) situé à l'angle de Thomas Jefferson Street *(n° 1058)* abritait à l'origine la loge maçonique du Potomac. Les jolies **maisons mitoyennes** *(row houses)* qui bordent le chemin de halage furent bâties après la guerre de Sécession pour servir de logement à des artisans et des manœuvres.
Tournez à droite dans 31st St. et encore à droite dans M St.

Old Stone House B1

3051 M St. NW - ☎ 202 895 6070 - www.nps.gov/olst - fermé pour travaux.
Cette maison en pierre construite vers 1765 est considérée comme le bâtiment le plus ancien de Washington DC. Le grand jardin procure une halte agréable pour échapper à l'agitation de la rue.
Poursuivez sur M St. en direction de l'est.
Nathan Loughborough Houses – *3037 et 3039 M St.* Ces bâtiments identiques qui remontent au début du 19e s. abritent aujourd'hui les bureaux de la Junior League of Washington, une organisation civique féminine.
Les maisons des **nos 3001** et **3003** servirent de résidence à Thomas Sim Lee, gouverneur du Maryland et ami de George Washington. Elles furent sauvées de justesse de la démolition en 1951 dans le cadre des efforts pour la préservation du vieux Georgetown.
Tournez à gauche dans 29th St., puis à gauche dans N St.

PETIT PORT DEVIENDRA QUARTIER CHIC

Fondé en 1751 sur le site d'une plantation de tabac, le port de Georgetown profita de sa situation dans l'embouchure du Potomac pour se développer grâce au commerce d'exportation des produits de l'Ouest américain et d'importation des marchandises étrangères. La ville se lotit et se dota en 1789 du premier établissement catholique d'enseignement supérieur du pays, Georgetown College (aujourd'hui Georgetown University). L'arrivée du Chesapeake & Ohio Canal (1828) n'empêcha pas les progrès du rail de priver le port d'une part de son activité commerciale. Trop peu profond de surcroît pour tirer bénéfice de la navigation à vapeur, il périclita et la petite cité fut rattachée au district de Columbia en 1871. Georgetown, dont la population comptait une bonne part de classes laborieuses, a connu un phénomène de gentrification après les années 1950. C'est à cette époque que l'Old Georgetown Act (1950) fit classer l'ancien port en quartier historique. Les restaurations ont redonné aux demeures de style fédéral et aux maisons du 19e s. leur belle allure. Aujourd'hui, hommes politiques et diplomates étrangers sont nombreux à vivre à Georgetown.

SE LOGER	SE RESTAURER	
Georgetown Suites 17	Cafe Milano 2	Das 3
	Clyde's of Georgestown 8	Leopold's Kafe 6

★ N Street B1

Bastion sudiste pendant la guerre de Sécession, le **bloc** (pâté de maisons) **3000** de N Street abrite certaines des plus jolies demeures de Georgetown.

Laird-Dunlop House – *3014 N St. (angle 30th St.).* Cette bâtisse en brique fut érigée en 1799 pour John Laird, un riche marchand de tabac. Sa fille Barbara épousa James Dunlop, un avocat qui travaillait avec Francis Scott Key, auteur de *The Star-Spangled Banner*, qui allait devenir l'hymne national (*p. 196*). La maison fut plus tard rachetée par le fils d'Abraham Lincoln.

Après l'assassinat du président en 1963, **Jacqueline Kennedy** vécut quelque temps dans la grande demeure, datant des années 1790, située de l'autre côté de la rue, au nº **3017**.

Tournez à droite dans 31st St. puis à gauche dans Dumbarton Ave.

3123 Dumbarton Ave – Entourée d'un beau jardin et protégée par une grille blanche, l'imposante demeure construite au début du 19e s. pour Henry Foxall, un important homme d'affaires de Georgetown, comptait alors parmi les plus belles maisons de la ville.

Dumbarton United Methodist Church – *3133 Dumbarton Ave.* Élevée en 1849, cette église néogothique servit d'hôpital pendant la guerre de Sécession. Le poète Walt Whitman, infirmier bénévole, y prodigua des soins aux malades. La façade actuelle fut ajoutée en 1894.

Traversez Wisconsin Ave et tournez à gauche dans O St.

Les rails de l'ancien trolley sur la chaussée ajoutent une pointe de nostalgie au charme de cette petite rue.

St John's Church A1

3240 O St. NW - ✆ 202 338 1796 - stjohnsgeorgetown.org - lun.-vend. 9h-16h, dim. 9h-13h - programme musical, consultez le site Internet.

Bâti entre 1796 et 1804 dans le style fédéral, cet édifice religieux est la plus ancienne église épiscopale de Georgetown. Laissée à l'abandon par manque de fonds, occupée par un sculpteur qui en fit son atelier, elle fut rachetée pour 50 $ en 1838 par un groupe de paroissiennes qui entreprirent de la restaurer.

★ Smith Row A1

Entre 3255 et 3327 O St.

L'apparence de cette rangée de maisons de style fédéral a bien peu changé depuis leur construction par Clement et Walter Smith en 1815.

Le **bloc 3300** de O Street est caractéristique de l'architecture de Georgetown, où se mêlent style fédéral et maisons de la fin du 19e s.

Bodisco House A1

3322 O St. NW.

Cette demeure érigée vers 1815 fut un temps celle de la mère de Robert Lee, général des armées confédérées. Dans les années 1830, elle fut occupée par le baron de Bodisco, représentant de la Russie dans le pays, qui défraya la chronique en épousant une jeune femme de 46 ans sa cadette !

Tournez à gauche dans 34th St. puis dans N St.

★ Cox Row A1

3327-3339 O St. NW.

Ce bel ensemble de maisons de style fédéral fut bâti en 1805 pour le colonel John Cox, premier maire élu de Georgetown qui occupa sa fonction pendant vingt-deux ans. Il vécut un temps au n° 3339 et reçut le marquis de La Fayette en 1824 au n° 3337. En 1957, **John F. Kennedy**, alors sénateur, acheta la demeure du **n° 3307**, où il vécut avec sa femme avant d'emménager à la Maison-Blanche.

À voir aussi Plan du quartier en dir.

Georgetown University A1 en dir.

3700 O St NW.

Fondée en 1789, elle est très reconnue dans le monde. L'université se déploie sur un immense campus dominé par le grandiose **Healy Hall★**, construit entre 1877 et 1879 dans le style néogothique.

★★ Dumbarton Oaks A1 en dir.

1703 32nd St. NW - ✆ 202 339 6401 - www.doaks.org - musée : mar.-dim. 11h30-17h30 - entrée libre - visites guidées thématiques, voir le calendrier sur le site Internet ; jardins 10 $ (entrée libre en hiver).

Construite au 19e s., Dumbarton Oaks n'est pas une demeure comme les autres. Elle abrite deux collections exceptionnelles, l'une consacrée à l'art byzantin, l'autre à l'art précolombien. En 1920, Robert et Mildred Bliss acquirent ce domaine qu'ils firent restaurer dans le style fédéral et confièrent à la paysagiste Beatrix Farrand le soin de redessiner les jardins. Robert Bliss effectua sa carrière à l'étranger et le couple ne put vivre à Dumbarton Oaks avant 1933 mais durant leurs voyages, les Bliss commencèrent une collection d'art

Dans les rues de Georgetown.
B&M Noskowski/iStock

byzantin. De retour au pays, ils firent ajouter deux pavillons à leur demeure et une cour fermée pour présenter leurs œuvres au public. En 1940, ils léguèrent le tout à l'université Harvard, qui gère toujours les lieux. En 1959, ils commandèrent encore à Philip Johnson un espace pour leurs trésors précolombiens et à Frederic Rheinlander une bibliothèque pour exposer leur collection de livres rares et de manuscrits sur les jardins et l'horticulture.

★★ **Art de Byzance** – La collection comprend plus de 1 500 pièces qui couvrent une large période entre le 4e et le 15e s. Elle est particulièrement réputée pour son ensemble numismatique, l'un des plus importants au monde.

★ **Art précolombien** – Autrefois présentée à la National Gallery of Art, cette collection très complète remonte jusqu'à la civilisation olmèque (1200 av. J.-C.).

★★ **Jardins** – *Entrée 31st & R St. NW.* Ils s'étendent sur 4 ha et comprennent aussi une orangerie (19e s.). Pebble Garden, charmant bassin aux bords couverts de mousse, a été ajouté dans les années 1960. Son fond est constitué d'une mosaïque en pierres provenant du Mexique.

★ Kreeger Museum A3 en dir.

2401 Foxhall Rd NW - M Tenleytown-AU puis bus M4 (mais le plus simple est d'y aller en taxi) - ✆ 202 337 30 50 - www.kreegermuseum.org - musée : mar.-sam. 10h-16h - donation suggérée 10 $ - visite guidée et programmation musicale, voir le site Internet.

Homme d'affaires et philanthrope, David Kreeger (1909-1990) rassembla, avec son épouse Carmen, une collection d'œuvres d'art. Le couple s'installa dans cette demeure moderne conçue par Philip Johnson en 1963, entourée d'un parc qui abrite des sculptures d'artistes majeurs (Arp, Moore, Maillol, etc.). Ouverte au public en 1994, elle abrite une grande partie des pièces de la collection dont l'essentiel couvre un siècle de peinture à partir des Impressionnistes, mais compte aussi de l'art africain, asiatique, ancien et précolombien. Aux côtés de plusieurs Monet et Picasso, on retiendra notamment parmi les œuvres les plus remarquables, une rare peinture avec sable de Kandinsky, *Relations* (1934), et un travail sur papier de Miró, *Deux personnages* (1935).

NOS ADRESSES À GEORGETOWN

Plan du quartier p. 281
Le quartier n'est pas desservi par le métro.

RESTAURATION

PREMIER PRIX

Rocklands Barbeque & Grilling Company – Hors plan - *2418 Wisconsin Ave NW - ✆ (202) 333-2558 - http://rocklands.com - 11h-21h, jeu.-sam. 11h-22h - 13/21 $.* Une excellente adresse pour un repas bon marché, copieux et savoureux. Ici, on grille tout à la perfection, y compris le poisson. Autres adresses à Alexandria ✆ (703) 778-9663 et à Arlington ✆ (703) 528-9663.

BUDGET MOYEN

6 **Leopold's Kafe** – A1 - *3315 Cady's Alley NW - ✆ (202) 965-6005 - http://kafeleopolds.com - 8h-22h, merc.-jeu. 8h-23h, vend.-sam. 8h-0h - à la carte 34,50/50 $.* Dans Cady's Alley, les entrepôts industriels ont été reconvertis en lofts par les enseignes de design. Le chic abordable du Leopold's Kafe y trouve naturellement sa place. Depuis cet excellent poste d'observation au cœur de Georgetown, on apprécie le petit-déjeuner ou les pâtisseries de ce konditorei à l'américaine, ou un plat choisi sur la carte qui revisite la tradition autrichienne. Night-club jeu.-sam. Brunch le week-end. Aux beaux jours, quelques tables sont dressées dans la cour.

3 **Das** – B1 - *1201 28th St. NW - M Foggy Bottom-GWU - ✆ (202) 333-4710 - www.dasethiopian.com - 11h-23h - plats 17/22 $.* Installé dans une ancienne maison de Georgetown, Das est un refuge paradisiaque où se conjuguent couleurs et matières. On savoure dans cette atmosphère chaleureuse des classiques de la cuisine éthiopienne (*injeras* épicées et savoureuses, sortes de crêpes servies avec une garniture de poulet ou de bœuf) et on se laisse surprendre par des expériences culinaires aptes à combler les palais les plus délicats.

8 **Clyde's of Georgetown** – A1 - *3236 M St. NW - ✆ (202) 333-9180 - www.clydes.com - 11h-0h, vend. 11h-1h, sam. 10h-1h, dim. 9h-0h - à la carte 33,50/64 $.* Un décor bistrot et une carte des plus variées (pizzas, sandwichs, salades, poissons et viandes grillés…) font le succès de cet établissement où petits et grands trouveront de quoi satisfaire leur appétit, quelles que soient leurs envies.

POUR SE FAIRE PLAISIR

BlackSalt – Hors plan - *4883 MacArthur Bd - ✆ (202) 342-9101 - www.blacksaltrestaurant.com - 11h30-21h30, vend.-sam. 11h30-22h, dim. 11h-21h - à la carte 62/85 $.* Frit, mijoté, grillé au feu de bois, à la vapeur, cru… pourvu que ça nage, vous en trouverez à BlackSalt. Poisson à toute heure dans ce marché-restaurant animé : ambiance bistrot au bar où l'on prend un cocktail et un plateau d'huîtres fraîchement écaillées, ou plus cosy assis à table entre les hauts dossiers des banquettes.

2 **Cafe Milano** – A1 - *3251 Prospect St. NW - ✆ (202) 333-6183 - www.cafemilano.com - 11h30-23h, jeu.-sam. 11h30-0h - plats 23/65 $ - pizza 17/19 $.* Une cuisine italienne élaborée, servie dans une grande salle au décor un peu compassé : c'est ici que se donne rendez-vous le gratin du DC chic et politique.

1789 – Hors plan - *1226 36th St. NW - ✆ (202) 965-1789 - www.1789restaurant.com - 18h-22h,* *vend. 18h-23h, sam. 17h30-23h, dim. 17h30-22h - à la carte 67/93 $.* Dans une maison de style fédéral, 1789 cultive le goût pour l'histoire. Six salles à manger, d'un décor à chaque fois différent, sont réparties sur trois étages, tandis que le sous-sol abrite The Tombs, un bar-restaurant qui rassemble les étudiants depuis 1962. On sert ici une cuisine américaine de saison : soupe de butternut crémeuse à souhait, garnie de carottes frites, filet mignon et *chicharrón*, soufflé au citron vert… le yin et le yang parfait du sucré-acidulé.

PETITE PAUSE

Baked and Wired – B1 - *1052 Thomas Jefferson St. NW - ✆ (703) 663-8727 - http://bakedandwired.com - 7h-20h, vend. 7h-21h, sam. 8h-21h, dim. 8h-20h.* À deux pas du C & O Canal, ce café-boulangerie familial et trendy ne démérite pas. Derrière des fenêtres peintes en rose, un local industriel adouci par des idées déco amusantes accueille un flot ininterrompu d'addicts au *hippie crack* – un granola (mélange de céréales et de fruits secs) assorti d'une pointe de miel et de noix de coco – et aux pâtisseries maison qui répondent toutes à des noms hilarants. Un régal à ne surtout pas manquer.

Georgetown Cupcake – A1 - *3301 M St. NW - angle 33rd St. - ✆ (202) 333-8448 - www.georgetowncupcake.com - 10h-21h, dim. 10h-20h.* Impossible de passer à côté de cette boutique, véritable phénomène de mode depuis le succès de *DC Cupcakes*, un reality show sur le quotidien des deux sœurs à la tête du business. Chaque jour, une interminable file d'attente s'étire devant le magasin. Les parfums, des plus classiques aux plus fous, varient selon les jours de la semaine et les saisons.

BOIRE UN VERRE

BUDGET MOYEN

ENO Wine Bar – *2810 Pennsylvania Ave, NW - ✆ (202) 295-2826 - www.enowinerooms.com - 17h-23h, vend.-sam. 16h-0h, dim. 16h-22h30 - fermé lun.* À l'entrée de la ville, ce bar à vins propose un choix mûrement pensé, accompagné de planches de charcuterie ou de fromage, de bruschette et de quelques plats. On vous apporte, avec le sourire et une attention d'amateurs passionnés, de grands verres de dégustation. L'endroit parfait pour une conversation inspirée.

EN SOIRÉE

Blues Alley – B2 - *1073 Wisconsin Ave NW - ✆ (202) 337-4141 - www.bluesalley.com - 18h-0h30.* Les grands noms du jazz viennent jouer dans ce club depuis 1965. On y dîne aussi très bien.

Sequoia – Hors plan - *3000 K St. NW - Washington Harbour - ✆ (202) 944-4200 - www.sequoiadc.com - 11h30-22h, vend. 11h30-23h, sam. 10h-14h, 17h-23h, dim. 10h-14h, 17h-22h - à la carte 41/74 $.* Pour prendre un verre sur la terrasse, particulièrement agréable en été, ou dîner avec vue sur le Potomac en admirant les yachts.

ACHATS

M Street – AB1 - Pour compléter votre garde-robe, si vous recherchez des basics de marques internationales (Abercrombie, Ralf Lauren, Zara, H & M, etc.), voyez **Georgetown Park** (*➲ p. 279*), remontez **Wisconsin Ave** et tournez dans **Prospect St.**

Quartiers nord★

U Street, Adams Morgan et Columbia Heights

On pourrait presque les qualifier de « quartiers-janus » tant ils montrent un visage différent le jour et la nuit. Même si, par endroits, ils peuvent se prêter à une agréable balade bucolique, ce sont surtout quelques lieux de sortie emblématiques qui ont fait leur réputation. À vous de choisir entre une soirée dans un club de jazz mythique de U Street – l'ancien Black Broadway –, la tournée des bars de 18th St. à Adams Morgan, ou un dîner dans un petit restaurant hype de 11th St. à Columbia Heights, le quartier qui monte.

NOS ADRESSES PAGE 290
Hébergement, restauration, achats, activités, etc.

S'INFORMER
Des panneaux explicatifs ponctuent les rues de ces trois quartiers. Itinéraire et détail des balades (en anglais ou en espagnol) sur www.culturaltourismdc.org/portal/neighborhood-heritage-trails.

SE REPÉRER
Plan du quartier (p. 288). M *U Street/Cardozo, Columbia Heights, Woodley Park-Zoo/Adams Morgan.*

À NE PAS MANQUER
L'atmosphère des années 1950 de Ben's Chili Bowl ; un soir d'été à la terrasse du Room 11.

ORGANISER SON TEMPS
Ce sont essentiellement des quartiers pour sortir, allez-y plutôt le soir.

AVEC LES ENFANTS
Les pandas géants et les animaux de la ferme du parc zoologique.

U Street Plan du quartier p. 288 B2-3

M *U Street/Cardozo.*

Le nom de U Street est mythique pour les amateurs de jazz. Berceau de Duke Ellington, ce quartier que l'on surnommait Black Broadway dans les années 1920 accueillait l'une des plus importantes communautés afro-américaines de Washington DC. Raison pour laquelle il fut aussi l'un des plus durement touchés, notamment à l'angle de U Street et 14th St., lors des émeutes déclenchées par l'assassinat de Martin Luther King en 1968. Puis ce fut au tour des dealers d'occuper les lieux, et il fallut attendre le début des années 2000 pour que cette zone sinistrée redevienne fréquentable. Depuis, les choses ont bien changé, et le président Obama a même fait un passage remarqué au Ben's Chili Bowl, c'est dire… Si vous déambulez dans U Street de jour, vous risquez d'être déçu car cette rue, plutôt quelconque, s'avère bruyante, et la plupart des établissements dignes d'intérêt sont fermés. On vient donc ici plutôt en soirée pour ses restaurants ou ses salles de concert (*Nos adresses).*

Ben's Chili Bowl – *1213 U St.*. S'il est un lieu incontournable de U Street, c'est bien ce vieux *diner* de la fin des années 1950, qui fait salle comble tous les jours, du matin au soir. L'établissement n'a jamais baissé le rideau, même aux heures les plus sombres du quartier.

Lincoln Theatre –*1215 U St. NW.* À quelques mètres de Ben's Chili Bowl, cet ancien cinéma – et salle de bal – fait également figure de lieu emblématique aux yeux de la communauté afro-américaine. Les grands du jazz comme Duke Ellington, Cab Calloway, Billie Holiday ou Sarah Vaughan y ont joué.

★ Logan Circle B3

Cette charmante place circulaire rend hommage au général John A. Logan (1826-1886), acteur important de la guerre de Sécession, et sénateur républicain convaincu. On vient volontiers s'asseoir dans le jardin qui accueille la statue équestre, au cœur de ce rond-point typique de DC, entouré de ses jolies maisons historicistes. C'est ici que se retrouve la jeunesse de Washington, dans l'un des innombrables bars ou restaurants qui peuplent les alentours de la place. Avant que la nuit tombe, vous pouvez aussi flâner dans le coin : la 14e Rue n'a pas grand-charme mais vous y trouverez des galeries d'art contemporain et quelques boutiques.

Adams Morgan Plan du quartier p. 288 A2

M *Woodley Park-Zoo/Adams Morgan, puis bus DCCirculator, arrêt Calvert St.*
Comme U Street, le quartier d'Adams Morgan ne se réveille qu'à la nuit tombée. Et jusqu'au petit matin, c'est un flot incessant de jeunes en goguette qui déambulent de bar en bar dans la portion de 18th Street située entre Florida Avenue et Columbia Road.

Le nom d'Adams Morgan évoque un moment-clé de la déségrégation, lorsque disparut l'école pour Blancs (Adams) et celle pour Noirs (Morgan) au milieu des années 1950. Tout un symbole pour ce quartier qui, malgré son récent embourgeoisement, a conservé son aspect pluriethnique. Notamment avec les vagues successives, à partir des années 1960, d'immigrants d'Amérique du Sud, d'Afrique et d'Asie du Sud-Est. Vous retrouverez d'ailleurs toutes ces nationalités dans votre assiette – 18th St. présente une étonnante concentration de restaurants du monde entier – ainsi que lors de l'**Adams Morgan Day**, festival multiculturel qui se tient chaque année le deuxième dimanche de septembre.

En revanche, vous aurez vite fait le tour des sites culturels d'Adams Morgan, ils se font plutôt rares ! L'un des seuls monuments du quartier prend la forme plantureuse d'une femme rousse peinte sur le mur du **Madam's Organ**, le club emblématique de 18th Street *(Nos adresses)*.

★ Columbia Heights Plan du quartier p. 288 AB1-2

M *Columbia Heights.*
Prenez le temps de vous éloigner des sentiers battus, et allez flâner la journée dans les rues de ce quartier résidentiel calme et verdoyant, qui devient de plus en plus tendance. Cette ancienne banlieue aisée a conservé de belles demeures cossues ainsi que des *rowhouses* du début du 20e s., qui lui confèrent par endroits un petit air de Portobello londonien. Colline oblige, le destin de Columbia Heights reste fortement lié au développement des transports de Washington. Aussi l'implantation des lignes de tramway sur **11th Street** et **14th Street** à la fin du 19e s. a-t-elle drainé dans son sillage de nombreuses familles blanches aisées. Puis lorsque des Afro-Américains s'y sont à leur tour installés dans les années 1920 – mouvement qui s'est accéléré à la fin des années 1950, avec l'interdiction de la ségrégation –, les familles blanches ont préféré déménager vers d'autres banlieues. À Columbia Heights, comme autour de U Street, l'assassinat de Martin Luther King a déclenché des émeutes particulièrement violentes, notamment sur 14th Street, entraînant la destruction ou la fermeture définitive de la plupart des commerces. Pendant de nombreuses années, cette zone sinistrée aux faibles loyers a attiré d'autres

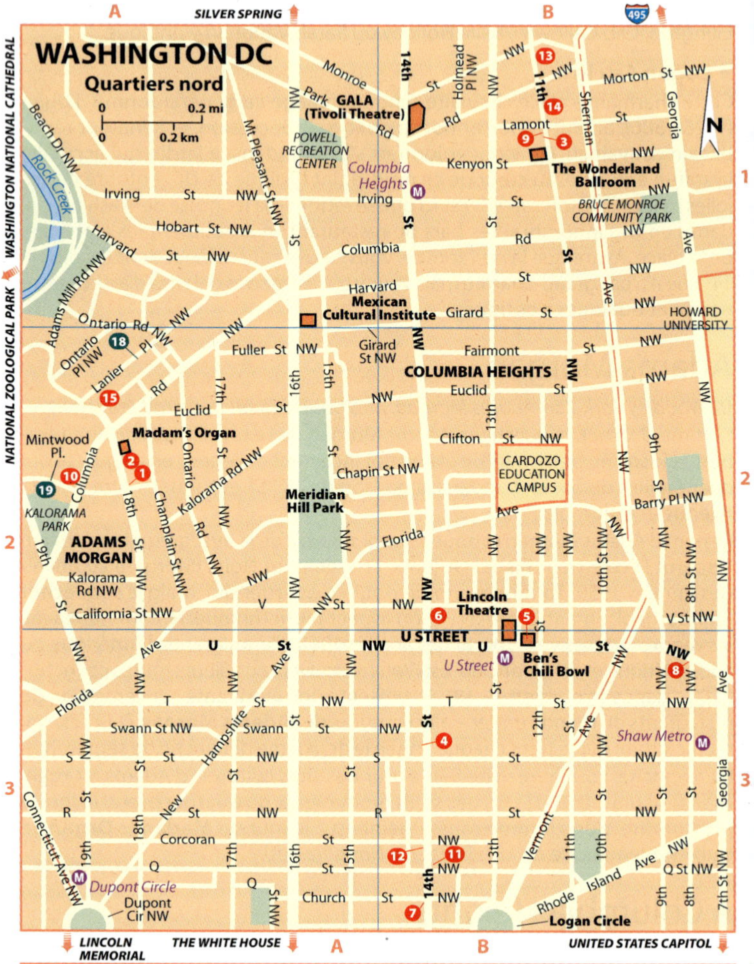

SE LOGER
- Adam's Inn — 18
- Kalorama Guest House — 19

SE RESTAURER
- Amsterdam Falafelshop — 1
- Bad Saint — 3
- Ben's Chili Bowl — 5
- Busboys and Poets — 6
- Doi Moi — 4
- El Chucho — 14
- Estadio — 7
- Kyirisan — 8
- Lapis — 10
- Le Diplomate — 11
- Pearl Dive Oyster Palace — 12
- Room 11 — 9
- Tail Up Goat — 15
- The Coupe — 13
- The Diner — 2

communautés d'immigrants, donnant au quartier une coloration plus latino. Une nouvelle fois, en 1999, c'est l'arrivée du métro qui a marqué le renouveau de Columbia Heights. Un centre commercial et des magasins, essentiellement de chaîne, ont réinvesti 14th Street. Et l'on assiste également, sur 11th Street, à l'apparition, certes timide, de quelques bars et restaurants de quartier, très branchés pour certains (Nos adresses).

Tivoli Theatre (B1) – *Angle 14th St. et Park Road NW.* Ouvert en 1924, ce cinéma était en son temps l'un des plus grands de Washington. Il a suivi l'évolution du quartier, puisqu'à partir de la déségrégation, sa programmation s'est tournée vers le public afro-américain. Désormais, il accueille le GALA (Grupo de Artistas Latino-Americanos).

Institut culturel mexicain (A1) – *2829 16th St. NW - ✆ 202 728 1628 - www.instituteofmexicodc.org - 10h-18h - fermé dim. et j. fériés - entrée libre.* Ancienne adresse de l'ambassade du Mexique, cette belle demeure du début du 20e s. est restée mexicaine. Outre des expositions temporaires, vous pourrez y découvrir des fresques historiques de l'artiste Roberto Cueva del Rio (1908-1988) qui ornent les salles et l'escalier, dans la plus pure tradition des muralistes.

Meridian Hill Park (ou Malcolm X Park) (A2) – *Angle 16th St. et W Street NW.* Un parc romantique à souhait, presque mélancolique ! Ses différentes terrasses offrent de belles perspectives, notamment une vue plongeante sur une élégante cascade. Le dimanche après-midi, des musiciens se retrouvent pour jouer des percussions, perpétuant – pour combien de temps encore ? – une tradition remontant aux années 1950.

À voir aussi

★ National Zoological Park A1 en dir.

3001 Connecticut Ave NW - ✆ 202 633 488 - M Woodley Park-Zoo/Adams Morgan - www.nationalzoo. si.edu - 8h-19h (17h en hiver) - consultez le programme des activités quotiennes sur le site Internet ou à l'accueil) - entrée libre.

Affilié à la Smithsonian Institution, cet immense zoo (66 ha) présente le rare avantage d'être entièrement gratuit. Installé à l'origine sur le Mall, il déménagea au cours des années 1890 dans ce parc dessiné par Frederick Law Olmsted, concepteur de Central Park à New York. Plus de 2 000 animaux, de 435 espèces différentes, y vivent dans des conditions aussi proches que possible de leur habitat naturel. L'endroit a aussi une vocation scientifique et éducative.

★★ **Giant Panda Habitat** – Les **pandas géants** Tian Tian et Mei Xiang, ainsi que leur fils Bei Bei (né sur place en 2015), sont de loin les hôtes les plus populaires du zoo. Mieux vaut venir entre 9h et 14h pour les apercevoir. Bao Bao, leur fille, a quitté le zoo en 2017 en vertu de l'accord selon lequel les pandas nés à l'étranger doivent être renvoyés en Chine à l'âge de 4 ans.

★ **Cheetah Conservation Station** – Cette zone recrée la savane sèche d'Afrique de l'Est où coexistent lions, guépards *(cheetahs)*, hippopotames, zèbres et autres gazelles.

★★ **Kids'Farm** – Dans cet espace spécialement conçu pour eux, les enfants peuvent s'approcher au plus près – et sous la surveillance du personnel du zoo – des chèvres, des ânes et des animaux de la ferme.

★ **Think Tank** – Le plus ancien des pavillons du zoo (1906) abrite une exposition consacrée à la façon dont les animaux « pensent » et communiquent. Voyez la manière dont les gardiens communiquent avec les orangs-outangs qui, du Think Tank, rejoignent la **Great Ape House**, où ils vivent avec d'autres grands singes, par le biais de câbles suspendus à 6 m du sol.

Reptile Discovery Center – Dragons de Komodo – les plus grands des lézards –, serpents et reptiles habitent ce pavillon de style byzantin (1929).

Brookland vaut le déplacement pour les amateurs de quartiers arty, qui apprécieront l'**Arts Walk** *(p. 241)*, ou les catholiques pratiquants, qui visiteront la basilique, au cœur de « Little Rome ».

5

Basilica of the National Shrine of the Immaculate Conception
400 Michigan Ave NE - 202 526 8300 - www.nationalshrine.com - avr.-oct. 7h-19h, nov.-mars 7h-18h - visite guidée et programmation musicale, voir le site Internet. Plus grande église romaine catholique d'Amérique du Nord (140 m de long, 12 000 m²), la basilique fut élevée entre 1920 et 1959, en hommage à la Vierge Marie, ou Immaculée Conception, sainte patronne des États-Unis. Mêlant les styles roman et byzantin, elle abrite une importante collection d'art ecclésiastique contemporain dont la gigantesque mosaïque à l'image du Christ est l'élément le plus frappant. Ce sanctuaire marial rassemble la ferveur des communautés de tous horizons, dans un élan et une animation peu communs.

NOS ADRESSES À ADAMS MORGAN, U STREET ET COLUMBIA HEIGHTS

Plan du quartier p. 288

RESTAURATION

Adams Morgan

Les bars et restaurants de toutes nationalités se succèdent sur 18th Street.
Ⓜ *Woodley Park-Zoo/Adams Morgan (à 1/4h à pied ou bus DCCirculator, arrêt Calvert St.).*

PREMIER PRIX

1 **Amsterdam Falafelshop** – A2 - *2425 18th St. NW - Ⓜ Woodley Park - ☎ (202) 234-1969 - www.falafelshop.com - 11h-0h, mar.-merc. 11h-2h30, jeu. 11h-3h, vend.-sam. 11h-4h - moins de 15 $.* Inspiré des boutiques de falafels des Pays-Bas, l'endroit est souvent bondé. On vous prépare votre sandwich sur commande, mais c'est à vous de remplir le pain pita d'une montagne de garnitures et de sauces variées. Le plus dur est à venir : trouver une place assise et ne pas se tacher !

BUDGET MOYEN

10 **Lapis** – A2 - *1847 Columbia Rd NW - Woodley Park ou Dupont Circle (à 20mn de marche) - Ⓜ Woodley Park ou Dupont Circle - ☎ (202) 299-9630 - www.lapisdc.com - 17h30-22h, vend. 17h30-23h, sam. 10h-23h, dim. 10h-22h - à la carte 33/45 $.* Le couple de propriétaires, Zubair et Shamim Popal, partagent le goût des mets parfumés de leur Afghanistan natal. Légère et fraîche, leur cuisine réserve une délicieuse surprise. Soupe de pois cassés, *chopawn* (trio de côtelettes d'agneau grillées à la perfection) servi avec un sensationnel riz à la cardamome, dont les parfums remontent d'une moelleuse bouchée à l'autre.

2 **The Diner** – A2 - *2453 18th Street NW - Woodley Park - Ⓜ Woodley Park - ☎ (202) 232-8800 - www.dinerdc.com - wifi - plats 11/20 $.* Un établissement qui cultive pleinement l'image du *diner* des années 1950. On y sert des *pancakes*, omelettes, burgers, poulet et milk-shakes à toute heure du jour et de la nuit. L'un des rares endroits de Washington DC ouverts 24h/24 et 7j/7.

POUR SE FAIRE PLAISIR

15 **Tail Up Goat** – A2 - *1827 Adams Mill Rd NW - Ⓜ Woodley Park - ☎ (202) 986-9600 - www.tailupgoat - tlj à partir de 17h30 - plats 20/36 $.* Des produits de première qualité, une finesse d'exécution évidente, des saveurs marquées, une constance dans la réalisation des plats : la carte, qui change très fréquemment, est souvent influencée par la cuisine méditerranéenne ou caribéenne.

Une multitude de petites assiettes à partager et à combiner, ou des plats plus consistants composent un succulent repas.

U Street

PREMIER PRIX

5 **Ben's Chili Bowl** – B3 - *1213 U St. NW - M Woodley Park - ☎ (202) 667-0058 - ☎ (202) 667-0909 - www.benschilibowl.com - P - 6h-2h, vend. 6h-4h, sam. 7h-4h, dim. 11h-0h - moins de 10 $.* Avec son alignement de tabourets au bar, ses tables en formica et son juke-box, ce *diner* au charme intact depuis la fin des années 1950 est une institution. Comme en témoignent les photos au mur, impossible pour les grands de ce monde de repartir de Washington DC sans avoir goûté la spécialité de la maison, le *chili half smoke* (hot dog à la sauce chili). Pour éviter la cohue, venez plutôt en milieu de matinée.

BUDGET MOYEN

4 **Doi Moi** – B3 - *1800 14th St. NW - M Street - ☎ (202) 733-5131 - www.doimoidc.com - 17h-22, vend.-sam. 17h-23h, dim. 17h-21h - plats 25/29 $.* Situé à l'angle de S Street et baigné de lumière, Doi Moi est tout en lignes blanches et contemporaines. Assis au comptoir face à la cuisine ouverte ou dans une des deux salles à manger, on déguste une audacieuse cuisine d'Asie du Sud, à dominante thaïe.

8 **Kyirisan** – B3 - *1924 8th St. NW - M Shaw-Howard U - ☎ (202) 525-2383 - www.kyirisandc.com - 17h30-22h, sam. 10h30-14h30, 17h30-22h, dim. 10h30-14h30, 17h30-21h - plats 18/27 $.* La famille Ma se dédie corps et âme à ce petit joyau de Shaw. L'endroit est tendance mais en même temps familial et les touristes se mêlent aux autochtones. On y déguste des rillettes de lapin assaisonnées à la sauce soja, sésame et sriracha, marque de fabrique du chef qui allie les cuisines française et chinoise avec succès. Le confit de canard aux choux de bruxelles caramélisés est à essayer ainsi que la matcha pavlova.

11 **Le Diplomate** – B3 - *1601 14th St. NW - M U Street - ☎ (202) 332-3333 - www.lediplomatedc.com - 17h-23h, vend. 17h-0h, sam. 9h-0h, dim. 9h-23h - plats 21/38 $.* Avis aux nostalgiques de Paris, le Diplomate convoque l'ambiance des bistrots de la rive gauche. Avec ses longues fenêtres, son bar en zinc et son sol en mosaïque, on s'y croirait. Cuisine traditionnelle, comme il se doit : steak tartare, croque-monsieur, steak-frites à la sauce béarnaise, moules-frites, et, bien sûr, la baguette de pain.

12 **Pearl Dive Oyster Palace** – B3 - *1612 14th St. NW - M U Street - ☎ (202) 319-1612 - www.pearldivedc.com - 17h-23h, vend.-dim. 11h-23h - à la carte 61/85 $.* Ce pub décontracté et son menu alléchant proposent une cuisine américaine authentique dans une ambiance nautique. Excellentes huîtres. Tarte aux pommes ou aux noix de pécans.

6 **Busboys and Poets** – B2 - *2021 14th St. NW - M Woodley Park - ☎ (202) 387-7638 - www.busboysandpoets.com - ♿ Wi-Fi - 7h-0h, vend. 7h-2h, sam. 8h-2h, dim. 8h-0h - à la carte 28/45 $.* Ce café-restaurant à la décoration éclectique et à l'ambiance survoltée fait aussi office de librairie alternative engagée, centre culturel, cinéma, salle de concert et de théâtre. Un lieu unique (et multiple), idéal pour s'éterniser dans des canapés confortables autour d'un verre ou d'un bon repas (burgers, pizzas, salades, plats végétariens). Autres adresses, dont une à Brookland.

7 Estadio – B3 - *1520 14th St. NW - M U Street - ✆ (202) 319-1404 - www.estadio-dc.com - 17h-22h, vend. 11h30-14h, 17h-23h, sam. 11h-14h, 17h-23h, dim. 11h-14h, 17h-21h - à la carte 25/36 $.* Avec ses murs en pierre apparente, ses lourds meubles en bois et ses carreaux de faïence au décor mauresque, le « stade » joue les influences espagnoles. Tapas de rigueur donc, mais ici combinaisons et préparations originales font une entorse agréable à la tradition : croquetas au jambon cru et concombre mariné, crémeux en-cas à la fève et aux amandes, calmars grillés à la plancha, arrosés d'une sauce citronnée.

Columbia Heights

La plupart des établissements s'alignent sur 14th St. ou se concentrent sur deux blocs de 11th St., entre Kenyon St. et Monroe St.

BUDGET MOYEN

3 Bad Saint – B1 - *3226 11th St. NW - M Columbia Heights - www.badsaintdc.com - 17h30-22h, vend. 17h30-23h, sam. 17h-23h, dim. 17h-22h - fermé mar.* Un tout petit intérieur pour de longues (très longues) files d'attente. Il vous faudra la patience d'un saint pour prendre un repas ici. Mais le jeu en vaut la chandelle. Ambiance Asie tropicale, tout en bois, tabourets sans dossiers, musique pulsante accompagnent une cuisine philippine, créative et audacieuse.

13 The Coupe – B1 - *3415 11th St. NW - M Columbia Heights - ✆ (202) 290-3342 - www.thecoupedc.com - (wifi) - 7h-0h - à la carte 28/44 $.* Occupant presque toute la longueur du pâté de maisons, cet établissement a choisi de décliner différentes ambiances. Au choix selon l'heure et l'humeur, prenez votre petit-déjeuner dans le *diner* américain, passez une partie de l'après-midi dans l'un des canapés *vintage* du café bobo puis terminez la soirée dans le pub bruyant, parsemé d'écrans de télévision.

14 El Chucho – B1 - *3313 11th St. NW - M Columbia Heights - ✆ (202) 290-3313 - http://elchuchodc.com - 16h-2h, vend. 16h-3h, sam. 11h-3h, dim. 11h-2h - moins de 15 $.* Une cantina à la mode mexicaine, haute en couleurs et tout en décontraction. C'est l'endroit idéal pour se régaler de spécialités de Oaxaca et savourer de délicieux cocktails maison (goûtez leur margarita), de la tequila ou du mezcal. Sympathique toit-terrasse qui surplombe 11th Street.

POUR SE FAIRE PLAISIR

9 Room 11 – B1 - *3234 11th St. NW - M Columbia Heights - ✆ (202) 332-3234 - www.room11dc.com - 17h-1h, vend.-sam. 17h-2h, dim. 10h-1h - formules 23/33 $.* Ce restaurant grand comme un mouchoir de poche fait partie des lieux trendy de la capitale, comme en témoigne la file d'attente pour obtenir une table, en particulier le vendredi soir (pas de réservation). Ici, les produits de la ferme sont à l'honneur. Surtout ne passez pas à côté de leurs savoureux cocktails (notamment le Vernal Old Fashioned à base de cognac, genièvre et fraise des bois, un pur délice). Aux beaux jours, la terrasse est l'un des endroits les plus charmants du quartier.

BOIRE UN VERRE

Adams Morgan

Madam's Organ – A2 - *2461 18th St. NW - M Woodley Park - ✆ (202) 667-5370 - www.madamsorgan.com - 17h-2h,* *vend.-sam. 17h-3h.* Un endroit mythique et totalement déjanté pour écouter de la musique *live* tous les soirs. Blues, R and B, bluegrass, soul, funk, latino, etc.

Tryst Coffeehouse – A2 - *2459 18th St. NW - M Woodley Park - ✆ (202) 232-5500 - www.trystdc.com - ᯤ - 7h-0h, vend.-sam. 7h-1h.* L'agréable bar *lounge* tenu par les mêmes propriétaires que The Diner, sert un excellent café, mais aussi des salades, sandwichs, nachos et quesadillas. Musique live presque tous les soirs.

U Street

Café St Ex – B3 - *1847 14th St. NW (angle T St.) - M Street - ✆ (202) 265-7839 - www.saint-ex.com - 17h-2h, vend. 11h-3h, sam. 10h-3h, dim. 10h-2h.* Dans une maison en briques, un bar trendy à l'ambiance feutrée sans être compassée, assorti d'une agréable terrasse où la jeunesse refait le monde. On peut aussi dîner d'un sandwich copieux, d'une salade ou d'un gaspacho raffiné. Vivant sans être bruyant, idéal pour un verre tranquille en soirée.

Compass Coffee – B3 - *1535 7th St. NW - M Shaw-Howard - ✆ (202) 838-3139 - http://compasscoffee.com - 7h-20h.* Parmi les clichés à mettre au panier, le café jus de chaussette américain est définitivement périmé. Créée par deux Marines rentrés d'Afghanistan, cette brûlerie opère à partir de grains soigneusement sélectionnés. De délicieux arômes s'échappent du bâtiment en brique, ancienne laverie reconvertie en café, où le mobilier élégant complète adroitement l'équipement apparent de la brûlerie. Atmosphère sereine pour une dégustation dans les meilleures conditions. Excellent choix de thés et bonnes pâtisseries.

9 : 30 Club – B2 - *815 V St. NW - M U Street/Cardozo - ✆ (202) 265-0930 - www.930.com - P 12 $.* Une salle de 1 200 places réputée pour ses concerts rock, punk ou hip-hop.

EN SOIRÉE

U Street Music Hall – B3 - *1115 U St. NW - ✆ (202) 588-1889 - www.ustreetmusichall.com - ♿.* Cette salle de 500 places plaira à tous ceux pour qui la musique et la danse sont une affaire sérieuse ! Tendance plutôt house et électronique, et musique souvent *live*. Deux bars bien approvisionnés et une cuisine fusion asiatique aident à reprendre des forces.

Meridian Pint - B1 – *3400 11th St. NW - M Columbia Heights - ✆ (202) 588-1075 - www.meridianpint.com - 17h-0h, vend. 17h-3h, sam. 10h-3h, dim. 10h-0h.* Un agréable bar-restaurant spécialisé dans les bières américaines artisanales, pression ou en bouteille.

The Wonderland Ballroom – B1 - *1101 Kenyon St. NW - angle 11th St - M Columbia Heights - ✆ (202) 232-5263 - ✆ (240) 542-8687 - www.thewonderlandballroom.com - 17h-2h, vend. 16h-3h, sam. 11h-3h, dim. 10h-2h.* Ce bar de quartier, bondé le week-end, est l'un des lieux de sortie emblématiques de Columbia Heights. Au programme, les trois « D » : dîner (arrosé), danse et délire ! DJ ou musique live tendance électro-pop, rock, hip-hop…

ACHATS

Le quartier regorge de petites boutiques originales et sympathiques où dénicher des objets inédits, pour la maison par exemple :

Home Rule - B3 – *1807 14th St. NW - ✆ (202) 797-5544 - www.homerule.com - 11h-19h, dim. 12h-17h30.*

La Virginie 6

Carte Michelin National 761 et carte Michelin Régional 582
Carte de région, p. 184-185.

Mount Vernon, porche de la maison de George Washington.
L. G. Hendren/Stock Connection/age fotostock

Grand angle sur la Virginie

Trente-cinquième état américain par la taille et 12e par la population avec près de 8,5 millions d'habitants (2016), la Virginie s'étend aux portes sud-ouest de Washington DC, entre le Maryland au nord et la Caroline du Nord, et de la baie de Chesapeake aux Appalaches. Sa pointe occidentale s'enfonce entre le Kentucky et le Tennessee. Première colonie anglaise sur le sol américain, l'État est une destination rêvée pour les amoureux d'histoire et de nature.

AUX ORIGINES DU PAYS

Baptisée en l'honneur d'Élisabeth Ire, la « reine vierge » (*virgin* en anglais), la région peuplée d'Indiens accueille en 1607 la première colonie anglaise permanente du Nouveau Monde, **Jamestown**, qui doit son nom au roi James Ier. Prospère grâce au commerce et à la culture du tabac, la Virginie est l'une des treize colonies a avoir fondé les États-Unis ; sa déclaration des droits, rédigée en juin 1776, servira de modèle à la déclaration d'Indépendance du nouveau pays un mois plus tard. État-clé pendant la guerre de Sécession (1861-1865), la Virginie esclavagiste est à la frontière entre sudistes et nordistes. Elle choisit majoritairement la cause des confédérés et de nombreuses batailles importantes du conflit se jouent sur son territoire. Richmond, sa capitale, sera même un temps la capitale de la Confédération.

AUX PORTES DE LA CAPITALE

Impossible d'ignorer la Virginie quand on visite Washington DC. Un détour s'impose par Alexandria, de l'autre côté du Potomac, où façades restaurées et boutiques à l'ancienne bordent les promenades en brique, tandis qu'à Mount Vernon, le souvenir de George Washington est resté vivant. À Arlington, se trouvent le plus grand cimetière miliaire du pays mais aussi le Pentagone, siège du ministère américain de la Défense.

TERRE D'HISTOIRE

La route coloniale attend les curieux de reconstitutions historiques, notamment Williamsburg, incroyable cité où le temps s'est arrêté. Champs de bataille de la guerre d'Indépendance, comme Yorktown ou de la guerre de Sécession, comme Harpers Ferry permettent de replonger dans ces épisodes tourmentés de l'histoire du pays. Autour de la charmante Charlottesville, trois demeures historiques donnent à voir le cadre de vie de présidents américains originaires de la région : Thomas Jefferson à Monticello, James Madison à Montpelier, James Monroe à Ash Lawn-Highland.

CÔTÉ NATURE

Créé dans les années 1930, le Parc national de Shenandoah, au cœur de la majestueuse chaîne des Blue Ridge Mountains, réserve ses somptueux points de vue, sa nature intacte et ses 800 kilomètres de pistes aux amateurs de *wild life* – la région est particulièrement belle à l'automne, lorsque les feuilles changent de couleur. Côté océan, Virginia Beach, agglomération la plus peuplée de l'État, accueille les vacanciers pour un dépaysement balnéaire et des activités inattendues.

Old Town Alexandria.
J. Greim/Loop Images/Photononstop

Rive ouest du Potomac

Old Town Alexandria★★ et Mount Vernon★★★

Virginie (VA)

Depuis Washington DC, n'hésitez pas à vous rendre sur l'autre rive du Potomac, l'escapade est franchement dépaysante. À quelques encablures de la capitale, on accoste à Old Town Alexandria, un petit bijou d'architecture coloniale. Hormis l'agitation de la commerçante King Street, les lieux sont auréolés d'une tranquillité toute provinciale. Et pourquoi ne pas choisir de poser vos valises ici plutôt qu'à Washington DC, notamment pour échapper aux grosses chaleurs de l'été ? Facile d'accès, c'est une excellente base pour visiter la capitale ainsi que Mount Vernon, la plantation de George Washington.

NOS ADRESSES PAGE 305
Hébergement, restauration, achats, activités, etc.

S'INFORMER

Alexandria Visitor Center – *221 King St. (angle Fairfax St.) - ✆ 703 746 3301 - www.visitalexandriava.com.*

SE REPÉRER

Carte de la rive ouest du Potomac A2-3 (page de droite). Old Town Alexandria se situe à 8 miles/13 km au sud du district de Columbia, via George Washington Memorial Parkway. Accès en métro : Ⓜ *King Street Station.*

SE GARER

Nombreux parkings publics payants autour de King St.

À NE PAS MANQUER

Le Torpedo Factory Art Center.

ORGANISER SON TEMPS

Comptez une journée pour flâner en ville, entrer dans les boutiques de King Street, découvrir les nombreux ateliers du Torpedo Factory Center et vous rendre à Mount Vernon (en bateau ou à vélo).

AVEC LES ENFANTS

Les trajets en bateau vers Mount Vernon ou à Washington DC.

ALEXANDRIA PRESQUE CAPITALE

Alexandria trouve ses origines au début des années 1700, lorsqu'un entrepôt de tabac en bordure du Potomac, à proximité de l'actuelle Oronoco Street, donne naissance à une petite colonie qui deviendra un port maritime florissant. Les leaders de l'Indépendance, tels George Mason ou George Washington, qui habitait la propriété voisine de Mount Vernon, se retrouvaient à Alexandria pendant la guerre (1775-1783). La ville connut à cette époque quelques revers de fortune et fut finalement cédée en 1789 par la Virginie en vue de constituer la nouvelle capitale fédérale. Toutefois, une loi interdisait la construction du moindre bâtiment officiel sur son territoire car George Washington qui y possédait des terres ne voulait pas, dit-on, être accusé de conflit d'intérêts. La cité finit par perdre son statut de capitale en 1846, date à laquelle elle fut rétrocédée à la Virginie.

RIVE OUEST DU POTOMAC

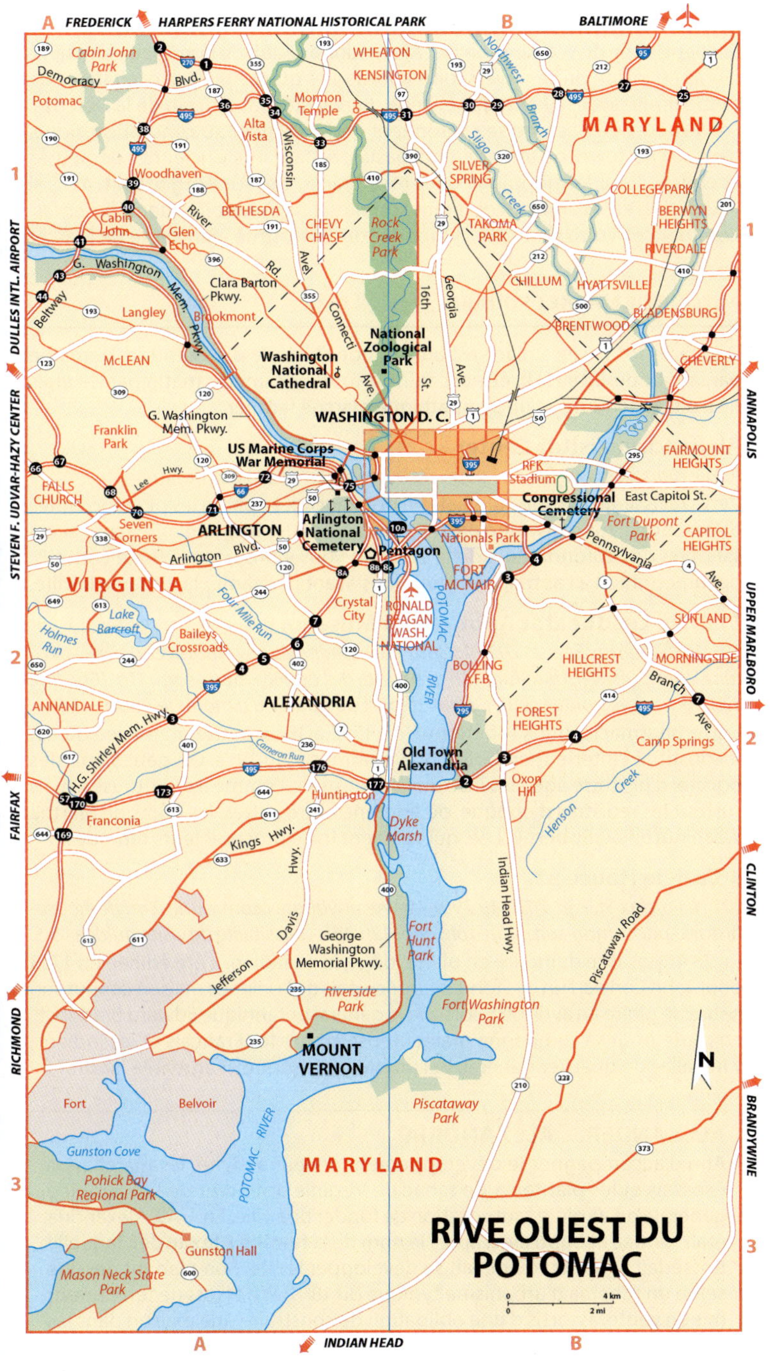

★★ Old Town Alexandria Plan de ville page ci-contre

Banlieue aisée de Washington DC, Alexandria a séduit de nombreux fonctionnaires en raison de ses loyers, plus abordables que ceux de la capitale, et de sa proximité avec le Pentagone, siège du ministère américain de la Défense. Les visiteurs de passage se cantonnent généralement au centre historique, baptisé Old Town, où abondent magasins, restaurants, anciennes demeures et églises. Pour le shopping ou les restaurants, cap sur **King Street**, mais si vous préférez les ambiances moins surfaites, empruntez les rues adjacentes. Commencez votre visite par l'office de tourisme, situé à un angle de Market Square.

AUTOUR DE MARKET SQUARE

Depuis le 18e s., cette place est au cœur de l'histoire d'Alexandria. Dominée par la tour du **City Hall**, elle est animée tous les samedis matin par les étals de fruits et légumes d'un sympathique marché fermier.

Alexandria Visitor Center B2

Angle King St. et Fairfax St. - voir « S'informer » en début de chapitre.

Cette ravissante maison coloniale en bois, qui figure parmi les plus anciennes d'Alexandria, fut construite en 1724 par William Ramsay, un marchand écossais, l'un des cofondateurs de la ville. On vous y prodiguera force conseils, documentation à l'appui, bien pratiques avant d'entamer la visite de la ville.

Stabler-Leadbeater Apothecary Museum B2

105-107 S. Fairfax St. - ✆ 703 746 3852 - alexandriava.gov/Apothecary - avr.-oct. : mar.-sam. 10h-17h, dim.-lun. 13h-17h ; reste de l'année : merc.-sam. 11h-16h, dim. 13h-16h - visite guidée seult (30mn, départ au quart ou à moins le quart) - 5 $.

Cette pharmacie, qui a fonctionné de 1792 à 1933, abrite un musée où est reconstitué l'intérieur en bois d'une pharmacie du 19e s. On peut y voir des bocaux d'un autre âge, des instruments désuets, comme les ventouses, mais surtout les registres d'époque, où figurent, entre autres, les noms de Martha Washington ou Robert E. Lee, qui venaient ici se procurer leurs remèdes.

★ Carlyle House B2

121 N. Fairfax St. - ✆ 703 549 2997 - www.novaparks.com/parks/carlyle-house-historic-park - mar.-sam. 10h-16h, dim. 12h-16h - possibilité de visite guidée - 5 $.

Cette imposante demeure en pierre, de style palladien, a été édifiée en 1753 pour John Carlyle, l'un des fondateurs écossais de la ville. La maison connut son heure de gloire en avril 1755, lorsque le général britannique Edward Braddock, en route pour sa campagne malheureuse contre les Français et les Indiens, y installa son quartier général. Bel intérieur d'époque et agréable jardin.

ALEXANDER… ALEXANDRIA

Afin d'accompagner le développement de leur activité, les marchands écossais et les planteurs de tabac de Virginie obtinrent de l'Assemblée générale de Virginie l'autorisation de fonder une ville. En 1749, Alexandria était fondée et baptisée d'après le nom de la **famille Alexander**, laquelle possédait le terrain où devait se développer la cité. Son plan fut dessiné selon un schéma d'urbanisme typique du 18e s. et des lots de terre furent mis en vente, assortis d'une obligation de construire une maison dans les deux ans après l'achat. En deux jours, 42 lots étaient acquis.

CAMERON STREET

La rue arbore sur le bloc 300 (entre Fairfax St. et Royal St.) une très belle rangée de maisons, représentatives du début du 19e s. On y trouve quelques jolies boutiques (magasins d'antiquités, de vêtements, de matériel de cuisine, etc.).

★ Gadsby's Tavern Museum B2

134 N. Royal St. - ☏ 703 746 4242 - alexandriava.gov/gadsbystavern - avr.-sept. : mar.-sam. 10h-17h, dim.-lun. 13h-17h ; oct.-mars : merc.-sam. 11h-16h, dim. 13h-16h - 5 $.

Cette taverne, à mi-chemin entre Williamsburg et Boston, fut l'un des établissements les plus réputés des débuts de la Nation. Il occupe deux bâtiments en brique mitoyens, celui de deux étages de style georgien (1785) et celui de

SE LOGER

- Monaco Alexandria ❶
- Morrison House ❷

SE RESTAURER

- Gadsby's Tavern ❶
- Hank's Oyster Bar ❷
- The Majestic ❸
- The Warehouse ❺
- Vermilion ❼
- Virtue Feed and Grain ❽

LES MAISONS DE LA COLÈRE

Si vous apercevez une maison, toute de guingois, anormalement étroite ou étonnamment collée à sa voisine, vous avez peut-être affaire à une **spite house** (littéralement « maison malveillante »). À l'origine de ces constructions, on découvre souvent un conflit de voisinage qui s'est soldé par l'édification d'un ouvrage dans le seul but de gêner son voisin – en cherchant à lui barrer un accès ou une vue, par exemple. C'est le cas du 523 Queen Street, mais également de quelques maisons à Georgetown. Ces *spite houses* pourraient difficilement voir le jour maintenant que les lois sont plus strictes en matière d'urbanisation.

trois étages de style fédéral (1792). Parmi les habitués, on y voyait George Washington (qui venait en voisin), Thomas Jefferson et Robert E. Lee. Le rez-de-chaussée de l'immeuble de style fédéral est encore occupé par un restaurant *(Nos adresses)*. Un musée retrace l'histoire des lieux, notamment celle de la fameuse salle de bal de Gadsby à la fin du 18e s.

508 Cameron Street A2

Cette petite maison en bois est une reconstruction récente de la maison de ville que George Washington utilisait quand il venait à Alexandria.

AUTOUR DE NORTH ST ASAPH STREET A1

Au **523 Queen Street** *(presque à l'angle de N. St Asaph St.)*, jetez un œil à la minuscule maison bleue, qui tient plus du jouet d'enfant que de l'habitation. Son propriétaire, qui possédait une maison donnant sur une allée qu'empruntaient les voitures à cheval et les flâneurs, aurait construit cette **spite house** *(encadré ci-dessus)* à l'emplacement de l'allée, dans le but de réduire le flux des passants et le bruit qui le gênaient. D'ailleurs les murs intérieurs ne sont autres que les murs de façade des deux maisons mitoyennes.

Parmi les habitations en bois du bloc 300 de N. St Asaph St., observez au **n° 311** un exemple de **flounder house** (littéralement « maison-limande »). Cette architecture vernaculaire, qui date de la première moitié du 19e s., doit son nom à la façade aveugle de la demeure, qui évitait à son propriétaire de payer les impôts sur les fenêtres. À l'instar des poissons plats, cette maison n'a donc d'yeux que d'un seul côté ! À l'intersection suivante, remarquez les galets d'origine qui pavent la chaussée de Princess Street. On transportait ces pierres d'outre-Atlantique comme lest sur les navires.

NORTH WASHINGTON STREET

L'intersection d'Oronoco Street et de Washington Street est surnommée **Lee Corner** car elle est environnée de propriétés ayant appartenu à la famille Lee. La maison d'enfance de Robert E. Lee, le célèbre général sudiste, se trouve d'ailleurs au 607 Oronoco Street mais ne se visite pas.

Lee-Fendall House A1

614 Oronoco St. (entrée côté Washington St.) - ✆ 703 548 1789 - www.leefendall house.org - merc.-sam. 10h-16h, dim. 13h-16h - visite guidée ttes les heures - 5 $.

Cette vaste maison en bois fut construite en 1785 pour **Philip Richard Fendell**, un lointain parent des Lee, dont il épousa successivement trois filles. On y découvre un bel intérieur du milieu du 19e s., meublé d'époque, ainsi qu'un

Torpedo Factory Art Center, Old Town Alexandria.
C. Davidson/Gallery Stock/Photononstop

magnifique jardin. De l'autre côté de la rue (nº 428), l'édifice georgien appartenait à Edmund Jennings Lee, maire d'Alexandria de 1815 à 1818.

★ Christ Church A1

118 N. Washington St., à l'angle de Cameron St. - ✆ 703 549 1450 - www.historicchristchurch.org - mar.-sam. 10h-16h, dim. 8h45-13h - entrée libre - possibilité de visite guidée : 9h-16h, dim. 14h-16h.
Vous passerez par le cimetière, ceint d'un haut mur de brique, pour accéder à cette église datant de 1773. Parmi les personnalités qui la fréquentèrent, citons George Washington et Robert E. Lee. La tradition veut que le président des États-Unis en exercice vienne se recueillir sur le banc de G. Washington (plaque nº 60) le dimanche le plus proche du 22 février, date de son anniversaire.

PRINCE STREET B2

★ **Gentry Row** – Le bloc 200 de cette rue présente une succession de maisons datant du 18ᵉ s.
Athenaeum – *✆ 703 548 0035 - www.nvfaa.org - mar.-dim. 12h-16h - entrée libre.* À l'angle de Lee St., l'édifice aux allures de temple grec (1852) abritait autrefois la Old Dominion Bank. C'est désormais une galerie d'art et le siège de l'Association des Beaux-Arts de Virginie du Nord.
★ **Captain's Row** – La belle rangée de maisons de style fédéral du bloc 100 évoquerait le souvenir du capitaine John Harper, qui possédait la terre à cet emplacement.

WATERFRONT B2

Avec King Street, la rive du Potomac est l'un des coins les plus animés d'Alexandria. L'endroit compte encore peu de cafés au bord de l'eau, mais de nouveaux établissements voient le jour. Les flâneurs peuvent toujours assister à un spectacle de rue dans une ambiance bon enfant. C'est également ici, à l'angle de King Street, que s'élève une étonnante galerie d'art.

★ Torpedo Factory Art Center

105 N. Union St. - ✆ 703 838 4565 - torpedofactory.org - 10h-18h (jeu. 21h).
Voici un endroit original à ne manquer sous aucun prétexte. Ce bâtiment construit en 1918 abritait une usine de torpilles, qui fonctionna à plein régime pendant la Seconde Guerre mondiale. Depuis les années 1970, la fabrique accueille les ateliers de plus de 160 artistes et artisans sur trois niveaux. Vous êtes invité à déambuler, à entrer dans tous les ateliers pour observer les artistes à l'œuvre, discuter avec eux et éventuellement vous laisser tenter par une photo, un tableau, une sculpture, un vêtement, un objet de déco ou un bijou (*Nos adresses*).

★★★ Mount Vernon Carte de la rive ouest du Potomac A3 p. 299

À 16 miles/26 km au sud de Washington, via George Washington Memorial Parkway. De Washington DC, accès possible en bateau (www.spiritcruises.com ; www.potomacriverboatco.com) et en transports en commun (ligne jaune jusqu'à Huntington Ave, puis bus Fairfax Connector n° 10).
3200 Mount Vernon Memorial Highway - ✆ 703 780 2000 - www.mountvernon.org - P - avr.-oct. 9h-17h, nov.-mars 9h-16h - pour le manoir, visite guidée seult ; plusieurs formules possibles à partir de 20 $ (réservation et réduction sur le site Internet - site très fréquenté, prévoyez votre visite).
Située sur une butte verdoyante dominant le Potomac, cette maison de planteur fut la résidence de **George Washington** (1732-1799). Sa visite vous entraîne au cœur d'une plantation au 18e s., du quartier des esclaves aux chambres des maîtres. Si le temps s'y prête, vous pouvez vous y rendre en bateau, autre raison d'apprécier le déplacement. Depuis Waterfront, le Potomac s'enfonce dans la nature encore préservée de Virginie. Un prodige, à moins d'une heure de la capitale fédérale !
La demeure en bois, de style georgien, se distingue par sa façade à colonnes, tournée vers le fleuve. On visite la grande salle de réception, la **New Room★★,** comme l'appelait George Washington, qui l'a fait ajouter à la maison dont il avait hérité. Les pièces du rez-de-chaussée, meublées avec du mobilier 18e, restituent à la perfection le **décor★★** typique des maisons coloniales. À l'étage, cinq chambres sobrement meublées se répartissent autour d'un palier central. La **chambre principale** contient le lit à baldaquin en acajou dans lequel mourut le maître des lieux.
La **vie de la plantation★★** a été restituée dans ses moindres détails. La ferme et ses animaux, le potager, le jardin de fleurs, le quartier des esclaves – leurs maisons et les objets quotidiens –, la forge (avec démonstrations), la distillerie, le saloir, le moulin à blé (démonstrations). Enfin, la **tombe de Washington★★** et celle de son épouse Martha sont l'objet d'un fervent recueillement, tandis qu'un **musée★★★** très didactique met en perspective la vie de Washington et l'indépendance des États-Unis. Beaucoup de panneaux, quelques objets historiques et des mannequins, créés par des experts en forensique, de Washington à divers âges, qui semblent prêts à s'animer.

À voir aussi Carte de région C1 p. 184-185

★★ Harpers Ferry National Historical Park

À Harpers Ferry (VA), 55 miles/88 km au nord-ouest de Washington. De Washington, prenez la route I-270 vers le nord jusqu'à Frederick (MD), puis empruntez, au sud, la route US-340. ✆ 304 535 6029 - www.nps.gov/hafe - ♿ P - 9h-17h.

Situé au nord-est de la Virginie-Occidentale, à la confluence du Shenandoah et du Potomac, ce parc demeure associé au nom de **John Brown** (1800-1859). Le 16 octobre 1859, ce fervent abolitionniste, à la tête d'une « armée de libération » composée de 21 hommes, pénétra dans Harpers Ferry afin de s'emparer de l'arsenal et d'approvisionner en munitions les forces armées opposées à l'esclavage. La tentative échoua – Brown fut arrêté, puis pendu –, mais l'incident attisa les tensions entre le Nord et le Sud. Seize mois plus tard, la guerre de Sécession éclatait. Le **Visitor Center** *(Shenandoah St.)* abrite un petit musée retraçant l'histoire de Harpers Ferry. En suivant les instructions du Lower Town Trail Guide, on découvre les 24 principaux sites regroupés le long de Shenandoah Street, High Street et Potomac Street. Le village industriel (19e s.), les nombreux magasins et, au détour de rues étroites et raides, les superbes **vues** sur le Shenandoah et le Potomac, complètent avantageusement la visite.

NOS ADRESSES À OLD TOWN ALEXANDRIA

Plan p. 301

TRANSPORTS

En voiture – Quittez Washington DC par le 14th St. Bridge, sortie 11A (vers l'aéroport national), direction sud par George Washington Memorial Parkway.
En métro – De Washington DC, ligne bleue, direction Franconia Springfield, arrêt King Street-Old Town *(à 1 mile du Waterfront)*. À la sortie du métro, un ancien *trolley (gratuit)* conduit au Waterfront avec arrêts fréquents sur King St. *(ttes les 15mn de 11h30 à 22h15)*. Également DASH bus AT2, AT7, AT8.
En train – La gare d'Alexandria est desservie par les réseaux Amtrak et Virginia Railway Express.
À vélo – Une piste cyclable longe le Potomac entre Roosevelt Island à Washington DC et Mount Vernon via Alexandria Old Town.
Capital Bike Share – (*p. 226*).
Plusieurs stations de vélos en libre-service à Alexandria.
Bike and Roll – B2 - *1 Wales Alley - sous le Chart House restaurant - ✆ (202) 842-2453 - http://bikeandrolldc.com - 9h-20h (printemps 9h-18h, hiver et automne 9h-17h)*. Location de vélo et circuits guidés, accompagnés ou non, d'Alexandria, de Mount Vernon ou de Washington DC.
En water-taxi – Liaison avec le Mall de Washington DC, National Harbor, Gaylord National Hotel & Convention Center *(à partir de 8 $ AS avec la Potomac Riverboat Company)*.

CROISIÈRES SUR LE POTOMAC

p. 226.
Potomac Riverboat Company – Marina - *Cameron St. - ✆ 703 684 0580 - www.potomacriverboatco.com*. Différentes options : découverte du port d'Alexandria, des monuments de Washington DC ou de Mount Vernon. Commentaires en anglais. Aller simple ou AR.

VISITES THÉMATIQUES

Pour partir sur les traces de fantômes *(ghost tours)*, ou pour découvrir l'histoire, l'architecture et la gastronomie locales.
Rens. au **Visitor Center** - *www.visitalexandriava.com*.
Fetching Photos – Un « safari-photo » pour découvrir Old Town Alexandria. *fetching-photos.com*.

HÉBERGEMENT

Pour un court ou long séjour, consultez la liste des **B & B** de l'Alexandria & Arlington Bed and Breakfast Network – *www.aabbn.com*. Vous trouverez aussi plusieurs hôtels de chaîne dans le haut de King Street, non loin du métro, parmi lesquels le **Hampton Inn** *(n° 1616)* ou le **Hilton** *(n° 1767)*.

POUR SE FAIRE PLAISIR

1 Monaco Alexandria – B2 - *480 King St. - ✆ (703) 549-6080 - http://thealexandrian.com - P 32/38 $ - ♿ 📶 (payant) - 241 ch. 143/292 $ ☕ - ✕*. En plein cœur d'Old Town, le Monaco a tout pour plaire : le confort d'un hôtel de sa catégorie, mais surtout une déco originale, haute en couleur, qui confère à l'endroit beaucoup de charme et de gaieté.

2 Morrison House – A2 - *116 S. Alfred St. - ✆ (703) 838-8000 - www.morrisonhouse.com - P 29/38 $ - ♿ 📶 13 $/24h - 45 ch. 136/269 $ - ✕*. À première vue, rien ne laisse deviner que ce manoir de style fédéral, en plein cœur de la vieille ville, ne fut construit qu'en 1985. Le mobilier joue aussi la carte de l'ancien : lits à baldaquin, fausse cheminée, chandeliers de cuivre. L'accueil et le confort sont, quant à eux, tout ce qu'il y a de plus authentiques.

RESTAURATION

BUDGET MOYEN

5 The Warehouse – B2 - *214 King St. - ✆ (703) 683-6868 - www.warehousebarandgrill.com - 11h-22h30, vend. 11h-23h, sam. 9h-23h, dim. 9h-21h30 - à la carte 34/58 $*. Des centaines de caricatures de personnalités locales accueillent les clients de cet établissement réputé d'Alexandria. Dans l'assiette, c'est une cuisine d'influence cajun qui prédomine. Goûtez à l'alligator cuit à l'étouffée ou à la soupe au crabe, bien crémeuse.

8 Virtue Feed and Grain – B2 - *106 S. Union St. - ✆ (571) 970-3669 - www.virtuefeedgrain.com - P - 11h30-23h, vend. 11h30-0h30, sam. 11h-0h30, dim. 10h-23h - à la carte 33/50 $*. À deux pas du Waterfront, cet entrepôt du 19e s., merveilleusement réhabilité, offre un espace vaste et chaleureux. Pour boire une bière, grignoter un snack ou se restaurer d'un burger. Agréable terrasse sur le trottoir.

POUR SE FAIRE PLAISIR

1 Gadsby's Tavern – B2 - *138 N. Royal St. - ✆ (703) 548-1288 - www.gadsbystavernrestaurant.com - 11h30-22h - plats 22/30 $*. Ambiance 18e s., en particulier le soir à la lumière des chandelles, dans cette taverne que fréquenta George Washington. On y sert des *crab cakes* ou des huîtres frites, mais aussi des viandes en sauce dont le fameux canard à l'orange George Washington.

2 Hank's Oyster Bar – A2 - *1026 King St. - ✆ (703) 739-4265 - www.hanksoysterbar.com - 11h30-0h, w.-end 11h-0h - plats 14/32 $*. L'un des meilleurs restaurants de fruits de mer d'Alexandria. On vient y déguster les huîtres sous toutes leurs formes, mais aussi des *lobster rolls* (sandwichs au homard), des *crab cakes*, etc. Mini-terrasse.

3 The Majestic – A2 - *911 King St. - ✆ (703) 837-9117 - http://themajesticva.com - 11h30-0h, vend. 11h30-1h, sam. 10h-1h, dim. 10h-0h - formules 30/50 $*. Entre galerie d'art et bistrot rétro, la grande salle à manger du Majestic ne détonne pas avec la maison historique qui l'abrite. Cuisine américaine aux accents méditerranéens. Tables dehors.

UNE FOLIE

7 Vermilion – A2 - *1120 King St. - ✆ (703) 684-*

9669 - www.vermilionrestaurant.com - 11h30-22h, vend. 11h30-23h, sam. 10h30-23h, dim. 10h30-21h - à la carte 46/68 $. Ce restaurant se prête à merveille à une soirée romantique. Avec sa très belle carte de vins et sa cuisine de haute volée, à base de produits frais de saison, il figure parmi les meilleures tables d'Alexandria.

PETITE PAUSE

Bittersweet Bakery-Café – A2 - *103 N. Alfred St. - ✆ (703) 549-2708 - www.bittersweetcatering.com - 9h-17h - fermé le w.-end.* Pour une agréable pause sucrée ou salée (paninis, sandwichs, salades), en terrasse si le temps le permet.

Killer ESP – A2 - *1012 King St. - ✆ (703) 200-3200 - http://killeresp.com - wifi - 9h-21h30, vend.-sam. 9h-23h30.* Les trois lettres de l'enseigne, qui signifient Espresso, Sorbet, Pie, annoncent le programme des réjouissances : cafés de marque Stumptown (originaire de Portland), délicieux sorbets et pâtisseries maison.

BOIRE UN VERRE

PX Lounge – A2 - *Columbus St. - à proximité du 728 King St - www.barpx.com - merc.-jeu. 18h-0h, vend.-sam. 18h-1h30.* Ce bar cultive la discrétion d'un *speakeasy* des années 1920. Pas d'adresse, pas d'enseigne, seule une lumière bleue pour indiquer si c'est ouvert. Frappez à la porte et attendez que l'on vienne vous chercher. S'il y a de la place, vous serez invité à rejoindre le bar pour déguster d'incroyables cocktails, dont l'originalité des noms rivalise avec celle des recettes. Assez cher. Réserv. fortement conseillée.

ACHATS

Bishop Boutique – A2 - *815-B King St. - ✆ (571) 312-0042 - www.bishopboutique.com - 10h-19h, dim. 11h-17h.* Une boutique ultra-girly où, quel que soit son style, chacune sera sûre de trouver accessoires, sacs et chaussures à son pied. Cher.

Old Town Farmers'Market – B2 - *301 King St. - ✆ (703) 746-3200 - www.alexandriava.gov/OldTownFarmersMarket - sam. 7h-12h.* Marché hebdomadaire de fruits et légumes.

The Hour Cocktail Collection – A2 - *1015 King St. - ✆ (703) 224-4687 - www.thehourshop.com - 12h-18h, dim. 12h30-17h30 - fermé lun.-mar.* Ustensiles pour élaborer de beaux et bons cocktails : verres, cuillères, shakers, seaux à glace, plateaux… La plupart des objets datent des années 1940 à 1960, prix en conséquence.

Torpedo Factory Art Center – B2 - *105 N Union St. - ✆ (703) 746-4570 - http://torpedofactory.org - 10h-18h, jeu. 10h-21h.* Il y en a pour tous les goûts et toutes les bourses. Œuvres faites de matériaux recyclés, pleines d'inventivité et de poésie, objets-sculptures en cristal et en toutes sortes de matériaux, peintures, bijoux émaillés. Les artistes en résidence vous réservent leur lot d'inventions.

AGENDA

Art on the Avenue – *1er sam. d'oct. - Old Alexandria, Mount Vernon Ave - ✆ 703 746 3301 - www.visitalexandriava.com.* Trois cents artistes sont réunis pour ce festival multiculturel. *artontheavenue.org.*

6

Shenandoah National Park et environs

★★

Virginie (VA)

La Skyline Drive est la plus connue des routes qui traversent les 79 330 ha du Parc national de Shenandoah. Elle suit les anciennes pistes indiennes tout au long de l'arête des Blue Ridge. Les soixante-quinze points de vue aménagés sur son parcours réservent de purs moments de délectation visuelle. À l'est, les douces collines bombées de Piedmont descendent vers la plaine côtière ; à l'ouest, une série de pics conduit à la vallée de Shenandoah, où la rivière du même nom étire paresseusement ses méandres à travers champs, bois et fermes pittoresques.

NOS ADRESSES PAGE 315
Hébergement, restauration, achats, activités, etc.

S'INFORMER

Park Headquarters – *3655 US-211 East, Luray, VA 22835-9036 - ✆ 540 999 3500 - www.nps.gov/shen*. Cartes, informations sur les différentes activités et possibilités de logement.

Visitor Centers dans le parc – Dickey Ridge *(mile 4,7) ouv. avr.-nov.* et **Harry F. Byrd** *(mile 51) ; 9h-17h (18h vend.-sam.)*.

Tous les autres sites et villes de cette région très touristique disposent de Visitor Centers bien pourvus en documentation.

SE REPÉRER

Carte de région B2 (p. 184-185).
Situé dans la chaîne des Blue Ridge Mountains, le parc est doté de quatre entrées principales. L'accès nord, à Front Royal (VA), se trouve à 70 miles/113 km à l'ouest de Washington DC. Méticuleusement entretenue, la Skyline Drive traverse sur 170 km la Virginie, de Front Royal à Rockfish Gap. Huit cents kilomètres de pistes sillonnent le parc, dont 163 km sur l'Appalachian Trail, qui va du Maine à la Géorgie en 3 300 km.

À NE PAS MANQUER

Les vues ; les grottes remplies de stalactites ; Monticello, la demeure de Thomas Jefferson.

Parc National de Shenandoah.
Michael Ver Sprill/iStock

ORGANISER SON TEMPS
Comptez deux jours pour visiter le parc.

AVEC LES ENFANTS
Les grottes, très impressionnantes, de Luray et le village reconstitué du Frontier Culture Museum.

Découvrir Carte de région p. 184-185

Très fréquenté en octobre, lorsque les feuilles des arbres changent de couleur, le parc est ouvert toute l'année. Renseignez-vous toutefois en hiver car certaines portions de la Skyline Drive peuvent être fermées pour des raisons météorologiques. Beaucoup d'hébergements, de restaurants et d'attractions sont également fermés de fin novembre à mars.
La vitesse est limitée à 35 miles/h à l'intérieur du parc. Les marqueurs en béton situés sur le bord de la chaussée sont numérotés en ordre ascendant, du nord au sud. Soyez vigilant car vous croiserez sans doute des animaux (cerfs, biches, dindons sauvages, voire ours). Restez toujours dans votre véhicule et ne les nourrissez pas. Il peut faire très froid en hiver, habillez-vous en conséquence.

★★ SKYLINE DRIVE B2

Circuit de 105 miles/169 km, décrit du nord au sud – entrée dans le parc valable 7 jours consécutifs - 30 $/voiture. Skyline Caverns et Lurray Caverns se trouvent à l'extérieur du parc, à proximité de Skyline Drive.

Skyline Caverns

10334 Stonewall Jackson Hwy, Front Royal (VA), 1 mile/1,6 km au sud de l'entrée de Front Royal sur la route 340 - 540 635 4545 - www.skylinecaverns.com - P - 9h-18h en été, horaires restreints le reste de l'année, consultez le site Internet - plusieurs formules à partir de 22 $ (réduction en ligne) - visite guidée seult.
Cette grotte de calcaire s'est creusée il y a 60 millions d'années. Elle abrite une formation de calcite rare, appelée hélictite ou fleur de grotte, ainsi que le **Fairyland Lake★**, lac souterrain dont la surface lisse miroite sous les lumières multicolores, et le **Dôme du Capitole**, énorme colonne créée il y a 12 000 ans par la jonction d'une stalactite et d'une stalagmite.
À proximité, les enfants peuvent s'amuser dans un labyrinthe tapissé de miroirs *(6 $)* ou faire une promenade à bord d'un train miniature *(6 $)*.

De Front Royal à Thornton Gap

Portion de 31 miles/50 km.

LA NATURE REPREND SES DROITS

Entre 1928 et 1935, l'État de Virginie acquit presque 825 km² de montagne, divisés en plus de 3 000 parcelles, pour ensuite les céder au gouvernement fédéral. Le président Franklin D. Roosevelt inaugura le Parc national de Shenandoah en 1936. Il s'agissait alors de reconstituer le paysage, que des années d'exploitation forestière et minière avaient détruit. Roosevelt venait de créer les **Civilian Conservation Corps** (Groupes de sauvegarde civile), qui vinrent en 1933 planter des arbres, nettoyer les pistes et étayer les collines de la Skyline Drive afin de juguler l'érosion. Seules 42 personnes, qui vivaient déjà dans le parc à cette époque, furent autorisées à rester. Les autres furent relogées. Des cabanes de rondins patinés et des murs de pierre sont tout ce qui reste de ce monde de montagnards, la nature recouvrant peu à peu ses droits.

La Skyline Drive part de l'US-340, à l'extrémité sud de Front Royal, et monte au **point de vue de Shenandoah Valley★★** *(mile 2,8)* qui regarde vers l'ouest et le mont Massanutten. La route culmine alors à 635 m, au **point de vue de Signal Knob** *(mile 5,7)*. Cet endroit, situé sur la pointe est du Massanutten, fut une station émettrice confédérée. Vers l'est, le **point de vue de Hogwallow Flats** *(mile 13,8)* fait face à des sommets bosselés, des monadnocks, uniques reliefs de la chaîne précédant celle des Blue Ridge Mountains.

★ Luray Caverns

À Luray, 9 miles/14 km à l'ouest de l'entrée de Thornton Gap sur l'US-211. 101 Cave Hill Road - ✆ 540 743 6551 - luraycaverns.com - P - mi-juin-sept. 9h-19h, oct., avr.-mi juin 18h, le reste de l'année 16h - visite guidée des grottes, départ ttes les 30mn - 28 $ (Luray Valley Museum, Car & Carriage Caravan Museum et Toy Town Junction inclus).

Situées à quelque 49 m sous terre, les **grottes de Luray**, découvertes en 1878, valent le voyage pour leurs stalactites miroitantes et la concrétion rocheuse ruisselant du plafond comme un tissu mouillé. Des monticules acérés, surgissant des eaux du **Dream Lake**, sont les seuls vis-à-vis des stalactites en suspension. Dans la salle de la Cathédrale, on entend les notes lancinantes de l'extraordinaire **Orgue Stalacpipe★**, lithophone électrique conçu dans les années 1950 par un certain Leland W. Sprinkle. Avant de sortir, les visiteurs sont invités à faire un vœu et jeter une pièce dans le **Wishing Well** (puits des vœux); chaque année, les pièces collectées sont reversées à une association caritative.

Proche de l'entrée du parking, le **Luray Valley Museum★** *(mêmes horaires que les grottes)* retrace de façon intéressante l'histoire du peuplement de la vallée à travers une belle collection d'objets d'art populaire. Tout autour ont été implantés un ensemble de bâtiments anciens de la région, déplacés ici afin de reconstituer un village agricole du 19e s. : atelier du forgeron, grange, café, magasin, école, etc.

Voisin, le **Car & Carriage Caravan Museum** *(mêmes horaires que les grottes)* présente un ensemble de véhicules, parmi lequels une Mercedes-Benz de 1897, la plus ancienne visible aux États-Unis, et une Rolls Royce (1925) ayant appartenu à la star du cinéma muet Rudolph Valentino.

Dernier site de l'ensemble, **Toy Town Junction** réunit la fabuleuse collection de trains miniatures et de jouets rassemblée depuis les années 1940 par Richard Borden, pour la plus grande joie des petits et des grands.

★★ Du tunnel de Marys Rock à l'entrée de Rockfish Gap

Portion de 73 miles/117 km.

La taille réduite du **tunnel de Marys Rock** *(mile 32,4)* ne doit pas faire oublier les difficultés de son percement : en 1932, il fallut trois mois aux ouvriers pour traverser les 183 m de roche et ouvrir le passage aux véhicules. Vous verrez, du **point de vue de Stony Man** *(mile 38,6)*, le plus ancien rocher du parc : l'Old Rag, couronné de granit vieux d'un milliard d'années.

L'auberge **Skyland** *(mile 42)* date de la fin des années 1880 *(Nos adresses).*

Les prés bien plats de **Big Meadows★** *(mile 51)* constituent un paysage en marge du reste du parc. À l'ouest de Big Meadows, le **Byrd Visitor Center** propose différentes expositions, dont l'une, passionnante, retrace l'histoire de la création du parc.

★ Harrisonburg

21 miles/33 km à l'ouest de l'entrée de Swift Run Gap sur l'US-33.

Vous pouvez quittez Skyline Drive le temps de visiter Harrisonburg. Cette jolie petite ville, fondée en 1779, a conservé le cachet de son centre historique où prospèrent boutiques et restaurants agréables. Elle se situe sur la **Wilderness Road** *(www.wildernessroadva.org)*, laquelle passe aussi par Staunton et était empruntée au 19e s. par les colons qui partaient vers le Kentucky et l'intérieur des terres.

Installé dans une demeure du 1856, le **Quilt Museum** *(301 S. Main St. - 540 433 3818 - mar.-sam. 10h-16h, fermé de mi-déc. à fin janv. - 7 $)* présente une collection de courtepointes en patchwork, typiques de l'art populaire américain.

Environ 42 miles/67 km séparent **Swift Run Gap** *(mile 66,7) de* **Rockfish Gap** *(mile 105,4), terminus de Skyline Drive, où deux autoroutes importantes, l'US-250 et la I-64, traversent la montagne d'est en ouest.*

★ Staunton

À 13 miles/21 km à l'ouest de l'entrée de Rockfish Gap par la route 250, l'I-64 Est et l'I-81 Nord.

Staunton Visitor Center – *35 S. New St. - 540 332 3971 - visitstaunton.com.* On y trouve un plan du quartier historique pour une promenade autoguidée. Par ailleurs, l'Historic Staunton Fondation propose une visite guidée à pied *(mai-oct., sam. 10h, départ 24 N. Coalter St.).*

Riche de sa longue histoire, cette charmante bourgade fondée en 1747 déploie une intense vie culturelle *(Nos adresses)* grâce à deux institutions implantées là. L'**American Shakespeare Center-Blackfriars Playhouse** *(10 S. Market St. - americanshakespearecenter.com - représentations toute l'année)* est une

UNE PÉPINIÈRE DE PRÉSIDENTS

Autour de Charlottesville, trois domaines gardent le souvenir de présidents américains élus entre 1801 et 1817. Outre Monticello, où vécut Jefferson, Ash Lawn-Highland conserve les vestiges de la plantation de tabac du président Monroe, et le manoir georgien de Montpelier fait revivre les grandes heures de James Madison et de sa femme, Dolley.

★★★ **Monticello** – *p. 300.*

★★ **Montpelier** – C3 - *À 24 miles au nord-est de Charlottesville par la route 20 - 540 672 2728 - www.montpelier.org.*

★ **Ash Lawn-Highland** – B3 - *Prenez la route 20, puis la route 53 vers l'est - 434 293 8000 - highland.org.*

LES VINS DE VIRGINIE

Thomas Jefferson fut sans doute l'un des premiers à estimer le potentiel vinicole de la région, dont les collines vallonnées et le climat ne sont pas sans rappeler certains endroits du Vieux Continent où poussent des raisins donnant du cabernet franc, du cabernet-sauvignon et du viognier ; c'est le seul endroit au monde hors de France à cultiver avec succès du petit manseng. Les maladies puis la Prohibition eurent hélas raison des premiers efforts des viticulteurs, mais depuis les années 1970, le secteur du vin a connu une croissance remarquable en Virginie. L'État compte aujourd'hui plus de 250 vignobles, entreprises généralement familiales et de petite taille, dans lesquels les visiteurs sont bienvenus pour découvrir les infrastructures et goûter les productions locales. Procurez-vous une carte figurant les dix régions vinicoles de Virginie et lancez-vous… avec modération ! **Virginia Wine** – *www.virginiawine.org.*

reconstitution unique au monde du théâtre londonien de Blackfriars, démoli en 1655. Le **Heifetz International Music Institute** *(107 E. Beverley St. - www. heifetzinstitute.org)* est quant à lui plus particulièrement dédié à l'enseignement des instruments à cordes.

La rue principale, **Beverley Street**, et ses voisines compte nombre de magasins, bistrots et maisons restaurées. Remarquez la demeure à façade de style vénitien qui se dresse au 19-21 E. Beverley St. (1911), le superbe immeuble d'angle néogothique au 2-4 E. Beverley St. (1895), ou encore le beau manoir de style châteauesque au 210 N. News St. (1900).

Camera Heritage Museum – *1 W. Beverley St. - 540 886 8535- www.camera-heritagemuseum.com- 9h-17h (14h dim.) - donation libre.* Ce musée pour passionnés conserve l'une des plus grandes collections d'appareils photos du pays. Il retrace plus d'un siècle et demi d'histoire de la photographie.

Staunton (prononcez STAN-ton) est aussi la ville natale de **Woodrow Wilson** (1913-1921), le 28e président des États-Unis, célèbre pour avoir négocié les accords de paix de la fin de la Première Guerre mondiale et jeté les bases de la Société des Nations, ancêtre de l'ONU, en rupture avec l'isolationnisme américain.

Woodrow Wilson Presidential Library & Museum – *20 N. Coalter St. - 540 885 0897 - www.woodrowwilson.org - P - visite guidée seult, plusieurs formules à partir de 14 $ - visite guidée générale à 10h, 11h, 12h15, 13h30, 14h45, 16h.* La demeure familiale de Wilson (The Manse) se visite. Des bâtiments adjacents abritent un musée, une bibliothèque et un centre de recherches (archives Wilson). Une intéressante exposition évoque les esclaves qui vivaient là en 1856, à la naissance du futur président.

★ **Frontier Culture Museum** – *1290 Richmond Ave - 540 332 7850 - www. frontiermuseum.org - P - mars-déc. 9h-17h (hiver 10h-16h) - 12 $. Des carrioles font la navette entre les différents sites ; également location de voiturettes électriques.* Ce musée en plein air de 31,6 ha, consacré au mode de vie paysan, est niché parmi les exploitations agricoles de la vallée de Shenandoah. Il fait la synthèse de l'héritage reçu des Européens, grâce à une série de fermes réimplantées là : le logis d'une famille paysanne allemande des environs de 1700, une ferme irlando-écossaise des environs de 1705, des bâtiments agricoles anglais de la fin des années 1600, une ferme de Virginie datant de 1805 environ. Des artisans costumés font la démonstration des techniques agricoles et des savoir-faire ancestraux : forge, tissage et tonte des moutons.

Université de Virginie.
garytog/iStock

★★ CHARLOTTESVILLE B2

▶ *À l'est de Blue Ridge Parkway, à 25 miles/40 km de l'entrée de Rockfish Gap par l'I-64.*

Charlottesville Albemarle Convention and Visitors Bureau – *610 E. Main St. - ✆ 434 293 6789 - www.visitcharlottesville.org.*

Postée sur les contreforts est des Blue Ridge, cette ville universitaire d'environ 45 000 habitants se trouve au cœur du comté d'Albemarle et de ses luxueux haras. Elle tire fierté de sa beauté, de son patrimoine historique et de son éventail d'activités culturelles. À sa fondation en 1762, elle était le siège du comté. Plus tard, elle devint le centre d'un réseau agricole extensif exploitant tabac, blé et maïs. Tenue à l'écart par l'aristocratie du reste de la Virginie, plus établie, la population de la région montra toujours une solide confiance en elle, à tel point qu'elle s'est révélée une pépinière d'hommes politiques. Parmi ceux-ci se trouvent trois des cinq premiers présidents du pays – **Thomas Jefferson** (1743-1826), **James Madison** (1751-1836) et **James Monroe** (1758-1831).

Le magazine *Money* opère un classement annuel des villes selon leur qualité de vie. Charlottesville a plusieurs fois figuré en bonne place ces dernières années, ce qui a accéléré son développement, sans pour autant nuire à son attrait. Il fait bon flâner sur **Main Street** *(entre 2nd St. N.W. et 6th St. N.E.)*, zone piétonne agrémentée de fontaines, de massifs fleuris et de bancs. Les immeubles en brique du début du 20e s. accueillent des boutiques et un grand choix de restaurants et bars.

★★★ University of Virginia

Routes 29 et 250 Business (angle d'Emmet St. et d'University Ave) - accessible par le trolley touristique depuis Downtown - ✆ 434 924 0311 - www.virginia.edu. Plan du campus et itinéraires thématiques disponibles à l'accueil des touristes de Charlottesville (ci-dessus) et au Visitor Center de l'université, lequel abrite aussi le commissariat de police (2304 Ivy Rd).

L'université est l'un des quatre bâtiments du pays inscrits au Patrimoine de l'humanité. Fondée en 1817 par Thomas Jefferson, elle faisait partie de son projet, soigneusement mis au point, de « village académique », symbolisant la liberté sans limite de l'esprit humain. De nos jours, l'université instruit quelque 21 000 étudiants et s'est hissée aux premiers rangs des établissements d'enseignement supérieur de l'Est des États-Unis.
Au cœur du village de Jefferson, la **Rotonde★★** *(angle University Ave et Rugby Rd)* est un gracieux monument achevé en 1826. Son architecture est inspirée de celle du Panthéon de Rome. Sa forme est celle d'une sphère à peu près parfaite, enchâssée dans un cube. De son escalier sud, on a une vue magnifique sur la pelouse, flanquée de colonnades. Celles-ci relient les chambres d'étudiants à dix pavillons, chacun construit sur le modèle d'un temple romain ou grec. Les pavillons sont occupés par les doyens et les professeurs émérites. Derrière, sont nichés les jardins à la française *(ouverts au public)*.

★★★ Monticello

À 5 miles/8 km du centre-ville. Prenez la route 20, puis la route 53 vers l'est et suivez les panneaux indicateurs. 931 Thomas Jefferson Pkwy - ✆ 434 984 9800 - www.monticello.org - P - 8h30-18h - plusieurs formules à partir de 26 $.
Monticello est l'unique demeure des États-Unis portée sur la liste des trésors internationaux du Patrimoine mondial de l'humanité. Il s'agit d'un remarquable « essai sur l'architecture » de Thomas Jefferson, un monument éternel à l'esprit guidant la naissance de l'Amérique. Surtout connu pour avoir rédigé la déclaration d'Indépendance en 1776, **Thomas Jefferson** (1743-1826) fut tour à tour gouverneur de Virginie, ambassadeur en France, secrétaire d'État, vice-président, puis troisième président des États-Unis (1801-1809).
Cet homme d'État accompli fut également musicien, dessinateur et naturaliste. Il commença la construction de sa demeure en 1768 sur la petite montagne (« Monticello ») qui offre toujours une vue admirable sur les alentours. En 1796, de retour de France après son ambassade de cinq ans, il fit agrandir la maison, qui passa de 8 à 21 pièces, et couronna l'entrée ouest d'un dôme.
Un **Visitor Center**, situé au pied de la colline *(prenez l'I-64 vers le sud, puis la route 20, sortie 121 - ✆ 434 977 1783)*, propose expositions et film. La visite de la demeure commence dans le **vestibule**, que Jefferson avait converti en musée. Chaque recoin de la maison montre d'ingénieuses innovations, des portes doubles, évitant les déperditions de chaleur, aux lucarnes, en passant par le monte-plats. À l'extérieur, les visiteurs peuvent explorer le couloir souterrain creusé sous la maison, qui mène à la cave et à la cuisine. Sur le côté sud de la pelouse et des jardins enchanteurs se dressent les restes de Mulberry Row, quartier des esclaves, occupés à la culture du tabac puis du blé – plus d'une centaine simultanément – et de leurs contremaîtres blancs. On estime à 600 le nombre d'esclaves possédés par Jefferson au cours de son existence, en dépit de ses discours contre la pratique et de ses tentatives réformistes après l'indépendance des États-Unis.
Une exposition est consacrée à **Sally Hemings** (1773-1835), esclave et sans doute maîtresse de Jefferson. Elle le suivit à Paris, où elle fit l'expérience de la liberté et fut vraisemblablement la mère de plusieurs de ses enfants.
En grimpant la colline, faites une halte à l'**Historic Michie Tavern★** *(683 Thomas Jefferson Pkwy - ✆ 434 977 1234 - www.michietavern.com - P)*. Bâtiment blanc plein de recoins, la taverne fut ouverte en 1784. À midi, les habitués commandent leur *Ordinary*, déjeuner composé de poulet frit, d'un ragoût de tomates, de petits pois à la vapeur et de pain de maïs.

NOS ADRESSES AUTOUR DE SHENANDOAH NATIONAL PARK

ARRIVER/PARTIR

Shenandoah National Park
p. 308.

Charlottesville
En train – *810 W. Main St.- 434 296 4559 - www.amtrak.com.*
En autocar – **Greyhound** – *310 W. Main St. - 434 295 5131- www.greyhound.com.*

TRANSPORTS

À Charlottesville
En voiture – Laissez votre véhicule au **Market Street Garage**, proche de Main St. La première heure est gratuite et le Visitor Center voisin délivre un coupon pour une deuxième heure gratuite.
Trolley– Un trolley touristique gratuit circule entre le centre et l'Université en passant par la gare ferroviaire; départ à la gare d'autobus (Downtown Transit Station) derrière le Visitor Center - *ttes les 15mn, 6h40-0h, dim. 8h-17h45.*

HÉBERGEMENT

À Shenandoah National Park
Plusieurs possibilités d'hébergement existent dans le parc mais toutes nécessitent de s'y prendre longtemps à l'avance en haute saison. Rens. et réserv. : www.goshenandoah.com.
Big Meadow Lodge et **Skyland** relèvent de l'établissement traditionnel, même si une partie des chambres sont disséminées dans des bungalows.
Lewis Mountain Cabins sont des bungalows tout équipés. Le parc comprend aussi **cinq campings**, plus ou moins équipés, dont l'un, Lewis Mountain Campground, ne prend pas de réservation.

À Staunton

BUDGET MOYEN

Stonewall Jackson Hotel – *24 S. Market St. - (540) 885-4848 - www.stonewalljacksonhotel.com - P 6 $ - - 124 ch. à partir de 135 $ -* . Surmonté d'un grand néon rouge qui sert de point de repère dans le paysage de la ville, cet hôtel du centre historique, inauguré en 1924, s'est refait une beauté et accueille de nouveau les visiteurs dans son cadre néo-colonial d'origine. Grand confort et bon accueil.

À Charlottesville

POUR SE FAIRE PLAISIR

Boar's Head Inn – *200 Ednam Dr. - (855) 452-2295 - www. boarsheadinn.com - - 175 ch. 150/445 $ -* . Au cœur d'un immense parc au pied des montagnes Blue Ridge, cet hôtel évoque un manoir anglais. Les chambres sont décorées d'objets anciens et disposent de tout le confort attendu. Deux restaurants, un golf, des courts de tennis et un spa complètent les installations, à moins de 10 km de la ville.
Oakhurst Inn – *100 Oakhurst Circle - (434) 872-0100 - http://oakhurstinn.com - P - 27 ch. à partir de 199 $ -* .
Un hôtel de charme proche de l'Universtité - et donc du centre, facilement accessible en trolley gratuit - avec des chambres toutes différentes qui marient le charme de l'ancien et le confort du moderne. Le Cafe and Espresso Bar (7h-14h) est réputé pour ses excellents petits-déjeuners et sa restauration légère.

RESTAURATION

À Shenandoah National Park

Big Meadow Logde et Skyland (☛ *Hébergement)* comptent chacun deux **restaurants** et un point de vente de sandwichs à emporter.

Trois stations permettent de faire des provisions de bouche et de matériel de camping le long de Skyline Drive : Elkwallow Wayside *(mile 24,5)*, Big Meadow Wayside *(mile 51)*, Loft Mountain Wayside *(mile 79,5)*.

À Staunton

BUDGET MOYEN

Yelping Dog Wine – *9 E. Beverley St. - ✆ (540) 885-2275 - http://yelpingdogwine.com - mar.-jeu. 11h-21h, vend.-sam. 11h-22h, dim. 12h-18h - 15/20 $.* Voilà l'endroit parfait pour découvrir des vins de Virginie, mais pas seulement : vous pouvez les accompagner d'une planche de fromage et de charcuterie. Bons conseils et vente de produits à emporter.

The Shack – *105 S. Coalter St. - ✆ (540) 490-1961 - www.theshackva.com - merc.-sam. 17h-21h, dim. 10h30-14h, 17h-20h - 15/30 $.* L'idée derrière ce restaurant ? Servir la meilleure cuisine possible, sans prétention. Le pari est réussi grâce à d'excellents produits toujours frais et locaux et un cadre sympathique façon brocante. La carte, courte et toujours renouvelée, reflète aussi à l'occasion l'héritage d'Europe centrale des propriétaires des lieux.

À Charlottesville

BUDGET MOYEN

The Whiskey Jar – *227 W. Main St. - ✆ (434) 202-1549 - http://thewhiskeyjarcville.com - lun.-sam. 11h-14h30, 17h-0h (2h jeu.-sam.)., dim. 10h-14h30 - 15/28 $.* Comme son nom l'indique, l'endroit propose un choix incroyable de whiskies et de bourbons. Dans les assiettes, du « maison », local et roboratif, beaucoup de grillades de viande, mais aussi de poisson.

POUR SE FAIRE PLAISIR

Hamilton – *101 W. Main St. - ✆ (434) 295-6649 - http://hamiltonsrestaurant.com - lun.-sam. 11h30-15h, 17h-21h (22h vend.-sam.), dim. 10h30-14h30 - 20/30 $.* Un restaurant raffiné qui privilégie les produits locaux et de saison et propose des options végétariennes. C'est l'une des bonnes tables de Charlottesville, réputée pour sa carte des vins ; le brunch dominical est particulièrement savoureux.

UNE FOLIE

C and O – *515 E. Water St. - ✆ (434) 971-7044 - www.candorestaurant.com - 17h-1h30 - à la carte 50/74 $.* Un restaurant agréable et chic pour une occasion spéciale ou un dîner en amoureux. Cuisine du marché qui réinterprète les produits locaux, de saison et si possible bio, en leur donnant à l'occasion un petit parfum oriental inattendu.

Barboursville Vineyards – *17655 Winery Rd - VA 22923 Barboursville - ✆ (540) 832-3824 - www.bbvwine.com.* Ce très beau domaine abrite les ruines d'une vaste demeure conçue par Jefferson himself ! Il comporte également, outre son vignoble très réputé, un hôtel, The 1804 Inn (240-475 $:), ainsi qu'un excellent restaurant italien, Palladio (déj. merc.-dim. 12h-14h - dîner vend.-sam. 18h30-21h - réserv. ✆ (540) 832-7848 - 41-71 $). Dans une salle qui fleure bon le terroir du bel paese, ne soyez pas surpris de voir tout à coup surgir un colosse à la barbe de hipster ! Natif de Virginie, Spencer Crawford conjugue à merveille des plats d'inspiration italienne avec des produits de Virginie, accompagnés des vins élaborés sous la houlette de l'œnologue Luca Paschina. Délicieux *risotto al polpa di granchio e pommodoro* ou *ravioli al brasato*, accompagnés d'un Chardonnay de la propriété… sans oublier des fromages italiens et locaux accompagnés d'un délicieux verre de vin rouge Octagon (cabernet franc/Merlot).

ACTIVITÉS

À Shenandoah National Park

Rens. dans les Visitor Centers et sur le site internet www.nps.gov/shen. Équitation, randonnées à pied ou à vélo, escalade, visites gratuites organisées par les rangers à la découverte de la faune et de la flore…, il y a fort à faire dans le parc.

Au départ de Skyland, il est aussi possible de partir à la découverte des distilleries et des vignobles de la région avec un tour guidé…, histoire de laisser sa voiture au parking et de profiter des visites !

AGENDA

À Shenandoah National Park

Night Sky Festival – *En août.* Trois jours de conférences, de visites guidées, d'observation du ciel, des étoiles et des animaux nocturnes.

À Staunton

Festival of Concerts – *En été.* Concerts de musique classique patronnés par le Heifetz International Music Institute. *www.heifetzinstitute.org.*

Staunton Music Festival – *En août.* Musique de chambre et opéra dans le centre historque. *www.stauntonmusicfestival.org.*

Queen City Mischief and Magic Festival – *1er w.-e. de sept.* L'univers de Harry Potter débarque à Staunton ! *www. queencitymagic.com.*

Shenandoah Fall Foliage Bike Festival – *En oct.* Le rendez-vous des amateurs de vélo et de musique. *shenandoahbike.org.*

À Charlottesville

Sprint Pavillon – *Avr.-sept. - ts les vend.* Une salle en plein air accueille des concerts gratuits, non loin de *food trucks* providentiels. *700 E. Main St. - www.sprintpavilion.com.*

Chamber Music Festival – *En sept.* Festival de musique de chambre dans différents lieux de la ville. *www.cvillechambermusic. org.*

Deux festivals importants se déroulent chaque année dans le cadre de l'**University of Virginia** : Heritage Theater Festival *(en été - heritagetheatre.virginia.edu)* et Virginia Film Festival *(en nov. - virginiafilmfestival.org).*

Richmond ★ et Colonial Parkway ★★

La Route coloniale

Virginie (VA)

Férus d'histoire, précipitez-vous ! Baignée par la James River et la York River, la région qui s'étend entre Washington DC et Williamsburg est le berceau de la nation américaine. C'est à Jamestown que fut établie la première colonie anglaise durable du continent, en 1607. C'est à Williamsburg que des patriotes réclamèrent l'indépendance à la couronne d'Angleterre. Enfin, c'est Richmond que les éphémères États confédérés élirent comme capitale pendant la guerre de Sécession. À deux heures de Washington, la capitale déchue n'en reste pas moins une cité active et une halte agréable vers le territoire des colonies, avec ses maisons anciennes, son lacis de fleuves, ses criques où flotte le souvenir de Pocahontas, ses pinèdes et ses forêts de chênes, éternelles promesses d'un nouveau monde.

NOS ADRESSES PAGE 327 ET 339
Hébergement, restauration, achats, activités, etc.

SE REPÉRER
Carte de région CD2-3 (p. 184-185). Ce parcours mène au sud de Washington DC vers Richmond, à 108 miles/174 km, et Williamsburg, 52 miles/84 km plus loin.

À NE PAS MANQUER
Colonial WIlliamsburg, pour un voyage dans le temps.

AVEC LES ENFANTS
Jamestown Settlement et Yorktown Victory Center, pour les mêmes raisons !

★ Richmond Plan I (général) p. 322 et plan II (centre) p. 323

405 N 3rd St. - 9h-17h - 804 783 7450 - www.visitrichmondva.com.
L'ancienne capitale des États confédérés est aujourd'hui un centre d'affaires dynamique de 220 000 habitants, qui conjugue la nostalgie du Vieux Sud et la vitalité du Sud moderne. Moins sage qu'il n'y paraît, elle est devenue en quelques années l'un des hauts lieux du *street art*, et compte le nombre de studios de tatouage par habitant parmi les plus élevés du pays ! C'est également une belle ville d'art, composée de demeures anciennes et d'un très beau musée, le Virginia Museum of Fine Arts.

★ CENTRE-VILLE Plan II p. 323

La plupart des lieux à visiter se concentrent au nord de la James River.

Autour du Capitole F1-2
Le centre de Richmond, longtemps le plus sophistiqué du Sud, s'organise autour de son capitole.

Richmond.
Sean Pavone/iStock

Les batailles de Richmond

Richmond fut fondée sur l'embouchure de la James, vers 1730, par le planteur William Byrd II, propriétaire de la région. La localité évolua peu avant d'être choisie en 1779 pour capitale de la Virginie, l'un des treize États fondateurs. En un siècle, elle devint le géant industriel du Sud. Lorsque les États confédérés se constituèrent en 1861, Richmond fut élue capitale.

GÉANTS DE LA GUERRE

La capitale confédérée est la seule ville à subir un siège pendant la longue et sanglante guerre de Sécession. En 1862 éclatent les combats au cours desquels le général nordiste George B. McClellan prend le contrôle des terres situées entre les fleuves James et York. Les dernières batailles connaissent leur paroxysme en 1864-1865 au **siège de Petersburg**, tout près de Richmond. Les forces de l'Union, commandées par le général Ulysses Grant, assiègent l'armée de Robert Lee pendant dix mois entre juin 1864 et avril 1865. La guerre de Sécession prend fin à 88 miles à l'ouest de Richmond, dans le petit village d'Appomattox, où le général Lee se rend à Grant le 9 avril 1865. Richmond et la Confédération tombent simultanément.

GÉANTS DE L'INDUSTRIE

La ville a retrouvé sa prospérité au cours du demi-siècle suivant et a su conserver son cachet de capitale culturelle du Sud. Au tout début du 20e s., elle possédait déjà de grands magasins élégants, des théâtres Art déco, des musées et des demeures victoriennes distinguées. Au cours du siècle, Richmond s'est étendue vers l'ouest, où se sont développés les quartiers chics et l'université. La ville demeure prospère grâce à l'industrie du tabac et aux géants Philip Morris et Reynolds en particulier. Le passé survit néanmoins, grâce aux hommages que rend la municipalité aux pères fondateurs, mais aussi aux généraux confédérés.

ILS SE VISITENT…

★ **Richmond National Battlefield Park** – *✆ 804 226 1981 - www.nps.gov/rich - P payant - entrée libre.* Parcours routier de 80 miles passant par treize sites qui rappellent les batailles de Richmond (1862 et 1864). Commencez par le centre d'accueil installé dans les **forges Tredegar** *(Tredegar St. - ✆ 804 649 1861 - acwm.org - 9h-17h)*, d'où sortit la plus grande partie de l'armement confédéré.

Chimborazo Medical Museum – *3215 E. Broad St. - ✆ 804 226 1981 - 9h-16h30 - site inclus dans le parc.* Au sommet d'une colline à l'est de la ville se tenait le plus grand des hôpitaux confédérés. Musée de la médecine sur place.

Petersburg National Battlefield – *Centre d'accueil sur la route 36 à 20 miles au sud de Richmond - ✆ 804 732 3531 - www.nps.gov/pete - entrée libre.* Le siège de Petersburg est rappelé tout au long de l'itinéraire de 37 miles qui part du centre d'accueil et traverse les buttes élevées par les deux armées. Le quartier général de Grant à City Point est également préservé.

Appomattox Court House National Historical Park – *Centre d'accueil sur Main St. à Appomattox - ✆ 434 352 8987 - www.nps.gov/apco - 9h-17h - entrée libre.* Le tribunal où eut lieu la reddition de Lee se visite.

FREDERICKSBURG

À mi-chemin entre Washington et Richmond, Fredericksburg constituait un lieu stratégique pour le contrôle de la capitale des États confédérés. On visite encore quatre champs de bataille où se déroulèrent, de décembre 1862 à mai 1864, certains combats décisifs de la guerre de Sécession.

★ **Fredericksburg and Spotsylvania National Military Park** – Carte de région C2 - *120 Chatman Lane (à 50 miles/80 km au sud de Washington, via la route I-95) - ✆ 540 693 3200 - www.nps.gov/frsp - P - parc ouvert du lever au coucher du soleil (bâtiments 9h-17h, horaires variables selon les saisons, consultez le site Internet) - entrée libre, film 2 $.*

★ **Virginia State Capitol** – *✆ 804 698 1788 - www.virginiacapitol.gov - lun.-sam. 9h-17h, dim. 13h-17h ; visite guidée tlj, rens. par téléphone - entrée libre.* Installé au sommet d'un jardin bordé par 9th St., Governor St., Bank St. et Broad St., cet édifice achevé en 1788 est inspiré de la Maison carrée de Nîmes.

★ **Museum and White House of the Confederacy** – *1201 E. Clay St. - ✆ 804 649 1861 - acwm.org - P - 10h-17h - plusieurs formules à partir de 12 $.* Cette demeure en stuc construite en 1818 abrita, durant la guerre de Sécession, le président confédéré Jefferson Davis et sa famille. L'intérieur victorien, chargé, reflète le goût des Davis à l'époque. Le musée attenant possède une collection étendue d'objets ayant trait à l'effort de guerre confédéré, notamment l'épée de Robert E. Lee lors de sa capitulation à Appomattox et la monumentale tapisserie d'E. B. D. Julio, **The Last Meeting of Lee and Jackson★** *(rez-de-chaussée)* exécutée en 1869.

★ **Valentine Richmond History Center** – *1015 E. Clay St. - ✆ 804 649 0711 - thevalentine.org - P - mar.-sam. 10h-17h, dim. 12h-17h - 10 $ - possibilité de visite guidée à pied à travers la ville et de visite de monuments.* Le musée contient des archives très complètes concernant la capitale. Se fondant sur l'histoire de Richmond, il explore les changements de société et l'évolution du mode de vie américain. Il gère notamment la **Wickham House★** voisine (1812), exemple d'architecture de style fédéral qui mérite la visite. L'éminent avocat John Wickham y vécut de 1812 à 1854. Remarquez l'escalier en colimaçon en acajou, les riches moulures et les peintures murales néoclassiques. La demeure évoque la vie quotidienne des maîtres et de leurs esclaves, à Richmond, au début du 19e s.

John Marshall House – *818 E. Marshall St. - ✆ 804 648 7998 - www.johnmarshallfoundation.org - mars-déc. : vend.-sam. 10h-17h, dim. 12h-17h ; visite guidée sur rdv - 8 $.* Le troisième président de la Cour suprême de justice, John Marshall, vécut dans cette demeure de l'ère fédérale. Bâtie en brique, la maison domine de nos jours un carrefour animé du centre-ville. La dignité à laquelle il éleva le poste dont il fut titulaire de 1801 à 1835 lui valut le surnom de « Grand Chef de la justice ». Marshall vécut ici la majeure partie de sa vie et ses meubles de famille décorent toujours la maison.

★ **Maggie L. Walker National Historic Site** – *600 N. 2nd St. - ✆ 804 771 2017 - www.nps.gov/mawa - mar.-sam. 9h-17h - entrée libre.* Cette demeure de brique attenante à ses voisines est située dans le vieux quartier noir, Jackson Ward. Maggie Walker (1867-1934), femme d'affaires noire et première Américaine à fonder et présider une banque, y vécut de 1905 à 1934. Elle ouvrit son établissement, la St Luke Penny Savings Bank, en 1903. Celle-ci existe toujours sous le nom de Consolidated Bank and Trust Company. La maison conserve une grande partie de son mobilier et de ses souvenirs.

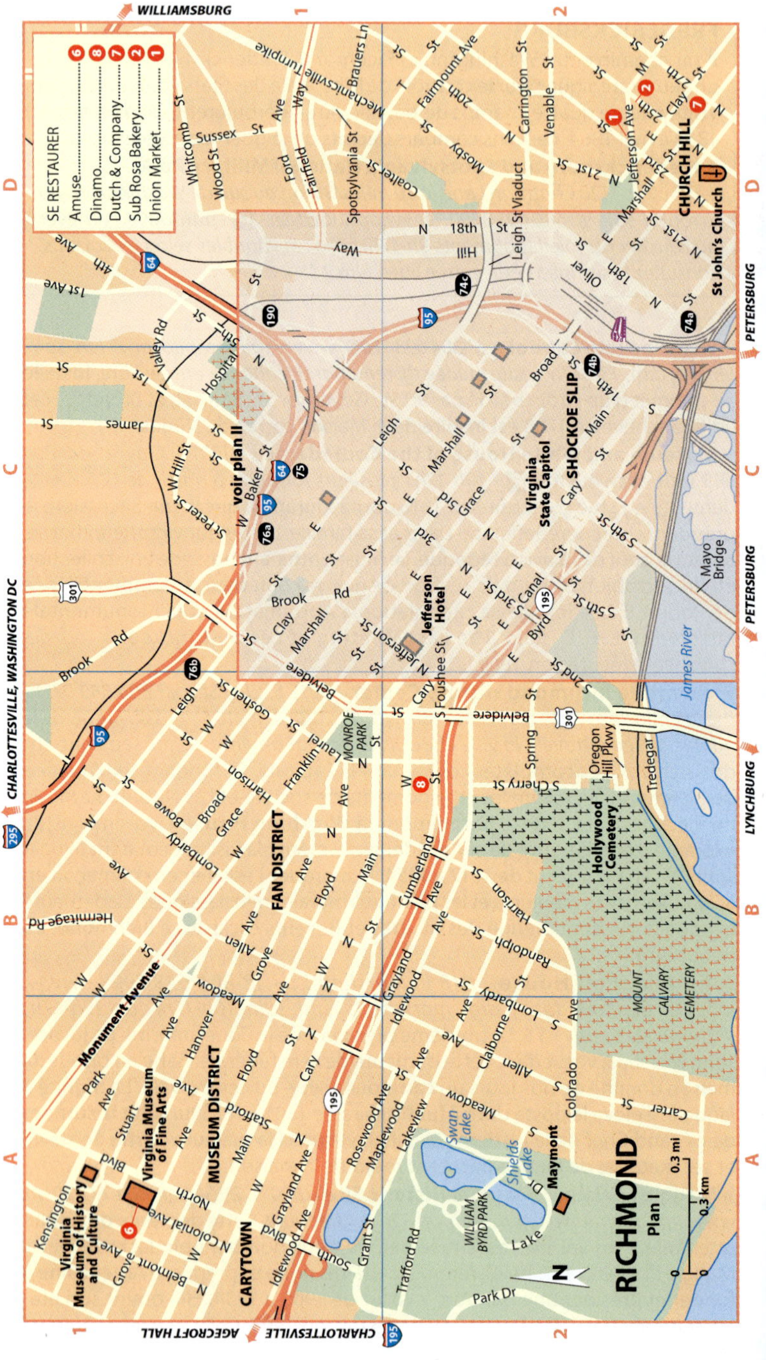
RICHMOND
Plan I
SE RESTAURER
Amuse 6
Dinamo 8
Dutch & Company 7
Sub Rosa Bakery 2
Union Market 1
voir plan II
WILLIAMSBURG
CHARLOTTESVILLE, WASHINGTON DC
CHARLOTTESVILLE
AGECROFT HALL
PETERSBURG
LYNCHBURG
CHURCH HILL
St John's Church
SHOCKOE SLIP
Virginia State Capitol
Jefferson Hotel
FAN DISTRICT
MUSEUM DISTRICT
CARYTOWN
Virginia Museum of Fine Arts
Virginia Museum of History and Culture
Monument Avenue
MONROE PARK
Hollywood Cemetery
MOUNT CALVARY CEMETERY
WILLIAM BYRD PARK
Maymont
Swan Lake
Shields Lake
James River
Mayo Bridge
0.3 mi
0.3 km

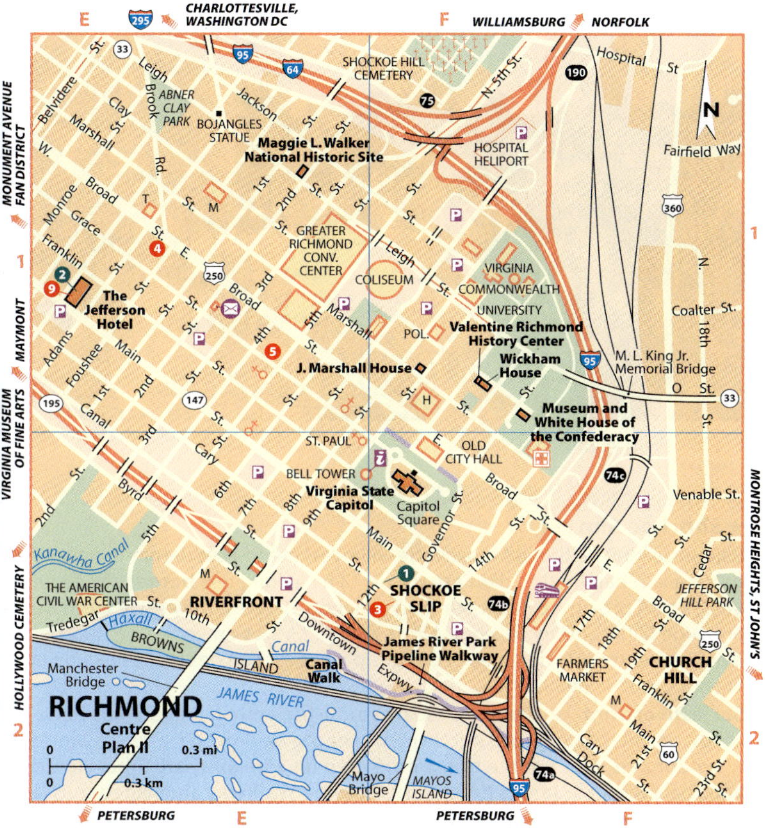

SE LOGER

- The Berkeley 1
- The Jefferson 2

SE RESTAURER

- Lemaire 9
- Pasture 5
- Tarrant's 4
- Urban Farmhouse Market & Café 3

Le café du Virginia Museum of Fine Arts.
F. Dyan/Michelin

★ Shockoe Slip EF2

Rajeuni le long de Broad St., le centre-ville s'est étendu ces dernières années grâce à la réhabilitation d'un espace de 13 ha le long des **berges** *(au début de 5th St.)*. À proximité, le bassin d'un canal du 19e s. est devenu le cœur de Shockoe Slip *(sur Cary St., entre 12th St. et 15th St.)*. Très en vogue, ce quartier d'anciens entrepôts de tabac et de rues pavées est l'un des hauts lieux de la vie nocturne de Richmond.

Sur le **Riverfront** (E2) alternent espaces industriels réhabilités et murs décorés de fresques façon *street art*. Ne manquez pas de descendre vers la James River dont les rives ont été transformées en un agréable parc urbain, pour vous balader sur la **James River Park Pipeline Walkway** aménagée sous la voie de chemin de fer *(personnes sujettes au vertige s'abstenir)*.

Canal Walk EF2

Accès entre 5th St. et 17th St.

La promenade qui s'étire sur environ 2 km entre la James River et les canaux Kanawha et Haxall est jalonnée de monuments retraçant l'histoire de Richmond.

CHURCH HILL Plan I D2

Ce quartier situé sur les hauteurs, à l'est de la ville, ménage quelques perspectives intéressantes sur Richmond, ses entrepôts et la James River, notamment depuis le belvédère à l'extrémité de Grace Street.

★ **St John's Church** – *2401 E. Broad St. - www.historicstjohnschurch.org.* Principal édifice de Church Hill, l'église blanche, construite en 1741, est l'un des plus anciens bâtiments de bois de l'État. Le transept, les bancs et la chaire sont d'origine. Le second Congrès continental de Virginie se tint à St John en 1775. Patrick Henry, révolutionnaire du parti des Patriotes, y déclama son célèbre discours : « J'ignore ce que l'avenir réserve aux autres mais, pour moi, ce sera la liberté ou la mort. »

★★ LES QUARTIERS OUEST : FAN DISTRICT ET CARYTOWN Plan I AB1

L'ouest de Richmond se distingue par ses ravissants quartiers anciens, de gracieux boulevards, des parcs et des maisons historiques.
Proche du centre-ville, **Fan District** est délimité par Monument Avenue au nord, Main Street au sud, Belvidere Street à l'est et Boulevard à l'ouest. Les rues de ce quartier vivant forment un éventail, d'où son nom. Il comporte un grand nombre de maisons de ville du 19e s. restaurées et de cafés. Le campus de l'université du Commonwealth de Virginie (Virginia Commonwealth University), dont l'école des Beaux-Arts est réputée, s'y trouve également. Des statues de héros confédérés et de grands hommes de Virginie ponctuent **Monument Avenue★**, artère reliant Fan District au centre-ville.
Non loin de là, tout un choix de petites **galeries** s'étire le long de West Main Street, des numéros 1300 à 1800.
Quant à **Carytown** (*Cary St. entre Boulevard et Thompson St.*), elle se situe dans la partie ouest de Fan District et abrite des boutiques, des antiquaires et des restaurants.

MUSEUM DISTRICT A1

Les deux grands musées de Richmond bordent le Boulevard.

Virginia Museum of History and Culture

428 N. Blvd - ✆ 804 358 4901 - www.vahistory.org - P - 10h-17h - donation suggérée 10 $.
Cet immeuble imposant du début du 19e s. fut appelé Confederate Memorial Institute. Le musée passe en revue la culture des différents peuples fondateurs de la Virginie. L'exposition permanente **Story of Virginia : An American Experience** retrace l'histoire de l'État à travers la vie des Indiens jusqu'au 20e s. Le musée accueille par ailleurs de nombreuses expositions temporaires ayant trait à différents aspects de l'histoire culturelle, sociale et économique de l'État. Les murs de Cheek Gallery portent des fresques réalisées au début du 20e s. par le Français Charles Hoffbauer, intitulées **Les Quatre Saisons de la Confédération**.

★★ Virginia Museum of Fine Arts

200 N. Blvd - ✆ 804 340 1405 - www.vmfa.museum - P - 10h-17h (jeu.-vend. 21h) - entrée libre.
Merveille d'éclectisme, les collections de ce musée, un des plus importants de la côte Est, sont exposées dans différentes ailes, qui reflètent les étapes de l'histoire de l'édifice, construit entre 1936 et 2010. Les cent premiers objets furent légués en 1919 par le juge John Barton Payne, éminent magistrat de Virginie. La collection s'est enrichie et compte aujourd'hui plus de 23 000 pièces couvrant 5 000 ans d'histoire de l'art. La Chine et le Japon, l'Afrique, l'Égypte antique, la Grèce classique et Rome sont représentés. Le musée abrite également une magnifique collection d'art sacré de l'Inde (un somptueux pavillon en marbre originaire du Rajasthan occupe toute une salle), de l'Himalaya et de l'Islam. Ne manquez pas l'une des plus belles **collections★★★**, hors de Russie, d'œufs de Pâques et de bibelots du joaillier russe **Carl Fabergé**. Parmi les galeries consacrées à l'art en Europe, celles dédiées au 19e s. comptent des toiles impressionnistes (Degas, Manet, Caillebotte) et la section consacrée au 20e s. présente des œuvres d'Hector Guimard, figure de l'Art nouveau, de René Lalique, de Frank Lloyd Wright et de Louis Comfort Tiffany

mais aussi des peintures de Klee, Picasso, Modigliani ou Matisse. La collection d'**art américain** met en valeur les œuvres de Sargent, Childe Hassam, Edward Hopper ou George Bellows. L'art contemporain occupe également une place importante dans le parcours.
Le musée programme en outre de bonnes expositions temporaires (payantes).

DEMEURES PRÈS DE LA JAMES RIVER Plan I

À la fin du 19e s. et au début du 20e s., l'aristocratie de Richmond éleva de belles demeures campagnardes sur les collines du West End dominant la James.

★ Maymont A2

2201 Shields Lake Dr. - 804 358 7166 -maymont.org - P - 10h-19h; ferme et animaux jusqu'à 17h; centre d'information mar.-dim. 10h-17h; maison mar.-dim. 10h-17h; visite guidée de la maison ttes les 30mn - donation suggérée 5 $.
Le magnat du chemin de fer James Dooley et sa femme Sallie May vécurent dans cette propriété à la fin du 19e s. La demeure, au sommet d'un escarpement dominant la James, constitue l'une des principales curiosités de la ville. D'architecture néoromane, elle fut construite en pierre dans les années 1890. Le couple avait décoré sa maison d'un mobilier extravagant, comme cette table Tiffany en argent incrusté de corne de narval. Le domaine s'étend sur 40 ha et comprend des jardins à la française, un jardin japonais, une ferme pédagogique, un centre d'information sur la nature et un café. Une exposition florale, **Maymont Flower & Garden Show**, se tient chaque année en février au Richmond Centre, dans le centre-ville. C'est, dans la région, l'un des événements majeurs consacrés à l'horticulture.
★ **Hollywood Cemetery** B2 – *412 S. Cherry St. - 804 648 8501 - www.hollywoodcemetery.org - 8h-18h - visite guidée en avr.oct. (consultez le calendrier sur le site Internet ou sur celui du Valentine Center -* *p. 319)*. Jefferson Davis, président de la Confédération, ainsi que le héros de cavalerie sudiste Jeb Stuart sont enterrés dans ce cimetière impressionnant, à proximité de Maymont. Ils y reposent en compagnie d'anciens présidents des États-Unis, James Monroe et John Tyler.

★ Agecroft Hall A1 en dir.

4305 Sulgrave Rd - 804 353 4241 - www.agecrofthall.com - P - mar.-sam. 10h-16h, dim. 12h30-17h, visite libre des jardins, visite guidée de la maison - 8 $.
Un festival Shakespeare se tient en plein air chaque été en juin-juillet.
Les murs à colombages et les fenêtres à petits carreaux de cette demeure faisaient autrefois partie d'un manoir anglais du Lancashire, de style Tudor et Stuart. La demeure, datant de la fin du 15e s., fut sauvée de la démolition en 1926 par T. C. Williams, originaire de Richmond. Il démonta le manoir d'origine et utilisa les matériaux pour construire celui-ci dans le quartier de Windsor Farms, qu'il était en train de créer. Agecroft Hall est aujourd'hui converti en musée consacré à la vie dans un manoir anglais aux 16e et 17e s. À l'écart de la cour pavée de style 17e s., une salle d'exposition relate l'épopée de cette reconstruction. Cinq jardins anglais ont été aménagés sur le domaine.

NOS ADRESSES À RICHMOND

Plan I (général) p. 322
Plan II (Centre) p. 323

ARRIVER/PARTIR

En avion – Richmond International Airport – *À une quinzaine de kilomètres à l'est de la ville - ✆ 804 226 3000 - flyrichmond.com.*
En train – Richmond compte deux gares. La plupart des trains s'arrêtent à la gare principale de **Staples Mill Rd** *(à 10 km au nord de la ville)*. En revanche, il y a moins de trains pour **Main Street Station** (plan II F2, *1500 E. Main St., dans le centre-ville) - www.amtrak.com.*
En autocar – Greyhound – *N. Bd - ✆ 804 254 5910 - www.greyhound.com.*

VISITES GUIDÉES

Real Richmond Food Tours– *✆ 800 838 3006 - realrichmondva.com.* Découverte passionnante (en anglais) de différents quartiers de Richmond à travers leur gastronomie.
Street Art – L'artiste Mickael Broth *(mickaelbroth.tumblr.com)* fait découvrir le meilleur du *street art* à Richmond. Contactez-le à l'avance, en anglais : mickael@mickaelbroth.com.
Riverfront Canal Cruises – *Turning Basin (sur le canal, à la hauteur de 14th St.) - ✆ 804 649 2800 - www.venturerichmond.com - d'avr. à mi-nov., consultez le calendrier sur le site Internet ; 1 dép./h en haute saison - 8 $.* Croisière de 40mn sur la James River et le Kanawha Canal.

HÉBERGEMENT

POUR SE FAIRE PLAISIR

① **The Berkeley** – Plan II, F2 - *1200 E. Cary St. - ✆ (804) 780-1300 - www.berkeleyhotel.com - 23 $/nuit - - 55 ch. 127/195 $ - .* Idéalement situé dans le quartier de Shockoe Slip, ce boutique-hôtel dispose de tout le confort attendu. Préférez les chambres qui donnent sur les beaux entrepôts rénovés de Cary St., plutôt que celles qui ont vue sur la sortie du parking de 12th St.
② **The Jefferson** – Plan II, E1 - *101 W. Franklin St. - ✆ (804) 649-4750 - www.jeffersonhotel.com - 12/20 $/nuit - - 140 ch. 275/435 $ - .* Un must ! Ce monument historique de Richmond fut édifié en 1895. Les lignes extérieures de ce magnifique exemple de style Beaux-Arts s'inspirent de la Villa Médicis à Rome. L'intérieur a été entièrement repensé en 2016, tout en préservant les volumes somptueux du lobby, couronné d'une coupole de verre liberty, du grand escalier et de l'atrium à deux étages qui évoque quelque grand salon de palais italien. Les chambres sont vastes et cosy, et le restaurant, Lemaire, compte parmi les meilleurs de la ville et de toute la Virginie.

RESTAURATION

PREMIER PRIX

② **Sub Rosa Bakery** – Plan I, D2 - *620 N. 25th St. - ✆ (804) 788-7672 - www.subrosabakery.com - 7h-18h, w.-end 8h-17h - fermé lun.* Si vous êtes à Church Hill, vous devez impérativement faire un crochet par cette boulangerie. Les beignets, tartes salées, quiches, viennoiseries, pains, cuits au four à bois, ont une saveur à nulle autre pareille (le *polenta bread* est tellement divin qu'il faut le réserver).

1 **Union Market** – Plan I, D2 - *2306 Jefferson Ave - ✆ (804) 716-7233 - http://unionmarketrva.com - 10h-22h, vend.-sam. 10h-23h - moins de 10 $*. Un marché fermier qui propose des produits régionaux à emporter ou à consommer sur place. Les sandwichs, salades ou soupes sont délicieux.

3 **Urban Farmhouse Market & Café** – Plan II, F2 - *1217 E. Cary St. - ✆ (804) 325-3988 - http://theurbanfarmhouse.net - wifi - 6h30-20h, sam. 7h-21h, dim. 7h-20h - moins de 12 $*. Un magnifique entrepôt de brique réhabilité, très agréable pour prendre un petit-déjeuner, un café, un brunch *(w.-end seult)* ou déjeuner sur le pouce de produits bio.

BUDGET MOYEN

5 **Pasture** – Plan II, E1 - *416 E. Grace St. - ✆ (804) 780-0416 - www.pasturerichmond.com - P - 11h30-22h, vend.-sam. 11h30-23h, dim. 17h-21h - plats 19/25 $*. Avec un tel nom (« pâturage »), ce restaurant ne pouvait que mettre l'accent sur les produits de la ferme. Dans ce lieu branché où déguster une excellente cuisine du Sud, la carte privilégie les fruits et légumes de saison, les viandes (très bons hamburgers), fruits de mer, fromages locaux et même des bières de Virginie. On peut commander plusieurs petites portions à partager, mais attention la note grimpe vite.

4 **Tarrant's** – Plan II, E1 - *1 W. Broad St. (angle Foushee St.) - ✆ (804) 225-0035 - www.tarrantscaferva.com - P - 11h-23h, vend. 11h-0h, sam. 10h-0h, dim. 10h-23h - midi plats 17/27 $ - soir plats 24/30 $*. Ce restaurant est installé dans les locaux d'une pharmacie du 19e s., dont il a gardé quelques vestiges (notamment le surprenant panneau « *Prescriptions* » au-dessus du bar). Au menu, des plats pour un repas sur le pouce (salades, sandwichs, *wraps*), ou plus élaborés (poisson, fruits de mer, viandes), ainsi qu'un grand choix de pizzas. Cuisine tout à fait correcte dans un cadre des plus séduisants.

8 **Dinamo** – Plan I, B2 - *821 W. Cary St. - ✆ (804) 678-9706 - http://dinamorichmond.com*. Succulentes, pizzas, plats végétariens, le tout servi avec bonne humeur dans un restaurant de quartier qui attire de plus en plus les gourmets. Réservation obligatoire.

POUR SE FAIRE PLAISIR

6 **Amuse** – Plan I, A1 - *200 N. Bd - Virginia Museum of Fine Arts - ✆ (804) 340-1580 - http://vmfa.museum - P 5 $ - ♿ - 11h30-16h30, jeu.-vend. 11h30-20h30, dim.11h30-14h30 - plats 22/27 $*. La terrasse et la salle de ce restaurant design offrent une vue superbe et extrêmement relaxante sur le jardin du Virginia Museum of Fine Arts. Beaux-arts obligent, les plats sont aussi jolis à regarder que bons à déguster, essentiellement cuisinés à base de produits frais.

7 **Dutch & Company** – Plan I, D2 - *400 N. 27th St. - ✆ (804) 643-8824 - www.dutchandcompany.com - 17h-22h - fermé dim. - à la carte 37/45 $*. Dans ce restaurant de qualité, on sert une cuisine soignée, concoctée à partir de beaux produits d'une fraîcheur irréprochable. Goûtez au *perfect egg* (œuf avec saumon, quinoa germé, chou braisé et yaourt au cumin) et au honey pot en dessert. Le menu à 29 $ présente un très bon rapport qualité-prix.

9 **Lemaire** – Plan II, E1 - *101 W. Franklin St. - Jefferson Hotel - ✆ (804) 649-4629 - www.*

lemairerestaurant.com. Un des très bons restaurants de la côte Est qui remet sur le devant de la scène internationale la Mid Atlantic food. Dans un cadre formel sans être impressionnant, on apprécie la fraîcheur des produits de la mer, des légumes ou des viandes, cuisinés avec recherche : si le *jumbo lump crab cake* fond dans la bouche, le braised Shenandoah Valley rabbit réveille les papilles par une touche de roquette et de ricotta. La carte des vins n'est pas en reste, tradition viticole de l'état oblige !

PETITE PAUSE

WPA Bakery – *2707 E. Marshall St. - ✆ (804) 716-9797 - http://wpabakery.com - 7h-19h, 7h-14h*. Tartes, gâteaux au chocolat, cannelés, muffins, donuts, *sticky buns* (sortes de roulés à la cannelle très collants), on ne sait où donner de la tête ! Une pâtisserie absolument délicieuse, qui s'adresse également aux régimes sans gluten et aux adeptes du véganisme.

BOIRE UN VERRE

Best Café – *200 N. Bd - Virginia Museum of Fine Arts - ✆ (804) 340-1405 - http://vmfa.museum - 10h-16h30, jeu.-vend. 10h-20h30*. Un très bel endroit pour assister à un concert gratuit de jazz les jeudis de 18h à 21h ou prendre un verre les vendredis de 18h à 20h dans le cadre du Friday Art & Wine (1er vend. du mois concert ; 2e vend. dégustation de vins ; 3e vend. tango).

Hardywood Park Craft Brewery – *2408-2410 Ownby Ln - ✆ (804) 420-2420 - http://hardywood.com - mar.-merc. 16h-21h, jeu.-ven. 16h-22h, sam. 13h-22h, dim. 12h-18h - fermé lun*. Hardywood fabrique des bières dans un but bien précis. Ses recettes innovantes, son engagement à utiliser les ingrédients locaux et une obsession pour la qualité s'intègrent à la vie de Richmond. De brasserie, l'usine se transforme en lieu de vie. Il y a une histoire derrière chacune des bières et les animations proposées attirent les foules.

ACHATS

Distillerie Reservoir – *1800 Summit av. A - ✆ (804) 912-2621 - www.reservoirdistillery.com - sam. 15h-18h, merc.-vend. 16h 19h, fermé dim.-mar.* Créée en 2008 par deux amis d'enfance (un classique aux États-Unis !), Dave Cuttino et Jay Carpenter, cette distillerie installée dans les faubourgs jadis industriels de Richmond produit des whiskies et bourbons selon un procédé particulier. Les whiskies élaborés de manière artisanale dans la distillerie sont élevés en fûts de chêne, ce qui développe les arômes et les saveurs. Un résultat plébiscité par les critiques et les consommateurs locaux. Dans la salle de dégustation qui ne désemplit pas, partager l'enthousiasme de cette équipe jeune et décontractée autour de produits d'exception est une expérience à vivre !

Naissance d'une Nation

L'AÏEULE DE LA VIRGINIE

En 1607, un groupe de 104 colons anglais dirigé par le capitaine John Smith jette l'ancre sur une petite île de la James. C'est là que, forts de la charte accordée par Jacques Ier à la Compagnie de Virginie, ils établissent la colonie de Virginie avec **Jamestown** pour capitale. Les épidémies et les famines endémiques des premières années tuent les deux tiers de la population avant fin 1610. Les survivants persévèrent, profitant pour quelque temps de la paix de Pocahontas (*encadré p. 338*) qui les préserve des attaques indiennes. Mais, supplantée par les villes voisines, Jamestown ne sera jamais la « grande cité » rêvée par John Smith… C'est néanmoins ici que les États-Unis d'Amérique prirent racine et que les premières grandes plantations se développèrent.

UNE CAPITALE À L'ANGLAISE

En 1699, le gouvernement décide d'édifier un « capitole », le premier, à Middle Plantation, où le collège de William et Mary vient d'être fondé. La nouvelle capitale prend le nom de **Williamsburg**, en l'honneur du roi Guillaume III d'Angleterre. Elle se resserre autour de Duke of Gloucester Street, une voie en terre battue d'un kilomètre et demi, où est élevée l'église paroissiale de Bruton, entre le capitole et le collège. Ce choix est révélateur des priorités morales d'un Anglais du 18e s. : spiritualité, éducation et politique. La ville devient un important carrefour commercial, administratif et culturel.

De grands hommes, dont Thomas Jefferson, firent leurs études au collège de William et Mary et furent de fervents partisans de l'Indépendance. La ville elle-même se transforma, entre 1770 et 1780, en foyer de la cause révolutionnaire. Des figures de la Révolution américaine siégèrent à la Chambre des députés de Virginie : Peyton Randolph, George Washington, Thomas Jefferson et Patrick Henry. Mais Williamsburg s'endormit quand Richmond endossa le statut de capitale en 1779 (*p. 320*). Ce n'est qu'en 1926, grâce à la générosité de

La Bataille de Williamsburg, par Kurz et Allison (1893).
Buyenlarge/Universal Images Group/age fotostock

John D. Rockefeller Jr., que des historiens et des archéologues entamèrent la reconstitution de la ville d'origine.

LE FRUIT DE LA PERSÉVÉRANCE

La culture du tabac assura à la colonie une telle prospérité qu'elle se couvrit au 17e s. de superbes manoirs georgiens, symboles de l'opulence des planteurs et de l'aristocratie coloniale qui s'établit sur les rives de la James.

Quelques demeures sont ouvertes au public, entre Richmond et Williamsburg, sur 22 miles/35 km, le long de la route 5 (ou John Tyler Highway), surnommée **Plantation Route** (C3).

Rens. : www.jamesriverplantations.org - billets combinés pour plusieurs plantations (se renseigner sur place) - visites guidées seult.

★★ **Shirley Plantation** – *Shirley Plantation Rd - ✆ 804 829 5121 -* P. Première propriété en venant de Richmond, la plus ancienne plantation de Virginie est dans la famille Hill-Carter depuis 1660. Le manoir de style Queen Anne (vers 1720) domine la James. La plantation Shirley est célèbre pour son **escalier volant** dans l'entrée.

★★ **Berkeley Plantation** – *12602 Harrison Landing Rd - ✆804 829 6018 -* P. Elle fut le berceau de la famille Harrison, qui produisit une longue lignée de figures nationales respectées : Benjamin Harrison IV construisit la demeure en 1726, et son fils Benjamin Harrison V fut l'un des cosignataires de la déclaration d'Indépendance. Les lignes de la plantation sont équilibrées par d'imposantes haies de buis.

★ **Evelynton** – *501 John Tyler Memorial Hwy/route 5 - ✆ 804 829 5075 -* P. Evelynton règne sur 26 ha dominant Herring Creek. La demeure fut achevée en 1935 par l'architecte Duncan Lee qui en fit une démonstration du style néocolonial. Toujours habitée par la famille Ruffin, propriétaire du domaine depuis le milieu du 19e s., la maison est décorée de meubles et d'objets des 18e et 19e s.

★ **Sherwood Forest Plantation** *(14501 John Tyler Hwy/route 5 - ✆ 804 829 5377 -* P. John Tyler, dixième président des États-Unis, se retira ici en 1845 à la fin de son mandat. Son épouse, Julia, fit de la demeure d'origine (1730) la maison la plus longue des États-Unis (92 m) !

★★★ Colonial Williamsburg Carte de région C3 p. 184-185

Visitor Center – *101 Visitor Center Dr., à proximité du croisement avec Colonial Pkwy - 757 229 1000 - www.colonialwilliamsburg.com - 8h45-17h - sauf information contraire, sites ouv. tlj 9h-17h (assurez-vous, lors de l'achat des billets, de l'ouverture des demeures, fermées en alternance) - plusieurs formules à partir de 40,99 $ - autres activités en supp. : promenades en voiture à cheval, spectacles, etc.*
Williamsburg était au 18e s. la capitale de la Virginie coloniale *(p. 330)*. Boutiques, maisons et bâtiments publics, ainsi que l'infrastructure datant de la fondation de la ville, ont été restaurés ou reconstitués à l'identique sur leur site d'origine, afin de former un musée vivant d'histoire, unique en son genre. Il est géré par une fondation privée.

Une incursion à Williamsburg doit commencer au **Visitor Center**. Un film intitulé *Williamsburg : The Story of a Patriot* met en perspective l'importance historique de la ville *(35mn)*. Une halte s'impose dans les tavernes et les boutiques, comme **Geddy Foundry**, où l'on assiste à une démonstration des techniques de la ferronnerie. L'**Apothecary Shop** vaut également le détour : deux « apothicaires-chirurgiens » y expliquent avec force détails comment ils cicatrisent une plaie. Cordonnier, imprimeur, tisserand, charron, ébéniste, tailleur, etc., ont aussi pignon sur rue et évoquent leurs savoir-faire. Guides versés en histoire et acteurs costumés, qui incarnent pour certains des personnages historiques (Thomas Jefferson, La Fayette et autres), font revivre la petite ville. Ainsi, les citoyens du 18e s. vaquent à leurs occupations quotidiennes, se saluent par un « Good Day ! » de bon aloi. Chaque jour, des **animations** mettent en relief certains aspects de la vie et des relations sociales (rencontre avec un délégation indienne, démonstration d'armes, musique militaire, fonctionnement d'une plantation, atelier de filage de la laine, etc.) tandis que des **visites guidées** nocturnes font marcher les visiteurs dans les pas des fantômes et des sorcières. Également passionnante, la visite guidée des **écuries** *(Stable - angle Boutetourt St. et Nicholson St.)* explique le programme de préservation des espèces de chevaux et de bovins en voie d'extinction mis en place par le site.

★★ Capitol

À l'extrémité est de Duke of Gloucester St. - visite guidée seult.
Achevé en 1705, le capitole fut détruit deux fois au cours de son histoire, en 1747 et en 1832. Les plans de l'actuel édifice respectent fidèlement le dessin d'origine : deux bâtiments sur deux niveaux, terminés au sud par une abside semi-circulaire, sont reliés par un corps central sur arcades. Cette structure en H fait écho au bicamérisme du gouvernement colonial britannique. Les députés (élus) siègent dans l'aile est, décorée avec parcimonie ; le gouverneur et les treize membres de son conseil (désigné) sont installés dans l'aile ouest, lambrissée et ornée avec prodigalité. C'est dans l'impressionnante salle du tribunal que siégeait le conseil lors des procès où comparaissaient les coloniaux accusés de crimes.

La Chambre des députés, dite **Chamber of the House of Burgesses**, munie de simples banquettes à dossier droit, est la plus célèbre de ces chambres reconstituées. C'est là que le patriote Patrick Henry déclama ses vers enflammés en 1765 et que la Virginie déclara son indépendance en 1776.

La prison restaurée, **Public Gaol** *(sur Nicholson St. au nord du capitole)* décrit les conditions terribles de détention des prévenus. Fers aux pieds, natte à

Governor's Palace, Colonial Williamsburg.
BDphoto/iStock

COLONIAL WILLIAMSBURG MODE D'EMPLOI

La circulation étant interdite dans les rues de la ville coloniale, veuillez laisser votre véhicule dans l'un des parkings situés à proximité du site.

Prenez au Visitor Center le programme du jour en vue de profiter au mieux de votre visite. Une foule d'activités passionnantes sont proposées, mais elles requièrent un niveau d'anglais minimum.

La plupart des sites s'organisent de part et d'autre de Duke of Gloucester Street. Celle-ci conduit du Capitol au college William and Mary, en passant devant Courthouse puis Palace Green, qui conduit au palais du gouverneur, et Market Square. À l'ouest de ce dernier, **Merchant's Square**, conçu dès la fin des années 1920, concentre boutiques et restaurants « modernes » où vous pourrez déjeuner.

même le sol et fine couverture étaient de rigueur. En revanche, le geôlier et sa famille disposaient de quartiers agréables.

★ Raleigh Tavern

À l'extrémité est de Duke of Gloucester St., à un pâté de maisons du capitole - visite guidée seult.

Le vaste bâtiment du 18e s. est reconstitué avec ses salles de jeu et de réception, ainsi que ses chambres à l'étage. À son apogée, la taverne occupait le centre de la vie sociale trépidante de Williamsburg. Elle recevait des habitués illustres : George Washington, Thomas Jefferson ou Peyton Randolph. Lorsque le gouverneur royal résolut de « dissoudre » la Chambre des députés de Virginie en raison de son engagement patriotique, ceux-ci décidèrent tout naturellement de tenir séance à la taverne Raleigh. L'établissement brûla en 1859. Il a été reconstruit sur ses anciennes fondations, à partir des dessins et des inventaires de l'époque coloniale.

Courthouse

Duke of Gloucester St., sur le côté nord de Market Square.

Bâti en brique, le tribunal fut achevé en 1771. De style georgien, il est surmonté d'un dôme octogonal et de sa girouette d'origine. Des procès de l'époque coloniale y sont mis en scène chaque jour.

★ Peyton Randolph House

Nicholson St., derrière la Courthouse - visite guidée seult.

Construite en 1715 et agrandie dans les années 1750, cette demeure en bois a appartenu au patriote **Peyton Randolph** (1721-1775). Le cousin de Thomas Jefferson fut président de la Chambre des députés à l'époque coloniale, et présida les premier et deuxième Congrès continentaux pendant la Révolution. Guides costumés et acteurs explorent les paradoxes de l'idée de liberté, déterminante au cours du processus d'indépendance, mais qui savait s'accommoder de l'esclavage. Le sort et la vie des esclaves sont évoqués dans les dépendances de la maison.

★★ Governor's Palace

À l'extrémité nord de Palace Green - visite guidée seult - demandez la tablette interactive avec explications en français.

L'impressionnant palais du gouverneur (1772), qu'un incendie détruisit en 1781, a été soigneusement reconstitué. Les pièces de réception et la grande salle de bal sont pourvues de boiseries élégantes et d'un mobilier d'époque. Une incomparable collection d'armes à feu du 18e s. orne l'entrée, appelée

Hall of Armor, ainsi que le grand escalier lambrissé menant au premier étage. Au dernier étage, les chambres sont dotées de cheminées à manteau carrelé en faïence de Delft et de lambris finement ouvragés. Le **bureau du gouverneur** s'enorgueillit de ses murs tapissés de damas cramoisi. Sept gouverneurs royaux ont vécu ici, ainsi que les deux premiers gouverneurs indépendants de l'État. Le palais fut converti en hôpital de guerre lors du siège de Yorktown. Des jardins à la française entourent le bâtiment. Depuis l'époque coloniale, le **labyrinthe** de buis plaît toujours autant aux enfants !

★★ George Wythe House

Côté ouest de Palace Green - visite guidée seult.

Cet édifice de brique, typique du style georgien, fut à son époque considéré comme l'une des plus belles constructions de Williamsburg. **George Wythe** (1726-1806) fut le juriste le plus respecté de Virginie et le premier professeur de droit du collège de William and Mary. Il y recevait ses étudiants dont certains, Thomas Jefferson et John Marshall, furent les fondateurs de la Nation actuelle. Wythe fut lui-même un patriote déclaré et ses idées inspirent encore la législation américaine. Les papiers et lambris peints de couleurs éclatantes reflètent le goût de l'aristocratie de l'époque, qui appréciait les intérieurs richement ornés. Les dépendances alignées derrière la maison mettent en lumière la savante organisation d'une demeure de nantis à l'époque coloniale, qui possédait comme il se doit quelques esclaves.

★ Bruton Parish Church

À l'angle de Palace Green et Duke of Gloucester St.

De toutes les églises d'époque coloniale existant encore en Virginie, seule l'église paroissiale de Bruton appartient à la mémoire collective américaine. Construite en brique, de taille réduite, elle possède un plan cruciforme élégant. Les services religieux n'ont cessé d'être assurés depuis 1715. À l'époque coloniale, une loi obligeait les hommes de race blanche à assister à un office par mois.

College of William and Mary

À l'extrémité ouest de Duke of Gloucester St. (le collège est indépendant de Colonial Williamsburg) - ✆ 757 221 4000 - www.wm.edu.

Le collège fut fondé avant Williamsburg, qui n'était encore à l'époque que Middle Plantation. Cette ravissante université, la plus ancienne des États-Unis après Harvard, dans le Massachusetts, a été créée en 1693 par Guillaume III et

COLONIAL WILLIAMSBURG BY NIGHT

C'est dans la soirée, après le départ des touristes, qu'on peut le mieux apprécier l'atmosphère de Colonial Williamsburg. Une trentaine de maisons et de tavernes proposent un **gîte pour la nuit** (77 chambres en tout, décorées de copies de meubles anciens, qui allient l'ambiance du passé et le confort actuel). Au coucher du soleil, la cérémonie aux couleurs précède un dîner qui recrée l'ambiance du 17e s. avec des spécialités comme la soupe aux cacahuètes *(peanut soup)* ou le gâteau du berger *(shepherd's pie)*, sorte de hachis parmentier à l'anglaise, dans une des tavernes (**Kings Arms**, **Christiana Campbells**, **Shields**, **Chowning's**). Des conteurs et des chanteurs de ballades agrémentent le repas, après lequel s'imposent les « Gambols » (whist et autres jeux de cartes), en compagnie de joyeux compères, à **Josiah Chowning's Tavern**.

Réservez longtemps à l'avance - www.colonialwilliamsburg.com.

Marie II d'Angleterre pour y enseigner la théologie aux gentilshommes. Les fondations en U de l'imposant **Wren Building**★ *(en face sur Boundary St.)*, attribué à l'éminent architecte anglais Christopher Wren, furent posées en 1695. De nos jours, quelque 5 500 étudiants fréquentent ce prestigieux établissement.

★★ Williamsburg Art Museums

326 W. Francis St. - P - 10h-19h.

Le complexe de l'hôpital public, en activité entre 1773 et 1815, réunit les deux musées d'art de Williamsburg. La visite commence par une exposition sur l'**hôpital**, centre d'internement pour malades psychiatriques, premier en son genre sur le territoire américain, et sur les différents traitements appliqués à ceux des citoyens de la ville qui n'avaient pas ou plus toute leur raison. Six des 24 cellules de l'édifice initial (le complexe compta jusqu'à neuf bâtiments) ont été conservés.

Descendez au sous-sol pour accéder aux musées d'art proprement dits.

Le **DeWitt Wallace Decorative Arts Museum** tient son nom de **DeWitt Wallace** (1889-1981), qui fonda avec sa femme le magazine *Reader's Digest* en 1922, finança les travaux et légua sa collection d'art anglais et américain des 17e-20e s. Le musée, qui se déploie aux **niveaux -1** et **1**, évoque différents aspects de la vie quotidienne à travers le mobilier (exceptionnel ensemble de pièces de Virginie, du Massachusetts et du Vermont), l'orfèvrerie et les arts de la table, les textiles (amusant défilé de mode virtuel), les instruments de musique et même les goûts alimentaires. Ne manquez pas le portrait de George Washington en jeune recrue par Charles Willson Peale (1780).

Le **niveau 1** accueille également le **Abby Aldrich Rockefeller Folk Art Center**, créé en hommage à l'épouse de John D. Rockefeller Jr., dont la générosité permit de restaurer la ville. **Abby Aldrich Rockefeller** (1874-1948) fut l'une des grandes collectionneuses d'art populaire américain et légua près de 400 pièces au musée, qui s'enorgueillit d'abriter la plus belle collection au monde, soit dix galeries remplies de quilts, de portraits, de jouets, d'instruments de musique, d'enseignes et autres objets de la vie quotidienne, présentés par thématiques.

★★ Colonial Parkway (Route coloniale)

Carte de région CD3 p. 184-185

i ✆ 757 898 3400 - www.nps.gov/colo.

Cette route côtière de 23 miles/37 km est l'une des plus pittoresques de la partie est des États-Unis. Entièrement pavée, la **Route coloniale** serpente le long de cours d'eau, de marécages où les oiseaux abondent, et de forêts très colorées. Elle a été tracée dans les années 1930 par deux organismes créés sous la présidence de Roosevelt : Works Projects Administration et Civilian Conservation Corps. Mais elle ne se contente pas d'être belle et relie les sites historiques de Jamestown, berceau des colonies britanniques, et de Yorktown, où les colons gagnèrent leur indépendance contre la couronne d'Angleterre.

★★ JAMESTOWN

★ Colonial National Historic Park C3

1368 Colonial Pkwy (sur l'île de Jamestown, à l'extrémité ouest de Colonial Parkway) - ✆ 757 898 3400 - www.nps.gov/colo - ♿ P.

La première colonie anglophone d'Amérique s'établit sur cette île de la James en 1607 (*p. 330*). L'île est dorénavant administrée par le National Park Service

Jamestown Settlement.
visionsofmaine/iStock

et la majeure partie des terres est retournée à l'état sauvage. Deux routes sinueuses de 3 et 5 miles serpentent dans les marais et les bois.

À la pointe nord-ouest de l'île, le **Jamestown Visitor Center** organise des expositions et projette un film sur la fondation du fort James *(15mn)*. Derrière le centre d'accueil, la mise au jour d'un réseau de rues dévoile les fondations de l'ancienne capitale coloniale. Le clocher en brique d'une église commencée en 1639 en est l'unique vestige. À l'est de ce clocher, **Memorial Church** est la réplique en brique (1907) d'une église coloniale de 1617 qui possédait un colombage en bois.

Une chaussée relie l'île au continent. Elle constitue l'entrée du parc, où se trouve la **verrerie★** *(Glasshouse)*, très prisée *(prenez la première route à droite après l'entrée du parc)*. Les ruines de la verrerie de 1608 se visitent ainsi que la reconstitution de l'édifice où des artisans costumés font la démonstration des techniques de la verrerie, l'une des plus anciennes industries de Virginie.

★★ Jamestown Settlement C3

2110 Jamestown Rd (à 20mn à pied au sud du Jamestown Visitor Center) - ☏ 757 253 4838 - www.historyisfun.org, www.nps.gov/jame, historicjamestowne.org - P - 9h-17h - plusieurs formules de billets combinés ou non à partir de 17 $ - programme des activités et visites guidées quotidiennes sur le site Internet.

Le site restitue la vie des Indiens et des colons anglais au début du 17e s. La visite commence par les excellentes **galeries d'exposition★**. L'âge des explorateurs y est évoqué, ainsi que les difficultés des premiers colons et la culture des Indiens de la tribu côtière Powhatan. Un documentaire raconte l'histoire de la compagnie qui finança l'établissement de la colonie de Jamestown *(30mn)*.

Une reproduction du fort James et de sa palissade entoure les masures au toit de chaume bâties par les Européens au début de la colonisation. Un village powhatan a été reconstitué à proximité du fort. Les trois bateaux (le *Susan Constant*, le *Godspeed* et le *Discovery*) sur lesquels naviguèrent les colons anglais en 1607 ont été reconstruits et sont au mouillage au pied du fort, où des acteurs costumés relatent les difficultés de la traversée de l'Atlantique.

ESPIÈGLE PRINCESSE

L'une des plus célèbres Indiennes de l'histoire est Matoaka, plus connue sous le nom de **Pocahontas**, « l'espiègle ». Elle était la fille préférée du puissant chef de la tribu Powhatan, Wahunsenacawh (que les Anglais connaissaient sous son titre de Powhatan). Apparemment fascinée par ces étranges colons anglais, elle se lia d'amitié avec John Smith, leur chef. D'après Smith, elle lui sauva la vie lorsque Powhatan menaça de le tuer. En 1614, elle prit le nom chrétien de Rebecca et épousa John Rolfe, celui-là même qui hybrida une variété de tabac qui puisse se fumer. Grâce à ce mariage mixte, la colonie connut quatre années sans conflit avec les Powhatan. Cette période fut appelée la paix de Pocahontas. En 1616, les Rolfe et leur bébé prirent la mer pour l'Angleterre où Pocahontas, chargée de vanter l'intérêt de la Virginie auprès de futurs colons et investisseurs, devint la coqueluche de la Cour. Un an plus tard, alors qu'ils venaient de monter à bord du bateau qui devait les ramener en Amérique, la jeune femme tomba malade. Débarquée à terre, elle mourut peu après. Son corps est enseveli sur le sol anglais. John Rolfe retourna en Virginie avec leur fils, Thomas, et mourut veuf en 1622.

Des sentiers parcourent le **site archéologique** où sont mis au jour depuis les années 1930 les vestiges de la colonie. Parmi les découvertes les plus récentes (2016), **Angela Site** retrace l'arrivée et la présence des esclaves sur le territoire américain en 1619. À l'**Archearium★**, on découvre des objets datant de l'époque des colons (outils, armes, monnaies, effets personnels, etc.), lesquels laissent imaginer les difficiles conditions de vie et témoignent de la vie quotidienne des Indiens. La salle intitulée **Jane's Story** (L'histoire de Jane), en évoquant le terrible hiver 1609-1610 qui décima la colonie, invite à un face à face avec quelques pionniers dont les visages ont pu être reconstitués.

★ YORKTOWN

Voisine de Jamestown, **Yorktown** fut fondée en 1631 avant de devenir un port opulent. Elle joua un rôle décisif dans la Révolution américaine. C'est ici en effet que le général britannique Charles Cornwallis se rendit à George Washington, après le **siège de Yorktown**, en octobre 1781. Cette victoire détermina l'issue de la guerre vers l'indépendance des treize colonies et la reconnaissance des États-Unis d'Amérique.

★ American Revolution Museum at Yorktown D3

200 Water St. (à l'extrémité est de Colonial Pkwy, proche de la route 1020) - 757 253 4838 - www.historyisfun.org - P - plusieurs formules de billets combinés ou non à partir de 15 $. Le musée est en cours d'aménagement mais reste accessible au public.

Des animations (démonstrations d'armes, cuisine, etc.) et plusieurs documentaires (*Liberty's Call, The Road to Yorktown* et *A Time of Revolution*) exposent de manière vivante les événements qui ont conduit à la Révolution et au siège de Yorktown en 1781. La victoire de l'armée continentale sur l'Angleterre assura l'indépendance de l'Amérique. Son campement ainsi qu'une ferme post-révolutionnaire ont été reconstitués.

★ Yorktown National Battlefield Park D3

1000 Colonial Parkway (près de l'extrémité est de Colonial Pkwy sur la route 238) - 757 898 2410 - www.nps.gov/yonb - P - parc ouv. du lever au coucher du soleil, Visitor Center ouv. 9h-17h - 7 $.

Le parc s'étend sur 2000 ha dominant la York River. Les ouvrages en terre élevés lors du siège en 1781 sont encore visibles, ainsi que quelques maisons et le cimetière national où sont enterrés les soldats de l'Union tombés lors de la guerre de Sécession. Des expositions sont organisées au centre d'accueil, qui projette *Siege at Yorktown*, un film sur la victoire cruciale de George Washington, aidé par les troupes françaises du général Rochambeau *(16mn)*. Un chemin d'une dizaine de kilomètres à travers le champ de bataille conduit à **Moore House**, maison de bardeaux blancs où les conditions de la reddition furent discutées. La visite se poursuit à **Surrender Field**, où les Anglais capitulèrent le 19 octobre. Sur les rives escarpées au nord du centre d'accueil, le **monument de la Victoire** (1781) comporte une hampe surmontée d'une statue de la Liberté en réduction. La modeste **Main Street** du village contemporain a conservé quelques-uns des édifices anciens.

NOS ADRESSES À WILLIAMSBURG

HÉBERGEMENT

Les tarifs du parc hôtelier varient selon les jours de la semaine et les saisons, ce qui rend abordables les plus beaux hébergements à certaines dates.
Les **hôtels de chaîne** sont établis dans Historic District (à ne pas confondre avec la ville ancienne), à moins d'un kilomètre du cœur de Colonial Williamsburg.
Les **Colonial Houses**, hôtels qui relèvent de la Colonial Williamsburg Fondation, se tiennent dans la ville ancienne ou dans ses environs immédiats : le **Williamsburg Lodge** ou le **Williamsburg Inn** sont de luxueux établissements avec spa, accès au golf, etc.; le **Governor's Inn** est un peu plus éloigné mais plus économique.
Réserv. : www.colonialwilliamsburghotels.com.

RESTAURATION

Si vous avez la chance d'obtenir une réservation dans l'une des quatre tavernes historiques *(encadré p. 334)*, l'expérience vaut le détour. Sinon, les établissements de Merchant's Square *(merchantssquare.org - encadré p. 333)* offrent une variété de choix, de la boulangerie au gastropub.

SHOPPING

Merchant's Square compte aussi des boutiques variées dont certaines vendent des produits locaux (vins, fromages, etc.), des objets inspirés de l'art de vivre colonial, voire réalisés par les artisans de Colonial Williamsburg (notamment argenterie et bijoux).

Virginia Beach

★

452 745 hab. – Virginie (VA)

Un séjour à Virginia Beach est le meilleur moyen de se ressourcer après la visite des grandes villes du Nord-Est. Idéalement située entre l'Océan et la baie de Chesapeake, à moins de 4h de route de Washington DC, la station balnéaire offre de multiples facettes : un front de mer moderne entièrement dédié au tourisme, de jolies maisons de bois sur pilotis disséminées sur une plage déserte, des marais que l'on parcourt en kayak, un quartier « arty » en pleine effervescence ainsi que d'innombrables fermes qui fournissent les excellentes tables de la région.

NOS ADRESSES PAGE 344
Hébergement, restauration, achats, activités, etc.

S'INFORMER

Virginia Beach Visitor Information Center – *2100 Parks Ave - ✆ 800 822 3224 - www.visitvirginiabeach.com - kiosques d'information angle 17th St. et Board Walk, et angle 24th St. et Atlantic Ave.*

SE REPÉRER

Carte de région D3 (p. 184-185). À 200 miles/322 km au sud-est de Washington DC et à 107 miles/172 km de Richmond.

SE GARER

Il existe plusieurs parkings payants en ville et à proximité des plages.

À NE PAS MANQUER

La beauté sauvage de la plage de Sandbridge ; une promenade en kayak dans les marais de Back Bay ; un repas de crabe ; une balade dans le ViBe Creative District.

ORGANISER SON TEMPS

Memorial Day (dernier lundi de mai) marque le début de la saison, qui se termine autour de Labor Day (1er lundi de septembre).

AVEC LES ENFANTS

L'aquarium et l'Adventure Park ; la plage ; les sorties en bateau pour observer les dauphins.

Resort Beach.
Imagesbybarbara/iStock

La station balnéaire et les plages

Carte de région D3 p. 184-185

Virginia Beach est très étendue, mais les zones de plages que fréquentent les touristes sont au nombre de trois.

RESORT BEACH

Le cœur de Virginia Beach se présente sous les traits d'une station balnéaire somme toute assez banale. Une rangée d'immeubles modernes fait face à l'Océan avec, à ses pieds, une longue promenade, le **Boardwalk**, doublée d'une piste cyclable, qui s'étire sur plus de 4 km. À la hauteur de 31st Street, la gigantesque statue en bronze de **King Neptune** (10 m) constitue un point de repère. C'est ici que se concentrent les grands hôtels, les restaurants et les lieux de sortie. Pour une atmosphère moins bétonnée, préférez le port de **Rudee Inlet**, au sud de Resort Beach, réputé pour ses délicieux restaurants de poissons et de fruits de mer.

★ **Virginia Aquarium & Marine Science Center** – *717 General Booth Bd - 757 385 3474 - 9h-17h - www.virginiaaquarium.com - plusieurs formules à partir de 24,95 $.* Parmi les activités qu'offre Resort Beach, ne manquez pas l'aquarium qui figure parmi les plus beaux des États-Unis. Il propose de nombreuses activités parmi lesquelles des films animaliers en 3D et des sorties en bateau. On y voit de près des raies, de tortues marines, des otaries, des dragons de Komodo, des requins, des serpents et autres crocodiles. Un espace évoque la mer Rouge et son environnement, un autre le milieu marin de la baie de Chesapeake. Un récif artificiel peuplé d'huîtres est accessible depuis la promenade naturelle qui relie les deux bâtiments de l'aquarium. L'endroit se double d'un **Adventure Park** avec parcours accrobranches et différentes animations (*virginiabeachadventurepark.com - horaires et prix variables, voir le site Internet*).

★ VIBE CREATIVE DISTRICT

vibecreativedistrict.org.

Difficile d'imaginer qu'une telle activité se déploie à quelques blocs seulement du front de mer. Ce nouveau quartier, qui occupe la zone ceinte *grosso modo* par Pacific Ave et Parks Ave, 22nd St. et 16th St., contribue à donner une autre image à la station balnéaire. Tout a commencé en 2008 dans cette partie de la ville un peu laissée à l'abandon avec l'établissement d'un marché pour les producteurs locaux (*Old Beach Farmers Market - 620 19th St. - sam. matin sur le parking du restaurant Croc's - Nos adresses*). Effet boule de neige : en 2015, la municipalité délimite les frontières d'un espace « dédié aux arts, à la culture et à la technologie », favorisant l'implantation de commerces, restaurants, artistes dans les concessions automobiles et autres bâtiments commerciaux délaissés. Le résultat dépasse vite les attentes et le ViBe Creative District est en pleine expansion. Concerts, expositions, festivals (dont l'un de fresques murales qui demeurent visibles pendant l'année), *pop up stores*, visites guidées, portes ouvertes dans les ateliers, il s'y passe toujours quelque chose. C'est aussi une excellente destination pour découvrir des boutiques de créateurs intéressants et pour la cuisine. Nombreux sont les restaurants à posséder un jardin où poussent une partie des légumes servis à table *(Nos adresses)*.

Museum of Contemporary Art (MOCA) – *2200 Parks Ave- 757 425 0000 - www.virginiamoca.org - 7,70 $, audioguide inclus*. Très impliqué dans le développement du quartier et dans le Boardwalk Art Show *(Nos adresses)*, ce musée présente des expositions temporaires et joue un grand rôle éducatif dans le domaine de l'art.

CHESAPEAKE BAY BEACH

Au nord de Beach Resort, les eaux calmes de la baie de Chesapeake attirent plutôt un public de familles. De là part le **Chesapeake Bay Bridge-Tunnel★** *(payant)*, un pont-tunnel spectaculaire de 28 km de longueur qui relie Virginia Beach à la côte est de la baie. Fascinante expérience que de rouler au milieu de l'Océan et de se retrouver, tour à tour, au-dessus de l'eau pour disparaître dans les profondeurs et émerger à nouveau. Sur le tronçon sud du pont, à environ 5 km de Virginia Beach, vous pourrez faire une halte sur une jetée

★ NORFOLK

À 18 miles/29 km à l'ouest de Virginia Beach

www.visitnorfolk.com.

Occupant une grande péninsule délimitée par la baie de Chesapeake, les routes menant à Hampton et la rivière Elizabeth, Norfolk est un port important depuis sa fondation en 1608.

★★ **Norfolk Naval Station** – *Visite guidée seult, départ au 9079 Hampton Bd - 757 444 7955 - www.cnic.navy.mil, www.visitnorfolk.com - P - horaires variables - 10 $ (paiement en espèces et papiers d'identité nécessaires).* Dans le droit fil de sa tradition maritime, la ville accueille depuis 1917 la plus grande base navale du monde. Couvrant près de 3 240 ha entre la rivière Elizabeth et la baie Willoughby, c'est le port d'attache de 89 navires (dont 5 porte-avions).

★★ **Chrysler Museum of Art**– *1 Memorial Place - 757 664 6200 - www.chrysler.org - P - mar.-sam. 10h-17h, dim. 12h-17h- entrée libre.* Norfolk peut s'enorgueillir de posséder l'un des plus beaux musées d'art privés du pays. Il porte le nom d'un donateur, Walter Chrysler, magnat de l'automobile et collectionneur d'art. Le musée est riche de quelque 30 000 objets, parmi lesquels une **collection de verrerie★★★** renommée. Y sont conservées des pièces allant de la Rome du 1er s. av. J.-C. à des œuvres contemporaines de Dale Chihuly.

★ **Norfolk Botanical Garden** – *6700 Azalea Garden Rd - 757 441 5830 - norfolkbotanicalgarden.org - P - mai à mi-oct. : 9h-19h ; reste de l'année : 9h-17h - 12 $.* Les amateurs d'horticulture apprécieront les azalées opulentes *(d'avr. à mi-mai)*, les camélias *(printemps, automne et hiver)* et les rhododendrons *(mai)* qui agrémentent ce jardin botanique.

Cottage à Sandbridge Beach.
J.Greenberg/age fotostock

aménagée pour les pêcheurs. Vous y trouverez également un restaurant, avec de superbes vues sur l'eau.

★ **Cape Henry Lighthouse** – *583 Atlantic Ave (sur la base de Fort Story, entrée porte 8 au niveau de 89th St.) - ✆ 757 422 9421 - preservationvirginia.org- mi-mars-déc. 10h-17h, 16h le reste de l'année - 10 $.* Situé non loin du point de débarquement des colons venus fonder Jamestown, lieu connu sous le nom de First Landing, stratégiquement situé à l'embouchure de la baie de Chesapeake, ce phare en grès (1792) a été le premier construit par la jeune nation américaine. Un autre phare doté d'une structure métallique et d'une puissante lentille de Fresnel fut érigé un peu plus loin en 1881 pour des raisons de sécurité ; automatisé dans les années 1960, il est encore en usage. Seul le premier phare se visite.

★ SANDBRIDGE BEACH ET ENVIRONS

À une vingtaine de kilomètres au sud de Resort Beach, Sandbridge offre un visage radicalement différent de la station balnéaire moderne. De belles maisons en bois sur pilotis font face à une plage beaucoup moins fréquentée, presque sauvage par endroits.

Back Bay National Wildlife Refuge – *Visitor Center (mar.-vend. 8h-16h, sam.-dim. 9h-16h) - 4005 Sandpiper Rd - ✆ 757 301 7329 - www.fws.gov/refuge/back_bay/- P 5 $/voiture, gratuit nov.-mars.* Pour changer des activités balnéaires, parcourez les chemins de Back Bay où la faune et la flore sont incroyablement riches. Le kayak constitue également une façon originale d'explorer cette zone marécageuse, qui se trouve sur la route migratoire de nombreux oiseaux (*Nos adresses*).

New Earth Farm – *1885 Indian River Rd, angle Princess Anne Rd - newearthfarm.org.* À l'intérieur des terres, ambiance plus agricole. Allez découvrir cette ferme biologique, la visite est tout simplement passionnante. Avant de vous y rendre, jetez un coup d'œil aux activités proposées sur leur site. Il s'y passe souvent quelque chose – cours de cuisine, tonte des moutons, etc. – mais il vaut mieux s'inscrire à l'avance.

NOS ADRESSES À VIRGINIA BEACH

ARRIVER/PARTIR

En voiture – Accès possible par le Hampton Roads Bridge-Tunnel (côté ouest via Norfolk) ou par l'impressionnant Chesapeake Bay Bridge-Tunnel (côté est).

En train – Les trains s'arrêtent à la gare de Norfolk, où un service de navettes assure la liaison avec Virginia Beach. *www.amtrak.com.*

En autocar – **Greyhound** – *971 Virginia Beach Bd - ☏ 757 422 2998 - www.greyhound.com.* Plusieurs liaisons quotidiennes pour Richmond via Norfolk.

TRANSPORTS

Trolley – VB Wave – Le **30** parcourt Atlantic Ave entre le nord de Resort Beach et Rudee Inlet; le **31** rejoint l'Aquarium depuis Atlantic Ave *-mai-sept. ttes les 15mn, 8h-2h.*

Bayfront Shuttle – Le **35** suit la direction du nord depuis Atlantic Ave et dessert les plages de Chesapeake Bay - *mai-sept. ttes les 30mn, 8h-0h - gohrt.com - 2 $/trajet, 4,50 $/pass 1 j., 8 $/pass 3 j.*

HÉBERGEMENT

Les prix grimpent en flèche pendant la haute saison, de mi-juin à mi-août. Si vous pouvez différer votre séjour au mois de septembre, les hébergements les plus chers deviennent très abordables et la station est plus tranquille.

LOCATIONS SAISONNIÈRES

Pour louer une maison de plage à plusieurs, Sandbridge Beach est un excellent choix. Contactez les agences immobilières :

Sandbridge Realty – *581 Sandbridge Rd - ☏ (757) 426-6262 - www.sandbridge.com.*

Siebert Realty – *601 Sandbridge Rd - ☏ (877) 422-2200 - www.siebert-realty.com.*

BUDGET MOYEN

The Baywood B & B – *31400 Latimers Bluff Rd - 23310 Cape Charles (au nord du Chesapeake Bay Bridge-Tunnel) - ☏ (269) 753-9371 - http://thebaywood.com - ▤ ᯤ - 3 ch. 110/135 $ ☕.* Que votre chambre soit côté forêt ou côté baie, ce B & B vous réserve un séjour dépaysant et reposant. Les couchers de soleil y sont inoubliables.

POUR SE FAIRE PLAISIR

Barclay Cottage B & B – *400 16th St. - ☏ (757) 422-1956 - www.barclaycottage.com - 5 ch. 219/299 $ ☕.* Non loin de la plage, cette ravissante maison en bois de la fin du 19e s. a conservé toute son âme. Les chambres sont douillettes et originales. Les propriétaires se mettent en quatre pour que leurs hôtes se sentent chez eux… jusqu'à hisser le drapeau de leur pays à leur arrivée ! Quant au petit-déjeuner, il sera sûrement un des temps forts de votre séjour.

Hyatt House Virginia Beach Ocean Front – *2705 Atlantic Ave - ☏ (757) 428-4200 - www.hyatt.com - 🅿 45 $ - 🏊 ♿ - 156 ch. à partir de 275 $ - ☕ - ✕.* Idéalement placé sur le Boardwalk, ce grand hôtel dispose de vastes chambres avec balcons donnant toutes sur la mer. Le confort et les services attendus dans sa catégorie sont au rendez-vous. Tarifs abordables hors saison.

UNE FOLIE

Cavalier Hotel – *4200 Atlantic Ave - ☏ (757) 425-8555 - www.cavalierhotel.com - 🅿 18 $ - 🏊 ♿ - 85 ch. à partir de*

400 $ - ✕. Inauguré pendant les Années Folles, ce palace a vu défiler les gloires du pays jusqu'à la Seconde Guerre mondiale. Après travaux, il a retrouvé en 2018 le luxe et l'extravagance de sa grande époque, en particulier dans les chambres et les suites dont la plupart donnent sur l'océan du fait du plan en Y du bâtiment. Les services haut-de-gamme sont à la hauteur du cadre : l'hôtel compte trois restaurants (dont le Raleigh Room qui propose un afternoon tea réputé le dimanche, 23 $), un club de plage exclusif et même une excellente distillerie, installée dans l'ancienne buanderie de l'hôtel (www.TarnishedTruth.com - ✆ 757 965 9652 - visite guidée dégustation - jeu.-sam.14'h-18h - 20 $).

RESTAURATION

PREMIER PRIX

Big Sam's – *300 Winston Salem Ave - ✆ (727) 428-4858 - http://bigsamsrawbar.com - 7h-2h - plats 15/26 $*. Installé sur la marina de Rudee Inlet, ce *raw bar* (restaurant de fruits de mer, généralement crus) bénéficie d'un emplacement hors pair. La cuisine y est très bonne, et les bateaux assurent le spectacle !

Margie & Ray's – *1240 Sandbridge Rd - ✆ (757) 426-2397 - ✆ (757) 721-2287 - www.margieandrays.com - 7h-21h - fermé lun. - plats 13/24 $ (menu enf. -12 ans 7 $)*. En bordure de route, cette grande maison en bois est le temple des fruits de mer et du crabe, servi sous toutes ses formes : la *she-crab soup* (l'une des meilleures soupes au crabe de Virginia Beach), les *crab cakes*, les soft shell crabs, etc. On est séduit par l'ambiance populaire de cette immense cantine, à mi-chemin entre le *raw bar* et la *crab house*. Ici pas de chichi, place aux nappes en papier et à la vaisselle en plastique. Alors, faites comme les habitués, retroussez vos manches, et *crack your crab* !

Pocahontas Pancakes & Waffle House – *3420 Atlantic Ave - ✆ (757) 428-6352 - www.pocahontaspancakes.com* - P - *7h-13h - plats autour de 10 $*. Dans une salle bondée à l'ambiance Far West, le va-et-vient des assiettes, où s'empilent les crêpes et les gaufres, donnerait presque le tournis. Pocahontas est réputé pour ses petits-déjeuners, et les portions sont pantagruéliques : petites faims s'abstenir.

BUDGET MOYEN

Blue Pete's – *1400 N. Muddy Creek Rd - ✆ (757) 426-2778 - www.bluepetespungo.com - 17h-22h, vend. 17h-0h, sam. 12h-0h, dim. 12h-22h - à la carte 37/61 $*. Secret bien gardé à Virginia Beach, ce restaurant se blottit sur une rive de Tabernacle Creek. Et pour vous mettre dans l'ambiance (et en appétit !), pourquoi ne pas vous y rendre en kayak (voir « Activités », Surf & Adventure Co) ? Très belle terrasse sur l'eau, idéale pour un dîner de fruits de mer de qualité.

Rockafeller's – *308 Mediterranean Ave - ✆ (757) 422-5654 - www.rockafellers.com - 11h-22h, dim. 10h-22h - à la carte 31/43 $*. Avec sa décoration marine et sa vue pittoresque sur le Rudee Inlet, ce restaurant met l'Océan à l'honneur. Parmi les spécialités maison, goûtez la *she-crab soup*, crémeuse à souhait (la meilleure de Virginia Beach selon certains !), les *crab cakes* ou les huîtres Rockafeller (cuisinées avec des épinards, du bacon et du fromage, puis passées au four : un pur délice même si vous n'êtes pas amateur d'huîtres).

Tautog's – *205 23rd St. - ✆ (757) 422-0081 - www.tautogs.com - 17h-23h, vend.-sam. 17h-0h - formules 22/46 $.* Dans un ravissant cottage en bois datant des années 1920, vous vous régalerez de délicieux plats de poissons et de fruits de mer. Pour éviter de faire la queue, allez-y dès l'ouverture vers 17h.

Commune – *501-A Virginia Beach Bd - ✆ (757) 963-8985 - www.facebook.com/communevb - lun.-dim. 8h-16h - env. 15 $.* Au cœur du ViBe District, des produits bio, frais, de saison et cultivés localement, de grandes tables en bois qui appellent la convivialité… l'endroit est parfait pour prendre un bon petit déjeuner ou déjeuner sur le pouce mais de manière satisfaisante – et copieuse. À venir : une boulangerie prometteuse de la même enseigne au coin de la rue !

Croc's 19th Street Bistro – *620 19th St. - ✆ (757) 428-5444 - www.crocs19reetbistro.com - lun.-merc. 17h-21h, jeu.-sam. 16h-22h, dim. 10h-21h - 15/28 $.* C'est ici, sur 19th Street, que tout a commencé, quand a ouvert le marché des producteurs. Le doyen du ViBe District est aujourd'hui un restaurant à la réputation bien établie qui, comme ses voisins du quartier privilégie les produits bio cultivés localement, voire dans le jardin à l'arrière du bâtiment. C'est aussi le plus ancien établissement vert de l'État (panneaux solaires, récupération des eaux de pluie, etc.). La carte varie au fil des saisons et affiche des plats aussi variés que des mezzes libanais, des tacos aux crevettes, des *crab cakes* ou du poulet fermier à la grenade.

POUR SE FAIRE PLAISIR

Terrapín – *3102 Holly Rd - Pinewood Square, Suite 514 - ✆ (757) 321-6688 - www.terrapinvb.com - 17h-21h, vend.-sam. 17h-22h - à la carte 43/65 $.* L'emplacement n'a franchement rien d'exceptionnel, contrairement à la cuisine ! C'est assurément l'un des meilleurs restaurants de Virginia Beach. Au menu, des plats créatifs et savoureux qui mettent en valeur les produits frais des fermes voisines. Vous vous régalerez, que vous soyez amateur de viande (excellent bœuf de Virginie) ou de fruits de mer (délicieuses noix de St-Jacques ou huîtres de Lynnhaven). Le tout agrémenté d'une bonne bouteille, issue de leur sélection de vins français ou américains. Et gardez une petite place pour les délicieux desserts maison ! Pour une soirée plus décontractée, optez pour le comptoir avec vue sur les cuisines.

BOIRE UN VERRE

Waterman's Surfside Grille – *415 Atlantic Ave - angle 5th St. - ✆ (757) 428-3644 - www.watermans.com - P - 11h-16h, vend.-sam. 11h-23h.* Ce restaurant est réputé pour son Orange Crush, un délicieux cocktail à base d'orange pressée, vodka, triple sec et Sprite.

ACHATS

Cullipher Farm Market – *1444 Princess Anne Rd - ✆ (757) 721-7456 - www.cullipherfarm.com - d'avr. à nov. : 8h-18h.* Ce marché fermier fournit de nombreux restaurants de Virginia Beach. Prévoyez un arrêt pour ajouter quelques fruits dans votre panier pique-nique, ou pour faire un stock de bonnes confitures ou gelées de fruits de saison. De fin avril à début juin, on fait soi-même la cueillette des fraises au Cullipher Berry Patch (772 Princess Anne Rd). Citrouilles en saison.

ViBe Creative District – Dans un mouchoir de poche sont réunies des boutiques uniques et originales parmi lesquelles **North End Bag Company** *(607 19th St., unit B)*, qui fabrique des sacs originaux en petite série, ou encore **17th Street Market Place** *(536 Virginia Beach Bd)*, une caverne d'Ali Baba pour les amoureux de brocante, mais aussi des ateliers ouverts au public dont **Igor's Custom Signs & Stripes** *(607 19th St., unit D)*, un artiste qui transforme toutes sortes d'objets… *p. 341.*

ACTIVITÉS

Dolphin Watching Boat Trips – *200 Winston Salem Ave - Rudee Inlet - (757) 425-3400 - http://rudeetours.com - - 9h-17h - tickets 22 $/1,5h (enf. -11 ans 16 $, enf. -3 ans gratuit)*. Excursions de 1h30 en bateau pour observer les dauphins (21 $).

Oyster Tour – *(757) 663-6970 - http://pleasurehouseoysters.com - sorties en bateau (6 pers. max.) de 2h (49,50 $/pers) ou 4h (85 $/pers, ou sortie et dégustation 137,50 $/pers)*. Une visite-dégustation passionnante des fermes ostréicoles le long de Lynnhaven River et Broad Bay. Possibilité d'apporter sa bouteille de vin.

Surf & Adventure Co – *577 Sandbridge Rd - (757) 721-6210 - www.surfandadventure.com - 9h-18h - fermé dim.* Cette boutique de surf loue du matériel et organise différents cours et sorties en surf, kayak ou standup paddle (planche à rame). Une façon originale de découvrir la région, côté Océan ou côté Back Bay.

CALENDRIER

Consultez le site **vibecreativedistrict.org** pour découvrir les manifestations du quartier qui monte à Virginia Beach.

Boardwalk Art Show– *3e w.-end de juin*. Depuis 1955, plus de 250 artistes américains et étrangers présentent leurs créations sur le Boardwalk.

Neptune Festival – *Fin sept.* L'un des plus grands concours internationaux de sculptures sur sable s'accompagne de nombreuses festivités et manifestations. *www.neptunefestival.com.*

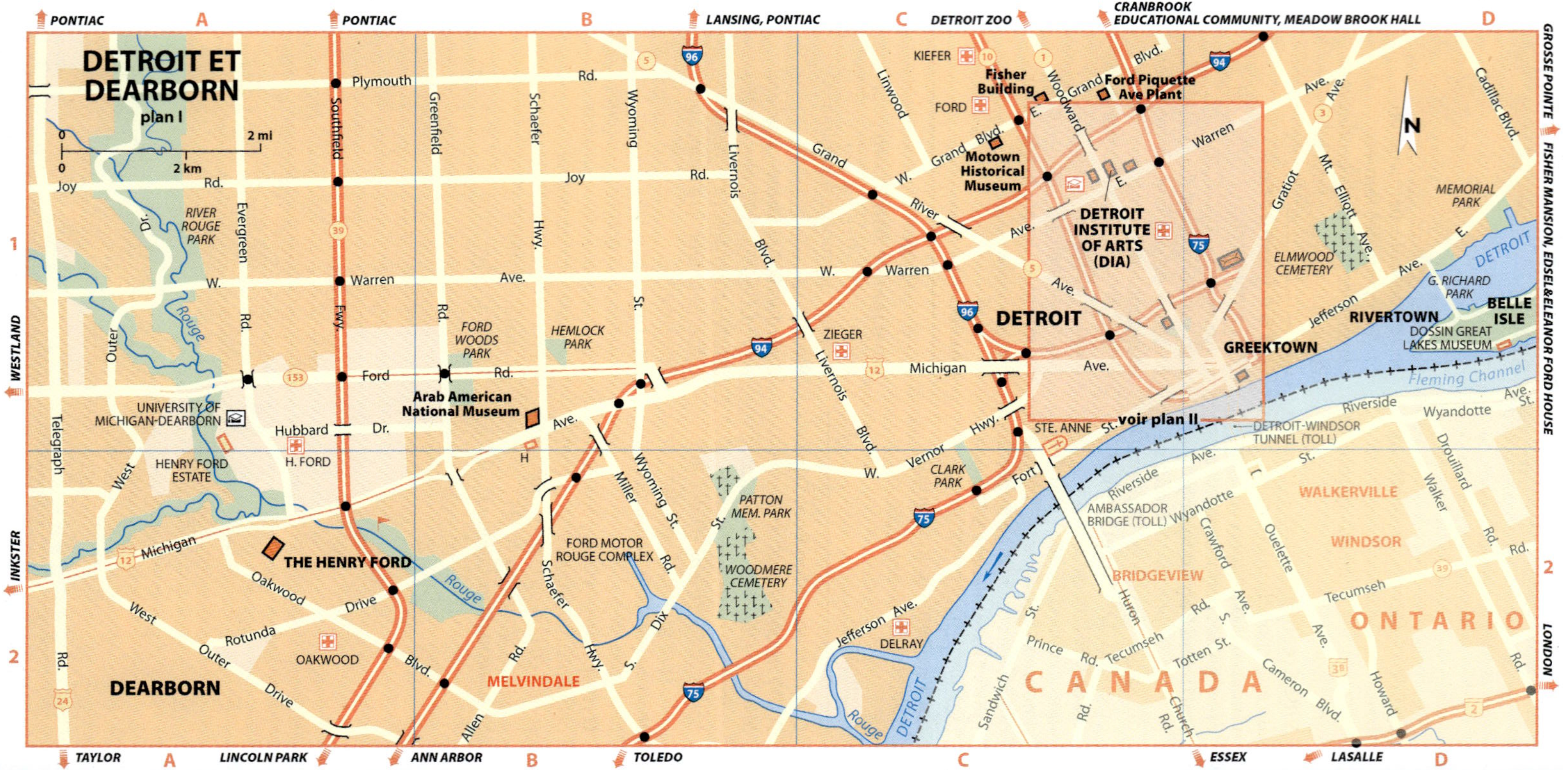
DETROIT ET DEARBORN
plan I
0 2 mi
0 2 km
PONTIAC
LANSING, PONTIAC
DETROIT ZOO
CRANBROOK EDUCATIONAL COMMUNITY, MEADOW BROOK HALL
GROSSE POINTE
FISHER MANSION, EDSEL&ELEANOR FORD HOUSE
LONDON
LASALLE
ESSEX
TOLEDO
ANN ARBOR
LINCOLN PARK
TAYLOR
INKSTER
WESTLAND
Fisher Building
Ford Piquette Ave Plant
Motown Historical Museum
DETROIT INSTITUTE OF ARTS (DIA)
DETROIT
GREEKTOWN
RIVERTOWN
BELLE ISLE
DOSSIN GREAT LAKES MUSEUM
voir plan II
Arab American National Museum
THE HENRY FORD
HENRY FORD ESTATE
UNIVERSITY OF MICHIGAN-DEARBORN
DEARBORN
MELVINDALE
FORD MOTOR ROUGE COMPLEX
WALKERVILLE
WINDSOR
BRIDGEVIEW
ONTARIO
CANADA
AMBASSADOR BRIDGE (TOLL)
DETROIT-WINDSOR TUNNEL (TOLL)
RIVER ROUGE PARK
FORD WOODS PARK
HEMLOCK PARK
CLARK PARK
PATTON MEM. PARK
WOODMERE CEMETERY
ELMWOOD CEMETERY
MEMORIAL PARK
G. RICHARD PARK
Fleming Channel

Detroit et ses environs 7

Carte Michelin National 761 et carte Michelin Zoom 173

Grand angle sur Detroit

Neuf tribus indiennes vivaient au nord des Grands Lacs jusqu'à l'arrivée des colons européens. Dès le 17e s., les Français développèrent le commerce des fourrures qu'ils durent défendre contre les incursions britanniques. À cet effet, **Antoine de La Mothe Cadillac** édifia en 1701 un fort sur Detroit River, entre le lac Saint-Clair et le lac Érié. Poste stratégique, il passa aux mains des Britanniques en 1760 et fut assiégé en 1763 par Pontiac, chef de la tribu Ottawa, qui cherchait à lever une coalition indienne contre le nouvel occupant. Entre-temps, la guerre franco-anglaise s'était soldée par le traité de Paris (1763), en vertu duquel le fort de Detroit était définitivement cédé à la Couronne britannique. Vingt ans plus tard, la guerre d'Indépendance change la donne, et Detroit devient américain en 1783. La jeune cité attire d'Europe du Nord nombre d'immigrants venus travailler dans les scieries et les mines de sel.

MOTOWN, LA VILLE DES MOTEURS

Au début du 19e s., une partie des itinéraires de l'**Underground Railroad** passent par Detroit, actif centre abolitionniste. Le « chemin de fer souterrain » constitue un réseau clandestin qui aide les esclaves à fuir le Sud en direction du Canada tout proche. En 1805, un **incendie** ravage la ville construite essentiellement en bois. Elle y gagne sa devise – *Meliora speramus; cineribus resurget* (« Espérons des temps meilleurs; elle renaîtra de ses cendres ») – et un plan d'urbanisation quadrillé, inspiré de celui de Washington DC. À la fin de la guerre de Sécession en 1865, l'industrie se développe, forte des ressources qu'elle tire des forêts, des mines de fer et de l'énergie hydraulique. Profitant d'une situation avantageuse sur les voies commerciales, le **pôle industriel** de Detroit prospère. C'est ici qu'**Henry Ford** ouvre sa première usine en 1896, avant d'introduire les chaînes d'assemblage en 1913. Rejoint par d'autres **pionniers de l'automobile**, comme les frères Dodge, les frères Packard ou encore Walter Chrysler, il contribue à forger le foyer de cette industrie à Detroit. Dans les années 1920, le bassin d'emplois et la politique salariale offensive attirent une importante population du sud du pays, noire mais aussi blanche. Si les usines tournent un temps au ralenti pendant la Grande Dépression, elles repartent de plus belle avec la Seconde Guerre mondiale lorsqu'elles se mettent à produire une part significative du matériel américain. **Motor City**, ou **Motown**, devient **the Arsenal of Democracy**.

ÉLECTRICITÉ SOUTERRAINE

Au début des années 1960, Motown, ville tentaculaire, nourrit en son sein deux groupes de rock culte, issus des *garage bands* (groupes qui pratiquaient leur musique dans des garages, produisant un son artisanal et brutal), et un label de disques mythique. **MC5** (Motor City Five), formé en 1964 à l'université de Detroit, a transféré l'énergie des villes dans un rock dense, précurseur du mouvement punk. Mais c'est l'iguane urbain, autrement dit **Iggy Pop**, qui deviendra la référence incontestable des fans de rock, et de plusieurs générations de groupes hard rock, punk, jusqu'à Curt Cobain et le grunge des années 1990. Né en 1947 dans le Michigan, James Newell Osterberg a formé les **Stooges** en 1967. Le groupe se produit à Detroit où il acquiert vite une notoriété tant pour son exceptionnelle qualité musicale que pour le jeu de scène provocant d'Iggy Pop. Performer né, il déchaîne sur scène une gestuelle inédite, entre contorsions érotiques et sacrifice rituel, pratiquant devant le public électrisé

onctions d'huile, scarifications et *stage diving* (plongeon dans la foule). Enfin, à l'opposé des *garage bands*, **Motown**, label créé à Detroit en 1959 par Berry Gordy Jr., a produit les succès planétaires de soul et R'n'B. Exporté dans le monde entier, le label a diffusé le groove de la musique noire jusqu'à la dance music et le disco. Vingt ans plus tard, la culture des rues s'exprimera dans le hip-hop et les *battles* de rappers. L'un des plus célèbres, **Eminem**, a grandi à Warren, au nord de Detroit où il a trouvé sa place avant d'être propulsé en tête des hit-parades en 1999. Entre temps, la **techno** était née… à Detroit.
(Detroit Historical Museum et Motown Historical Museum p. 359 et 361.)

EXODE ET RUINES

Alimentées par les tensions raciales, des **émeutes urbaines** se déclenchent en juin 1943, et surtout en **juillet 1967**, où elles firent quarante-trois morts. À partir des années 1950, les habitants les plus aisés quittent le centre au profit des banlieues ; ils sont aidés en cela par les lobbies automobiles qui financent une partie des infrastructures autoroutières et des équipements, visant deux voitures par foyer banlieusard. Alors que le premier centre commercial du pays voit le jour à Southfield, juste au nord de Detroit en 1954, le mouvement d'exode s'accélère : durant la seconde moitié du 20e s., **Detroit perd 50 %** de sa population au profit des banlieues. Moins d'habitants, moins d'impôts. Moins d'impôts, moins de ressources… Les infrastructures sont laissées à l'abandon. Frappée de plein fouet par le **choc pétrolier** des années 1970, privée d'aide publique pendant les années Reagan, la ville s'enfonce inexorablement. La **crise de 2008** est une autre claque. Le secteur automobile, qui a délocalisé depuis plusieurs décennies, s'effondre et ne doit sa survie qu'à la perfusion financière que lui accorde le gouvernement Obama en 2010. Les ruines de Detroit, dont la puissance poétique derrière la détresse n'échappe pas aux artistes, sont photographiées et diffusées dans des ouvrages à la fois spectaculaires et terrifiants par ce qu'ils disent des civilisations englouties. Deux livres paraissent en 2010 : *Detroit Disassembled*, par l'Américain Andrew Moore, et *The Ruins of Detroit*, par les Français Yves Marchand et Romain Meffre.

UN FUTUR À INVENTER

En juillet 2013, devant sa dette astronomique de 18,5 milliards de dollars, la municipalité se déclare en **faillite**. Pour sauver de la déshérence des pans urbains désaffectés, la Maison-Blanche alloue 320 millions de dollars à la réhabilitation ou à la destruction d'édifices abandonnés.

En dépit des immeubles murés, qui laissent leurs cicatrices dans l'agglomération, les chantiers se multiplient en centre-ville, les réhabilitations vont bon train, les commerces fleurissent et sont souvent l'occasion de promouvoir la créativité locale. Une population plutôt jeune revient habiter les quartiers du centre, selon le schéma de recolonisation classique, squats, ateliers d'artistes et jeunes cherchant un logement à bas coût.

Particulièrement flexibles, les habitants doivent observer leur ville, réinventer un mode de vie et consommer autrement. Dans les prairies urbaines, vastes zones laissées à l'abandon, ils créent des **jardins communautaires**, tel Plum Street Garden *(2202 3rd St.)* qui occupe un bloc entier en plein Downtown, face au luxueux hôtel Westin. Il y aurait dans la ville plus de 1 500 jardins de ce type ! Entre 2013 et 2018, le taux de chômage est tombé de 22 % à 8 %. Même si les problèmes financiers restent lourds et les troubles sociaux problématiques, les raisons d'espérer sont là.

Detroit

★★

677 116 hab. (Detroit Metropolitan Area env. 3,9 millions d'hab.) – Michigan (MI)

Plus connue que Lansing, la capitale du Michigan, Detroit est la ville la plus peuplée et la plus importante de l'État. Précédée par sa (mauvaise) réputation, elle est à la fois gigantesque – 370 km², 15 500 km² pour sa zone urbaine – et déroutante. À commencer par son organisation, peu évidente à appréhender tant elle a été conçue pour la voiture, instrument de sa réussite autant que de son déclin. Généralement à l'écart des circuits touristiques, Detroit ne séduit pas forcément au premier abord avec son architecture un peu désordonnée et ses friches urbaines. Pourtant, cette cité emblématique de l'histoire et de la société américaines mérite d'être découverte pour les trésors qu'elle abrite, l'énergie communicative qu'elle dégage et le renouveau visible qui s'y opère.

NOS ADRESSES PAGE 365
Hébergement, restauration, achats, activités, etc.

S'INFORMER

Detroit Convention and Visitor Bureau – *211 W. Fort St. - ☎ 313 202 1800 - visitdetroit.com.*

SE REPÉRER

Plan I (Agglomération Detroit/Dearborn) (p. 348). Detroit se trouve à 283 miles/455 km à l'est de Chicago, sur les rives de Detroit River qui forme la frontière avec le Canada. La ville est traversée du sud au nord par **Woodward Ave**, son épine dorsale, qui s'étend bien au-delà (env. 35 km de longueur, route M-1). Au sud, **Downtown** englobe notamment une portion du Riverfront, Financial District (autour de Griswold St.), Greektown (à l'est de Woodward Ave, très animé avec ses restaurants), Foxtown (au nord de Grand Circus Park, quartier des théâtres et des bars) et Bricktown (à l'est de Cadillac Square). À l'ouest de Downtown, **Corktown** est le quartier le plus ancien et l'un des plus branchés, en pleine transformation. Au nord-est de Downtown, **Eastern Market** accueille un marché depuis le milieu du 19ᵉ s. Au nord de Downtown s'étend **Midtown**, quartier de l'université et des musées.

SE GARER

Aucun problème pour trouver une place dans la rue ou dans un parking : Detroit a été conçue pour les voitures !

À NE PAS MANQUER

Le Detroit Institute of Arts ; The Henry Ford à Dearborn ; l'ambiance unique de cette ville en pleine renaissance ; un samedi à Eastern Market.

ORGANISER SON TEMPS

Comptez 4 jours pour profiter pleinement de la ville.

AVEC LES ENFANTS

Le zoo, le Michigan Science Center.

Renaissance Center, siège de General Motors.
W. Bibikow/age fotostock

Se promener

Plan I (agglomération) p. 348 et plan II (Detroit-Centre) p. 354

DOWNTOWN Plan II AB3

Dans la cité du tout-voiture, Downtown se découvre néanmoins à pied. Vous ne rencontrerez pas plus de problème de sécurité ici que dans une autre grande ville, et plutôt moins d'ailleurs (système de caméras de surveillance).

★ **Renaissance Center** – B3 - *Accès sur Atwater St. ou Renaissance Dr. - gmrencen.com*. Montez au sommet du « RenCen » pour prendre la mesure de la topographie urbaine. Cet ensemble de sept gratte-ciel construits à la fin des années 1970 appartient à General Motors qui y a son siège. L'industriel côtoie l'hôtel Marriott *(Nos adresses)*, installé dans la plus haute tour du Michigan.

★ **Riverwalk** – B3 - Devant les immeubles, les rives de la Detroit River sont aménagées depuis 2007 en une promenade, d'où l'on contemple le Canada et la ville de Windsor (Ontario), qui occupent la rive opposée. Réservé aux piétons et aux cyclistes, le parcours est ponctué d'espaces verts, de jeux et de cafés. Lorsqu'elle sera achevée, la River Walk couvrira près de 9 km, d'Ambassador Bridge à **Belle Isle**. L'île, entre États-Unis et Canada, abrite un State Park *(www.belleisleconservancy.org)*, un petit zoo, un aquarium, un jardin botanique, et… le circuit du grand prix automobile de Detroit.

De l'autre côté du RenCen, suivez Jefferson Ave jusqu'à Hart Plaza.

Hart Plaza – B3 - Sur cette vaste esplanade ponctuée de commandes publiques se dresse une des sculptures emblématiques de la ville : **The Monument to Joe Louis**, dit *The Fist* (le poing), commandé en 1986 au sculpteur Robert Graham. Élevé à Detroit dans une famille qui avait fui le Sud et les violences raciales, le boxeur afro-américain Joe Louis (1914-1981) a détenu le titre de champion du monde dans la catégorie poids lourds entre 1937 et 1949. Brown Bombing (le bombardier brun) a donné son nom à l'un des grands stades de la ville *(Nos adresses)*. La place accueille festivals et manifestations publiques, à l'endroit

SE LOGER

- Aloft Detroit at The David Whitney 7
- Detroit Fondation Hotel 5
- Detroit Marriott Renaissance Center 4
- The Atheneum Suite Hotel 1
- The Inn on Ferry Street 3
- The Siren Hotel 6

SE RESTAURER

- Atwater Brewery 12
- Cass Café 6
- Joe Muer 10
- La Feria 5
- Mercury Burger & Bar 2
- Santorini Estiatorio 9
- Slows BBQ 3
- Supino Pizzeria 1
- The Whitney 8
- Traffic Jam & Snug 7
- Whright and Company 4

même où aurait été posée la première pierre du fort de Detroit. Le long du fleuve, autre sculpture emblématique, **Gateway to Freedom** (2001) rappelle les heures tragiques de l'Underground Railroad (*p. 361*).

Continuez sur Woodward Ave.

Spirit of Detroit – *Juste devant les bureaux de la municipalité du Coleman A. Young Municipal Center.* La statue en bronze a été réalisée par le sculpteur Marshall Fredericks en 1958. Symbole de la cité, le Jolly Green Giant (le joyeux géant vert) comme on l'appelle affectueusement en raison de sa couleur et de sa taille (8 m) est censé représenter Dieu. Vous le verrez peut-être revêtu d'un maillot d'une des équipes de sport locales si un match important a lieu.

Poursuivez sur Woodward Ave, prenez à gauche Larned St., puis à droite Griswold St.

★★ **Guardian Building** – B3 - *500 Griswold St.* Datant de 1929, le majestueux édifice Art déco (151 m) raconte l'opulence passée de la ville. La « cathédrale de la finance », ornée de sculptures et de mosaïques sur le thème des Indiens, abrite toujours des bureaux. Entrez pour admirer l'intérieur, prendre un café ou faire des emplettes « Pure Detroit » (*p. 371*).

Le quartier compte plusieurs immeubles dignes d'intérêt, tels **Buhl Building**★ (1925, *535 Griswold St.*), **Ford Building**★, œuvre de l'architecte Daniel Burnham (1909, *615 Griswold St.*), et **Penobscot Building**★ (1928, *645 Griswold St.*).

Continuez sur Griswold et prenez à droite Fort St. vers Campus Martius.

The Qube – B3 - *611 Woodward Ave.* À l'angle de Campus Martius Park, ce bâtiment moderniste de quatorze étages à parements de marbre fut élevé en 1959 par l'agence Albert Kahn Associates à l'emplacement du premier gratte-ciel de la ville. L'ancienne Chase Tower abrite désormais le siège de **Quicken Loans**, deuxième établissement de crédit immobilier du pays, qui eut une part active dans la renaissance des affaires à Detroit pendant les années 2010.

Campus Martius Park – B3 - Véritable cœur de Downtown, le « champ de Mars » honore la mémoire des victimes de la guerre de Sécession avec le groupe sculpté en 1867, *Michigan Soldiers'and Sailors'Monument*.

Cadillac Square – *À l'est de Campus Martius.* Le quartier qui entoure le square est très animé, avec ses *food trucks*, ses tables, ses bancs, ses cafés, ses jeux accessibles à tous ; en hiver, on y installe une gigantesque patinoire, plus grande encore que celle du Rockefeller Center de New York ! En été, le sable et les transats se substituent à la glace et aux patins.

Corktown A3

À l'ouest de Downtown, Corktown est le quartier le plus ancien de la ville et conserve de jolies maisons anciennes, notamment des *row houses* du 19e s. destinées au logement ouvrier. Il doit son nom aux immigrants irlandais, originaires du comté de Cork, venus s'installer là après la grande famine des années 1840. Si Corktown ne présente pas d'attrait touristique au premier sens du terme, c'est le quartier où il faut se rendre pour prendre un verre et goûter l'ambiance *arty* de la ville (*Nos adresses*).

Michigan Central Station – Construite en 1912-1913, la fantomatique gare ferroviaire forme l'image symbolique même de la déréliction urbaine à Detroit. La société Ford l'a acquise en 2018 pour y créer un centre d'innovation et de création. Projet ambitieux si l'on songe à l'état du bâtiment si longtemps abandonné (1988), et clin d'œil de l'Histoire puisque l'automobile qui concurrence le transport ferroviaire favorise, juste retour des choses, la renaissance de la gare.

The Corner – *2121 Trumbull Ave.* Ce complexe immobilier prometteur, censé mêler logements et commerces, se développe autour du **Tiger Stadium**, siège de l'équipe de baseball et autre symbole de la revitalisation du quartier.

Le progrès entre Ford et Rivera

La série de fresques **Detroit Industry Murals★★★** *(Rivera Court, 2e niveau)* du Mexicain **Diego Rivera** (1886-1957) est considérée comme l'une des plus belles réussites du mari de Frida Kahlo. En 1932, le peintre, qui ne cache pourtant pas ses idées marxistes, est invité par **Edsel Ford** à illustrer le thème de l'industrie et de la machine envisagées comme sources de progrès. À partir d'avril, Rivera réalise en moins de dix mois une œuvre monumentale de vingt-sept fresques.

Sur le **mur est**, où débute la lecture, un nourrisson en position de fœtus, bien à l'abri dans un bulbe planté en terre, est menacé par les lames d'une charrue. Deux femmes portant des fruits et des légumes symbolisent la fertilité. L'allégorie illustre l'agriculture, première activité des hommes, et la naissance du progrès, prêt à trancher pour le meilleur et pour le pire.

Les figures de l'ouvrier et de l'ingénieur, associées respectivement à la vapeur (centrale de l'usine Ford Rouge) et à l'électricité (turbine), encadrent la porte du **mur ouest**. Au-dessus, des avions de guerre (à gauche) et de l'aviation civile (à droite) apportent chacun leur message connoté.

Après avoir passé trois mois à croquer hommes et machines dans les usines Ford, Rivera a représenté avec un grand réalisme le ballet des ouvriers sur le panneau central du **mur nord**. Les deux machines centrales ne sont pas sans rappeler les statues toltèques de son Mexique natal. Rivera s'est représenté dans l'angle supérieur gauche, coiffé d'un chapeau melon, au milieu des travailleurs en chemise et casquette violettes, la mine maussade. Les panneaux supérieurs illustrent la fabrication de gaz mortels (à gauche) et la vaccination (à droite), encore deux aspects antagonistes du progrès. Au centre du panneau supérieur, une figure rouge (l'Indien) côtoie une figure noire, respectivement associées au minerai de fer et au charbon.

Elles répondent aux figures du **mur sud**, la blanche et la jaune, elles-mêmes associées à la chaux et au sable, les quatre figures symbolisant à la fois les quatre « races » et les matières premières nécessaires à l'industrie. Sous les allégories, Rivera peint la chaîne de montage de l'usine Ford Rouge, ouverte à l'époque au public. Rivera montre des « bourgeois » disgracieux, venus comme au zoo observer les ouvriers. Sur la droite, l'immense emboutisseuse (l'une des plus grandes machines jamais construites) évoque la divinité Coatlicue, déesse de la Terre, de la Vie et de la Mort, que les Aztèques abreuvaient de sang humain. Les divinités-machines se nourrissent toujours des hommes… En représentant, dans le bas à droite, Edsel Ford (de face) et William Valentiner, le directeur du musée, tels des commanditaires de retables anciens, Rivera s'inscrit dans une longue tradition de peintres visionnaires.

Detroit Industry Murals par Diego Rivera, Detroit Institute of Arts.
S. Grant/Art Directors & Trips Photo/age fotostock/2019 Banco de México Diego Rivera Frida Kahlo Museums Trust, Mexico, D.F. / Adagp, Paris

MIDTOWN Plan II AB1-2

La Q Line (Nos adresses) est pratique pour accéder aux sites de Midtown, sur Woodward Avenue ou dans les rues perpendiculaires.
Situé au nord de Downtown et bordé par la I-94 dans sa partie septentrionale, Midtown comprend l'immense ensemble de Wayne University (35 000 étudiants) et plusieurs des musées de la ville, regroupés dans une partie baptisée **Cultural Center**.

Museum of Contemporary Art A1

4454 Woodward Ave - 313 832 6622 - Q Line depuis Downtown, arrêt Canfield St. - mocadetroit.org - merc., sam., dim. 11h-17h, jeu.-vend. 11h-20h - donation suggérée 5 $.
Une concession automobile de plus de 2 000 m^2 est reconverti en centre d'art contemporain, aux accrochages renouvelés. Le lieu accueille différentes activités, dont d'intéressantes conférences sur des thèmes artistiques, des projections ou des concerts. On y trouve aussi un excellent café (bons brunchs le dim.) et une boutique-librairie.

★★★ Detroit Institute of Arts A1

5200 Woodward Ave - 313 833 7900 - Q Line depuis Downtown, arrêt Warren Ave - www.dia.org - mar.-jeu. 9h-16h, vend. 9h-22h, w.-end 9h-17h - 14 $ - audioguide en français inclus.
Fondé en 1883 à partir des œuvres léguées par le magnat de la presse James Script, enrichi par les dons d'autres patrons de l'industrie, dont ceux de l'automobile, le Detroit Institute of Arts (DIA) est considéré comme l'un des cinq plus grands musées d'art des États-Unis (plus de 60 000 pièces).
Depuis 1927, il est installé dans cet édifice de style Beaux-Arts conçu par le Français Paul Cret, bâtiment plusieurs fois agrandi par la suite. Dans les années 2000, il a fait l'objet de grands travaux visant à présenter les collections de manière plus simple et didactique, sous un angle thématique plutôt que chronologique : pari merveilleusement réussi. En 2014, lorsque la municipalité s'est

7

déclarée en faillite, les édiles ont envisagé de vendre une partie des collections afin d'éponger la dette de la ville, idée pour l'heure abandonnée. Indissociable de son contenu, le musée contribue jusqu'à nouvel ordre au rayonnement de la ville, auprès des habitants comme des visiteurs du monde entier.

Premier niveau – Les départements consacrés aux arts de l'Antiquité égyptienne, gréco-romaine et moyen-orientale (magnifique bas-relief émaillé de la porte d'Ishtar, Babylone) côtoient les sections d'arts indien, asiatique et islamique. De taille modeste, ils n'en abritent pas moins de vrais trésors comme cette statuette de **Sakyamuni★★★** en bois laqué de la dynastie Yuan (13e s.), ou ce **coran** à reliure de cuir doré à l'or fin, fabriqué dans la Chine des Ming pour Tamerlan (15e s.).

Dans la section **d'art africain**, particulièrement réputée, sont conservées des pièces remarquables. Ne manquez pas le **Cavalier en bronze★★** du Bénin (17e s.) et le très rare moulage en cire qui servit à réaliser la statuette, les pièces en ivoire, dont un magnifique étui à couteau du Congo (16e s.), et le **triptyque éthiopien** (fin 17e s.).

Deuxième niveau – Le musée est connu pour ses collections d'**art américain**, lesquelles couvrent l'art pictural et décoratif des premiers temps de la colonie anglaise jusqu'aux années les plus récentes.

Côté objets, on découvre des pièces d'orfèvrerie de Paul Revere (1734-1818), des vases Tiffany, des céramiques de l'atelier Arts & Crafts **Pewabic**, fondé à Detroit en 1903, une superbe collection de verreries, parmi tant d'autres.

Côté peinture, on admire les œuvres de **John Singleton Copley** (*Watson and the Shark*, 1782), de **Rembrandt Peale** (le portrait de *George Washington*, 1795, et l'immense *Court of Death*, 1820), mais aussi les artistes de l'**Hudson River School**. Remarquez la très belle **American Lake Scene★** de **Thomas Cole** (1844), et l'imposant **Cotopaxi★** de **Frederick Edwin Church** (1862), deux des principaux représentants du mouvement, le premier étant considéré comme le fondateur de l'école, le second ayant nettement élargi ses motifs aux continents américains nord et sud. Parmi les peintres américains formés en Europe, deux artistes se distinguent. **John Singer Sargent** (1856-1925), dont **Mosquito Nets★★** *(Les Moustiquaires,* 1908) montre le talent de portraitiste, et **James Whistler** (1834-1903), qui signe avec **Nocturne in Black and**

LES DIX IMMANQUABLES DU DETROIT INSTITUTE OF ARTS

Les collections variées de l'immense musée couvrent une période courant de 25000 av. J.-C. à nos jours… Autant dire qu'il faudra cibler vos objectifs. Si vous êtes vraiment pressé, passez par la section africaine, au premier niveau, puis filez au deuxième :

Bénin – *Cavalier en bronze* (African Art, level 1)
Bruegel – *La Danse de mariage* (European Art, level 2)
Caravage – *Marthe et Marie Madeleine* (European Art, level 2)
Rembrandt – *La Visitation* (European Art, level 2)
Van Gogh – *Autoportrait* (Modern Art, level 2)
Matisse – *La Fenêtre* (Modern Art, level 2)
Frederick Edwin Church – *Cotopaxi* (American Art, level 2)
James Whistler – *Nocturne in Black and Gold : The Falling Rocket* (American Art, level 2)
Andy Warhol – *Double Self-Portrait* (Contemporary Art, level 2)
Diego Rivera – Cycle *Detroit Industry* (Rivera Court, level 2) *(double page précédente)*

Gold : The Falling Rocket★★★ (*Nocturne en noir et or : la fusée qui retombe*, 1875) un paysage quasi abstrait où la peinture cherche à se faire « souffle à la surface d'une vitre », au dire du peintre. Le critique Ruskin, quant à lui, n'y verra qu'« un pot de peinture jeté à la face du public »...

Le DIA abrite aussi, chose rare, un département consacré à l'**art afro-américain**, riche de 400 œuvres d'artistes noirs, exposées par roulement, parmi lesquels Robert Scott Duncanson (1821-1872) et Henry Ossawa Tanner (1859-1937) pour les « anciens », Richard Hunt et Allie McGhee pour les contemporains.

Le département d'**art européen** est d'une richesse exceptionnelle, de Fra Angelico à Picasso. **La Danse de mariage★★★** de **Pieter Bruegel l'Ancien** (v. 1566) est l'une des deux toiles du peintre visibles dans le pays. **Marthe et Marie Madeleine★★** de **Caravage** (v. 1598), acheté par le musée en 1973, montre les deux sœurs que tout semble opposer, Marie la flamboyante et Marthe, la chaste maîtresse de maison. Autre Marie, autre échange, celui de deux femmes enceintes, la mère du Christ et Élisabeth, qui porte Jean-Baptiste. Avec cette **Visitation★★** (1640), **Rembrandt** étonne par son adresse à conjuguer le quotidien et la lumière mystique. Le musée conserve aussi quatre toiles de **Van Gogh**, dont un *Autoportrait* (1887), première œuvre du peintre achetée par un musée américain, et sept **Matisse**, dont **La Fenêtre★** (1916), également une première dans les musées américains. Ces deux achats, qui datent de 1922, en disent long sur la politique avant-gardiste du DIA. À leurs côtés, des toiles de Monet, Renoir, Degas, Seurat, Soutine, Kokoschka, Picasso, et bien d'autres.

L'**art contemporain** n'est pas en reste. On peut admirer dans les salles du DIA des toiles et des installations d'artistes américains – dont un *Double Autoportrait* d'Andy Warhol (1966) – et européens (Bacon, Giacometti, etc.).

Troisième niveau – Cet étage réserve encore de belles découvertes : âge d'or de la peinture hollandaise, peinture anglaise et, surtout, **arts décoratifs du 18e s.** Plusieurs tables, comme celles que l'on dressait dans les familles de l'aristocratie française, sont mises en scène de façon remarquable.

★ Detroit Historical Museum A1

5401 Woodward Ave - ✆ 313 833 1805 - Q Line depuis Downtown, arrêt Ferry St. - detroithistorical.org - mar.-vend. 9h30-16h, w.-end 10h-17h - entrée libre.

Faites le plein d'articles « made in Detroit » dans la boutique du musée.

Inauguré dans les années 1950, ce musée passionnant s'est offert une grande rénovation en 2012. Avec force galeries thématiques et expositions temporaires, il présente de manière attractive ses collections qui évoquent l'histoire et la culture de la ville.

Streets of Old Detroit est l'une des sections les plus appréciées. On parcourt la ville des années 1840 au début du 20e s., en passant par des boutiques grandeur nature, telle Sanders, célèbre confiserie ouverte en 1875.

Frontiers to Factory – Detroiters at Work, 1701-1901 nous parle de la ville avant le boom de l'automobile, cet avant-poste fondé par des Français devenu à la fin du 19e s. une des grandes cités industrielles du pays. Qui sait, par exemple, que Detroit comptait alors la plus grande usine du monde et qu'on y fabriquait des cuisinières ?

America's Motor City évoque la façon dont Detroit a rendu possible l'émergence de l'industrie automobile et comment ce secteur a façonné la ville.

Arsenal of Democracy, mention spéciale encore, rappelle que plus d'un tiers du matériel de guerre produit par les Américains pendant le second conflit mondial est sorti des usines de Detroit.

Le Ford Piquette Avenue Plant.
J. West/age fotostock

Kid Rock Music Lab retrace l'incroyable tradition musicale de la ville, certes connue pour la Motown (p. 350), mais qui a aussi vu naître ou émerger Kid Rock, Iggy Pop, le rappeur Eminem, Madonna ou encore Derrick May, considéré comme le fondateur de la techno !

★ Charles H. Wright Museum of African-American History A1

315 E. Warren Ave - 313 494 5800 - Q Line depuis Downtown, arrêt Warren Ave - thewright.org - P - mar.-sam. 9h-17h (et lun. en fév.), dim. 13h-17h - 8 $.

Fondé dans les années 1960 par Charles H. Wright, un médecin de Detroit, ce musée, installé dans son bâtiment actuel depuis 1997, est consacré à l'**histoire des Afro-Américains**. Explorant les liens entre Afrique et Amérique, il analyse l'influence de cette communauté à Detroit où elle représente plus de 80 % de la population.

Sous la grande verrière après l'entrée, les visiteurs sont invités à prendre place autour du **Ring of Genealogy**, une immense mosaïque de marbres colorés dessinée au sol par l'artiste Hubert Massey. C'est une évocation de cette histoire, entourée par une liste de noms de personnalités marquantes comme Martin Luther King, Rosa Parks ou encore Nelson Mandela, ajouté en 2014.

And Still We Rise – L'exposition débute au 2e niveau, au cœur même du musée, qui invite, à travers une succession d'une vingtaine de salles, à un voyage dans le temps et l'espace. Tout commence en Afrique, berceau de l'humanité. On découvre la géologie et la géographie du continent noir, mais aussi son histoire. Différentes ambiances sont recréées, comme un marché dans un royaume du Bénin au 14e s. Puis vient la **traite des Noirs** : on voit un roi africain faire affaire avec des marchands européens, on passe par le fort de Gorée, on monte à bord d'un navire négrier, d'abord sur le pont, puis dans les cales, on débarque sur un marché aux esclaves à Annapolis en 1790, on est transféré dans une plantation. Vient ensuite le temps de la lutte pour l'émancipation et le rôle de l'**Underground Railroad** (chemin de fer clandestin). Ce réseau de voies, notamment ferroviaires, était emprunté par les esclaves en fuite qui cherchaient à se rendre au-delà de la ligne Mason-Dixon et des États esclavagistes. Beaucoup passaient par Detroit, surnommée **North Star** (étoile du Nord) car, en suivant la direction du nord, les fugitifs arrivaient en lieu sûr, ou encore **Midnight** (Minuit), car les passages se faisaient de préférence la nuit. Sur le parcours de la River Walk, le monument mémoriel **Gateway to Freedom** (2001) représente un conducteur de train (nom donné aux passeurs) et un groupe d'esclaves en fuite regardant plein d'espoir en direction du Canada. La ville, où vivaient 5 700 Noirs en 1910, en comptait 120 000 dix ans plus tard ! Cette progression s'explique par l'abondance du travail dans l'industrie automobile et la législation progressiste des usines Ford qui offraient, fait rare, les mêmes salaires à tous leurs ouvriers, quelle que soit la couleur de leur peau. La lutte pour les **droits civiques** pendant les années 1960, et les défis qui restent à relever aujourd'hui concluent cet incroyable parcours.

Michigan Science Center A1

5020 John R. St. - 313 577 8400 - Q Line depuis Downtown, arrêt Warren Ave - www.mi-sci.org - mar.-vend. 9h-15h, sam. 10h-18h, dim. 12h-18h - plusieurs formules à partir de 14 $ - P.

Rien ne manque dans ce musée scientifique *hands on*, comme on les aime particulièrement dans les pays anglo-saxons. Les visiteurs sont encouragés à toucher ce qui est à leur portée et à apprendre par l'expérience. L'endroit plaît surtout aux plus jeunes, qui peuvent jouer d'un instrument de musique dans la **Jam Room** ou se promener dans la ville miniature de **Kids Town**. Ici, on apprend tout sur le **corps humain**, la santé et la nutrition, là sur le phénomène de l'**électricité**, la construction des routes ou les **activités industrielles**, avec, Detroit oblige, la reproduction d'une chaîne de montage automobile. Le **cinéma IMAX** permet de visionner plusieurs films *(programme et horaires différents chaque jour)*. La section consacrée à l'**espace** et le **planétarium** sont particulièrement réussis.

★ Ford Piquette Avenue Plant

461 Piquette Ave - Q Line depuis Downtown, arrêt Amsterdam St. (15mn de marche) - 313 872 8759 - www.fordpiquetteplant.org - avr.-nov. : merc.-dim. 10h-16h ; déc.-mars : vend.-sam. 10h-16h - visite guidée 10h, 12h, 14h ; tablette-guide en français - 12 $.

Que vous soyez féru d'économie ou amateur d'automobile, ce site ne doit pas vous échapper, car c'est ici que la célèbre, l'historique, **Ford T** vit le jour. L'usine Ford de Piquette Avenue est née après celle de Mack Avenue, rapidement abandonnée, et avant celle de Dearborn (*p. 375*) qui donnera sa pleine mesure au géant de l'automobile. Henry Ford choisit l'endroit pour sa proximité avec la ligne de chemin de fer et y développa plusieurs modèles, notamment les **Alphabet Cars**, nommées ainsi car elles étaient désignées par une lettre de l'alphabet.

Intéressant exemple d'architecture industrielle, le musée se déploie sur plus de 6 000 m² et compte plusieurs trésors, dont l'un des sept modèles B (1904) à nous être parvenu. Après avoir été invité à regarder un film de 30mn, on découvre sur deux niveaux les voitures Ford et celles de la concurrence (Brush, Studebaker, Maxwell, Dodge, etc.). Le bureau d'Henry Ford a été reconstitué ainsi que l'atelier où le modèle T a été conçu.

★ Motown Historical Museum Plan I C1

2 648 W. Grand Bd - 313 875 2264 - www.motownmuseum.com - depuis Downtown, bus 53, arrêt Woodward & Grand, puis bus 16, arrêt Grand & Woodrow Wilson - mar.-sam. 10h-18h (20h le sam. en juil.-août) -poss. visite guidée à intervalles réguliers - 15 $.

Le musée est parfois fermé pour des événements privés, consultez le calendrier sur le site Internet avant de vous déplacer.

Les Temptations, les Supremes, Marvin Gaye, Stevie Wonder, Smokey Robinson, les Jackson Five, pour n'en citer que quelques-uns, tous ces groupes et ces artistes ont un point commun : la Motown et son **son unique**, qui a su marier gospel, pop et rhythm and blues comme jamais auparavant. Ce coup de génie est dû au talent de **Berry Gordy Jr.**, né en 1929 dans une famille noire de la classe moyenne de Detroit. Élevé dans le voisinage d'Aretha Franklin et Diana Ross, amateur de musique et compositeur, Gordy s'essaie à plusieurs métiers avant de créer sa propre maison de disques, empruntant 800 $ à sa famille pour fonder la compagnie Tamla, qui deviendra par la suite la **Motown** (de Motor Town, surnom de Detroit). En 1959, il s'installe dans cette petite maison de brique qu'il baptise, plein d'espoir, **Hitsville USA**... Le succès est au rendez-vous. Selon une recette rodée, la Motown repère de jeunes talents qu'elle forme et façonne. Gordy crée **plusieurs labels** dans tous les genres musicaux en vue de monopoliser les ondes. Au milieu des années 1960, la Motown occupe huit maisons à Detroit, avant de déménager à Los Angeles en 1972.

Créé en 1985, le musée est donc installé dans les **locaux d'origine**. On y découvre une foule d'objets, de costumes, de souvenirs, de photos relatifs à la vie du fondateur et aux artistes « maison ». On visite l'appartement que Berry Gordy y occupait et, pour finir, les **bureaux**, ainsi que le fameux – et très petit – **studio A** dans lequel tant de hits furent enregistrés ; le sol du local technique mitoyen est tout usé par les marques laissées par les techniciens battant la mesure avec leur pied. On y apprend une foule d'anecdotes, dont la recette du succès selon Gordy : avant de lancer une chanson, il réunissait ses collaborateurs et les soumettait au « test du sandwich », leur posant une seule question : « S'il ne vous restait qu'un dollar, que feriez-vous ? Achèteriez-vous ce 45 tours ou un sandwich ? ». Selon la réponse, il savait s'il tenait un hit...

À proximité Plan I p. 348

★★ Edsel & Eleanor Ford House D1 en dir.

À 8 miles/13 km à l'est de Detroit, par l'I-94. À la sortie 126 (9 Mile), prenez à gauche et poursuivez jusqu'à Jefferson Ave, que l'on emprunte à droite pendant env. 1 mile. Le domaine est sur la gauche. 1100 Lake Shore Rd - Grosse Pointe Shores (MI) - ✆ 313 884 4222 - www.fordhouse.org - P - visite libre du parc : mar.-sam. 10h-16h, dim. 11h30-18h - visite guidée de la demeure : mar.-vend. 10h30-16h, sam. 10h-16h, dim. 12h-16h - plusieurs formules à partir de 12 $.

Edsel Ford (1893-1943) était le fils unique d'Henry Ford et Clara Bryant. Infatigable collectionneur d'art, il construisit cette maison pour son épouse et ses quatre enfants mais également pour abriter sa collection. Les tableaux les plus importants furent légués par la suite au Detroit Institute of Arts, et beaucoup de ceux qui sont visibles aujourd'hui sont des copies. Achevée en 1929, la demeure fut conçue par **Albert Kahn** à l'image d'un manoir anglais de la région des Cotswolds, fenêtres à petits carreaux et murs recouverts de lierre. La maison, somptueuse, compte soixante pièces dotées de tout le confort moderne de son temps. Pourtant, aucun tape-à-l'œil. L'ensemble reflète les **goûts éclectiques** du couple qui aimait autant les poteries chinoises anciennes et les masques africains que les tapisseries flamandes, Cézanne et Van Gogh que Raphaël, le style rocaille que l'Art déco. Malgré la qualité des pièces rassemblées ici, nulle impression muséale : on est bien dans une maison de famille. La visite guidée traverse une vingtaine de pièces. La **bibliothèque**, avec ses boiseries sombres, sa grande cheminée et ses tapis précieux, était l'une des pièces préférées des Ford. Également de style anglais, la **salle à manger** est particulièrement impressionnante avec son mobilier

Queen Ann et ses objets chinois. La **cuisine** – en fait une succession de trois pièces – évoque le sens de la réception chez les Ford. Mrs Ford adorait les fleurs et sa maison comptait tout naturellement une **Flower Room**, petite pièce dédiée à la préparation des bouquets ! À l'étage, les **chambres** traduisent des goûts et des styles différents : lignes Paquebot pour les garçons, toile de Jouy pour Mademoiselle, la gouvernante, mobilier 18e et chintz fleuri pour les parents – le dressing d'Eleanor Ford avec ses quatorze penderies et son décor en trompe l'œil laisse rêveur… Le **domaine** (35 ha), en bordure du lac St Clair, a été aménagé par le paysagiste **Jens Jensen** qui créa différents espaces, dont une roseraie pour Mrs Ford. On y trouve aussi une magnifique piscine, un lagon artificiel, des courts de tennis, une maison de jeu pour les enfants, et même une centrale électrique.

★ Detroit Zoo C1 en dir.

À 10 miles/16 km au nord de Detroit, par l'I-75 et l'I-696 jusqu'à la sortie 16 (Woodward Ave), où vous trouverez un fléchage. 8450 W. 10 Mile Rd - Royal Oak (MI) - 248 541 5717 - www.detroitzoo.org - P 8 $ - avr.-août 9h-17h (20h le merc. en juil.-août, concerts et événements en nocturne), sept. 10h-17h, oct.-mars 10h-16h - plusieurs formules à partir de 18 $.

Afin d'éviter la foule, mieux vaut arriver dès l'ouverture ou en fin de journée.

Ouvert en 1928, le zoo de Detroit fut l'un des premiers du pays à montrer les animaux dans un environnement naturel. Du nord au sud, un train miniature traverse le parc, qui s'étend sur 51 ha et compte plus de 3 000 pensionnaires dont on connaît souvent l'histoire personnelle. Ainsi, les trois « **grizzlys boys** », arrivés tout jeunes, ont été sauvés après que leur mère eut été abattue en Alaska. L'un des **lions** a appartenu bébé à la famille royale du Qatar qui s'en est débarrassé lorsqu'il est devenu trop grand, un autre a été récupéré dans un entrepôt de drogue de Detroit où il montait la garde… Les deux **ours polaires** de l'**Arctic Ring of Life** ont eux aussi leur histoire : la jeune femelle est née au zoo d'une mère récupérée dans un cirque. Elle a grandi ici en compagnie du mâle, Nuka, et constitue avec lui une attraction exceptionnelle : le public peut passer dans un tunnel transparent sous leur bassin de plus de 1 million de litres, et les voir évoluer, non loin de **phoques** dont ils sont séparés par une vitre. Le zoo compte aussi l'une des plus grandes colonies de **pingouins** en captivité, le **National Amphibian Conservation Center,** une volière qui abrite la **Wildlife Interpretive Gallery**, avec un jardin de papillons et un aquarium. On peut marcher parmi les **kangourous** et **wallabies** en tentant l'**Outback Adventure**, nourrir les **girafes** depuis une plate-forme à leur hauteur, et faire la connaissance de Humphrey, un **chameau** né au zoo et dont le nom a été choisi grâce à un sondage auprès des téléspectateurs d'une chaîne locale ! En revanche, vous ne verrez pas d'éléphants : supportant difficilement les hivers rigoureux du Michigan, ils ont été relogés en Californie.

★★ Cranbrook Educational Community C1 en dir.

À 17 miles/27 km au nord de Detroit, par l'I-75 N, puis l'I-696 W. jusqu'à la sortie de N. Woodward Ave – 39221 N. Woodward Ave - Bloomfield Hills (MI) - 877 462 7262 - cranbrook.edu - P.

Collectionneurs d'art philanthropes, George Gough Booth et Ellen Scripps Booth, dans les années 1920, ont mis à profit leur fortune, faite dans la presse, pour fonder cette communauté artistique. Le campus, stupéfiant, a été conçu comme « une véritable œuvre d'art » par Booth et l'architecte américano-finlandais **Eero Saarinen** (1873-1950), président de l'académie des Arts de Cranbrook. Au cœur du campus, le **péristyle** audacieux de Saarinen (1942) est flanqué de fontaines du sculpteur danois **Carl Milles**. Il relie la bibliothèque au **musée★** *(www.cranbrookartmuseum.org - mar.-dim. 11h-17h - 10 $ - possibilité de visite guidée)*, qui expose les œuvres des étudiants et des membres de la faculté de Cranbrook, et organise des expositions temporaires de qualité.

★★ **Saarinen House** – *Visite guidée seult, de mai à octobre, vend.-sam. 14h, dim. 13h, 15h - 15 $, inclut l'entrée au Cranbrook Art Museum.* En 1927, en vue de loger sa famille, Saarinen conçut cette maison qu'une rénovation soigneuse a parfaitement reconstituée.

★ **Cranbrook Institute of Sciences** – *science.cranbrook.edu - mar.-jeu. 10h-17h, vend.-sam. 10h-22h, dim. 12h-16h - 13 $ - gratuit après 17h vend. et sam.* Passionnant musée des sciences et d'histoire naturelle doté d'un planétarium et d'un observatoire.

★ **Cranbrook House and Gardens** – *380 Lone Pine Rd, attenants au campus - 248 645 3147 - housegardens.cranbrook.edu - manoir : visite guidée seult, de juin à oct., horaires variables - jardin : mai-oct. 9h-17h - plusieurs formules à partir de 10 $ (jardin gratuit), poss. de déjeuner ou de prendre le thé pendant un tour guidé.* Ce manoir anglais a été créé par Albert Kahn pour les Booth en 1908. Il recèle des œuvres typiques du mouvement Arts & Crafts. Une visite des **jardins★★** s'impose. Leurs terrasses à la française descendent jusqu'aux forêts bordant le campus de Cranbrook.

★ Meadow Brook Hall C1 en dir.

À 25 miles au nord de Detroit, par l'I-75 jusqu'à la sortie 79 East (University Dr.). Allez jusqu'à l'entrée principale de l'université, tournez à gauche sur Squirrel Rd, encore à gauche sur Walton Bd, puis prenez Adams Rd à droite. Empruntez l'entrée est du campus sur la droite et suivez les panneaux. 480 South Adams Rd - Rochester (MI) - sur le campus de l'université d'Oakland - P - 248 364 6200 - meadowbrookhall.org - 11h-16h (horaires variables, consultez le site Internet) - visite guidée - 15 $ (gratuit certains vend.).

Cet énorme manoir a été construit entre 1926 et 1929 sur un terrain qu'avait acheté **John Francis Dodge**, fondateur avec son frère de la firme automobile du même nom. Après le décès prématuré des deux hommes, emportés par la grippe espagnole en 1920, leurs veuves vendirent la compagnie. **Matilda Dodge**, héritière du terrain, y fit édifier une demeure avec Alfred G. Wilson, un magnat du bois, qu'elle épousa en 1925. Avec 8 200 m² et 110 pièces, Meadow Brook Hall est la **4e plus grande demeure du pays**, certes loin derrière Biltmore House, la maison des Vanderbilt en Caroline du Nord (12 568 m²), mais tout de même devant la Maison-Blanche, classée au 8e rang. L'extérieur présente un style Tudor Revival et l'intérieur une nette tendance gothique.

Rien ne manque à cette somptueuse demeure, pas même la salle de cinéma (au sous-sol) ni l'ascenseur. Les **boiseries** sont particulièrement remarquables, hommage au secteur d'activité du maître des lieux dont le bureau est orné de panneaux de chêne sculptés de scènes évoquant sa vie et son parcours. Dans la **bibliothèque**, aux rayonnages garnis de livres reliés de cuir, les boiseries évoquent des figures artistiques (écrivains, poètes, peintres, etc.), tandis que le manteau de la cheminée est frappé des emblèmes de différentes universités américaines. La **galerie**, à la gauche du grand hall d'entrée, a été conçue dans le style de celle de Knole House (Kent, Angleterre), construite au 15e s. pour l'archevêque de Cantorbéry ; elle abrite certaines des peintures de la collection des Wilson (Van Dyck et Rosa Bonheur, entre autres). Ailleurs, on verra aussi des tapisseries flamandes, des vases chinois, de l'argenterie, et des vitraux signés Tiffany. La demeure a été donnée en 1957 par ses propriétaires à la Michigan State University-Oakland (aujourd'hui Oakland University).

NOS ADRESSES À DETROIT

Plan II (Detroit -Centre) p. 354

TRANSPORTS

Depuis l'aéroport

Detroit Metropolitan Airport - *À 21 miles/33 km au sud-ouest du centre-ville - ✆ 734 247 7678 - www.metroairport.com.* Taxis (env. 65 $), voitures à louer, navettes collectives ou individuelles pour le centre-ville sur réservation préalable *(Skoot - ✆ 855 WE-SKOOT - www.rideskoot.com - env. 20 $).*

En voiture

La voiture étant reine à Detroit, il est aisé de s'orienter avec un GPS, de trouver un parking ou de héler les taxis qui circulent absolument partout. Nombre de sites se trouvent à la périphérie de la ville, sans beaucoup d'accès en transports en commun.

En transports en commun

QLine – Inauguré en 2017, ce tramway léger dessert les sites de Midtown, le long de Woodward Ave depuis Congress St. au sud, juqu'à Grand Bd au nord - *qlinedetroit.com - lun.-jeu. 6h-0h, vend. 6h-2h, sam. 8h-2h, dim. 8h-11h - 3 $/pass 1* j.

Detroit People Mover – Ce petit réseau de métro aérien dessert treize arrêts dans Downtown - *www.thepeoplemover.com - lun.-jeu. 6h30-0h, vend. 6h30-2h, sam. 9h-2h, dim. 12h-0h - 0,75 $/trajet.*

DDOT – Réseau de bus utile pour visiter quelques lieux - *www.detroitmi.gov - 1,50 $/trajet - 10 $ la carte prépayée de 10 trajets.*

À vélo

MoGo – Vélos en libre-service, répartis sur une quarantaine de stations - *mogodetroit.org - à partir de 8 $/j.*

INFORMATIONS UTILES

CVS – A1 - *350 E. Warren Ave (Midtown) - ✆ 313 833 0201.* Proche du Michigan Science Center, un des rares drugstores du centre, ouvert 24h/24.

VISITES

En hiver, les conditions climatiques imposent un programme minimal.
Plusieurs organismes proposent des visites guidées thématiques de la ville (architecture, Prohibition, etc.) mais elles se font généralement en anglais. Renseignez-vous auprès de l'office de tourisme pour connaître les propositions lors de votre passage en ville.

Show me Detroit *(showmedetroittours.com)* et **Detroit Experience Factory** *(detroitexperiencefactory.org)* proposent des tours généralistes et des sorties sur mesure, tout comme **Michigan Travels** *(www.michigantravels.net)*, basé à Ann Arbor, qui peut éventuellement organiser un programme en français.

Preservation Detroit – *8801 Woodward Ave - preservationdetroit.org.* Visites à pied ou à vélo.

Wheelhouse House – *1340 Atwater St. - www.wheelhousedetroit.com.* Promenades à vélo, location de deux-roues *(15 $/2h).*

Detroit River Sports – *4601 Riverside Bd - www.detroitriversports.com.* La ville au fil de l'eau, en kayak.

HÉBERGEMENT

Vous trouverez un grand choix d'hébergements à Detroit, des

hôtels de chaîne, préférés pour les déplacements professionnels, comme des boutique-hôtels, installés souvent dans des lieux originaux ou historiques.

POUR SE FAIRE PLAISIR

1 **The Atheneum Suite Hotel** – B3 - *1000 Brush Ave - (313) 962-2323 - www.atheneumsuites.com - P 25 $ - - 174 suites 165/299 $* - . Sur une immense fresque, la guerre de Troie plante dès l'entrée le décor de cet hôtel à la mode. Fauteuils contemporains, dessertes en merisier et lampes en céramique blanche ornent les deux étages. Service attentif et immenses chambres. Les habitants de Detroit connaissent bien le restaurant du rez-de-chaussée, le Fishbone's Rythm Cafe, pour ses fruits de mer et son poisson préparé à la mode cajun et créole.

6 **The Siren Hotel** – B2 - *1509 Broadway St. - (313) 277-4736 - http://thesirenhotel.com - P 30 $ - - 106 ch. à partir de 199 $.* Laissé à l'abandon pendant plus de 30 ans, le très beau Wurlitzer Building (1926) a été sauvé de la démolition par des *designers* new-yorkais. L'immeuble de la mythique firme d'instruments de musique est devenu en 2018 un hôtel de charme aux chambres parfois petites mais bien pensées, et décorées avec des meubles vintage et colorés. Un café, un bar à cocktail et bientôt un *rooftop* bar et un restaurant complètent les lieux.

7 **Aloft Detroit at The David Whitney** – B2 - *1 Park Ave (accès direct au People Mover, station Grand Circus Park, 2e ét.) - (313) 237-1700 - www.marriott.com - P 30 $ - - 139 ch. à partir de 199 $.* Le majestueux Whitney Building (1915) a été réhabilité lui aussi pour abriter de luxueux appartements et un hôtel de chaîne confortable. Les vastes chambres, bien équipées, les nombreuses promotions et sa situation en font un excellent choix pour visiter la ville.

5 **Detroit Foundation Hotel** – B3 - *250 W. Larned St. - (313) 800-5500 - http://detroitfoundationhotel.com - P 30 $ - - 100 ch. à partir de 219 $* - . Superbe exemple de transformation, cet hôtel a investi une caserne de pompiers (1929) dont il a conservé des éléments d'origine. Ici et là, des photos montrent les lieux à l'époque de leur premier usage. Dans les chambres de bonne taille, les créations locales sont mises à l'honneur : bougies, cosmétiques, couvertures… Le restaurant, The Apparatus Room, très agréable avec ses grandes baies vitrées, propose une cuisine *farm to table* de qualité – le chef a travaillé avec J. Robuchon. Une excellente adresse.

4 **Detroit Marriott Renaissance Center** – B3 - *400 Renaissance Center - (313) 568-8000 - www.marriott.com - P 25/35 $/j - 13/16 $/j - 1298 ch. 169/299 $ - 16/23 $* - . Soixante-douze étages, une dizaine d'ascenseurs, des couloirs labyrinthiques… bref, une ville dans la ville. Bien placé, à proximité d'une station du People Mover, le Marriott ne manque pourtant pas de charme. Ses chambres, pour certaines avec vue sur la rivière, sont très grandes et bien équipées. Leurs baies vitrées s'étirent du sol au plafond. Vertigineux !

3 **The Inn on Ferry Street** – A1 - *84 East Ferry St. - (313) 871-6000 - www.innonferrystreet.com - P - 40 ch. 169/369 $* . Pour changer des hôtels de chaîne, cet hôtel de type B & B

déploie ses chambres à travers quatre maisons victoriennes joliment restaurées. Toutes sont différentes, meublées avec goût et sens pratique. Situation avantageuse, dans le quartier des musées.

RESTAURATION

PREMIER PRIX

2 **Mercury Burger & Bar** – A3 - *2163 Michigan Ave - Corktown - ✆ (313) 964-5000 - http://mercuryburgerbar.com - 11h-0h, vend.-sam. 11h-1h - moins de 15 $.* On vient ici jusqu'à une heure avancée de la soirée déguster les meilleurs hamburgers de la ville mais aussi des hot dogs et des *fish & chips* dans un décor de *diner* traditionnel. À travers les larges baies vitrées sur la rue, on profite de l'animation du quartier.

1 **Supino Pizzeria** – B2 - *2457 Russell St. - Eastern Market - ✆ (313) 567-7879 - www.supinopizzeria.com - 11h-22h - fermé dim.-lun. - moins de 20 $.* Une salle toute simple où de grandes tables en bois et des tabourets hauts attendent les habitués, qui viennent grignoter une tranche de pizza à pâte fine. On peut commander une spécialité existante ou créer sa pizza sur mesure. Toujours beaucoup de monde.

BUDGET MOYEN

6 **Cass Café** – A1 - *4620 Cass Ave - Midtown - ✆ (313) 831-1400 - www.casscafe.com - 11h-23h, vend.-sam.11h-0h, dim. 17h-22h - fermé 27-30 nov. - plats 9/16 $.* À deux pas de Wayne State University et du Detroit Institute of Art, cet endroit est à la fois une galerie d'art, un bar et un restaurant que fréquentent les étudiants. La carte affiche sandwichs et salades mais aussi quelques plats : lasagnes végétariennes, steak de thon, *fish & chips*, etc.

5 **La Feria** – A2 - *4130 Cass Ave - Midtown - ✆ (313) 285-9081 - http://laferiadetroit.com - 11h-23h, vend.-sam. 11h-0h - fermé dim. - moins de 10 $.* On pourrait se croire à Barcelone dans cet authentique restaurant de tapas ! Tous les classiques du genre sont là, des *patatas bravas* aux *gambas al ajillo*, le tout arrosé d'une délicieuse sangria.

9 **Santorini Estiatorio** – B2 - *501 Monroe Ave - Greektown - ✆ (313) 962-9366 - http://santorinidetroit.com - 11h-0h, vend.-dim. 11h-2h - à la carte 24,50/60,50 $.* Parmi les nombreux restaurants grecs du quartier, cette grande taverne affiche un décor bleu aux couleurs des Cyclades. Copieuses portions d'une cuisine traditionnelle de qualité. On peut aussi prendre un verre (*happy hour* à partir de 15h en semaine, 12h le w.-end) avec un menu plus restreint.

3 **Slows BBQ** – A3 - *2138 Michigan Ave - Corktown - ✆ (313) 962-9828 - www.slowsbarbq.com - 11h-22h, vend.-sam. 11h-23h, dim. 11h-0h - à la carte 25/46 $.* Les effluves de viande grillée se répandent jusqu'à l'extérieur de ce petit restaurant dont le succès ne se dément pas. Tout un choix de *ribs* et autres morceaux savoureux, à accompagner de cinq sauces différentes ; quelques plats de poisson et de tofu pour les végétariens ; et une variété de bières locales. Une petite cour extérieure est ouverte à la belle saison. Toujours bondé, préparez-vous à attendre.

7 **Traffic Jam & Snug** – A2 - *511 W. Canfield St. - Midtown - ✆ (313) 831-9470 - www.trafficjamdetroit.com - 11h-22h30, vend.-sam. 11h-0h, dim.*

11h-20h - à la carte 28/37,50 $. Depuis 1965, ce restaurant unique régale les gourmands exigeants sur la qualité de leur assiette. Unique, il l'est par son décor, un peu brocante, mais aussi parce qu'il possède ses propres boulangerie, laiterie et brasserie (sur place). Tout est fait maison, si possible à partir de produits locaux. À la carte, régulièrement changée, vous trouverez toujours d'excellentes soupes et de très bons desserts.

POUR SE FAIRE PLAISIR

10 **Joe Muer** – B3 - *400 Renaissance Center - Riverfront - ✆ (313) 567-6837 - www.joemuer.com - 11h-23h, vend. 11h-0h, sam. 16h-0h, dim. 16h-22h - menus 45/70 $.* Voici l'adresse des amateurs de poisson et de fruits de mer à Detroit. Cette bonne maison, qui a ouvert ses portes en 1926 (ailleurs en ville), séduit par sa carte abondante et la qualité irréprochable de ses produits. Quelques plats de viande et d'excellents desserts. Sushi Bar impressionnant. Le décor est chic sans être guindé. Petite terrasse en surplomb de la rivière à la belle saison.

4 **Wright & Company** – B2 - *1500 Woodward Ave - Downtown - ✆ (313) 962-7711 - http://wrightdetroit.com - lun.-jeu. 16h-0h, vend.-sam. 16h-2h - 30/35 $.* Ce superbe immeuble d'angle de style Queen Ann (1891), qui abrita pendant 50 ans l'entreprise de bijouterie de Detroit Wright & Kay, est aujourd'hui occupé par des boutiques (rdc) et par ce restaurant très couru (2e ét., entrée sur John R. St. perpendiculaire). Avec ses immenses baies vitrées, ses tables en marbre, ses banquettes, son long comptoir et son sol carrelé, l'endroit évoque une grande brasserie. La cuisine américaine est fine et originale : petites assiettes à partager ou à multiplier façon tapas, produits locaux… L'établissement n'acceptant pas les réservations, l'attente peut être longue.

8 **The Whitney** – A1 - *4421 Woodward Ave - Midtown - ✆ (313) 832-5700 - www.thewhitney.com - 14h-22h, dim. 14h-20h - à la carte 49/82 $.* Construite dans les années 1890 pour David Whitney Jr., un « baron » du bois considéré en son temps comme l'homme le plus riche de Detroit, cette demeure de cinquante-deux pièces est devenue un établissement assez inclassable. On prend place dans des pièces meublées à l'ancienne pour l'un des trois repas de la journée, un thé dans la grande tradition anglaise ou un cocktail au Ghostbar où il se passe souvent quelque chose (*music live*). On dit que la maison est hantée et que ses anciens propriétaires viennent parfois rendre visite aux hôtes ! Cuisine fusion d'excellente qualité.

À proximité

BUDGET MOYEN

Atwater Brewery – Hors plan - *3515 Lakepointe St. - Grosse Pointe - ✆ (313) 344-5104 - www.atwaterbeer.com - 11h30-23h, 0h vend.-sam., 22h dim. - env. 15 $.* Cette brasserie made in Detroit présente la particularité d'être logée dans une église désaffectée dont quelques souvenirs ont été conservés. Une quarantaine de bières pression maison (entre autres), du cidre, et au menu, des salades, des pizzas, des burgers de qualité.
Autre adresse : 237 Jos Campau (Riverwalk).

POUR SE FAIRE PLAISIR

Big Rock Chop House – Hors plan - *245 S. Eton St. - 48009 Birmingham - ✆ (248) 647-7774 - www.bigrockchophouse.com - 11h30-22h, vend. 11h30-23h, sam. 12h-23h - fermé dim. - à la carte 51/84 $.* Installé dans l'ancienne gare de la ville, un bâtiment construit sur le modèle de la gare de Birmingham en Angleterre, ce grand restaurant, qui jouit d'une belle terrasse, propose une cuisine raffinée de type fusion et toujours de saison. Comme tant d'autres endroits, la carte du déjeuner est nettement plus abordable que celle du dîner.

PETITE PAUSE

American Coney Island – B3 - *114 W. Lafayette Blvd - ✆ (313) 961-7758 - www.americanconeyisland.com - tlj 24h/24.*

Astoria Pastry Shop – B2 - *541 Monr oe St. - ✆ (313) 963-9603 - www.astoriapastryshop.com - 8h-0h, vend.-sam. 8h-1h.* Choix de desserts grecs et européens, quelques tables pour s'asseoir : c'est l'une des meilleures pâtisseries de la ville.

Lafayette Coney Island – B3 - *118 W. Lafayette Bd - ✆ (313) 964-8198 - 9h-3h.* Deux institutions voisines, spécialisées dans les hot dogs, appelés aussi Coney Island car c'est dans ce quartier de Brooklyn qu'ils auraient été inventés.

Mootown Ice Cream & Dessert Shoppe – B2 - *2461 Russell St. - ✆ (313) 262-6594 - 12h-18h, vend. 12h-21h, sam. 11h-18h - fermé dim.-lun.* Un magasin de douceurs de qualité dans le quartier du marché. On peut aussi y déjeuner léger et prendre un café. Les glaces, 100 % naturelles, sont délicieuses.

Roasting Plant – B3 - *660 Woodward Ave - ✆ (313) 782-4291 - http://roastingplant.com - 6h-19h30, vend. 6h-21h, sam. 7h-21h, dim. 8h-19h.* Loin des chaînes qui fleurissent dans les villes américaines, ce coffee-shop torréfie et moud les grains des différents crus proposés à la demande. Dans une belle architecture industrielle, on déguste l'excellent café et de savoureuses pâtisseries derrière les grandes baies vitrées.

Russell Street Deli – B2 - *2465 Russell St. - ✆ (313) 567-2900 - www.russellstreetdeli.com - 11h-15h, sam. 8h-15h - fermé dim.* Une autre bonne adresse, près du marché, pour prendre le petit-déjeuner ou déjeuner : salades, soupes et quiches maison.

EN SOIRÉE

Cliff Bell's – B2 - *2030 Park Ave - ✆ (313) 961-2543 - www.cliffbells.com - 16h-0h, vend. 16h-0h30, sam. 17h-1h30, dim. 11h-22h - fermé lun.* Le rendez-vous des amateurs de jazz *live* abrite aussi un bar animé et un bon restaurant. Toujours beaucoup de monde.

Detroit Symphony Orchestra – A2 - *3711 Woodward Ave - Max M. Fisher Music Center - ✆ (313) 576-5111 - www.dso.org.* L'un des plus réputés du pays.

Fox Theatre – B2 - *2211 Woodward Ave - Downtown - ✆ (313) 471-3200 - www.olympiaentertainment.com.* Le plus beau et le plus célèbre des théâtres de Detroit est un ancien cinéma. Le superbe édifice Art déco (1928), qui a conservé son décor, accueille aujourd'hui des concerts. Il a donné son nom à la partie de Downtown qui l'environne : Fox Town.

Greektown Casino Hotel – B2-3 - *555 E. Lafayette St. -*

✆ (313) 223-2999 - www.greektowncasino.com. Detroit compte plusieurs casinos, dont celui-ci, situé en plein centre, à Greektown. Jeux et machines à sous, mais aussi spectacles, restaurants et même un hôtel.

Majestic Theatre – A2 - *4140 Woodward Ave - Midtown - ✆ (313) 833-9700 - http://majesticdetroit.com.* Parmi les nombreux théâtres de la ville, le Majestic est un véritable centre de loisirs : spectacles, concerts, café et restaurant animés, bowling, etc.

Saint Andrews Hall – B3 - *431 E. Congress St. - Bricktown, Downtown - ✆ (313) 961-8961 - www.standrewsdetroit.com.* Une belle salle où passent des groupes contemporains. Eminem et Queens of Stone Age s'y sont produits.

Bad Luck Bar – B3 - *1218 Griswold St. - Downtown - ✆ (313) 657-9177 - http://badluckbar.com - mar.-sam. 17h-2h.* Bar à cocktails « expérimental », comme il se qualifie, le Bad Luck évoque un *speakeasy* de la Prohibition et attire les amateurs. Prenez vos précautions et n'y allez pas le ventre vide : on n'y sert qu'à boire !

The Old Miami – A2 - *3930 Cass Ave - Midtown - ✆ (313) 831-3830 - http://oldmiami.business.site - 12h-2h.* Créé en 1979 par et pour des vétérans du Vietnam, ce bar s'est depuis ouvert à un large public. *Music live*, boissons plutôt bon marché, grande cour extérieure et ambiance sans chichi.

The Sugar House – A3 - *2130 Michigan Ave - Corktown - ✆ (313) 962-0123 - www.sugarhousedetroit.com - 17h-0h, merc.-vend. 17h-2h, w.-end 15h-2h.* Un incroyable bar à cocktails dans un quartier qui bouge. Grosse ambiance.

Two James Distillery – Plan I C1 - *2445 Michigan Ave - Corktown - ✆ (313) 964-4800 - http://twojames.com - 12h-23h, 0h jeu., 1h vend.-sam., 20h dim.* Parmi les distilleries de Detroit réétablies depuis la Prohibition, celle-ci est la plus ancienne (2013), et sa production la plus variée : gin, rhum, vodka, mezcal, bourbon, whiskey et même absinthe ! On peut goûter des cocktails à base des nectars distillés dans l'autre partie de l'ancien garage où elle est installée et même visiter les installations lors de visites dégustation *(vend.-dim., voir calendrier sur le site Internet - 15 $)*.

ACHATS

John K. King Used and Rare Books – B3 - *901 W. Lafayette Bd - Downtown - ✆ (313) 961-0622 - www.rarebooklink.com - 9h30-17h30 - fermé dim.* La plus grande librairie du Michigan. Ses 750 000 titres constituent un véritable trésor pour les bibliophiles.

Detroit is the new black – B3 - *1426 Woodward Ave - Downtown - ✆ (313) 818-3498 - www.detroitisthenewblack.com - 12h-19h.* Un *concept store* qui se double d'une galerie d'art et d'un espace de rencontres. Les t-shirts noir, blanc ou gris frappés du logo-message de la marque sont devenus un must local.

Peoples Records – A2 - *1464 Gratiot Ave - Midtown - ✆ (313) 831-0864 - http://peoplesdetroit.com - 11h-19h, dim. 11h-16h.* L'un des nombreux magasins de vinyls d'occasion de Detroit, ville de la musique.

Pure Detroit – B3 - *500 Griswold St. - ✆ (313) 963-1440 - www.puredetroit.com - 9h30-18h, dim. 11h-17h.* Cette petite chaîne de magasins vend toute une gamme de souvenirs made in Detroit, comme les superbes sacs confectionnés à partir de ceintures de sécurité recyclées de la marque Harvey, les céramiques Pewabic, mais aussi des souvenirs alimentaires typiques : sodas Vernors, Faygo ou Jones, Better Made Potato Chips, etc. Beaucoup de choix à tous les prix. Plusieurs adresses en ville, dont Guardian Building - B3 - 500 Griswold St. (Downtown) et Renaissance Center - B3 - 400 Renaissance Dr. (Riverfront).

Shinola – A2 - *441 W. Canfield St. - Midtown - ✆ (313) 285-2390 - www.shinola.com - 10h-19h, dim. 10h-17h.* La compagnie symbolise la renaissance de Detroit : depuis 2013, elle fabrique des montres de luxe 100 % américaines, mais aussi des bicyclettes ou des articles de maroquinerie. Beau et cher. La boutique au design industriel vaut le coup d'œil.

ACTIVITÉS

Croisières

Plusieurs bateaux sillonnent la Detroit River le temps d'une croisière, parmi lesquels ceux de :

Diamond Jack's River Tours – *1340 Atwater St. - ✆ (313) 843-9376 - http://diamondjack.com.*

Detroit Princess – *625 W Congress - ✆ (517) 627-2154 - ✆ (877) 338-2628 - www.detroitprincess.com.*

Sports

Les habitants de Detroit, qui comptent parmi les plus grands fans de sports du pays, ont de quoi être fiers de leurs équipes. **Ford Field** *(B2, 2000 Brush St. [Downtown])* accueille les matchs des **Lions**, équipe de football américain *(www.detroitlions.com)*, **Comerica Park** *(B2, 2100 Woodward Ave [Downtown])* ceux de l'équipe de baseball des **Tigers** *(detroit.tigers.mlb.com)*, tandis que les **Red Wings**, en hockey sur glace *(redwings.nhl.com)* et les **Pistons**, en basket *(www.nba.com)*, jouent au **Little Cesar Arena** *(B2, 2645 Woodward Ave [Midtown])*.

AGENDA

Meridian Winter Blast – *Janv.* Downtown, un grand festival de l'hiver : patinoire, sculptures sur glace….*www.winterblast.com.*

Movement – *Seconde quinz. de mai.* Pendant trois jours, un festival dédié à la musique techno dans la ville où le genre est né. *www.movement.us.*

Detroit Grand Prix – *Fin mai-début juin.* Une grande course automobile du championnat IndyCar se déroule sur le circuit de Belle Isle pendant six jours. *www.detroitgp.com.*

Jazz Fest – *1er w.-end de sept.* Pendant 3-4 jours, autour de Labor Day, le plus grand festival de jazz gratuit du pays programme des concerts dans différents clubs et salles de la ville. *www.detroitjazzfest.com.*

Dearborn

★★

95 171 hab. – Michigan (MI)

C'est dans cette banlieue de Detroit que l'industriel Henry Ford fit bâtir sa demeure, établit son siège social et installa les principales usines d'assemblage de la Ford Motor Company, qui devait irriguer l'économie de la région. Les ouvriers et les cadres de Ford vivent pour la plupart à Dearborn, rattachée à Detroit en 1927. Terre d'asile des campus de l'université du Michigan, la cité industrielle est aussi l'une des plus grandes « villes arabes » des États-Unis.

S'INFORMER

Dearborn Visitor & Welcome Center – *22100 Michigan Ave - ☎ 313 584 6100 - www.dearbornareachamber.org.*
Detroit Convention and Visitor Bureau – *p. 352.*

SE REPÉRER

Plan I (Agglomération Detroit/Dearborn) (p. 348). À 9 miles/14 km à l'ouest de Detroit par la I-94 W.

SE GARER

Aucun problème de parking.

À NE PAS MANQUER

The Henry Ford.

ORGANISER SON TEMPS

Prévoyez de passer la journée à Dearborn, en déjeunant au Henry Ford. Mieux vaut disposer d'un véhicule ou prévoir un budget taxi, car les transports en commun ne sont pas commodes.

AVEC LES ENFANTS

The Henry Ford.

Découvrir Plan I p. 348

★★★ THE HENRY FORD A2

20900 Oakwood Bd (quittez Detroit par l'I-94, sortie Oakwood Bd, et poursuivez sur 2,5 miles) - ☎ 313 982 6001 - www.thehenryford.org - P 6 $.

Des pass pour une journée et des billets combinent plusieurs attractions à des tarifs avantageux.

Aménagé en salles et en plein air, cet ensemble constitue le plus grand musée du pays. Il a été créé à l'initiative d'Henry Ford, qui voulait un lieu pour exposer ses collections. Prétexte à un voyage à travers le temps, le complexe offre aussi au visiteur l'occasion de découvrir une petite partie de la seule usine automobile américaine ouverte au public.

★★★ Henry Ford Museum of American Innovation

9h30-17h - 23 $.

Inspiré d'Independence Hall à Philadelphie, cet édifice recèle une tranche importante de l'histoire étatsunienne. Seules 20 % des collections sont exposées et un tiers environ relève du secteur automobile.

★★ **Driving America** – La galerie retrace l'histoire de la voiture et son impact sur la société américaine. On y apprend tout des incroyables innovations de Ford en la matière : en 1908, son **Modèle T** représentait 12h de travail et coûtait 850 $, six ans plus tard, il fallait 1h30 pour l'assembler et 260 $ pour se l'offrir…

Exposition de voitures anciennes à Greenfield Village.
SteveLagreca/iStock

Le secret ? La mise en place de la chaîne mobile inspirée à l'industriel après sa visite des abattoirs de Cincinnati. Le résultat ? En 1922, 50 % des voitures dans le monde étaient des Ford T.

Plus de 150 véhicules sont exposés, parmi lesquels l'unique **Duryea** (1896) encore existante – première voiture fabriquée aux États-Unis –, l'une des six dernières **Bugatti Royale** (1931), et toutes sortes d'incroyables constructions sorties de l'imagination délirante de quelques ingénieurs, comme la **Wienermobile** en forme de hot dog (1952) ou le **Goldenrod**, un tube à quatre roues et un moteur, qui en 1965 battit tous les records de vitesse à près de 659 km/h ! On découvre l'incidence de la voiture sur les comportements américains avec l'apparition des *drive-in* et des motels. On peut également voir les **limousines présidentielles**, dont celle où Kennedy fut assassiné en 1963.

Ford s'est aussi intéressé aux autres moyens de transport et a collectionné les **avions** : quinze engins construits entre 1913 et 1939 sont exposés. Ne manquez pas les objets et documents liés aux **frères Wright**, pionniers de l'aviation, la réplique du **Spirit of St Louis** (1927), avec lequel Lindbergh traversa l'Atlantique, le **DC-3** (1939), à l'endurance exceptionnelle.

Passionné d'histoire, notre industriel a en outre rassemblé objets et documents rares : un lit de campagne de George Washington (fin du 18e s.), le fauteuil du Ford's Theatre où Abraham Lincoln fut assassiné en 1865, un exemplaire du 13e amendement de la Constitution, celui qui abolit l'esclavage (1865).

Plus tard, le musée a acquis une pièce émouvante et symbolique : l'autobus dans lequel **Rosa Parks** refusa de céder sa place à un Blanc en 1955, devenant une figure emblématique de la lutte pour les droits civiques. D'autres salles abritent encore des collections de bijoux, d'argenterie, d'horlogerie.

★★ Greenfield Village

De mi-avr. à oct. : 9h30-17h ; nov. : vend.-dim. 9h30-17h ; déc. : ouv. certains soirs seult ; fermé de janv. à mi-avr. - 28 $; poss. de promenade en Ford T, en bus, en train (payant).

LA VOITURE POUR TOUS

L'homme qui a révolutionné la fabrication en usine est né en 1863 dans une famille d'origine irlandaise de huit enfants, d'un père fermier de Greenfield, dans le Michigan. À 16 ans, **Henry Ford** cesse de fréquenter l'école et devient apprenti machiniste à Detroit. Trois ans plus tard, il retourne chez ses parents bricoler des moteurs et travailler occasionnellement à la Westinghouse Engine Company. Il épouse Clara Bryant en 1888 et repart en ville comme ingénieur en chef à l'usine de la Detroit Edison Company. En 1895, il a achevé sa première « voiture sans chevaux » et monte avec ses commanditaires la Detroit Automobile Company, en 1899. En 1903, il constitue la Ford Motor Company, dont le **Modèle T**, développée dans l'usine de Piquette Avenue (*p. 361*), est un immense succès dès son lancement en 1908. Henry Ford souhaitait « une voiture motorisée conçue pour le plus grand nombre ». En 1913, Ford introduit une méthode de travail à la chaîne afin d'accélérer significativement la production et de réduire les coûts. En octroyant des salaires presque deux fois supérieurs à la norme, Ford accentue le changement de société consécutif à l'apparition de la production automobile de masse : les ouvriers peuvent dorénavant acquérir les voitures qu'ils fabriquent. Cet homme à la personnalité complexe meurt chez lui en avril 1947. Son fils unique, Edsel Bryant Ford, lui succède, puis son petit-fils, Henry Ford II, fils d'Edsel, qui disparaîtra en 1987. Deux arrière-petits-fils de Henry Ford siègent actuellement au conseil d'administration, Edsel B. Ford II et William Clay Ford Jr., qui le préside ; son arrière-arrière-petite-fille Elena Ford est vice-présidente de la compagnie.

Il est possible d'entrer dans la plupart des bâtiments où sont présentées des démonstrations. Ne manquez pas le village des artisans, qui montrent leur savoir-faire plusieurs fois par jour (verre, poterie, tissage, etc.).
Village idéal et éducatif selon Henry Ford, Greenfield regroupe près de **90 constructions** provenant des quatre coins du pays, et même d'Angleterre. Le domaine, qui s'étend sur quelque 80 ha, comprend en outre **deux fermes en activité**, dont on peut visiter les installations, et la **Henry Ford Academy**, établissement d'enseignement gratuit de grande qualité où les enfants sont admis par tirage au sort. Au fil des rues du village, qui se parcourent à pied ou à bord d'une authentique Ford T, on découvre des bâtiments dont l'histoire se mêle à celle de quelques grands hommes, à commencer par la **ferme de la famille Ford**. Plusieurs lieux sont liés à **Thomas Edison**, grand ami de Ford : la maison de ses grands-parents au Canada (partisans des Britanniques, ils avaient dû traverser la frontière après la guerre d'Indépendance), Smiths Creek Station, sur les bords du lac Huron, où Edison enfant vendait des journaux, son laboratoire à Menlo Park, dans le New Jersey, et l'Edison Illuminating Company, où Ford fit ses débuts. On voit encore la maison natale des **frères Wright**, l'atelier de Dayton (Ohio) où ils mirent au point l'avion avec lequel ils réussirent le premier vol de l'histoire, Logan County Court House où **Lincoln** commença sa carrière d'avocat, le plus vieux moulin du pays (Cape Cod, 17e s.), ainsi qu'une rare maisonnette en brique où vivaient des esclaves de Géorgie au début du 19e s. Parmi les **lieux de Detroit**, le cabinet du Dr Howard (1840) et le magasin de chapeaux de Mrs Cohen (1880) se visitent.

★★ Ford Rouge Factory Tour

Lun.-sam. 9h30-17h (dernière visite à 15h) - navette gratuite depuis l'entrée du Henry Ford Museum, 9h20-15h - 19 $.

Ouverte dès 1917, la troisième usine de Ford doit son nom à la Rouge River, dont les eaux croisent ici celles de la Detroit River. Cet emplacement de choix n'est pas le fruit du hasard : grâce à cette formidable voie d'eau, Henry Ford pouvait assurer l'autosuffisance de son usine où il faisait venir par bateau les matières premières nécessaires. Il y avait là des docks, 160 km de voies de chemin de fer, une immense fonderie, une centrale électrique mais aussi un hôpital, un service de pompiers et de police, le tout servi par plus de 100 000 personnes dans les années 1930. À cette période d'apogée, The Rouge, où chaque jour on fondait 1 500 tonnes d'acier et fabriquait 500 tonnes de verre, « crachait » une voiture toutes les 49 secondes ! Après avoir produit des Modèle A et B, des Thunderbird et des Mustang – sans oublier le matériel militaire pendant la Seconde Guerre mondiale – l'usine fabrique aujourd'hui exclusivement des **pick-up F-150**, le véhicule le plus vendu dans le pays. C'est une usine dans l'air du temps, qui met l'accent sur les **préoccupations écologiques** (panneaux solaires, récupération des eaux de pluie, etc.), des efforts qui ont porté leurs fruits puisqu'on peut y observer de nouveau des oiseaux migrateurs.
La visite de l'usine comprend un petit **musée** et la projection de deux **films**, l'un sur l'histoire des lieux, l'autre, artistique et interactif, sur la fabrication du F-150. On découvre ensuite la **chaîne d'assemblage** proprement dite, en passant par six plates-formes en hauteur, d'où l'on observe les ouvriers au travail : on voit comment sont installées les portes, les pare-brises, comment sont testés les véhicules avant leur sortie de l'usine. On estime qu'en mettant bout à bout tous les pick-up produits ici en un an, on couvrirait sans peine la distance de Detroit à New York, soit 774 km…

★ ARAB AMERICAN NATIONAL MUSEUM B1

13624 Michigan Ave - ✆ 313 582 2266 - www.arabamericanmuseum.org - **P** *- merc.-sam. 10h-18h, dim. 12h-17h - 8 $.*
En arrivant à l'aéroport de Detroit, le visiteur aura sans doute été frappé d'y trouver des panneaux en… arabe. Après la Californie, l'État du Michigan compte la **2e population arabe du pays**, concentrée majoritairement dans la ville de Dearborn. Ouvert en 2005, ce musée unique aux États-Unis s'est donné pour mission de faire connaître au public la diversité des communautés et des cultures arabes. Mélange d'architecture traditionnelle avec sa coupole, ses mosaïques et ses faïences, le bâtiment abrite d'intéressantes collections d'objets, dont la majorité proviennent de dons faits au musée. La visite est sous-tendue par deux questions de fond : **Qu'est-ce qu'être arabe ? Comment rester fidèle à sa culture et à ses valeurs tout en s'intégrant dans la société américaine ?** Au 1er niveau, des vitrines montrent au visiteur ce que l'humanité doit aux Arabes en termes culturels et scientifiques. Mais c'est au 2e niveau que le voyage commence, à travers trois sections complémentaires : **Coming to America**, **Living in America**, **Making an impact.** La Grande Histoire s'écrit au fil d'histoires personnelles. On apprend ainsi que plus de 60 % des Arabes présents en Amérique sont chrétiens. Ils sont arrivés en plusieurs vagues d'immigration, au début du 20e s., fuyant l'Empire ottoman, puis la Palestine dans les années 1950 et 1960, le Yémen après 1960, le Liban dans les années 1970-1980. On découvre les **traditions** religieuses, alimentaires, vestimentaires, mais aussi les préjugés et les **stéréotypes** qui ont la vie dure, notamment à travers les représentations des Arabes au cinéma. On voit aussi l'**impact des attentats du 11-Septembre**, qui ont laissé les Américains d'origine arabe sous le choc, et l'émouvant soutien que leur apportèrent les Américains d'origine japonaise, qui payèrent au prix fort l'engagement de l'Empire du Soleil levant contre les Alliés pendant la Seconde Guerre mondiale.

CHICAGO
plan I
0
1 mi
0
1 km
SE LOGER
Publishing House B and B.... 13
SE RESTAURER
Anteprima.................... 32
Band of Bohemia.................... 52
Gather.................... 38
Girl and The Goat.................... 46
Goosefoot.................... 37
Grange Hall Burger Bar.................... 49
Hopleaf.................... 33
Lou Mitchell's.................... 5
Mercat a la Planxa.................... 9
Pho Xe Tang-Tank Noodle.................... 35
PROXI.................... 1
Ramen-San.................... 50
S.K.Y..................... 58
Split-Rail.................... 53
The Publican.................... 48
Yolk.................... 3
Dearborn Station.................... A
Printing House Row Historic District.................... B
EVANSTON
EVANSTON
LINCOLN SQUARE
O'HARE INTERNATIONAL AIRPORT
OAK PARK, GARFIELD PARK
BROOKFIELD ZOO
MIDWAY AIRPORT
HYDE PARK AND KENWOOD
INDIANA DUNES NATIONAL LAKESHORE
BRONZEVILLE, IIT
HYDE PARK AND KENWOOD
ANDERSONVILLE
UPTOWN
RAVENSWOOD
Lincoln Park
Montrose Harbor
GRACELAND CEMETERY
Wrigley Field
WRIGLEYVILLE
Belmont Harbor
Diversey Harbor
LINCOLN PARK
Lincoln Park
BUCKTOWN
OLD TOWN
Bloomingdale Trail
SANDBURG VILLAGE
WEST TOWN
GOOSE I.
GOLD COAST
WICKER PARK
UKRAINIAN VILLAGE
STREETERVILLE
Navy Pier
FULTON MARKET
NEAR WEST SIDE
WEST LOOP
UNITED CENTER
GREEKTOWN
LOOP
LAKE MICHIGAN
Grant Park
MEDICAL DISTRICT
UNIVERSITY OF ILLINOIS AT CHICAGO
SHEDD AQUARIUM
Adler Planetarium
FIELD MUSEUM OF NATURAL HISTORY
MUSEUM CAMPUS
DOUGLAS PARK
UNIVERSITY VILLAGE
SOUTH LOOP
Praire Ave. Historic District
Soldier Field
National Museum of Mexican Art
LITTLE ITALY
PILSEN
MCCORMICK PLACE
BRIDGEPORT
NEAR SOUTH SIDE
BURNHAM PARK
US Cellular Field
OAKLAND
N

Chicago 8

★★★

2 720 546 habitants – Illinois (IL)
Carte Michelin National 761 et carte Michelin Zoom 173

PLANS DE CHICAGO

Grand angle sur Chicago

Un lac à perte de vue, une architecture à perte de ciel, un musée en expansion constante, des quartiers typés, un melting pot ethnique et culturel… Chicago, qui cumule les superlatifs, est un véritable concentré de l'Amérique, une de ces villes qui vous accueillent debout. Bordés par le lac Michigan et sa rivière, ses fameux gratte-ciel, les premiers de l'Histoire, composent un tableau hors du commun. Ville d'eau, Windy City est aussi une ville d'air, où le minéral le dispute partout aux autres éléments.

LES VIES DE CHICAGO

On la dit à tort moins trépidante et plus formelle que New York, plus froide en un mot. Son statut de grande métropole, la troisième des États-Unis, et de capitale économique et culturelle du « Midwest », reste incontestable. L'art de vivre de Chicago est aussi riche et varié que ses quartiers, les fameux **neighborhoods**. Hiver comme été, la vie file au rythme des festivals, des concerts, des salons qui drainent des foules immenses. Au cosmopolitisme ambiant répondent les multiples tables de la ville, fières de servir les cuisines du monde entier, tandis que de jeunes chefs américains mettent leur talent au service des produits locaux. Ses musées y parlent impressionnisme et postimpressionnisme (l'Art Institute en abrite une sélection unique), astronomie, histoire naturelle, art contemporain, jusqu'au spectaculaire et sculptural Millennium Park !

MOSAÏQUE

Ville de l'État de l'Illinois, à moins d'une heure de route des États d'Indiana (au sud-est) et du Wisconsin (au nord), Chicago étend sur une superficie de **576 km²** ses 175 quartiers, dont la plupart coïncident avec les enclaves ethniques à partir desquelles la ville s'est développée. Reflet de cette diversité, sa population (**2,7 millions** d'habitants, soit la troisième ville des États-Unis après New York et Los Angeles) est composée de 33 % de Noirs, 45 % de Blancs, dont 14 % d'Hispaniques, et de 5,5 % d'Asiatiques, tandis que 80 autres groupes ethniques complètent le tableau.

SORTIR DU CENTRE

Au-delà, de cercle en cercle, banlieues et comtés résidentiels prolongent indéfiniment la ville. Les dernières décennies du 20e s. ont vu le développement exponentiel des banlieues, après que les employés du centre-ville l'ont abandonné pour des logements moins coûteux. Désormais, la cité et ses différents quartiers semblent avoir trouvé le juste équilibre. La réhabilitation en cours des espaces urbains suscite un réel engouement et la demande de logements s'est accrue malgré un léger fléchissement depuis 2016. Le maire, Mayor **Rahm Emanuel**, élu en 2011, réélu en 2015, va-t-il être reconduit en 2019 ? En dépit des succès de la ville, des débats importants sur l'avenir se profilent, en particulier sur la sécurité et sur l'éducation.

Bien que les trésors culturels soient majoritairement regroupés dans le centre, les alentours recèlent nombre de curiosités dignes d'intérêt. À l'ouest, Oak Park accueille les trésors architecturaux de Frank Lloyd Wright. À moins d'une heure de route du centre, Indiana Dunes National Lakeshore réserve au bord du lac un stupéfiant décor romantique de plages balayées par le vent, de dunes, de marais et de forêts.

DES OIGNONS ET DES HOMMES

Le nom de Chicago est dérivé du mot indien *she-caw-gu*, signifiant « oignon fort, puant », allusion à la plante à bulbe qui poussait à l'état sauvage dans la région. La cité fut, à l'origine, un avant-poste de portage, dont le premier résident permanent, **Jean Baptiste Point DuSable**, négociant d'origine afro-antillaise, s'installa vers 1779 sur la rive nord de la Chicago River. La ville connaît au 19e s. un développement spectaculaire, passant de 4000 habitants en 1837 à 300000 en 1871, et 1,5 million au début du 20e s.

La démographie galopante s'explique par l'emplacement stratégique de Chicago, à cheval entre l'Est et l'Ouest, proche du Mississippi et des Grands Lacs. Dans une Amérique en pleine expansion, ce centre économique et industriel se rend indispensable au commerce du bois, du blé et du bétail qui transitent par Chicago en quantités colossales. Tunnels et ponts se multiplient, un réseau d'égouts et des travaux de surélévation voient le jour à partir de 1850 pour pallier les problèmes de boues particulièrement criants au printemps, tandis que les travailleurs d'origine irlandaise ou germanique affluent par vagues entières.

UN PHÉNIX

En octobre 1871, un **grand incendie** ravage la ville. La reconstruction commence aussitôt et la croissance se poursuit sans que la ville se départisse de sa ferveur et de sa frénésie. Confrontée à une population croissante, à de mauvaises conditions d'hygiène et de travail, Chicago dès 1880 se développe verticalement, grâce au talent et à l'imagination conjugués des architectes de l'**Ecole de Chicago**. Dans les années 1890, les résidents les plus fortunés encouragent la création d'institutions culturelles. L'**Exposition universelle** de 1893, qui célèbre les quatre cents ans de la découverte de l'Amérique par Christophe Colomb, sert de vitrine à l'architecture néoclassique et aux technologies modernes. Chicago passe dans la catégorie des grandes métropoles de classe internationale.

DES GANGSTERS AUX GANGS

Au 20e s., la Prohibition laisse à jamais une cicatrice sur la ville : gangsters et *bootleggers* (contrebandiers), **Al Capone** en tête, s'affrontent pour contrôler le trafic de l'alcool et commettent des centaines de meurtres. Aujourd'hui, au même titre que l'incendie ou que l'Exposition universelle, la réputation de gangstérisme continue de marquer la personnalité de Chicago.

Avec près de 800 morts et plus de 3600 blessés par balle pour la seule année 2016, les homicides à Chicago sont presque revenus au taux alarmant des années 1990. Sur fond de guerre des gangs, on assiste à une nette recrudescence de la criminalité, en particulier dans les quartiers sud et ouest de la ville.

UNE MÉTROPOLE MONDIALE

Chicago n'en est pas moins le deuxième centre industriel des États-Unis et demeure une très grande place financière, comme en témoignent les banques situées dans le Loop. C'est encore la Bourse de matières premières agricoles la plus importante au monde. Enfin des entreprises mondiales y ont leur siège social – Boeing, Motorola, United Airlines, Mc Donald's, Abbott – sans oublier Google, qui a ouvert un de ses centres opérationnels dans West Loop, et les multiples start-up qui dynamisent l'emploi de la ville.

CTA EL Map

Sheridan Rd.
Green Bay Rd.
Lake Ave.
Des Plaines River Rd.
Milwaukee Ave.
Waukegan Rd.
Northwest Hwy.
Tollway
Golf Rd.
94
Dempster-Skokie
Dempster St.
Oakton-Skokie
294
Oakton St.
Tri-State
Touhy Ave.
90
Lincoln Ave.
Caldwell Ave.
Devon Ave.
Peterson Ave.
O'HARE INTERNATIONAL AIRPORT
O'Hare
Rosemont
Cumberland
Harlem
Lawrence Ave.
Jefferson Park
Kennedy Expwy.
Kedzie
Kimball
Montrose
Irving Park Rd.
Irving Park
Addison
Belmont Ave.
Belmont
Grand Ave.
Fullerton Ave.
Logan Square
California
North Ave.
DU PAGE COUNTY
COOK COUNTY
Mannheim Rd.
Cumberland Ave.
Harlem Ave.
Narragansett Ave.
Cicero Ave.
Pulaski Rd.
Chicago Ave.
Lake St.
Harlem/Lake
Oak Park
Ridgeland
Austin
Central
Laramie
Cicero
Pulaski
Kedzie
Madison St.
Conservatory
Eisenhower Expwy.
290
Forest Park
Harlem
Oak Park
Austin
Cicero
Pulaski
Kedzie-Homan
Roosevelt Rd.
1st Ave.
22nd St.
Cermak Rd.
54th/Cermak
Cicero
Kostner
Pulaski
Central Park
Kedzie
California
31st St.
35th/Ar
Ogden Ave.
Expwy.
47th St.
LaGrange Rd.
Stevenson
55
Kedzie
Pulaski
MIDWAY AIRPORT
Midway
Tri-State Tollway
Joliet Rd.
Illinois & Michigan Canal
Archer Ave.
294
79th St.
Cicero Ave.
Pulaski Rd.
Kedzie Ave.
95th St.

Loop
Chicago R.
Wacker Dr.
MERCHANDISE MART
CLARK/LAKE
STATE/LAKE
Milwaukee Ave.
Lake St.
CLINTON
LAKE
WASHINGTON/WELLS
Washington
Washington/Wabash
Madison St.
Monroe
ADAMS/WABASH
Adams St.
JACKSON
Quincy
LaSalle
Jackson Blvd.
Clinton
LaSalle
LIBRARY
Harrison
Congress Pkwy.
Eisenhower Expwy.
Harrison St.
Columbus Dr.
Lake Shore Dr.
Lake Michigan
Clinton
Canal
Wells
Clark
Dearborn
State
Wabash
Michigan
1/4 mi
500 m
Légende
Station
Service Express (période de pointe)
Correspondance
Gare du réseau Metra
Correspondance (Liaison piétonne)
Parking 24/24
LAKE MICHIGAN
HOWARD
Jarvis
Morse
Loyola
Granville
Thorndale
Bryn Mawr
Berwyn
Argyle
Lawrence
Wilson
Sheridan
Addison
BELMONT
Wellington
Diversey
FULLERTON
North/Clybourn
Sedgwick
Clark/Division
Chicago
Chicago
Grand
Grand
Morgan
Loop See inset above
UIC-Halsted
Racine
Polk
Roosevelt
18th
Cermak-McCormick Place
Cermak-Chinatown
Halsted
Ashland
Sox-35th
35th-Bronzeville-IIT
Indiana
43rd
47th
47th
51st
51st St.
Garfield
Garfield
Michigan Ave.
Lake Shore Dr.
King Drive
Cottage Grove
63rd
Halsted
69th
Chicago Ave.
79th
87th
95th/Dan Ryan
95th St.
Dan Ryan Expwy.
Halsted St.
Cottage Grove Ave.
Stony Island
Skyway
3 mi
6 km
LAKE MICHIGAN

NOS ADRESSES À CHICAGO

TRANSPORTS

Se rendre à Chicago

Avion – La ville compte deux aéroports internationaux – *www.flychicago.com - ✆ 773 686 2200.*

O'Hare International Airport – *À 27 km au nord-ouest du centre-ville.* La plupart des vols en provenance d'Europe atterrissent ici. Pour rejoindre la ville : taxi *(env. 40 $)*, navettes collectives ou individuelles *(***GO Airport** *- ✆ (1) 888 284 3826 - www.airportexpress.com - env. 20-25 $)*, Ⓜ O'Hare *(www.transitchicago.com - 24h/24 - 5 $).*

Midway International Airport – *À 16 km au sud-ouest du centre-ville.* Pour rejoindre la ville : taxi *(env. 25 $)*, navettes collectives ou individuelles *(***GO Airport** *- ✆ (1) 888 284 3826 - www.airportexpress.com - env. 15-20 $)*, Ⓜ Midway *(www.transitchicago.com, 5h-1h env., 2,50 $).*

Train et bus – Très pratique si vous venez de Milwaukee.

Union Station – *S. Riverside Plaza (à l'ouest du Loop, de l'autre côté de la rivière) - www.amtrak.com.*

Gare routière Greyhound – *630 W. Harrison St. (au sud de la gare ferroviaire) - www.greyhound.com.* Dans les deux cas, prenez un taxi pour rejoindre le centre-ville.

Megabus *(us.megabus.com)* arrive à la gare ferroviaire de Chicago. Départs fréquents pour Milwaukee *(comptez 1h30 et 25 $ en train, 1h50 et 15 $ en bus).*

Sur place

À PIED – Vos deux pieds, confortablement chaussés, seront vos meilleurs alliés pour découvrir Downtown. Au-delà, il vous faudra utiliser les transports en commun, ou la voiture, car la ville est très étendue.

EN MÉTRO – La **CTA** *(Chicago Transit Authority - www.transitchicago.com)* exploite huit lignes de métro qui desservent l'ensemble de la ville en passant toutes par le Loop, à l'exception de la *Yellow Line*. Elles sont repérables à leur couleur. **Attention**, plusieurs stations peuvent porter le même nom sans se trouver au même endroit, selon la couleur de la ligne.

Le « L » (pour *Elevated*), comme on appelle le métro de Chicago, fonctionne d'environ 4h à 1h, deux lignes sont en service 24h/24 *(Red Line et Blue Line)*. Un **metro tracker** fournit les horaires de passage sur le site Internet.

Billet à l'unité 2,50 $.

Pass Ventra Card – *www.ventrachicago.com.* Cette carte rechargeable (5 €) donne un accès illimité au métro et au bus (10 $/j, 20 $/3 j, 28 $/7 j) ; vous pouvez aussi stocker sur la carte des billets à l'unité.

Les billets et les pass s'achètent dans les stations (machines) ou auprès des revendeurs **Ventra**.

Les lignes de la compagnie **Metra** desservent surtout la banlieue et comptent quelques arrêts en centre-ville qui peuvent être utiles *(www.metrarail.com - 2,75 $/trajet en ville).*

Bon à savoir – Même si le Loop se découvre à pied, faites le tour du quartier à bord du L *(Brown Line ou Pink Line)* : les trains passent au ras des immeubles et les perspectives sont tout à fait différentes avec un peu de hauteur.

EN BUS – Facile à utiliser, le réseau de bus est géré par la **CTA**. **Billet** à l'unité 2,25 $ (prévoyez l'appoint pour un achat dans le bus). **Pass** accès illimité : idem métro.

☺ **Bon à savoir** – Quelques lignes intéressantes : le 151 circule sur Michigan Ave, jusqu'à l'Art Institute, le 146, jusqu'au Museum Campus.
En bus touristique – Chicago Trolley & Double Decker Co – *☏ 773 648 5000 - www.coachusa. com/chicagotrolley/.* Les bus « hop on and off » rouges à impériale et les bus traditionnels rouge et vert passent par douze sites touristiques *(ttes les 20-25mn - 9h-16h, nocturnes à certaines époques de l'année - 45 $/3 j).*
Big Bus Tours – *www. bigbustours.*com. Différents circuits dans la ville, « hop on and off ».
À VÉLO – Divvy – *www. divvybikes.com.* Chicago possède son service de bicyclettes en libre-accès. Repérez les panneaux verts frappés de petits vélos qui indiquent la distance jusqu'à l'une des 300 stations de la ville. Avant toute utilisation, il faut se procurer via le site Internet une carte annuelle ou un pass pour 24h *(15 $).* Les vélos fonctionnent par période de 30mn *(+ 3 $ jusqu'à 30mn, + 6 $ jusqu'à 1h, etc.).* Affrontez sans crainte le Lakefront Trail *(➲ p. 428),* Chicago s'est bâti sur la plaine…
En bateau – Croisières sur la rivière – Les bateaux des croisières thématiques sur la Chicago River glissent entre les murailles de verre, de pierre et d'acier jusqu'aux rives inaccessibles des branches nord et sud. Spectaculaire et passionnante entrée en matière, elles sont une clé essentielle pour comprendre l'architecture de la ville, même si vous craignez les rassemblements de touristes sur les ponts supérieurs des bateaux ! *Budget conséquent. En anglais uniquement.*
Chicago's First Lady – *Accès à l'angle sud-est de DuSable Bridge et Wacker Drive - www.cruisechicago. com - env. 45 €/pers.* La compagnie, qui agit en partenariat avec le Chicago Architecture Center *(➲ p. 391),* propose des croisières d'une heure et demie, en compagnie d'un(e) conférencier(e). Le bateau part du Main Stem et emprunte les deux branches de la rivière pour une croisière de toute beauté et particulièrement instructive.
Wendella Boats – *www. wendellaboats.com.* La compagnie dessert Chicago depuis les années 1950.
Chicago Line Cruises – *www. chicagoline.com.* Promenades historiques, en partenariat avec le Chicago History Museum pour des visites guidées.
Shoreline Sightseeing – *shorelinesightseeing.com.* En complément des croisières d'architecture, la compagnie est également connue pour sa croisière nocturne Fireworks qui s'achève sur un spectacle de feux d'artifice.
☺ Dix-huit **ponts** dans le Loop se lèvent encore sur la Chicago River, sur le Main Stem et South Branch *(avr.-nov., en général merc. en fin de matinée et sam. à partir de 9h45 - chicagoloopbridges.com).*
Croisières sur le lac – Plusieurs compagnies, au départ de Navy Pier, explorent la *skyline* depuis le lac et combinent parfois le lac et un tour sur la rivière. Beaucoup proposent des repas à bord *(navypier.org/explore/architecture-and-sightseeing-cruises/).*
EN VOITURE – Il est fortement conseillé de laisser sa voiture au parking. Vous n'aurez aucun mal à en trouver par le biais de votre hôtel (tarifs prohibitifs) ou d'un site qui indique les places

disponibles en temps réel comme **chicago.bestparking.com** *(tarifs variables en fonction du lieu, du jour et de l'heure).*

SE REPÉRER

L'urbanisme de Chicago répond à un plan orthonormé. Le point zéro, à partir duquel croît la numérotation des blocs, se trouve sur **State Street**, pour l'axe nord-sud, et **Madison Street**, pour l'axe est-ouest. De chaque côté de ces axes, les rues sont précédées de leur point cardinal (ex., sur l'axe est-ouest, E. 14th St. se situe à l'est de State, W. 14th St. à l'ouest). Seuls les axes est-ouest, perpendiculaires au lac, sont nommés par leur numéro, sauf s'ils portent un nom (dans le Loop, souvent).

INFORMATIONS UTILES

Walgreens – *757 N. Michigan Ave (proche de la Water Tower) - M Chicago - ✆ 312 664 8686 - pharmacie ouv. 24h/24.* Si vous avez besoin de consulter un médecin : **Walgreens Healthcare Clinic** – *79 W. Monroe St. (dans le Loop) - M Monroe - ✆ 312 346 5727 - lun.-sam. 7h-18h30 sans rdv.*

VISITES

Choose Chicago – L'office de tourisme est extrêmement dynamique et bien organisé. Leur site Internet, consultable en partie en français, est aisément pratiquable et plein de ressources. **choosechicago.com.**

Pass et cartes

City Pass – *citypass.com.* Ce carnet associe plusieurs musées, monuments et espaces publics à prix réduit et donne des accès prioritaires. Il coûte quand même 94 $; il faut donc s'assurer d'avoir le temps de tout voir !

Visites guidées

Voir aussi Bateau et Bus, ci-dessus.
Mille façons d'aborder la ville sous la conduite d'un *cicerone* s'offrent à vous. Le site Internet de Choose Chicago en dresse la liste. Parmi nos préférés :

- les visites du Chicago Architecture Center *(p. 391)*
- contacter un Chicago Greeter - *chicagogreeter.com* (cette organisation internationale vous met en relation avec des volontaires férus de leur ville).
- une croisière sur la Chicago River *(p. 383)*

HÉBERGEMENT

Nos catégories de prix p. 623.
Un choix immense et toutes les grandes chaînes représentées. Ici comme ailleurs, les tarifs varient énormément selon le jour de la semaine, le mois, la tenue d'un salon ou d'un congrès (ils sont nombreux !). Il y a beaucoup d'hôtels dans le Loop mais sachez que le quartier est assez mort en soirée (hormis autour des théâtres) et le week-end. Le Magnificent Mile, en revanche, reste toujours animé.

Downtown South

Plan I p. 376 et plan II p. 402-403

POUR SE FAIRE PLAISIR

3 **The Alise Chicago** – Plan II, C2 - *1 W. Washington St. - Loop - M Washington - ✆ (312) 940-7997 - P 58 $/nuit - ♿ - 122 ch. 129/289 $ -* ✕. Conçu en 1895 par le cabinet d'architectes de Daniel Burnham, le magnifique Reliance Building a été transformé en hôtel. Quelques éléments d'origine ont été conservés, comme les sols en mosaïque et des éléments de ferronnerie. Si vous avez la chance d'obtenir une chambre d'angle, en étage élevé, vous ne serez pas déçu. Dégustation de vin tous

les jours à 17h et bonne cuisine classique américaine servie dans l'élégant Atwood Café.

8 **Kimpton the Gray** – Plan II, B2 - *122 W. Monroe St. - Loop - M Monroe - ✆ (312) 750-9012 - www.grayhotelchicago.com - P 65 $ - ♿ Wi-Fi - 293 ch. - à partir de 210 $ -* ✕. Ouvert en 2016, cet hôtel luxueux au design contemporain est lui aussi établi dans un bâtiment historique. Le sympathique Boléo sur le rooftop, à défaut de vue, prend des allures de patio sud-américain lorsque s'ouvre le toit (bons cocktails). Cuisine raffinée de saison au Steadfast.

5 **St. Jane Chicago** – Plan II, D2 - *230 N. Michigan Ave - Loop - M State/Lake - ✆ (855) 278-5263 - http://stjanehotel.com - ▤ ♿ Wi-Fi - 381 ch. 220/356 $ -* ✕. À mi-chemin entre le Loop et le Magnificent Mile, cet hôtel a pour cadre le Carbide and Carbon Building (1929), remarquable construction de style Art déco. Certains éléments du décor d'origine ont été maintenus dans cet établissement sagement rock n'roll, aux chambres high-tech. Deux restaurants à l'ambiance différente : le Chuck's, réputé pour ses hamburgers, et Angel and Kings (dîner seult), avec *music live* presque tous les soirs.

6 **Hyatt Regency Chicago** – Plan II, D2 - *151 E. Wacker Dr. - Loop - M State/Lake - ✆ (312) 565-1234 - http://chicago.regency.hyatt.com - ▤ P 65 $/nuit - ♿ Wi-Fi - 2019 ch. 234/339 $ -* ✕. Autre hôtel bien placé pour ceux qui hésitent entre le Loop et Magnificent Mile, le plus grand des Hyatt Regency de Chicago surprend avec son immense lobby coiffé de verre où s'épanouissent végétation et fontaines. Certaines chambres sont éclairées par de grandes baies vitrées donnant sur la rivière. Le Big Bar (à partir de 17h) est parfait pour boire un verre (plus de 1 400 références), en particulier les soirs de compétitions sportives où l'ambiance est très animée.

1 **Kimpton Hotel Monaco** – Plan II, D2 - *225 N. Wabash Ave - Loop - M State/Lake - ✆ (312) 960-8500 - www.monaco-chicago.com - P 58 $/j - ♿ Wi-Fi 13 $/j - 192 ch. 193/379 $* ☕ - ✕. À deux blocs du Loop et des abords du Magnificent Mile, cette enseigne de la chaîne Kimpton offre toutes les caractéristiques de la marque : décor exubérant, grand confort, convivialité. Ici, l'ambiance est à l'Art déco et le lobby donne l'impression d'être à bord d'un grand paquebot transatlantique ! Le restaurant South Water Kitchen devrait combler les amateurs de *comfort food* américaine avec ses plats de style TV Dinner et ses spécialités comme le *meat loaf* (pain de viande).

7 **The Wit** – Plan II, C2 - *201 State St. - Loop - M State/Lake - ✆ (312) 467-0200 - www.thewithotel.com - ▤ P 65 $/nuit - ♿ Wi-Fi - 298 ch. à partir de 244 $ -* ✕. Du haut de ses 27 étages, le Wit s'élève entre les toits du Loop. Design et fonctionnel, il vaut surtout pour son bar situé au sommet de l'immeuble : avec son toit rétractable, le Roof on the Wit est un des endroits où se presse la jeunesse dorée de Chicago.

13 **Publishing House B & B** – Plan I, A2 - *108 N. May St. - West Loop - M Morgan - ✆ (312) 554-5857 - www.publishinghousebnb.com - ▤ ♿ Wi-Fi - 11 ch. - à partir de 175 $ petit-déj. inclus -* ✕. Entre la chambre d'hôte et le boutique hôtel, ce B & B aménagé avec soin dans un immeuble en briques de

1909 profite d'une excellente situation au cœur de West Loop. Les chambres spatieuses et très confortables parviennent à ménager un espace de repos et de calme à deux pas de l'animation du quartier, en attendant le petit déjeuner qui n'a pas son équivalent dans la ville.

UNE FOLIE

4 Palmer House Hilton – Plan II, B2 - *17 E. Monroe St. - Loop - M Monroe - ☎ (312) 726-7500 - http://palmerhousehiltonhotel.com - P 55 $ - ♿ - 1641 ch. 195/493 $* - ✕. C'est l'un des palaces historiques de la ville : construit pour le milliardaire Potter Palmer, il est célèbre pour son majestueux lobby au plafond décoré de scènes mythologiques. L'hôtel compte un très bon restaurant, le Lockwood, aussi prisé pour son afternoon tea (réserv. recommandée) et un bar à cocktails au charme désuet, le Potter's.

Downtown North et Neighborhoods

POUR SE FAIRE PLAISIR

11 Talbott Hotel – Plan III, B1 - *20 E. Delaware Pl. - Magnificent Mile - M Chicago - ☎ (312) 944-4970 - www.talbotthotel.com - P 65 $/nuit - ♿ - 149 ch. 200/800 $* - ✕. Proche de l'animation de Michigan Avenue, cet établissement de taille moyenne évoque une gentilhommière anglaise par ses fauteuils club, son décor de chasse, ses cheminées qui animent le lobby. Les chambres sont simples (certaines pourvues d'une kitchenette) mais joliment décorées. Pas de club de gym mais les clients ont librement accès à un club voisin.

9 Red Roof Inn – Plan III, B2 - *162 E. Ontario St. - Magnificent Mile - M Grand - ☎ (312) 787-3580 - www.redroofinndowntownchicago.com - P 65 $/j - ♿ - 195 ch. 240/310 $* - ✕. Ce grand bâtiment d'angle abrite un hôtel de chaîne qui présente l'un des meilleurs rapports qualité-emplacement-prix de la ville ! Les chambres, fonctionnelles, ne dégagent pas de charme particulier mais le confort est suffisant et la situation excellente.

16 The Willows Hotel – Plan VII, B1 - *555 W. Surf St. - M Lincoln Park ou Diversey - ☎ (773) 528-8400 - www.willowshotelchicago.com - P 25 $/nuit - 51 ch. 179/309 $*. Situé dans un immeuble des années 1920, le Willows s'est donné des allures très 19e s. avec son lobby aux teintes pastel qu'anime une belle cheminée autour de laquelle on se retrouve pour un verre en fin de journée. Les chambres sont confortables et propices au repos. Nombreuses promotions sur le site Internet.

2 The Robey Hotel – Plan IX, A1 - *2018 W. North Ave - Wicker Park - M Damen - ☎ (872) 315-3050 - www.therobey.com - ♿ - 69 ch. - à partir de 250 $* - ✕. Comme une vigie au-dessus de Wicker Park, le Robey affiche ses lignes Art déco. Des ascenseurs à l'ancienne conduisent aux chambres où les belles matières, le confort absolu et la vue depuis les étages élevés vous immergent en douceur dans le Chicago way of life. On s'habitue même au passage régulier du « L », qui vous conduit en quelques minutes à l'aéroport ou vers le Loop. Outre l'excellent restaurant, le clou du bâtiment se situe au dernier étage où le chaleureux bar Up Room, sur le *rooftop* profite d'une vue à 360°, qui vaut vraiment le détour.

UNE FOLIE

⓯ **Hôtel Lincoln** – Plan VI, B1 - *1816 N. Clark St. - Lincoln Park - M Sedgwick - ✆ (312) 254-4700 - www.jdvhotels.com - P 60 $/nuit - 184 ch. 229/589 $ -* ✕. Face au Lincoln Park, l'hôtel qui jouxte le bon restaurant Perenial Virrant est un condensé du style *vintage hipster*. Le hall s'ordonne autour de confortables banquettes aux couleurs tendance. On se sent presque comme dans une maison de campagne. Si les chambres sont parfois un peu modestes, allez prendre l'air sur le toit-terrasse, le temps d'un cocktail ou d'un brunch au J. Parker Rooftop Bar, d'où la vue sur le parc et la ville est très appréciée l'été.

⓮ **Trump International Hotel and Tower** – Plan IV, B2 - *401 Wabash Ave - M Grand - ✆ (312) 588-8000 - www.trumphotelcollection.com/chicago - P 73 $/nuit - 339 ch. 276/695 $ -* ✕. Au cœur du troisième plus haut gratte-ciel de Chicago, le Trump Hotel constitue une surprise agréable. Dès le hall, un cocon de bien-être vous enveloppe, grâce à la décoration au design élégant et feutré. Si les chambres et les suites réservent des vues splendides vers le lac, la rivière et les immeubles historiques du Loop, elles sont également toutes aménagées pour rendre le séjour inoubliable.

Oak Park

BUDGET MOYEN

⓬ **The Carleton of Oak Park Hotel and Motor Inn** – Plan XII, A2 - *1110 Pleasant St. - M Oak Park - ✆ (708) 848-5000 - www.carletonhotel.com - P ♿ - 154 ch. 192/242 $ -* ✕. Depuis 1928, cet hôtel du centre d'Oak Park accueille les voyageurs dans des chambres confortables, dont certaines ne sont pas sans rappeler celles des motels avec leur équipement (micro-ondes, réfrigérateur). Le centre-ville de Chicago n'est qu'à une trentaine de minutes en métro.

RESTAURATION

Retrouvez notre sélection d'adresses dans les carnets pratiques de chaque quartier.
Chicago est une ville de restaurants ! Du plus petit au triple étoilé Michelin, vous n'aurez que l'embarras du choix. Les quartiers où l'on trouve le plus de restaurants sont **River North** (*p. 438*) et **Wicker Park** (*p. 463*). Mais **Randolph Street** (*p. 421*), dans le West Loop, est LA rue gourmande de Windy City, qui réunit toutes les cuisines du monde à tous les prix, avec en prime, l'été, de belles terrasses ombragées.

ACHATS

Magnificent Mile – Plan III p. 424-425 - Dans la partie nord de l'artère se succèdent les grandes enseignes, parfois rassemblées au sein de vastes galeries marchandes comme **The Shops at Northbrige** (A2) *(520 N. Michigan Ave)* ou **Water Tower Place** (BC1) *(835 N. Michigan Ave - www.shopwatertower)*. **Oak Street** (C1) et ses boutiques de luxe font le lien avec Gold Coast.

River North – Plan IV p. 431 - À l'ouest du Magnificent Mile, entre N. Wells et N. Orleans St., W. Huron St. et W. Chicago Ave, le quartier concentre quelques **galeries d'art** (*www.chicagogallerynews.com*). Vous trouverez antiquités et mobilier autour de Superior St. (*www.chicagogallerynews.com*).

West Loop – Plan I A2 p. 376 - De l'autre côté de la rivière, West

Loop et Fulton Market comptent aussi quelques bonnes galeries d'art, lesquelles s'installent désormais plus à l'ouest, sur Chicago Ave (**Document** et **Rhona Hoffman** - *1709 et 1711 W. Chicago Ave - www.documentspace.com et www.rhoffmangallery.com*).

Une fois par mois se tient le **Randolph Street Market** *(www.randolphstreetmarket.com)*, vaste foire à la brocante et aux antiquités.

State Street – Plan II BC2 p. 402-403 - Entre Randolph et Adams St., bon nombre de boutiques, dont le grand magasin **Macy's** *(111 N. State St.)*, ou les malls **Block 37** *(108 N. State St. - blockthirtyseven.com)* et **Sullivan Center** *(1 S. State St. - www.thesullivancenter.com)* dans le bâtiment historique de Carson, Pirie, Scott & Co. Un spectaculaire **Apple Store** *(401 N. Michigan Ave)* a ouvert ses portes en 2017.

Southport Avenue – Plan VIII A2 p. 452 - Dans le quartier de Lakeview, moins cher que Lincoln Park voisin, Southport Avenue compte un grand nombre de boutiques indépendantes, en particulier entre Belmont Ave et Irving Park Rd.

Clark Street – Plan I A1 p. 376 - Dans le quartier d'Andersonville, entre Foster et Bryn Mawr Ave : choix de brocantes, cadeaux pour la maison, accessoires, etc.

Damen et Milwaukee Avenues – Plan IX A1 p. 460 - Autour du métro Damen, le quartier attirant la jeunesse dorée, les prix grimpent. Remontez **N. Damen** vers le nord, pour un shopping axé sur la mode, les cosmétiques et les vêtements de sport.

De Damen, si vous empruntez Milwaukee vers le sud : excellente librairie (**Myopic Books** - *n° 1564 - www.myopicbookstore.com*), **Levi's Store** *(n° 1552)*, magasins de sport et boutiques de fripes.

Division Street – Plan IX A2 p. 460 - C'est la rue commerçante du quartier d'Ukrainian Village.

Wentworth Avenue – Plan I B3 p. 376 - Dans Chinatown, au sud de Cermak Rd : bazars, boutiques variées, herboristeries, tissus, céramiques et bonne cuisine.

Hyde Park – Plan X A1 p. 468 - Grand choix de livres d'occasion à proximité de l'université.

Les marchés de Chicago

De mai à octobre, dans presque tous les quartiers de Chicago se tiennent des **Farmers'Markets** où sont vendus des produits locaux, généralement bio.

www.egov.cityofchicago.org

Green City Market – *1817 N. Clark St. - Lincoln Park - (773) 880-1266 - www.greencitymarket.org - ♿ - mai-oct. : merc. et sam. 7h-13h ; reste de l'année : sam. 8h-13h.* Grand marché fermier où se ravitaillent beaucoup de chefs. Plusieurs emplacements, en particulier à Lincoln Park(7h-12h) et à West Loop(juin-oct. 9h-14h).

EN SOIRÉE

Voir aussi les suggestions proposées dans les carnets d'adresses.

Amateurs de jazz et de blues, fans de comédies musicales et de théâtre, vous êtes au bon endroit ! Programmes sur :

- **www.choosechicago.com** ;
- **www.theatreinchicago.com** ;
- **Chicago Tribune**.

Hot Tix outlets – *72 E. Randolph St. (Loop) ou 163 E. Pearson St. (Magnificent Mile) - www.hottix.org.* Ces kiosques mettent en vente des billets à tarif réduit pour le jour même.

L'achat des billets s'effectue auprès de la salle de spectacles ou sur **www.ticketmaster.com**.

Theater District

Plan II C2 p. 402-403

La plupart des théâtres de la ville se concentrent dans le Loop, entre Washington St., Lake St., LaSalle St. et Wabash Ave. Ils ont souvent pour cadre des bâtiments historiques. Parmi les plus intéressants : le **Chicago Theatre** (*175 N. State St. - www.thechicagotheatre.com* - beaucoup de spectacles musicaux) ; le **Cadillac Palace Theatre** (*151 W. Randolph St. - www.broadwayinchicago.com)* et l'**Oriental Theatre/Ford Center for the Performing Arts** (*24 W. Randolph St. - www.broadwayinchicago.com)* programment des productions venues tout droit de Broadway ; l'**Auditorium Theatre** (*50 E. Congress Pkwy - www.auditoriumtheatre.org),* doyen des théâtres de la ville *(*1889), est réputé pour la danse.

Musique et danse

Chicago Symphony Orchestra – *220 S. Michigan Ave - ✆ (312) 294-3000 - www.cso.org.* Fondé en 1891, cet orchestre très réputé est dirigé par Riccardo Muti depuis 2010. Durant la saison (sept.-juin), concerts presque tous les soirs.

Hubbard Street Dance Chicago – *1147 W Jackson Bd. - ✆ (312) 850-9744 - www.hubbareetdance.com - 9h-21h, w.-end 9h-16h.* Une compagnie de danse contemporaine très réputée qui se produit dans plusieurs salles à travers la ville.

Joan W. and Irving B. Harris Theater for Music and Dance – *205 E Randolph St. - ✆ (312) 334-7777 - www.harristheaterchicago.org - 12h-18h - fermé w.-end.* Située dans la partie nord de Millennium Park, cette salle de 1 500 places, à l'acoustique excellente, accueille des spectacles de danse et de musique variés.

Lyric Opera – *20 N. Wacker Dr. - ✆ (312) 827-5600 - www.lyricopera.org.* L'opéra lyrique de Chicago se produit dans la belle salle de la Civic Opera House (T p. 401).

ACTIVITÉS

Plages aménagées le long du lac (*p. 437),* vélo dans les parcs, patinoire en plein air au **McCormick Tribune Ice Rink** dans Millennium Park (Plan II C2-3 p. 402-403) *(de mi-nov. à mi-mars, location de patins sur place),* les activités en extérieur sont nombreuses.

AGENDA

St Patrick's Day – *3e sam. de mars.* Grand défilé en vert ; même les eaux de la Chicago River se teintent de vert !

Chicago Blues Festival – *Un w.-end en juin.* Concerts gratuits lors du plus grand festival de blues du monde. *Grant Park.*

Taste of Chicago – *Mi-juil.* Dégustations, concerts, animations, etc. *Grant Park.*

Chicago Air and Water Show – *Autour d'un w.-end vers la mi-août.* Démonstrations acrobatiques dans les airs et sur les eaux du lac. *North Ave Beach - accès gratuit.*

Chicago Jazz Festival – *Le w.-end précédant le 1er lun. de sept. (Labor Day).* Au Chicago Cultural Center et dans Millennium Park. *jazzinchicago.org/jazzfest/.*

Chicago Film Festival – *2e quinz. d'oct.* Projections, rencontres, débats, etc. *www.chicagofilmfestival.com.*

City of Chicago Tree-Lighting Ceremony – *Le lendemain de Thanksgiving (dernier vend. de nov.).* Illuminations de l'arbre de Noël, sur Daley Plaza.

Downtown South

★★★

Au sud de la Chicago River, attendez-vous à un choc visuel devant la forêt de gratte-ciel dressés entre le bleu du lac et l'azur du ciel. Le quartier du Loop (la « boucle ») est enserré par une ligne de métro aérien qui dispense des vues insolites et spectaculaires sur les rues, véritables canyons urbains dédiés aux affaires et à la finance. Cœur névralgique et historique de la ville, bordé par Grant Park et Millennium Park, le quartier sud est riche de musées d'envergure internationale qui rendent sa visite incontournable. Très animé la journée, il se vide dès 17h (sauf l'été autour de Millennium Park). Il est alors temps de se rendre plus au nord sur le Magnificent Mile pour poursuivre sa balade, son shopping ou sortir !

NOS ADRESSES PAGE 420
Hébergement, restauration, achats, activités, etc.

S'INFORMER

Chicago Visitor Information Center – *111 N. State Street, à l'intérieur du centre commercial Macy's - ☏ 312 781 4483 - www.choosechicago.com.*

SE REPÉRER

Plan II (The Loop) (p. 402-403) et Plan III (Magnificent Mile) (p. 424-425).

À NE PAS MANQUER

Millennium Park, ses activités et ses pavillons ; l'Art Institute et ses trésors, notamment impressionnistes ; une promenade architecturale sur South Michigan Avenue et dans le Loop.

ORGANISER SON TEMPS

Cette partie de la ville concentre un nombre incalculable de sites passionnants. Comptez au minimum 2 jours, sans les visites des musées.

AVEC LES ENFANTS

Le Museum Campus : aquarium, planétarium, musée d'histoire naturelle.

★★★ The Loop Plan II p. 402-403

C'est d'ici que s'élancent les immeubles les plus spectaculaires de Chicago. Depuis l'incendie de 1871, le berceau de l'école de Chicago – où auraient été inventés les premiers gratte-ciel – est un haut lieu d'innovation

Les immeubles de South Michigan Avenue derrière Grant Park.
Ph. Orain/Michelin

architecturale. Autour du carrefour de State Street et de Madison Street, point zéro de la numérotation des rues, les plus beaux buildings de la ville imposent soudain leur beauté sidérante. Sur State Street, première grande artère commerçante de Chicago, s'alignent une kyrielle de magasins internationaux où défilent touristes et gens pressés. En continuant vers West Loop, la leçon d'architecture laisse place aux entrepôts rénovés d'un quartier en pleine révolution où se croisent jeunes entrepreneurs high tech et amateurs de gastronomie.

LE CŒUR DU LOOP C1-2

Ⓜ *State/Lake. Remontez vers Wacker Place.*
Commencez votre parcours dans le Loop par Wacker Place. En regardant vers DuSable Bridge *(p. 405)*, au nord, on aperçoit sur l'autre rive de la rivère les tours « épis de maïs » de Marina City *(p. 432)*. À droite, la **Wacker Tower** (**E**) (1928, Holabird & Root) (D2 - *68 E. Wacker Pl.*), édifiée pour le Chicago Motor Club, est un bel exemple d'architecture Art déco, avec ses fenêtres en retrait accentuant la verticalité de la façade.

Chicago Architecture Center D2

111 E. Wacker Drive ✆ 312 922 3432 - www.architecture.org - 9h-21h.
Association à but non lucratif, le centre organise les meilleures visites guidées de la ville, ainsi que des conférences et des expositions gratuites. Installé en 2018 dans ce nouvel espace où est mise en scène l'histoire de la cité, il constitue une excellente introduction à votre visite.
Tournez à gauche sur Wabash Ave, à droite sur Lake St. et poursuivez jusqu'à State St.
Cette portion de Lake Street se situe sous la ligne de métro aérien. Délimitant l'angle sud-est de State Street et Lake Street, le **Page Brothers Building** (**F**) (1872, John Mills Van Osdel) (C2), qui déroule une façade italianisante en fonte *(côté Lake Street)*, est l'un des derniers témoins du « boom » de la construction qui suivit le grand incendie de 1871.

DES AFFAIRES BIEN FICELÉES

Centre névralgique de la région du Midwest, le Loop est le quartier d'affaires le plus important des États-Unis après Manhattan. La ligne de métro aérien, le « L », fut étendue à l'ensemble du quartier en 1897 afin de relier les différentes lignes de chemin de fer au cœur décisionnel de la cité. Le quartier doit son nom à la boucle *(loop)* qu'il forme en le traversant.

LE QUARTIER DES THÉÂTRES

La partie nord du Loop s'est affirmée depuis la fin du 19e s. comme le quartier des théâtres, à une époque où ses bâtiments dépassaient rarement les cinq étages. En 1897, le **Central Music Hall** s'élevait à l'intersection de State et Randolph, rejoint douze ans plus tard par le **Schiller Theater** (renommé le Garrick), gratte-ciel d'Adler & Sullivan au croisement de Clark et Dearborn. Le chantier du **Woods Theater**, en 1917, au carrefour de Randolph et Dearborn, fut suivi par l'apparition d'une kyrielle de salles abondamment ouvragées dans les années 1920 – une époque où les frontons brillamment éclairés des cinémas de Randolph Street faisaient la promotion des vedettes de la scène et du grand écran.

Tournez à gauche sur State St. et poursuivez vers le sud.

★ Chicago Theatre C2

175 N. State St.

(1921, Rapp & Rapp) – L'une des plus anciennes et des plus spacieuses salles de cinéma de la ville (4 000 sièges) s'inspire de la Renaissance française. Après avoir frôlé la démolition, sa façade et son **hall★** à plusieurs niveaux furent heureusement restaurés en 1985.

Traversez Randolph St.

À l'angle nord-ouest de State St. et Randolph St., le **Gene Siskel Film Center** (GSFC) et le **162 North State Residences** (2000, Booth/Hansen Associates of Chicago) de la School of the Art Institute of Chicago, vêtus de béton blanc, englobent la façade du restaurant Old Heidelberg (1934, Graham, Anderson, Probst and White) sur Randolph St., et le Butler Building (1924) sur State St. La corniche démesurée et le dernier étage percé de hublots abritent des studios de création, tandis que les niveaux inférieurs accueillent des boutiques ainsi que le très réputé GSFC, à la programmation passionnante *(11 $ la séance)*.

★ Macy's C2

111 N. State St. - le **Visitors Center** *de Chicago est hébergé dans ce bâtiment.*

(1892-1914, D. H. Burnham & Co.) – Occupant tout un pâté de maisons, cet imposant bâtiment fut édifié par étapes pour le compte de l'homme d'affaires Marshall Field. Il associe de remarquables innovations structurelles à une inspiration néoclassique à la mode depuis l'Exposition universelle de 1893. Fidèle à sa devise « Donnez aux femmes ce qu'elles veulent », le grand magasin devait connaître un succès fulgurant. Les horloges richement ouvragées ornant l'angle de l'édifice sur State Street sont aujourd'hui des symboles de la ville. L'intérieur, rythmé par des colonnades, offre une superficie de plus de 90 000 m² en plusieurs atriums : au sud, sous une fabuleuse **voûte de verre Tiffany★** *(angle State St. et Washington St.)* ; au nord, sous un toit vitré, vertigineux car haut de 11 étages scandés de colonnes aux chapiteaux ioniques *(côté Randolph St.)*.

★★ Reliance Building C2

32 N. State St. (angle Washington St.) - M Washington - *p. 384.*

(1895, Charles B. Atwood, cabinet D. H. Burnham & Co.) – Fabuleusement en avance sur son temps par son emploi des charpentes métalliques, ce bâtiment annonce les gratte-ciel de verre et d'acier de Mies van der Rohe et la seconde École de Chicago. La façade fait la part belle au verre. Des pilastres et des murs-tympans extrêmement étroits séparent les niveaux, au rythme de motifs d'inspiration gothique moulés dans une terre cuite crème.

Poursuivez vers le sud dans State St. jusqu'à Madison St.

Le croisement de State et Madison fut autrefois sacré « carrefour le plus actif du globe ». Les immeubles qui flanquent ses angles possèdent les iconiques « fenêtres de Chicago ». Brut, façade brune, le **Chicago Building** (**G**) (1904, Holabird & Roche) *(7 W. Madison St.)* est l'exemple même de ces premiers gratte-ciel divisés comme une colonne entre la base, le fût et le chapiteau. En 1997, les bureaux furent convertis en résidence pour les étudiants de l'école de l'Art Institute, toute proche.

★★★ Sullivan Center C2

1 S. State St. (angle sud-est avec Madison St.) - M Madison/Wabash - www.thesullivancenter.com.

(1899, Louis Sullivan) – Connu sous le nom de son propriétaire historique, **Carson, Pirie, Scott & Co.**, ce bâtiment emblématique de l'école de Chicago est considéré comme un jalon de l'architecture. Partant du principe que « la forme s'adapte à la fonction », Sullivan resta pourtant fidèle aux décors typiques du 19e s. et son talent en la matière s'exprime ici pleinement. La partie supérieure de la façade est revêtue de blanc, laissant deviner la charpente métallique, mais les deux premiers niveaux sont bardés de panneaux décoratifs, parmi les plus ouvragés jamais réalisés par Sullivan. Sa maîtrise des motifs végétaux en trois dimensions se révèle à l'angle arrondi de l'édifice, où la fonte s'ouvre avec grâce sur des hublots, conférant une exceptionnelle impression de légèreté et de finesse à cette construction pourtant très imposante. Ancien grand magasin, l'immeuble abrite aujourd'hui, entre autres, l'école de l'Art Institute.

Traversez Monroe St.

Le **Palmer House Hilton** (1927, Holabird & Roche) (B2), situé à l'angle sud-est du croisement de State et Monroe, est le quatrième hôtel fondé par le riche promoteur immobilier Potter Palmer. Ses luxueux aménagements intérieurs comprennent un **vestibule Beaux-Arts★** ainsi qu'une salle de bal Empire. Entrez pour le seul plaisir d'y jeter un coup d'œil ou pour boire un verre.

Tournez à droite dans Monroe St. et continuez jusqu'à Dearborn St.

★ Inland Steel Building B2

30 W. Monroe St. - M Monroe.

(1958, agence Skidmore, Owings & Merrill) – Très élégant, cet immeuble à la façade brillante en acier inoxydable fut une véritable apparition lors de son inauguration. L'architecte Bruce Graham a en effet sorti de terre une structure unique soutenant à elle seule les parois, libérant les étages de poteaux porteurs. Il est difficile d'imaginer que ce building, toujours très actuel, a soixante ans ! Pour réaliser cette prouesse, des piliers d'acier furent plantés dans le sol à 25 m de profondeur : la tour d'ascenseur en acier, non vitrée, fut quant à elle excentrée à l'est de la construction. Inland Steel fut également pionnier en matière d'air conditionné et de double vitrage. Le hall est illuminé par la présence de *Radiant I* de Richard Lippold, une installation de câbles d'acier en trois dimensions.

Parvenu à Dearborn Street, regardez vers le nord pour découvrir la façade concave pleine de grâce de la **Chase Tower** de 60 étages (1969, Perkins & Will). L'édifice (259 m) possède d'immenses baies vitrées. Il se dresse sur une place très appréciée des Chicagoans, autour de **Four Seasons★** (**1**), une mosaïque rectangulaire de Marc Chagall (1974).

Descendez Dearborn St. vers le sud.

★★ Marquette Building B2

140 S. Dearborn St. - M Monroe ou Adams/Wabash.

(1895, Holabird & Roche) – Considéré comme l'un des chefs-d'œuvre de l'École de Chicago, cet immeuble est une véritable symphonie de brique et de terre cuite. Les pilastres devancent les fenêtres, créant une armature dont on apprécie pleinement l'équilibre en se plaçant devant l'entrée et en levant les yeux vers le ciel. Au-dessus de l'entrée, quatre panneaux de bronze restituent des extraits du journal du missionnaire-explorateur français Jacques Marquette, l'un des premiers Européens à s'être aventurés dans la région de Chicago. Le hall d'entrée hexagonal renferme une intéressante **mosaïque★** en verre Tiffany signée J. A. Holzer, illustrant le périple de Marquette le long du Mississippi, ainsi que des bas-reliefs d'Edward Kemeys qui rendent hommage aux premiers explorateurs français et amérindiens.

À droite du Marquette, la façade arrondie et habillée de vitres-miroirs du **55 West Monroe Building** (1980, C. F. Murphy Assocs.) (B2), ancien Xerox Centre, est représentatif du travail de l'architecte **Helmut Jahn**. En face, les bureaux du **JP Morgan Chase Center** (2003, Ricardo Bofill) *(131 S. Dearborn St.)* s'illuminent de la présence d'une réplique dorée de la *Victoire de Samothrace*, toutes ailes déployées.

Traversez Adams St.

★★ Federal Center B2

Sur Dearborn St. entre Adams St. et Jackson Bd - M Jackson.

(1964-1974, Ludwig Mies van der Rohe) – Cet ensemble de trois bâtiments est un exemple réussi du style architectural international associé à une bonne gestion de l'espace urbain. De chaque côté de Dearborn s'élèvent les deux immeubles fédéraux **Dirksen** et **Kluczynski**, tandis que la hauteur de l'**US Post Office**, sur un seul niveau, correspond juste à celle du hall des deux autres. Cette réalisation peut sembler austère et dépouillée, mais sa beauté s'exprime dans sa proportionnalité et sa verticalité. Les trois édifices circonscrivent une très belle place égayée par le rouge *Flamingo* d'Alexander Calder (1973).

★★ Monadnock Building B3

53 W. Jackson Bd - M Jackson.

(1891, Burnham & Root) – À l'arrière de Federal Plaza se dresse l'élégant ruban de briques ondulé du Monadnock, d'une austère simplicité pour l'époque de sa construction. Le bâtiment est intéressant car construit en deux phases. Les murs en brique de la partie nord sont porteurs et doivent être suffisamment épais (1,80 m) pour soutenir 16 étages ainsi qu'un ultime niveau en brique. Les murs de la partie sud (1893, Holabird & Roche) n'ont pas besoin d'être aussi épais car le bâtiment est partiellement soutenu par une armature d'acier. L'architecte John Wellborn Root déclara que la ligne du Monadnock, élargie à la base et à la hauteur du chapiteau, s'inspirait des papyrus égyptiens et de la majuscule « I ». Son talent s'affirme dans la vigueur du dessin de la façade côté Dearborn Street, où les lignes de fenêtres en saillie alternent avec de sages verticales.

L'intérieur★ a été restauré à l'identique dans les années 1980. Le plafond en marbre (d'origine) et les murs sont ornés de luminaires en aluminium. Les motifs végétaux ornant l'escalier ne sont pas sans rappeler le Rookery *(p. 396)*. Remarquez la finesse de la décoration des escaliers, des ascenseurs ou de la boîte aux lettres.

Harold Washington Library Center.
Adam Alexander Photography/Choose Chicago

Sortez du Monadnock sur Van Buren St., tournez à gauche et poursuivez vers l'est.
★ **Fisher Building** (1896, D. H. Burnham & Co.) – *343 S. Dearborn St.* Revêtu d'une terre cuite légèrement orangée, l'immeuble de style gothique s'inspire du Reliance Building (*p. 392*). L'entrée située au centre de la façade de Van Buren Street est flanquée de poissons sculptés – référence amusante au nom du propriétaire (*fisher*, le pêcheur).

★ **Harold Washington Library Center** B3
400 S. State St. - M Library - 312 747 4300 - www.chipublib.org - lun.-jeu. 9h-21h, vend.-sam. 9h-17h, dim. 13h-17h.
(1991 – cabinet Hammond, Beeby & Babka) – On, croirait une gare centrale du 19e s. Mais non, c'est la bibliothèque de la ville, commandée en 1987 par Harold Washington, premier maire afro-américain de Chicago. Son concept post-moderne tourne le dos au « less is more » de Mies van der Rohe et renoue avec les façades classiques percées de hautes baies vitrées en arche, décorées de guirlandes en bas-relief et surmontées d'un attique en métal et verre qui prend la forme de frontons triangulaires. Les acrotères, immenses chouettes sculptées en haut du toit qui n'ont pas l'air très avenantes, symbolisent la sagesse et le savoir. Si vous n'avez pas de recherches à faire, l'intérieur ne présente pas d'intérêt particulier.
Revenez sur Van Buren St. et traversez Dearborn St.
Sur Dearborn, remarquez vers le sud un remarquable trio d'immeubles historiques, les plus septentrionaux du Printing House Row (*p. 416*). Fleuron de l'école de Chicago, le **Old Colony Building** (**H**) (1894, Holabird & Roche) (B3 - *407 S. Dearborn St.*) cache une ossature métallique sous son apparence tripartite encore classique. Juste à côté, le **Plymouth Building** (**J**) (1899, Simeon B. Eisendrath) (B3 - *417 S. Dearborn St.*) fut lui aussi construit à des fins commerciales, puis reconverti en bâtiment universitaire, comme l'indique le décor néogothique en terre cuite qui le surmonte. Quant au **Manhattan Building** (**K**) (A3 - *431 S. Dearborn St.*), construit en 1891 par William Le Baron Jenney,

il est considéré comme le plus vieux gratte-ciel à structure métallique du monde. Il présente, sur un socle de granit, un jeu de baies polygonales et semi-cylindriques en saillie, dont deux étages sont ornés de rinceaux et de mascarons.

Continuez vers l'ouest sur Van Buren St.

AYEZ L'ŒIL DU CINÉASTE

Point de vue particulièrement pittoresque, la Bourse clôt le bas de LaSalle Street, laquelle forme un impressionnant « canyon » urbain qui s'étire vers le nord jusqu'à la rivière. Ce n'est pas un hasard si Brian de Palma, dans son film *Les Incorruptibles*, en a inclus des images à plusieurs reprises afin de symboliser la ville d'Al Capone.

★ Metropolitan Correctional Center A3

Van Buren St., entre Clark St. et Federal St. - Ⓜ LaSalle/Van Buren.

(1975, Harry Weese & Assocs.) – Cette structure de béton rappelle les cartes perforées des premiers modèles d'ordinateur. Sa forme triangulaire facilite la surveillance des cellules de cette prison dans lesquelles les détenus attendent leur procès qui se déroulera au Federal Center tout proche. Les fenêtres des cellules sont dépourvues de barreaux mais ne mesurent que 13 cm de largeur.

Visible de la rue, **The Town-Ho's Story**, gigantesque sculpture de Frank Stella, domine le hall d'entrée du Metcalfe Federal Building *(77 W. Jackson Bd).*

Tournez à droite sur Clark St., puis à gauche sur Jackson Blvd.

★★ Chicago Board of Trade Building A2

141 W. Jackson Bd - Ⓜ LaSalle/Van Buren - fermé au public.

(1930, Holabird & Root) – Cet immeuble mythique, demeuré le plus haut de la ville jusqu'en 1965, abrite la plus ancienne Bourse de commerce du monde. Elle a été fondée en 1848 afin de réguler le commerce des céréales et son trafic depuis l'Illinois et les Grandes Plaines jusqu'au littoral oriental. En 1930, elle fut relogée dans ce chef-d'œuvre Art déco auquel le revêtement de plaques de calcaire au décor ciselé donne une douce couleur. Sa toiture pyramidale est couronnée d'une sculpture de John Storr représentant Cérès, déesse des moissons. Au centre de la façade principale, les personnifications du blé et du maïs, œuvres d'Alvin Meyer, flanquent la grosse horloge.

★ **LaSalle Street** – B2. Des banques et des maisons de courtage se succèdent dans cette rue, formant une remarquable unité architecturale. Le **Bank of America Building** (1924) et le **Federal Reserve Bank Building** (1922), tous deux créés par Graham, Anderson, Probst & White, dominent son extrémité du haut de leur classique splendeur. Les colonnes ioniques et le fronton de la Bank of America répondent au portail corinthien de la Federal Reserve. Le vaste hall de la Bank of America dévoile un plafond à caissons et de gigantesques fresques signées Jules Guérin, illustrateur du plan de Chicago de 1909.

Poursuivez vers le nord sur LaSalle St. jusqu'à Adams St.

En laissant Quincy Court sur sa gauche, on aperçoit l'immense Willis Tower *(p. 400).*

★★ The Rookery B2

Angle sud-est de LaSalle St. et Adams St. - Ⓜ Quincy - therookerybuilding.com - lun.-vend. 8h-18h, sam. 8h-14h.

(1888, Burnham & Root) – Observez la richesse des décors de John Wellborn Root sur cette façade de granit rouge de douze étages, alliance de céramique et de brique, mariage des styles néoroman et Queen Anne. Des colonnes hautes de deux étages rythment les devantures des boutiques du rez-de-chaussée, tandis que les niveaux supérieurs font la part belle aux arcades saillantes encadrant les baies. *Rookery* désigne une colonie d'oiseaux, allusion possible à l'Hôtel de Ville qui occupait le site jusqu'en 1885, soit en raison de son apparence délabrée, soit par ironie pour désigner les politiciens qui venaient « se percher » ici. Humour ? Root reprend la référence en intégrant des corbeaux *(rook)* sculptés de part et d'autre de l'entrée.

Le bâtiment s'organise autour d'un **atrium★★** qui déversait, avant l'avènement de la fée Électricité, une lumière généreuse dans les bureaux. L'intérieur a été réaménagé en 1906 par **Frank Lloyd Wright** qui a recouvert les colonnes métalliques et les escaliers de marbre blanc aux incrustations à la feuille d'or. L'un des côtés de la colonne située à gauche en entrant est dénudé pour laisser apparaître le travail original de Root. À l'est, l'escalier central est flanqué d'urnes évoquant le style Prairie. L'escalier ouest se déroule quant à lui en colimaçon sur huit étages. On doit le vestibule (1928) à l'architecte **William Drummond**, disciple de la Prairie School. Les merveilleuses portes d'ascenseurs sont d'Annette Cremin Byrne ; elles reprennent également la symbolique de l'oiseau.

★ 190 South LaSalle Street B2

Angle nord-ouest de LaSalle St. et Adams St. - M Quincy.

(1987, Philip Johnson) – Cet immeuble fait revivre le temple maçonnique de Chicago (1892, Burnham & Root), rasé en 1939 et caractérisé par un toit à pignon couronné de fer forgé. Des pilastres de marbre rouge et de plantureuses lanternes décorent avec élégance le **hall** de marbre blanc surmonté d'une voûte dorée. La touche artistique est donnée par une sculpture en acier de 8,50 m, *Chicago Fugue*, œuvre d'Anthony Caro.

Traversez LaSalle St.

★★ LaSalle Bank Building B2

135 S. LaSalle St. - M Quincy.

(1934, Graham, Anderson, Probst & White) – La dernière tour construite au moment de la Grande Dépression fut édifiée par les héritiers de Marshall Field. Le bâtiment se tient sur le site autrefois occupé par le **Home Insurance Building** de William Le Baron Jenney (1884). Pénétrez à l'intérieur de cette imposante structure Art déco pour admirer le ravissant hall décoré de chandeliers cannelés.

Poursuivez vers le nord dans LaSalle St., prenez à gauche Monroe St. et continuez vers l'ouest.

À l'ouest se dessinent les silhouettes de l'**AT & T Corporate Center** (B2 - *227 W. Monroe St.*), de 1988, relié au **USG Building** (1992) (A2), tous deux l'œuvre d'Adrian Smith du cabinet Skidmore, Owings & Merrill. Ce complexe réinterprète l'Art déco et marque le retour d'une architecture organisée autour de la hiérarchie du détail, avec des tympans de fenêtres ouvragés et des flèches graciles s'élevant au sommet de la structure.

Tournez à droite dans Wells St. et poursuivez jusqu'à Madison St.

200 West Madison Street – B1 - *angle Wells et Madison St.* (1982, Skidmore, Owings & Merrill) – Il se caractérise par le design audacieux – en accordéon – de sa façade de verre miroir et d'acier, typique de l'architecture des années 1980. À l'intérieur, le Jardin d'Hiver abrite une sculpture de Louise Nevelson, *Dawn Shadows* (3), ensemble complexe de formes sombres et incurvées.

181 West Madison Street (**L**) – B2. (1990, Cesar Pelli) – À l'angle sud-est du même carrefour, le building décline des fenêtres très étroites qui accentuent la verticalité de l'édifice. Des sculptures colorées de Frank Stella, *Loomings* et *Knights and Squires*, issues de sa série *Moby Dick*, décorent l'entrée aménagée sous une voûte en berceau.

Remontez Madison St. vers l'est jusqu'à LaSalle St.

À l'angle sud-ouest de LaSalle et Madison, **Chemical Plaza** (B2) repose sur un bâtiment de 1912 du cabinet Holabird & Roche et déroule une élégante tour bleue et verte en aluminium et verre (1989, Moriyama & Teshima).

One North LaSalle Street (**N**) (1930) – B2 - *angle nord-est de LaSalle et Madison*. Ce building attire les regards : au quatrième étage, des panneaux décoratifs rendent hommage à l'explorateur français René-Robert Cavelier de La Salle qui a parcouru la région à la fin du 17e s.

Au croisement de LaSalle et Washington, retournez-vous et embrassez du regard le **panorama★** *impressionnant dessiné par le ruban de bâtiments qui se déroule jusqu'au Board of Trade. Poursuivez jusqu'au carrefour de Washington St. et Clark St.*

County Building – BC1-2 - *circonscrit par Clark, Washington, LaSalle et Randolph St.* (1907 et 1911, Holabird & Roche) – Très ouvragé, le bâtiment arbore entre les 5e et 9e étages les colonnes corinthiennes les plus hautes de la ville (23 m).

★ Chicago Temple (P) B2

77 W. Washington St., angle sud-est de Washington St. et Clark St. - Ⓜ Washington - ☏ 312 236 4548 - www.chicagotemple.org - 7h-19h - visites gratuites lun.-sam. 14h et dim. après chaque service.

(1923, Holabird & Roche) – Ce bâtiment conserve à ce jour la plus haute flèche d'église du monde (173 m). La Première Église méthodiste unie (First United Methodist Church) occupe le vaste rez-de-chaussée de style gothique anglais, ainsi que la chapelle ménagée dans le clocher dans les années 1950. Ne dépassant pas 65 m^2 de superficie, ce petit joyau éclairé de vitraux est tapissé de boiseries de chêne sculptées.

À l'est du temple on aperçoit **Chicago** (**4**), une sculpture de 12 m que Joan Miró offrit à la ville en 1981.

Prenez Dearborn Street à gauche.

★★ Richard J. Daley Center C2

Entre Washington, Randolph, Clark et Dearborn St. - Ⓜ Washington - www.thedaleycenter.com - 8h-18h.

(1965, Jacques Brownson, C. F. Murphy Assocs.) – Dessiné par un élève de Mies van der Rohe, cet immeuble de 197 m de hauteur et 31 étages est un bon exemple du style international ; tout en verre et acier, il est structuré par trois travées verticales et par des poutrelles en acier Cor-ten, qui se patine au fil des ans pour se parer d'un ton bronze proche de la rouille. Ce bâtiment administratif abrite des salles d'audience et des bureaux, et porte le nom d'un des maires de Chicago. **Daley Plaza**, où trône une **sculpture de Pablo Picasso** *(Sans titre)* (**5**), s'anime de nombreux événements culturels et accueille également un marché *(mai-oct., jeu. 7h-15h)*.

Poursuivez vers le nord dans Clark St. et traversez Randolph St.

Le toit étonnant du **Chicago Title & Trust Center** (**Q**) (C2 - *161 N. Clark St.*) (1992, Kohn Pedersen Fox) rappelle les ponts basculants qui rythment la Chicago River. Les imposantes façades blanches des théâtres Harris et Selwyn (1922, Crane & Franzheim) sont désormais réunies sous le nom de **Goodman Theatre** (B2) (2000, Kuwabara Payne McKenna Blumberg), à l'angle nord-est

Thompson Center réalisé par l'architecte Helmut Jahn.
stevegeer/iStock

de Dearborn et Randolph St. Offert en 1925 à l'Art Institute, le Goodman (situé à l'époque sur S. Columbus Dr.) est l'un des plus anciens théâtres des États-Unis.

★★ James R. Thompson Center C1

Entre Clark, LaSalle, Randolph et Lake St. - Ⓜ Clark/Lake - food court (à l'entresol).
(1985, Helmut Jahn) – Signalé par ses formes post-modernes toutes en rondeurs et, devant l'entrée, par le **Monument à la bête debout** de Jean Dubuffet, l'ex-State of Illinois Center abrite des services administratifs de l'État de l'Illinois. En rupture avec les lignes orthogonales du modernisme, la forme convexe de la façade fait référence aux dômes classiques des premiers édifices gouvernementaux. Il faut absolument visiter l'**atrium★**, duquel fusent des ascenseurs de verre jusqu'au dernier des dix-sept étages, où culmine un « dôme dans le dôme ». La lumière qui pénètre largement crée constamment des jeux d'ombres…
En face, côté sud, se tient l'**Hôtel de ville** néoclassique construit par Holabird & Root en 1911 (*County Building, p. 398*). À l'angle de Randolph St. et de Wells St., la **Randolph Tower** (1926) (B1), de style néogothique, compose avec le métro aérien un **tableau★** très « Gotham City »…
Remontez N. Clark St. vers la rivière, et prenez W. Wacker Dr. à droite.
Sur l'autre rive, remarquez la **Quaker Tower** (C1) et le **Westin River North** (anciennement Hotel Nikko), érigé en 1987. À côté du complexe de Marina City, l'IBM Building impose sa silhouette rectangulaire sur la berge arrondie (*p. 406*). À l'angle de W. Wacker Dr. et de N. Clark St., la tour de bureaux du **77 West Wacker Drive★** C1 fut dessinée par l'architecte espagnol Ricardo Bofill en 1992. Le **Leo Burnett Building** *(35 W. Wacker Dr.)* (1989, Roche & Dinkeloo et Shaw & Assocs.), avec sa division base/fût/chapiteau, ressemble à une colonne de style Prairie. Les angles sont saillants, les fenêtres carrées percées dans la façade de granit gris sont ornées de chromes. Dans le hall, on peut admirer la fontaine de bronze, *Rite of Spring*, de Bryan Hunt.

Prenez le temps d'admirer la **vue★★★** magnifique qui se profile vers l'est, sur le Wrigley Building et le Michigan Avenue Bridge.

AU FIL DE LA RIVIÈRE Plan II A2 p. 402-403

Ⓜ *Quincy - descendez vers Jackson Blvd, puis Wacker Drive*

★★★ Willis Tower A2

233 S. Wacker Dr. - ✆ 312 875 0066 - www.willistower.com - Ⓜ Quincy/Wells. (1974, Bruce Graham, Fazlur Khan, Skidmore, Owings & Merrill - 443 m) – Véritable prouesse d'ingénierie, ce gratte-ciel de 110 étages est plus connu sous le nom de **Sears Tower**. En 2009 lorsque le courtier en assurances londonien Willis Group Holdings, Ltd en loua la majeure partie, il obtint un changement d'appellation. Demeurée pendant plus de vingt ans le plus haut édifice de la planète, la Willis Tower est aujourd'hui le deuxième plus haut gratte-ciel des États-Unis, le cinquième dans le monde. Elle s'articule autour de neuf « tubes » rectangulaires et repose sur plus de 100 caissons d'acier et de béton accrochés dans la roche à des dizaines de mètres de profondeur. Repensée en 1985, l'entrée sur Wacker Drive, avec sa voûte en berceau, est dominée par un mobile d'Alexander Calder, **The Universe**, ensemble de formes multicolores qui virevoltent continuellement.

Skydeck – *✆ 312 875 9447 - www.theskydeck.com - mars-sept. 9h-22h, oct.-fév. 10h-20h - fermeture exceptionnelle en cas de vents forts - 24 $.* Pour accéder au **panorama★★★** époustouflant, voire écrasant, sur la ville et le lac, il faut commencer par une ascension vertigineuse jusqu'au 102e étage, à bord d'un ascenseur haute technologie numérique. Le Skydeck fournit sur écrans des informations sur les principaux monuments et les grandes dates de l'histoire de Chicago. Si vous y arrivez, aventurez-vous sur la boîte de verre située en avancée sur la façade : la sensation de marcher au-dessus du vide à plus de 400 m du sol est absolument incroyable (ou terrifiante !?)...

Quittez la Willis Tower par Franklin St.

Immédiatement au sud de la Willis Tower se dresse le **311 South Wacker Drive** (1990, Kohn Pedersen Fox) (A2), un gratte-ciel de béton rose pâle assemblé au cœur de l'ouragan spéculatif qui prit fin lors de la crise de l'immobilier des

À REBROUSSE-POIL

La **Chicago River** est une rareté. L'histoire commence par une triste banalité : vidange géante des eaux usées et des déchets des industries florissantes de la cité, elle était au 19e s. si polluée qu'on la nommait Stinking River (rivière puante), ou Bubble Creek pour le bras sud (en raison des bulles de gaz toxiques dans l'eau), à tel point que les murs de certains bâtiments donnant sur son cours étaient aveugles. En 1900, devant la menace qui pesait sur la santé publique, la municipalité a inversé son cours – ici pointe la rareté – afin que les eaux usées ne se déversent plus dans le lac Michigan, source d'eau potable pour la ville. Ainsi ne se jette-elle plus à l'est mais à l'ouest, grâce à une série de canaux et d'écluses qui détournent son cours vers l'Illinois River et le Mississippi.

Mais ça ne pouvait plus durer ! Depuis les années 1990, Chicago s'occupe de sa rivière. Nettoyage, aménagement de promenades, tout a été fait (ou presque) pour que l'eau retrouve forme naturelle. Elle est devenue le lieu idéal pour admirer et comprendre l'incroyable patrimoine architectural de la ville.

années 1990. Une gigantesque couronne – véritable citadelle – surmonte le building.

CME Center A1

20 S. Wacker Dr. - M Washington/Wells.

(1983 et 1988, Fujikawa, Johnson & Assocs.) – L'imposant ensemble des tours jumelles du **Chicago Mercantile Exchange**, dit le « Merc's », reliées par une base sur deux niveaux, répond bien à son surnom de Gateway to the Loop (Porte du Loop). À l'ouest s'étaient installés au 19e s. certains des marchés de gros les plus importants de Chicago. Le développement de leur activité *(West Loop)* fut proportionnel à celui des bourses : fondée en 1898, la Butter and Egg Board (Bourse du beurre et des œufs), qui prendrait le nom de CME en 1919, est devenue la première bourse du monde, après sa fusion en 2007 avec la Chicago Board of Trade. Désormais, l'ensemble des opérations se passent rue LaSalle *(p. 396)*.

★ Civic Opera House B1

20 N. Wacker Dr. - M Washington/Wells.

(1929, Graham, Anderson, Probst & White) – Commandité par le richissime Samuel Insull, le « prince de l'électricité », en vue de remplacer l'auditorium de Sullivan *(p. 416)* par une salle de plus grande capacité, cet opéra de 45 étages célèbre l'alliance d'un gratte-ciel Art déco et d'un bâtiment rectangulaire de style classique. L'ensemble, tel un fauteuil gigantesque campé sur la ville, fut surnommé « le trône d'Insull ». Accueillant des bureaux et une salle de 3 500 places, il fut inauguré en novembre 1929, quelques jours avant le krach, avec une représentation d'*Aïda* de Verdi. Le Lyric Opera de Chicago s'y produit encore de nos jours.

Tournez à gauche sur Madison St. et franchissez le pont au-dessus de la Chicago River pour admirer la berge orientale.

Ex-Northwestern Atrium Center, le **Citicorp Center** (A1) *(500 W. Madison St.)*, bleu foncé et argent, évoque un juke-box géant posé au croisement de Madison et de Canal Street. Un atrium éclaire le cœur de ce bâtiment polyvalent – gare, centre commercial et immeuble de bureaux (1987).

Immédiatement à l'est, le **Riverside Plaza** (1929, Holabird & Root) (A1) fut bâti pour le défunt *Chicago Daily News*. Cette élégante tour Art déco de 26 étages s'ouvre sur une place située sur la rive, la première du genre. Sis au-dessus de voies de chemin de fer, l'édifice est appuyé sur des fondations de technologie de pointe. Des aérations furent même prévues pour que la vapeur des locomotives puisse s'échapper.

Au nord, on aperçoit le **100 North Riverside Plaza** (1990, Ralph Johnson, Perkins & Will) (B1) qui enjambe les voies de chemin de fer.

Retournez au croisement Madison St./Wacker Dr. et poursuivez vers le nord sur Wacker Dr.

★ 150 North Riverside B1

Entre Lake St. et Randolph St. - M Clinton.

(2017, Goettsch Partners - 221 m) – L'un des derniers-nés de Chicago lance un défi aux lois de la pesanteur, tant sa base semble fine pour supporter une telle masse. Contraint par l'étroitesse du terrain compris entre la rivière et la ligne ferroviaire, il est lesté par des poids arrimés en sous-sol et s'élance à l'assaut du ciel grâce à un ingénieux système de répartition des charges. Au sommet des caissons en béton remplis d'eau servent d'amortisseurs aux mouvements de la tour.

A
B
1
2
3
UNION STATION
NEAR WEST SIDE
Citicorp Center
333 W. Wacker
100 N. Riverside Plaza
Riverside Plaza
WILLIS TOWER
Civic Opera Bldg.
Madison Plaza
Randolph Tower
Palace Theater
Chicago Mercantile Exchange Ctr.
Washington/ Wells
AT&T
USG Bldg.
L
Chemical Plaza
N
Chase Tower
311 S. Wacker
190 S. LaSalle
Quincy
Federal Reserve
LaSalle Bank Bldg.
The Rookery
55 W. Monroe
Monroe
Bank of America
Marquette Bldg.
Federal Center
Board of Trade
LASALLE ST. STATION
LaSalle/ Van Buren
METCALFE FEDERAL BLDG.
Palmer House Hilton
D'ANGELO PARK
Metropolitan Correctional Center
Monadnock Bldg.
Jackson
LaSalle
Fisher Bldg.
BAR ASSN. BLDG.
Symphony Center
H
J
K
PRITZKER PARK
Library
DEPAUL CENTER
Harold Washington Library Center
Santa Fe Bldg. (ArchiCenter)
METROPOLITAN TOWER
CHICAGO CLUB
Fine Arts Bldg.
AUDITORIUM BLDG.
Harrison
CONGRESS HOTEL
Jefferson
Madison
Clinton
Monroe
Adams
Canal
Randolph
Lake
Washington
South Branch
Wacker Dr.
Franklin
Wells
LaSalle Street
Quincy
Jackson
Van Buren
Financial Pl.
Clark
Dearborn
State
Wabash
Michigan
Congress Pkwy.
Federal
Plymouth Ct.
Harrison
South
Statues and Monuments
1 Four Seasons
2 Flamingo
3 Dawn Shadows
4 Chicago
5 Pablo Picasso sculpture
6 Monument With Standing Beast
7 Heald Square Monument
DEARBORN STATION, PRINTING HOUSE ROW DISTRICT

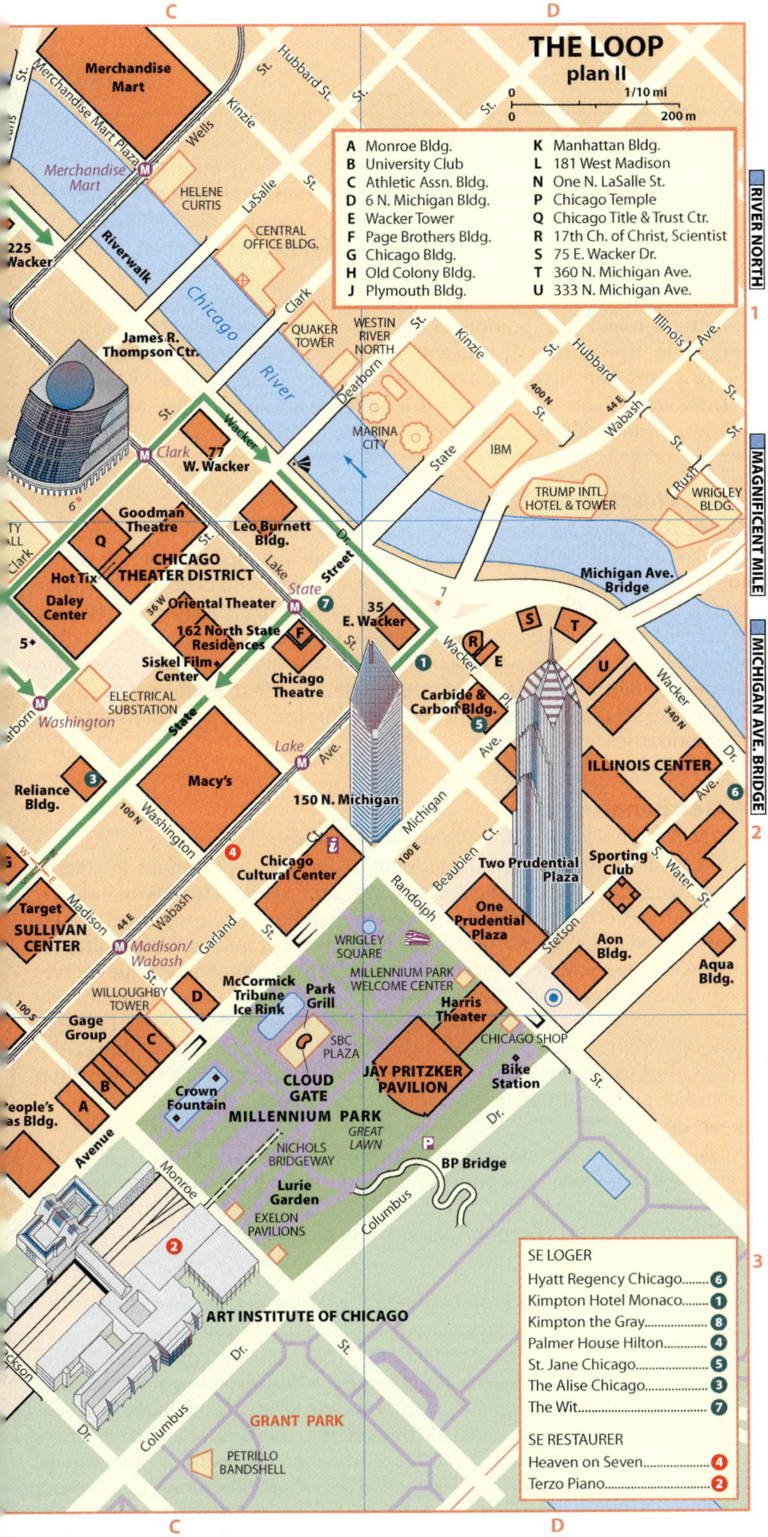
C
D
THE LOOP
plan II
0 1/10 mi
0 200 m
A Monroe Bldg.
B University Club
C Athletic Assn. Bldg.
D 6 N. Michigan Bldg.
E Wacker Tower
F Page Brothers Bldg.
G Chicago Bldg.
H Old Colony Bldg.
J Plymouth Bldg.
K Manhattan Bldg.
L 181 West Madison
N One N. LaSalle St.
P Chicago Temple
Q Chicago Title & Trust Ctr.
R 17th Ch. of Christ, Scientist
S 75 E. Wacker Dr.
T 360 N. Michigan Ave.
U 333 N. Michigan Ave.
RIVER NORTH
MAGNIFICENT MILE
MICHIGAN AVE. BRIDGE
1
2
3
Merchandise Mart
Merchandise Mart
Merchandise Mart Plaza
HELENE CURTIS
CENTRAL OFFICE BLDG.
225 Wacker
Riverwalk
Chicago River
James R. Thompson Ctr.
QUAKER TOWER
WESTIN RIVER NORTH
MARINA CITY
IBM
TRUMP INTL. HOTEL & TOWER
WRIGLEY BLDG.
Michigan Ave. Bridge
77 W. Wacker
Goodman Theatre
Leo Burnett Bldg.
CHICAGO THEATER DISTRICT
Hot Tix
Daley Center
Oriental Theater
162 North State Residences
35 E. Wacker
Siskel Film Center
Chicago Theatre
Carbide & Carbon Bldg.
ELECTRICAL SUBSTATION
Washington
Macy's
Reliance Bldg.
150 N. Michigan
ILLINOIS CENTER
Two Prudential Plaza
Sporting Club
Chicago Cultural Center
One Prudential Plaza
Aon Bldg.
Aqua Bldg.
Target
SULLIVAN CENTER
Madison/ Wabash
WRIGLEY SQUARE
MILLENNIUM PARK WELCOME CENTER
McCormick Tribune Ice Rink
Park Grill
Harris Theater
WILLOUGHBY TOWER
Gage Group
SBC PLAZA
CHICAGO SHOP
JAY PRITZKER PAVILION
Bike Station
Crown Fountain
CLOUD GATE
MILLENNIUM PARK
GREAT LAWN
NICHOLS BRIDGEWAY
BP Bridge
Lurie Garden
EXELON PAVILIONS
ART INSTITUTE OF CHICAGO
GRANT PARK
PETRILLO BANDSHELL
Clark
Lake
State
Wacker Dr.
State Street
Hubbard St.
Kinzie
Wells
LaSalle
Dearborn
Illinois
Wabash
Rush
Michigan Ave.
Randolph
Beaubien Ct.
Stetson
Water St.
Madison
Monroe
Garland
Columbus Dr.
Avenue
SE LOGER
Hyatt Regency Chicago 6
Kimpton Hotel Monaco 1
Kimpton the Gray 8
Palmer House Hilton 4
St. Jane Chicago 5
The Alise Chicago 3
The Wit 7
SE RESTAURER
Heaven on Seven 4
Terzo Piano 2

RIVER, MODE D'EMPLOI

La rivière présente trois parties. Depuis le lac s'étire le **Main Stem**, qui se scinde en deux au nord-ouest du Loop : **North Branch** et **South Branch**.
En voiture – La rive sud du Main Stem est bordée par Wacker Drive.
À pied – En contrebas de Wacker Drive, la Riverwalk suit la berge sud du Main Stem.
En bateau – Pour apprécier pleinement l'ensemble du patrimoine architectural, mieux vaut prendre un des bateaux qui parcourent successivement les trois parties de la rivière. Si vous préférez la magie des lumières aux leçons d'architecture, naviguez à la tombée du jour (p. 383).
Dans un musée – McCormick Bridgehouse & Chicago River Museum - www.bridgehousemuseum.org.

★ 333 West Wacker Drive B1

Entre Lake St., Wacker Dr. et Franklin St. - M Clark/Lake.
(1983, Kohn Pedersen Fox) – Inauguré en pleine bulle spéculative, cet édifice tire le meilleur parti du site triangulaire sur lequel il prend place, où la branche sud de la Chicago River s'éloigne du cours d'eau principal. Sa façade vitrée verte reflète les eaux qui coulent en contrebas et les nuages qui se succèdent dans le ciel. Elle est rythmée par des axes horizontaux qui minimisent sa hauteur. Se distinguant par ses lanternes de toit, le **225 West Wacker Drive** (BC1) fut réalisé six années plus tard par les mêmes prestataires, dans un style postmoderne.
Traversez la Chicago River.

★ Merchandise Mart C1

300 N. Wells St. - ✆ 800 677 6278 - www.themart.com.
(1928, Graham, Anderson, Probst & White) – En face du précédent, le « Mart » est à Chicago ce que les Galeries Lafayette sont à Paris. Il fut commandé par l'entrepreneur Marshall Field pour réunir marchands de gros et acheteurs, symbolisant, avec ses 380 000 m², le temple du commerce. Les architectes magnifièrent sa silhouette Art déco par de sobres motifs géométriques gravés et incrustés sur la façade. Dans le hall principal (entrée sud), des fresques de Jules Guérin racontent le commerce international. En 1945, Joseph P. Kennedy acheta le Mart, que la famille Kennedy conserva jusqu'en 1998. Au rez-de-chaussée, **LuxeHome** *(lun.-vend. 9h-17h, sam. 10h-15h)* met à la disposition du public près de 10 000 m² de boutiques de luxe.
Traversez Wells St.
À l'est du « Mart », le **Helene Curtis Building** – alliance de pierre rouge et de verre – fut rénové en 1984 pour se métamorphoser d'entrepôt en immeuble de bureaux. De l'autre côté de LaSalle Street, on aperçoit le **Central Office Building** (C1) (1914), couronné par une tour d'horloge.

★Riverwalk

Berge sud du Main Stem, entre le Lakeshore Trail, à l'est, et la confluence, à l'ouest - plusieurs accès le long de Wacker Dr. - www.chicagoriverwalk.us.
Depuis 2016, la ville valorise les rives de la Chicago River, après lui avoir tourné le dos pendant plus d'un siècle (encadré p. 400). Désormais, il est possible d'en suivre le cours principal sur une promenade joliment aménagée. Très touristique, elle est bordée de bancs, de cafés et restaurants, de stands de location, accueille des performances d'artistes, et ménage des points de vue exceptionnels et photogéniques sur les chefs-d'œuvre architecturaux de Chicago.

★★★ Autour de DuSable Bridge

Plan II D2 p. 402-403 et Plan III A2 p. 424-425

▶ M *Grand.*

Plus connu sous son ancien nom, **Michigan Avenue Bridge**, ce pont offre les vues les plus impressionnantes sur les gratte-ciel étincelants du Loop qui surplombent le cours de la rivière. Point névralgique de la ville, ce carrefour entre le nord et le sud de Chicago en est également le cœur architectural. Au loin, le lac scintille avant de s'éclairer les soirs d'été de feux d'artifice inoubliables.

★★★ DuSable Bridge Plan III A2

Ce monumental double pont basculant est doté d'un système de tourillon qui commande son ouverture, à la façon d'un pont-levis. Conçu par Edward H. Bennett (qui réalisa en 1909, en collaboration avec Daniel Burnham, le plan de Chicago), il est flanqué de quatre tourelles de 12 m de hauteur, ornées de bas-reliefs sculptés dans le calcaire de Bedford, qui célèbrent des épisodes de l'histoire de la ville. À l'ouverture du pont, l'ex-Pine Street a reçu son nom de **North Michigan Avenue**, dans le prolongement de South Michigan. Aujourd'hui, l'artère déploie toujours son « magnificent mile » (*p. 422)* depuis le pont, officiellement rebaptisé DuSable Bridge en 2010.

★★★ Wrigley Building Plan III A2

400-410 N. Michigan Ave.

(1920 et 1924, Graham, Anderson, Probst & White) – Sur la rive nord de la Chicago River, à gauche du pont, cet édifice éblouissant témoigne de l'essor du quartier d'affaires de North Michigan Avenue au 20e s. Créé pour abriter le siège social de la **William Wrigley Jr. Company**, célèbre fabricant de chewing-gums, il fut construit en deux étapes : la partie sud de 30 étages en 1920 ; la partie nord de 21 étages en 1924. Ses deux bâtiments sont reliés par des galeries soulignées d'arcades aux rez-de-chaussée, 2e et 13e étages. Si le clocheton s'inspire de la Giralda, le campanile de la cathédrale de Séville (Espagne), le reste de la structure est un exemple magnifique du style Renaissance à la française. Les façades revêtues de terre cuite vernissée blanche scintillent, particulièrement la nuit, lorsque le building est puissamment éclairé. Les Chicagoans se réfèrent à son horloge qui culmine sur les quatre côtés de la tour sud pour connaître l'heure, même à plusieurs blocs de distance.

★★ Tribune Tower Plan III A2

435 N. Michigan Ave.

(1925, Hood & Howells) – Avec son sommet plus dentelé qu'une tour gothique, ce gratte-ciel présente un aspect un peu fantastique. Il a abrité pendant près de cent ans le siège social de la Tribune Company qui édite le **Chicago Tribune**. Le quotidien historique avait lancé un concours en 1922 pour imaginer « l'immeuble de bureaux le plus magnifique et le plus original du monde ». Hérissé d'arcs-boutants brillamment illuminés de nuit, orné de fleurs de lys sculptées et d'un nombre incalculable de gargouilles, cette « cathédrale du commerce » de 36 étages et de 139 m de hauteur taillée dans le calcaire fait écho à la tour de Beurre de la cathédrale de Rouen (France) et à la tour de la cathédrale Saint-Rombaut de Malines (Belgique). Les fragments de plus de 120 monuments – le Parthénon, la Grande Muraille de Chine, le mur de Berlin, Notre-Dame de Paris… – furent collectés par les correspondants du journal dans le monde entier et intégrés à la façade extérieure. Le *Chicago Tribune*, qui connaît des difficultés financières, quitte en 2018 son immeuble historique pour un nouveau siège, tandis que, depuis 2017, Apple rampe à ses pieds dans ses habits neufs (*p. 388).*

En tournant le dos au building, on découvre deux autres immeubles emblématiques, de l'autre côté de la rivière.

333 North Michigan Avenue (**U**) – Plan II D2 - *à gauche du pont.* (1928, Holabird & Root) Ce remarquable gratte-ciel Art déco est assis sur une base de granit noir. Si ses bas-reliefs rappellent ceux des tourelles du Michigan Avenue Bridge, son architecture est nettement influencée par le projet proposé par Eliel Saarinen, vainqueur du deuxième prix du concours du *Chicago Tribune* de 1922.

★ **360 North Michigan Avenue** (**T**) – Plan II D2 - *à droite du pont.* (1923, Alfred S. Alschuler) – Un sommet d'inspiration grecque coiffe cet immeuble Renaissance anglaise qui se distingue par son entrée néoclassique arrondie.

Empruntez le pont pour descendre vers le Loop et prenez, à droite, Wacker Drive.

Érigé par les descendants de Cotton Mather, le **75 East Wacker Drive★** (**S**) (1928, H. H. Riddle) (Plan II D2), d'une finesse extrême, est un gratte-ciel de style néogothique à la façade de calcaire d'un blanc éclatant. De l'autre côté de Wacker Drive, le **Heald Square Monument★** (**7**) (1941, Lorado Taft & Leonard Crunelle) (Plan II D2) célèbre la mémoire de Haym Salomon et Robert Morris, les financiers de la Révolution américaine. Leurs deux statues entourent celle de George Washington. À l'angle de East Wacker Drive et de Wabash Avenue se dresse la **Seventeenth Church of Christ, Scientist** (**R**) (1968, Harry Weese & Assocs.) (Plan II D2). Circulaire, en marbre de travertin blanc, cette construction massive ne passe pas inaperçue.

★★ 35 East Wacker Drive Plan II D2

Angle nord-ouest de Wabash Ave. et Wacker Dr.

(1926, Thielbar & Fugard) – Vous l'avez peut-être aperçu dans *Batman*. Paré de ses lignes néoclassiques, le **Jewelers Building** (immeuble des joailliers – remarquez les initiales JB gravées sur la façade) était équipé jusqu'en 1940 d'un ascenseur pour voitures, lequel permettait aux occupants chargés de précieux colis d'accéder à leur véhicule sans sortir de l'immeuble. Le toit se distingue par quatre lanternons néoclassiques qui dissimulent astucieusement des citernes d'eau, et par une tour centrale de 17 étages coiffée d'un dôme célèbre pour avoir abrité le Stratosphère Lounge, un bar clandestin fréquenté par Al Capone. Il abrite aujourd'hui le showroom de l'architecte Helmut Jahn. Sur l'autre rive culmine la **Trump International Hotel and Tower★** (Plan II D1 - *401 N. Wabash Ave*). Édifié en 2009, ce géant de 96 étages (423 mètres de hauteur) abrite des appartements qui furent brièvement sacrés plus élevés de la planète avant d'être détrônés par d'autres constructions, mais aussi un hôtel Trump (*p. 387*). À côté, **Ama Plaza★** (Plan II D1 - *330 N. Wabash*) (1971), ancien immeuble d'IBM, est le dernier chantier américain de Ludwig Mies van der Rohe. Encore à l'état de projet à la mort de l'architecte en 1969, il constitue la quintessence de son style dans sa pureté et ses fonctions.

★★★Grant Park et Millennium Park, South Michigan Avenue Plan II p. 402-403

Dans la partie orientale du Loop, South Michigan Avenue déroule une série impressionnante de bâtiments historiques, où le génie de l'école de Chicago continue à défier les réalisations plus contemporaines de verre et d'acier. En direction du lac et des grands musées de la ville, Millennium Park conjugue déjà les joies de la promenade et les surprises de l'art d'aujourd'hui. Grant Park et le Campus Museum étendent jusqu'au planétarium cet espace de quiétude gagné sur la cité. Ils ne sont pas les seules richesses de South Loop, qui détient quelques secrets du vieux Chicago.

L'un des symboles de Chicago, le Cloud Gate, sculpture d'Anish Kapoor.

★★★ MILLENNIUM PARK Plan II CD2-3 p. 402-403

Entre Michigan Ave, Randolph, Monroe St. et Columbus Dr. - Ⓜ Randolph/Wabash - ✆ 312 742 1168 - www.millenniumpark.org - 6h-23h.
Le parc censé projeter le public dans le nouveau millénaire a été inauguré par le maire **Richard J. Daley** à l'été 2004, sous un déluge de critiques mêlé aux acclamations du grand public. En dépit de nombreux reproches, notamment une addition pharaonique de 475 millions de dollars, ce parc érigé sur les ruines d'une friche ferroviaire a réussi à créer un trait d'union parfait entre le lac et la ville.

★★★ Jay Pritzker Pavilion D3

Pièce maîtresse de Millennium Park, l'auditorium en plein air est l'œuvre du célébrissime architecte **Frank Gehry**. Voiles ? Nuages ? Canette de soda éclatée ? Chacun voit ce qu'il veut dans la toiture métallique ondulée de ce kiosque à musique, véritable tumulte d'acier inoxydable qui accueille 4 000 personnes dans sa configuration fixe, et jusqu'à 7 000 spectateurs sur sa pelouse ovale surmontée d'un treillis sur lequel sont ingénieusement disposés les haut-parleurs. Cette pelouse « étanche » a été spécialement conçue pour drainer l'eau de pluie en 15 minutes. La structure de 36 m de Gehry coiffe la scène en bois de pin. Elle dispose de l'air conditionné, pour le plus grand confort du **Grant Park Orchestra and Chorus** (*✆ 312 742 7638 - www.grantparkmusicfestival.com*), qui donne ici des concerts gratuits tout au long de l'été.

★★★ Cloud Gate C3

Affectueusement surnommée **the Bean** (le « haricot »), cette sculpture d'**Anish Kapoor** a toutes les faveurs des promeneurs. Les visiteurs sont en effet instantanément attirés par cette création brillante en acier de 20 m de longueur, 10 m de hauteur et 110 tonnes. Sa forme reflète magnifiquement les immeubles et la foule qui l'entourent. Glissez-vous dessous et contemplez son ventre dodu et brillant, sensationnel miroir géant !

★★ BP Bridge D3

Enjambant Columbus Drive pour relier Millennium Park et Grant Park, cette incroyable passerelle qui serpente sur près de 300 m est également signée Frank Gehry. En acier inoxydable, elle est circonscrite par des rampes en pente douce qui la rendent accessible à tous. Le pont dessine un sentier de bois dur invitant à la promenade et offrant un panorama unique sur la ville. Les enfants adorent y faire la course. À noter : la structure fait également office de barrière antibruit, isolant le Pritzker Pavilion du vacarme de la circulation.

★★ Crown Fountain C3

Création de l'artiste espagnol **Jaume Plensa**, la Crown Fountain projette des visages géants sur les façades de ses deux tours en acier et verre de 15 m de hauteur. Elles surplombent un miroir d'eau en granit noir où les enfants se régalent en pataugeant et en s'éclaboussant.

★ Lurie Garden C3

Ce conservatoire végétal est en constante métamorphose, les plantes vivaces s'y développent à leur rythme – la haie de pins exige plus de 10 ans pour atteindre sa pleine maturité. De là, le sol descend en pente douce vers le sud, s'offrant au soleil. Une promenade en bois et des bassins – le Seam – divisent les espaces plantés.

RUBANS VERTS

Chicago a beau être une ville industrielle, une ville d'architecture, un habitant sur six vit à trois blocs d'un espace vert. Beaucoup de temps et de batailles furent nécessaires pour former notamment la superbe frange de nature le long du lac.

Malgré la volonté de la municipalité de conserver, dès les années 1830, une bande de terre « intacte et déserte pour toujours », écuries, chantiers ferroviaires et autres constructions insalubres viennent encombrer la rive. Des voix protestent. Lake Park (renommé **Lincoln Park** à la mort du président en 1865) est aménagé grâce au déplacement progressif du cimetière municipal établi sur une terre marécageuse, au nord de la ville. En 1869, une mesure municipale établit trois **commissions de gestion des parcs** : Lincoln, South et West, charge à chacun de confier à un architecte-paysagiste le soin de créer des parcs. Ces derniers seront rapidement reliés par un système de boulevards de 45 km, soit 220 ha d'axes verts qui relient sept parcs au lac Michigan. En 1909, Chicago confie à Daniel Burnham et Edward H. Bennett le soin d'établir un plan d'embellissement de la ville. Partiellement suivi mais source d'inspiration pour les générations suivantes, le **plan Burnham** restructure le plan orthonormé, renforce le réseau de boulevards et de parcs – en particulier sur les rives du lac –, et améliore les liaisons urbaines. Burnham veut pour Chicago un « point de mire » : ce sera l'élégant **Grant Park**, dont l'aménagement débute en 1915, en partie sur l'accumulation de déchets dont on débarrassait les berges, grâce au soutien de A. Montgomery Ward, roi de la vente par correspondance et défenseur ardent des berges du lac.

En 1934, une entité centralisatrice est créée, le **Chicago Park District**, lequel gère aujourd'hui 3 200 ha d'espaces verts, dont 570 parcs, 31 plages et deux jardins botaniques. Même la rivière, terriblement polluée, a été nettoyée définitivement à partir de la seconde décennie du 21e s.

★★ GRANT PARK Plan II CD2-3 p. 402-403

Entre Roosevelt Rd et Randolph St., Michigan Ave et Lake Shore Dr. - M Adams/Wabash - ✆ 312 742 3918 - www.chicagoparkdistrict.com - 6h-23h.

Quelque peu supplanté par son superbe voisin, Millennium Park, Grant Park sait pourtant faire valoir ses charmes désuets. Le « jardin » de la ville (130 ha) se situe à mi-chemin de la guirlande d'espaces verts qui frange la rive du lac (*encadré page de gauche*). Même si l'apogée de l'automobile fendit le parc d'artères embouteillées, il offre toujours ses jolis jardins sereins et ses vues magiques sur la ville et le lac. Des courts de tennis et une aire de jeux pour enfants occupent l'angle nord-est.

PREMIERS PAS

L'Histoire s'est écrite à Grant Park le 5 novembre 2008 lorsque **Barack Obama** y a été proclamé président élu des États-Unis.

★★ Buckingham Fountain C3 en dir.

Columbus Dr. à la hauteur de Congress Pkwy.

Point de départ de l'historique route 66, et attraction centrale de Grant Park, la Clarence Buckingham Memorial Fountain distribue en circuit fermé près de 6 millions de litres d'eau tirée du lac, qui ne manquent pas de rafraîchir les Chicagoans les jours de forte chaleur. Elle fut offerte à la ville par la philanthrope **Kate Sturges Buckingham** et achevée en 1927, pour un coût de 750 000 $. Inspirée d'une fontaine des jardins du château de Versailles – en deux fois plus grand – elle représente le lac Michigan. Trois bassins en marbre rose de Géorgie surplombent le bassin principal ; tous sont gravés de gigantesques algues et coquillages. Du bassin principal jaillissent quatre chevaux de bronze, de 6 m chacun – ils symbolisent les États frontaliers du lac.

★★★ ART INSTITUTE OF CHICAGO Plan II C3 p. 402-403

111 S. Michigan Ave - M Adams/Wabash - ✆ 312 443 3600 - www.artic.edu - 10h30-17h (jeu. 20h) - 25 $ (gratuit -14 ans) - possibilité de billet coupe-file incluant les expositions spéciales 35 $.

Temple de l'impressionnisme et du post-impressionnisme, le fabuleux complexe de l'ARTIC abrite des collections couvrant l'histoire de l'humanité sur plus de 5 000 ans : arts de l'Antiquité, de l'Asie et de l'Afrique, art européen de la Renaissance à nos jours, art américain, arts décoratifs de tous horizons, armes et armures, architecture, photographie, etc. Sa richesse s'explique par son histoire, écrite par les grands donateurs de la ville, dont **Bertha Palmer** reste l'un des noms les plus illustres pour son exceptionnelle collection impressionniste (*encadré p. 410*).

Ce qui fut à l'origine l'une des premières écoles d'art des États-Unis a été repensé en 1879 afin d'y inclure un musée. À l'occasion de l'Exposition universelle de 1893 fut érigé le bâtiment qui se dresse aujourd'hui sur Michigan Avenue, gardé par les lions de bronze d'Edward Kemeys (1894). Occupant dans un premier temps les 4 600 m² de l'Allerton Building, aujourd'hui appelé **Michigan Avenue Building**, l'Institut s'étend désormais sur plus de 37 000 m², entre Michigan Avenue et Columbus Drive.

Entrez par Michigan Ave, montez le grand escalier du Michigan Building jusqu'au niveau 2 (premier étage)

★★★ Peinture européenne du 19e s. – *Niveau 2.* Commencez votre visite par les **salles impressionnistes et post-impressionnistes**. Cet ensemble (Manet, Monet, Seurat, Lautrec, Gauguin), qui constitue la plus importante collection

PETITE HISTOIRE DES COLLECTIONS

Les merveilles accumulées par le musée n'ont eu de cesse de se multiplier, grâce à l'enthousiasme d'acteurs importants de la société civile qui ont amassé d'exceptionnelles collections personnelles après avoir fait fortune dans le chemin de fer, l'industrie, l'immobilier, le commerce du bois… La collection **Henry Field** – 41 toiles de l'École de Barbizon – fut l'une des toutes premières donations matérielles dont bénéficia l'ARTIC. Le musée fit sa première acquisition d'envergure en 1894 avec la **collection Demidoff**, 14 chefs-d'œuvre néerlandais et flamands.

Les premiers collectionneurs de Chicago firent preuve d'une certaine **indépendance**, bâtissant leurs collections en fonction de leurs goûts personnels et demeurant sourds aux critiques des experts. De ce fait, aux environs de 1890, Chicago comptait plus de collectionneurs de toiles impressionnistes et post-impressionnistes françaises que Paris! Les générations suivantes surent conserver cette indépendance qui se reflète jusque dans les œuvres asiatiques, africaines et du 20e s.

Parmi les donateurs les plus importants figurent **Bertha Honoré Palmer,** reine de la haute société chicagoane et épouse de Potter Palmer, le promoteur immobilier le plus prospère de la ville (*p. 436*). Amie de l'artiste Mary Cassatt, elle légua en 1922 sa collection de 52 toiles impressionnistes, contribuant à affermir la réputation du musée. **Martin Ryerson**, magnat du bois, légua quant à lui à l'ARTIC une stupéfiante collection de 227 toiles d'artistes américains et européens, ainsi que des dessins et des pièces d'art décoratif asiatique et européen.

réunie en dehors de France avec celle du Metropolitan Museum de New York, justifie à lui seul la visite du musée.

★★ **Peinture et sculpture européennes** – *Niveau 2.* Des chefs-d'œuvre du Moyen Âge, de la Renaissance et de la période baroque témoignent de l'évolution de la peinture occidentale depuis les austères panneaux médiévaux jusqu'au flamboiement des trésors rococo. Avant de redescendre au niveau 1 pour accéder à la Modern Wing, voyez en particulier, la salle des **Greco★★**, la salle espagnole (*Christ* de **Zurbarán★★**), l'art médiéval (Christ catalan) et la salle des armures.

★★★ **Alsdorf Galleries** – Pour rejoindre la Modern Wing, il faut redescendre au niveau 1 *(rdc)*. Le passage se fait, sous les voies de chemin de fer, par les Alsdorf Galleries, consacrées aux **arts asiatiques et islamique**, dont les espaces repensés par l'architecte Renzo Piano dispensent de beaux points de vue sur la ville. Fabuleuses collections d'antiquités chinoises, japonaises et coréennes, sculptures d'Inde et d'Asie du Sud-Est.

Au bâtiment originel furent ajoutés au fil du temps plusieurs édifices. L'extraordinaire salle des marchés du **Chicago Stock Exchange★** (Bourse du commerce, Adler & Sullivan, 1893, détruite en 1972), a été sauvée et reconstituée en 1976 dans une des extensions du musée.

Le **Rice Building**, inauguré en 1988, présente l'art américain et les expositions temporaires.

★★★ **Art américain** – *Rice Building.* Débutant par des salles consacrées à l'art populaire, ces collections retracent l'évolution des goûts américains en matière de mobilier, d'arts décoratifs, de peinture et de sculpture. L'ARTIC abrite ici deux chefs-d'œuvre emblématiques : **American Gothic★★** (1930) de **Grant Wood** et **Nighthawks★★★** (Oiseaux de nuit, 1942) d'**Edward Hopper**.

Un dimanche après-midi à l'île de la Grande Jatte, de Georges Seurat (1884-86). Helen Birch Bartlett Memorial Collection, Art Institute of Chicago.

Chris Lake Photography

Les impressionnistes américains sont également bien représentés (John Singer Sargent, James Whistler et Childe Hassam).

★★★ **Modern Wing** – Dernière addition (6 000 m²), la Modern Wing redéploie depuis 2009 l'art du second 20e s. (Pollock, De Kooning) dans la lumière naturelle savamment orchestrée par Renzo Piano. Elle est également dédiée à la photographie, l'architecture et le design. La construction de cette aile a engendré le plus grand chantier d'agrandissement jamais subi par l'ARTIC, preuve de l'engagement sans pareil de l'Institut vis-à-vis des arts émergents,

ART INSTITUTE EXPRESS

Thorne Miniature Rooms – Galerie des Miniatures *(gall. 11)*
Bouddha assis – Chine, période Tang, 8e s. *(gall. 101)*
Bouddha assis – Cambodge/Thaïlande, 13e s. *(gall. 142)*
El Greco – *L'Assomption de la Vierge*, 1577-1579 *(gall. 211)*
Rembrandt – *Vieil Homme à la chaîne d'or*, 1631 *(gall. 213)*
Gustave Caillebotte – *Rue de Paris ; temps de pluie*, 1877 *(gall. 201)*
Claude Monet – *Les Meules* (six versions) *(gall. 206)*
Georges Seurat – *Un dimanche après-midi à l'île de la Grande-Jatte*, 1884 *(gall. 240)*
Edward Hopper – *Nighthawks*, 1942 *(gall. 262)*
Grant Wood – *American Gothic*, 1930 *(gall. 263)*
Mary Cassatt – *Le Bain de l'enfant*, 1893 *(gall. 273)*
Pablo Picasso – *Le Vieux Guitariste*, 1903-1904 *(gall. 391)*
Henri Matisse – *Les Baigneurs près d'un fleuve*, 1909-1910 *(gall. 391)*
Constantin Brancusi – *L'Oiseau doré*, 1919-1920 *(gall. 395)*
Les boîtes de Joseph Cornell – *(gall. 397)*
Ellsworth Kelly – *White Curve*, 2009 *(Pritzker Garden)*

des nouvelles technologies… en un mot, de la modernité. Dans les salles nord, les sculptures contemporaines se détachent sur les grandes fenêtres où se découpe la *skyline* de Chicago. Une réussite, tant pour la présentation des œuvres, les cartels pédagogiques que pour la fluidité des espaces.

★★★ MUSEUM CAMPUS Plan I B3 p. 376

M *Roosevelt.*
Agréablement dessiné en bordure du lac, ce parc urbain d'où s'aperçoit la *skyline* de Chicago, est situé au sud de Grant Park auquel il est relié par un passage souterrain pour les piétons. Cette gigantesque esplanade accueille trois lieux d'envergure de la ville : le musée d'histoire naturelle, l'aquarium et le planétarium.

★★★ Field Museum of Natural History B3

1400 S. Lake Shore Dr. - ✆ 312 922 9410 - www.fieldmuseum.org - 9h-17h - plusieurs formules à partir de 24 $.
Voulu par les puissants de la cité en 1893, à l'occasion de l'exposition universelle, le musée d'histoire naturelle et des civilisations fut relogé en 1921 dans un édifice aux allures de temple grec, conçu dès 1915 par l'architecte **Daniel Burnham** et son associé, **William Peirce Anderson**. Autour d'un immense hall, les salles se succèdent sur plus de 36 000 m² et présentent une partie des quelque 20 millions de pièces du musée : os de dinosaures, animaux empaillés et objets issus de cultures du monde entier constituent un ensemble passionnant, autant pour leur apport scientifique que pour la muséographie vivante et pédagogique qui préside à leur présentation. Commencez par le premier niveau *(Upper Level).*
Le déménagement de **Sue**★★ *(encadré page de droite)* près de la section **Evolving planet**★★ procède des efforts constants du musée pour placer les objets dans leur contexte. Ici, vous parcourez 4 milliards d'années, vous touchez presque les os et les dents des dinosaures, vous pouvez tester vos connaissances sur les monstres préhistoriques, et suivre l'évolution de l'homme depuis Lucy. Toujours au premier niveau, la section **Traveling the Pacific**★ est une immersion dans les cultures du Pacifique Sud, autour d'une **maison maorie** de 1881 venue tout droit de Nouvelle-Zélande.
Au niveau 0 *(Main Level)*, la section **Africa**★★ entraîne le visiteur au gré des ruelles de Dakar (Sénégal) et sur les dunes du Sahara, pour une plongée enthousiasmante dans la vie quotidienne de l'Afrique, sous l'éclairage des différentes cultures du continent. De qualité égale, la section consacrée aux **Northwest Coast and Arctic Peoples**★★ montre des objets usuels, vêtements, masques extraordinaires, maison des Pawnies reconstituée, et surtout, une série de **gigantesques totems**★★ provenant du Nord-Ouest du continent américain et de la région Arctique. Consacrée aux premiers peuples, chasseurs de mammouths, Incas et peuples précolombiens, la section **Ancient Americas** offre un large éventail de céramiques.

RECHERCHE SUE DÉSESPÉRÉMENT

Après avoir accueilli le public pendant une vingtaine d'années dans l'entrée du Field Museum, l'idole des visiteurs est en cours de déménagement : Sue, un Tyrannosaurus rex d'environ 67 millions d'années, attend son *new home* qui doit ouvrir en 2019. Rassurez-vous, elle est toujours visible pendant les travaux près de la section Evolving planet *(Upper Level).*

En descendant vers le niveau -1 *(Ground Level)*, un ingénieux procédé muséographique transforme le visiteur en archéologue. La section **Inside Ancient Egypt★** reconstitue, entre autres, un mastaba (complexe funéraire) en grandeur nature.
De multiples activités et projections en 3D complètent cette exploration réussie des secrets du monde, *beautiful in its diversity.*

★★★ Shedd Aquarium B3

1200 S. Lake Shore Dr. - ✆ 312 939 2438 - www.sheddaquarium.org - sept.-mai : lun.-vend. 9h-17h, sam.-dim. 9h-18h ; juin-août : 9h-18h - 39,95 $ - parmi les activités et animations, les merc. d'été, les soirées jazz sont l'occasion de découvrir les lieux (et la vue sur la ville) en musique.

Le plus grand aquarium couvert du monde abrite des créatures de toutes les mers du globe – homards microscopiques ou baleines blanches de 650 kg. Sa kyrielle d'expositions met l'accent sur l'environnement et sa préservation et ses locataires remarquables en sont les meilleurs témoins. L'aquarium fut inauguré en 1930 dans cet édifice taillé à la gloire de Neptune, dieu romain de la Mer, dont le trident coiffe la toiture. À l'intérieur, les murs, les portes et les luminaires se parent de vagues, de coquillages et de charmantes créatures marines. Pionnier des aquariums citadins, le Shedd a converti la plupart de ses anciennes expositions permanentes en mini-écosystèmes réunissant poissons, plantes, oiseaux… et quelques hôtes à poils.
★★ **Oceanarium** – Cette étonnante installation reconstitue l'écosystème de la côte nord-ouest du Pacifique. Déambulez « sur le littoral » en contournant des bassins gigantesques où batifolent baleines blanches, dauphins à flancs blancs et phoques. L'ensemble est adossé à un mur de verre s'ouvrant sur les eaux du lac Michigan. Il est possible de descendre sous les bassins pour se retrouver nez à nez avec un dauphin ! Rois de la cabriole et des plongeons, les pingouins ne manqueront pas de vous faire sourire.
★★ **Wild Reef** – Plongée extraordinaire autour de la barrière de corail des Philippines – l'un des habitats les plus variés de la planète. Cette attraction raconte le cycle de la vie au cœur des coraux et le développement du corail, sa survie et sa disparition. Vous y rencontrerez (de près) des requins s'ébattant dans un bassin aux dimensions impressionnantes. Sous vos pieds, des petites raies brillantes virevoltent. Afin de ne pas prélever de corail dans la nature, le Shedd « fabrique » le sien. Soyez là à 10h30 pour observer les plongeurs qui descendent nourrir une myriade de poissons scintillants.
★ **Amazon Rising : Seasons of the River** – Dans ces salles, vous vivrez une année au rythme d'une forêt alluviale de l'Amazonie, un habitat peuplé de 250 espèces – dont un gigantesque anaconda et un marmouset pygmée.
★ **Caribbean Reef** – Une vue à 360° d'un récif des Caraïbes : quelque 500 espèces se partagent cet aquarium de 350 000 litres : poissons tropicaux, requins-marteaux, raies et Nickel, la tortue de mer !

★★ Adler Planetarium B3

1300 S. Lake Shore Dr. - ✆ 312 922 7827 - www.adlerplanetarium.org - lun.-vend. 9h30-16h, w.-end 9h30-16h30 - 24,95 $, avec une séance de planétarium.

Le planétarium le plus ancien du pays occupe un site magnifique offrant un **panorama★★** unique sur le lac. Il est renommé pour sa prodigieuse collection d'instruments d'astronomie et ses inoubliables séances de planétarium. Le planétarium de Chicago est né de la conviction du philanthrope Max Adler qu'un **projecteur Zeiss** (utilisé pour recréer la voûte céleste à l'intérieur d'un dôme) serait un outil pédagogique fort utile à la ville. Il fit un don de 1 million de dollars et l'architecte Ernest A. Grunsfeld Jr. conçut cet incroyable joyau de granit rouge, compact, spectaculairement posé à la pointe de Northerly Island. À l'occasion d'un important chantier de **rénovation en 1999**, le complexe s'est agrandi de plus de 5 500 m². Il englobe désormais sous sa structure de verre les deux tiers de l'ancien bâtiment Art déco. Tandis que vous traversez ce nouvel espace, notez les douze signes du zodiaque, en bronze, qui ornent chacune des douze faces de la bâtisse originelle.

★★ **StarRider® Theater** – Situé au niveau inférieur, le « premier cinéma interactif du monde » vous entraîne dans une odyssée à travers les étoiles grâce à son écran en dôme. Le périple est prodigieux : vous visitez Mars… mais également les temples et les tombeaux de l'Égypte ancienne.

★ **History of Astronomy Gallery** – Au même niveau, une galerie consacrée à l'histoire de l'astronomie rassemble une immense collection d'instruments de mesure, mais aussi le premier planétarium de Chicago et l'**Atwood Sphere** datant de 1913. Féru d'exploration spatiale ? Visitez le **CyberSpace** pour tout connaître des dernières missions martiennes et des découvertes enregistrées par les sondes et diffusées sur VisionStations. Le planétarium organise des événements tout au long de l'année.

Soldier Field B3

1410 S. Museum Campus Dr. - ✆ 312 235 7000 - www.soldierfield.net - visites guidées uniquement, réserv. obligatoire - 15 $.

(1924, Holabird & Roche) – Avec ses colonnades néoclassiques, le stade des Chicago Bears est visible de loin. Sa rénovation en 2003 (Wood + Zapata) a inséré dans ses lignes antiques une forme ovoïde ultra-contemporaine. L'inauguration officielle de ce stade, baptisé en hommage aux soldats de la Première Guerre mondiale, eut lieu le 27 novembre 1926 au cours de la 29e rencontre annuelle opposant les équipes de football américain de l'armée de terre et de la marine.

Du stade de Soldier Field, il est facile de se rendre à pied, par le parc et le pont au-dessus de la Metra (itinéraire fléché), dans le quartier résidentiel de Prairie Avenue.

★ Prairie Avenue Historic District B3

Les quelques jardins préservés autour de rares maisons historiques, ainsi que les cartels qui jalonnent le quartier vous plongent agréablement dans une histoire secrète du Chicago des origines. Ils ponctuent ce quartier résidentiel, qui connaît un essor immobilier fulgurant depuis les années 2010. Ce phénomène est à mettre en parallèle avec le développement que connut Prairie Avenue après le grand incendie de 1871. Ici, sur « Millionnaire's Row », vivaient, parmi d'autres, les industriels et hommes d'affaires **Marshall Field** et **George Pullman**, dans de vastes demeures dessinées par les grands architectes de l'époque : Richard Morris Hunt, Burnham & Root, Henry Hobson Richardson… Un temps, Prairie Avenue fut l'adresse incontournable de Chicago, mais à partir de 1900, l'industrialisation galopante du quartier amena les nantis à déménager vers le nord, tandis que le quartier autour de State Street, entre 16th et 22nd St., se métamorphosait en un secteur à la réputation sulfureuse. En 1966, la plupart des maisons de Prairie Avenue avaient été démolies : il fut décidé, en 1979, de préserver les quelques bâtisses encore debout.

★★ **John Jacob Glessner House** – *1800 S. Prairie Ave - www.glessnerhouse.org - visite guidée merc.-dim. 13h et 14h30 - 15 $ - gratuit le merc.* Glessner House fut construite en 1887 par l'architecte **Henry Hobson Richardson** pour un entrepreneur en passe de devenir l'un des plus gros fabricants de machines outils de son temps. Elle cache derrière ses lourds murs en briques et pierre un décor d'inspiration arts and crafts resté pratiquement intact, où les papiers

Adler Planetarium signé Ernest Grunsfeld.
stevegeer/iStock

peints de William Morris se marient à merveille avec le bois sobrement ouvragé (remarquez les meubles et les cadres du designer Isaac Scott), les pièces japonaises, les vases Art nouveau et les céramiques orientalisantes de William Frend De Morgan.

★ **Henry B. Clarke House** – *1827 S. Indiana Ave - ✆ 312 326 1480 - visite guidée merc., vend. et sam. 13h et 15h).* En sortant de Glessner House, la promenade dans Prairie Avenue Historic District se prolonge par la visite de Clarke House. Bâtie en 1836 pour l'homme d'affaires new-yorkais Henry Clarke dans le style néo-grec (comme en témoigne le porche soutenu par d'imposantes colonnes), cette blanche demeure est la plus ancienne maison de Chicago. Sise à l'origine sur South Wabash Avenue, elle fut déplacée ici en 1977. Son aménagement intérieur et son joli jardin méritent qu'on s'y attarde.

DANS LE SUD DU LOOP Plan I B3 p. 376

★ Dearborn Station (A)

47 W. Polk St. - M Harrison.

(1885, Cyrus L. W. Eidlitz) – Une tour d'horloge carrée surmonte la plus ancienne gare ferroviaire du centre-ville. Néoroman, ce building de brique rouge et de pierre déroule ses corniches ouvragées, ses fenêtres et ses portes en arcades. Les hangars à trains furent démolis en 1976 et dix ans plus tard, l'édifice fut rénové pour abriter des bureaux, des boutiques et des restaurants.

Tournez le dos à la gare et remontez Polk Street vers l'est.

★ **Lakeside Press Building** – *731 S. Plymouth Ct, angle nord-ouest de Plymouth Ct et Polk St.* (1897, Howard Van Doren Shaw) – Conçu pour la R. R. Donnelley Co., alors le plus important imprimeur du monde, l'immeuble fut réhabilité en appartements en 1986.

★ Printing House Row Historic District (B)

Dearborn St., entre Polk St. et Congress Pkwy - M Harrison.

Cet alignement de bâtiments de la fin du 19e s. et du début du 20e s. raconte une belle histoire. Occupés à l'origine par des imprimeurs et des industries liées au livre, ces édifices furent peu à peu abandonnés. Certains restèrent vides des années durant. À la fin des années 1970, les architectes Larry Booth et Harry Weese et l'industriel Theodore Gaines prirent conscience du potentiel du secteur, qu'ils entreprirent de rénover. Aujourd'hui, « Printer's Row » est un quartier résidentiel convoité.

★ **Second Franklin Building** – *720 S. Dearborn St.* (1912, George C. Nimmons) – Des panneaux de terre cuite colorée illustrent les étapes de la fabrication d'un livre. Reconverti en lofts en 1988, le building compte également des boutiques.

Rowe Building – *714 S. Dearborn St.* (1892) – Bâtiment de brique rouge réhabilité en 1980.

★★ SOUTH MICHIGAN AVENUE Plan II B3 p. 402-403

M *Adams/Wabash.*

South Michigan Avenue marque la limite orientale du Loop. Riche de superbes bâtiments historiques, elle fait face à Grant Park et Millennium Park. Du trottoir, il est impossible d'appréhender tous les détails qui ornent les façades. Choisissez plutôt des points de vue privilégiés sur le côté est de l'avenue : les marches de l'Art Institute, Nichols Bridgeway (la passerelle qui enjambe Monroe Street juste à côté du musée) ou Millennium Park.

★★★ Auditorium Building B3

430 S. Michigan Ave - ✆ 312 341 2310 - www.auditoriumtheatre.org - visites guidées seult, lun. 10h30 et 12h, jeu. 10h30, 12 $.

(1889, Dankmar Adler et Louis Sullivan) – Cet immeuble, le premier à être construit de nuit grâce à l'électricité, réunissait un hôtel de 400 chambres, une tour de bureaux de 17 étages et l'**Auditorium Theatre** *(50 E. Congress Pkwy)*, une salle de spectacles de 4000 places à l'acoustique exceptionnelle. Au cours de la Seconde Guerre mondiale, ce dernier fut utilisé comme centre de loisirs pour les soldats américains (des pistes de bowling furent installées sur la scène), tandis que l'hôtel et les bureaux étaient affectés en 1946 à l'université Roosevelt.

Dans les années 1950, l'extension de la Congress Parkway transforma le rez-de-chaussée de la façade sud en galerie piétonne, occasionnant la destruction de plusieurs pièces.

L'auditorium reprit ses fonctions d'origine dans les années 1960, après une campagne de restauration. La façade est une pure merveille, s'élevant d'un bloc de granit vers un calcaire lisse, rythmée par des arcades romanes. SI vous n'y allez pas assister à un spectacle, entrez au moins pour admirer le décor intérieur de Sullivan, qui vaut absolument le détour.

Poursuivez vers le nord.

★ Fine Arts Building B3

410 S. Michigan Ave - ✆ 312 566 9800 - www.fineartsbuilding.com - lun.-sam. 7h-22h (sam. 21h), dim. 9h-17h.

(1885, Solon S. Beman) – Cet immeuble de dix étages symbolise la mutation vécue au 19e s. par South Michigan Avenue, artère résidentielle et commerciale métamorphosée en quartier artistique et culturel. Construit à la demande du fabricant de chariots Studebaker, l'immeuble, devenu trop petit, fut transformé en 1898 en salle de spectacles et studios de répétition. La toiture fut amendée pour s'harmoniser avec l'Auditorium Building. La façade, impressionnante, mêle fenêtres romanes, colonnes à chapiteaux et accès voûtés. Le building

est toujours occupé par le joli **Studebaker Theater** *(www.studebakertheater.com)* et par des studios et ateliers où travaillent musiciens et plasticiens.
La façade rouge romane du **Chicago Club** *(angle de S. Michigan Ave et Van Buren St.)* est une réplique de l'immeuble de Burnham & Root qui s'effondra lors de sa rénovation en 1929.
Anciennement S. W. Straus Building, la **Metropolitan Tower** *(310 S. Michigan Ave)* est aujourd'hui un immeuble d'habitation ; l'imposante bâtisse fut édifiée un an après la loi de 1923 autorisant la construction d'édifices de plus de 80 m – tant qu'un certain alignement était respecté.

Santa Fe Building B3

224 S. Michigan Ave.

(1904 par D. H. Burnham & Co.) – Désormais couronné par un néon au nom de Motorola, ce building marie le style de l'École de Chicago (façade-rideau parée de terre cuite vernissée finement ciselée) à des éléments décoratifs blancs néoclassiques, popularisés par l'Exposition universelle de 1893. Avec son somptueux escalier, sa mezzanine à balustrade et ses magnifiques luminaires métalliques, l'atrium à double niveau rappelle le **Rookery Building** *(p. 396)*.

Orchestra Hall at Symphony Center B3

220 S. Michigan Ave - 312 294 3000 - cso.org.

(1904) – Ce bâtiment est la résidence de l'Orchestre symphonique de Chicago, réputé dans le monde entier. La salle, d'inspiration georgienne, fut pensée par Theodore Thomas, fondateur de l'orchestre, et achevée après sa mort par D. H. Burnham & Co.
Côté Grant Park, entre Jackson Boulevard et Monroe Street, la façade de l'**Art Institute** domine South Michigan Avenue (*p. 409*).
People's Gas Building – C3 - *122 S. Michigan Ave.* (D. H. Burnham & Co., 1910) – Cette imposante tour de style Beaux-Arts fut réalisée pour le principal fournisseur de gaz de la ville. La façade fait assaut de chantournage et de têtes de lion camouflant la charpente métallique, caractéristique de l'École de Chicago. Au sommet, deux étages sont frangés de colonnades ioniques de granit.
Le **Monroe Building** (**A**) (C3 - *104 S. Michigan Ave*) et le très privé **University Club** (**B**) (C3 - *76 E. Monroe St.*) furent construits respectivement en 1912 et 1908 par **Holabird & Roche** pour répondre aux goûts éclectiques du début du 20e s. Le Monroe Building présente des colonnades d'influence méditerranéenne, des ornements de style gothique et un toit à pignon. Le club privé, sublimé par des fenêtres de verre au plomb et des baies en saillie, est coiffé de flèches gothiques autour desquelles foisonnent des gargouilles.

★ Gage Group C3

18-30 S. Michigan Ave.

(1899, Holabird & Roche) – Commandés par les fabricants de chapeaux Keith, Gage et Ascher, ces trois immeubles illustrent le courant fonctionnel de l'école de Chicago et sont construits selon le principe de la façade-rideau. Tandis que la première façade (*n° 18,* la plus haute), signée Louis Sullivan, est encore ornée de motifs végétaux qui donnent vie aux murs-tympans et s'épanouissent jusqu'aux corniches, les deux autres présentent la sobriété de bâtiments utilitaires.
Chicago Athletic Association Building (**C**) – C3 - *p. 421.* (1893, Henry Ives Cobb) – Jouxtant le Gage Group, cet immeuble à la façade richement ouvragée attire tous les regards avec ses arches influencées par la Venise gothique. Construit l'année de l'Exposition universelle, il s'inscrit contre l'esthétique rigoureuse de l'école de Chicago.

6 North Michigan Building (**D**) – C2. (1899, Richard E. Schmidt) – L'immeuble a longtemps abrité la société de vente par correspondance Montgomery Ward. Son fondateur, **Aaron Montgomery Ward**, rendit un fier service à la ville en s'opposant à la construction d'immeubles sur la rive du lac *(p. 408).*
Traversez Washington St.

★★ Chicago Cultural Center C2

78 E. Washington St. - ✆ 312 744 6630 - www.cityofchicago.org - lun.-jeu. 9h-19h, vend.-sam. 9h-18h, dim. 10h-18h.
(1897, Shepley, Rutan & Coolidge) – Une multitude d'événements culturels gratuits – concerts, films, ballets, conférences et expositions – sont proposés chaque jour par le centre culturel de Chicago. Il est hébergé dans ce beau palazzo néoclassique, voué à loger la première bibliothèque municipale de Chicago. Poussez la porte afin d'apprécier l'extraordinaire escalier aux incrustations de marbre qui relie l'entrée sur Washington Street au **Preston Bradley Hall★** surmonté d'un dôme Tiffany. Un second dôme Tiffany, éblouissant lui aussi, est visible à l'extrémité nord du premier étage.
Construit en 2005 à l'ouest du centre culturel, l'**Heritage at Millennium Park** est l'immeuble d'habitation le plus élevé du Loop. Du haut de ses 56 étages, il symbolise la récente résidentialisation du centre-ville. À l'angle de Garland Court et Randolph Street, ne manquez pas *We Will*, une chatoyante sculpture métallique de Richard Hunt (2005).
À l'angle d'Adam Street, au nord, le **One Prudential Plaza** (D2) (1955, Naess & Murphy), première tour construite après la Grande Dépression, était la plus haute de la ville à son époque. Elle est désormais supplantée par le **Two Prudential Plaza** (D2) (1990, Loebl, Schlossman & Hackl), reconnaissable à sa flèche vertigineuse, plus acérée qu'une aiguille, et à sa toiture en chevrons. À l'est se dessine le **Aon Center** (D2) (1973, Edward Durell Stone et Perkins & Will), dont le revêtement de marbre fin commença à s'écailler en 1990 : l'immeuble fut rénové avec un granit de Caroline du Nord plus épais – le coût de ce chantier égala celui de la construction initiale…
Traversez Randolph St. et poursuivez vers le nord sur N. Michigan Ave.
★ **150 North Michigan Avenue** – CD2. (1984, A. Epstein & Sons) – Cet immeuble marque Michigan Avenue, à l'orée de Millennium Park. On l'identifie à sa toiture chanfreinée qui forme un angle à 45° par rapport à la rue.
Illinois Center – D2 - *Au carrefour de Michigan Ave, N. Lake Shore Dr., la rivière et Lake St.* S'étendant sur plus de 33 ha sur le côté est de North Michigan Avenue, il réunit une douzaine de bâtiments : l'intention était louable, le résultat est décevant. L'un des plus grands projets au monde de complexe polyvalent fut envisagé dès les années 1920 sur ce site appartenant à l'Illinois Central Railroad. Bâti au cours des années 1970 et 1980, principalement par les successeurs de l'architecte Mies van der Rohe, cet ensemble réunit hôtels, bureaux, boutiques et appartements.
Le petit **Sporting Club** (1990, Kisho Kurokawa) est reconnaissable à ses quatre tours blanches – hommage à Louis Sullivan. Elles portent les *Children of the Sun*, sculptures de 5 m de hauteur d'Osamu Shingu.
★ **Aqua Building** – D2 - *225 N. Columbus Dr.* Rompant la monotonie des façades du quartier avec ses balcons ondulés évoquant des vagues, il abrite des appartements luxueux ainsi que l'hôtel Radisson.

American Writers Museum D2

180 N. Michigan Ave (2e étage) - M Randolph/Wabash - ✆ 312 374 8790 - americanwritersmuseum.org - 10h-17h - fermé lun. - 12 $.

Deux des plus grands écrivains américains sont morts en mai 2018, à une semaine d'intervalle : Tom Wolfe et Philip Roth. Ce musée bien documenté est l'occasion de renouer avec leur œuvre. Logé dans un immeuble de style Art déco, il présente 500 ans de littérature américaine, poètes et écrivains, tous genres confondus. Outre l'histoire même, l'objectif du musée est de nous familiariser, grâce à des installations plus ou moins interactives, avec la vie des écrivains et l'engagement de certains (féminisme, écologie, lutte contre la ségrégation raciale, etc.). On comprend aussi comment ils concilient le temps de l'écriture et leur quotidien, et on est invité à sauter le pas en devenant écrivain pour quelques heures. Mieux vaut maîtriser l'anglais pour apprécier pleinement ce musée.

★ Carbide and Carbon Building D2

230 N. Michigan Ave.

Les somptueuses lignes Art déco de ce gratte-ciel historique célèbrent les *roaring Twenties*. Sa façade de granite sombre rehaussée à la feuille d'or est reconnaissable depuis le pont DuSable vers le sud. Cet immeuble de bureaux a abrité à partir de 2004 le Hard Rock Hotel, qui a cessé son activité fin 2017 et a laissé la place à l'hôtel St Jane Chicago *(p. 385)*.

WEST LOOP Plan I A2 p. 376

Entre Canal St. et Ashland Ave, W. Grand Ave et W. Van Buren St. - M *Morgan.*
Attention quartier branché… mais saviez-vous qu'un des surnoms de Chicago, le **Golden Funnel** (l'Entonnoir doré), était lié à West Loop ? À partir des années 1850, une partie des denrées alimentaires produites aux alentours de la ville étaient écoulées sur le marché de gros de Fulton et de Randolph Street, ce qui explique la partie élargie de la rue entre Ogden et Halsted. Les activités annexes (emballage, magasins, traitement de la viande) se développèrent, nécessitant la construction d'entrepôts en brique aujourd'hui classés et pour la plupart transformés en loft, tandis que cafés et restaurants se disputent les rez-de-chaussée. Face au Loop historique, West Loop est donc le quartier bas (hauteur des immeubles limitée) qui monte… Celui qu'il faut voir la nuit, en arpentant the **Restaurant row**, alias Randolph Street. À moins que vous ne préfériez les galeries, les marchés, comme le **Chicago French Market** – un marché couvert qui se tient toute l'année *(131 N. Clinton, entre Washington et Randolph, lun.-vend. 7h-19h30, sam. 8h30-17h30)* –, ou la grande brocante de Randolph Street *(p. 388)*.

Union Station A2

225 S. Canal Street - M *Quincy.*

(1925) Les amateurs de style Beaux-Arts et, surtout, les nostalgiques des *Incorruptibles* de Brian de Palma se doivent de faire un détour par cette gare. Desservant le **grand hall★** impressionnant sous sa voûte de verre qui culmine à 34 m, le grand escalier a servi de cadre à la fusillade où le réalisateur a inséré un hommage à la scène du landau du *Cuirassé Potemkine* d'Eisenstein.

Old St Patrick's Church A2

700 W. Adams St. - M *Clinton* - ✆ *312 648 1021 – www.oldstpats.org.*

Paroisse fondée par des immigrants irlandais en 1846, cette église néoromane (1853) fut parmi les rares édifices à échapper aux flammes du Grand Incendie. Vitraux (1912-1922) aux motifs celtiques inspirés du *Livre de Kells*, manuscrit du début du 9e s. considéré comme le chef-d'œuvre du christianisme irlandais.

NOS ADRESSES DANS DOWNTOWN SOUTH

RESTAURATION

Grant Park, South Loop & Chinatown

Plan I p. 376

PREMIER PRIX

3 **Yolk** – Plan I, B3 - *1120 S. Michigan Ave - M Roosevelt - ✆ (312) 789-9655 - http://eatyolk.com - 6h-15h - w.-end et j. fériés 7h-15h - plats 10/20 $ (enf. 4/6 $).* Pour les amateurs d'œufs sous toutes les formes : omelettes et *frittatas* sur mesure, mais aussi *pancakes*, salades et sandwichs. La salle est claire et très agréable.

BUDGET MOYEN

9 **Mercat a la Planxa** – Plan I, B3 - *638 S. Michigan Ave - M Harrison - ✆ (312) 765-0524 - http://mercatchicago.com - 16h-23h, sam.7h-23h, dim. 7h-22h - plat 20/55 $.* Pour dîner espagnol, ou plus précisément catalan. Beaucoup de choix à la carte, des tapas à la paëlla, le tout arrosé de sangria et de vins bien choisis.

The Loop

Plan I p. 376 et plan II p. 402-403

PREMIER PRIX

5 **Lou Mitchell's** – Plan I, B2 - *565 W. Jackson Bd - M Clinton - ✆ (312) 939-3111 - www.loumitchellsrestaurant.com - 5h30-16h, lun. 5h30-15h, sam. 7h-16h, dim. 7h-15h - moins de 15 $.* Depuis 1923, c'est l'un des endroits préférés des Chicagoans pour prendre le petit-déjeuner dans le quartier. Omelettes moelleuses, pancakes légers, viennoiseries préparées chaque jour et jus d'oranges fraîches : tout concourt à faire de ce repas le plus important de la journée !

BUDGET MOYEN

4 **Heaven on Seven** – Plan II, C2 - *111 N. Wabash Ave - M Randolph/Wabash - ✆ (312) 263-6443 - www.heavenonseven.com - 10h-16h, jeu. 10h-21h, vend.-sam. 10h-22h - fermé dim. - moins de 15 $.* Crevettes frites à la mode cajun, *crab cakes* et gumbos comptent parmi les délicieuses spécialités de La Nouvelle-Orléans dont on se régale dans cette petite salle.

POUR SE FAIRE PLAISIR

2 **Terzo Piano** – Plan II, C3 - *159 E. Monroe St. - Art Institute of Chicago - M Adams/Wabash - ✆ (312) 443-8650 - www.terzopianochicago.com - 11h-15h, jeu. 11h-20h - plats 19/31 $.* Accessible du musée ou directement du pont suspendu de Millennium Park, le restaurant installé dans la Modern Wing de l'Art Institute propose une cuisine tendance italienne dans un décor très contemporain. Tout est réalisé sur place, avec des produits locaux, bio et de saison.

West Loop

Plan I p. 376

BUDGET MOYEN

49 **Grange Hall Burger Bar** – Plan I, A2 - *844 W. Randolph St. - West Loop - M Morgan - ✆ (312) 491-0844 - www.grangehallburgerbar.com - 17h-22h, 11h30-0h, sam. 10h-1h, dim. 10h-17h - fermé lun.-mar. - moins de 15 $.* On savoure d'excellents hamburgers - à composer soi-même – dans un décor rustique, un peu brocante. Succulents desserts et charmante terrasse en saison.

1 **PROXI** – Plan I, A2 - *565 W. Randolph St. - M Clinton - ✆ (312) 466-1950 -*

www.proxichicago.com - CC - *lun.-jeu. 16h-1h, vend.-sam. 15h-2h - fermé dim.* C'est la version cool du restaurant Sepia (une étoile Michelin). Emmanuel Nony et Andrew Zimmerman, deux nostalgiques de l'Asie, explorent dans un loft une *global street food* aux échos lointains, mâtinée de produits du Midwest. Petits plats, grandes saveurs et prix maîtrisés, dans une ambiance animée. Excellente chef pâtissière.

POUR SE FAIRE PLAISIR

46 **Girl and The Goat** – Plan I, A2 - *809 W. Randolph St.* - M *Morgan* - ✆ *(312) 492-6262 - www.girlaegoat.com - 16h30-23h, vend.-sam. 16h30-0h - plats 17/25 $.* Star de Chicago, Stephanie Izard et son équipe prennent leur affaire très au sérieux : le pain est fabriqué sur place et un boucher est employé dans le restaurant pour découper au mieux la viande. La carte, qui évolue selon l'arrivage des produits, conjugue adroitement saveurs et authenticité.

48 **The Publican** – Plan I, A2 - *837 W. Fulton Market* - M *Morgan* - ✆ *(312) 733-9555 - http://thepublicanrestaurant.com - 15h30-22h, vend. 15h30-23h, sam. 10h-23h30, dim. 9h-14h, 17h-22h - plats 18/36 $.* À mi-chemin entre la taverne traditionnelle, avec ses grandes tables à partager, et le gastropub contemporain au décor clair, cet endroit attire toujours du monde. Plats très copieux, et petite terrasse aux beaux jours.

BOIRE UN VERRE

Chicago Athletic Association Hotel – Plan II, C3 - *12 S. Michigan Ave* - M *Washington/Wabash* - ✆ *(312) 792-3502 - www.cindysrooftop.com* - CC. Il flotte encore dans le bel immeuble néogothique de la Chicago Athletic Association (1893) l'esprit « entre soi » du club masculin hyper select qui a occupé les lieux jusqu'en 2007 – en particulier dans le Drawing Room (2e ét.) aménagé en bar cosy autour de grands fauteuils clubs. Sur le rooftop, Cindy's *(www.cindysrooftop.com)* a installé ses cuisines et une salle ouverte sur une terrasse donnant sur Millennium Park et le lac, d'où la vue est spectaculaire, une des plus belles en son genre. Pour un verre ou un délicieux repas.

The Press Room – Plan I, A2 - *1134 W. Washington bd* - M *Morgan* - ✆ *(331) 240-1914 - www.pressroomchicago.com* - CC - *17h-1h (lun. 23h) - fermé dim.* Un bar à vin comme on les aime, amical, confortable, doux au palais et aux oreilles. Carte intéressante, bons cocktails, petites assiettes (8 $) et même quelques plats (11/23 $).

EN SOIRÉE

The Loop

Jazz Showcase – Plan II, A3 - *806 S. Plymouth Court* - M *Harrison* - ✆ *(312) 360-0234 - www.jazzshowcase.com - 20h-2h, dim. 16h-2h.* Le club de jazz de référence de Chicago depuis 1947. On y initie même les enfants (-12 ans), qui sont admis gratuitement le samedi au concert de 16h !

Downtown North

★★★

Les quartiers de River North et du Magnificent Mile concentrent la majeure partie de l'animation commerciale et nocturne de Chicago. Les restaurants font salle comble dès cinq heures de l'après-midi et offrent un tour du monde culinaire qui satisfera tous les goûts. La silhouette caractéristique de la John Hancock Tower n'occulte en rien les immeubles les plus anciens, à commencer par la célèbre Water Tower, monument emblématique de la ville. Des galeries d'art contemporain de River North au très chic quartier de Gold Coast, cette partie du centre-ville reflète un certain art de vivre qui se ressent également sur la plage de Oak Street ou dans les flonflons de Navy Pier… C'est aussi cela Chicago !

NOS ADRESSES PAGE 438
Hébergement, restauration, achats, activités, etc.

SE REPÉRER
Plan III (Magnificent Mile) (p. 424-425) ; plan IV (River North) (p. 431) ; plan V (Gold Coast) (p. 435).

À NE PAS MANQUER
Le John Hancock Center et la vue à 360° ; les belles demeures et les plages qui bordent le lac.

ORGANISER SON TEMPS
Peu de musées à visiter mais beaucoup de choses à voir, le nez au vent pour profiter de l'architecture. Comptez une bonne journée, un peu plus si vous incluez le quartier de Gold Coast. Cette partie de la ville concentre aussi le plus grand nombre de boutiques : pauses shopping en vue !

AVEC LES ENFANTS
Les attractions du Navy Pier ; 360° Chicago.

Magnificent Mile et Navy Pier Plan III p. 424-425

Vous y êtes ! Le Magnificent Mile est la grande avenue de Chicago, les Champs-Élysées du Midwest en quelque sorte. Après la majestueuse entrée que forment le Wrigley Building et la Tribune Tower (*p. 405*), North Michigan Avenue (car tel est son vrai nom) est bordée d'immeubles intéressants, de superbes boutiques et de grands « malls » où flâner et faire son shopping même au plus froid de l'hiver. La perspective entre les gratte-ciel se termine sur le firmament au-dessus de la plage et du lac Michigan… Combien de villes ont ce privilège ?

★★★ **MAGNIFICENT MILE** Plan III ABC1-2 p. 424-425

★★ Hotel InterContinental A2

505 N. Michigan Ave - M Grand.

(1929, Walter W. Ahlschlager) – Ce bâtiment de 41 étages fut commandé par la société maçonnique des Shriners pour y héberger le Medinah Athletic Club. Une grande frise de style égyptien pare sa façade en calcaire que coiffent un dôme à bulbe et un minaret. Les parties communes de la tour sont ornées d'incrustations de marbre, de décors ouvragés de bronze et de cuivre, ainsi que de fresques murales. Passez les portes de bronze pour admirer l'**entrée**★ pourvue d'un plafond à poutres apparentes aux motifs colorés d'inspiration

Les deux tours « épis de maïs » de Marina City imaginées par Bertrand Goldberg.
M. Weber/imageBROKER/age fotostock

celtique et mésopotamienne. L'escalier de marbre, surmonté de la formule de salutation *Es Salamu Aleikum* (« Que la paix soit sur vous »), est flanqué de colonnes mauresques. Le Hall of Lions *(1er étage)*, le King Arthur Foyer and Court *(2e étage)*, le Spanish Court et le Renaissance Room Foyer *(4e étage)* ont été luxueusement restaurés. La piscine de 25 m du 13e étage est tout ce qu'il reste du club sportif d'origine. L'immeuble est occupé depuis les années 1990 par la chaîne hôtelière InterContinental, qui lui associa son voisin, le Forum Hotel Chicago.

Traversez la passerelle qui enjambe Grand Ave.

543-545 North Michigan Avenue – A2. (1929, Philip B. Maher) – Ce minuscule immeuble de cinq étages fut bâti pour la maison de couture de luxe **Jacques**. Remarquez, au-dessus des portes, les silhouettes féminines sculptées dans le goût Art déco. Quoique altéré par les occupants successifs du rez-de-chaussée, cet immeuble est un des deux rescapés, avec le Woman's Athletic Club, sur les six que construisit **Philip B. Maher** à la fin des années vingt sur North Michigan. Fils de George Washington Maher, l'architecte s'éloignait des

1929, ANNÉE FOLLE

Avant que tout s'effondre… 1929 fut une année d'intense activité, à laquelle l'immobilier n'échappa pas, donnant au **style Art déco** tout loisir de s'épanouir. Le Mag Mile en est une parfaite illustration. Tandis que l'immeuble de la bourse *(p. 396)* vient clore la rue LaSalle, et que le Carbide & Carbon *(p. 419)* impose ses ors et ses lignes sombres sur Michigan, à l'autre extrémité de l'avenue est érigé le Palmolive Building *(p. 427)*. Entre les deux, le Medinah Athletic Club est construit *(p. 422)*, juste après que les femmes se soient dotées du leur *(p. 424)*. Voyez aussi le 520 North Michigan Avenue (1929, Thielbar & Fugard) et ne manquez pas le joyau du quartier, le petit immeuble de Maher qui a échappé à la folie des hauteurs *(no 543-545, ci-dessus)*.

préceptes du style Prairie chers à son père pour revenir vers des formes néoclassiques qui donnèrent à l'avenue son style sobre et élégant jusqu'au dernier quart du 20e s.

Traversez Ohio St. et poursuivez vers le nord.

Woman's Athletic Club – A2 - *626 N. Michigan Ave, angle nord-ouest d'Ontario et Michigan Ave.* (1928, Philip B. Maher) – Les lignes élégantes d'un des plus anciens clubs sportifs féminins privés du pays rappellent le tournant classique que prit N. Michigan Ave dans les années 1920. *Rejoignez le côté ouest de Michigan Ave puis traversez Erie St.*

City Place – B2 - *676 N. Michigan Ave.* (1990, Loebl, Schlossman & Hackl) –
Ce bâtiment de granit ressemble à un juke-box géant. Ses lignes verticales rouges et ses murs-tympans roses contrastent avec les vitres bleues fumées – celles-ci sont agencées différemment selon les étages et les diverses fonctions du bâtiment : boutiques, hôtel et bureaux. L'ensemble est très caractéristique des gratte-ciel érigés sur cette avenue au cours des années 1980 et 1990.

Traversez Huron St.

Allerton Hotel – B2 - *Angle Michigan Ave et Huron St.* (1924, Murgatroyd & Ogden) – De style historiciste, avec sa brique décorative et son toit inspiré de l'Italie du Nord, ce building est pourtant un des premiers à avoir exploré la silhouette en 3D (*p. 593*) en intégrant des pans en retrait et des tours dans sa structure. Élevé afin d'attirer une clientèle aisée dans le nord de Michigan Avenue, ce club-hôtel reste l'un des symboles historiques du « Mag Mile ». Il abrite aujourd'hui l'hôtel Warwick Allerton..

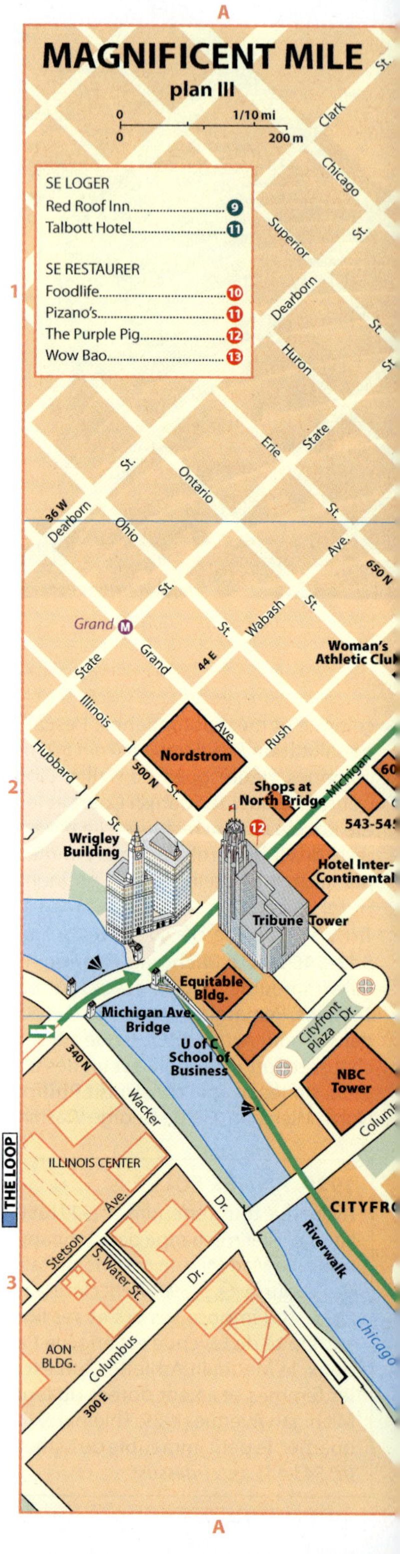

BARNEYS NEWYORK
HERMÈS
JOHN HANCOCK CENTER
40
Walton St.
Delaware Pl.
Dearborn 36 W
Chestnut St.
State St.
Rush St.
Bellevue Pl.
Cedar St. 1120 N
Lake Shore Dr.
Oak St.
Oak Street Beach
One Magnificent Mile
Drake Hotel
900
LOYOLA UNIVERSITY WATERTOWER CAMPUS
PARK TOWER
LUMA
Fourth Presbyterian
Palmolive Bldg.
Lake Shore Drive 1000 N
Walton
Chicago Ave.
Wabash 44 E
Park Hyatt Hotel Chicago
Water Tower
City Place
MILE
Water Tower Place
730
Chicago Place
Olympia Centre
Pumping Station
SENECA PARK
Mies Van Der Rohe Way
Delaware Pl.
900-910
860-880
Chestnut St.
Dewitt Pl.
Museum of Contemporary Art
800 N
Neiman Marcus
MAGNIFICENT
Allerton Hotel
Superior St.
Niketown Chicago
Crate & Barrel
Huron St.
Pearson St.
Chicago Ave.
LAKE SHORE PARK
St. Clair St.
Erie St. 658 N
Ontario St.
NORTHWESTERN UNIVERSITY CHICAGO CAMPUS
Fairbanks Ct.
Lake Shore Drive
STREETERVILLE
541
Lake Shore Place
400 E Ct.
Grand
Illinois St.
Ohio St.
McClurg Ave.
CENTER
Peshtigo Ct.
Lake Point Tower
LAKE MICHIGAN
OHIO STREET BEACH
River East Plaza
Ogden Slip
Jane Addams Park
Milton Lee Olive Park
River
Gateway Park
Park Dr.
N

Chicago Place B1-2

700 N. Michigan Ave - M Chicago.

(1990, Skidmore, Owings & Merrill ; Solomon Cordwell Buenz & Assocs.) – Se distinguant par sa base de granit vert et rose, cet édifice polyvalent était à l'origine un centre commercial de sept étages, mais ses boutiques fermèrent en 2009, à l'exception de **Saks Fifth Avenue**.

Continuez vers le nord.

Olympia Centre – B2 - *737 N. Michigan Ave.* (1986, Skidmore, Owings & Merrill) – De l'autre côté de Michigan Avenue, le regard est attiré par le grand magasin **Neiman Marcus** qui occupe le niveau inférieur de cet immeuble dont les 63 étages de bureaux et d'appartements dominent Chicago Avenue. L'entrée principale du magasin est coiffée d'une arche visiblement influencée par Louis Sullivan – la clé de voûte ayant laissé la place à d'extraordinaires panneaux de verre.

Traversez Superior St.

730 North Michigan Avenue – B1. (1997, Elkus/Manfredi Architects, Ltd) – De facture classique, ce building postmoderne s'articule autour de quatre façades distinctes : celle, lavande et grise, d'inspiration Art déco, de Tiffany & Company ; le temple moderne égyptien de la Pottery Barn ; le look industriel de la pierre noire et beige de Banana Republic (notez les détails de la corniche) et enfin le palazzo florentin gris de Polo/Ralph Lauren.

Traversez Chicago Ave.

★ **Chicago Water Tower** et ★ **Pumping Station** – B1 - *806 N. Michigan Ave et angle N. Michigan Ave et E. Pearson St.* (1866 et 1869, William W. Boyington) – Avec leur aspect carton-pâte, deux sentinelles d'un autre temps se dressent à l'ouest et à l'est de Michigan Avenue. Les Chicagoans y sont particulièrement attachés car ces deux bâtiments de style néogothique ont échappé aux flammes en 1871. Ils répondaient aux besoins en eau d'une ville en pleine explosion démographique. Le lac étant pollué *(p. 400)*, il fallait que la station de pompage soit suffisamment puissante pour aller chercher l'eau loin de l'embouchure de la rivière, et l'associer à un château d'eau de grande contenance. Aujourd'hui, dans le château d'eau se tiennent des expositions sur la ville, et la station de pompage abrite le **Lookingglass Theatre** *(www.lookingglasstheatre.org)*.

★ Loyola University Museum of Art (LUMA) B1

820 N. Michigan Ave - M Chicago - ✆ 312 915 7600 - www.luc.edu/luma - mar. 11h-20h, merc.-sam. 11h-18h ; fermé dim. (sf expositions pdt les vacs) et lun. - entrée libre.

Inauguré en 2005 dans le bâtiment néogothique Lewis Towers (1926), ce musée questionne les expressions artistiques en lien avec la spiritualité de toutes religions et cultures. Les expositions s'appuient en partie sur les pièces de la collection de **Martin d'Arcy** (1888-1976), prêtre et philosophe britannique qui s'est intéressé à l'art des périodes médiévale, Renaissance et baroque.

★ Water Tower Place B1

835 N. Michigan Ave - M Chicago - ✆ 312 440 3580 - www.shopwatertower.com - lun.-sam. 10h-21h, dim. 11h-18h.

(1976, Loebl, Schlossman & Hackl) – Ce complexe carré ne partage que son nom avec son illustre voisine, l'historique Water Tower. Sa sobre façade de marbre blanc veiné, presque aveugle, cache un centre commercial et des bureaux sur douze étages, tandis que la tour de 62 étages qui la flanque à l'est accueille le Ritz Carlton Hotel et des appartements de standing.

★ Fourth Presbyterian Church B1

N. Michigan Ave, à la hauteur de Delaware Pl. - M Chicago - ✆ 312 787 4570 - www.fourthchurch.org - lun.-vend. 7h30-21h, sam. 7h30-18h, dim. 7h30-18h30.

(1914, Ralph Adams Cram, Howard Van Doren Shaw) – Il se dégage du petit jardin, du charmant cloître et de la fontaine qui précède la maison paroissiale couverte de lierre une sérénité bienfaisante. Cette église néogothique surgit d'un passé où Michigan Avenue n'était pas encore colonisée par les centres commerciaux et les autobus débordant de touristes. À la base des voûtes, quatorze anges musiciens sculptés grandeur nature veillent sur les fidèles. L'église est réputée pour son orgue **Æolian Skinner** (restauré en 2012) et pour ses concerts *(tte l'année, vend. 12h10 - entrée libre)*.

★★★ John Hancock Center BC1

875 N. Michigan Ave - M Chicago - www.johnhancockcenterchicago.com.

(1969, Bruce Graham, Skidmore, Owings & Merrill) – Juste en face de l'église et de sa verdure, ce gratte-ciel de 343 m – le troisième plus grand de Chicago, le quatrième du pays – est reconnaissable entre tous grâce à ses cent étages d'aluminium noir et de verre teinté, divisés en bureaux et en appartements. À ses pieds, la plaza et son mur d'eau procurent une fraîcheur bienvenue en été. La tour fut érigée pour la moitié du coût d'un bâtiment d'une telle hauteur grâce à la conception efficace de l'ingénieur Fazlur Khan. Ses façades aux grands X empilés tirent des effets expressionnistes de la structure tubulaire et du jeu des contreventements qui stabilisent la tour.

360° Chicago – *✆ 312 654 2892 - www.360chicago.com/french - 9h-23h - 20 $.* En 39 secondes seulement, l'ascenseur rejoint le 94e étage. Une fois parvenu au sommet du John Hancock Center, vous serez emporté par cette vue hallucinante sur la ville, laquelle porte jusqu'aux états voisins. Si le panorama du haut de la Willis est spectaculaire *(p. 400)*, ici le point de vue est plus proche du lac et des quartiers nord de la ville. Osez vous avancer sur le Skywalk, pour surplomber le Magnificent Mile de plus de 300 m. Ne faites pas l'impasse sur l'animation TILT, histoire de découvrir la ville sous un angle inédit. Aux 95e et 96e étages, tout est possible pour vous remettre de vos émotions, du brunch au cocktail tardif, les yeux perdus dans le ciel *(***Signature Room** *- www.signatureroom.com - 10h-1h30).*

Traversez Delaware St.

Palmolive Building C1

919 N. Michigan Ave.

(1929, Holabird & Root) – Ce beau building Art Déco a participé à la montée en gamme du nord de Michigan Avenue, tout comme le Drake Hotel quelques années auparavant. Commandé par Palmolive, qui y installa ses bureaux, il comptait aussi une galerie marchande et des appartements luxueux, susceptibles d'attirer une clientèle aisée. Plus new-yorkaise que chicagoanne, sa ligne en six retraits successifs *(setback skyscraper)* répondait autant à la Zoning law *(p. 593)* qu'à un pur geste esthétique des architectes (puisque les deux premiers retraits se situent en-dessous de la limite obligatoire de pure verticalité). En haut de ses 142 m et 37 étages brille la **Lindbergh Beacon**, une balise lumineuse de 45 m dont les feux guidaient les pilotes d'avion à plus de 800 km de distance. Le building fut plus tard appelé **Playboy Building**, d'après le magazine qu'il hébergea de 1967 à 1989. Au début des années 2000, il a retrouvé son nom d'origine après avoir été restauré. Son phare ne tourne plus (les voisins n'appréciaient pas…) mais brille toujours.

Traversez Walton St.

★ **Drake Hotel** C1
140 E. Walton Pl. - M Clark/Division - www.thedrakehotel.com.
(1920, Marshall & Fox) – Figurant sur le Registre national des Monuments historiques, cet hôtel de luxe édifié à l'emplacement d'une décharge sur la berge du lac, annonce en toute élégance le quartier historique de l'**East Lake Shore Drive**, qui débute ici et marque la frontière nord-est du Magnificent Mile.
Rejoignez le côté ouest de Michigan Ave.
One Magnificent Mile – C1 - *940-980 N. Michigan Ave.* (1983, Skidmore, Owings & Merrill) – Marquant la frontière nord-ouest du quartier, ce bâtiment multi-usage de 58 étages se compose de trois structures hexagonales de béton habillées de granit rose, comprenant respectivement 57, 49 et 21 étages. Toutes trois sont reliées les unes aux autres pour résister à la force des vents – un concept imaginé par l'ingénieur Fazlur Khan et l'architecte Bruce Graham pour la Sears Tower (*p. 400*).
Tournez à gauche sur Oak St.

★ **Oak Street** BC1
Entre N. Michigan Ave et Rush St. - M Clark/Division - www.oakstreetchicago.com.
En quelques pas, quittez l'effervescence des gratte-ciel et des centres commerciaux pour cette artère calme bordée d'arbres, qui n'est pas sans rappeler Madison Avenue à New York – discrète, raffinée, luxueuse…

★ STREETERVILLE Plan III BC2-3 p. 424-425

M *Grand ou Chicago.*
Bordé par le lac Michigan, le Magnificent Mile et la Chicago River, Streeterville distille une atmosphère cosmopolite plutôt impersonnelle, entre les gratte-ciel aux appartements de standing et les restaurants élégants. Son principal centre d'intérêt est le musée d'Art contemporain, où vous pouvez compter sur un excellent repas chez Marisol, tandis que le quartier s'anime du côté de Navy Pier ou du campus de la Northwestern University.

★ **Museum of Contemporary Art** C2
220 E. Chicago Ave - 312 280 2660 - www.mcachicago.org - mar. 10h-20h, merc.-dim. 10h-17h; fermé lun., Thanksgiving, 1er janv. et 25 déc. - 15 $.
Le musée d'Art contemporain (MCA) sait rendre accessible l'art d'avant-garde. Les expositions tournent dans les salles des 2e et 3e étages afin de présenter

SUIVEZ LE LAKEFRONT TRAIL

Si vous aimez marcher, ou faire du vélo, ou du skate, ou du roller, ou tout ce qui roule sans bruit…, la promenade le long du lac est merveilleuse. La ville glisse doucement vers la quiétude balnéaire dans cet espace intermédiaire entre le tout urbain et le bleu du lac. L'hiver, joggeurs et promeneurs donnent un aperçu des coulisses de la ville; l'été, l'ambiance vire franchement à la plage. Le trail traverse quatre parcs et treize neighborhoods et dispense des points de vue fabuleux sur la ville. La promenade est aménagée sur 18 miles (env. 30 km), d'Ardmore Street *(5800 N. Sheridan Rd)*, au nord, à 71st St. *(7100 S. South Shore Dr.)*, au sud. Entièrement gratuite, ponctuée d'aires de jeux, plages, kiosques, locations et autres divertissements, elle est accessible en de nombreux points qui permettent de traverser la route côtière. Repérez-les avant de partir en excursion…
choosechicago.com.

La rivière de Chicago avec, à gauche, le quartier de Lakeshore East et DuSable Harbor et, à droite, Streeterville.
City of Chicago/Choose Chicago

les quelque 7 000 pièces de la collection permanente (artistes très contemporains mais aussi Duchamp, Ernst, Magritte, Calder, Warhol, etc.).

541 North Fairbanks Court B2-3

(1968, Harry Weese & Assocs.) – Sur 28 étages, l'ex-Time-Life Building combine les traits marquants de l'École de Chicago – la fameuse « façade-rideau » métallique, les baies régulièrement espacées, les fenêtres horizontales – à l'influence austère de Mies van der Rohe. Il fut l'un des premiers bâtiments « eco-friendly » de la ville : le verre teinté de sa façade réfléchissant les rayons du soleil limite la consommation d'air conditionné.

★ Lake Shore Drive C1-2-3

En vous promenant au bord de l'eau *(encadré page de gauche)*, ce qui en soi devrait vous procurer une grande satisfaction, ouvrez l'œil. Le long de cette (bruyante) artère longeant le lac, tâchez de repérer les tours résidentielles des n^{os} **860-880**★★ (C2) (1951). Ces merveilles de proportions ont assis la réputation du célèbre architecte allemand **Ludwig Mies van der Rohe**, maître du style international. Ils annoncent les gratte-ciel de verre et d'acier qui fleuriront dans les années 1960 et 1970 : façades-rideau de verre, aucun ornement. Juste à côté, les tours des n^{os} **900-910** (C2) (1953), au verre plus sombre, sont également signées Mies van der Rohe.

Lake Shore Place – C2-3 - *680 N. Lake Shore Drive.* (1926) Reconnaissable de loin, le toit pyramidal bleu de l'ex-American Furniture Mart abrite aujourd'hui bureaux et appartements.

★ **Lake Point Tower** – C3 - *505 N. Lake Shore Drive.* (1968, Schipporeit-Heinrich) – Un peu à l'écart, la tour est reconnaissable à la forme insolite de son plan en Y. Elle fut érigée par des élèves de Mies van der Rohe, qui adaptèrent un projet de leur maître datant de 1920. Les surfaces extérieures sont arrondies, créant une surface fluide rythmée par des piliers d'acier verticaux.

★ NAVY PIER Plan I B2 p. 376

600 E. Grand Ave, sur le lac Michigan - Ⓜ Grand - ✆ 312 595 7437 - www.navy-pier.com - juin-sept. : dim.-jeu. 10h-22h, vend.-sam. 10h-0h ; avr.-mai et sept.-oct. : dim.-jeu. 10h-20h, vend.-sam. 10h-22h ; nov.-mars : lun.-jeu. 10h-20h, vend.-sam. 10h-22h, dim. 10h-19h.

Très populaire, le Navy Pier est intéressant par sa situation de vigie. Les croisières sur le lac partent de ses quais. À l'époque de sa construction en 1916, laquelle fut imaginée dans le plan Burnham, cette jetée de près d'un kilomètre était la plus longue du monde. Avec un niveau supérieur réservé aux passagers et aux tramways, et un niveau inférieur dédié au fret, ce terminal fut très actif des décennies durant. De longs hangars (démolis depuis) reliaient la Head House (aujourd'hui, le **Family Pavilion**) à un auditorium situé à l'autre extrémité. En 1991, la ville a débloqué 190 millions de dollars pour agrandir le **McCormick Place Convention Center**. Très (voire trop) commercial, le complexe s'étend sur plus de 20 ha et rassemble boutiques, restaurants, espaces verts et attractions. Il a été entièrement réaménagé en 2016.
À côté du Family Pavilion, les **Crystal Gardens** abritent un jardin tropical intérieur, ombragé de palmiers d'Arizona. Le Navy Pier accueille également le **Chicago Shakespeare Theater** *(✆ 312 595 5600 - www.chicagoshakes.com)* dont la salle principale évoque le Globe Theater de Londres. Au milieu de la jetée, le Navy Pier Park active sa **grande roue** de 45 m de hauteur à la belle saison, tandis que les promeneurs s'arrêtent avec plaisir au café en plein air pour apprécier certaines des plus belles **vues** sur le lac de la ville.

★ Chicago Children's Museum

Accès par le Navy Pier - ✆ 312 527 1000 - www.chicagochildrensmuseum.org - 10h-17h (jeu. 20h) - 14 $.

Fondé en 1982, ce musée s'est fixé comme mission de stimuler le potentiel intellectuel et créatif des enfants dès leur plus jeune âge. Des expositions interactives les invitent à bâtir des ponts, à grimper à bord de la réplique d'une goélette de 1850 et à fabriquer un journal radiodiffusé (le tout sous surveillance !).

★★ River North Plan IV page de droite

Les zones de manufactures et d'entrepôts ont du bon pour un citadin d'aujourd'hui. Après un abandon de plusieurs décennies, River North a été investi dans les années 1970-1980 par des artistes qui aménagèrent des espaces loués à moindre coût. Le secteur le plus intéressant de River North est l'**Eastern Corridor** (« Couloir oriental ») qui s'étire de part et d'autre de State Street, entre Clark Street et Michigan Ave, jusqu'à Oak Street au nord, incluant les alentours du vert Washington Square. River North a conservé son (petit) côté arty. Dans la journée, ou les vendredis soirs de vernissage, les galeries d'art animent Wells, Orleans, Superior et Huron Streets, même si certaines galeries intéressantes ont plutôt déménagé à l'ouest *(p. 387)*. Il faut également compter avec le Mart District et son mastodonte – le Merchandise Mart *(p. 404)* –, et surtout, il faut s'y promener le soir lorsque s'éveillent bars et restaurants à la mode sur **Hubbard Street**, Ohio et Ontario.

SMOKEY HOLLOW

River North a été l'un des premiers quartiers à se développer lors de la forte croissance de Chicago à partir des années 1840. Forges et manufactures s'installèrent à proximité de la rivière, donnant au lieu son surnom de *Smokey Hollow* (trou enfumé) tandis que leurs propriétaires se faisaient construire de riches demeures plus au nord (*Gold Coast, p. 434*), à l'écart du bruit et des fumées, et près du lac dont les rives se trouvaient plus à l'ouest à l'époque. Samuel Nickerson, Ransom Cable, les Tree côtoyaient là les McCormick, à tel point que l'ensemble des maisons autour de Rush et Erie St. fut surnommé McCormickville. Ce secteur, qui fait partie de l'**Eastern Corridor**, est l'un des plus intéressants de River North..

★★ EASTERN CORRIDOR

Ⓜ *State/Lake – Remontez State St. vers la rivière.*

★★ Marina City B2

300 N. State St.

(1959, Bertrand Goldberg) – Faciles à repérer, les deux tours « épis de maïs » étaient à l'époque de leur construction en rupture complète avec les préceptes de Mies van der Rohe. Elles abritent des appartements aux balcons en béton semi-circulaires, au-dessus de 18 étages de parking. L'ensemble était destiné à encourager les jeunes professionnels à résider en centre-ville et non en banlieue, en leur procurant, outre le logement, loisirs et services.

★ **Ama Plaza** – B2. (1971, Ludwig Mies van der Rohe) – De l'autre côté de State Street, justement, l'ex-IBM Building est le dernier chantier américain de Mies van der Rohe. Encore à l'état de projet à la mort de l'architecte en 1969, il constitue la quintessence de son style dans sa pureté et ses fonctions.

Remontez vers l'ouest le long de la rivière, puis traversez par le pont de Dearborn St. et poursuivez jusqu'au Westin River North ; tournez à gauche et continuez vers l'ouest sur la berge le long de la promenade jusqu'à Clark St.

L'élégante tour de bureaux articulée en acier et verre du **353 North Clark Street** est l'œuvre du Chicagoan Dirk Lohan (cabinet Lohan Anderson) et fut inaugurée en 2009.

Tournez à droite dans Hubbard St.

Courthouse Place (Cook County Criminal Courts Building) B2

54 W. Hubbard St. - Ⓜ *Grand.*

Reconnaissable à sa façade néoromane, ce bâtiment de 1892 fut, des années durant, le centre d'une bouillonnante activité judiciaire et journalistique.

Poursuivez vers l'est dans Hubbard St. et tournez à gauche dans State St.

★ **515 North State Street** – B2. (1990, Kenzo Tange) – L'immeuble de trente étages, à la façade que l'on dirait tranchée au couteau, est l'unique ensemble de bureaux signé par l'architecte japonais Kenzo Tange aux États-Unis. Siège de l'American Medical Association, il forme un angle à 45° qui le scinde en deux sur le côté ouest. La découpe de quatre étages à son sommet lui confère une silhouette tout à fait insolite.

Poursuivez vers le nord dans State St. jusqu'à l'intersection avec Ohio St.

Tree Studios – B2 - *601-623 N. State St.* (1894-1913) – Ces ateliers tiennent leur nom du juge Lambert Tree et de sa femme, Anne, grands mécènes qui s'installèrent dans ce quartier dans la seconde moitié du 19e s. (*encadré p. 431*). Ils incitèrent des artistes à s'installer et à travailler à Chicago en leur proposant un logement peu onéreux. En 2004, ils furent reconvertis et destinés à un usage commercial.

Continuez vers l'est dans Ohio St. jusqu'à Wabash Ave.

Bloomingdale's Home Store – B2 - *600 N. Wabash Ave.* Le grand magasin occupe l'ex-**Medinah Temple**, bâtiment aux allures de mosquée bâti en 1913 pour accueillir les réunions et les cérémonies des Shriners. Il abrita aussi pendant un temps le Shriners Circus annuel, ainsi qu'un certain nombre d'événements. L'intérieur fut repensé en 2003 pour Bloomingdale, mais l'extérieur a conservé son charme exotique. Notez la brique texturée, les motifs entrelacés entourant l'entrée, les vitraux et les dômes à bulbe.

Continuez vers le nord dans Wabash Ave jusqu'à Erie St.

Richard H. Driehaus Museum B1

40 E. Erie St. - ✆ 312 482 8933 - Ⓜ Grand - www.driehausmuseum.org - mar.-dim. 10h-17h - 20 $.

À l'angle de Wabash Avenue et Erie Street se dressent deux demeures victoriennes, témoins de l'âge d'or de Chicago dans cette partie du quartier de River North : **Ransom R. Cable House★** (1886, Cobb & Frost) et **Samuel M. Nickerson House★** (1883, Burling & Whitehouse), qui abrite aujourd'hui ce musée. La demeure du banquier Samuel Nickerson, appelée « Marble Palace » tant son décor était somptueux, reste aujourd'hui un des exemples les plus significatifs du goût de l'élite économique à Chicago à la fin du 19e s. Férus d'art, les Nickerson amassèrent une collection d'objets et de tableaux qu'ils exposaient dans la galerie du rez-de-chaussée. Grâce à l'homme d'affaires Richard Driehaus, la maison a fait l'objet d'une restauration spectaculaire entre 2003 et 2008, laquelle a restitué une grande partie du décor d'origine, marbres, pierres dures, céramiques, revêtements muraux et boiseries, d'inspiration néo-Renaissance et néoclassique. Richard Driehaus y présente un mobilier dans les mêmes styles, et sa propre collection dans la galerie qui arbore un splendide **dôme de verre★** posé au début du 20e s. On visite les appartements du rez-de-chaussée et les chambres, dans une ambiance qui retrace à merveille le *Gilded Age* de Chicago. Clinquant !

Continuez vers le nord sur Wabash Ave jusqu'à Huron St.

★ Episcopal Cathedral of St James B1

65 E. Huron St. Narthex - Ⓜ Chicago - ✆ 312 787 7360 - www.saintjamescathedral.org - lun.-vend. 10h-17h - les horaires des expositions et des concerts peuvent varier.

(1857, Edward J. Burling ; 1875, Burling & Adler) – Cette cathédrale est caractéristique des églises de la ville bâties en calcaire local à l'époque du Grand Incendie, lequel n'épargna que le clocher de 1867. Le ravissant **décor intérieur★** en calcaire estampé (1888) révèle des motifs naturalistes et des couleurs du mouvement artistique Arts & Crafts.

Poursuivez vers le nord sur Wabash Ave jusqu'à Superior St. et tournez à gauche.

Holy Name Cathedral – *735 N. State St.* (1874, Charles Keely) – À l'angle de Superior et de State Street, la cathédrale du Saint-Nom est le principal lieu de culte catholique de Chicago. Cet édifice néogothique est le siège de l'archidiocèse de Chicago, lui-même un des diocèses les plus importants des États-Unis.

Revenez sur Wabash Ave et poursuivez vers le nord. Tournez à droite dans Pearson St. et continuez jusqu'à Rush St.

Archbishop Quigley Preparatory Seminary – B1 - *831 N. Rush St.* (1919) – Siège de l'archidiocèse et centre pastoral, cet édifice néogothique fut un collège préparatoire au séminaire jusqu'en 2007. La **chapelle St James★** est ornée de vitraux extraordinaires, réalisés par Robert Giles (John Kinsella Co) et composés sur le modèle de la Sainte-Chapelle à Paris.

Continuez vers le nord dans Rush St., tournez à gauche sur Delaware Pl. et poursuivez jusqu'à Dearborn St.

★ Washington Square B1

Entre Dearborn St., Walton St., Clark St. et Washington Pl.

Washington Square Park, le plus ancien espace vert de Chicago, fut donné à la ville en 1842 par le promoteur Orsamus Bushnell, espérant qu'il séduirait de riches résidents prêts à y faire bâtir de belles demeures. Aujourd'hui, les maisons bordant Dearborn Street dispensent une ambiance de fin de 19e s.

Jouxtant le parc, se dressent sur North Dearborn Street trois survivants de l'âge d'or du quartier. Au n° 915, **John Howland Thompson House** (**A**), de

Henry Ives Cobb et Charles S. Frost (1888), présente une ligne de toit dynamique qui rééquilibre le côté massif de sa façade rustique en grès. **George H. Taylor House** (**B**) *(n° 919)*, de 1895, est du plus pur style georgien, tandis que sa voisine, **George B. Carpenter House** (**C**) *(n° 925)* associe une façade imposante à l'élégance de ses baies arrondies. La **Scottish Rite Cathedral** *(n° 929)*, à l'origine Unity Church (1867), fut ravagée par le Grand Incendie, à l'exception des murs gothiques de calcaire. Elle fut reconstruite en 1873 et revendue par la suite au Consistoire oriental (organe du Scottish Rite ou « Rite écossais », une loge maçonnique) qui fera rénover l'intérieur.

★ Newberry Library B1

60 W. Walton St. - ✆ 312 943 9090 - www.newberry.org - mar.-vend. 9h-17h, sam. 9h-13h ; galerie d'exposition : mar.-jeu. 8h15-19h30, lun. et vend.-sam. 8h15-17h - visite guidée jeu. 15h et sam. 10h30.

Édifiée en 1887 grâce à un legs du négociant, banquier et spéculateur foncier Walter L. Newberry, cette vénérable institution figure parmi les meilleures bibliothèques de recherche indépendantes du pays. Réservée aux étudiants en lettres, elle compte 1,5 million de volumes et 5 millions de manuscrits, parmi lesquels une édition de 1481 de la *Divine Comédie* de Dante, et un manuscrit mexicain du 17e s. gravé sur de l'écorce. N'hésitez pas à entrer pour apprécier le hall et ses hauts plafonds, le grand escalier, les niveaux en terrasse et les superbes luminaires qui lui confèrent toute sa grandeur. Dans les salles jouxtant le hall, des expositions temporaires offrent l'opportunité d'admirer les incroyables richesses de cette bibliothèque.

★★ Gold Coast et Astor Street Plan V page de droite

Une promenade, un dimanche matin, est probablement la meilleure façon de découvrir les belles maisons précédées d'un carré de pelouse impeccable, un peu hors du temps, de cette enclave chic et tranquille. Une atmosphère qui s'inscrivit durablement à la fin des années 1880, lorsque l'homme d'affaires Potter Palmer construisit son extravagant « château » (détruit en 1950, *p. 436*). Il acheta en même temps des terres qu'il lotit avec une vingtaine de maisons, attirant une clientèle huppée.

Niché entre **Oak Street** *(p. 387)* et Division Street au sud, et Lincoln Park au nord, Gold Coast est toujours la zone résidentielle la plus élégante et la plus chère de Chicago, englobant les hautes constructions de Lake Shore Drive et les maisons victoriennes au charme désuet d'Astor Street, l'artère principale du quartier. À l'ouest, LaSalle Street et Sandburg Village marquent la porte d'accès à l'Old Town Historic District aujourd'hui embourgeoisé, tandis que le Magnificent Mile s'étire à quelques encablures au sud. L'été, achevez votre balade en profitant de la plage d'Oak Street Beach !

★ Astor Street

M *Clark/Division.*

Les gratte-ciel laissent la place aux **maisons particulières** dotées de microscopiques jardinets encadrés d'une délicate balustrade de fer forgé. La rue doit son nom au patron d'American Fur Co. qui fit commerce de fourrure dans la région avant la fondation de Chicago.

Remarquez aux nos **1260** et **1301**, les fines tours Art déco (1932, Philip B. Maher) dont l'un des premiers occupants fut Potter Palmer II.

★ **Charnley-Persky House** – B1 - *1365 N. Astor St. - ✆ 312 573 1365 - www.sah.org - visites guidées seult : avr.-oct. merc. 12h ; sam. 10h et 12h - 10 $, entrée libre merc.* (1891-1892, Louis Sullivan et Frank Lloyd Wright) – Cette maison est un

jalon essentiel dans l'histoire de la modernité : Sullivan, assisté de Wright, rejette ici le vocabulaire historiciste au profit d'un registre abstrait et géométrique qui ouvrira des voies essentielles vers le style Prairie. Construite autour d'un atrium qui prend sa lumière dans le toit sous le 2e étage, la maison compte onze pièces admirablement restaurées dans les années 1980. C'est ici que loge désormais la National Society of Architectural Historians, qui promeut l'étude et la conservation de l'environnement bâti.

Charnley House est intéressante par sa proximité avec sa voisine de droite, **Astor Court★** (*nº 1355* - 1914, Howard Van Doren Shaw), laquelle fut construite vingt ans plus tard par le magnat du bois William O. Goodman dans un style néoclassique. À l'inverse de Charnley House, Astor Court s'inscrit en plein dans la tradition.

★ **Edward P. Russell House** – *1444 N. Astor St.* (1929, Holabird & Root) – Petit joyau Art déco en noir et blanc, sans doute la plus élégante du quartier, elle présente une façade de pierre de Lens (France) ornée d'un panneau gravé de gracieux paons et d'une baie arrondie sur trois niveaux aux décors floraux. De délicates fenêtres ovales entourent une porte habillée de grillage.

1500 North Astor Street (1893, McKim, Mead & White) B1 – Cet énorme palais Renaissance situé à l'angle d'Astor Street et de Burton Street fut érigé par l'éditeur du *Chicago Tribune* et ancien maire Joseph Medill qui l'offrit en cadeau de mariage à sa fille, Elinor Patterson.

Côte d'or

CHICAGO CHIC

Les classes aisées de Chicago s'installèrent d'abord dans le quartier de Prairie Avenue, dans le sud du Loop, mais à la fin du 19e s., elles avaient rejoint la Gold Coast. Trois événements contribuèrent au succès de ce lopin de terre situé au sud de Lincoln Park.

Après la création de Lincoln Park, dans les années 1860, grâce au déplacement du cimetière municipal établi sur une terre marécageuse, au nord de la ville, **Lake Shore Drive** est inaugurée en 1875, désenclavant la partie septentrionale de Chicago. Cinq ans plus tard, l'**archevêque** catholique romain fait ériger sa luxueuse résidence et, en 1882, **Potter et Bertha Honoré Palmer**, qui régnaient sur la haute société chicagoane, font bâtir une demeure ostentatoire sur Lake Shore Drive.

Abandonnant en masse Prairie Avenue, l'élite emboîte le pas à Palmer – qui avait pris la précaution d'acheter un maximum de terrains dont la valeur quadruplera en dix ans. Bertha Palmer ne cesse de recevoir, affichant sa collection de toiles impressionnistes (dont elle fera don à l'Art Institute, *p. 410*) dans la pièce de 22 m de longueur spécialement conçue à cet effet. En 1900, l'archevêque divise et vend son terrain, la Gold Coast se peuple de demeures imposantes et de maisons bourgeoises dont le style reflète les modes de l'époque : roman, Queen Anne, Beaux-Arts…

LE TEMPS DES PROMOTEURS

Au 20e s. les promoteurs élèvent des immeubles abritant d'immenses appartements de 18 pièces, munis de chambres pour les domestiques et de tous les aménagements présents d'ordinaire dans une maison individuelle. Nombre de maisons victoriennes sont rasées dans les années 1920, notamment sur Lake Shore Drive, à mesure que de **luxueux gratte-ciel** rentabilisent la surface au sol sans amoindrir le prestige du quartier. Tandis que la Gold Coast prospère, les immigrants irlandais, allemands et suédois, bientôt rejoints par les Italiens, s'installent à l'ouest de LaSalle Street.

Le « château » de Palmer sur Lake Shore Drive est démoli en 1950. Des maisons individuelles laissent la place à des centaines d'appartements, riches du plus bel atout que la ville puisse offrir : une vue sur le lac. Le réaménagement urbain des années 1960 se développe vers l'ouest, comme en témoigne l'érection du **Carl Sandburg Village** le long de Clark Street, depuis Division Street jusqu'à North Avenue, qui donne le coup d'envoi à l'embourgeoisement des secteurs d'Old Town et de Lincoln Park.

MUSÉIFICATION-GENTRIFICATION

En 1973, la ville classe **Astor Street** en secteur historique, limitant ainsi la hauteur des constructions futures. Quatre ans plus tard, tout le quartier, de North Avenue jusqu'à Oak Street et Dearborn Street au sud, et Lake Shore Drive à l'est, est classé au **Centre des Monuments nationaux** et, en 1990, la ville classe les sept dernières maisons de Lake Shore Drive. À la fin du 20e s. et au début du 21e s., nombre de demeures qui avaient été divisées en appartements sont restaurées et retrouvent leur statut de maisons particulières, marquant le début d'une nouvelle ère placée sous le signe du luxe et du raffinement.

★ Lake Shore Drive

Entre Scott St. et Goethe St.

Quatre des sept maisons de Lake Shore Drive, distinguées en 1990 par la mention « Chicago Landmarks », se situent côte à côte dans le block 1200. Les structures massives néoromanes des **Carl C. Heisen House** (*n° 1250* - 1891, Frank B. Abbott) et **Mason B. Starring House** du (*n° 1254* - 1891, L. Gustav Halberg) furent réunies en 1990 pour créer quatre appartements de standing. Holabird & Roche, qui élabora la demeure gothique vénitien fleuri du **n° 1258** pour Arthur Aldis (1898), offrit en 1910 une sobriété toute georgienne au **n° 1260**, juste à côté.

Dans le block 1500, deux demeures en calcaire gris de l'Indiana ont été construites dans le style Beaux-Arts : **Edward T. Blair House** (*n° 1516* - 1914, McKim, Mead & White*)*, et **Bernard A. Eckhart House** (*n° 1530* - 1916, Benjamin H. Marshall*)*, cette dernière étant occupée par le consulat de Pologne.

★ North State Parkway F5

Entre E. Burton St. et North Bd.

À son inauguration, l'immeuble Beaux-Arts du **n° 1550** (1912, Marshall & Fox) était parfaitement en accord avec la démesure du quartier. Ses appartements de 800 m^2 et ses quinze chambres sont distribués autour d'extraordinaires et onéreux solariums. Depuis sa base sobre à la balustrade surmontée de grosses urnes, cette construction est un véritable tour de force, avec ses décors de brique vernissée blanche et de grillages à la française.

Residence of the Roman Catholic Archbishop of Chicago – *1555 N. State Pkwy.* (1880, Alfred F. Pashley) – Plus ancienne demeure du quartier, la résidence de l'archevêque catholique romain de Chicago est une fantaisie Queen Anne, en brique rouge et calcaire. Elle se distingue par les 19 cheminées qui hérissent son toit. La superficie du terrain qui l'entoure est également remarquable.

Si vous aimez marcher, vous pouvez rejoindre le centre-ville à pied par **Dearborn Street★**, bordée de belles demeures et d'immeubles luxueux. Tous les styles architecturaux de la ville s'y retrouvent. Au n° 1325, remarquez la curieuse maison d'inspiration mauresque.

TROP CHAUD ?

Accessibles par le Lakefront Trail (*p. 428*), les superbes plages de Chicago vous attendent. Elles sont couvertes de sable, il y fait souvent beau et l'eau est (plus que) rafraîchissante, surtout après les longs mois d'hiver ! Plus de trente plages s'alignent au bord du lac, du nord au sud. Certaines ne sont pas plus larges qu'un pâté de maisons, d'autres, immenses, disposent de bains publics, de cabines, d'aménagements dédiés à la restauration ou à la location, de terrains de tennis ou de volleyball. Quelques-unes sont parcourues de sentiers naturels.

Elles sont en accès libre de 6h à 23h et autorisées à la baignade en présence des maîtres-nageurs (de Memorial Day à Labor Day, 11h-19h) - www.chicagoparkdistrict.com.

▶★★ **Oak Street Beach** – 1000 N. Lake Shore Drive - accès par les tunnels de Oak St. ou Division St. - très populaire l'été.

▶**North Avenue Beach** – 1601 N. Lake Shore Drive - accès par LaSalle Dr. ou Lincoln Park - très populaire l'été.

▶Si vous craignez le monde, préférez les plages d'Edgewater, plus au nord : **Foster Beach** *(5200 N. Lake Shore Drive)* et **Lane Beach** *(5915 N. Sheridan Rd).*

À noter, en 2018, le nord du Lakefront Trail est en cours d'aménagement.

Oak Street Beach.
C. Eckert/age fotostock

NOS ADRESSES DANS DOWNTOWN NORTH

RESTAURATION

PREMIER PRIX

Magnificent Mile

Plan III p. 424-425

PREMIER PRIX

10 Foodlife – Plan III, B1 - *835 N. Michigan Ave - M Water Tower Place - (312) 335-3663 - www.foodlifechicago.com - 8h-20h, vend.-sam. 8h-20h30, dim. 8h-19h - moins de 15 $.* Composez votre repas sur mesure en piochant dans les différents comptoirs de cette cafétéria de luxe : chinois, mexicain, libanais, burgers, pizzas..., il y en a pour tous les goûts.

11 Pizano's – Plan III, B1 - *864 N. State St. - M Chicago - (312) 751-1766 - www.pizanoschicago.com - 11h-2h, sam. 11h-3h - 16/27 $.* Ici pas de pizzas à la mode de Chicago, mais des préparations à la pâte très fine qui recueillent souvent plus de suffrages.

13 Wow Bao – Plan III, B1 - *835 N. Michigan Ave - Water Tower Place - M Chicago - (312) 642-5888 - www.wowbao.com - 10h-21h, dim. 11h-18h - moins de 10 $.* Spécialités de petits pains chinois à la vapeur, fourrés de toutes sortes de bonnes choses (légumes, porc laqué, etc.).

POUR SE FAIRE PLAISIR

12 The Purple Pig – Plan III, A2 - *500 N. Michigan Ave - M Grand - (312) 464-1744 - http://thepurplepigchicago.com - 11h30-23h - plats 13/29 $.* Un endroit reposant après l'effervescence qui règne à quelques mètres sur Michigan Ave, surtout lorsque le charmant patio est ouvert aux beaux jours. Cuisine fusion pleine de fantaisie, bons fromages et grand choix de vins.

River North

Plan IV p. 431

PREMIER PRIX

15 Gino's East – Plan IV, A2 - *500 N. LaSalle St. - M*

Chicago - ✆ (312) 988-4200 - www.ginoseast.com - 11h-21h, vend-sam. 11h-22h - fermé Thanksgiving et 25 déc. - plats 15/40 $. Une institution depuis 1966. On vient chez Gino pour ses pizzas préparées dans le plus pur style de Chicago (pâte épaisse cuite dans un moule) avec des ingrédients frais et de qualité. Mais pas de sectarisme : il y a aussi des pizzas à pâte fine, des salades, etc. Préparez-vous à attendre : l'endroit a su fidéliser ses habitués et sa réputation attire les visiteurs de passage.

17 **Giordano's** – Plan IV, B1 - *730 N. Rush St. - M Chicago - ✆ (312) 951-0747 - www.giordanos.com - 11h-23h, vend.-sam. 11h-0h - plats 10/29 $.* Cette chaîne de restaurants italiens, populaires et bon marché, propose un large choix de délicieuses pizzas.

50 **Ramen-San** – Plan I, B2 - *59 W. Hubbard St. - M Grand - ✆ (312) 377-9950 - http://ramensan.com - CC - lun.-vend. 11h-0h, sam. 11h-1h, dim. 12h-0h.* Lancé par le groupe Lettuce Entertain you, ce restaurant d'inspiration japonaise, toujours bondé, sert de délicieux *ramen* et autres plats du *far east* sur de grandes tables en bois. Trendy, sympathique et assourdissant.

BUDGET MOYEN

14 **Frontera Grill** – Plan IV, B2 - *445 N. Clark St. - M Grand - ✆ (312) 661-1434 - www.rickbayless.com - 11h30-22h, mar. 11h30-14h30, 17h30-22h, vend. 11h30-23h, sam. 10h30-14h, 17h-23h - fermé dim.-lun. - plats 20/34,50 $.* Moins cher que son voisin Topolobampo qui appartient au même groupe, ce restaurant populaire prisé tant des touristes que des Chicagoans est l'occasion de faire un bon repas mexicain dans un décor coloré. La cuisine est excellente et les plats sortent de l'ordinaire. La carte évolue au fil des saisons.

Gold Coast

Plan IV p. 431 et plan V p. 435

BUDGET MOYEN

Mama Milano – Hors plan - *1421 N. Wells St. - à 10mn de marche - M Chicago - ✆ (312) 787-3710 - www.mamamilano.com - 16h30-22h, vend. 16h30-23h, sam. 11h30-23h, dim. 11h30-21h - fermé lun. - à la carte 31,50/38 $.* Niché dans une petite cour pavée, ce restaurant joliment décoré propose des pizzas aux garnitures originales. Les plats sont servis avec du pain aux épinards, spécialité de la maison.

POUR SE FAIRE PLAISIR

22 **Bistrot Zinc** – Plan V, B2 - *1131 N. State St. - M Clark/Division - ✆ (312) 337-1131 - www.bistrotzinc.com - 11h30-22h, vend. 11h30-23h, sam. 10h-23h, dim. 10h-21h - à la carte 42/55 $.* Croque-monsieur, soupe à l'oignon, moules marinières, escargots de Bourgogne et onglet à l'échalote : la carte et le grand zinc vous rappelleront les bons vieux bistrots parisiens.

16 **GT Fish and Oyster** – Plan IV, A2 - *531 N. Wells St. - M Merchandise Mart - ✆ (312) 929-3501 - www.gtoyster.com - lun. 17h-22h, mar.-merc. 11h30-22h, jeu.-vend. 11h30-23h, sam. 10h-23h, dim. 10h-22h - plats 17/32 $ - plats caviar 95/220 $.* Les produits des deux côtes américaines sont à l'honneur dans ce restaurant où les végétariens et les amateurs de viande trouveront peu de choses à se mettre sous la dent. Sans réservation, vous risquez de devoir prendre place au bar mais ce n'est pas désagréable. Le *lobster roll*, sandwich au homard du Maine servi avec de fines

frites et de délicieux légumes vinaigrés, vaut à lui seul le voyage !

21 **Gibson's** – Plan V, B2 - *1028 N. Rush St. - M Clark/ Division - ✆ (312) 266-8999 - www. gibsonssteakhouse.com - 11h-2h - à la carte 43/105 $.* Depuis 1975, c'est l'une des *steakhouses* les plus connues et les plus réputées de Chicago. Ambiance élégante et réservation indispensable.

UNE FOLIE

20 **Topolobampo** – Plan IV, B2 - *445 N. Clark St. - M Grand - ✆ (312) 661-1434 - www.rickbayless. com - 11h30-14h, 17h30-21h30, vend. 11h30-14h, 17h30-22h30, sam. 17h30-22h30 - fermé lun. et dim. - plats midi 18/29,50 $.* Un grand choix de cocktails et une cuisine mexicaine de haute volée dans un décor audacieux. Menu dîner 7 plats/140 $ sans les vins, ou, nettement plus abordable à midi.

PETITE PAUSE

Gold Coast

3rd Coast Café and Wine Bar – Plan V, B2 - *1260 N. Dearborn St. - M Clark/Division - ✆ (312) 649-0730 - www.3rdcoastcafe. com - 7h-23h.* Selon l'heure du jour, on y prend un cappuccino, un thé ou un verre de vin. Excellents *scones* frais tous les jours.

EN SOIRÉE

Magnificent Mile
Plan III p. 424-425

Andy's Jazz Club - Plan III, A2 – *11 E. Hubbard St. - M Grand - ✆ (312) 642-6805 - www. andysjazzclub.com - 16h30-1h.* Un grand classique de Chicago avec trois concerts par jour : déjeuner, *happy hour*, soirée. Et en plus la cuisine est bonne !

River North
Plan IV p. 431

Celeste – Plan III, A2 - *111 W. Hubbard St. - M Merchandise Mart - ✆ (312) 828-9000 - www. celestechicago.com - mar.-sam. 17h-4/5h - fermé dim. et lun.* Un rooftop aux airs de jardin suspendu pour siroter un cocktail dans la verdure. Si vous préférez l'ambiance *saturday night fever*, montez au Disco et stay alive sur la piste en led *(www.discochicago. com - jeu.-sam. 23h-4/5h).*

Blue Chicago – Plan IV, AB2 - *536 N. Clark St. - M Grand - ✆ (312) 661-0100 - www. bluechicago.com - 20h-1h30, sam. 20h-2h30.* Une programmation de qualité qui met à l'honneur le blues, bien sûr, mais aussi les artistes de la ville ou de la région.

House of Blues – Plan IV, B2 - *329 N. Dearborn St. - M Merchandise Mart - ✆ (312) 923-2000 - www.houseofblues.com.* Du blues mais aussi du rock, du heavy metal et encore d'autres genres selon les occasions. Essayez de venir un dimanche pour le Gospel Brunch (2 services, 10h et 12h30).

Pops for Champagne – Plan IV, B2 - *601 N. State St. - M Grand - ✆ (312) 266-7677 - www. popsforchampagne.com - 15h-2h, sam. 13h-2h.* Plus de cent références de champagne et des concerts de jazz tous les soirs. La belle cheminée ajoute en hiver sa touche cosy à l'endroit élégant sans être snob. On peut y grignoter des petites assiettes salées et des desserts.

Old Town.
Adam Alexander Photography/Choose Chicago

Northern Neighborhoods

Quartiers nord

★★

La ligne rouge *(Red Line)* du métro dessert une succession de quartiers à la personnalité marquée et attachante. D'Old Town et ses charmants cottages à Andersonville et ses boutiques branchées, le monde entier semble à portée de main : les influences allemande, vietnamienne ou suédoise se côtoient et se reflètent dans l'architecture des maisons bordant de larges avenues ombragées. Les habitants de Chicago adorent se retrouver le week-end dans ces quartiers. Il y en a pour tous les goûts – ambiance sportive autour du stade de Wrigley, gay sur Halsted Street, bobo à Lincoln Park, shopping addict sur Armitage Avenue… – avec partout une décontraction, une douceur de vivre qu'il faut goûter si l'on veut vraiment s'imprégner de l'esprit de Chicago.

NOS ADRESSES PAGE 455
Hébergement, restauration, achats, activités, etc.

SE REPÉRER
Plan VI (Old Town) (p. 443) ; plan VII (Mid North District) (p. 448) ; plan VIII (Lakeview Wrigleyville) (p. 452).

À NE PAS MANQUER
Une balade dans Old Town et autour de Lincoln Park, de préférence le week-end, pourquoi pas à l'occasion d'un brunch ; le Chicago Historical Museum.

ORGANISER SON TEMPS
Comptez une journée pour flâner dans Old Town, Lincoln Park, visiter le musée d'histoire et le zoo. Finissez à Lakeview, toujours animé.

AVEC LES ENFANTS
Lincoln Park Zoo et ses activités.

★★ Old Town Plan VI page de droite

Dans ce quartier résidentiel chic circonscrit par Division St., Halsted St., LaSalle St. et Armitage Avenue, d'anciens cottages et d'élégantes maisons de ville cohabitent avec des appartements modernes, le long d'artères bordées d'arbres. **Wells Street**, au cœur de l'animation, traverse le quartier historique du Old Town Triangle, au nord de North Avenue. La rue décline une succession de boutiques, de bars et de restaurants, sans oublier le Second City, un café-théâtre très réputé.
Une promenade au rythme des ruelles étroites de l'Old Town Triangle offre un tour d'horizon sur l'histoire de l'architecture de la ville et un regard sur le paysage résidentiel du Chicago des années 1850 à 1900. La ville moderne semble ici bien loin, même si les gratte-ciel alentour ne peuvent pas passer inaperçus.

SE PROMENER

M *Clark/Division. Prenez W. Division St., puis N. Clybourn Ave et, à droite, N. Cleveland Ave par W. Goethe St.*

★ St Michael's Church A2

1633 N. Cleveland Ave - ✆ 312 642 2498 - www.st-mikes.org - 7h-19h.
Il s'agit de la troisième église de la paroisse depuis sa fondation en 1852. Le Grand Incendie emporta pratiquement l'intégralité de la seconde structure en brique achevée en 1869 et les paroissiens rebâtirent l'intérieur en moins d'un an. Le clocher fut ajouté en 1888 et, en 1913, une statue de Saint Michel de 2,5 m rejoignit la niche en haut de la façade. Les décors intérieurs ouvragés aux influences baroques bavaroises ont exigé des années de rénovation.
En quittant l'église, prenez à droite jusqu'à Menomonee St.

★ Menomonee Street A1

Cette rue au charme désuet résume à elle seule l'atmosphère de l'Old Town historique. Datant de 1971, le **Midwest Buddhist Temple** *(nº 435)* offre un contraste architectural et culturel flagrant avec St Michael. Sa simplicité et sa silhouette de pagode évoquent le Japon. Côté sud, les neuf cottages des **nos 325-345**, érigés dans les années qui suivirent le Grand Incendie, sont de parfaits exemples du patrimoine bâti ancien du quartier. Ces petits cottages de bois s'élevaient en un rien de temps grâce à leur ossature croisée dite *balloon frame*, une innovation chicagoane à laquelle on doit une partie de la croissance rapide (et de l'inflammabilité…) de la ville. Côté nord, la minuscule maison du **nº 348** est une des rares rescapées des quelque 3 000 cabanes offertes par la Chicago Relief and Aid Society aux familles dont les domiciles avaient été détruits par le feu.
Prenez à gauche N. Orleans St. et tournez à droite dans W. Wisconsin St.
La file de maisons en brique du **301-307 West Wisconsin Street** affiche ce style d'inspiration italienne très prisé dans le Chicago de la fin du 19e s. Des linteaux en grès, gravés, ornent les façades hautes et étroites.
Tournez à droite sur Lincoln Park West.

★ Lincoln Park West AB1

Les résidents aisés de la partie orientale d'Old Town firent construire leurs demeures sur le terrain jouxtant Lincoln Park, alors en plein aménagement. Achevée en 1874, avant que les lois de prévention contre les incendies n'entrent en vigueur, **Frederick Wacker House★** *(nº 1838)*, très ouvragée, a appartenu

à un brasseur qui l'embellit à grands renforts de boiseries et de détails victoriens. À côté, **Charles H. Wacker House★** *(n° 1836)* fut édifiée par Charles – fils de Frederick et urbaniste qui donna son nom à Wacker Drive. Plus au sud, les maisons de **Ann Halsted** *(n°s 1826-1834)* de brique rouge étaient destinées à la location – elles furent bâties en 1884-1885 par **Louis Sullivan** et **Dankmar Adler**, dans un style Queen Anne épuré. Il s'agit là de l'une des premières commandes de Sullivan, maître des décors d'inspiration végétale dont la patte est évidente dans les bandeaux de terre cuite couronnant chacune des bâtisses. De l'autre côté de la rue, remarquez les superbes détails d'inspiration italienne des **n°s 1829** et **1835**, sortis de terre en 1875. À l'extrémité du pâté de maisons, **Henry Meyer House** *(n° 1802)* date de la même année. Ce qui fut une ferme à l'origine possède des fenêtres dont les touches décoratives suffisent à lui conférer une sophistication qui ne dépareille aucunement dans ce quartier prospère.

Traversez Menomonee St. et poursuivez vers le sud dans North Park Ave. Prenez à gauche Eugenie St.

En 1885, le promoteur Daniel F. Crilly scinda en deux ce pâté de maisons et consacra dix ans à l'aménager en logements et commerces. Le chef-d'œuvre de son **Crilly Court Development** est la succession de maisons Queen Anne (1885) du côté ouest de la rue. En face, les immeubles (1895) portent le nom de ses enfants gravés au-dessus de leur porte. Devant « Eugenie », on trouve quatre cottages *(n°s 215-219 et 225)* antérieurs à 1874. Ils sont tous dotés d'un sous-sol haut, d'un escalier très raide et de décors d'inspiration italienne. Le mur qui entoure le n° 225 fut ajouté au cours de la rénovation.

Poursuivez vers l'est sur Eugenie St. jusqu'à Wells St.

De l'autre côté de Wells Street, des maisons Queen Anne très travaillées *(n°s 164-172)* bordent le côté nord d'Eugenie Street. Contrastant avec les maisons de même style, mais bien plus sobres, du Triangle, les **Olsen-Hansen Row Houses★** (1886) représentent le Queen Anne à son apogée. Les lignes de toit irrégulières, les tourelles et la variété de textures, matériaux et couleurs, font vibrer façades et toitures.

Tournez à droite dans Wells St.

De 1974 à 1977, l'architecte Stanley Tigerman développa **Piper's Alley** – à l'origine, une simple boulangerie – en centre commercial. Cinémas, restaurants, glaciers et magasins s'y succédèrent, mais au 1616 North Wells Street, le **Second City** est toujours là depuis 1959. Le café-théâtre n'a jamais été affecté par les évolutions de ce quartier où tant d'autres salles ont fait faillite. Notez les visages de terre cuite qui ornent sa façade; ces philosophes et poètes allemands sauvèrent leur tête lorsque le Schiller Theater, d'**Adler & Sullivan**, fut démoli en centre-ville en 1961 !

Tournez à gauche dans North Ave, longez deux pâtés de maisons, puis tournez à gauche dans Clark St.

Une ville ouverte sur le monde comme l'était Chicago au 19e s. attirait forcément son lot d'évangélistes et de réformateurs. Parmi les plus connus figure Dwight Moody, arrivé en 1856. En 1893, lors de l'Exposition universelle, il réunissait plus de deux millions de personnes à ses meetings. La **Moody Memorial Church** (1635) *(N. LaSalle St.)* témoigne de son influence durable. Cet édifice de 1925, en brique, marie des motifs d'influence byzantine et romane, et s'inspire, dit-on, de Sainte-Sophie, à Istanbul, mais son intérieur, très imposant, évoque plus une salle de spectacles qu'un lieu saint.

Traversez Clark St. et achevez votre promenade au Chicago History Museum.

★ Chicago History Museum B2

1601 N. Clark St. - M Sedgwick - ✆ 312 642 4600 - www.chicagohs.org - lun.-sam. 9h30-16h30, dim. 12h-17h - 16 $, audioguide inclus.

Fondée en 1856, la plus ancienne institution culturelle de Chicago retrace l'histoire de la cité depuis ses débuts à travers une multitude de documents et de « mises en scène ». Est évoqué, par exemple, le destin emblématique de la **famille Pritzker**, arrivée de Kiev dans les années 1880, dans un contexte de pogroms. Le jeune Naphtali ben Yakov Pritzker devenu Nicholas J. Pritzker (1871-1957) embrassa tous les métiers et s'éleva grâce à son travail acharné et à son intelligence. Une belle réussite, puisqu'il fut, avec ses fils, à l'origine de la création des hôtels Hyatt et du groupe Marmon. Une série de **grands dioramas** évoquent sept temps forts de l'histoire de la ville, de la Checagou des Indiens découverte par Marquette et Joliet, à l'Exposition de 1893 et la première grande roue de l'Histoire.

Différentes **installations** racontent l'histoire de la cité. On monte à bord d'un wagon du « L », le métro aérien lancé en 1892; on découvre la vie et l'œuvre d'Abraham Lincoln, élu de l'Illinois; on est plongé ensuite dans l'époque de la Prohibition, pendant laquelle la ville acquit une fort mauvaise réputation; on mesure aussi la puissance économique de Chicago, connue pour ses aciéries, son industrie du bois et ses brasseries, qui furent plus nombreuses qu'à Milwaukee! La ville du Playboy Club, de Hugh Heffner, est aussi celle des théâtres et des clubs de jazz et de blues (plusieurs reconstitutions), celle des innovations architecturales et commerciales, etc.

La boutique de souvenirs est une mine (excellent rayon librairie) et le café, doté d'une belle terrasse, s'avère très agréable.

★★ Lincoln Park Plan I AB1-2 p. 376

Lincoln Park Cultural Center - 2045 N. Lincoln Park West - M Sedgwick, Armitage, ou Fullerton - ✆ 312 742 7726 - www.chicagoparkdistrict.com - 6h-23h.

Au sud de Diversey Parkway, à la fois nom de neighborhood et nom de parc, Lincoln Park frange la berge du lac d'une très agréable ceinture verte. Elle attire aujourd'hui, sur près de 10 km, de nombreux Chicagoans qui apprécient tout au long de l'année l'effort porté sur la convivialité et le respect de la nature. Venez profiter, comme eux, de l'ambiance détendue, du Green City Market, du yoga en plein air, des aires de pique-nique, des plages et des terrains de jeu, ou visiter le musée d'histoire, les serres et le zoo. À la hauteur de North Avenue, le parc matérialise la frontière nord du quartier cossu de Gold Coast *(p. 434)*, tandis que Clark Street détermine la limite orientale du secteur animé de Lincoln Park/DePaul *(p. 447)* où fleurissent les salles de spectacles, les restaurants et les boutiques.

SE PROMENER

M Sedgwick. Remontez vers le Chicago History Museum par North Ave.

Sur un petit promontoire à l'arrière du Chicago History Museum s'élève le **Couch Mausoleum**. Ce caveau rappelle la fonction d'origine du terrain sur lequel est aménagé le parc : un cimetière *(p. 408)*. C'est ici que repose **Ira W. Couch** (mort en 1857), connu pour avoir très tôt imaginé la construction d'un hôtel à grande échelle, en 1836, à l'angle de Lake et Dearborn. La bâtiment fut détruit deux fois par le feu, et à chaque fois reconstruit un peu plus grand par l'obstiné Couch. La famille, aussi entêtée que le défunt, refusa de déplacer sa dépouille lorsque le parc fut aménagé. À moins que le refus ne soit venu de la ville, devant le coût prohibitif du déplacement de l'énorme caveau ?...

Poursuivez sous LaSalle St. et empruntez l'allée au nord-est de la statue de Franklin. Continuez le long de Ridge Dr., passez devant la statu du général Grant et traversez South Pond.

South Pond – Ce lac artificiel construit en 1908 dans la perspective des jardins à l'anglaise est devenu avec le temps un habitat naturel pour de nombreuses espèces. Il est bordé par le **Nature Boardwalk**, une initiative du zoo qui signale au passage la richesse de l'écosystème protégé au cœur du parc, de la nidification des oiseaux à la reproduction des tortues. Le **panorama**★★ au sud du pont du South Pond rappelle que la première devise de Chicago *Urbs in horto* (La ville dans un jardin) peut tout aussi bien se lire à l'envers : plus qu'un jardin, la nature est dans la ville.

QUI CELÈBRE-T-ON ?

Lincoln bien sûr... Situé derrière le musée d'Histoire en direction de LaSalle Dr., se dresse Abraham Lincoln : *The Man*★, un hommage de 3,70 m de hauteur rendu au président par le sculpteur américain Augustus Saint-Gaudens en 1887. Couramment appelé « Standing Lincoln », par opposition au « Sitting Lincoln » de Grant Park, l'œuvre connaît plusieurs répliques installées dans le monde entier. Non loin *(par l'allée menant au nord-ouest)*, tournant le dos à LaSalle Street, Benjamin Franklin (1896, Richard Henry Park) nous toise du haut de son piédestal, non pas tant pour ses inventions qu'en raison de son rôle dans l'indépendance des États-Unis. À l'est de South Pond, un autre président, à cheval, surveille les arrières : le General Ulysses S. Grant (1891, Louis T. Rebisso). Beaucoup d'autres célébrités, moins présidentielles, sont honorées dans le parc, de Shakespeare à Andersen.

Dépassez Farm-in-the-Zoo, tournez à droite sur Stockton Dr. et poursuivez vers le nord.

★ Café Brauer

2021 N. Stockton Dr. - Ⓜ Armitage (à 20mn de marche) - bus 151 et 156 - ✆ 312 742 2400 - www.lpzoo.org.

L'endroit est apprécié, depuis sa réouverture après travaux à la fin des années 1980, pour son café et restaurant, sa terrasse sur l'eau et ses soirées en musique (l'été, 17h30-19h30, jazz, rock, country). Conçu pour le compte des restaurateurs Paul et Caspar Brauer, le bâtiment est typique du style Prairie, avec son décor intérieur Arts & Crafts. Le restaurant avait connu un vif succès jusqu'à sa fermeture dans les années 1940.

Continuez vers le nord sur Stockton Dr. au-delà du Lincoln Park Zoo ; laissez la Eli Bates Fountain (Saint-Gaudens) sur votre gauche.

Alfred Caldwell Lily Pool

Angle de Fullerton Ave et Cannon Dr. - Ⓜ Fullerton (à 20mn de marche) - de mi-avr. à mi-nov. - 7h30-19h30.

Aménagé par **Alfred Caldwell** en 1937, cet étang est bordé d'un petit bois planté d'essences locales – enclave paisible pour les promeneurs… et les oiseaux migrateurs. Des pavillons japonisants et des roches plates empilées sont directement inspirés du style Prairie.

Revenez sur Fullerton Ave et poursuivez vers l'est, de l'autre côté de Lake Shore Dr.

Theater on the Lake

2401 N. Lake Shore Dr. - ✆ 312 742 7994 - theateronthelake.com.

Ce sanatorium construit en 1920, dans le style Prairie, accueille un théâtre de 384 places où sont organisés toutes sortes d'événements festifs pendant l'été.

À l'angle de Fullerton Ave et de Cannon Dr. a été placé le monolithe d'acier inoxydable **Curve XXII**, commandé en 1981 à **Ellsworth Kelly**. L'artiste minimaliste l'a dédié à l'esprit **« I Will »** de la ville, qui reprend la devise adoptée par les Chicagoans après le grand feu de 1871.

★★ Lincoln Park Zoo

2200 N. Cannon Dr. - Ⓜ Armitage (à 20mn de marche) - bus 151 et 156 - ✆ 312 742 2400 - www.lpzoo.org - fin mai-déb. sept. : lun.-vend. 10h-17h, w.-end 10h-18h30 ; sept.-oct. et avr.-mai 10h-17h ; nov.-mars 10h-16h30 - entrée libre.

Le zoo dispose de cinq entrées mais préférez celles de Cannon Dr. (est) ou de Stockton Dr. (ouest). Les deux mènent au Main Mall, où vous trouverez des toilettes, un service de location de poussettes et un manège. Carte du zoo et programme du jour disponibles au Gateway Pavilion, près de l'entrée de Cannon Drive.

On pourrait passer presque une journée à profiter de ce zoo absolument magique. Ses débuts furent marqués en 1868 par le don de deux cygnes de Central Park (New York). Aujourd'hui, la structure poursuit à merveille sa mission de préservation combinée à des programmes éducatifs. L'accent est mis sur les espèces en danger et les problématiques écologiques.

On y voit, entre autres, le **Pritzker Family Children's Zoo★** où cohabitent ours, loutres, castors, loups roux, tortues et serpents dans un espace boisé ; le **Regenstein Center for African Apes★★** qui abrite une forêt de bambous où s'ébattent gorilles et chimpanzés ; la **Kovler Penguin and Seabird House★** (1981) où les pingouins, les manchots à jugulaire et les manchots royaux font la loi dans un bassin de 68 000 litres d'eau ; et même une ferme, **Farm-in-the-Zoo**, où l'on peut traire des vaches et grimper dans un tracteur John

Lincoln Park.
J. Campos/VWPics/age fotostock

Deere ! Espérons que les conversions des petits Chicagoans à la nature seront nombreuses.

Lincoln Park Conservatory
2391 N. Stockton Dr. - M Fullerton (à 20mn de marche) - ✆ 312 742 7736 - www.chicagoparkdistrict.com - 9h-17h.
Dessinées par l'architecte Joseph Lyman Silsbee en 1892, les serres, où perce l'influence du Crystal Palace de Londres, et le jardin botanique s'étendent aujourd'hui sur un peu plus d'un hectare. Sous l'immense structure de verre et de cuivre, quatre espaces principaux abritent orchidées, palmiers, fougères et fleurs.

★ **Notebaert Nature Museum**
2430 N. Cannon Dr. - M Fullerton (à 20mn de marche) - ✆ 773 755 5100 - www.naturemuseum.org - lun.-vend. 9h-17h, sam.-dim. 10h-17h - 9 $.
Héritier du premier musée des sciences naturelles de Chicago, le museum fut relogé en 1999 dans un nouveau bâtiment (Ralph Johnson, Perkins & Will), doté par Dick et Peggy Notebaert. Sous sa toiture-jardin de 1 500 m², il a pour objectif de reconnecter les citadins à la nature à travers des expériences diverses : un bungalow franchement rigolo, les zones humides du Midwest et leurs secrets, l'origine des aliments, le battement des ailes de quelque 75 espèces de papillons et de chenilles, un jardin d'escalade. Il héberge en hiver le Green City Market (*p. 388*).

★ Lincoln Park/DePaul (Mid North District)

Plan VII p. 448

Le quartier éclectique de Lincoln Park/DePaul déroule un damier de jolies artères résidentielles striées de boulevards très animés. Depuis Armitage Avenue, au sud, jusqu'à Diversey Parkway au nord et Racine Avenue à l'ouest, le secteur se prête à la promenade, au lèche-vitrine et à la gourmandise. En soirée, la foule afflue dans les salles de spectacles et les restaurants.

DePaul University A2

2400 W. Sheffield Ave - Ⓜ Fullerton - ✆ 312 362 8300 - www.depaul.edu.

Loué en 1907 au St Vincent's College, le campus de l'université s'est développé au pied des édifices religieux de calcaire de West Webster Avenue dominés par l'église néoromane **St Vincent de Paul Church** (1897, James J. Egan).

Aujourd'hui, le campus de 14,5 ha de Lincoln Park est le plus vaste des six campus que compte l'université sur Chicago. Il s'étend de Montana Street à Webster Avenue, et de Racine Avenue à Halsted Street. Ses principaux bâtiments s'ouvrent sur un petite aire piétonne et commerciale créée en 1992 sur Seminary Avenue.

L'ensemble des maisons particulières de **Chalmers Place★** fut bâti par le séminaire afin de générer du revenu. D'un style sévère alliant Queen Anne et néoroman, les façades de brique lisse brune se font face, sans véritable unité esthétique, de part et d'autre d'un petit square. Les deux maisons isolées *(834 et 835 W. Chalmers Pl.)*, datant des années 1880, étaient destinées aux membres de la faculté.

Remontez vers Fullerton Ave, que vous prenez à droite vers Lincoln Ave et Fullerton Pkwy.

Lincoln Avenue/Clark Street B1-2

Les maisons, les immeubles et les églises les plus remarquables du quartier se concentrent entre Lincoln Avenue et Clark Street, dans **Fullerton**

Parkway★. Depuis les années 1880, l'avenue accueille d'élégantes demeures, bordées d'arbres et de jardins. Deux églises de style roman se détachent de cet alignement : l'**Episcopal Church of Our Saviour** (1888) *(n° 530)* et la **Lincoln Park Presbyterian Church** (Église presbytérienne de Lincoln Park) (1888) *(n° 600).*

Continuez jusqu'à Lakeview Ave, adresse très chic face au parc. Si vous vous intéressez de près à l'architecture, voyez les petites rues perpendiculaires, également bordées de maisons dignes d'intérêt.

2400 North Lakeview Avenue B1 – (1963) – La structure de verre et d'acier de trente étages est la dernière tour d'habitation de **Ludwig Mies van der Rohe** à Chicago.

★ **Theurer/Wrigley House** B1 – *2466 Lakeview Ave.* (1896) – Elle domine l'angle d'Arlington Place de sa silhouette caractéristique de la Renaissance italienne, au rythme d'étayages massifs d'acier et de béton. Jetez un coup d'œil au **solarium★** à l'angle sud-ouest pour apercevoir la décoration intérieure. William Wrigley Jr., le magnat du chewing-gum, acheta la maison au brasseur Joseph Theurer en 1911. La famille Wrigley y logea jusque dans les années 1930, quand de supposées menaces d'enlèvement l'obligèrent à déménager pour une résidence plus sécurisée.

Continuez de remonter Lakeview Ave vers le nord.

★★ **Elks Veterans Memorial** B1 – *2750 N. Lakeview Ave - ✆ 773 755 4876 - 15 avr.-15 nov. : lun.-sam. 12h-16h.* (1926) – Un autre spectacle architectural vous attend à l'angle de Diversey Parkway. Érigé en l'honneur de la Fraternité Elks ayant servi pendant la Première Guerre mondiale, ce mémorial célèbre désormais la mémoire de tous les vétérans américains. À l'intérieur de cette structure néoclassique, il n'y a pas un centimètre carré qui ne soit décoré – mur, fenêtre, plafond… Sous la rotonde et dans la salle de réception, vingt-six variétés de marbre et de panneaux de chêne abondamment ouvragé, sans omettre les statues dorées, les fresques murales et les vitraux, ne manquent pas d'émerveiller le visiteur.

Empruntez Diversey Parkway.

★ **Brewster Appartments** B1 – *Angle N. Pine Grove Ave.* (1893) – Les façades rustiques de ce gratte-ciel – l'un des plus anciens de Chicago – s'appuient sur une structure métallique. Remarquez l'imposante corniche sculptée.

Suivez Pine Grove Ave vers le sud, et tournez à droite dans Wrightwood Ave.

★ **Francis J. Dewes House** B1 – *503 W. Wrightwood Ave.* (1896) – Une vraie maison de conte de fées, commandée par le brasseur allemand Francis Dewes… Le calcaire blanc de Bedford contraste superbement avec le toit foncé à la Mansart et les balustrades de fer forgé. La maison tire tout son charme de ses détails baroques foisonnants, et surtout des deux silhouettes presque disproportionnées qui flanquent la porte d'entrée, ainsi que de l'incroyable diversité des décorations de fenêtres.

Prenez à gauche Clark Street, qui revêt ici un petit air de Kings Road londonien, avec ses boutiques et ses restaurants.

À droite, les maisons de **Deming Place★** rappellent une époque passée, où l'élégance était de mise. Les plus anciennes remontent aux années 1880 et 1890 et furent édifiées par des hommes d'affaires allemands. **St Clement Roman Catholic Church★** (Église catholique romaine St-Clément - 1918), en calcaire lisse, surmontée de deux tours et ornée d'une rosace de style roman français, dévoile à l'intérieur des fresques et des mosaïques spectaculaires.

Par Arlington Place, également bordée de maisons anciennes et de jardins, rejoignez Clark Street.

L'incroyable entrepôt de la **Reebie Storage and Moving Co.** *(2325 N. Clark St.)*, inauguré en 1923, célèbre… la découverte du tombeau de Toutankhamon l'année précédente ! Les deux statues de Ramsès II sont censées représenter les frères Reebie. Sous l'une d'entre elles, des hiéroglyphes proclament : « Je protège vos meubles ! »

Tournez à droite dans W. Belden Ave.

L'immeuble d'habitation **Cobden** (1892, Charles S. Frost) s'étire du 418 au 424 West Belden et occupe l'angle de Clark Street. La décoration de sa façade sur Belden Avenue est intéressante, avec ses fenêtres ondulantes et son pignon en couronne. Au n° 440, **Ann Halsted House** (1883) est une commande de Adler & Sullivan – sous le pignon, on distingue la signature du cabinet et son motif en lotus.

Prenez, à gauche, N. Cleveland Ave.

Remarquez la **Leon Mannheimer House** (1884) au n° 2147 : on y distingue immanquablement la patte de Louis Sullivan.

Au n° 2150, **Walter Guest House** fut réagencée en 1932 par Edgar Miller. Des chevrons incisés embellissent les coûteuses fenêtres de verre au plomb. Notez les animaux favoris de Miller sur la porte d'entrée !

Descendez vers le sud jusqu'à Armitage St. et tournez à droite dans W. Armitage.

★ **Armitage Avenue** AB2 – Dans cette agréable artère, surtout entre Halsted Street et la station de métro, les boutiques de mode attirent la foule le samedi. Quelques immeubles à bow-windows et à clochetons apportent leur note pittoresque à l'avenue, dont les rues perpendiculaires comptent parmi les plus huppées de la ville.

★ Lakeview Wrigleyville Plan VIII p. 452

Au bord du lac sur la North Side, ce quartier très résidentiel et populaire se révèle à la fois joyeux et excentrique. Les distances sont telles qu'il faut soit se procurer un moyen de locomotion, soit centrer vos visites autour des stations de métro. Autour de M *Addison*, le stade de Wrigley Field donne son nom aux pâtés de maisons du nord, qui s'étirent de Diversey Boulevard à Irving Park Road. Autour de M *Sheridan*, le cimetière de Graceland est une parenthèse de calme, à l'opposé du tronçon très animé de Halsted Street, entre Belmont Avenue et Addison Street, cœur de Boystown.

★ Wrigley Field A3

1060 W. Addison St. - M Addison - ✆ 773 388 8270 - chicago.cubs.mlb.com - mai-oct. - les visites partent de la Porte D (consultez les horaires par téléphone ou sur le site Internet) - 25 $.

(1914, Zachary Taylor Davis) – Ce stade est mythique, surtout depuis que les **Cubs** de la National League ont gagné la série mondiale en 2016. Les Cubs jouent à domicile au Wrigley Field depuis 1916, et leurs supporters attendaient que leurs *lovable loosers* créent l'événement depuis 108 ans. Patience et longueur de temps… En attendant, on s'équipe : la plupart des immeubles alentour accueillent des clubs sur leurs terrasses, du haut desquelles les membres regardent les matches. Depuis 1988, le stade dispose d'éclairages : on peut donc jouer de nuit.

Rejoignez Halsted St. puis Cornelia Ave, Broadway et enfin Stanford Place.

★ **Temple Sholom** – *3480 North Lake Shore Drive.* (1930, Loebl, Schlossman & Demuth) – Ce grand temple hexagonal de style byzantin brise joliment la monotonie des hautes tours qui se succèdent au bord du lac avec son appareil en calcaire ocre, recouvert de motifs ouvragés.

Boystown.
Adam Alexander Photography/Choose Chicago

★ **Hawthorne Place District** B3
Entre Broadway et Lake Shore Dr. - Ⓜ *Addison* ou *Belmont.*
En 1883, Benjamin et John McConnell développèrent ce secteur – maisons et jardins – pour en faire la perle de Lakeview. Parmi les demeures victoriennes remarquables, voyez **George E. Marshall House** (**A**) (1886, Burnham & Root) *(nº 574)*, et **Benjamin F. McConnell House** (**B**) (1884) *(nº 568)*, toutes de bardeaux vêtues. Dans les années 1890 s'éleva **Herman H. Hettler House** (**C**) *(nº 567)* de style Queen Anne, propriété de la Chicago City Day School installée à côté, reconnaissable à sa tourelle d'angle, à sa véranda tout en courbe et à son assise de pierre. **John McConnell House** (**D**) *(nº 546)* construite en 1885 pour le promoteur et maire de Lakeview, fut rénovée en 1993.

Boystown AB3
Par Roscoe St., rejoignez Halsted St. - Ⓜ *Belmont.*
Au cœur de ce quartier, qui rassemble une large communauté LGBT – comme l'indiquent les couleurs arc-en-ciel qui jalonnent la rue –, bars, restaurants, théâtres et festivals assurent une ambiance festive, surtout le soir. La **Chicago Pride Fest** *(un w.-end mi-juin)* et **NorthHalsted Market Days** *(un w.-end mi-août - northalsted.com)* mettent la rue en délire…
Boystown est traversé par Roscoe Street qui se prolonge à l'ouest dans **Roscoe Village**, avec ses jolies rues perpendiculaires. Sympathique atmosphère le soir, apportée par les bars et restaurants.
De Belmont Ave, vous pouvez rejoindre le métro du même nom.

★★ **Graceland Cemetery** A2
4001 N. Clark St. - Ⓜ Sheridan - ✆ 773 525 1105 - www.gracelandcemetery.org - printemps-été : 8h-18h, w.-end 9h-16h30 ; automne-hiver : 8h-16h, sam. 10h-15h.
Si vous êtes bon marcheur, en descendant de Ⓜ *Sheridan*, passez par **Alta Vista Terrace**★ avant de vous rendre au cimetière. Cette charmante rue déroule une succession de demeures identiques, de style georgien. Le trajet sera de

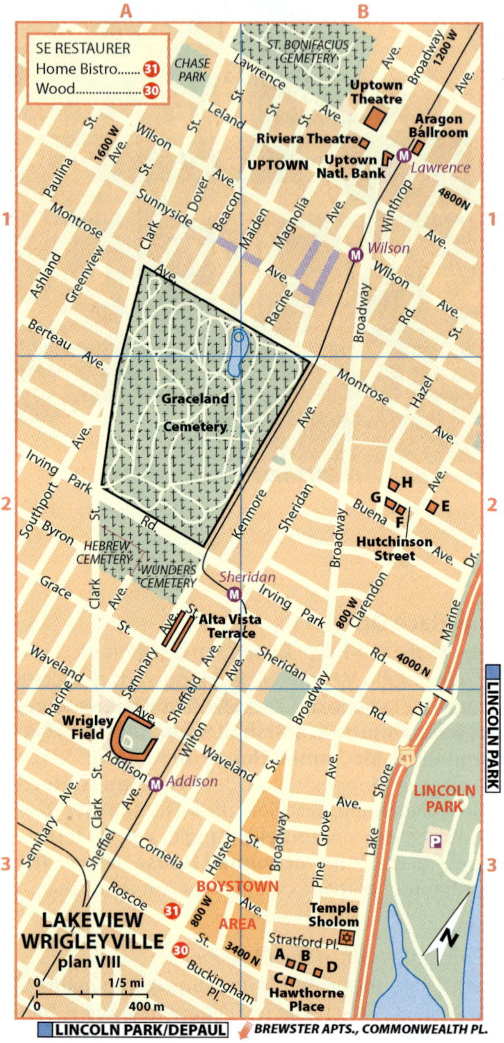

toutes façons plus agréable que celui, direct et aux trottoirs incertains, qui emprunte le très bruyant W. Irving Park Rd. Il vous faudra marcher un bon quart d'heure avant d'atteindre Graceland.

Moins secret que ses homologues européens, le cimetière dégage néanmoins un charme mélancolique. Les sépultures, qui peuvent être une simple pierre sur le point d'être avalée par la terre, ou un riche tombeau orné, abritent anonymes et célébrités sous la ramure d'arbres somptueux. Certaines ont été déplacées des bords du lac en 1860 à la création de Lincoln Park (*p. 408 et 445*). Le dessin du cimetière (48 ha) a été complété par la constitution progressive d'un **arboretum**. Dans cette nature joliment apprivoisée, on croise les voisins aisés de Prairie Avenue et de la Gold Coast – les Palmer, Field, McCormick et

Pullman –, des architectes réputés – William Le Baron Jenney, Daniel Burnham, John W. Root, Louis Sullivan, Mies van der Rohe – ou des légendes du sport… Certains tombeaux sont de petits chefs-d'œuvre d'architecture.

VOUS VOUS INTÉRESSEZ AUX MORTS OU AUX ARBRES ?

La question paraît étrange à première vue. C'est pourtant celle qu'on vous pose à l'accueil du cimetière de Graceland pour vous demander si vous souhaitez un plan des tombes, un plan des végétaux, ou les deux. Ne partez pas à la découverte du lieu, à la fois cimetière et arboretum, sans vous être muni des deux. Passionnant et paisiblement dépaysant.

★ Hutchinson Street District B2

Entre Lake Shore Dr. et Hazel St. - Ⓜ *Sheridan.*

Des maisons familiales éclectiques, et plusieurs réalisations signées **George Washington Maher**, l'architecte de la Prairie School, rompent ici la monotonie des immeubles du bord du lac. **Edwin J. Mosser House** (**E**) (1902) *(n° 750, en face de Clarendon Street)* présente d'énormes urnes ainsi qu'une entrée de style Sullivan. Au n° 817, **Claude Seymour House** (**F**) (1913), à deux étages, se distingue par des fenêtres de verre au plomb, des urnes et une arche plate surmontant l'entrée dans laquelle on perçoit la patte de Maher. Sa **Grace Brackebush House** (**G**) *(n° 839)* réalisée en 1909, marque l'intégration d'éléments décoratifs pittoresques à la ligne horizontale caractéristique du style Prairie. Enfin, la **John C. Scales House** (**H**) (1894) *(n° 840)* est une bâtisse Queen Anne rehaussée de bardeaux et de tourelles rondes.

Uptown B1

Ⓜ *Argyle.*

Réputée pour ses salles de concert, cette communauté très diversifiée d'un point de vue ethnique se concentre à la frontière nord de Lakeview. Immeuble repère de ce carrefour animé et commercial, le building d'inspiration néoclassique de la **Sheridan Trust and Savings Bank Building** (1924, Marshall & Fox) *(4753 N. Broadway - www.bridgeviewbank.com - lobby ouv. lun.-jeu. 9h-17h - vend. 8h-18h - sam. 8h-13h)* est devenu la propriété de la Bridgeview Bank. Le **lobby** a conservé sa beauté de 1924, en particulier un immense plafond peint. Renouant avec sa splendeur passée, l'**Uptown Theatre** de 4400 places (1925, Rapp & Rapp) *(4814 N. Broadway)* vient d'être rénové. Au 1106 W. Lawrence Avenue, l'**Aragon Ballroom**, exceptionnelle salle de bal au charme décati, attire la foule depuis les années 1920. Elle évoque l'architecture d'un palais aragonais (d'où son nom), dont la piste en forme de cour intérieure a vu passer les plus grands noms de la musique, jazz ou rock, de Sinatra à AC/DC. À voir également, l'ancien cinéma devenu le **Riviera Theatre** (1918, Rapp & Rapp) *(4746 N. Racine Ave).*

Andersonville et Lincoln Square Plan I p. 376

ANDERSONVILLE A1

ℹ *www. andersonville.org -* Ⓜ *Berwyn ou Bryn Mawr.*

Circonscrit par quatre avenues – Winnemac, Elmdale, Ravenswood et Magnolia – le quartier accueillit au 19e s. des immigrants suédois : il était à l'époque le seul où les plus pauvres des propriétaires terriens pouvaient bâtir des habitations en bois. Aujourd'hui, le quartier a conservé ses racines suédoises, tout en attirant une communauté gay et lesbienne. Andersonville s'enorgueillit de ses formidables restaurants (suédois ou non), de ses belles boutiques de décoration et de ses boîtes de nuit.

Mosaïque ethnique et culturelle, cette partie de Chicago attire naturellement les visiteurs. Il faut ajouter que le quartier compte nombre de maisons d'hôtes et d'hôtels de charme. À ne pas manquer : l'**Andersonville Farmers Market** *(le mercredi)*, véritable Mecque culinaire, un marché où l'on peut s'offrir du pain, des produits du terroir et des fruits exotiques.

Clark Street A1

Entre Foster et Bryn Mawr Ave.

Essentiellement suédois à l'origine, Andersonville est aujourd'hui un quartier populaire regorgeant de boutiques : les antiquaires et les magasins de décoration et de cadeaux y abondent.

LINCOLN SQUARE A1 en dir.

M *Western.*

Le week-end, les habitants de Chicago aiment se promener ici comme ils déambuleraient dans une petite ville de province. Les rues sont bordées d'immeubles bas et de maisons, et on y trouve un très bon choix de bars, de restaurants et de boutiques. Il y plane encore le souvenir des immigrants allemands qui participèrent à l'essor du quartier. Ne manquez pas les étals des bouchers ou les saucisses du Gene's Sausage Shop *(4750 N. Lincoln Ave)*. Le **Lincoln Quality Meat Market** *(4661 N. Lincoln Ave)* propose une variété inouïe en matière de côtelettes, de steaks, de volaille et de charcuterie. Le Lincoln Square Farmers Market *(N. Lincoln Ave et W. Leland Ave, juin-oct., mar.)* est très prisé. Le quartier s'est enrichi d'un marché nocturne, le jeudi : fruits, légumes, fleurs (et des petits concerts).

ENCLAVES

La mosaïque des *neighborhoods* ne serait pas complète sans son **Chinatown**. Vous le trouverez à Argyle Street, parenthèse dédiée à la culture asiatique, où même la station de métro est décorée à l'avenant ! On y découvre une extraordinaire concentration de restaurants chinois, thaïs et vietnamiens, et même le temple de la gastronomie cantonaise (Sun Wah BBQ - *5039 N. Broadway*), sans parler des boulangeries, herboristeries et restaurants de nouilles… le choix est absolument pléthorique. À **Edgewater**, admirez l'architecture Art déco, surtout le long de Bryn Mawr Avenue et des plages du lac Michigan. Ce quartier est riche d'une communauté animée qui se retrouve au Metropolis Café, filiale de la Metropolis Coffee Company, si appréciée dans la ville : les Chicagoans viennent savourer là leur café. Un régal des yeux déjà…

NOS ADRESSES DANS LES NORTHERN NEIGHBORHOODS

RESTAURATION

Lincoln Park

Plan VII p. 448

PREMIER PRIX

27 **Frances'Deli** – Plan VII, B1 - *2552 N. Clark St. - ✆ (773) 248-4580 - www.francesdeli.com - 8h-15h, w.-end 8h-17h - plats 12/16 $.* Depuis 1938, un vrai *deli* de quartier comme on les aime avec tout ce qu'on s'attend à y trouver : pastrami maison, soupe de poulet, *corned beef*, galettes de pomme de terre, *pancakes*, *grilled cheese sandwichs*, coupes sundae et autres milk-shakes. Rien ne manque !

BUDGET MOYEN

28 **Riccardo Trattoria** – Plan VII, B2 - *2119 N. Clark St. - ✆ (773) 549-0038 - www.riccardotrattoria.com - 17h-22h, vend.-sam. 17h-23h - formules 26/54 $.* Riccardo Michi a commencé sa carrière dans un grand restaurant milanais. Il recrée ici les plats traditionnels de son pays, dans un décor qui n'a rien de « folklorique ». Grand choix de pâtes et de risotti à toutes les sauces.

Lincoln Square

Plan I p. 376

BUDGET MOYEN

38 **Gather** – Plan I, A1 - *4539 N. Lincoln Ave - Ⓜ Western - ✆ (773) 506-9300 - www.gatherchicago.com - 17h-22h, jeu. 17h-23h, vend. 17h-0h, sam. 10h-14h, 17h-0h, dim. 10h-14h, 17h-21h - plats 15/30 $.* L'idée : se réunir autour de grandes tables communes afin de partager des plats plus appétissants les uns que les autres – assiettes de charcuterie maison, assiettes de saumon fumé, brocolis rôtis, etc., et quelques plats plus consistants, fraîchement portés à la carte. Copieux menu façon « dîner en famille » à 26 $ (gratuit pour les moins de 10 ans) le dimanche soir.

UNE FOLIE

37 **Goosefoot** – Plan I, A1 - *2656 W. Lawrence Ave - Ⓜ Rockwell - ✆ (773) 942-7547 - www.goosefoot.net - 18h30-23h - fermé dim.-mar.* De l'extérieur, l'endroit ne paie pas de mine mais c'est pourtant l'une des grandes tables de la ville. Le décor minimaliste laisse toute sa place à la cuisine fine et inventive de Chris Nugent que l'on découvre à travers un menu de 9 plats (145 $). Pour éviter de faire grimper l'addition, vous pouvez apporter votre vin : il vous en coûtera 10 $ de frais de bouchon.

Old Town

Plan VI p. 443

BUDGET MOYEN

25 **Twin Anchors** – Plan VI, A2 - *1655 N. Sedgwick St. - Ⓜ Sedgwick - ✆ (312) 266-1616 - www.twinanchorsribs.com - 17h-22h30, merc.-jeu. 17h-23h, vend. 17h-0h, sam. 12h-0h, dim. 12h-22h30 - plats 16/32 $.* Ancrée dans la ville depuis 1932, cette taverne ne désemplit pas. Les clients sont toujours aussi nombreux à savourer de bonnes viandes grillées, arrosées d'une sauce parfumée et servies avec des backed beans.

Lakeview & Wrigleyville

Plan VIII p. 452

BUDGET MOYEN

30 **Wood** – Plan VIII, A3 - *3335 N. Halsted St. - Ⓜ Belmont - ✆ (773) 935-9663 - http://woodchicago.com - 17h-22h,*

vend. 17h-23h, sam. 10h-14h, 17h-23h, dim. 10h-14h, 17h-22h - plats 18/30 $. Une belle salle, éclairée de larges baies vitrées, un immense bar, des tables encadrées de banquettes confortables, une cuisine ouverte sur la salle. Dans ce joli décor, l'ambiance s'installe facilement autour des « classiques » américains. Le Wood est aussi un bar impressionnant par le choix qu'il offre. On vient parfois dans l'unique intention de siroter un des cocktails mis au point par un « mixologue » plein d'imagination.

POUR SE FAIRE PLAISIR

31 **Home Bistro** – Plan VIII, A3 - *3404 N. Halsted St. - M Belmont - ✆ (773) 661-0299 - http://homebistrochicago.com - 17h30-22h, vend.-sam. 17h-22h30, dim. 11h-14h, 17h-21h - fermé lun. - plats 22/25 $.* Situé au cœur de Boystown, ce restaurant d'habitués séduit par sa décoration lumineuse et amusante. Les citations sur les murs convoquent des personnages aussi variés que Beethoven et Piggy la Cochonne du Muppet Show ! Dans les assiettes, des plats aux accents divers : moules marinières à la flamande, gnocchi à la ricotta, porc braisé et nouilles *ramen*, etc. Carte toujours en quête de nouveauté et desserts tout frais.

Andersonville & Argyle

Plan I p. 376

PREMIER PRIX

35 **Pho Xe Tang-Tank Noodle** – Plan I, A1 - *4953 N. Broadway - Argyle - ✆ (773) 878-2253 - www.tank-noodle.com - 8h30-22h, dim. 8h30-21h - fermé merc. - moins de 20 $.* Une petite cantine vietnamienne très populaire où on vient se régaler de *pho* et autres spécialités. Service basique, décor à l'avenant, mais excellente cuisine.

BUDGET MOYEN

32 **Anteprima** – Plan I, A1 - *5316 N. Clark St. - à 10mn de marche - M Berwyn - ✆ (773) 506-9990 - http://anteprimachicago.net - 17h30-21h30, vend. 17h30-22h30, sam. 17h-22h30, dim. 17h-21h - à la carte 38/51 $.* Dans cette trattoria au décor agréable, on savoure une cuisine italienne préparée dans les règles de l'art : assiettes d'antipasti, porc à la saltimbocca, piccata de veau, etc. Et toujours des spécialités de saison. Gardez une place pour la panacotta au citron et profitez de la terrasse à la belle saison. Bon menu 3 plats/32 $.

33 **Hopleaf** – Plan I, A1 - *5148 N. Clark St. - à 15mn de marche ou bus - M Berwyn - ✆ (773) 334-9851 - www.hopleafbar.com - 12h-2h, sam. 12h-3h - à la carte 34/59 $.* Un joli gastropub pour boire une bière (la spécialité de la maison), dîner ou juste grignoter, par exemple de succulentes moules marinières (autre spécialité du lieu), une tartelette tomate-roquette-pesto ou une salade niçoise.

52 **Band of Bohemia** – Plan I, A1 - *4710 N. Ravenswood Ave - M Damen - ✆ (773) 271-4710 - www.bandofbohemia.com - CC ♿ - mar.-dim. 17h-22h (dim. 21h), brunch sam.-dim. 10h-14h - plat 15/49 $.* C'est la fête, dans le verre comme dans l'assiette. Non contents de brasser eux-mêmes leurs bières aux arômes exquis, Band of Bohemia assortissent leurs breuvages d'une cuisine qui vous suprendra par ses associations inédites et ses enchaînements inattendus. Dans un entrepôt au design industriel ébouriffé par une déco bohème, on s'installe au choix, dans un

booth tranquille, sur une des tables de la grande salle ou assis sur un tabouret devant la cuisine où la brigade s'affaire. Réservez !

Herb – Hors plan - *5424 N. Broadway St. - M Bryn Mwar - ✆ (773) 944-9050 - www.herbrestaurant.com - CC - jeu.-dim. 17h-22h.* Dans la foule de restaurants thai du quartier, celui-ci se distingue par la douceur de son décor et la gentillesse de l'accueil. La cuisine de Patty Neumson, chef et propriétaire des lieux, est aussi légère que savoureuse.

PRENDRE UN VERRE

Lincoln Park

Plan VII p. 448

Bourgeois Pig Cafe – Plan VII, A1 - *738 W. Fullerton Pkwy - M Fullerton - ✆ (773) 883-5282 - http://thebourgeoispigcafe.com - 8h-17h30.* Dans une jolie maison à l'ancienne, les différents étages sont aménagés pour que chacun se sente chez soi. D'excellentes préparations en cuisine complètent une pause très agréable à l'heure du petit-déjeuner ou du déjeuner (pain délicieux).

EN SOIRÉE

Lincoln Park

Plan VII p. 448

B.L.U.E.S. – Plan VII, A1 - *2519 N. Halsted St. - M Fullerton - ✆ (773) 528-1012 - www.chicagobluesbar.com - 20h-2h, sam. 20h-3h - fermé lun.-mar.* Ce tout petit club figure parmi les meilleurs de la ville en la matière. Le dimanche, le prix inclut aussi l'accès au Kingston Mines.

Kingston Mines – Plan VII, A1 - *2548 N. Halsted St - M Fullerton - ✆ (773) 477-4646 - www.kingstonmines.com - 19h30-4h, vend. 19h-4h, sam. 19h-5h, dim. 18h-4h.* En face du précédent avec lequel il fonctionne étroitement, ce club est tout aussi réputé et accueille de grands noms. La musique résonne jusqu'aux heures du petit matin.

Lakeview

Plan I p. 376 et plan VIII p. 452

Liar's Club – Plan I, A2 - *1665 W. Fullerton Ave - ✆ (773) 665-1110 - 20h-2h, sam. 20h-3h.* De l'extérieur, on dirait un bar ordinaire, mais cette façade cache l'une des boîtes les plus originales de Chicago. L'action se déroule en sous-sol, et les amateurs de musique des années 1970 à 1990 sont nombreux à venir danser sous les boules à facettes de la petite salle. Entrée payante le week-end.

Metro – Plan VIII, A2 - *3730 N. Clark St. - M Addison - ✆ (773) 549-4140 - http://metrochicago.com - 12h-20h, lun. 12h-18h - fermé dim.* Réputé depuis les années 1990, ce club sélectionne des artistes qui montent, dans divers genres musicaux. Le prix d'entrée varie selon le groupe qui se produit. Mieux vaut acheter les billets au préalable sur le site Internet car la salle n'est pas grande.

Uptown

Green Mill – Plan VIII, B1 - *4802 N. Broadway Ave - M Lawrence - ✆ (773) 878-5552 - http://greenmilljazz.com - 12h-4/5h.* Programmation jazz dans ce bar aux allures de speakeasy, où il règne toujours une ambiance des années 1920.

Fans de concerts, surveillez l'**Aragon Ballroom**, à deux pas (*p. 453*).

The West

Quartiers ouest

★

Là encore une mosaïque de quartiers aux accents multiples ! Wicker Park et Bucktown se sont embourgeoisés, mais le charme de leurs rues bordées de boutiques, de restaurants et de maisons anciennes opère. C'est ici qu'a été inaugurée en 2015 la Bloomingdale Trail, la « 606 » ou « Highline » de Chicago, promenade plantée qui surplombe les jardins environnants. Plus au sud, Little Italy offre un choix exquis de restaurants italiens, tandis que Pilsen vibre au rythme mexicain et que ses murs peints lui donnent l'aspect le plus « arty » et bohème de Chicago.

NOS ADRESSES PAGE 463
Hébergement, restauration, achats, activités, etc.

SE REPÉRER
Plan IX (Wicker Park et Bucktown) (p. 460). Au nord-ouest du centre-ville, de la Chicago River à Western Ave, Webster Ave et Division St.

À NE PAS MANQUER
Les ambiances ethniques : ukrainienne et polonaise à Ukrainian Village, mexicaine à Pilsen.

ORGANISER SON TEMPS
Il faut bien une demi-journée par quartier pour en prendre la température.

★ Wicker Park et Bucktown Plan IX p. 460

Ce que Soho fut à Manhattan, Bucktown et Wicker Park le furent à Chicago. Ces quartiers mitoyens ont attiré entre la fin des années 1980 et le début des années 1990 des créateurs et des artistes. Riches de leur talent mais souvent peu fortunés, ils louaient de grands lofts au loyer peu élevé. Ils ont maintenant quitté les lieux, mais l'atmosphère *arty* perdure. Le quartier compte encore certaines des meilleures adresses pour le shopping, la vie nocturne et les restaurants, parfois surprenants. Plus au sud, le carrefour entre Damen et Chicago Avenue présente aussi un vaste choix de restaurants et de boutiques.

Wicker Park A1

M *Damen.*

Formant un petit triangle d'un peu plus d'un hectare, Wicker Park est frangé d'immeubles d'habitation du 20e s. et de demeures victoriennes bâties à la demande de riches immigrants allemands et scandinaves à la fin du 19e s., le long de Schiller Street et de Wicker Park Avenue. Au sud, autour d'**Evergreen Avenue**, on trouve également de jolies rues arborées.

Des années durant, le cœur du Wicker Park artistique s'est situé à l'intersection des avenues Milwaukee, Damen et North, dominée par la **Northwest Tower**★ (1929, Perkins, Chatten & Hammond), aujourd'hui occupée par le **Robey Hotel** (*p. 386*). Cet immeuble qui pointe le nez au-dessus de son douzième étage a été pendant trois décennies connu sous le nom de Coyote Building. Peut-être son profil de chien hurlant ? Toujours est-il qu'aux alentours de ce beau building Art déco se tenait tous les deux ans la manifestation « Around the Coyote » : les galeries et les lofts des artistes étaient alors ouverts au public. L'opération s'est tue en 2010. Difficile de résister à la gentrification.

Wicker Park, Milwaukee Avenue.
stevegeer/iStock

À l'angle sud-est des avenues Milwaukee et North, le **Flatiron Building**, contrairement à son célèbre homologue new-yorkais, ne compte que deux étages. C'était autour des années 1990 le Bateau-Lavoir de Chicago, épicentre de la manifestation « Around the Coyote » pendant un temps. Des ateliers d'artistes (plasticiens, designeurs, tatoueurs, etc.) se partagent encore le dédale intérieur de l'immeuble triangulaire. Ils ouvrent leurs portes chaque premier vendredi du mois, mais vous pouvez y faire un tour dans la journée.
Empruntez au sud Damen Ave, puis à l'ouest Schiller St. et tournez à droite dans Hoyne Ave.

Bucktown AB1
Au nord de North Ave, entre Milwaukee Ave et Ashland Ave - M *Damen.*

LA VIE EN L'AIR

♿ Vivez une des expériences de vie quotidienne à Chicago les plus plaisantes, loin du Loop, des plages et des activités touristiques. Comme la Highline de New York, une promenade en hauteur a été aménagée début 2015 à Chicago sur une voie de chemin de fer désaffectée. Le **Bloomingdale Trail** s'étend d'ouest en est, sur environ 4,8 km, le long de Bloomingdale Ave, entre N. Ridgeway Ave à l'ouest et N. Ashland Ave à l'est. Dotée de douze points d'accès (tous les 300 m environ), plantée d'arbres et forte d'un important programme d'activités, elle voit se côtoyer piétons et cyclistes, petits et grands, et contribue à revitaliser les quartiers qu'elle traverse. Cet axe, qui autrefois divisait les quartiers, associe désormais les communautés autour d'une ligne végétale à l'harmonieux dessin, d'où les points de vue sur les rues en contrebas changent sans cesse. Les Chicagoans l'appellent la **606** *(six O six)*, du nom du réseau de parcs qui englobe le Bloomingdale Trail. 606 correspond aussi aux trois premiers chiffres du code postal à Chicago. *6h-23h - the606.org.*

Bucktown, qui a accueilli autrefois une importante communauté polonaise, connut un incroyable boom immobilier à la fin des années 1980 quand artistes et yuppies (les bobos de l'époque) occupèrent ses maisons de brique et ses calmes ruelles. Aujourd'hui, les maisons anciennes sont de nouveau en travaux et révèlent des réalisations design contemporaines parfois surprenantes.

★ **St Mary of the Angels** (1920) – *1850 N. Hermitage Ave.* L'imposante église catholique domine le paysage urbain de Bucktown. L'édifice de brique brune et de terre cuite vernissée blanche, érigé par les catholiques polonais dans un style roman baroque, fut restauré en 1992. Sa façade à deux tours est flanquée d'un portique élaboré ; des anges de terre cuite de 2,70 m de hauteur entourent le parapet, sous un immense dôme et une coupole inspirés de la basilique St-Pierre de Rome. À l'intérieur, les peintures et les décorations sophistiquées traduisent bien toute l'exubérance du baroque.

Polish Museum of America B2

984 N. Milwaukee Ave - M Division - 773 384 3352 - www.polishmuseum ofamerica.org - vend.-mar. 11h-16h, merc. 11h-19h - 7 $.

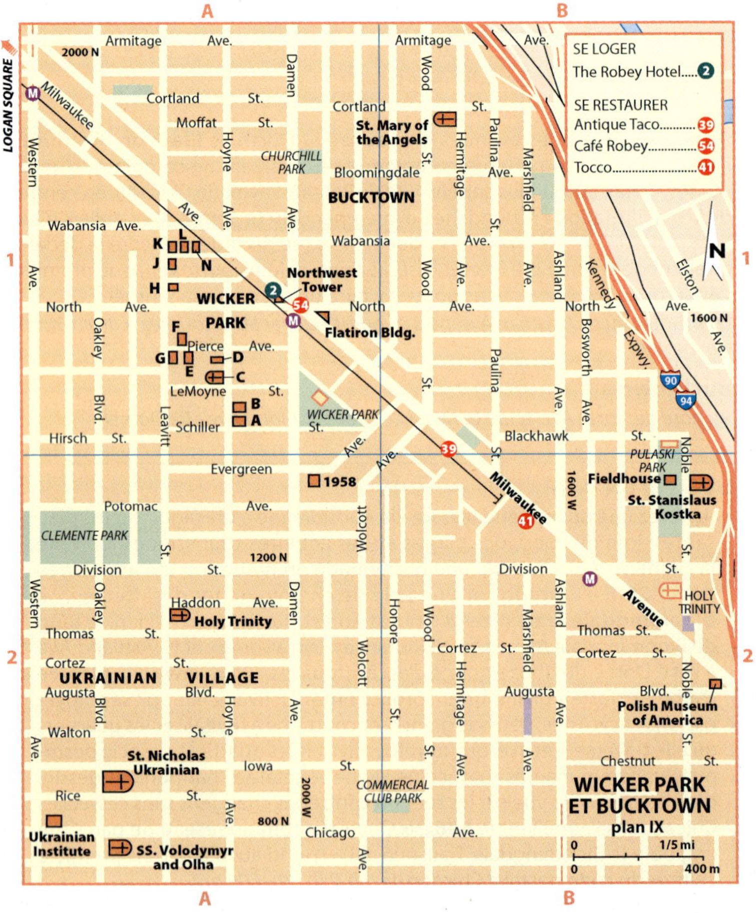

Les immigrants polonais de Chicago forment une communauté importante et fière. Au cœur de leur quartier, ce « musée polonais d'Amérique » raconte leur histoire. On peut y admirer des œuvres d'artistes et des costumes. Un espace est dévolu à l'icône polonaise absolue : feu le pape Jean-Paul II.

Ukrainian Village Plan IX A2

De Division St. à Chicago Ave au sud, et de Western Ave à Damen Ave à l'est.
Une fois quittée l'animation de Damen, la promenade de Wicker Park vers Ukrainian Village, au sud, s'adresse au promeneur curieux. Elle glisse le long de rues arborées et paisibles, dont certaines ont conservé un beau patrimoine du 19e s. Passez par **LeMoyne Street** où s'élève au n° 2112 la **Wicker Park Lutherian Church** (**C**) (1906). Elle fut bâtie avec le granit récupéré d'une maison close du quartier Levee. Le pasteur défendit son église en arguant que les pierres « avaient suffisamment servi le Diable pour les laisser désormais servir le Seigneur ». Belle demeure de style Second Empire au **n° 1520** (**D**). Empruntez **Hoyne Street** où vous remarquerez les deux maisons des n° 1407 (**John H. Rapp House★** (**A**) - 1879) et **n° 1427** (**B**) (années 1880). Descendez Leavitt Street où se tient le clou du quartier : **Holy Trinity Russian Orthodox Cathedral★** *(1121 N. Leavitt St. - M Damen - 773 486 6064 - www.holytrinity-cathedral.net - visite guidée certains sam.)*. Ce microscopique joyau signé Louis Sullivan (1899) associe un esthétisme décoratif à la silhouette d'une église russe rurale. La tour est surmontée d'un dôme à bulbe souligné de jaune, tandis que les façades sont couvertes de stuc blanc. Cette cathédrale orthodoxe fut édifiée grâce à une donation de 4 000 $ du tsar Nicolas II, sous l'impulsion du patriarche Tikhon, canonisé en 1989.
La rue Leavitt descend vers Chicago Avenue, où se trouve le **Ukrainian Institute of Modern Art** *(2320 W. Chicago Ave - M Chicago et bus 66 - 773 227 5522 - www.uima-chicago.org - merc.-dim. 12h-16h - contribution demandée)*. Fondé en 1971, cet institut d'art moderne présente les œuvres d'artistes d'origine ukrainienne. Il est situé au cœur du Village ukrainien. Des expositions temporaires se succèdent dans la vaste salle à gauche de l'entrée, tandis que les trois salles de droite sont dédiées aux collections permanentes – dessins, peintures, sculptures et œuvres multimédia.
À deux rues derrière l'institut ukrainien se trouve l'église-mère des Ukrainiens catholiques de Chicago, la **St Nicholas Ukrainian Catholic Cathedral★** *(angle N. Oakley Bd et W. Rice St. - M Chicago et bus 66)* (1915, Worthmann, Steinbach & Piontek). L'édifice est rythmé de treize dômes symbolisant le Christ et ses apôtres. St Nicholas fut restaurée en 1975. Ses mosaïques datent de 1988.
Vous retrouverez sur Chicago Ave le va-et-vient des voitures. Avec Division Street, Western et Chicago constituent les (très longs et ennuyeux) axes commerçants du quartier où se concentrent boutiques et restaurants. Même si la population n'est plus en majorité d'ascendance ukrainienne, les meilleurs restaurants se trouvent encore là, et il peut arriver d'entendre parler la langue du fond d'une arrière-cour.

Pilsen Plan I A3 p. 376

Autour de Halsted St. et de 18th St. - M 18th.
Pilsen s'est développé au 19e s. en accueillant la plus grande communauté bohémienne du pays. Au fil des ans, des Allemands, des Irlandais, des Polonais et des Lituaniens s'y sont installés. Aujourd'hui, Pilsen constitue le cœur battant de la très importante communauté hispanique de Chicago.

Pilsen compte une communauté hispanique très importante.
Adam Alexander Photography/Choose Chicago

En collaboration avec le musée d'Art mexicain, le quartier maîtrise ses murs par des commandes de **murals** à des artistes internationaux *(au sud de la 16e rue, entre Chicago River, à l'est, et Western Ave à l'ouest)*. Pilsen attire des artistes qui ouvrent leur atelier au public vers la fin du mois de septembre pour la **Pilsen East Artists Open House** *(✆ 312 738 8000)*. Fin juillet, la **Fiesta del Sol** embrase les pâtés de maisons entre Throop Street et Morgan Street : musique, cuisine… l'ambiance est garantie *(✆ 312 666 2663 - www.fiesta-delsol.org)*.

18th Street A3

L'artère principale de Pilsen Street *(entre Morgan St. et Ashland Ave)* est bordée de bâtiments Second Empire de la fin du 19e s., qui abritent aujourd'hui des commerces. Coiffés d'un toit à la Mansart, ils se distinguent par des fenêtres richement ornées de moulages. Dans Allport Street *(no 1807)* se dresse le **Thalia Hall**, imposant théâtre de quatre étages et de style roman qui tient son nom de la muse de la comédie. Érigé par la communauté bohémienne à la fin du 19e s., il a été restauré en 2013 et programme des spectacles musicaux de qualité. Au carrefour de la 18e, de Loomis Street et de Blue Island Avenue, la **Rudy Lozano Branch,** de la **Chicago Public Library** et sa frise de carreaux décorés ne manquent pas de se faire remarquer. La promenade sur 18th St. – riche de ses *murals* – reste intéressante toute l'année, si vous voulez découvrir les tendances artistiques de Pilsen, vous régaler de tacos, profiter des marchés et des boutiques.

National Museum of Mexican Art A3

1852 W. 19th St. - ✆ 312 738 1503 - www.nationalmuseumofmexicanart.org - mar.-dim. 10h-17h - entrée libre.

Le plus grand musée mexicain des États-Unis présente ses collections dans quatre espaces différents et uniquement à travers des expositions temporaires. Le lieu, qui tient plus du centre culturel que du musée, accueille aussi des projets extérieurs et organise projections, conférences, etc. Vous n'y trouverez pas de café mais une boutique de souvenirs.

NOS ADRESSES DANS THE WEST

RESTAURATION

Wicker Park et Bucktown
Plan IX p. 460

PREMIER PRIX

39 Antique Taco – Plan IX, B1 - *1360 N. Milwaukee Ave - M Division - ✆ (773) 687-8697 - www.antiquetaco.com - 11h30-22h, vend.-sam. 11h30-23h, dim. 11h30-21h - fermé lun. - moins de 15 $.* Sur les tables et le bar en bois patiné défilent les assiettes – de tacos pour l'essentiel – préparées à la perfection. Gardez une place pour le dessert maison, l'Abuelita's Pop Tart, concoctée avec du chocolat et des marshmallows.

BUDGET MOYEN

53 Split-Rail – Plan I, A2 - *2500 W. Chicago Ave - ✆ (773) 697-4413 - www.splitrailchicago.com - CC ♿ - mar.-jeu. 17h-21h, vend.-sam. 17h-22h, brunch sam.-dim. 10h-14h.* Split-Rail s'empare avec finesse du patrimoine culinaire du Midwest américain au sein d'un vaste espace industriel au chaleureux décor vintage, à prix raisonnables et dans une ambiance de quartier. *Happy hour* (mar.-jeu. 17h-19h) avec bières artisanales (3 $) et *nuggets* atomiques (1 $). Excellent brunch.

54 Café Robey – Plan IX, A1 - *1616 N. Milwaukee Ave - M Damen - ✆ (872) 315-3084 - www.caferobey.com - CC - 17h-22h (vend.-sam. 23h) - brunch 7h-14h - plats 13/36 $.* Idéalement situé à deux pas du point névralgique que constitue le métro Damen, le restaurant de l'hôtel du même nom est mené de main de maître par Keven McAllister, un chef qui sait choisir ses produits et réinventer une cuisine américaine toute en légèreté et en finesse. Élégant sans être compassé.

41 Tocco – Plan IX, B2 - *1266 N. Milwaukee Ave - M Division - ✆ (773) 687-8895 - www.toccochicago.com - 17h-22h, vend.-sam. 17h-23h - fermé lun. - à la carte 38/50 $.* Dans un décor digne d'un restaurant branché de Milan, la carte reste simple et traditionnelle, et l'addition s'élève moins haut que prévu. Savoureuses pizzas cuites au feu de bois et assiettes de charcuterie irrésistibles.

Logan Square (hors plan)
Charmante vie de quartier autour de ce grand square où personne ne remarque plus l'*Illinois Centenial Column*, qui célébrait en 1918 les cent ans de l'Illinois. L'endroit parfait pour terminer une promenade matinale par un bon brunch.

BUDGET MOYEN

Lula Café – Hors plan - *2537 N. Kedzie Bd - M Logan Square - ✆ (773) 489-9554 - http://lulacafe.com - 9h-23h (w.-e. 0h) - fermé mar.* Pionnier du farm to table, ce café attire depuis presque vingt ans la clientèle du *neighborhood*. Ambiance décontractée autour d'une *pancake* moelleuse, d'un *bagel* maison ou d'une salade de printemps toute fraîche. Perfection des ingrédients, bon choix de bières, cocktails inventifs, et même des tables dehors aux beaux jours. Un sans faute.

Jam – Hors plan - *2853 N. Kedzie Ave - M Logan Square - ✆ (773) 292-6011 - www.jamrestaurant.com - 7h-15h - fermé merc.* Encore un des meilleurs brunchs de Chicago ! Tout est bien, des murs de brique à la musique cool, et surtout : dans l'assiette, plus qu'un brunch, une vraie proposition gustative, franchement américaine et suprêmement légère. Préférez les jours de semaine (bondé le week-end).

GIANT – Hors plan - *3209 W. Armitage Ave - M Logan Square (à 20mn de marche) - ✆ (773) 252-0997 - www.giantrestaurant.com - mar.-sam. à partir de 17h.* Dans un décor rustique relooké, on goûte les plats familiers du midwest (salade de crabe, travers de porc) agrémentés par les bonnes idées du chef Jason Vincent. Atmosphère cosy dans un lieu petit par sa taille et grand par ses saveurs. Pensez à réserver.

Pilsen Plan I p. 376

POUR SE FAIRE PLAISIR

58 **S.K.Y.** – Plan I, A3 - *1239 W. 18th St. - M 18th - ✆ (312) 846-1077 - www.skyrestaurantchicago.com - CC - merc.-dim. 17h-22h (23h vend.-sam.), brunch sam.-dim. 10h-14h - fermé lun.-mar. - plats 7/28 $.* S.K.Y fait résonner les échos arty de Pilsen dans son ample salle donnant sur les fourneaux du chef Stephen Gillanders. Dans l'assiette, un mélange créatif de saveurs venues de Corée, du Mexique et d'Italie.

PRENDRE UN VERRE

Dove's Luncheonette – Plan I, A2 - *1545 N. Damen Ave - M Damen - ✆ (773) 645-4060 - www.doveschicago.com - CC - Lun.-jeu. 9h-22h, vend. 9h-23h, sam. 8h-23h, dim. 8h-22h.* Comptoir en zinc, conversations locales à toute heure de la journée, sur notes de blues et de soul. Petits déjeuners, plats mexicains, cocktails, bières alimentent le sympathique va-et-vient autour du bar.

Ipsento 606 – Plan I, A2 - *1813 N. Milwaukee Ave - M Western - ✆ (872) 206-8697 - http://ipsento.com - 7h-23h (vend.-sam. 0h, dim. 22h).* À deux pas de la 606, la brûlerie Ipsento a eu la bonne idée d'ouvrir un espace lumineux donnant sur un jardin. La sélection des crus longuement méditée donne de délicieux cafés, qu'il fait bon accompagner de quelques donuts. Bonne sélection de bières également.

Easthill Tea Co – Plan I, A2 - *1816 N. Milwaukee Ave - M Western - ✆ (872) 802-4499 - http://easthilltea.com - CC - 11h-20h.* Si vous préférez les plaisirs du thé aux joies du café, installez-vous devant le long bar en bois blond où l'on vous parlera art du thé à la chinoise. Beau, zen et instructif.

Logan Square

Cellar Door Provisions – Hors plan - *3025 W. Diversey Ave - M Logan Square - ✆ (773) 697-8337 - www.cellardoorprovisions.com - CC ♿ - merc.-dim. 8h-15h, dîner vend.-sam. 17h30-21h - fermé lun.-mar.* Tony et Ethan, maîtres des lieux, ne plaisantent pas sur l'origine des produits. Un soin que l'on retrouve dans le décor naturel de la salle claire, où le bois se taille la part du lion. Carte courte pour un petit-déjeuner healthy, accompagné de pain et de pâtisseries succulents.

Pilsen Plan I p. 376

Sweet Maple Cafe – Plan I, A3 - *1339 W. Taylor St. - M Polk - ✆ (312) 243-8908 - www.sweetmaplecafe.com - P - 7h-14h.* Avec ses jolies nappes à carreaux, ses meubles rustiques, ses planchers cirés et surtout sa cuisine 100 % maison, Sweet Maple a su fidéliser sa clientèle. Ne manquez pas de goûter les savoureux biscuits, qui accompagnent si bien les repas dans le Sud des États-Unis.

The South

Quartiers sud

★

Après la visite des quartiers nord, plutôt « bobos », le Sud a de quoi surprendre. Bronzeville constitue le cœur historique de la communauté afro-américaine. C'est ici, dans ce secteur alors très défavorisé, que Barack Obama fit ses débuts politiques, à l'âge de 23 ans, en tant qu'animateur social. Les belles et vastes demeures qui bordent les rues sont, hélas, souvent délabrées, mais autour de l'Illinois Institute of Technology, un vent de rénovation réveille l'âme du quartier. Plus au sud, Hyde Park et Kenwood alignent de somptueuses villas autour de l'université dont les cours et les cloîtres gothiques semblent tout droit sortis de l'univers d'Harry Potter ! Enfin le musée des Sciences propose de passionnantes découvertes, aux grands comme aux petits… En longeant le lac vers le nord, la vue sur la *skyline* de Chicago est inoubliable.

NOS ADRESSES PAGE 481
Hébergement, restauration, achats, activités, etc.

SE REPÉRER
Plan I (Les quartiers de Chicago) (p. 376) ; plan X (Hyde Park - Kenwood) (p. 468) ; plan XI (University of Chicago) (p. 473).

À NE PAS MANQUER
Le Museum of Science and Industry, Robie House de Frank Lloyd Wright.

ORGANISER SON TEMPS
Comptez une journée, sans la visite des musées.

AVEC LES ENFANTS
Le Museum of Science and Industry.

Bronzeville, Illinois Institute of Technology et alentours Plan I B3 en dir. p. 376

Entre 31st et 37th St. – M 35-Bronzeville-IIT.

★ Illinois Institute of Technology (IIT)

3300 S. Federal St. - iit.edu - info. au McCormick Tribune Campus Center, 3201 S. State St.

Le campus de l'IIT regroupe plusieurs bâtiments dessinés par **Ludwig Mies van der Rohe** (1886-1969). L'Allemand dirigea l'école d'architecture de l'Institut à partir de 1938, après avoir fui le régime nazi. Fruit de la fusion, en 1940, des Instituts Armour et Lewis, l'IIT est réputé dans le monde entier pour son excellence en matière d'ingénierie, d'architecture et de design. Aujourd'hui, l'université rassemble 7 800 étudiants sur un campus de quelque 48 ha.

À l'angle de Federal Street et 33rd Street, le **Main Building**★ (1891, Patton, Fisher & Miller), de style néoroman, fait face, de l'autre côté de 33rd Street, au **Machinery Hall**, plus sobre, construit dix ans plus tard par le même cabinet.

Le chef-d'œuvre du campus – et de Mies van der Rohe – est le **S. R. Crown Hall**★★, siège de l'école d'architecture, édifié en 1956. Le pavillon à la façade vitrée semble flotter au-dessus du sol. Il abrite un espace ouvert de 67 m de large, 36,50 m de profondeur et 5,50 m de hauteur, sous un toit plat seulement

retenu par quatre poutrelles métalliques. L'espace est défini par la structure elle-même, dépouillée de toute ornementation, sans toutefois se départir d'une certaine humanité grâce à l'équilibre de ses proportions.
Mies a conçu un unique bâtiment religieux dans sa vie, la **Carr Memorial Chapel**. Surnommée la *God Box* (boîte à Dieu), non confessionnelle, elle se distingue par ses façades vitrées côté ouest et est, qui tranchent avec la brique des façades nord et sud. Autre bâtiment remarquable, le **McCormick Tribune Campus Center★**, réalisé en 2003 par Rem Koolhaas, englobe la voie ferrée aérienne de façon quasi-anthropomorphique. Le métro semble craché par le bâtiment...
Dirigez-vous vers 31st St., puis prenez à droite jusqu'à Calumet Ave.

★ Calumet-Giles-Prairie District

S. Calumet Ave, entre 31st et 37th St.
Ce nom recouvre les maisons de l'avenue qui ont été restaurées et classées dans les années 1980. On remarque plusieurs belles demeures néoromanes, tandis que sur la gauche se dressent les **Robert Roloson Houses★** *(n°s 3213-3219)*, seules maisons de ville de Frank Lloyd Wright, construites en 1894, juste après sa démission du cabinet Adler & Sullivan. L'influence de Sullivan reste palpable dans les panneaux de terre cuite décorés de feuillages qui donnent vie aux façades à pignon étonnamment hautes et étroites.
Descendez Calumet Ave vers le sud, tournez à droite dans 35th St. et prenez à droite Indiana Ave.

Black Metropolis Historic District

Sept bâtiments situés sur – ou à proximité de – 35th St. forment le quartier historique Black Metropolis, témoin de l'épanouissement culturel qui suivit la Grande Migration. La communauté s'est constituée en développant son commerce, son industrie et sa culture, tandis que le reste de la ville l'ignorait, par réflexe raciste. Uniques, ces édifices sont issus du capital afro-américain.
Tournez à gauche sur 35th et poursuivez jusqu'à Martin Luther King, Jr. Dr., que vous prendrez à droite.

Martin Luther King, Jr. Drive

Aménagé au 19e s. dans le cadre du programme de construction de 45 km d'artères et de parcs *(p. 408)*, ce grand boulevard relie Grant Park à Washington Park. Ces longues avenues arborées attirèrent des Chicagoans fortunés qui élevèrent de luxueuses demeures. Baptisé **South Parkway**, il fut renommé en 1968 à la mémoire de Martin Luther King, Jr. C'est ici, où dans les rues attenantes, que vécurent, entre autres, Louis Armstrong, Nat King Cole ou Quincy Jones.
Victory Monument (1928, Leonard Crunelle) honore le *Fighting Eighth*, régiment afro-américain qui combattit lors de la Première Guerre mondiale.
★ **Ida B. Wells House** (1889) – *3624 S. Luther King, Jr. Dr.* En 1973, la maison fut classée Monument historique en souvenir de l'activiste qui vécut ici de 1919 à 1929. Ida Wells, qui la première prouva l'existence de l'odieuse pratique du lynchage, s'installa à Chicago en 1893 et poursuivit sans relâche sa croisade contre le racisme et le sexisme. Sa maison néoromane est flanquée d'une tourelle d'angle en métal estampé.
Charles H. Nichols House (1886) – *3630 S. Luther King, Jr. Dr.* Elle se distingue par des arches romanes d'aspect rugueux avivées par des oriels (fenêtres en baies avancées) de style Queen Anne.
★ **D. Harry Hammer House** (1885, William W. Clay) – *3656 S. Luther King, Jr. Dr.* De brique rouille et de grès brun, Hammer House parade à l'angle de 37th Street. Elle s'enorgueillit de détails exubérants en terre cuite, cuivre et verre coloré.
Par 37th St., puis State St., revenez au métro.

Bronzeville.
Ph. Orain/Michelin

★ Hyde Park et Kenwood Plan X p. 468

Le prestige de Hyde Park tient beaucoup à l'**University of Chicago★★★**. Ce quartier du Sud est apprécié de tous… même des habitants des quartiers nord ! Que vous soyez un fan d'architecture, un étudiant, ou que vous adoriez faire les boutiques, vous passerez des heures à arpenter les rues verdoyantes et à admirer les demeures de Kenwood (le quartier du président Obama), à vous balader sur le campus gothique, où les bâtiments ont des airs d'Oxford et de Cambridge, et à chiner dans les boutiques de 54th Street.

Bordé par le lac Michigan à l'est, Washington Park à l'ouest, 47th Street au nord et 61st Street au sud, le secteur de Hyde Park/Kenwood rassemble des merveilles architecturales, de magnifiques espaces verts ainsi qu'une kyrielle d'adresses gourmandes. C'est ici que fut organisée l'Exposition universelle de 1893. Depuis, sa vocation cosmopolite reste intacte.

SE PROMENER A1-2

▶ M *51st St. Longez Washington Park jusqu'à l'intersection de E. 51st St., E. Hyde Park Bd et S. Drexel Bd – Comptez 3h.*

Sur Drexel Square, la **Drexel Fountain** (**A**), aujourd'hui rénovée, fut financée en 1883 par les fils de l'homme d'affaires Martin Drexel. À l'ouest se dessine Washington Park (1869, Frederick Law Olmsted).

Poursuivez vers le nord sur Drexel Bd.

Drexel Boulevard, qui sépare Kenwood de Washington Park, fut l'une des artères de la ville les plus fréquentées entre 1880 et 1930. Elle faisait partie, comme South Parkway, Midway Plaisance ou Kedzie Boulevard, du plan d'aménagement des parcs lancé par la ville à la fin du 19e s. Avant de visiter l'université, vous pouvez faire un détour par le nord, le long des allées vertes, aux parfaits rubans de gazon. Certaines maisons donnent une bonne idée de l'époque des calèches.

En remontant Drexel Bd, côté est, le « temple grec » (**B**) à l'angle de 50th St. est le QG de la **Rainbow PUSH Coalition** (RPC), fondée par le révérend Jesse Jackson en 1971, pour la défense des droits civiques. Il fut érigé en 1923 pour la congrégation juive KAM, qui fusionnerait plus tard avec la congrégation Isaiah Israel. À côté, remarquez au n° 4941 la **John H. Nolan House★** (**C**) (1887, John W. Root du cabinet Burnham & Root) de style néoroman, et, en face, au n° 4938, la massive **McGill House★** (1891, Henry Ives Cobb) qui s'inspire des châteaux Renaissance.

À l'angle de 49th Street, que vous prendrez à droite, s'élève la **Martin A. Ryerson House** (**D**) *(4851 S. Drexel Bd)* (1887), de style roman richardsonien, avec sa vaste véranda en pierre et sa remise à calèches. En continuant à gauche, à l'angle d'Ellis Ave, l'opulent palais Renaissance **Gustavus Swift House** (**E**)

(4848 S. Ellis Ave) (1898, Flanders & Zimmerman) fut élevé à la gloire de l'empereur des abattoirs. De l'autre côté, à l'angle sud-est, le patron de Sears, Roebuck & Co. fit bâtir **Julius Rosenwald House** (**F**) *(4901 S. Ellis Ave)* (1903, Nimmons & Fellows) et ses 42 pièces.

Continuez jusqu'à Greenwood Ave et tournez à droite.

Greenwood Avenue compte aussi quelques jolies maisons, telles, au n° 4900, la néoclassique **Henry Veeder House★** (1907, Howard van Doren Shaw) et, au n° 4930, l'**Ernest J. Magerstadt House★** (1908, George W. Maher). L'architecte signe là l'une de ses plus importantes réalisations de style Prairie. On retrouve les coquelicots ornant les colonnes en motif sur les vitres en verre au plomb. Au n° 5046, bien protégée, la maison georgienne en brique rouge appartient au président **Barack Obama**.

★ **KAM Isaiah Israel Temple** – *1100 E. Hyde Park Bd.* (1923, Alfred S. Alschuler) – Le dôme byzantin de la synagogue commandée par la congrégation KAM Isaiah Israel s'élève à l'angle nord-est de Hyde Park Boulevard. La tour qui la surmonte (et cache une cheminée) et le mur de briques multicolores s'inspirent d'une synagogue antique en Galilée. L'intérieur est célèbre pour son acoustique et abrite une voûte en brique de Guastavino.

Revenez sur vos pas vers Hyde Park Bd et prenez à droite Woodlawn Ave.

★★ **Isidore Heller House** (1897, Frank Lloyd Wright) – *5132 S. Woodlawn Ave.* Elle illustre l'émergence du style Prairie. L'architecte est parvenu à donner un effet d'horizontalité à une façade verticale en alignant des fenêtres sous des corniches basses, en utilisant la brique en bandeau et en ajoutant une frise du sculpteur Richard W. Bock.

★★ **St Thomas the Apostle** – *À l'angle nord-ouest de 55th St. et Kimbark Ave - ✆ 773 324 2626 - www.stapostlechurch.com - 8h-17h, passez à l'accueil avant d'entrer.* (1924, Barry Byrne) – L'église catholique offrait une architecture révolutionnaire à son inauguration en 1924. Élève de Frank Lloyd Wright, Byrne fut le premier Américain à concevoir une église européenne (the Church of Christ the King à Cork, en Irlande). Remarquez le portail du couvent sur le boulevard, ainsi que la façade principale sur le jardin, d'où la vue révèle la majesté de l'édifice. Comptant parmi les plus belles églises de Chicago, son style rappelle par certains détails la Sagrada Familia de Gaudí à Barcelone. Le mobilier, les vitraux ou les grilles semblent hésiter entre registre moderne et néomédiéval.

Poursuivez vers l'ouest sur 55th St. et tournez à gauche dans Woodlawn Ave.

La plupart des vastes demeures de Woodlawn sont la propriété de l'université de Chicago, de fraternités ou d'instituts théologiques, très nombreux dans le quartier de Hyde Park. À l'angle nord-ouest de Woodlawn Avenue et 56th Street, l'imposante **Theodore Rice House★** (**V**) (1892, Mifflin E. Bell) de style Queen Anne est sublimée par des carreaux roses et gris et par un large porche. De l'autre côté de 56th Street, l'église **Hyde Park Union Church★** (1906, James Gamble Rogers) néoromane, à la façade de grès orangé, est riche de vitraux superbes signés Tiffany & Connick. Au sud de 57th Street, côté ouest, se dresse **Edgar Johnson Goodspeed House** (**W**) (1906, Howard van Doren Shaw) *(5706 S. Woodlawn Ave)*, une demeure Arts & Crafts.

Continuez jusqu'à Midway Plaisance pour débuter la visite de l'université.

★★★ UNIVERSITY OF CHICAGO Plan XI p. 473

Ⓜ *(Metra Line) 59th St., Univ. of Chicago, depuis Millennium Park ou Museum Campus/11th St. Suivez 59th St. jusqu'à Ida Noyes Hall, et Woodlawn Ave.*

Foyer d'érudition admiré, l'université de Chicago est un centre de recherche et d'éducation à la réputation internationale. Les étudiants de « U of C » vivent à l'écart du tumulte du centre-ville, sur un site unique de 85 ha installé dans le quartier de Hyde Park, à 13 km au sud du Loop. Fondée en 1890, grâce à des dons de John Rockefeller, de l'American Baptist Education Society et de Marshall Field, l'université s'est fixé pour objectifs de créer un établissement innovant tout en intégrant un cadre éducatif à l'anglaise et un programme de recherche à l'allemande. Les bâtiments furent édifiés dans le style gothique anglais d'Oxford tandis que les dessins paysagistes d'Olmsted pour l'exposition universelle de 1893 fournissaient une assise verte au futur foyer intellectuel. Elle englobe également deux musées majeurs et la maison Robie de Frank Lloyd Wright.

Ida Noyes Hall (A) B2

(1915, Shepley, Rutan & Coolidge) – À l'origine résidence réservée aux femmes, l'Ida Noyes Hall, de style néo-Tudor, se distingue par ses somptueux aménagements intérieurs : plafonds à poutres apparentes, petit salon couvert de boiseries, mobilier d'époque… sans oublier le spectaculaire escalier central dont la rampe est sculptée de petits singes !

Traversez Woodlawn Ave et rejoignez la Rockefeller Chapel.

Long de plus de 1,5 km, le parc **Midway Plaisance★**, aménagé par **Frederick Law Olmsted** en 1869, relie Washington Park et Jackson Park. Plusieurs pavillons furent installés ici au cours de l'Exposition de 1893 (*p. 593*).

★ Rockefeller Memorial Chapel B2

5850 S. Woodlawn Ave - ✆ 773 702 2100 - rockefeller.uchicago.edu - mar.-vend. 10h-17h30 - visites du carillon mar.-vend. 11h30 et 16h30 (60mn, 7 $).

Cette chapelle (1928, **Bertram G. Goodhue Assocs.**) prit le nom de son mécène en 1937. Du haut de ses 63 m, elle reste aujourd'hui l'édifice le plus élevé du campus. Son architecture néogothique de brique et de calcaire tient presque sans l'aide d'armature métallique, juste présente dans sa partie supérieure. Les arches supportent la voûte tandis que les contreforts absorbent la poussée extérieure des murs. Les fondations sont ancrées à 25 m de profondeur afin de supporter les 32 000 t des murs, du clocher et du toit.

Les vastes proportions attirent naturellement l'œil vers la voûte en brique de Guastavino, mise au jour lors de la restauration de 1988. Le chœur très ouvragé et ses orgues, sa chaire et les sièges en chêne confèrent une sensation de grandeur – c'est d'ailleurs ici qu'a lieu chaque année la cérémonie de remise des diplômes. L'été *(de fin juin à fin août, dim. 18h),* des concerts en plein air mettent en scène les 72 cloches du carillon ou l'orgue E. M. Skinner à 103 jeux. Montez au sommet de la tour afin de profiter de la **vue★** sur l'université et admirer au loin la skyline de Chicago.

Poursuivez vers le nord sur Woodlawn Ave jusqu'à 58th St.

Né en Uruguay, **Rafael Viñoly** remporta un concours et se vit confier la conception de la **Graduate School of Business** située juste à côté de Robie House. Le **Charles M. Harper Center** (**B**) fut quant à lui achevé en 2004.

★★ Robie House B1

À l'angle nord-est de Woodlawn Ave et 58th St.

5757 S. Woodlawn Ave - ✆ 312 994 4000 - www.flwright.org - visite guidée (1h) uniquement, jeu.-lun. 9h-16h - 17 $.

Chicago Theological Seminary, Saieh Hall of Economics.

Cette maison incarne la quintessence du style Prairie. Signée **Frank Lloyd Wright**, elle assura la célébrité de l'architecte et ouvrit la voie de la modernité. Ses volumes rectangulaires entrecroisés trompent le regard et font disparaître la frontière intérieur/extérieur, fluidifiant l'espace.

La demeure est une commande de **Frederick C. Robie**, héritier d'une société de cycles et automobiles. Le couple Robie y vécut seulement de 1910 à 1911, année où la société périclita, en même temps que leur mariage. La maison fut vendue à la famille Taylor, qui y habita onze mois avant de la revendre à la famille Wilber Marshall. En 1926, elle fut transformée en dortoir par le Chicago Theological Seminary (Séminaire théologique de Chicago), qui occupait le bâtiment en face. Très dégradée, elle fut donnée à l'université en 1963 et classée Monument historique cette même année, échappant de peu à la démolition. En 1995, l'université conclut un accord avec la Frank Lloyd Wright Home and Studio Foundation (*p. 485*) afin de convertir Robie House en musée.

Dirigez-vous vers l'ouest sur 58th St. en direction d'University Ave.

★★ Oriental Institute B2

1155 E. 58th St. - 773 702 9520 - www.oi.uchicago.edu - mar.-dim. 10h-17h (merc. 20h) - donation de 10 $ appréciée.

Dédié à l'étude des langues, de l'histoire et des cultures du Proche-Orient antique, cet institut de recherche est pionnier dans le domaine de la datation et de l'identification d'artefacts archéologiques. L'université l'a créé en 1919 et a ouvert au public le musée en 1931 dans ce nouveau bâtiment au décor néo-gothique. Il rassemble l'une des plus belles collections au monde d'antiquités et d'œuvres d'art du Proche-Orient, dont l'essentiel fut mis au jour au cours de fouilles organisées par l'Institut : 75 000 objets venus d'Égypte, d'Assyrie, de Mésopotamie, d'Anatolie, d'Israël, de Nubie et de Perse sont présentés dans huit belles salles. Voyez en particulier la **collection d'oushebtis**, ces statuettes représentant des serviteurs glissées dans les tombes des morts afin qu'elles assistent les défunts dans l'au-delà ; l'énorme **taureau ailé à tête d'homme** – un lammasu – du 8e s. av. J.-C., les poteries hittites et les ivoires de la ville israélienne de Megiddo qui racontent le quotidien du Moyen-Orient antique.

En sortant, regardez vers le sud pour apercevoir les flèches gothiques des bâtiments **Foster**, **Kelly**, **Green** et **Beecher**. Transformés en dortoirs pour filles en 1893, ils accueillent aujourd'hui le département de psychologie.

L'**Albert Pick Hall** (1971), qui abrite le département des Études internationales, affiche une belle verticalité gothique grâce à ses fenêtres à lancettes.

En face de l'Institut, le **Saieh Hall of Economics** (*5757 S. University Ave)* (Riddle & Riddle) date des années 1920 et fut occupé par le Chicago Theological Seminary jusqu'à ce qu'il soit vendu à l'université en 2008. L'ensemble est composé de deux ailes reliées par une passerelle. Il se distingue par un haut **beffroi★** construit en brique et pierre, de style gothique flamboyant, évidé à l'intérieur, ce qui lui donne une allure à la fois gracieuse et élancée.

Regagnez University Ave et dirigez-vous vers le nord.

★ Tower Group B1

University Ave, côté ouest.

Au nord de l'**Eckhart Hall** (1930, Charles Z. Klauder), le Tower Group (1903, Shepley, Rutan & Coolidge) occupe l'angle nord-est du Main Quadrangle (cour principale). Le **Leon Mandel Hall,** qui fait office de salle de spectacles et de réunions, rappelle la chapelle du campus avec ses fenêtres voûtées et nervurées. Élégamment revêtu de brique rouge, le **Quadrangle Club** (**D**) (1922, Howard

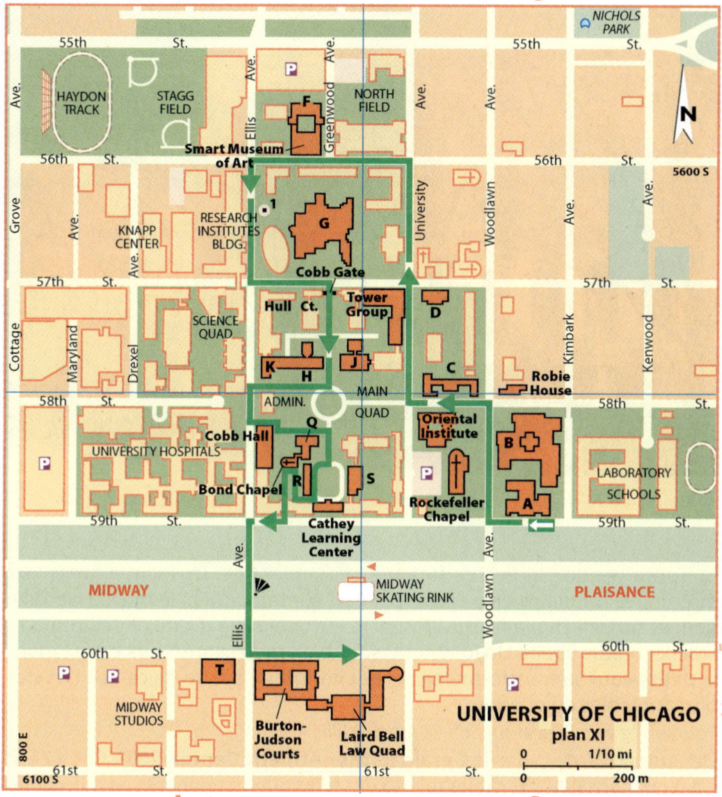

van Doren Shaw) *(angle sud-est d'University Ave et 57th St.)* est aujourd'hui réservé aux membres de la faculté et à leurs invités.

Traversez 57th St. et continuez vers le nord jusqu'à 56th St.

Achevés en 2002, les étonnants dortoirs du Max Palevsky Residential Commons *(1101 E. 56th St.)* bordent 56th St., d'University Ave à Ellis Ave. L'architecte Ricardo Legorreta offrit à l'ensemble formé par les trois bâtiments une chaleur et une couleur venues de son Mexique natal, qui illuminent le campus gothique.

Tournez à gauche dans 56th St. et dirigez-vous vers l'ouest jusqu'à Greenwood Ave.

Le **Cochrane-Woods Arts Center** (**F**) (1974) loge l'Art History Department et le Smart Museum. Œuvre d'Edward Larrabee Barnes, le musée d'un étage aux allures de boîte s'ouvre sur un jardin intérieur.

★ Smart Museum of Art A1

5550 S. Greenwood Ave - ✆ 773 702 0200 - www.smartmuseum.uchicago.edu - mar.-dim. 10h-17h (jeu. 20h).

Inauguré en 1974 et baptisé du nom de ses mécènes, les frères Smart, fondateurs du magazine *Esquire*, ce petit joyau rassemble 9 500 objets et balaie 5 000 ans d'histoire. Le Smart Museum fait tourner sa collection permanente dans les quatre grandes salles qui circonscrivent la Gray Special Exhibition Gallery au centre du bâtiment, où sont présentées les six à huit expositions

Tower Group.
Ph. Orain/Michelin

temporaires que le musée finance chaque année. Des vases grecs aux mosaïques romaines en passant par l'art contemporain, le musée n'oublie rien, et surtout pas la fin du 19e s. ni le 20e : peinture (Rothko), sculpture et arts décoratifs (Frank Lloyd Wright) sont bien représentés. Aux beaux jours, la petite cour se transforme en café et contribue à faire de ce lieu l'un des plus agréables du quartier.
Poursuivez vers l'ouest sur 56th St. jusqu'à Ellis Ave.
De l'autre côté de la rue, le **Gerald Ratner Athletic Center** (2003, Cesar Pelli) est reconnaissable aux câbles reliés à des mâts qui soutiennent son toit, conférant une ligne inédite à ce bâtiment de 14 000 m^2.
Allez vers le sud jusqu'à 57th St. Tournez à gauche.
Le **Snell-Hitchcock Hall** *(à l'angle sud-est de 57th St. et Ellis Ave)* fut classé au Centre des monuments nationaux pour son style « Prairie gothique » imaginé par Dwight Perkins en 1902 – audacieux croisement d'un style Prairie horizontal et d'un gothique vertical. Hitchcock Hall et Snell Hall sont les derniers dortoirs du Main Quadrangle.
Empruntez 57th St. vers l'est.

Joseph Regenstein Library (G) A1

1100 E. 57th St. - www.lib.uchicago.edu - lun.-jeu. 8h-12h, vend. 8h-11h, sam. 8h-17h, dim. 10h-12h (horaires variables, se rens.).
(1970, Walter A. Netsch, Jr.) Cet édifice imposant rassemble la quasi-totalité des 5,7 millions de documents et 7 millions de volumes de l'université. Deux de ses sept étages bordés de rayonnages sont en sous-sol. L'architecte a utilisé des volumes irréguliers et mis l'accent sur la verticalité afin que le bâtiment se marie avec le campus.
Poursuivez vers l'est dans 57th St. jusqu'à Cobb Gate, sur la droite.
La **Cobb Gate★** (1897), ou Hull Gate, fut offerte à l'université par l'architecte Henry Ives Cobb. Ses gargouilles représenteraient des étudiants de première année grimpant, éreintés, jusqu'au triomphe du diplôme obtenu, quatre années plus tard. *Passez sous la porte.*

Un bon placement

L'INVESTISSEMENT DE ROCKEFELLER

Bâtie sur un terrain donné par **Marshall Field**, l'université de Chicago fut fondée en 1890 par l'American Baptist Educational Society et le magnat du pétrole **John D. Rockefeller**. Fort d'une vision éducative affirmée et des fonds de Rockefeller (35 millions de dollars en 25 ans, « son meilleur investissement » selon lui), **William Rainey Harper**, le président de l'université, fit appel aux spécialistes des plus grands collèges afin de créer une faculté de premier ordre. En dix ans, l'université de Chicago, qui ouvrit ses portes le 1er octobre 1892, devint l'une des premières universités de recherche du pays.
Les membres du conseil d'administration insistèrent pour que l'architecte **Henry Ives Cobb**, célèbre pour ses bâtiments néoclassiques, travaillât dans le **style gothique** anglais tardif, auxquels ils trouvaient une certaine noblesse. Cobb réalisa dix-huit bâtiments avant de passer le relais au cabinet d'architectes Shepley, Rutan & Coolidge. Le gothique demeura à l'ordre du jour jusqu'en 1940. Emprunté à Oxford et à Cambridge, le plan quadrangulaire de Cobb imposa la tendance pour les constructions à venir : quatre pâtés de maisons forment le campus principal, divisé en six petites cours regroupées autour d'une septième cour centrale.

LA VIE DE L'ESPRIT

Dès sa création, l'université est ouverte aux femmes et aux minorités, un progressisme qui n'exclut en rien la rigueur. Harper établit un « tronc commun » de deux ans, exigeant que chaque étudiant suive des cours de sciences physiques, de sciences sociales, de biologie et de lettres – c'est encore le cas aujourd'hui. Vingt ans après sa création, les **physiciens** de « U of C » avaient mesuré la vitesse de la lumière et réalisé d'importantes avancées technologiques. Dans les années 1920, ses sociologues avaient inventé la **sociologie moderne** et développé les premiers collèges communautaires. L'université doit également sa réputation à son équipe de **football américain**.
En 1929, à l'âge de 30 ans, le très charismatique Robert Maynard Hutchins devint président et institua un grand nombre de réformes au cours de sa titulature. Avec Mortimer Adler, il créa un système d'enseignement basé sur les **great books** (œuvres marquantes) qui fait encore autorité aux États-Unis. Hutchins interdit le football en 1939, arguant qu'il nuisait à la mission éducative. En 1942, les tribunes inutilisées du terrain de football abritèrent dans le plus grand secret le laboratoire du Manhattan Project conduit par le physicien **Enrico Fermi**, dont l'équipe réalisa la première réaction nucléaire.

LE MAINTIEN DES TRADITIONS

Dans les années 1940-1960, l'université s'engagea dans les programmes de rénovation urbaine. En 1969, le football reprit ses droits et les étudiants radicaux occupèrent l'Administration Building – mais rien qui puisse perturber les études des uns et des autres. Dans les années 1970, l'U of C assit sa formidable réussite dans le domaine de l'**économie** tout en restant chef de file en physique, sociologie et études sur le Proche-Orient. La tradition interdisciplinaire instaurée par Harper est toujours d'actualité. La **faculté de médecine** est aux avant-postes de la recherche et développe des techniques indispensables, particulièrement dans le domaine de la recherche sur le cancer et le cerveau.

La porte donne accès par le nord au **Main Quadrangle★★.** Le noyau historique de l'université est un havre de verdure, encadré des bâtiments les plus prestigieux.

★ Hull Court A1

Nord-ouest du Main Quadrangle.

Cette cour rassemble par de gracieuses arcades les bâtiments dédiés à la botanique, l'anatomie, la zoologie et la physiologie. John C. Olmsted imagina son **Botany Pond,** une pièce d'eau romantique à souhait, qui sert souvent de cadre aux demandes en mariage!

Au sud de la cour, les **Kent Chemical** (**H**) et **Ryerson Physical Laboratories** (**J**) (1894, Henry Ives Cobb) recréent une véritable symphonie gothique, au rythme de leurs lucarnes anguleuses, de leurs fleurons tourmentés et de leurs tourelles crénelées.

À l'ouest de Kent Hall, **Jones Laboratory** (**K**) (1929, Coolidge & Hodgdon) présente, au rez-de-chaussée, une exposition consacrée à la première pesée de plutonium qui se déroula ici, salle 405, le 10 septembre 1942. Un autre événement déterminant est commémoré par la sculpture de Henry Moore, *Nuclear Energy* (**1**) (1967), qui impose ses trois tonnes de bronze à l'entrée du site où l'équipe de 41 scientifiques emmenés par Enrico Fermi procéda à la première fission de l'atome le 2 décembre 1942 *(devant la bibliothèque Regenstein).*

Passez devant l'Administration Building et rejoignez Cobb Hall.

★ Cobb Hall A2

(1892, Henry Ives Cobb) – Les cours débutèrent le 1er octobre 1892 dans ce bâtiment le plus ancien du campus. Certains s'y déroulent encore aujourd'hui. Le quatrième étage accueille l'excellente galerie d'art contemporain **Renaissance Society** *(5811 S. Ellis Ave - ✆ 773 702 8670 - www.renaissancesociety.org - mar.-vend. 10h-17h, w.-end 12h-17h, nocturne jeu. 20h - fermé entre deux expositions).*

Poursuivez vers l'est et le centre de la cour carrée.

Partie de football sur Midway Plaisance.
Ph. Orain/Michelin

Sur la droite, **Swift Hall** (**Q**) (1926, Coolidge & Hodgdon) abrite la Divinity School, censée représenter la place centrale occupée par la religion dans les études.
Dirigez-vous vers le sud et Bond Chapel.

★★ Bond Chapel A2

1050 E. 59th St. - ✆ 773 702 8200 - www.divinity.uchicago.edu - lun.-vend. 8h-17h.
Abondamment sculpté et habillé de lierre, ce délicat joyau (1926, Coolidge & Hodgdon) est relié à Swift Hall par un cloître couvert. À l'intérieur, les vitraux sont signés Charles Connick. On remarque de splendides boiseries et un plafond à poutres martelées orné d'angles polychromes. Des frises camouflent habilement le système de chauffage.

★ Cathey Learning Center A2

1116 E. 59th St. - ✆ 773 834 7943 - catheylearningcenter.uchicago.edu - année scolaire dim.-vend. 24h/24, sam. 8h-20h (lun.-vend. 24h/24 l'été et vac. de printemps).
Se distinguant par deux imposantes tours carrées, l'ex-Harper Memorial Library (1912, Shepley, Rutan & Coolidge) occupe l'extrémité sud de la cour et présente une impressionnante façade sur Midway Plaisance. Des passerelles relient la bibliothèque aux salles de lecture de **Haskell Hall** (**R**) et **Stuart Hall** (**S**).
Dirigez-vous vers le sud jusqu'au Classics Quadrangle, puis passez sous l'arche et rejoignez 59th St. Longez Midway Plaisance côté ouest, puis rebroussez chemin à la Fountain of Time et longez Midway Plaisance vers l'est (plan X AB2).
En considérant le vaste espace vert de **Midway Plaisance★**, on a du mal à imaginer l'incroyable atmosphère qui y régna en 1893 à l'occasion de l'**Exposition universelle de 1893** où plusieurs pavillons furent installés. Traversant le sud du campus, ce long et large boulevard de plus d'1,5 km relève davantage du parc que de la simple avenue et ménage entre les arbres de beaux points de vue sur les bâtiments de l'université. Œuvre de **Frederick Law Olmsted** et de **Calvert Vaux** destinée à relier Washington Park et Jackson Park, le Midway aurait dû être un canal communiquant avec les lagunes de chacun des parcs. Toutefois, le projet fut abandonné. La sculpture monumentale **Fountain of Time★** (La Fontaine du temps, 1922, Lorado Taft) domine l'extrémité ouest du Midway dans Washington Park. Quatorze années ainsi qu'un moule de 4500 pièces furent nécessaires à la réalisation de cette œuvre de près de 40 m de longueur en béton. De l'autre côté du Midway, une **statue équestre** de St Wenceslas par Albin Polasek est dédiée à **Tomas Masaryk** qui fut, en 1918, le premier président de la République tchécoslovaque. L'hiver venu, une partie du parc public de Midway Plaisance North *(E. 59th St. à la hauteur de Woodlawn Ave)* se transforme en patinoire.
Rejoignez Harper Ave, vers le nord.

Harper Avenue (plan X B1-2)

Cette rue au charme désuet témoigne des premiers développements du quartier de Hyde Park, au rythme de ses maisons Queen Anne vêtues de bardeaux. La rue rassemblait à l'origine une résidence, **Rosalie Villas★** (1883), œuvre de Solon S. Beman, déjà l'architecte des demeures des nos 5832–34 et 5759. D'autres architectes devaient l'imiter et adopter le système de bardeaux.

★ JACKSON PARK Plan X B2 p. 468

Entre E. 56th et 67th St., Stony Island Ave et le lac Michigan.
À une douzaine de kilomètres au sud du Loop, ce parc de 242 ha borde la rive du lac Michigan et décline terrains de jeux, lagunes, végétation luxuriante, marécages et dunes de sable. Il abrite également un golf, des plages et un

port de plaisance, ce qui en fait un lieu très agréable l'été. Le célèbre architecte paysagiste **Frederick Law Olmsted** en dessina le plan en 1870 – celui-ci sera modifié à l'occasion de l'Exposition de 1893, pour accueillir une succession de lagunes et de pièces d'eau.

★ **The Republic** (1918, Daniel Chester French) – Pièce maîtresse du parc, cette statue étincelante de plus de 7 m de haut est une réplique, à moindre échelle, de la statue de 20 m installée dans la cour d'honneur pendant l'Exposition. Unique statue du parc, elle fut redorée en 1992.

Wooded Island – Olmsted réalisa cet espace végétal et minéral, qui porte aujourd'hui le nom de Paul H. Douglas Sanctuary. Plus de 300 espèces d'oiseaux ont été observées sur cette île de 6 ha émergée au cœur de la lagune de Jackson Park.

Au nord de l'île, le **Columbia Basin★** est également signé Olmsted : cette pièce d'eau était située devant l'ex-palais des Beaux-Arts de l'exposition, aujourd'hui le musée des Sciences et de l'Industrie.

★★★ MUSEUM OF SCIENCE AND INDUSTRY Plan X B1-2 p. 468

5700 S. Lake Shore Drive et 57th St. - M (Metra Line) 55th-56th-57th St. ou 59th St., Univ. of Chicago - ✆ 773 684 1414 - www.msichicago.org - 9h30-16h - plusieurs formules à partir de 19,95 $ (réserv. en ligne).

Très vaste, le musée regroupe, sur quatre niveaux, le Henry Crown Space Center, le Great Hall ainsi que des salles réparties entre les pavillons central, ouest et est. Demandez le plan à l'entrée et suivez le code couleur. Le cinéma Omnimax, le sous-marin U-505, l'Idea Factory réservée aux plus jeunes (10 ans et moins) et les simulateurs de vol sont les attractions les plus prisées. Essayez de vous y présenter tôt ou tard pour éviter les longues files d'attente.

(1893, Charles B. Atwood) – Ce temple des merveilles de la science est l'une des attractions les plus courues de Chicago et vous n'y serez pas seul ! Depuis 1933, le « MSI » occupe l'unique bâtiment resté debout après l'**Exposition universelle** de 1893 (*p. 593*). Imaginé dans le plus pur style classique, le palais des Beaux-Arts (Palace of Fine Arts) tombait en ruines quand en 1926 germa l'idée d'un musée voué à l'industrie. Au fil des ans, le musée a emmagasiné une exceptionnelle collection de curiosités et d'objets en tout genre. Aujourd'hui, le MSI s'intéresse aux transports, au corps humain, à la technologie, à l'industrie, à la communication, l'énergie et l'environnement, l'espace et la défense. Nous présentons quelques-unes des galeries les plus intéressantes ou originales.

★ **All Aboard the Silver Streak** (niveau 1) – Montez à bord du *Pioneer Zephyr*, train rapide qui opéra, en mai 1934, la liaison entre Denver et Chicago à la vitesse moyenne de 124 km/h !

★ **Colleen Moore's Fairy Castle** (niveau inférieur) – Un véritable château de conte de fées réalisé en 1935 pour Colleen Moore, une vedette de l'époque du cinéma muet fascinée par les maisons de poupées. Absolument merveilleux !

★★ **Henry Crown Space Center** (niveau inférieur) – Il inclut le sensationnel **Omnimax Theater** : un écran de 23 m de hauteur et une acoustique remarquable embarquent le spectateur pour une expérience visuelle et auditive incroyable, du fond des océans jusqu'aux frontières de l'espace. De nouveaux films sont proposés trois fois par an. Deux films de 40mn sont diffusés à chaque séance (plusieurs séances par jour). Dans le cadre des expositions sur l'exploration spatiale, on peut observer le **module de commande Apollo 8★**, premier vaisseau en orbite autour de la Lune en 1968.

Museum of Science & Industry.
Fotosearch RM/age fotostock

★★★ **U-505 Submarine** (niveau inférieur) – L'une des pièces maîtresses du musée ! Ce sous-marin allemand est présenté dans le cadre de la Seconde Guerre mondiale et de l'océan Nord-Atlantique. Pris en 1944, l'engin fut le premier appareil ennemi appréhendé par l'US Navy depuis 1815. À bord, les Américains découvrirent une machine à encoder Enigma ainsi que quantité de documents qui aidèrent les spécialistes à déchiffrer les codes utilisés par les Allemands. On pénètre dans le sous-marin, qui accueillait à l'époque 56 marins et quatre officiers. L'espace est si réduit que les marins ne pouvaient pas mesurer plus de 1,70 m !

★★ **Transportation Gallery** (niveau 2) – La section dédiée aux transports est celle de tous les superlatifs. Vous y verrez **Buchanan's 999**, la machine à vapeur qui battit en 1893 un record historique en atteignant la vitesse de 181 km/h. Un fabuleux **train miniature**★ occupe 325 m^2 au sol. Il inclut 500 bâtiments microscopiques, près de 450 m de rails, et reconstitue un voyage entre Seattle et Chicago. Un **Boeing 727** de la compagnie United Airlines est quant à lui suspendu dans les airs ; c'est un régal de pouvoir admirer son ventre dodu et son aile tribord de 15 m.

★★ **Coal Mine** (niveau 2) – La mine de charbon réjouit les visiteurs depuis l'ouverture du musée en 1933. Du sommet d'un ouvrage de charpente de 18 m, qu'il faut escalader pour accéder à la mine, un ascenseur dégringole (jusqu'au rez-de-chaussée seulement !) dans la semi-obscurité (assez impressionnant pour les jeunes enfants). Le guide fait la démonstration des engins présentés ici. Dans la « pièce de sécurité », il explique comment utiliser les lampes pour détecter la présence de méthane… et déclenche même une explosion pour illustrer son propos !

★ **Genetics and the Baby Chick Hatchery** (niveau 2) – Cette attraction est longtemps demeurée la plus prisée du musée. Le spectacle des adorables poussins sortant de leur coquille ne manque pas de susciter des exclamations attendries ! Pour une joie toujours renouvelée, des œufs fertilisés sont placés tous les jours dans la couveuse.

★★ **Wright Flyer** (niveau 3) – Pour beaucoup, le clou du musée reste le simulateur de vol *(en supplément)*, situé à proximité du Wright Flyer (l'avion qui effectua le premier vol motorisé de l'Histoire). Mais vous pourrez aussi piloter un avion de combat F-4 Phantom ou tester en toute virtualité la vitesse hallucinante d'un F-18 Super Hornet.

★★ **You ! The Experience** – On explore ici les liens qui unissent le corps et l'esprit grâce à une cinquantaine d'activités tactiles. La pièce maîtresse, **Giant Heart**, est un cœur gigantesque de 4 m de hauteur. Entièrement numérique, l'organe montre, virtuellement et physiquement, le flux sanguin confluer vers le cœur, et même synchroniser son battement avec celui du visiteur. On apprend également à danser le hip-hop avec un coach virtuel, à défier un ami au Mindball (le secret ? le plus détendu l'emporte), à trottiner dans une immense roue pour hamster et à juger en direct de l'effet produit quand on savoure une barre chocolatée. Vous avez dit expérience ?

À voir aussi Plan X p. 468

DUSABLE MUSEUM OF AFRICAN AMERICAN HISTORY A1

740 E. 56th Pl. - Ⓜ (Metra Line) 59th St., Univ. of Chicago ou Ⓜ Garfield (à 15mn de marche à travers Washington Park) - ✆ 773 947 0600 - www.dusablemuseum.org - mar.-sam. 10h-17h, dim. 12h-17h - 10 $.

Le musée est situé dans le vaste parc Washington : nous vous conseillons de vous y rendre plutôt le week-end et d'éviter la tombée de la nuit. Fondé en 1961 par le Dr Margaret Goss Burroughs dans sa propre maison, ce musée culturel et historique occupe désormais l'un des anciens bâtiments administratifs du parc. L'aile moderne Harold Washington, ajoutée au flanc sud de l'édifice en 1992, est réservée aux programmes culturels qui viennent compléter les expositions permanentes consacrées à la vie quotidienne, l'histoire et l'art afro-américains.

À noter : la **Community Gallery** où les artistes exposent leurs travaux en lien avec les problématiques présentées par le musée.

★ PULLMAN HISTORIC DISTRICT A2 en dir.

Entre 107th et 115th St., le long de Cottage Grove Ave - Ⓜ (Metra Line) 111th St. - ✆ 773 785 8901 - www.pullmanil.org.

Situé dans le quartier industriel des confins de South Side, cette fascinante cité ouvrière fut fondée en 1881 à titre expérimental par le roi des wagons-lits, **George Pullman**. Ce dernier créa sa société, la Pullman Palace Car Company, en 1867, mais dix ans plus tard, les ouvriers travaillant sur les voies ferrées se mirent en grève et choquèrent la Nation en entamant un conflit ouvert les opposant à leur hiérarchie. Souhaitant éloigner ses employés des grévistes, Pullman fit construire sa nouvelle cité ouvrière sur un terrain de 200 ha à 20 km au sud de Chicago. Il s'offrit les services de l'architecte **Solon Beman** et du paysagiste **Nathan F. Barrett** afin qu'ils conçoivent les usines ainsi qu'un plan urbain. La « ville parfaite » de Pullman générait des revenus : le magnat étant resté propriétaire des lots, il prélevait un loyer chez ses ouvriers auxquels il refusait absolument l'accès à la propriété individuelle. Pendant la crise économique des années 1890, Pullman augmenta les loyers, alors que les salaires avaient baissé. Les employés se rebellèrent : grèves et conflits s'enchaînèrent, signant la fin de la cité ouvrière.

Se promener

Visitor Center – *Arcade Building (angle 112th Street et Cottage Grove Ave) - ✆ 773 785 8901 - www.pullmanil.org - tlj sf lun. 11h-15h - gratuit - l'Historic Pullman Foundation organise des visites guidées au départ du Visitor Center à 13h30, de mai à oct., 1er dim. du mois (10 $; 1h30).*

Après avoir été longuement délaissée, la cité ouvrière toujours en cours de restauration se prête aujourd'hui à une jolie balade dans ses ruelles du 19e s. Plusieurs demeures victoriennes occupent les seize pâtés de maisons de la partie sud du quartier résidentiel Pullman. Des maisons plus vastes, réservées à la direction, bordent **111th Street** tandis que d'autres – celles des artisans et des ouvriers – se succèdent vers le sud jusqu'à **115th Street**. Les lignes de toit variées et pittoresques sont caractéristiques du Queen Anne si apprécié des architectes de l'ère victorienne (mais que l'on observe le plus souvent sur des demeures plus imposantes). L'architecte Solon Beman a également imaginé les maisons plus simples de la partie nord (entre **104th** et **108th Street**) à destination des ouvriers de deux autres usines; les maisons les plus charmantes se succèdent le long de Cottage Grove Avenue à la hauteur de **107th Street**. La plupart sont des résidences privées – vous ne pourrez donc y pénétrer – mais certaines sont ouvertes au public.

NOS ADRESSES DANS THE SOUTH

RESTAURATION

Hyde Park et Kenwood

Plan X p. 468

PREMIER PRIX

50 Jimmy's Woodlawn Tap – Plan X, A1 - *1172 E. 55 th St. - et Woodlawn Ave - ✆ (773) 643-5516 - 10h30-2h, sam. 11h-3h, dim. 11h-2h - moins de 10 $.* Cette taverne est l'un des repaires des étudiants : les prix plus que raisonnables, le choix de bières, le personnel toujours sympathique ont su conquérir leurs cœurs (et leurs estomacs).

51 Valois – Plan X, B1 - *1518 E. 53rd St. - ✆ (773) 667-0647 - www.valoisrestaurant.com - 5h30-22h - moins de 15 $.* Une institution dans le quartier universitaire depuis 1921 ! Les généreuses portions séduisent les étudiants et on peut y prendre le petit-déjeuner jusqu'à 16h.

BUDGET MOYEN

52 La Petite Folie – Plan X, B1 - *1504 E. 55 th St. - ✆ (773) 493-1394 - www.lapetitefolie.com - 11h30-14h, 17h-21h, sam. 17h-21h, dim. 17h-20h - fermé lun. - à la carte 40,50/60,50 $.* Sole grenobloise, steak au poivre et autres spécialités de bistrot à la française, à deux pas de l'université dont la chef, Mary Mastricola, est une ancienne élève.

53 Piccolo Mondo – Plan X, B1 - *1642 E. 56 th St. - M Metra Line 55th-56th-57th St. - ✆ (773) 643-1106 - www.piccolomondo.us - P - 11h30-21h, vend.-sam. 11h30-22h - à la carte 28,50/52 $.* Vue sur Jackson Park et le Museum of Science and Industry depuis les grandes baies vitrées de ce restaurant italien. Prenez un sandwich au comptoir de la section deli ou installez-vous pour un plat de pâtes et un verre de chianti.

EN SOIRÉE

Plan I p. 376 et plan X p. 468

The Velvet Lounge – Plan I, B3 - *67 E. Cermak Rd - M Cermak-Chinatown - ✆ (312) 794-5904 - 17h-2h, sam. 17h-3h.* L'esprit du saxophone ténor Fred Anderson souffle toujours sur ce club fondé par cet acteur majeur du free jazz.

Autour de Chicago

★★

Immense, la banlieue de Windy City offre de multiples attraits, que ce soit sur les rives du lac Michigan ou dans les terres, le long du canal de l'Illinois. Si les passionnés d'architecture ne manqueront pas de se rendre à Oak Park pour découvrir les demeures imaginées par le génial Frank Lloyd Wright, les amateurs de parcs et de villas de bord de mer visiteront Evanston. Les amoureux de la nature iront quant à eux marcher sur les dunes sauvages de l'Illinois, avant de piquer une tête dans le lac.

NOS ADRESSES PAGE 489
Hébergement, restauration, achats, activités, etc.

SE REPÉRER
Plan XII (Oak Park) (page de droite).

À NE PAS MANQUER
Oak Park et les maisons de Frank Lloyd Wright.

ORGANISER SON TEMPS
Chacune des destinations nécessite une journée de votre temps.

AVEC LES ENFANTS
Brookfield Zoo, les plages d'Indiana Dunes National Lakeshore.

★★★ Oak Park Plan XII page de droite

À 16 km à l'ouest de Chicago - M Oak Park ou Harlem/Lake.

Oak Park Visitors Center – A2 - *1010 Lake St. (indiqué à la sortie de la station de métro Harlem) - 708 848 1500 - www.visitoakpark.com - 10h-17h, dim. 10h-16h.* Demandez le plan des sites et la brochure explicative. Les visites guidées des maisons de Frank Lloyd Wright sont organisées par le FLW Trust *(www.flwright.org - p. 485).* Elles se limitent à l'extérieur des maisons, pour la plupart en mains privées. Veillez à respecter l'intimité de leurs propriétaires

Bon à savoir – Les maisons particulières et les bâtiments présentant un intérêt architectural ouvrent leurs portes au public le 3e samedi de mai, à l'occasion de la visite « Wright Plus ». Les billets s'achètent à l'avance *(www.flwright.org)* – ils sont mis en vente dès le début du mois d'octobre.

Le nom de cette banlieue prospère est connu dans le monde entier : c'est ici que naquit le mouvement architectural de la Prairie School et la maison moderne américaine. La ville attire une foule de curieux et de passionnés d'architecture, car elle rassemble la plus forte concentration de demeures signées **Frank Lloyd Wright**, grand maître de l'architecture américaine. Il fit ici ses premières armes, ses réalisations évoluant des maisons victoriennes, qui plaisaient alors, vers le style Prairie. Ce visionnaire a conçu des centaines de maisons, toutes uniques mais caractérisées par l'utilisation des lignes horizontales et des bandeaux de vitraux, des silhouettes saillantes et basses. La ville voisine de River Forest porte haut le style Prairie et compte six maisons dessinées par Wright en personne. Oak Park se découvre au rythme de ses rues bordées d'arbres.

Pour faire du shopping ou vous restaurer, rendez-vous sur Lake Street, Chicago Avenue ou Oak Park Avenue.

★ **Frank W. Thomas House** A1

210 N. Forest Ave.

(1901) – Considérée comme la première véritable maison Prairie de Wright, cette commande abandonne toute référence à l'architecture victorienne. L'entrée voûtée sous le niveau principal ne conduit pas à une porte mais à un escalier. Toitures abaissées et hauts murs en stuc accueillent des bandeaux de fenêtres aux vitres colorées.

Joseph D. Everett House (D) A1

228 N. Forest Ave.

(1888) – Une maison victorienne de style Queen Anne incarne le style résidentiel qui prédomine durant les années où Wright révolutionne les rues paisibles d'Oak Park.

Engagez-vous dans Elizabeth Ct., à droite.

★ **Laura Gale House** A1

6 Elizabeth Ct.

(1909) – Anticipant le style International qui prend son envol en Europe dans les années 1920, cette demeure préfigure Fallingwater (*p. 593*), œuvre magistrale que Wright signa en 1936. Le salon ouvert sur le porche donne l'illusion que la maison et le paysage alentour ne font qu'un.

8

Les deux visages d'Oak Park

Dans les années 1830, et après l'incendie de 1871, des puritains fortunés s'installent à Oak Park, veillant à ce que les immigrants et l'alcool n'aient pas accès à leur petite banlieue. En 1902, Oak Park s'émancipe de la commune de Cicero ; sa population croît rapidement – de 5 000 à près de 20 000 habitants entre 1890 et 1910. L'écrivain **Ernest Hemingway** naît sur Oak Park Avenue en 1899. Tout comme Wright, ses idées progressistes le conduisent à quitter sa bourgade natale en 1918. Il se moquera plus tard du conservatisme de la petite ville aux « larges pelouses mais aux esprits étroits ».

BERCEAU D'UN NOUVEAU STYLE

Né dans le Wisconsin en 1867, Frank Lloyd Wright subit très tôt l'influence de **Louis Sullivan**, dans le cabinet duquel il est employé à l'époque où il s'installe à Oak Park (1889). Il développe dès lors son propre style, influencé par le Japon et caractérisé par une horizontalité et des lignes basses et saillantes inspirées des plats reliefs du Midwest. Ses agencements intérieurs mettent à l'honneur les volumes ouverts, dans lesquels il loge des meubles aux formes organiques. En 1909, provoquant un scandale dans la société conservatrice d'Oak Park, il quitte sa femme et ses six enfants pour l'épouse d'un client. Sa carrière n'en pâtira pas. Père du **style Prairie**, Wright meurt en 1959 à 91 ans. Il aura imaginé plus de 1 100 bâtiments, dont près de la moitié ont vu le jour.

PAS SI CONSERVATRICE

Relié à Chicago par le train, Oak Park accueille au 20e s. une population privilégiée. Dans les années 1960 et 1970, elle se transforme en une communauté de classe moyenne où vivent de nombreux Afro-Américains. En 1973, le classement du quartier historique « Frank Lloyd Wright et le style Prairie » enclenche une vague de restaurations. Aujourd'hui, Oak Park rassemble une communauté économiquement stable, progressiste, au niveau d'éducation élevé… très différente de celle de l'époque de Wright et Hemingway, il y a seulement trois générations de cela.

Nathan G. Moore House, par Frank Lloyd Wright.
R. Boyd/Michael Ochs Archives/Getty Images/ © Adagp, Paris 2019

Revenez dans Forest Ave.

★ Hills-DeCaro House A1

313 N. Forest Ave.

En 1900, Wright rénova cette maison datant de 1883, en lui ajoutant des bardeaux horizontaux et en abaissant son toit.

★ Arthur Heurtley House A1

318 N. Forest Ave.

(1902) – La ligne que donna Wright à cette maison préfigure Robie House (1909, *p. 472*) en de multiples points – notamment le salon surélevé cerné de vitraux, un large toit qui avance au-delà de bandeaux de fenêtres, et des murs de briques texturées qui suivent une ligne horizontale. La porte d'entrée, camouflée par un mur, laisse apercevoir une arche arrondie suggérant une forteresse organique… mais paisible.

★ Nathan G. Moore House A1

333 N. Forest Ave.

(1895) – Une ligne de toit abrupte, une balustrade inspirée de Sullivan et un style néo-Tudor : Moore House contraste résolument avec les réalisations horizontales plus tardives de Wright. L'architecte métamorphosa complètement la structure préexistante et la reconstruisit en 1922, à la suite d'un incendie. Les visiteurs ont ainsi la chance de découvrir les expériences qu'il mena dans les années 1920, et notamment ses incrustations aux thèmes japonais.

En arrivant dans Chicago Ave, tournez à gauche.

Sur cette portion de Chicago Avenue se succèdent les demeures de **Robert P. Parker** (**A**), **Thomas H. Gale** (**B**) et **Walter H. Gale** (**C**) *(nos 1019, 1027 et 1031)*, que conçut Wright malgré son contrat d'exclusivité le liant à Adler & Sullivan, ce qui lui vaudra son renvoi. Ces structures Queen Anne (1892-1893) trahissent les sensibilités naissantes du jeune Wright (25 ans à l'époque) : on y retrouve bardeaux horizontaux et bandeaux de fenêtres.

Rebroussez chemin en empruntant Chicago Ave vers l'est.

★★★ Frank Lloyd Wright Home & Studio A1

951 Chicago Ave - ✆ 312 994 4000 - www.flwright.org - visite guidée de la maison, départ ttes les 20mn, 10h-16h - 17 $ - boutique 9h-17h (audioguides en location). Nombreuses visites et excursions organisées autour des bâtiments construits par Frank Lloyd Wright (voir le site Internet - réservez).

Voici une occasion rare de vérifier une des théories de Wright, pour qui le design et l'architecture étaient destinés à embellir la vie. Ouverte au public en 1974, grâce au **Frank Lloyd Wright Trust** nouvellement créé, la maison que Wright construisit en 1889 a été restaurée telle qu'elle était en 1909, lorsqu'il y habitait. Puits de lumière, fluidité, géométrie sans raideur, épure japonaise, trouvailles ingénieuses, matières naturelles (briques et bois), trouées vers la nature se conjuguent pour créer un espace de vie attachant. Aisance et confort sans tapage répondent au vœu de Wright d'inventer une architecture démocratique, tournant le dos aux ornements factices des styles historicistes. Au rez-de-chaussée, le **salon** s'articule autour de la cheminée rectiligne qui caractérise les maisons de style Prairie. À l'étage, près des chambres, la **salle de jeux★** (1895) évoque une nef perchée dans les arbres. Un passage en bois japonisant conduit à l'**atelier★**, qui offre une plongée dans le monde créatif des architectes du style Prairie. Une maison qui semble avoir été dessinée pour vous.

Repartez par Chicago Ave, vers l'est, et tournez à droite dans Oak Park Ave.

Ernest Hemingway Birthplace B1

339 N. Oak Park Ave - ✆ 708 445 3071 - www.ehfop.org - merc.-vend. et dim. 13h-17h, sam. 10h-17h - 15 $.

(1890, Wesley A. Arnold) – Cette demeure victorienne recrée le cadre familial du jeune Ernest Hemingway (1899-1961), l'auteur acclamé, lauréat du prix Nobel de Littérature en 1954.

À deux pâtés de maisons au sud, le **musée Hemingway** *(nº 200 - mêmes horaires, tarifs et site Internet que la maison natale)* explore à foison la vie de l'auteur.

Faites un détour vers l'est par Euclid Ave, parallèle à Oak Park Ave.

Edward W. McCready House B1

231 N. Euclid Ave.

(1907, Spencer & Powers) – Autre exemple de maison, de style Prairie.

Revenez sur Oak Park Ave.

À l'angle sud-ouest d'Oak Park Avenue et de Lake Street, **Scoville Square** (B2) (1908, E. E. Roberts) et sa ligne de toit caractéristique révèle l'influence du style Prairie sur l'architecture commerciale.

★★ Unity Temple B2

875 W. Lake St. - ✆ 312 994 4000 - www.flwright.org - lun.-jeu. 10h-16h, vend. 10h-15h, sam. 10h-11h - visite guidée 18 $.

Achevé en 1908 pour la congrégation unitarienne du quartier, l'Unity Temple est à la fois un lieu de culte et un espace de rassemblement. Sa double vocation se retrouve dans l'aménagement bipartite du bâtiment. Une restauration remarquable en 2017 lui a rendu son apparence d'origine : à l'extérieur, béton et plateaux horizontaux, à l'intérieur fluidité et équilibre parfait des lignes, couleurs naturelles aux tons amortis, suprême intelligence de l'espace protégé des bruits de l'extérieur. Animé par son souci maniaque du détail, Frank Lloyd Wright a tout dessiné, des bancs d'église aux luminaires, de la cheminée aux vitraux. Il signe là un des chefs-d'œuvre du style Prairie, à voir impérativement après avoir fait le tour d'Oak Park, comme un accomplissement de l'intense période de maturation qui caractérise les débuts de son studio. Le « petit bijou » de Wright, comme il se plaisait à l'appeler, est considéré comme un des bâtiments majeurs de l'histoire de l'architecture au 20ᵉ s., au même titre que le musée Guggenheim.

Pleasant Home (John Farson House) A2

217 Home Ave - ✆ 708 383 2654 - www.pleasanthome.org - jeu.-dim. 12h30, 13h30, 14h30 sf déc.-janv. - visite guidée seult 10 $.

(1897) – Cette maison fut la première réalisation que George Washington Maher signa de son style Prairie (moderne) : large façade, toit en pavillon et motifs répétés – blason, chèvrefeuille, tête de lion…

Oak Park and River Forest Museum Hors plan

M *Ridgeland - 129 Lake St. - ✆ 708 848 6755 - merc.-dim. 11h-16h - 7 $.*

Avant de quitter Oak Park, passez voir ce petit musée créé en 2017 dans une caserne de pompiers de la fin du 19ᵉ s. L'Historical Society a voulu constituer ici une mémoire vivante de la ville. Éclectisme et souvenirs sont donc les maîtres mots de ce lieu : photographies, vêtements, objets usuels, affiches, archives évoquent dans un joyeux désordre le destin des habitants d'Oak Park, dont l'inventeur de Tarzan, seigneur de la jungle…

Indiana Dunes National Lakeshore.
JoeyBLS/iStock

★★ Brookfield Zoo Plan I A2 en dir. p. 376

8400 W. 31st St. - Brookfield (IL) (à 13 miles/22 km à l'ouest de Chicago par la I-290 W) - M (Metra Line) Zoo - 708 688 8000 - www.czs.org - 10h-17h (w.-end 18h) - plusieurs formules à partir de 20,95 $.

Si vous avez une journée devant vous, profitez-en pour découvrir ce zoo ! Ses 87 ha se déclinent autour d'une fontaine centrale et déroulent près de 25 km de sentiers. Dans un cadre magnifique, de belles pelouses invitent au pique-nique. Parmi les 2 800 hôtes du lieu, on admire le zèbre bien connu, mais aussi le mystérieux oryctérope du Cap. Et plusieurs activités font la joie des enfants.

★★ **Tropic World** – L'habitat des primates vous offre l'opportunité de découvrir les forêts tropicales humides d'Asie, d'Afrique et d'Amérique du Sud… vues de la cime des arbres.

★ **The Fragile Kingdom** – Bienvenue dans le désert africain et la forêt tropicale humide asiatique, à la rencontre des étonnantes panthères nébuleuses, des amusants suricates et des affreux rats-taupes nus.

★ **Habitat Africa !** – Parcourez l'immensité de la savane et la forêt touffue, en admirant girafes, okapis, crocodiles… et pythons.

Regenstein Wolf Woods – L'attraction la plus récente de Brookfield, située aux confins sud-ouest du zoo, réunit une meute de loups gris mexicains dont l'espèce est menacée. Venez plutôt les observer dès le matin ou en fin de journée, c'est là qu'ils sont les plus actifs.

The Living Coast – Vous voici sur les côtes du Chili et du Pérou, à la faune abondante : oiseaux, pingouins, requins…

★ Evanston Plan I A1 en dir. p. 376

À 14 miles/22 km au nord de Chicago, sur le lac Michigan (en voiture, quittez Chicago par N. Lake Shore Dr. en dir. du nord) - M Dempster - bus 205 depuis M Howard.

Visitor Information - *cityofevanston.org/about/.*
Cette petite cité cosmopolite est l'étape de transition idéale entre la ville et la banlieue. Fondée vers 1830, elle s'épanouit dans les années 1850 autour d'une université méthodiste qui prendra bientôt le nom de Northwestern. Elle connaîtra quatre pics de développement successifs, ses maisons datant ainsi essentiellement des années 1870, 1890, 1920 (apparition des immeubles d'habitation) et 1950.
Sheridan Road *(qui rejoint Burnham Pl. puis Forest Ave)* conduit dans l'**Evanston Lakeshore Historic District★**, quartier classé depuis 1980. Partez à sa découverte à pied, en commençant à Dawes House *(225 Greenwood St.).*
★ **Charles Gates Dawes House** – *℘ 847 475 3410 - www.evanstonhistorycenter.org - visite guidée jeu.-dim. 13h, 14h et 15h (45mn) - 10 $.* L'une des rares maisons ouvertes au public, elle abrite l'Evanston Historical Society et dévoile l'opulence qui régnait sur la North Shore au 19e s. C'est probablement le plus bel exemple de style « châteauesque » de la région. La demeure compte 28 pièces et 14 cheminées; parmi les pièces restaurées et meublées ouvertes à la visite, notez la sublime bibliothèque et ses boiseries, ainsi que la chambre d'enfants du premier étage.

★ Indiana Dunes National Lakeshore

Plan I B3 en dir. p. 376

Accès – En voiture – *Prenez la direction du sud par la I-94/I-90 (Dan Ryan Expwy) jusqu'au péage Chicago Skyway (I-90). Après Gary (IN), empruntez la sortie US-20/US-12 (Dunes Hwy) et poursuivez vers l'est. Restez sur la US-12, prenez la bifurcation à gauche lorsque la US-20 bifurque sur la droite. Tous les sites sont accessibles depuis la US-12. Comptez 37 miles/60 km du Loop à l'entrée de West Beach; 49 miles/78 km jusqu'au Buell Visitor Center; 54 miles/86 km jusqu'au Mt Baldy.*
En train – *Le South Shore Railroad part tous les jours de la station Metra Millennium Park; descendez à Dune Park et dirigez-vous vers le nord.*
Visitor Information - *℘ 219 395 1882 - www.nps.gov/indu - De Memorial Day à Labor Day : 8h-18h; reste de l'année 8h30-16h30.*
Vous cherchez une plage plus dépaysante que celles de Chicago? Filez vers le sud jusqu'à ce ruban de 40 km qui se déroule à la frontière nord de l'Indiana, pourtant fortement industrialisé. Ne vous laissez pas décourager par les 60 km de trajet et la fumée des énormes cheminées, car vous attendent 6000 ha de plage balayée par les vents, de dunes, de marais et de forêts : ce littoral classé vaut décidément le détour. Si elles semblent robustes, les dunes sont pourtant un écosystème fragile à la merci des vents, des vagues et de l'activité humaine. Elles sont heureusement préservées depuis 1911.

★ Bailly Homestead and Chellberg Farm and Trail

Sur Mineral Springs Rd (à 10 km à l'est d'Inland Marsh) - ouv. de 7h à la tombée de la nuit.
L'accès à ces bâtiments très anciens est limité à quelques jours dans l'année, mais n'hésitez pas à parcourir le sentier de 3 km pour y jeter un coup d'œil (ainsi qu'aux fabuleuses dunes).

★ Mount Baldy

Mt Baldy, l'une des plus hautes dunes du parc (37 m), est poussée par les vents vers l'intérieur des terres à raison de 1 m à 1,50 m par an. Pour y accéder et en faire le tour, comptez 800 m, mais la pente est raide! Rassurez-vous, l'immense tour que vous apercevez n'est pas une centrale nucléaire, mais une tour de refroidissement de centrale électrique absolument inoffensive.

★ West Beach Area

Prenez à gauche sur County Line Rd, peu après l'entrée du parc - ouv. mai-sept. tlj de 8h à la tombée de la nuit - le reste de l'année tlj de 7h à la tombée de la nuit. 6 $/voiture de mi-mai à fin sept. Animaux de compagnie interdits. Attention aux courants dangereux.

Réputé avant tout pour sa plage (West Beach), ce secteur du parc abrite également Long Lake, ainsi que près de 6 km de sentiers de randonnée. Une promenade le long du **Dune Succession Trail★** est un régal pour les amateurs de flore : plus de 1 400 espèces végétales sont représentées ici.

NOS ADRESSES AUTOUR DE CHICAGO

RESTAURATION

Oak Park Plan XII p. 483

BUDGET MOYEN

56 **The Little Gem Cafe** – Plan XII, A1 - *189 N. Marion St. - M Harlem/Lake - ✆ (708) 613-5491 - www.thelittlegemcafe.com - tlj 11h-21h30 (sam.-dim. brunch 11h-15h) - plats 8-34 $.* Quelques effluves de Méditerranée sont venues se déposer dans la cuisine du « petit bijou » d'Oak Park. Ambiance de quartier, avec music live le soir, dans ce restaurant tout simple, où tous les voeux sont comblés, du sandwich Gem Burger au filet de saumon sauvage.

54 **Marion Street Cheese Market** – Plan XII, A2 - *100 S. Marion St. - M Harlem/Lake - ✆ (708) 725-7200 - http://marionstreetmarket.com - 11h30-21h, vend. 11h30-22h, sam. 9h-22h, dim. 9h-15h - plats 18/26 $.* Ce restaurant au décor chaleureux est le voisin d'une épicerie fine aux multiples tentations. Dans les assiettes, produits de choix et de saison : assortiments de fromage et de charcuterie, salades et sandwichs raffinés, plats plus consistants le soir. Votre ticket, donne droit à des réductions à la boutique le même jour.

55 **Maya del Sol** – Plan XII, B2 - *144 S. Oak Park Ave - M Oak Park - ✆ (708) 358-9800 - www.mayadelsol.com - 16h-22h, vend.-sam. 16h-23h, dim. 9h-21h - à la carte 33/64 $.* Dans une ambiance familiale relayée par un joli décor, une cuisine mexicaine fine et bien loin des habituelles cantinas. Tacos ou plats plus recherchés, comme la *pechuga de pato* (canard aux épinards).

Evanston

BUDGET MOYEN

Union Pizzeria – Hors plan - *1245 Chicago Ave - ✆ (847) 475-2400 - http://unionpizza.com - 16h30-23h, vend.-sam. 16h30-0h, dim. 11h-22h - plats 13/21 $.* Une pizzeria haut de gamme qui, au dire des connaisseurs, servirait les meilleures pizzas au feu de bois de la ville. Ingrédients très frais, grand choix de bières et de vins.

PETITE PAUSE

Oak Park Plan XII p. 483

Petersen's Ice Cream Parlor and Sweet Shoppe – Plan XII, A1 - *1100 Chicago Ave - ✆ (708) 386-6131 - www.petersenicecream.com - 14h-21h.* Une institution depuis 1919 : succulentes crèmes glacées à l'ancienne, douceurs variées, milk-shakes, à deux pas de l'atelier de FLW...

MILWAUKEE ET SES ENVIRONS

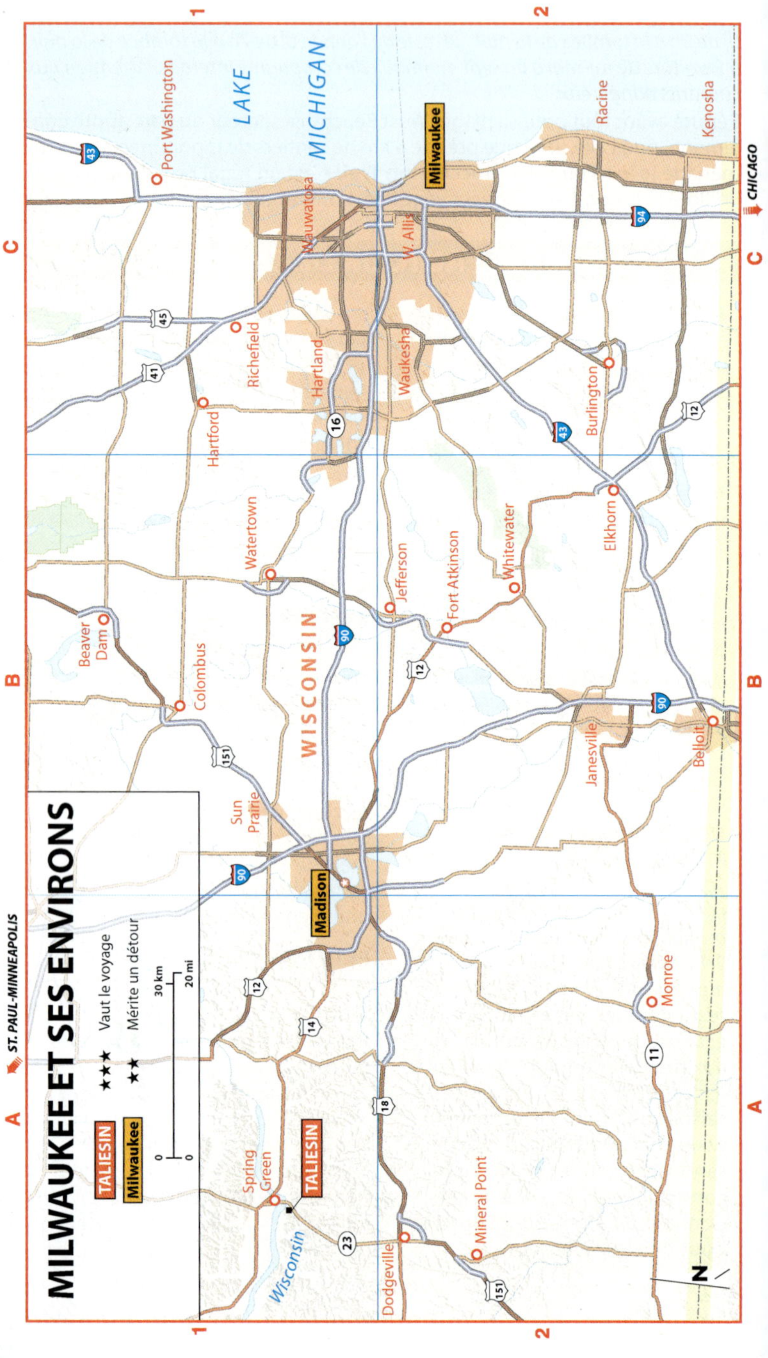

Milwaukee et ses environs 9

Carte Michelin National 761 et carte Michelin Zoom 173

MILWAUKEE
ART MUSEUM

Grand angle sur Milwaukee et ses environs

Situé dans le Wisconsin, sur la rive ouest du lac Michigan, Milwaukee est un important pôle industriel du Midwest. Ses rues soignées et son administration méthodique trahissent l'origine germanique de ses premiers immigrants.

PREMIERS PEUPLES

De 700 à 1300 apr. J.-C., les bâtisseurs de tumulus ponctuèrent le territoire d'effigies en forme d'oiseaux, d'animaux ou d'hommes. À une époque plus récente, la contrée fut peuplée de tribus indiennes Menominee, Chippewa, Fox, Sauk, Winnebago et Potawatomi, qui vivaient essentiellement de la chasse et de la pêche. À la suite de Jean Nicolet, débarqué à Green Bay en 1634, les explorateurs français arpentèrent la région, à la recherche du fameux passage du Nord-Ouest.

PREMIERS PAS

Cédé aux Britanniques lors du traité de Paris (1763), le Wisconsin demeura « territoire indien » avant d'être placé sous l'autorité des Américains à l'issue de la guerre d'Indépendance. En 1848, il devint le **30e État**. Si Madison accueillit le siège du gouvernement, Milwaukee reçut le titre officieux de capitale de la bière et devint un grand centre agroalimentaire.

PARTIE DE CAMPAGNE

Les attraits de Milwaukee et de ses environs ne se réduisent pas aux seules attractions culturelles de la ville. C'est dans le Wisconsin que l'architecte Frank Lloyd Wright (1867-1959) vit le jour et grandit. Spring Green, dans les environs de Madison, abrite **Taliesin**, qui fut sa demeure et son atelier : une visite incontournable dans la campagne vallonnée du Dairy State, l'« État laitier ».

Milwaukee Art Museum signé Santiago Calatrava.
herreid/iStock/ADAGP, Paris, 2019

MILWAUKEE ET SES ENVIRONS

C
D
1
2
3
E North Ave
Garfield Ave
Lloyd St
Brown St
KILBOURN PARK
N Booth St
N Humboldt Ave
N Commerce St
Lakefront Brewery
N Water St
E Kane Pl
N Pulaski St
N Warren Ave
N Cambridge Ave
N Bartlett Ave
N Oakland Ave
N Farwell Ave
N Prospect Ave
N Summit Ave
N Lake Dr
N Terrace Ave
Villa Terrace Decorative Arts Museum
BACK BAY PARK
N Lincoln Memorial Dr
E Hamilton St
BRADY STREET
E Brady St
Charles Allis Art Museum
N
E Kewaunee St
E Pleasant St
N Jackson St
E Lyon St
N Van Buren St
E Ogden Ave
N Cass St
E Knapp St
E Juneau Ave
E Lagoon Dr
EAST TOWN
N Milwaukee St
N Astor St
E State St
E Kilbourn Ave
N Marshall St
VETERANS PARK
City Hall
N Jefferson St
E Wells St
N Broadway
E Mason St
Art Museum
Wisconsin Gas Company Building
E Wisconsin Ave
Mackie Building
Federal Building
E Michigan St
Discovery World
E Clybourn St
LAKE MICHIGAN
N Harbor Dr
E Buffalo St
E Chicago St
E Menomonee St
HISTORIC THIRD WARD
LAKESHORE STATE PARK
MILWAUKEE
0
0.5 mi
0.5 km
E Erie St
S Water St
Florida St
Kinnickinnic River
W National Ave
794
CHICAGO
SE LOGER
Aloft Milwaukee 4
Hilton Garden Inn 2
Hotel Metro 3
Iron Horse Hotel 5
The Pfister Hotel 6
The Plaza Hotel 1
SE RESTAURER
Braise 3
Café Benelux 2
Elsa's on the Park 1
Hinterland 6
Mader's 4

Milwaukee

★★

600 155 hab. - Wisconsin (WI)

Paradoxe, la plus grande agglomération du Wisconsin constitue, au cœur de cette région agricole surnommée le Dairy State (l'« État laitier »), l'un des grands foyers industriels du pays. Délocalisations, évolution des marchés et crise obligent, elle a su faire face à une reconversion pour le moins réussie. Depuis le milieu des années 2000, elle a changé de visage. Partout, entrepôts et bâtiments industriels sont reconvertis en hôtels, restaurants, galeries d'art, dans le respect de leur architecture d'origine et de l'environnement. En dépit des hivers rigoureux du Wisconsin, on sait vivre et profiter au mieux des beaux jours dans cette cité qui jouit d'un site magnifique.

NOS ADRESSES PAGE 503
Hébergement, restauration, achats, activités, etc.

S'INFORMER

Visit Milwaukee Visitor Information Center – *Wisconsin Center, 400 W. Wisconsin Ave - ☏ 414 273 7222 - www.visitmilwaukee.org.*

SE REPÉRER

Carte de région C1-2 (p. 490). Située à 96 miles/154 km au nord de Chicago, Milwaukee est à moins de deux heures de route ou de train de Windy City.

SE GARER

La ville compte de nombreux parkings et places de stationnement payants, mais mieux vaut circuler à pied ou à vélo si la saison le permet. Les sites les plus éloignés du centre sont facilement accessibles en bus.

À NE PAS MANQUER

Une balade dans Historic Third Ward et Walker's Point afin de sentir battre le pouls du nouveau Milwaukee ; une promenade sur le Milwaukee RiverWalk sous le soleil ; la visite d'une brasserie et du musée Harley-Davidson, deux grandes spécialités locales.

ORGANISER SON TEMPS

On peut facilement passer trois jours à Milwaukee, notamment si l'on profite, en saison, des activités organisées au bord du lac.

Reconversion réussie pour les entrepôts et bâtiments industriels de Milwaukee.
P. Alix/Iconotec/Photononstop

AVEC LES ENFANTS
Discovery World, les expositions variées du Milwaukee Public Museum, une promenade en bateau sur les canaux ou sur le lac.

9

Se promener Plan de ville p. 494-495

Milwaukee, c'est d'abord un site splendide sur les rives du lac Michigan, si vaste qu'il ressemble à une mer. Le lac est bordé de parcs et de promenades où il fait bon marcher et pédaler, voire entreprendre des activités nautiques ou profiter des joies de la plage, comme à Bradford Beach au nord de la ville. **East Town**, cœur de Downtown (centre-ville), est bordé au nord par **Brady Street**, l'ancien quartier italien qui conserve de beaux restes. Au-delà s'étend le résidentiel **East Side**. Au sud d'East Town, dans **Historic Third Ward**, endroit très animé, les entrepôts alimentaires reconvertis avec succès entourent le Milwaukee Public Market. Au sud-ouest de Historic Third Ward, de l'autre côté de la Milwaukee River, **Walker's Point** est en pleine reconversion : ses usines en brique sont devenues des commerces de bouche prisés. Également de l'autre côté de la rivière, **Westown,** à l'ouest d'East Town, fait aussi partie de Downtown. Plus à l'ouest s'étendent **Marquette** et le campus de l'université.

★ **Milwaukee RiverWalk** – Tirant avantage des voies d'eau qui sillonnent la ville, la municipalité aménage depuis les années 1990 une promenade piétonne le long de la rivière. Ponctuée de bancs, de sculptures, de restaurants où faire une pause, elle s'étire aujourd'hui sur près de 4 km des deux côtés de la voie d'eau, de Commerce St., au nord, au Third Ward, au sud, avec quelques interruptions.

Pour les amateurs de sport, Milwaukee demeure la ville des **Brewers** (les « brasseurs ») – équipe de baseball qui bénéficie d'un stade à toit coulissant, le Milwaukee's Miller Park –, des **Bucks** (basketball) et des **Admirals** (hockey).

★ DOWNTOWN C2

East Michigan Street donne un aperçu de l'architecture du 19e s. et de ces constructions en briques de couleur claire *(cream bricks)*, du fait de l'argile locale, qui valurent à Milwaukee le surnom de *Cream City*. Le **Mitchell Building** *(nº 207)* se distingue par son toit Second Empire et le **Mackie Building**★ *(nº 225)* abrite la première salle de transactions boursières des États-Unis, la **Grain Exchange Room**★, décorée de peintures murales.

Plus à l'est, sur Wisconsin Avenue, se détache la haute tour du **Federal Building★** *(nos 515-519)*. Au sommet du **Wisconsin Gas Company Building** *(no 626)*, édifice Art déco (1930), brûle une flamme dont la couleur varie selon les conditions atmosphériques.

Au nord de Wisconsin Street, les pignons à volute du **City Hall★** (hôtel de ville - *200 E. Wells St.*), de style baroque flamand, rappellent l'influence germanique sur la ville. De même, sur la rive ouest du fleuve, **Old World Third Street★** *(B2, blocs 1000 et 1100, 3rd St.)* offre de beaux exemples d'architecture germanique ; restaurants et magasins traditionnels s'y succèdent, parmi lesquels le célèbre **Usinger** *(no 1030)* qui fabrique les grosses saucisses *Wurst* dans les règles de l'art depuis 1880.

★★ Milwaukee Art Museum C2

750 N. Art Museum Dr. - bus 10, 49, 143 - ✆ 414 224 3200 - mam.org - P payant - 10h-17h (jeu. 20h) - fermé lun. de sept. à mai - 19 $ (gratuit 1er jeu. du mois) - visite guidée des collections sam. 11h, 14h, dim. 14h.

Les « ailes » du Quadracci Pavilion s'ouvrent et se referment à 10h et 17h, en même temps que le musée, et « battent » à 12h. C'est le moment de prendre place sur le Lincoln Memorial Bridge, une passerelle à l'arrière du bâtiment, afin de profiter du spectacle du **Burke Brise Soleil**, *comme s'intitule cet oiseau gigantesque, posé sur la rive du lac.*

Situé en bordure du lac Michigan, le musée est installé dans un bâtiment dessiné en 1957 par Eero Saarinen, auquel a été adjointe une aile conçue par David Kahler en 1975, puis le Quadracci Pavilion, imaginé par l'Espagnol Santiago Calatrava en 2001. C'est par cette dernière partie, sous l'aile géante,

PIONNIER CONTRE PIONNIER

Délimitée par les rivières Milwaukee, Menomonee et Kinnickinnick, Milwaukee était, avant l'arrivée des Européens, le territoire des Indiens. Ils vivaient des richesses naturelles, des eaux poissonneuses et des forêts de la région ; les Chippewa avaient d'ailleurs nommé l'endroit Millioki, le « lieu de récolte à proximité des eaux ».

Dans les années 1830, le négociant en fourrures **Solomon Juneau** et l'avocat Morgan L. Martin, d'origine canadienne, revendiquent la majorité du territoire à l'est de la Milwaukee River, tandis que l'ingénieur **Byron Kilbourn** se voit accorder les terres de la rive ouest. En 1849, **George Walker**, originaire de Virginie, acquiert le territoire situé au sud et le baptise du nom de Walker's Point. Les premières colonies font preuve d'une farouche rivalité. Juneau et Kilbourn interdisent la construction de ponts et agencent les rues de leurs communautés respectives de telle sorte qu'elles n'offrent pas d'accès au fleuve. Cette « guerre des ponts » est à l'origine du plan quelque peu désordonné de la ville.

Les immigrants constituent le principal afflux de population entre 1840 et 1860. Largement représentés, les Allemands, devenus peu à peu une force politique incontournable, développent les brasseries, s'appuyant sur la culture du houblon au centre de l'État, au point de transformer Milwaukee en capitale de la bière.

À la fin du 19e s., le boom du transport ferroviaire et fluvial, ainsi que l'abondance de matières premières à bon marché propulsent la ville au premier plan de l'activité industrielle. Fonderies, tanneries, brasseries et constructions de moteurs prospèrent, sans oublier les minoteries ni les conserveries de viande.

Historic Third Ward.
Fotosearch RM/age fotostock

que se fait l'entrée du musée, par le **Windhover Hall**, merveille immaculée d'architecture aérienne.
Très complètes, les collections de ce musée à taille humaine couvrent plusieurs siècles d'art, de l'ancienne Égypte à nos jours. Le fonds est exposé par roulement et compte parmi ses points forts : l'**art allemand** du 19e et du 20e s., dont une belle collection de mobilier Biedermeier, l'**art américain** du 20e s., les **arts décoratifs américains**, l'**art haïtien**. Au dernier étage, la **Bradley Collection of Modern Art** (fauvisme, expressionnisme, sculptures, etc.) offre en outre de superbes vues sur le lac.

★ Discovery World C2

500 N. Harbor Dr. - bus 12, 14, 31, 33, 79 - ✆ 414 765 9966 - www.discoveryworld.org - mar.-vend. 9h-16h, w.-end 10h-17h - 19 $.

Installé en bordure du lac, ce musée s'inscrit dans la tradition des institutions consacrées aux **sciences et techniques**. Il abrite un grand nombre d'expositions interactives qui invitent le visiteur à toucher et à pratiquer lui-même les expériences. On y apprend tout sur l'eau, l'électricité, certains phénomènes physiques. L'endroit abrite aussi un cinéma et un magnifique **aquarium**. À la belle saison, la réplique du *Dennis Sullivan*, un voilier de 1837, est accessible à la visite, voire pour une promenade sur le lac.

★ Milwaukee Public Museum B2

800 W. Wells St. - bus 49, 80 - ✆ 414 278 2728 - www.mpm.edu - lun.-vend. 10h-17h (1er jeu. du mois 9h-20h), sam. 9h-17h, dim. 11h-17h - 12-18 $ (24 $ avec accès au cinéma et au planétarium).

Le Musée municipal de Milwaukee (1963) comprend trois niveaux d'expositions variées parmi lesquelles chacun trouvera chaussure à son pied. Au nombre des plus intéressantes, **Streets of Old Milwaukee★★** invite à un voyage dans le temps, au tournant du 20e s., à travers des reconstitutions grandeur nature de rues, de maisons et de boutiques. Suit **European Village★★** qui montre des intérieurs de maisons paysannes des pays d'où sont venus

HISTOIRES ET DÉGUSTATIONS DE BIÈRE

À l'origine de la prospérité de Milwaukee au 19e s., la bière a marqué l'identité de la ville, même si cette dernière a dû abandonner son titre de capitale américaine de la brasserie au profit de Portland, Oregon. La première brasserie de Milwaukee, fondée en 1840 par trois Gallois, fabriquait deux bières d'origine anglaise, l'**ale**, blonde et peu amère, et la **porter**, brune et amère. L'immigrant allemand Simon Reutelschofer introduisit dans la foulée la **lager**, légère et faiblement houblonnée. L'emplacement portuaire de Milwaukee, joint à l'abondance d'orge et de houblon dans la région, favorisa l'essor de la brasserie, dominée par Blatz (1846-1959), Pabst (depuis 1844), Schlitz (1849-1981) et Miller (depuis 1855). Dans les années 1880, Milwaukee compta jusqu'à quatre-vingts brasseries. Cependant, la Prohibition entraîna la ruine des brasseries les plus petites, tandis que la fusion d'entreprises, amorcée après la Seconde Guerre mondiale, favorisa l'émergence des grands groupes. Privilégiant les méthodes de fabrication traditionnelles et les particularités régionales, des brasseries de moindre dimension ont tiré leur épingle du jeu.

Miller Brewing Company – *4251 W. State St. - ☏ 414 931 2337 - www.millercoors.com.* Toujours installée sur son emplacement d'origine (1855), la brasserie Miller est devenue après guerre la deuxième plus grande brasserie des États-Unis. Commençant au centre d'accueil, la visite conduit aux opérations de mise en bouteilles ou en canettes, puis dans l'immense **salle de brassage**, où sont alignées les cuves en cuivre dans lesquelles le moût est mis à bouillir. Elle se conclut par une dégustation au Miller Inn (1892).

Lakefront Brewery – C1 - *1872 N. Commerce St. - ☏ 414 372 8800 - www.lakefrontbrewery.com.* Installée dans une centrale électrique, cette brasserie propose des tours et des dégustations de ses productions originales ou saisonnières (bière à la citrouille en automne, à la cerise en été, etc.). Sur place un restaurant, simple et bon, sort avec les beaux jours quelques tables en bordure de la rivière.

les immigrés du Wisconsin (Irlande, Allemagne, Norvège, Serbie, etc.). Le **Puelicher Butterfly Wing**★ est un superbe conservatoire de papillons. Les autres salles évoquent des sujets variés : histoire, faune et flore de la région avec une section sur les Indiens, travail des archéologues, reconstitution d'une forêt pluviale, vie dans l'Arctique, les océans, etc.

À voir aussi

★★ Harley-Davidson Museum B3

400 W. Canal St. - bus 80 - ☏ 877 436 8738 - www.harley-davidson.com - P - mai-sept. : 9h-18h (jeu. 20h) ; oct.-avr. : 10h-18h (jeu. 20h) - 20 $, audioguide en anglais inclus.

Ne passez surtout pas votre chemin en pensant que les « bécanes » ne vous intéressent pas ! Ce musée est incontestablement l'un des plus beaux et des plus passionnants de la ville. Le lieu en soi mérite déjà d'être vu : construit avec des matériaux de récupération, il recrée une architecture industrielle très design. Quant au contenu, il évoque non seulement la marque mythique, mais aussi l'histoire de la ville, où la compagnie vit le jour en 1903 par la volonté de William Harley et des trois frères Davidson, et, au-delà, celle du pays dans son ensemble. C'est donc une traversée du siècle que propose ce parcours à la scénographie réussie. Les Harley-Davidson y sont examinées sous toutes leurs coutures, des modèles les plus anciens aux plus récents, et les inconditionnels y ont la parole, à travers leurs incroyables machines customisées. Vous pourrez même vous faire photographier gratuitement sur une moto de votre choix et envoyer le cliché par mail ! La boutique vaut le détour, le restaurant Motor est de bonne qualité.

Pour goûter à l'ambiance *biker* à son comble, venez un jeudi soir pour la *Bike Night*.

★ Charles Allis Art Museum D1

1801 N. Prospect Ave - bus 30 - 414 278 8295 - www.charlesallis.org - merc.-dim. 13h-17h (jeu. 20h) - 7 $, 12 $ avec la Villa Terrace Decorative Arts Museum ; plan de visite inclus.

Conçue en 1911 par Alexander Eschweiler, un architecte de Milwaukee, cette demeure de style Tudor fut la résidence de Charles et Sarah Allis. Premier président d'Allis-Chalmers Company, puissante entreprise de machinerie créée au début du 20e s., Charles Allis, comme nombre de ses contemporains fortunés, avait les moyens d'aimer l'art et de collectionner. Dans sa maison, qui a conservé son mobilier et son décor d'origine, le musée est renommé pour ses collections de **céramiques et poteries d'Asie**, et pour ses œuvres d'art américain (Hudson River School) et européen (mobilier et quelques tableaux de l'École de Barbizon).

9

★ Villa Terrace Decorative Arts Museum D1

2220 N. Terrace Ave - 414 271 3656 - www.villaterracemuseum.org - merc.-dim. 13h-17h (jeu. 20h)- 7 $, 12 $ avec le Charles Allis Art Museum ; plan de visite inclus, gratuit le 1er merc. du mois.

Ce **manoir** (1923, David Adler) a été conçu sur le modèle d'une villa d'Italie du Nord. Les plafonds aux poutres en cyprès et une adorable cour embellissent l'intérieur, tandis que le parc extérieur se décline en terrasses jusqu'au lac Michigan et se clôt par un jardin à la française. Le musée abrite des peintures, meubles et objets d'art décoratif du 15e au 18e s.

★★ Pabst Mansion A2

2020 W. Wisconsin Ave - bus 30 - 414 931 0808 - www.pabstmansion.com - P - lun.-sam. 10h-16h, dim. 12h-16h (dernière entrée 15h) ; fermé merc. janv.-fév. ; visite guidée seult (1h15), ttes les heures en haute saison - 12 $.

Construit en 1892 par les architectes George B. Ferry et Alfred C. Clas, cet élégant manoir de style Renaissance flamande, pourvu d'un décor en terre cuite, témoigne de la splendeur du « Gilded Age » des industriels américains. Le capitaine **Frederick Pabst** (1836-1904), arrivé d'Allemagne, fit d'abord fortune dans une compagnie de steamers des Grands Lacs. En 1864, il entre dans la brasserie de son beau-père, avant d'en prendre les rênes neuf ans plus tard. La réussite exceptionnelle du baron de la bière, ses œuvres philantropiques, l'introduisent dans la haute société de Milwaukee, dont les membres se font construire de riches demeures. Celle du capitaine Pabst est une des rares rescapées de cet « âge d'or ».

La visite commence par le **Beer Pavilion** (pavillon de la bière), qui abrite les caisses et la boutique. C'est dans cet édifice, coiffé d'un dôme de style néoclassique, que Pabst présenta ses productions à l'Exposition universelle de Chicago (1893). Il reçut à cette occasion la plus haute récompense, le ruban bleu, à l'origine d'une des principales marques de la brasserie : **Blue Ribbon**. Pabst fit par la suite remonter le pavillon à proximité de sa demeure. D'une grande opulence, celle-ci présente un décor intérieur d'une large variété de

Harley-Davidson Museum.
M. DeFreitas/Robert Harding Picture Library/age fotostock

styles et de matériaux. Vitraux, ferronneries d'art, marqueteries, porcelaines et objets précieux meublent le **hall** et le **cabinet de travail** de Pabst, véritable chef-d'œuvre d'ébénisterie dans le goût germanique, ainsi que le **parloir des dames** et la **salle à manger** Louis XV.

★ St Joan of Arc Chapel A2

Marquette University - 1421 W. Wisconsin Ave - bus 14, 23, 30 - ✆ 414 288 6544 - www.marquette.edu - lun.-sam. 10h-16h, dim. 12h-16h ; fermé j. fériés et vac. scolaires - entrée libre.

Située sur le campus de Marquette University, lequel n'est pas sans rappeler les *colleges* britanniques avec ses bâtiments néogothiques, cette minuscule chapelle dédiée à Jeanne d'Arc a une histoire mouvementée. Construite au 14e ou 15e s. dans le village de Chasse (Isère), elle était alors consacrée à saint Martin de Sayssuel. Tombée en ruines, elle fut repérée au début du 20e s. par un architecte, Jacques Coüelle, qui la démembra et l'expédia outre-Atlantique, non sans avoir pris des photos et numéroté les différentes pièces. La petite église était destinée à Gertrude Hill Gavin, une riche héritière de Long Island, qui la fit remonter en 1927. Afin de parfaire son acquisition, elle demanda à Charles J. Connick, prestigieux verrier de Boston, de réaliser des vitraux inspirés de ceux de la Sainte-Chapelle. L'édifice fut de nouveau démantelé en 1964 et transféré à Marquette à la mort de Mme Gavin. Elle abriterait une pierre qui supportait autrefois une statue de la Vierge devant laquelle Jeanne d'Arc aurait prié avant d'y déposer un baiser…

Mitchell Park Horticultural Conservatory Domes A3 en dir.

524 S. Layton Blvd - bus 27 - ✆ 414 257 5611 - www.milwaukeedomes.org - P - lun.-vend. 9h-17h, w.-end 9h-16h - 8 $.

Un peu à l'écart du centre, dans le cadre du vaste Mitchell Park, ces trois immenses serres, surmontées chacune d'un dôme, sont un bonheur à visiter en toute saison. Construites dans les années 1960, elles couvrent une superficie de 4 000 m² pour une hauteur de six étages : leur forme conoïdale est unique au monde. L'une est consacrée au milieu désertique, l'autre au milieu tropical, la troisième abrite des expositions qui changent au fil des saisons. On n'y trouve pas seulement des plantes : toute une faune de petits animaux (batraciens, oiseaux, etc.) s'y épanouit aussi. Parmi les raretés à ne pas manquer : la collection de plantes de Madagascar.

À proximité

★★ **Annunciation Greek Orthodox Church** A2 en dir.

À 22 miles/35 km au nord-ouest de Milwaukee. Prenez la route I-94 vers l'ouest, puis la route US-45 vers le nord et sortez à Capitol Dr. en direction de l'est ; suivez Capitol Dr. jusqu'à 92nd St. vers le nord ; l'église se trouve à l'angle de 92nd St. et de Congress St.

9400 W. Congress St. - Wauwatosa (WI) - ✆ 414 461 9400 - www.annunciationwi.org - P - entrée libre.

L'église de l'Annonciation (grecque orthodoxe) est l'une des dernières grandes œuvres (1961) de l'architecte Frank Lloyd Wright. Son dôme bleu, dont la base est percée de lucarnes, évoque une soucoupe volante. Des pylônes cylindriques soutiennent l'édifice en forme de croix, tandis qu'une fontaine orne l'entrée cintrée.

NOS ADRESSES À MILWAUKEE

Plan de ville p. 494-495

TRANSPORTS

Se rendre à Milwaukee

Avion – Mitchell Airport – *à 8 miles/12 km au sud de la ville - ✆ 414 747 5300 - www.mitchellairport.com.* Taxis *(env. 45 $)*, voitures à louer, navettes collectives ou individuelles pour le centre-ville et au-delà *(Go Riteway - ✆ 1 800 236 5450 - www.goriteway.com - env. 25 $)*. Service de bus privés pour Milwaukee *(✆ 262 542 8861 - www.coachusa.com)* ou Madison *(✆ 414 276 7490 - www.badgerbus.com)*. Bus public n° 80 pour le centre-ville *(www.ridemcts.com - 2,25 $)*. Train pour le centre-ville ou Chicago *(amtrakhiawatha.com - 8 $ ou à partir de 25 $)*.

Train et bus – Les gares **Amtrak** *(www.amtrak.com)* et **Greyhound** *(www.greyhound.com)* se trouvent dans le même bâtiment, en centre-ville (B2, *433 W. St Paul Ave)*. Départs fréquents pour Chicago *(comptez 1h30 et 25 $ en train, 1h50 et 15 $ en bus)*.

Sur place

Bus – Milwaukee County Transit System – *www.ridemcts.com - 2,25 $ l'unité, pass 1 j. 4 $.* Le réseau de la ville est utile pour visiter les sites les plus éloignés. Les tickets sont en vente dans le bus (faire l'appoint) ou dans des points de vente du type épicerie ou drugstore.

Vélo – Bublr Bikes – *bublrbikes.com.* Un programme de prêt de vélos en libre-service a été lancé par la municipalité en 2014. Plusieurs stations dont une devant Discovery World. *À partir de 4 $.*

VISITES

Pour ceux qui peuvent suivre une visite en anglais, **Milwaukee Food and City Tours** *(✆ 414 255 0534- www.milwaukeefoodtours.com)* organise des visites thématiques à pied et en bus *hop on/hop off* mêlant histoire et gastronomie.

Promenades en bateau sur les rivières – The Edelweiss – *205 W. Highland Ave - ✆ 414 276 7447 - www.edelweissboats.*

com. Plusieurs départs par jour en saison, à partir de 16 $.

INFORMATIONS UTILES

Pharmacie – Walgreens – D1 - *1400 E. Brady St. - ✆ 414 272 2171 - ouv. tlj 24h/24*. Consultation médicale sur place.

HÉBERGEMENT

BUDGET MOYEN

2 Hilton Garden Inn – C2 - *611 N. Broadway Ave - ✆ (414) 271-6611 - ▤ P 30 $/nuit - ♿ ᯤ - 127 ch. 159/389 $* - ✕. Idéalement situé dans le centre, cet hôtel récent a pour cadre un bâtiment de 1886, construit pour une compagnie d'assurances. Majestueuses parties communes (verrière, atrium, carreaux de ciment peint, anciens coffres-forts, etc.) et chambres dotées de tout le confort nécessaire.

1 The Plaza Hotel – C2 - *1007 N. Cass St. - ✆ (414) 226-0122 - http://plazahotelmilwaukee.com - P ᯤ - 86 ch. à partir de 135 $* - ✕. Dans un quartier résidentiel proche du centre, cet hôtel – sans ascenseur – occupe un bel édifice Art déco. Les chambres disposent d'une kitchenette mais les salles de bains sont petites et souvent anciennes… à dessein. Le patio intérieur du restaurant-bar est parfait, quelle que soit l'heure. Brunchs dominicaux réputés.

POUR SE FAIRE PLAISIR

4 Aloft Milwaukee – B2 - *1230 N. Old World 3rd St. - ✆ (414) 226-0122 - www.aloftmilwaukeedowntown.com - ▤ P 27 $/nuit - ⛱ ♿ ᯤ - 160 ch. 100/600 $* - ✕. Un bon rapport qualité-prix pour cet hôtel bien placé, non loin de la Riverwalk. Les chambres sont modernes et minimalistes mais très confortables. Public plutôt jeune et branché, en particulier au bar du lobby où l'on vient siroter des cocktails à l'happy hour.

3 Hotel Metro – C2 - *411 E. Mason St. - ✆ (414) 272-1937 - www.hotelmetro.com - ▤ P 27 $/nuit - ♿ ᯤ - 63 suites à partir de 170 $* - ✕. Également de style Art déco, l'hôtel Metro propose exclusivement de vastes suites très confortables. Planchers en bambou, tapis du Tibet et meubles modernes composent un décor original. Le restaurant dispose d'une terrasse avec vue sur le toit, agréable pour prendre un verre à la belle saison (à partir de 17h). Spa, prêt de vélos.

5 Iron Horse Hotel – B3 - *500 W. Florida St. - ✆ (414) 271-6611 - www.theironhorsehotel.com - ▤ P 30 $ - ♿ ᯤ - 100 ch. à partir de 359 $* - ✕. Encore un exemple de reconversion réussie : l'Iron Horse est installé dans un entrepôt dont la structure a été conservée : poutres, murs de briques apparentes et tuyauterie rutilante font désormais partie intégrante de la décoration moderne et chaleureuse. Son nom, « Cheval de fer », rappelle le musée Harley-Davidson tout proche… mais les bikers ne sont pas les seuls à être bienvenus ! Plusieurs options pour boire un verre ou prendre un repas, dont l'excellent restaurant Smyth qui privilégie les produits locaux. Service de navettes gratuit pour se rendre downtown.

6 The Pfister Hotel – C2 - *424 E. Wisconsin Ave - ✆ (414) 273-8222 - www.thepfisterhotel.com - ▤ P 28 $/nuit - ⛱ ♿ - 307 ch. 259/299 $* - ✕. La « grande dame » de Milwaukee (1893) se porte bien et mérite une visite, même si vous n'y passez pas la nuit. S'y trouve rassemblée une importante collection de peintures victoriennes et, dans le hall, la fresque azur où évoluent des chérubins entre nuées et couronnes de fleurs vaut le coup d'œil. Les différents bars et restaurants sont recommandables, en particulier le bar à cocktails Blu, au 23e étage, d'où l'on jouit d'une vue panoramique époustouflante. Chambres, pour certaines, un peu étroites mais conformes au standing et au style de l'hôtel.

RESTAURATION

BUDGET MOYEN

2 **Café Benelux** – C2 - *346 N. Broadway - ✆ (414) 501-2500 - www.cafebenelux.com - 7h-0h, vend. 7h-1h, sam. 8h-1h, dim. 8h-0h - 10/20 $.* Face au Public Market, cette grande salle conviviale accueille une foule de gourmands et de fêtards, du petit-déjeuner jusqu'au bout de la nuit. On y sert des sandwichs, des burgers, de belles salades et toutes sortes de spécialités du « plat pays » : moules, frites, *pannekoeken*, bières importées mais aussi locales. Agréable terrasse sur le toit en été.

1 **Elsa's on the Park** – C2 - *833 N. Jefferson St. - ✆ (414) 765-0615 - www.elsas.com - 11h-1h, w.-end. 17h-1h - plats 10/17 $.* Une institution depuis de longues années pour voir et être vu dans une ambiance décontractée. L'endroit est connu pour ses burgers accompagnés de pommes gaufrettes mais on y sert un tas d'autres choses, et de délicieux cocktails. La décoration est intégralement renouvelée plusieurs fois par an.

POUR SE FAIRE PLAISIR

Braise – Hors plan - *1101 S. 2nd St. - ✆ (414) 212-8843 - http://braiselocalfood.com - 17h-21h, vend.-sam. 17h-22h - fermé dim.-lun. - plats 20/42 $.* Jeune chef très doué, David Swanson s'est donné pour mission de faire apprécier au public le goût des aliments simples et vrais. Il ne se fournit qu'auprès de producteurs locaux et bio, va au marché et renouvelle de ce fait sa carte tous les jours. Il propose aussi des cours de cuisine pour aller plus loin. Une réussite.

6 **Hinterland** – C3 - *222 E. Erie St. - ✆ (414) 727-9300 - www.hinterlandbeer.com - 16h-0h - fermé dim. - plats 25/49 $.* Un restaurant chic et cool, au décor épuré, et l'une des meilleures tables de la ville. Le chef met un point d'honneur à utiliser des produits locaux et, si possible, bio. La cuisine est fine, originale, et les portions sauront satisfaire les appétits européens. La carte change fréquemment mais répond toujours aux attentes variées, amateurs de viande, fous de poisson ou végétariens.

4 **Mader's** – B2 - *1037 N. Old World 3rd St. - ✆ (414) 271-3377 - www.madersrestaurant.com - 11h30-21h, dim. 11h-21h - plats 23/39 $.* Le restaurant dans lequel Charles Mader, émigré allemand, a investi ses économies en 1902 est incontestablement une affaire qui marche. Dans un décor germanique, tamisé et encombré d'objets anciens et gothiques (vitraux, armes, armures, etc.), se succèdent plusieurs salles où sont venues toutes les célébrités de passage à Milwaukee. Au menu, on s'en doute, spécialités roboratives d'outre-Rhin préparées dans les règles de l'art.

PETITE PAUSE

Colectivo on the Lake – D1 - *1701 N. Lincoln Memorial Dr. - ✆ (414) 223-4551 - http://colectivocoffee.com - P ♿ - 6h30-22h - plats moins de 10 $.* La station d'épuration (1888) connaît une seconde vie réussie, grâce à cette brûlerie de café, parfaite pour prendre son petit-déjeuner ou une collation (jusqu'à 22h). Terrasse sur le lac et festival d'art lyrique durant la belle saison. Autres adresses dans la ville, dont 223 E. St Paul St. dans le Historic Third Ward.

Milwaukee Public Market – C2 - *400 N. Water St. - ✆ (414) 336-1111 - www.milwaukeepublicmarket.org - 10h-20h, sam. 8h-19h, dim. 10h-18h.* C'est un vrai marché alimentaire haut de gamme mais c'est aussi un endroit parfait pour se restaurer quelle que soit l'heure de la journée (et dîner tôt) en choisissant parmi les stands et comptoirs : cuisine mexicaine, orientale, soupes, vins et fromages, fruits de mer, etc. Très animé à midi.

Purple Door – B3 - *205 S. 2nd St. - ✆ (414) 988-2521 - www.purpledooricecream.com - 11h-21h, vend.-sam. 11h-22h30, dim. 11h-22h.* Dans le quartier de Walker's Point, devenu le rendez-vous des gastronomes, un glacier artisanal haut de gamme avec des parfums originaux (absinthe, figue et thé noir, réglisse, etc.) et des produits d'une très grande qualité, à déguster sur place ou à emporter.

BOIRE UN VERRE

Black Sheep – B3 - *216 S. 2nd St. - ✆ (414) 223-0903 - http://blacksheepmke.com - 16h-0h, vend.-sam. 11h-2h, dim. 11h-16h.* Un beau bar à vins, dans le quartier de Walker's Point, où sont privilégiés les petits producteurs. On y sert aussi des bières locales et toutes sortes de cocktails, le tout accompagné de bar bites (assiettes de fromage et autres charcuteries) et de quelques plats plus consistants. Il s'y passe souvent quelque chose (soirée thématique, exposition, etc.). Excellent brunch dominical.

La Merenda – A3 - *125 E. National Ave - ✆ (414) 389-0125 - www.lamerenda125.com - 11h-14h, 17h-22h, vend. 11h-14h, 17h-23h, sam. 17h-23h - fermé dim.* Excellent restaurant situé à Walker's Point, où l'on vient d'abord pour boire un verre. On y ajoute quelques tapas inspirées des quatre coins du monde : *patatas bravas* comme en Espagne, *empanadas* comme en Colombie, *butter chicken* comme en Inde, et autres.

Safe House – C2 - *779 N. Front St. - ✆ (414) 271-2007 - www.safe-house.com - 11h-0h, merc.-jeu. 11h-1h, vend.-sam. 11h-2h.* Le 007 du numéro de téléphone n'est sans doute pas le fruit du hasard… car le « Coffre-fort » accueille les apprentis espions et les amateurs de gags, jeux et énigmes qui truffent le labyrinthe des salles. L'endroit est ouvert du matin au soir, tard dans la nuit, mais c'est en soirée que l'ambiance bat son plein. Grand choix de cocktails et restauration.

EN SOIRÉE

Potawatomi Casino – A3 - *1721 W. Canal St. - ✆ (800) 729-7244 - www.paysbig.com.* Un monde en soi, comptant bien sûr des machines à sous et des tables de jeu, mais aussi des restaurants de qualité et de belles salles de spectacles. Des navettes relient le centre-ville.

The Pabst Theater – C2 - *144 E. Wells St. - ✆ (414) 286-3205 - www.pabeater.org.* Ce bel édifice de style Renaissance, conçu en 1895 par l'architecte Otto Starck, accueille ballets, concerts et spectacles de Broadway. La même enseigne coiffe deux autres salles de spectacles.

ACHATS

En dehors du Public Market, des produits alimentaires de premier choix sont en vente à Walker's Point, nouveau rendez-vous des gourmets. - **Indulgence** – *211 S 2nd St. - www.indulgencechocolatiers.com.* Ne manquez pas les excellents chocolats d'Indulgence, fabriqués sur place et sous vos yeux.

Clock Shadow Creamery – *138 W Bruce ST - www.clockshadowcreamery.com.* L'un des rares fabricants de fromages à travailler en milieu urbain.

Le quartier **Historic Third Ward** regorge de petites boutiques indépendantes, originales et sympathiques : mode, bijoux, déco, design, etc. Ambiance assez similaire à **Brady Street**, en moins « bobo ».

ACTIVITÉS

Voile - Seadog Sailing – *1750 N. Lincoln Memorial Dr - McKinley Marina Center - ✆ (414) 687-3203 - www.seadogsailingmilwaukee.com.* En saison, promenades en voilier sur le lac, à partir de 39 $.

Milwaukee Kayak Company – *318 S Water St. - ✆ (414) 321-2240 - www.milwaukeekayak.com.* Location de kayaks, canoës, stand-up paddles.

AGENDA

Lakefront Festival of Art – *Juin - lfoa.mam.org.* Au Milwaukee Museum of Art, concerts, expositions, ventes aux enchères, dégustations, etc.

Jazz in the Park – *Juin-août, jeu. à partir de 17h - www.easttown.com.* Concerts gratuits sur Cathedral Square.

Summerfest Grounds – *Juin-août - Henri W. Maier Festival Park (à proximité du lac) - 200 N. Harbor Dr. - summerfest.com.* Grand festival de musiques du monde et manifestations sur le thème des cultures qui font la ville.

Juin – Polish Fest.

Juil. – Fiesta Italiana, German Fest.

Août – Irish Fest, Mexican Fiesta.

Septembre – Indian Summer (Indiens d'Amérique).

ORP
USA TODAY

Madison et ses environs

★★

248 951 hab. – Wisconsin (WI)

Madison, l'une des petites villes les plus plaisantes des États-Unis, doit son existence au juge James Doty qui, en 1836, installa la capitale du Wisconsin sur l'étroite langue de terre comprise entre les lacs Mendota et Monona. De pittoresques quartiers et parcs jalonnent le littoral, tandis que l'imposant dôme blanc du capitole d'État symbolise le centre historique de la ville. Les 40 000 étudiants de l'université du Wisconsin contribuent au dynamisme culturel de la ville, ainsi qu'à son ambiance détendue. Dans les années 1960, leurs manifestations contre la guerre du Vietnam fondèrent la réputation progressiste, voire radicale, de Madison.

NOS ADRESSES PAGE 513
Hébergement, restauration, achats, activités, etc.

S'INFORMER

Greater Madison Convention & Visitors Bureau – *22 E. Mifflin Street - ✆ 608 255 2537 - www.visitmadison.com.*

SE REPÉRER

Carte de région AB1 (p. 490). Madison se trouve à 78 miles/127 km à l'ouest de Milwaukee par la I-794 W et la I-94. Poursuivez sur la US-14 W jusqu'à l'embranchement qui conduit d'une part au centre de Spring Green, d'autre part à Taliesin, distants de 3 miles/4 km.

SE GARER

À Madison, garez votre véhicule au parking de Monona Terrace Community and Convention Center et découvrez la ville à pied ou à vélo.

À NE PAS MANQUER

Taliesin, le domaine de Frank Lloyd Wright.

ORGANISER SON TEMPS

À condition de vous lever tôt, vous pouvez passer la matinée à Taliesin et l'après-midi à Madison, en étant basé à Milwaukee. Cependant, l'intérêt du domaine comme de la capitale du Wisconsin justifie qu'on y passe plus de temps.

Se promener

★ Monona Terrace Community and Convention Center

1 John Nolen Dr. - ✆ 608 261 4000 - www.mononaterrace.com - P - 8h-17h - visite guidée en anglais mai-oct. : tlj 13h (nov.-avr. : vend.-lun. seult) - 5 $ (calendrier sur le site Internet) - entrée libre.

Cet imposant édifice de cinq niveaux et 23 000 m^2, dont la façade incurvée de 28 m donne sur le lac Monona, a vu le jour après bien des rebondissements. Il a fallu pour cette difficile naissance pas moins de dix procès, cinq référendums, plusieurs votes de la législature, des milliers de plans et de dessins, et plus d'un demi-siècle de débats ! L'idée d'origine remonte à 1938. Frank Lloyd Wright est mandaté pour concevoir un complexe comprenant un immeuble de bureaux et un auditorium. On lui demande de réviser ses plans en 1941 puis en 1954, avant que le programme ne soit abandonné, les édiles de Madison

Le Wisconsin State Capitol symbolise le centre historique de Madison.
W. Bibikow/age fotostock

ayant décidé qu'aucune construction d'une hauteur supérieure à six mètres ne devait se dresser en front de lac. Le projet est néanmoins relancé en 1959, un mois avant la mort de son concepteur, et la municipalité fait appel aux architectes de Taliesin (page de droite), qui reprennent les plans de leur maître. Enfin, Monona Terrace est inauguré en 1997, près de soixante ans après les premières ébauches, selon un format plus modeste que prévu originellement.
Aussi actif qu'agréable, ce palais des congrès-centre communautaire a largement contribué à la revitalisation du centre-ville. Il accueille toutes sortes d'activités, expositions, congrès, concerts, cours de yoga, etc., et abrite une exposition permanente sur son concepteur et son histoire, ainsi qu'une boutique qui propose un large choix d'objets et de livres sur l'architecture en général, et sur Frank Lloyd Wright en particulier. Les terrasses extérieures offrent de majestueuses **vues★** sur le lac. Deux agréables cafés-snacks, dont l'un en plein air, vous attendent pour faire une pause.
Les fans de musique soul ne manqueront pas de faire un petit pèlerinage au mémorial consacré au chanteur **Otis Redding**, dont l'avion s'abîma dans le lac Monona le 10 décembre 1967.

★ Wisconsin State Capitol

2 E. Main St. - ✆ 608 266 0382 - tours.wisconsin.gov - lun.-vend. 8h-18h, w.-end et j. fériés 8h-16h - visite guidée en anglais lun.-sam. 9h, 10h, 11h, 13h, 14h, 15h, dim. 13h, 14h, 15h - entrée libre.

Situé à deux blocs au nord du lac, le capitole fut conçu en 1917, sur le modèle de celui de Washington, par George B. Post & Sons. Il est le troisième édifice à se dresser à cet emplacement, les deux précédents ayant été, pour le premier démoli en 1863, pour le deuxième détruit par un incendie en 1904. Surmonté d'un remarquable dôme en granit, coiffé d'un bronze de Daniel Chester French, **Wisconsin**, et composé de quarante-trois sortes de pierres (marbre de France, de Grèce, d'Italie, calcaire du Wisconsin, granit du Vermont ou labradorite de Norvège), l'édifice se dresse à près de 87 m. Les façades sont ornées d'imposantes statues, tandis qu'ouvrages en pierre et vitraux mettent en valeur la rotonde intérieure. La coupole extérieure, accessible par ascenseur et escalier, offre une belle vue sur la ville. La visite guidée conduit à la **salle de conférences du gouverneur**, inspirée du palais des Doges de Venise, puis à la **Cour suprême★★**, revêtue de marbre. On voit aussi le **Sénat★**, orné d'une fresque murale figurant le mariage de l'Atlantique et du Pacifique, et l'**Assemblée★**, où furent installés en 1917 les premiers votes électriques.
À l'extérieur, sur le côté ouest de Capitol Square, deux musées d'histoire s'adressent aux anglophones : le **Wisconsin State Historical Museum★** (musée d'Histoire du Wisconsin - *30 N. Carroll St. - ✆ 608 264 6555 - historicalmuseum.wisconsinhistory.org - mar.-sam. 9h-16h, dim. 12h-17h - 5 $*) et le **Wisconsin Veterans Museum★** (musée des Vétérans du Wisconsin - *30 W. Mifflin St. - ✆ 608 267 1799 - www.wisvetsmuseum.com - mar.-sam. 9h-16h30 et avr.-sept.dim. 10h-16h*).
Cœur commercial du centre-ville, **State Street★** *(piétonne)*, bordée de restaurants, commerces et galeries, relie le capitole et le campus universitaire.

★ Chazen Museum of Art

750 University Ave (sur le campus de l'université) - ✆ 608 263 2246 - P - www.chazen.wisc.edu - mar., merc. et vend. 9h-17h, jeu. 9h-21h, w.-end 11h-17h - entrée libre.

Le musée abrite une remarquable collection d'objets et d'œuvres graphiques, collectée par l'université depuis 1885, de l'Antiquité grecque à l'art

Downtown.
C. Haney/Danita Delimont Agency/age fotostock

contemporain, en passant par l'Inde moghole et la Russie soviétique. Elle est présentée sur quatre niveaux, organisés autour d'une cour ornée de lucarnes. Les pièces sont exposées par roulement et lors d'expositions temporaires. Parmi les points forts du fonds, l'art américain et européen du 20e s. (Georgia O'Keeffe, Grant Wood, Alexander Calder) tient une place importante.

★★ Unitarian Meeting House

900 University Bay Dr. - ✆ 608 233 9774 - www.fusmadison.org - P - visite guidée seult, de mai à sept., lun.-vend. 10h30 et 14h30, dim. après les services de 9h et 11h ; de nov. à avr., dim. seult après les services de 9h et 11h - 10 $.

Cette église, œuvre de l'architecte **Frank Lloyd Wright** (1951), est considérée comme l'un des exemples les plus novateurs de l'architecture religieuse du 20e s. L'entrée est surmontée d'un toit en saillie triangulaire, forme géométrique reproduite jusque dans la conception intérieure. Les courbes gracieuses du plafond évoquent, selon la volonté de l'architecte, « les ailes d'un oiseau en vol ».

★★★ Taliesin Carte de région A1 p. 490

À 37 miles/59 km à l'ouest de Madison. Prenez la US-14 W, puis County Hwy -C. 5607 County Rd - ✆ 608 588 7900 - www.taliesinpreservation.org - P ✕ - ouv. mai-oct. - visite guidée seult (en anglais), plusieurs circuits de 1h (22 $/pers.) à 4h (90 $/pers.) - voir le calendrier pour les différents départs - réserv. recommandée.

Bon à savoir – *Les déplacements se font à bord d'un minibus appartenant au domaine. Prenez vos précautions avant le départ : vous ne croiserez ni toilettes ni point de vente de boissons ou snacks en dehors du Visitor Center.*

C'est dans ce coin de campagne perdu et doucement vallonné du Wisconsin que s'établit l'architecte **Frank Lloyd Wright** (1867-1959), après avoir fait un long séjour en Europe. Son choix ne devait rien au hasard : dans cette vallée s'étaient fixés ses grands-parents maternels, les Lloyd Jones, quelques années après leur arrivée du pays de Galles. Lui-même avait vu le jour dans la localité proche de Richland Center. Tout dans la région lui rappelait les jours heureux de son enfance, et c'est là qu'il choisit en 1911 de construire sa maison, loin du climat de scandale à peine apaisé qui entourait son retour aux États-Unis. Deux ans auparavant, en effet, abandonnant femme et enfants, il était parti avec Mamah Borthwick Cheney, épouse de l'un de ses clients, qui elle aussi avait laissé derrière elle sa famille. Pas question donc de revenir à Oak Park (*p. 482*) où il avait jusqu'alors travaillé.

Taliesin désigne par extension le **vaste domaine** de 240 ha qui entoure la résidence d'origine. La propriété a accueilli, à partir de 1932, une école d'architecture fonctionnant sur un mode communautaire, le **Taliesin Fellowship**, où se retrouvent encore aujourd'hui des étudiants à la belle saison.

La visite débute au **Frank Lloyd Wright Visitor Center**, à l'origine un restaurant (1953) avec vue sur la rivière. On peut toujours y déjeuner et visiter la boutique qui accueille une excellente librairie.

Taliesin – Le mot, qui signifie « sourcil brillant » en gallois, est aussi le nom d'un célèbre barde gallois du 6e s. Le choix traduit un hommage de l'architecte à ses origines mais pas seulement : fidèle à son concept d'**architecture organique**, qui veut notamment qu'une construction respecte la nature du site dans lequel elle s'inscrit, Frank Lloyd Wright a posé sa maison sous la crête d'une colline, comme un sourcil dans un visage. Dans ce magnifique environnement, qui surplombe une cascade, la maison a été modifiée plusieurs fois durant les cinq décennies où son concepteur y vécut. D'abord parce qu'elle fut endommagée à deux reprises par un incendie, le premier, en 1914, après qu'un domestique devenu fou eut assassiné Mamah Borthwick Cheney et six autres personnes à coups de hache puis mis le feu à la demeure, le second, en 1925, après un court-circuit électrique. Même sans ces tragédies, il y a fort à parier que Frank Lloyd Wright aurait fait bouger les cloisons et les limites, ajoutant ici un balcon, fermant là un accès.

Le résultat ? Un endroit paisible et raffiné, construit avec des matériaux locaux, parfaitement intégré à son environnement. L'architecte a aussi conçu la plupart des meubles et des lampes qui s'y trouvent. On remarque de nombreux objets provenant du **Japon**, un pays qu'il connaissait bien et dont il appréciait les arts, une influence qui se retrouve par exemple dans ses fenêtres.

Hillside – En 1901, Frank Lloyd Wright conçut pour ses tantes, institutrices aux méthodes avant-gardistes, ce bâtiment qui abritait des salles de classe et un pensionnat. L'établissement ferma ses portes en 1915 et resta inoccupé jusqu'en 1932. Après des travaux de réaménagement, il établit le **Fellowship** et l'immense studio dans lequel les élèves travaillaient. Il y ajouta un dortoir, une salle à manger, un magnifique théâtre (dans l'ancien gymnase). Toutes ces installations continuent à fonctionner. Remarquez le rideau de scène, conçu par le maître en 1952. Composé de bandes de mousseline, de toile et de pièces de feutre, il figure le paysage de Taliesin : la diagonale verte représente la colline au nord du domaine, la bande noire au milieu, la Wisconsin River, la bande rouge, le pont, les barres horizontales bleues en hauteur à droite évoquent la résidence principale et les petits rectangles noirs au-dessus, la fumée qui sort de la cheminée ; la signature de Frank Lloyd Wright se trouve dans le carré rouge en bas à droite.

Romeo and Juliet – L'architecte mit au point ce moulin à vent pour ses tantes à la fin des années 1890, affirmant là son originalité et un certain sens de l'humour. La structure en bois (18 m) qui servait de château d'eau comprend deux parties imbriquées : Roméo, tour en forme de losange, domine Juliette, de forme octogonale, et la protège du vent telle une proue. À ses oncles qui prédisaient l'effondrement prochain de l'ouvrage, Frank aurait rétorqué que la tour serait encore à la verticale quand eux seraient depuis longtemps à

Taliesin, de Frank Lloyd Wright.
Ch. Heeb/hemis.fr/Adagp, Paris 2019

l'horizontale pour l'éternité. Il n'avait pas tort. C'est la plus ancienne structure en bois de Frank Lloyd Wright encore visible dans le Wisconsin.

Midway Farm – *Fermé au public*. Toujours en activité, cette ferme (1930, 1947) subvenait aux besoins de la communauté du Fellowship au sein de laquelle tout le monde devait mettre la main à la pâte : préparation des repas, ménage, spectacles et autres.

Tan-Y-Deri – *Fermé au public*. C'est pour sa sœur Jane Porter et sa famille que Frank Lloyd Wright dessina en 1907 ce charmant cottage dont le nom signifie en gallois « sous les chênes ».

Unity Chapel – Ce minuscule sanctuaire en pierre et galets (1886) constitue le premier projet sur lequel Frank Lloyd Wright, alors jeune architecte chez Joseph L. Silsbee à Chicago, travailla. L'oratoire était destiné à sa famille maternelle, qui appartenait à l'église unitarienne, courant chrétien « antitrinitaire ». Toujours en usage, la chapelle accueille tous les cinq ans les descendants des Lloyd Jones qui viennent s'y réunir. À proximité du bâtiment, le **cimetière familial** recèle, à l'ombre des grands arbres, la tombe de Mamah Borthwick, rejointe par l'architecte à sa mort en 1959. En 1985, la dernière femme de Wright exigea que les restes de son défunt mari soient enterrés avec elle après sa mort à Taliesin West, leur propriété en Arizona. Ne subsiste donc dans le Wisconsin qu'une pierre tombale.

NOS ADRESSES À MADISON

TRANSPORTS

Se rendre à Madison

La ville est desservie en **bus** depuis l'aéroport et le centre de Milwaukee (*✆ 414 276 7490 - www.badgerbus.com*), mais le mieux est de disposer d'un véhicule privé, indispensable pour se rendre à Taliesin.

Sur place

Prêt de vélos – Red Bike – *930 Regent St. - ✆ 608 251 1663 - redbikes.org - gratuit* *(caution de 100 $ à laisser par carte de paiement).* **Madison B-Cycle** – *madison.bcycle.com - à partir de 7,99 $/mois.* Trente-neuf stations dans la ville dont plusieurs à proximité de Monona Terrace et du Capitole.

HÉBERGEMENT

POUR SE FAIRE PLAISIR

Hotel Red – *1501 Monroe St. - ✆ (608) 819-8228 - www.hotelred.com - ▤ P ♿ wifi - 48 ch. 129/450 $ - ✕.* Proche de l'université, cet hôtel au décor ultracontemporain propose des chambres grand confort. Plusieurs services gracieux pallient l'inconvénient de sa situation un peu excentrée : parking, navettes pour Downtown, abonnement au programme de location de vélos B-Cycle, prêt de kayaks, etc.

The Edgewater – *1001 Wisconsin Pl. - ✆ (608) 535-8200 - http://theedgewater.com - ▤ P 18 $/nuit - ♿ wifi - 202 ch. à partir de 199 $ - ✕.* Situé en bordure du lac Mendota, à cinq blocs du Capitole et de l'activité de State Street, le dernier né des hôtels de Madison est une réussite. Les chambres vastes donnent pour certaines sur le lac.

RESTAURATION

PREMIER PRIX

Ian's Pizza – *100 State St. - ✆ (608) 257-9248 - http://ianspizza.com - 11h-2h30, sam. 8h-2h - pizza env. 15 $.* Des salades vitaminées, composées de produits locaux, et des pizzas, dont les ingrédients changent au fil des saisons : un endroit vivement recommandé par les « locaux ».

BUDGET MOYEN

Fresco – *227 State St. - ✆ (608) 663-7374 - www.frescomadison.com - 17h-21h, vend.-sam. 17h-22h, dim. 9h30-13h30, 15h-21h - fermé lun. - plats 15/30 $.* L'un des rares restaurants installés sur un toit-terrasse à Madison. Vue imprenable ! Dans les assiettes, excellente cuisine locale, bio, comme il se doit, et d'inspiration méditerranéenne.

Graze – *1 S. Pinckney St. - ✆ (608) 251-2700 - www.grazemadison.com - 14h30-22h, vend. 11h-23h, sam. 9h30-23h, dim. 9h30-16h - 15/32 $.* Le petit frère de L'Étoile est une alternative tout à fait satisfaisante pour prendre un bon repas (*to graze* signifie « paître »). Même démarche ancrée dans le terroir, ambiance plus simple, tout comme les plats. Succulents sandwichs à midi.

POUR SE FAIRE PLAISIR

Harvest – *21 N. Pinckney St. - ✆ (608) 255-6075 - www.harvest-restaurant.com - 17h-21h, vend.-dim. 17h-22h - plats 24/36 $.* Produits locaux, bio et de saison ! Harvest ne déroge pas à la règle exigeante qui est la norme de beaucoup de restaurants de Madison. La carte change régulièrement et prévoit toujours une option pour les végétariens. Cuisine raffinée et inventive.

UNE FOLIE

L'Étoile – *1 S. Pinckney St. - ✆ (608) 251-0500 - www.letoile-restaurant.com - 17h30-21h, sam. 17h-21h - fermé dim.-lun. - menu 55 $ - à la carte 59/81 $.* Incontestablement l'une des meilleures tables de la ville. Comme la plupart de ses confrères, Tory Miller met un point d'honneur à se fournir auprès des producteurs locaux et à adapter sa carte aux ingrédients de saison. Sa cuisine savoureuse et légère est servie dans une salle dont les immenses baies vitrées donnent sur le Capitole, ce qui ne gâte rien.

Intéressant menu dégustation (trois plats) à 65 $.

BOIRE UN VERRE

Merchant – *121 S. Pinckney St. - ✆ (608) 259-9799 - www.merchantmadison.com - 17h-22h, w.-end 9h-22h - plats 14/25 $.* Dans une magnifique salle aux murs de briques apparentes, de multiples possibilités à essayer de 15h à 1h30. L'endroit est connu pour ses cocktails uniques, que le mixologue confectionne sur mesure aux clients qui ne trouvent pas leur bonheur sur la – très longue – carte. Un bon choix pour l'*happy hour* (15h-18h). On peut aussi dîner légèrement, d'une assiette composée. Adresse parfaite également pour un vrai repas ou pour le brunch (sam.-dim. 9h-15h). L'excellente cuisine est accompagnée d'une carte du Wisconsin où est indiquée la provenance des produits qui se trouvent dans votre assiette. Music live certains soirs.

ACHATS

À Madison

Dane County Farmers'Market – *Sam. 6h15-1h45 - dcfm.org.* Le marché de Madison compte parmi les plus grands et les plus appétissants du pays. Rassemblant quelque 200 producteurs venus présenter leurs produits, il se tient à la belle saison, même les jours de pluie, dans les rues autour du Capitole et se replie dans Monona Terrrace *(nov.-déc.)* et dans le Madison Senior Center tout proche *(janv.-avr. ; 330 W. Mifflin St.)* en hiver. Animations régulières.

À Spring Green

Spring Green General Store – *137 S. Albany St. - ✆ (608) 588-7070 - http://springgreengeneralstore.com - 8h30-17h, sam. 7h30-17h, dim. 7h30-16h.* Un endroit unique, qui tient à la fois du café (délicieux petit-déjeuner et déjeuner), de la boutique où l'on trouve un peu de tout (épicerie, vêtements, produits bio) et du centre culturel, puisque cet entrepôt à fromages reconverti est à l'origine de plusieurs festivals de musique en été.

ACTIVITÉS

Vélo – Les cyclistes sont bienvenus à Madison, qui compte 180 km de pistes cyclables, notamment autour des lacs. *Rens. : www.cityofmadison.com/bikemadison.*

Betty Lou Cruises – *1001 Arboretum Dr. #204 - 53597 Waunakee - ✆ (608) 246-3138 - www.bettyloucruises.com.* De mai à sept., grâce aux loueurs de bateaux, de canoës et de kayaks, on peut profiter des lacs Mendota et Monona ou faire des croisières.

Nautisme - Brittingham Boats – *701 W. Brittingham Pl. - ✆ (608) 250-2555 - www.brittinghamboats.com - 8h30-20h (le dernier bateau à 19h).*

Plages – **B. B. Clarke Beach** *(835 Spaight St.)* et **Brittingham Beach** *(701 W. Brittingham Pl.)* sur le lac Monona sont les plages les plus proches du centre.

AGENDA

Concerts on the Square – *En juill., merc. à 19h - wcoconcerts.org.* Le Wisconsin Chamber Orchestra donne chaque été une série de concerts gratuits en plein air, à l'angle de King St., non loin du Capitole.

Minneapolis-St Paul et leurs environs 10

Carte Michelin National 761 et carte Michelin Zoom 173

Foshay Tower (Minneapolis) se reflétant dans un immeuble en verre.
Courtesy of Meet Minneapolis

Grand angle sur Minneapolis-St Paul

La zone urbaine de Minneapolis-St Paul est située au sud-est du Minnesota, à moins de 30 km de la frontière ouest du Wisconsin. Cette métropole de 3,5 millions d'habitants, qui se taille la part du lion parmi les trésors culturels de l'État, compte également de nombreuses merveilles naturelles. Surnommées les Twin Cities (« Villes jumelles »), Minneapolis et St Paul occupent la région qui entoure le confluent de la Minnesota et du Mississippi qui fait ici un crochet. Comme toutes les sœurs, les deux cités partagent de nombreux traits communs. Toutes deux soutiennent les arts, musique et théâtre en particulier, et veulent préserver leur patrimoine architectural.

TERRAIN DE « MINNE »

La dernière période glaciaire prit fin il y a 12 000 ans, laissant derrière elle un terrain miné par des cratères assez petits mais profonds. Ils se remplirent d'eau à la fonte des glaces, créant les lacs que l'on voit de nos jours. Le Mississippi et la Minnesota creusèrent également leur lit à cette époque. Ils se rejoignent au sud-est de Minneapolis, avant que le Mississippi ne bifurque vers le nord par St Paul. Le **Saut St-Antoine** (St Anthony Falls) se trouvait à l'origine à cette intersection mais, l'eau continuant à creuser son lit calcaire, les chutes se sont éloignées du Mississippi, laissant derrière elles une gorge spectaculaire. À l'origine du développement de Minneapolis (de *minne*, mot dakota signifiant « eau », et du grec *polis*, « ville »), ces chutes sont l'unique cataracte sur les 3 780 km du Mississippi. Le missionnaire franciscain **Louis Hennepin** fut le premier Européen à les voir en 1680. Il leur donna le nom de son patron, saint Antoine de Padoue.

ÉCHANGES

Les premiers pas des deux cités sont similaires. Les Indiens arpentaient l'endroit depuis près de 10 000 ans lorsque les Français installèrent, au début du 18e s., leurs comptoirs de fourrures, en plein territoire **sioux**. Après la guerre de Sept Ans, le territoire passa aux mains des Anglais en 1763, puis des Américains qui l'achetèrent avec la Louisiane en 1803. Les destinées des deux villes n'ont divergé, tout en restant complémentaires, que pendant la seconde moitié du 19e s. : Minneapolis devint alors un pôle industriel, St Paul le carrefour de la ligne ferroviaire et de la ligne fluviale.

DU GRAIN À MOUDRE

La construction du **fort Snelling** en 1819, marque le début de l'époque américaine. Ce fort est la clé du développement de la minoterie, qui déterminera l'essor de **Minneapolis**, avec la construction ferroviaire et l'abattage du bois. L'industrie se développe tout au long du 19e s. grâce aux vagues d'émigrants allemands, scandinaves et irlandais. Minneapolis, qui rejoint l'Union en 1872, est la capitale mondiale de la **minoterie** dans les années 1880.

De l'autre côté du Mississippi, **St Paul** n'est pas en reste. D'abord appelée Pig's Eye (Œil-de-Cochon), surnom de l'un de ses fondateurs, elle est promue **capitale** de l'État en 1849, et reçoit sa charte cinq ans plus tard. Pendant la seconde moitié du 19e s., la ville doit sa prospérité à ses trois embarcadères qui deviennent les principaux lieux d'apportage des Twin Cities. En 1893,

Fort Snelling.
G. Ostertag/age fotostock

après que le magnat des chemins de fer James J. Hill a relié St Paul à l'État de Washington, la ville domine les transports de tout le Midwest supérieur.

AUTRES TEMPS

Depuis la fin de la Seconde Guerre mondiale, même si le secteur agroalimentaire est toujours dynamique (Pillsbury, racheté par General Mills), le tertiaire a pris peu à peu le pas à **Minneapolis**, notamment dans les domaines médical et high-tech, ainsi que dans les secteurs de la grande distribution (le siège de la société Target est toujours dans la ville) et du tourisme. « Pays des Mille Lacs », le Minnesota est une destination très appréciée. Un attrait qui bénéficie aussi à **St Paul**. Quatrième port en importance sur le Mississippi après La Nouvelle-Orléans, St Louis et Memphis, elle abrite le siège de plusieurs grandes entreprises, telles 3M et Ecolab, et compte, comme sa sœur jumelle, de nombreux emplois dans le secteur tertiaire.

À l'heure actuelle, Minneapolis est plus étendue et globalement plus riche que sa voisine. Ses rues, hormis la route sinueuse qui longe la célèbre chaîne des Lacs, forment un quadrillage sur un terrain relativement plat. Cosmopolite, Minneapolis offre une fabuleuse vitrine de l'architecture contemporaine. St Paul, plus calme, demeure une enclave à l'européenne, avec son centre-ville bien conservé, le siège du gouvernement et ses quartiers chics, Summit Avenue et Grand Avenue, situés sur un promontoire dominant le Mississippi. Leurs habitants insistent volontiers sur la complémentarité des Twin Cities et ils ont bien raison. C'est sous cet angle double que tout séjour dans la région doit être envisagé, d'autant que les deux villes sont désormais reliées par les transports en commun.

MINNEAPOLIS-ST PAUL ET LEURS ENVIRONS

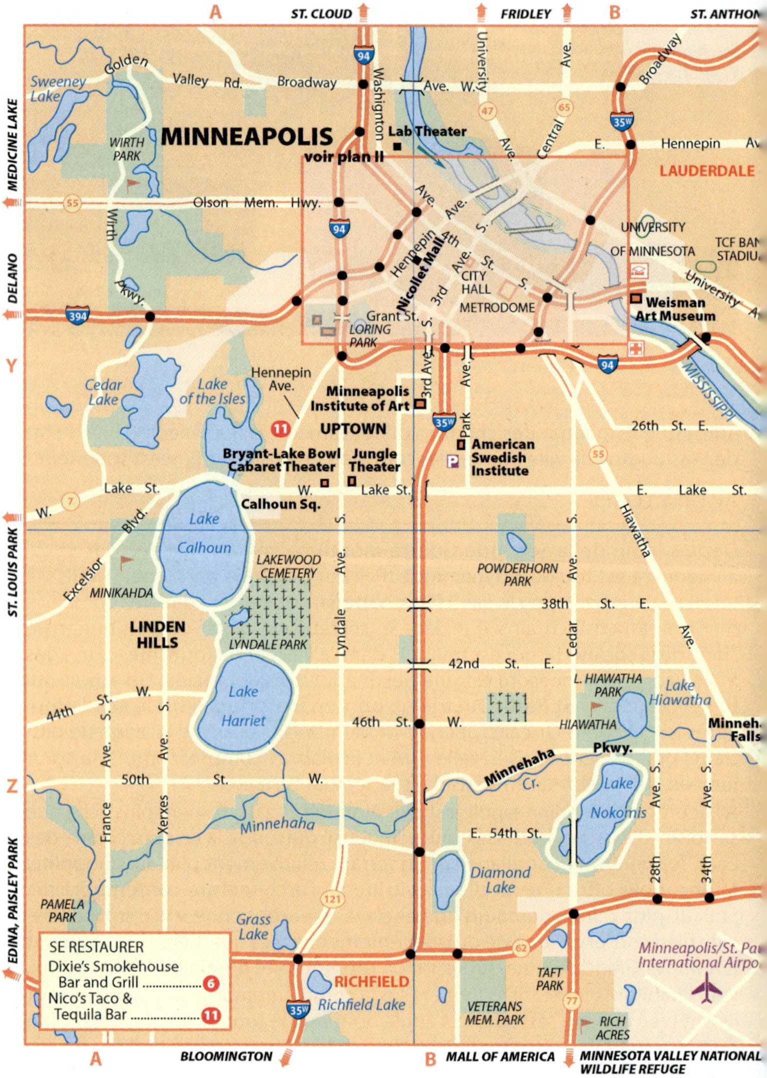

ST. ANTHONY
ROSEVILLE
LITTLE CANADA
MAPLEWOOD
STILLWATER
EAU CLAIRE
HASTINGS
BLOOMINGTON
EAGAN
APPLE VALLEY
INVER GROVE HEIGHTS
C
D
Y
Z
ROSELAWN CEMETERY
McCarrons Lake
U. OF MN.
U. OF MINNESOTA-ST PAUL CAMPUS
FALCON HEIGHTS
COMO PARK
Como Park Zoo and Conservatory
Lake Como
HAMLINE
ST PAUL
State Capitol
Cathedral of St Paul
TOWN AND COUNTRY
MACALESTER COLLEGE
voir plan III
CHEROKEE PARK
LILYDALE REGIONAL PARK
HIGHLAND PARK
LOCK AND DAM ONE
Minnehaha Park
HIDDEN FALLS PARK
LILYDALE
CROSBY FARM PARK
VALLEY PARK
WEST ST. PAUL
Fort Snelling
FORT SNELLING
MENDAKOTA
MINNEAPOLIS/ ST PAUL
plan I
0
1 mi
2 km

Minneapolis

★

410 939 hab. - Minnesota (MN)

Ça bouge à Minneapolis ! Scène musicale et théâtrale majeure, sanctuaire des arts plastiques, la ville est aussi en pleine transformation urbaine : les quartiers industriels sont revalorisés et de nouveaux centres de gravité sont inventés, tels North Loop et Warehouse District, où au 19e s. les aventuriers en partance pour l'Ouest achetaient leur matériel. La cité conserve aussi ses maisons huppées d'Uptown et de la route touristique des vingt-deux lacs, un temps prisées par les malfrats de la Prohibition qui appréciaient le calme de la région. Elle a su combiner progrès et tradition, construction et préservation du patrimoine, développement et forte protection sociale. Nombreuses sont les villes à chercher cet équilibre.

NOS ADRESSES PAGE 530
Hébergement, restauration, achats, activités, etc.

S'INFORMER
Visitor Center – *505 Nicollet, Suite 100 - ✆ 612 397 9275 - www.minneapolis.org.*

SE REPÉRER
Plan I (Agglomération Minneapolis/St Paul) (p. 520-521). Minneapolis s'étire sur la rive sud du Mississippi, à une quinzaine de kilomètres de St Paul. Les deux villes sont desservies par le même aéroport et reliées par Light Rail (*p. 530*).

SE GARER
Nombreux parkings payants en ville.

À NE PAS MANQUER
Le Walker Art Center et le Sculpture Garden, le Minneapolis Institute of Art, Mill District et les quartiers émergents, Warehouse District et North Loop.

ORGANISER SON TEMPS
Consacrez trois jours à Minneapolis, sans oublier St Paul sans laquelle il n'y aurait pas de Twin Cities. Si votre vol transite par Minneapolis, vous disposerez peut-être de quelques heures pour visiter au choix soit la ville, soit le Mall of America, tous deux desservis par le métro depuis l'aéroport.

AVEC LES ENFANTS
Les installations du Mill City Museum.

Visiter

★★★ Minneapolis Institute of Art BY

2400 3rd Ave S. (au sud de Downtown) - ✆ 612 870 3000 - bus 11 depuis Nicollet Mall (Central Minneapolis) - new.artsmia.org - P - mar.-sam. 10h-17h (21h jeu.-vend.), dim. 11h-17h - entrée libre - audioguide 4 $.

Installé dans l'un des plus jolis édifices de style Beaux-Arts du Minnesota (McKim, Mead & White, 1915), agrandi en 1974 et 2006, ce musée généraliste couvre un vaste panorama d'histoire de l'art à travers les cinq continents. Les collections sont réparties sur deux niveaux et organisées en **sept départements** : arts de l'Afrique et des Amériques, arts de l'Asie – l'un des plus beaux ensembles du pays –, art contemporain, arts décoratifs, textiles et sculptures, département photos et nouveaux médias, département des dessins

Gratte-ciel sur les rives du Mississippi.
Courtesy of Meet Minneapolis

et imprimés, et département des peintures.

Ce dernier occupe une place importante et présente un large panorama de la peinture, de Clouet à O'Keeffe, en passant par Murillo, Chardin, Reynolds, Goya, Signac, Manet, Monet, Leighton ou Sargent. Centré en premier lieu sur le 19e s. français, le cœur des collections s'est agrandi et laisse une bonne place au baroque italien, au Siècle d'or hollandais (admirable **Lucrèce★★★** de **Rembrandt,** 1666), et, pour le 20e s., aux fauves, aux cubistes et aux expressionnistes allemands. Ne manquez pas **La Mort de Germanicus★★★** de **Poussin** (1627), composition rigoureuse dont l'agencement évoque les sculptures des sarcophages de la Rome antique, **Les Oliviers★★**, une toile que **Van Gogh** a peinte en 1889 lorsqu'il était en convalescence à St-Rémy de Provence, **Colin Maillard★★** de **Max Beckmann** (1945), une évocation qui oppose bien et mal, culture et barbarie, dans l'un des grands triptyques que l'artiste exécuta après avoir quitté l'Allemagne où les nazis avaient classé dix de ses toiles dans l'« art dégénéré ».

Dans le département **Arts décoratifs, textiles et sculptures**, admirez la **console** de **Piranèse** (v. 1768), l'un des rares meubles de l'artiste à nous être parvenus, *L'Histoire de la reine Artémise* (1562-1627), une splendide tapisserie des Gobelins conçue en hommage à la reine Catherine de Médicis, la reconstitution du **salon d'une demeure de Charleston** (1772, Caroline du Sud), considéré comme un modèle du genre à l'époque des colonies britanniques – c'est aussi l'une des premières *period rooms* à avoir été installées au musée –, et le poste de radio **Nocturne** de **Walter Dorwin Teague** (1937), icône de la modernité avec ses lignes futuristes et ses matériaux inhabituels pour une radio (chrome, miroirs). De vastes salles présentent des réalisations contemporaines de choix.

Le département d'**art africain** abrite plusieurs raretés parmi lesquelles une **Figure équestre★★** (v. 1450) provenant du Mali, l'un des plus anciens témoins de la sculpture sub-saharienne.

Dans la section **Sculptures**, le **Doryphore★★★** (porte-lance, 1er s. av. J.-C.) mérite une mention spéciale : c'est l'une des quatre copies romaines

SE LOGER

- Aloft Minneapolis 1
- Loews Minneapolis 5
- Meridien Chambers (Le) 4
- Nicollet Island Inn 2
- W Minneapolis-The Foshay 3

SE RESTAURER

- Hell's Kitchen 12
- JD Hoyt's Supper Club 13
- Masu Sushi & Robata 14
- Murray's 17
- The Bachelor Farmer 15
- Union 16

A **Cowles Conservatory**
B **Brave New Workshop**
C **State Theatre**

encore existantes réalisées d'après un bronze du sculpteur grec Polyclète (v. 440 av. J.-C.) figurant les proportions idéales.

Internationalement reconnu, le département des **arts de l'Asie** compte une importante collection en provenance de **Chine** (jades, estampes, etc.) et deux pièces exceptionnelles : une statuette en bronze peint figurant un **Cheval céleste★★★** (dynastie des Han orientaux, 25-220), pièce unique dans un musée américain – l'objet était destiné à être placé dans une tombe pour transporter le défunt dans sa vie après la mort – et un **fauteuil pliant** de la dynastie Ming (fin du 16e s.), réalisé sans clou ni colle et sans doute utilisé comme trône portatif.

CHEFS-D'ŒUVRE DANS LES SALLES DU MINNEAPOLIS INSTITUTE OF ARTS

Chine – Cheval céleste (Gallery 215)
Chine – Fauteuil pliant (Gallery 217)
Rome – *Doryphore* (Gallery 230)
Mali – Figure équestre (Gallery 250)
Piranèse – Table console (Gallery 307)
Rembrandt – *Lucrèce* (Gallery 311)
Nicolas Poussin – *La Mort de Germanicus* (Gallery 313)
France – *L'Histoire de la reine Artémise* (Gallery 330)
Salon d'une demeure à **Charleston**, Caroline du Sud (Gallery 336)
Vincent Van Gogh – *Les Oliviers* (Gallery 355)
Max Beckmann – *Colin Maillard* (Blind Man's Buff) (Gallery 371)
Walter Dorwin Teague – Radio *Nocturne* (Gallery 378)

Se promener Plan I p. 520-521, et plan II ci-contre

★★ DOWNTOWN ET LORING PARK Plan II A1-2

La carte du centre de Minneapolis frappe par la récurrence des noms français. Ils rappellent le passage des pionniers venus de la vieille Europe, animés par leur passion d'explorateurs. En 1672, le prêtre et missionnaire jésuite **Jacques Marquette** (1635-1675) remonte, peut-être jusqu'aux sources, le haut cours du Mississippi, fleuve que **René-Robert Cavelier de La Salle** (1643-1687) descendra jusqu'à son delta en 1682. Entre-temps, le missionnaire **Louis Hennepin** (1626-1705), envoyé par Louis XIV vers la Nouvelle-France, découvre en 1679 le saut St-Antoine à l'emplacement de la future Minneapolis. Cent cinquante ans plus tard, le géographe **Joseph Nicollet** (1786-1843) tracera la carte du bassin supérieur du Mississippi. Ces noms se croisent aujourd'hui dans Downtown et dans le quartier de Central Minneapolis.

Nicollet A1-2

Entre Washington Ave et Grant St.

L'une des rues piétonnes les plus importantes du pays aligne sur 1,4 km boutiques, centres commerciaux en tout genre, et échoppes en plein air à la belle saison. En levant les yeux, on aperçoit les couloirs du **Skyway System**, un ensemble de galeries couvertes construites à partir de 1962 qui relient entre eux 86 blocs du centre-ville. Un monde parallèle fort apprécié des habitants de Minneapolis, heureux de se déplacer sans mettre le nez dehors durant les étés torrides et surtout par les froids glacials des hivers du Minnesota.

AMATEURS DE THÉÂTRE, FROTTEZ-VOUS LES MAINS...

... en attendant d'applaudir l'un des nombreux spectacles programmés à Minneapolis, des comédies aux drames déchirants, en passant par les *musicals*. La tradition théâtrale remonte à la fin du 19e s., quand se produisaient des troupes semi-professionnelles locales, mais ce fut la création du **Guthrie Theater★** *(Plan II B1 - 818 S. 2nd St. - p. 528)*, en 1963, qui lança la réputation des lieux. Dans le centre-ville, alors que le succès des spectacles de Broadway ne se dément pas, des trésors architecturaux servent d'écrins au théâtre, tels le **Music Box Theatre** *(Plan II A2 -1407 Nicollet Mall - ✆ 612 874 1100 - www.musicboxtheatre.org)*, l'**Orpheum Theatre★** *(Plan II A2 - 910 Hennepin Ave - ✆ 612 339 7007 -www.orpheumtheatre-minneapolis.com)* et le **State Theatre** *(Plan II A2 - 805 Hennepin Ave - ✆ 612 339 7007 - www.hennepintheatretrust.org)*. À remarquer également, à Warehouse District, l'intime **Lab Theater** *(Plan I AY - 700 N. 1st St. - ✆ 612 333 7977 - www.thelabtheater.org)*, le **Loring Playhouse** *(Plan II A2 - 1633 Hennepin Ave S. - ✆ 612 486 5757)*, qui propose des pièces d'avant-garde, et le **Brave New Workshop** *(Plan II A2 - 824 Hennepin Ave S. - ✆ 612 332 6620 - www.bravenewworkshop.org)*, spécialisé depuis 1958 dans les comédies satiriques. Deux théâtres de renom sont nichés à Uptown, dans le quartier artistique de Calhoun Square District (Plan I AY) : le **Jungle Theater** *(2951 Lyndale Ave S. - ✆ 612 822 7063 - www.jungletheater.com)* monte des classiques américains d'auteurs, comme David Mamet, John Guare et Tennessee Williams ; le **Bryant-Lake Bowl Cabaret Theater** *(810 W. Lake St. - ✆ 612 825 8949 - www.bryantlakebowl.com)* est parvenu à combiner dîner, bowling et petits spectacles... sans que ne se perde une seule réplique.

IDS Center (A2) – *777 Nicollet Mall (entre 7th et 8th St.).* Dessiné en 1973 par l'architecte Philip Johnson, il comprend l'IDS Tower, le gratte-ciel le plus haut de Minneapolis. L'immeuble octogonal en verre bleu de 55 étages mesure 241 m. Reliant les quatre buildings qui composent le centre, Crystal Court, enchâssé dans du plexiglas, regroupe un joli centre commercial et des bureaux.

En remontant vers le Mississippi, tournez à droite dans 6th Street.

Capella Tower (A2) – *225 6th St. S., à l'angle de 2nd Ave.* Construit par Cesar Pelli en 1988, ce gratte-ciel est plaqué en grès de Kasota et suit de près le record de hauteur du précédent : 236 m !

★ **Foshay Tower** (A2) – *821 Marquette Ave.* Élevée en 1929, elle ne peut plus guère rivaliser avec les deux précédentes… Ses 32 étages qui culminent à 136 m furent bâtis pour l'extravagant Wilbur Foshay, homme d'affaires véreux jeté en prison en 1932. La tour abrite aujourd'hui un hôtel et un bar agréable *(Nos adresses).* On peut monter jusqu'au 30e niveau à la **plate-forme d'observation** *(www.marriott.com - 11h-17h, horaires d'hiver liés aux conditions météo - 8 $).* C'est l'un des points de repère les plus visibles de la ville, ne serait-ce que par les immenses lettres du mot Foshay.

À l'ouest de ces rues du Central Minneapolis, entre les Interstates 394, 94 et le fleuve s'étirent les dynamiques **North Loop** (A1 en dir.) et **Warehouse District** (A1), quartiers industriels en pleine reconversion : petites boutiques, restaurants, bars, clubs, galeries, etc. À découvrir à tout prix.

Tournez le dos au Mississippi et remontez Hennepin Ave.

Basilica of St Mary A2

88 N. 17th St. - ✆ 612 333 1381 - www.mary.org - lun.-vend. 6h30-17h, sam. 8h-18h30, dim. 6h30-19h30 - entrée libre.

Quasiment contemporaine de la cathédrale St Paul *(p. 539)* et bâtie selon les plans du même architecte, cette église est la première basilique mineure des États-Unis. Construit pour le gros œuvre entre 1908 et 1914, ce monumental édifice de **style Beaux-Arts** en granit blanc du Vermont est doté d'un portique à colonnade et flanqué de deux tours d'inspiration baroque. Autour du riche autel en marbre d'Italie et du baldaquin, protégés par des grilles en fer forgé, sont disposées les **statues des apôtres**. Réalisées en Italie, elles sont les modèles réduits de moitié de celles de St-Jean de Latran à Rome. La basilique n'est pas seulement un lieu de culte. Elle a aussi une vocation éducative et joue un rôle actif dans la vie de la communauté en organisant toutes sortes de manifestations, dont la **Basilica Block Party** *(Nos adresses)*, des concerts, des expositions d'art sacré dans la **Galerie Jean XXIII** *(ouv. sam.-dim.)* ou encore un **festival des icônes** *(nov.-déc.).*

★★ Walker Art Center A2

725 Vineland Pl. - ✆ 612 375 7600 - bus 4, 6, 12 depuis Hennepin Ave (Central Minneapolis) - www.walkerart.org - mar.-merc. et dim. 11h-17h, jeu. 11h-21h, vend.-sam. 11h-18h- 14 $ (gratuit jeu. à partir de 17h) - visite guidée gratuite sam. et dim. à 11h30.

Les collections du centre d'art créé en 1879 par le riche homme d'affaires Thomas Barlow Walker sont conservées dans un bâtiment érigé en 1971. Moderne et géométrique, il est composé de neuf grandes salles, auxquelles a été adjointe, en 2005, une extension créée par Herzog & de Meuron, accueillant de nouvelles salles, des espaces éducatifs et un théâtre, et, en 2017, par un pavillon d'entrée sur Vineland Place, avec une terrasse panoramique. Les œuvres des **collections permanentes** portent essentiellement sur la période des années 1940 à nos jours (tous médiums). Le Walker Center, qui se présente

comme un « **catalyseur** » de la création artistique vers un public « actif », organise aussi des manifestations stimulantes.
En quittant le musée, arrêtez-vous dans la **Sky Viewing Chamber** de James Turrell *(Chambre d'observation du ciel - en remontant vers Groveland Terrace)*. En contrebas de la butte, cette petite pièce carrée dépourvue de toit est équipée de bancs sur trois de ses côtés. Asseyez-vous et regardez le ciel… Pour un art changeant, et reposant.
Traversez Vineland Place.

★★ Minneapolis Sculpture Garden A2

6h-0h - entrée libre.
Depuis sa réouverture en 2017, le jardin compte, sur ses pelouses et à l'abri des haies, une soixantaine de sculptures modernes, œuvres d'artistes aussi reconnus que Henry Moore, Louise Bourgeois, Isamu Noguchi et Alexander Calder. La grande serre, **Cowles Conservatory**★ *(à gauche de l'entrée)*, abrite des plantes tropicales, qui s'épanouissent autour de l'imposant **Standing Glass Fish** (*Poisson de verre debout*, 1986) de Frank Gehry. Parmi les dix-huit pièces acquises en 2017, le coq bleu Klein de 6 m de haut (*Hahn/Cock*, 2013) de Katharina Fritsch crée un pendant visible au **Spoonbridge and Cherry**★ (*Pont-cuillère et cerise*), œuvre en aluminium de Claes Oldenburg et Coosje Van Bruggen, devenue un des symboles de Minneapolis depuis son installation à l'ouverture du jardin en 1988.
Traversez la Hwy 55 (passerelle).

Loring Park A2

1382 Willow St. - bus 25 depuis Nicollet - www.loringpark.org - 6h-0h - entrée libre.
Le plus grand espace vert du centre-ville (117 ha) a été conçu au 19e s. par le paysagiste Horace Cleveland. Doté d'un beau lac, il promet aux beaux jours une promenade des plus agréables.

★ MILL DISTRICT ET LES BERGES DU MISSISSIPPI Plan II B1-2

Cantonnées autour des chutes St Anthony, les minoteries *(mill district)* sont de fascinants témoignages d'architecture industrielle. Au début du 19e s., les soldats du fort Snelling *(p. 530)* édifièrent les premiers moulins sur les chutes. Trois générations plus tard, plus de vingt minoteries gigantesques étaient élevées là, alors que les hangars se multipliaient alentour. On ne produit plus de farine sur les bords du Mississippi mais les vieux bâtiments de brique sont progressivement réhabilités, donnant une seconde vie à ce quartier oublié.

★ St Anthony Falls Heritage Trail B1

Boucle de 2,8 km – Accessible uniquement aux piétons et aux cyclistes.
Ce parcours facile suit les berges du fleuve. Il passe par **Stone Arch Bridge** (1883), grand pont courbe de 640 m, seul ouvrage de pierre sur le Mississippi, et par **Pillsbury-A Mill**, immense minoterie industrielle en calcaire bleu (1881) qui produisait dix fois plus de farine par jour que ses concurrentes à sa création. Mise à la retraite en 2003, elle est transformée en lofts pour artistes *(fermé au public)*. Après le pont, on peut suivre, à gauche, South East Main St. jusqu'à East Hennepin Ave, rejoindre **Nicollet Island**, traverser Hennepin Ave Bridge et suivre West River Parkway en passant par **Mill Ruins Park** pour revenir au Stone Arch Bridge.

★ Mill City Museum B1

704 S. 2nd St. - ✆ 612 341 7582 - www.millcitymuseum.org - mar.-sam. 10h-17h (et lun. en juil.-août), dim. 12h-17h - 12 $.

Ce musée passionnant mérite d'être vu autant pour son contenant que pour son contenu. Son « contenant », c'est tout simplement ce qui fut un temps la plus grande minoterie du monde ! Construite en 1874 pour la firme **Washburn**, elle fut détruite quatre ans plus tard par un incendie, qui provoqua la mort de vingt-deux ouvriers et entraîna la destruction des moulins voisins, réduisant de 30 % les capacités de la ville dans ce secteur phare de son économie. Le bâtiment fut reconstruit en 1880, continuant à détenir le record mondial de production jusqu'à l'ouverture, l'année suivante, de la minoterie **Pillsbury** sur l'autre rive du fleuve *(p. 527)*. À la grande époque on y fabriquait plus de 900 t de farine de blé par jour. Opérant plus tard sous l'enseigne de **General Mills**, le complexe ferma définitivement ses portes en 1965. Les progrès faits en matière de traitement et de transformation des farines avaient rendu son installation obsolète.
À la fin des années 1990, l'édifice, en très mauvais état, fut repris par la Minnesota Historical Society qui fit faire des travaux de consolidation et créa ce musée dédié, par le prisme des moulins, à l'histoire de Minneapolis. Au fil de la visite interactive et multisensorielle, on peut visionner un intéressent film d'archives et observer quelques installations d'origine, parmi lesquelles un impressionnant silo où les visiteurs prennent place pour monter et descendre dans le bâtiment. Au 9e niveau, une plate-forme d'observation offre une vue sur le fleuve et les chutes.

Guthrie Theater B1

818 S. 2nd St. - 612 377 2224 - www.guthrietheater.org.
Reconstruit à cet emplacement en 2006 par Jean Nouvel, dont c'est la première création en Amérique, ce théâtre s'inspire de l'environnement autrefois industriel du quartier. L'arrondi des formes géométriques du bâtiment en verre et métal rappelle les silos des minoteries. Le Guthrie, reconnu pour la qualité de ses productions, abrite désormais trois salles (2 050 places au total), ainsi qu'un excellent restaurant et, au dernier niveau, une terrasse qui s'avance telle un pont cantilever en direction du fleuve *(accès libre)*.

★ UPTOWN ET LA CHAÎNE DES LACS Plan I AY-Z

Au sud-ouest de la ville se trouvent les quartiers résidentiels de Minneapolis, dont les magnifiques villas dominent à l'occasion un lac. Le plus important plan d'eau de la cité est **Lake Calhoun**, autour duquel a été aménagé un parc *(AY-Z - 3000 E. Calhoun Pkwy - bus 6 depuis Hennepin Ave, Central Minneapolis - www.minneapolisparks.org)* avec pistes cyclables, chemin de randonnée et plages. Entre ce plan d'eau et le grand **Lake Harriet** (AZ), légèrement au sud-est, s'étend l'immense **Lakewood Cemetery** *(AZ - 3600 Hennepin Ave S. - bus 4 depuis Hennepin Ave, Central Minneapolis - www.lakewoodcemetery.com)*, qui abrite le plus grand cimetière de la guerre de Sécession du pays.
Calhoun Square (AY) – *À l'angle de Lake St. et Hennepin Ave.* C'est l'épicentre du mouvement local Génération-X, avec ses magasins d'articles d'occasion qui se pressent au voisinage des snack-bars et des cafés.
Linden Hills (AZ) – *À l'angle de 44th St. S. et Upton Ave.* Adorable quartier commerçant à l'ambiance de village.
★ **Minnehaha Parkway** – Cette route touristique de 8 km part du lac Harriet et se dirige plein est jusqu'à **Minnehaha Park** *(4801 S. Minnehaha Park Dr. - Light Rail Blue Line - www.minneapolisparks.org)* et **Minnehaha Falls**, où cascade le ruisseau Minnehaha Creek. Henry Wadsworth Longfellow le célébra dans son long poème *The Song of Hiawatha*, évocation de l'histoire tragique de deux Indiens, Hiawatha et sa femme Minnehaha. Réalisée pour l'Exposition

Weisman Art Museum par Frank O. Gehry.
J. De Sciose/age fotostock

universelle de Chicago en 1893, la sculpture de **Jacob Fjelde** (moulée en 1912) qui figure les deux personnages constitue l'une des principales attractions du parc.

À voir aussi Plan I p. 520-521

★ American Swedish Institute Plan I BY

2600 Park Ave (au sud de Downtown) - ✆ 612 871 4907 - bus 5 depuis 8th St. (Central Minneapolis) - www.asimn.org - P - mar., jeu., vend., dim. 12h-17h, merc. 12h-20h, sam. 10h-17h - 10 $.

La demeure de trente-trois pièces abritant l'Institut américano-suédois fut construite en 1904 pour un entrepreneur suédois, Swan Turnblad. Cet assemblage de tourelles, balcons, piliers et pignons en calcaire gris, qui se veut « à la française », ressemble à un château de conte de fées. La demeure devint en 1929 le siège de l'Institut américano-suédois, dont la vocation est d'« encourager et préserver la culture suédoise en Amérique ».

Les **boiseries★★** très finement gravées et les onze différents *kakelugnar* (poêles) plaqués de porcelaine sont les pièces de choix de la demeure. Les étages supérieurs accueillent un ensemble d'objets scandinaves allant de la vaisselle pré-viking du 5e s. av. J.-C. à de la verrerie contemporaine. Excellent café et boutique spirituelle.

★ Weisman Art Museum Plan I BY

333 E. River Pkwy, sur le campus de l'université du Minnesota (à l'est de Downtown, sur l'autre rive du Mississippi) - Light Rail Green Line ✆ 612 625 9494 - www.weisman. umn.edu - P - mar., jeu., vend. 10h-17h, sam.-dim. 11h-17h, merc. 10h-20h - entrée libre - visite guidée gratuite sam. et dim. à 13h.

Dominant le fleuve, ce **bâtiment★★** original, en inox et brique, a été imaginé par Frank Gehry (1993), qui eut pour cahier des charges de ne pas créer « une autre protubérance de briques ». C'est sans aucun doute la construction la plus intéressante de la ville et elle mérite à ce titre une visite. Le musée, spécialisé dans l'art américain du 20e s., abrite la collection la plus fournie au monde des œuvres des **modernistes américains** Marsden Hartley et Alfred Maurer.

À proximité

★ Fort Snelling Plan I CZ

200 Tower Ave (au croisement des routes 55 et 5 - ✆ 612 726 1171 - Blue Line du Light Rail depuis Downtown Minneapolis ou le Mall of America - www.mnhs.org/fortsnelling - P - juin-août : mar.-sam. 10h-17h, dim. 12h-17h ; sept.-oct. : sam. 10h-17h - fermé le reste de l'année - 12 $.

Bon à savoir – Quoique situé sur la commune de St Paul, le fort est plus facile d'accès de Minneapolis.

Cette reconstitution d'un fort du début du 19e s. représente dans les Twin Cities le seul vestige de la colonisation américaine dans la région. Le fort Snelling, dont la construction débuta en 1819, fut le plus occidental des forts du gouvernement fédéral érigés après la guerre de 1812. Il fut édifié sur un escarpement dominant la confluence de la Minnesota et du Mississippi, position qui contrôlait les routes de la fourrure. Sa garnison participa à la construction des premiers moulins sur les chutes de St Anthony. Les officiers, quant à eux, supervisaient les « traités » qui ravissaient leurs terres aux Indiens. Le fort actuel comporte un magasin, un hôpital, une école, ainsi que les tours rondes ou hexagonales d'origine. Un film de 20mn relate l'histoire du fort et des guides costumés font resurgir, 170 ans plus tard, sa vie quotidienne.

Paisley Park Plan I AZ en dir.

7801 Audubon Rd - Chanhassen- ✆ 815 882 6703 - www.officialpaisleypark.com - réserv. uniquement en ligne et à l'avance - jeu. 9h-19h, vend.-sam. 9h-23h, dim. 10h-17h - 38,50 $, 50 $ (avec visite guidée), VIP Tour 100 $.

Dans la banlieue sud-ouest de Minneapolis, la résidence-studio de **Prince** est devenue un véritable lieu de pélerinage à la mort du chanteur, le 21 avril 2016.

NOS ADRESSES À MINNEAPOLIS

Plan I (agglomération) p. 520-521
Plan II (Minneapolis-Centre) p. 524

TRANSPORTS

Se rendre à Minneapolis

Avion – Minneapolis-St Paul International Airport – Plan I BZ - *À 19 km au sud de la ville - ✆ 612 726 5555 - www.mspairport.com.* Taxis (env. 40 $), voitures à louer, navettes collectives ou individuelles pour le centre-ville et au-delà (**Supershuttle** - *✆ (1) 800 BLUEVAN - www.supershuttle.com - env. 20 $)*, **Light Rail** *(Blue Line)* pour Warehouse District en centre-ville ou Mall of America.

Sur place

La visite des quartiers du centre se fait facilement à pied.

Light Rail – *www.metrotransit.org - 2/2,50 $ selon l'heure - 24h/24 - fréquence variable selon l'heure.* La Green Line du Light Rail relie Downtown Minneapolis à Downtown St Paul en 36mn.

Des **bus gratuits,** reconnaissables à leur signe Free Ride, circulent le long de Nicollet.

Vélo – Malgré le climat rigoureux, on aime faire du vélo dans les Twin Cities, en saison tout de même (avr.-nov.) ! Plus de 300 km de pistes cyclables quadrillent Minneapolis, ville récompensée pour son avance en la matière. On croise absolument partout les bicyclettes vertes du programme **Nice Ride** *(plus de 200 stations entre les deux villes - www.niceridemn.org)*. Elles s'utilisent sans abonnement - premières 30mn gratuites (pass 24h, 6 $).

INFORMATIONS UTILES

CVS Pharmacy – Plan II A2 - *1110 Hennepin Ave (Central Minneapolis) - 612 338 5867 - tlj 7h-22h.*

HÉBERGEMENT

Plan II p. 504

POUR SE FAIRE PLAISIR

1 **Aloft Minneapolis** – Plan II, B2 - *900 S. Washington Ave - Mill District - (612) 455-8400 - www.aloftminneapolis.com - 25 $/24h - - 324 ch. 149/219 $ -* . Proche des rives du fleuve et non loin du Guthrie Theater, cet établissement est un bon choix pour ses chambres modernes et confortables. Le bar du lobby WXYZ est très agréable pour prendre un verre en début de soirée.

5 **Loews Minneapolis** – Plan II, A1 - *601 1st St. - Central Minneapolis - (612) 677-1100 - http://loewshotels.com/minneapolis-hotel - 35 $/nuit - - 251 ch. 229/419 $ - 10 $ -* . Très bien situé, cet hôtel design et élégant compte plusieurs catégories de chambres de belle taille – celles en angle ont une vue superbe. Tout concourt au repos, de la décoration sobre et design dans les tons sable aux salles de bains luxueuses et à la literie haut de gamme. L'établissement abrite un spa, deux restaurants et un bar-lounge, Relevé, qui s'est fait une spécialité du champagne et de sa déclinaison en cocktails.

2 **Nicollet Island Inn** – Plan II, B1 - *95 Merriam St. - St Antony Falls Historic District - (612) 331-1800 - www.nicolletislandinn.com - - 23 ch. 219/329 $ -* . Situé sur une petite île non loin du centre-ville, cet hôtel a le charme d'une auberge à l'ancienne : atmosphère feutrée, chambres toutes différentes, certaines fraîchement rénovées, avec vue sur le Mississippi. Restaurant réputé.

3 **W Minneapolis-The Foshay** – Plan II, A2 - *821 S. Marquette Ave - Central Minneapolis - (612) 215-3700 - www.wminneapolishotel.com - 44 $/nuit - payant - 229 ch. 180/399 $ -* . Logé dans un gratte-ciel historique, cet hôtel de la chaîne W répond à tous les critères du genre : décoration neuve aux couleurs originales, grand confort, ambiance branchée et animée. Music live tous les soirs à partir de 21h30 au Living Room Bar. Le Prohibition Bar se trouve au dernier étage.

UNE FOLIE

4 **Le Meridien Chambers** – Plan II, A2 - *901 Hennepin Ave - Central Minneapolis - (612) 767-6900 - www.lemeridienchambers.com - 44 $/nuit - - 60 ch. 161/516 $ - 5/8 $ -* . Cet hôtel pas comme les autres appartient à Ralph Burnet, l'un des grands collectionneurs d'art contemporain du pays. Non content d'y avoir aménagé une galerie d'art, il a aussi fait décorer de pièces originales les parties communes et les chambres – très spacieuses, ultramodernes et supra-confortables. Passez par les escaliers au moins une fois pour voir les fresques murales. Excellent restaurant de cuisine fusion attenant, Marin, et charmant bar patio en saison.

RESTAURATION

Midwest oblige, on trouve beaucoup de *steakhouses* dans la région. Autre spécialité du Minnesota, qui aurait été « inventée » à Minneapolis, le **Juicy Lucy**, un hamburger dont la viande est fourrée d'un cœur de fromage fondu… à ne pas confondre avec un banal cheeseburger !

PREMIER PRIX

11 **Nico's Taco & Tequila Bar** – Plan I, AY - *2516 Hennepin Ave - Uptown - ☎ (612) 345-7688 - http://nicostacobar.com - 11h-23h.* Un chef mexicain qui revisite les classiques de la cuisine de son pays d'origine, et un bar à tequilas digne de ce nom (plus de 50 références) ! Brunch copieux le w.-end à partir de 11h.

BUDGET MOYEN

12 **Hell's Kitchen** – Plan II, A2 - *80 S. 9th St. - Central Minneapolis - ☎ (612) 332-4700 - www.hellskitcheninc.com - 7h-22h, vend. 7h-23h, sam. 7h30-23h, dim. 7h30-22h - à la carte 26,50/54 $.* Restaurant, bar, salle de concert… cet endroit atypique tient de tout cela à la fois. Un public d'habitués (nombreux) s'y retrouve pour grignoter selon l'heure du jour un hamburger, une salade, ou pour avaler un plat plus consistant (poisson grillé, côte de bœuf…). Le petit-déjeuner est servi toute la journée. Music live plusieurs soirs par semaine et, le w.-end, pour le brunch très couru (mieux vaut réserver).

13 **JD Hoyt's Supper Club** – Plan II, A1 - *301 N. Washington Ave - Warehouse District - ☎ (612) 338-1560 - http://jdhoyts.com - 16h-22h, vend.-sam. 16h-23h, dim. 10h-21h - à la carte 36/68 $.* Au cœur du quartier qui monte, ce restaurant populaire s'est fait une spécialité de viandes grillées mais aussi de poisson et de plats cuisinés à la mode cajun. La carte des vins et des whiskies est impressionnante. L'endroit, très animé, est souvent fréquenté par les équipes sportives de la ville. Ambiance chaleureuse.

14 **Masu Sushi & Robata** – Plan II, B1 - *330 E. Hennepin Ave - St Antony East - ☎ (612) 332-6278 - http://masusushiandrobata.com - 11h-0h, vend.-sam. 11h-1h, dim. 16h-23h - moins de 20 $.* Il faut traverser le Mississippi pour trouver cet excellent restaurant, mais cela vaut la peine. On y sert un vaste échantillon de spécialités japonaises, des brochettes au poisson (cru ou cuit) aux nouilles et aux fritures. Tout est ultrafrais et les poissons sont issus d'un programme de pêche qui préserve les ressources des océans. Autre adresse : dans le Mall of America.

15 **The Bachelor Farmer** – Plan II, B1 - *50 2nd Ave N. - Warehouse District - ☎ (612) 206-3920 - http://thebachelorfarmer.com - 17h30-21h30, vend.-sam. 17h30-22h30, dim. 17h-21h30 - formules 29/46 $.* Dans un quartier qui bouge, une cuisine qui frétille de spécialités et de produits du Minnesota, dont certains proviennent du jardin bio situé sur le toit du bâtiment. La carte, très courte, change souvent. Fin et succulent.

16 **Union** – Plan II, A2 - *731 Hennepin Ave - Central Minneapolis - ☎ (612) 455-6690 - http://unionmpls.com - 15h-22h, lun. 15h-21h, vend. 15h-2h, sam. 11h-2h, dim. 11h-21h - à la carte 31/43 $.* Deux restaurants à la même adresse : Workshop at Union (rez-de-chaussée) et Union Rooftop (étage) qui dispose d'une immense salle vitrée sur le toit de l'immeuble et d'une belle terrasse.

Les cartes sont différentes mais proposent toutes deux des classiques américains revisités (hamburger « amélioré », pâtes au homard ou salade Cesar).

POUR SE FAIRE PLAISIR

17 **Murray's** – Plan II, A1 - *26 S. 6th St. - Central Minneapolis - ✆ (612) 339-0909 - www.murraysrestaurant.com - 11h-22h, vend. 11h-22h30, sam. 17h-22h30, dim. 17h-22h - plats 24/60 $ - spécialités 105/115 $.* Le succès de cette *steakhouse* ne se dément pas depuis ses débuts dans les années 1940. Le décor est assez formel mais l'ambiance ne l'est pas. Viande fondante à souhait, accompagnée de différentes sauces. Un must pour les amateurs.

PETITE PAUSE

Caribou Coffee – Plan II, A2 - *800 Nicollet Mall - Central Minneapolis - ✆ (612) 333-5214 - www.cariboucoffee.com - 6h-17h30, - fermé le w.-end.* Des cafés ouverts de 6h du matin à tard le soir, le wifi gratuit, de grandes banquettes, des boissons caféinées variées, des gâteaux, voire plus, pour les accompagner… ça vous rappelle sans doute une autre chaîne ? Née dans le Minnesota, la Caribou Coffee Company, qui pratique le commerce responsable, compte déjà des succursales partout dans le pays.

Izzy Ice Cream – Plan II, B2 - *1100 2nd St. S. - Mill District - ✆ (612) 206-3356 - http://izzysicecream.com - 13h-22h, vend.-sam. 13h-22h30.* La deuxième boutique de ce glacier né à Minneapolis est installée dans un superbe bâtiment moderne, à deux pas du Guthrie Theater. Choix cornélien entre coupes glacées aux parfums plus alléchants les uns que les autres, gâteaux et autres douceurs…

Midtown Global Market – Plan I, BY - *920 E Lake St. & 10 th Ave S. - Midtown - bus 5 depuis 8th St. (Central Minneapolis) - ✆ (612) 872-4041 - http://midtownglobalmarket.org - 10h-20h, dim. 11h-18h.* Un marché couvert dans un quartier très vivant au sud de Downtown. Produits à emporter, artisanat, stands et restaurants pour grignoter.

EN SOIRÉE

Sur Hennepin Ave, qui fait figure de Broadway du Midwest (*encadré p. 525*), la vie nocturne est intense, également en matière musicale.

Dakota Jazz Club – Plan II, A2 - *1010 Nicollet Mall - Central Minneapolis - ✆ (612) 332-1010 - www.dakotacooks.com - 16h-2h, sam. 17h-0h, dim. 17h-2h.* Le club de jazz le plus réputé de la ville accueille tous les grands noms de passage, et organise chaque année en juillet un festival de rue gratuit. Il abrite aussi un délicieux restaurant.

Fine Line Music Café – Plan II, B1 - *318 1st Ave N. - Warehouse District - ✆ (612) 338-8100 - http://finelinemusic.com.* Ben Harper, Alanis Morissette, John Mayer, Prince, The Neville Brothers, Lady Gaga… tous ont joué dans cette salle dont la réputation n'est plus à faire.

Prohibition Bar – Plan II, A2 - *821 S. Marquette Ave - Hôtel W-The Foshay - ✆ (612) 215-3700 - 17h-0h, jeu. 17h-1h, vend.-sam. 17h-2h - fermé dim.* Au 27e étage de Foshay Tower, ce bar avec vue à 360° recrée l'atmosphère d'un *speakeasy*, débit d'alcool clandestin au temps de la Prohibition. Très bons cocktails et ambiance animée.

First Avenue – Plan II, A1 - *701 1st Ave N. - 55403 Minneapolis - Central Minneapolis - ✆ (612) 338-8388 - http://first-avenue.com.* Une façade noire constellée d'étoiles blanches, des noms d'artistes inscrits sur chacune. Impossible de rater le First Avenue ! Depuis 1970, c'est l'un des clubs les plus animés de la ville. Dans les années 1980, Prince s'y est beaucoup produit et a contribué à le rendre très populaire.

ACHATS

Avis aux amateurs de shopping : les ventes de vêtements et de chaussures ne sont pas assujetties aux taxes dans le Minnesota.

Dans le centre-ville en pleine restructuration, l'artère commerçante **Nicollet** héberge les boutiques des chaînes internationales ainsi que les grands magasins Macy's et Target (originaire de la ville).

Autre lieu incontournable : le **Mall of America**, le plus grand centre commercial du pays *(p. 540)*.

À l'opposé, les boutiques de **North Loop** et de **Warehouse District** sont originales et indépendantes.

ACTIVITÉS

Sports – La ville est très fière de ses équipes, parmi lesquelles les **Twins** (baseball) qui jouent au **Target Field** dans Warehouse District *(Plan II, A1 - 353 5th St. N.)*, les **Lynx** et les **Timberwolves** (basket) au **Target Center**, dans Central Minneapolis *(Plan II A1 - 600 1st Ave N.)* et les **Vikings** (football américain) à l'**US Bank Stadium** *(401 Chicago Ave, Plan II, B2)*.

Nature – Plus de **150 parcs** aèrent Minneapolis, dont certains sont centrés autour des **lacs** d'Uptown *(p. 528)* : activités variées selon les saisons, du ski de fond à la voile et la baignade autour de Calhoun Lake. *Rens. : www.minneapolisparks.org.*

Minnesota Valley National Wildlife Refuge – *(p. 540)*. Activités de plein air.

AGENDA

Music and movies in the Parks – *Juin-août.* Les parcs de la ville invitent les spectateurs à des projections de films et à des concerts en plein air gratuits. *www.facebook.com/mplsmusicmovies/.*

Rock the Garden – *Fin juin.* Un festival de rock organisé par le Walker Art Center. *www.walkerart.org.*

Basilica Block Party – *En juil.* Un festival de musique organisé par la basilique St Mary, mais qui n'a rien de religieux ! Les bénéfices sont affectés à la restauration de l'édifice. *www.basilicablockparty.org.*

Aquatennial – *3e sem. de juil.* Défilés, compétitions sportives, dont beaucoup sur le thème de l'eau, concours de châteaux de sable sur les bords du lac Calhoun, et, pour finir, l'un des plus grands feux d'artifice du pays. *www.aquatennial.com.*

Minnesota Fringe Festival – *Pendant une dizaine de jours en août.* Théâtre, danse, marionnettes, performances en tout genre. Leur point commun ? Durer moins d'une heure. *www.minnesotafringe.org.*

Minnesota State Fair – *Pendant une dizaine de jours, fin août-début sept.* La foire d'État – l'une des plus grandes du pays – rassemble spectacles, attractions et stands de dégustation autour d'expositions de bétail et de réalisations locales. *www.mnstatefair.org.*

Saint Paul.
J. Mamer/age fotostock

Saint Paul

★

10

300 851 hab. - Minnesota (MN)

Alors que Minneapolis, brillante cité commerçante, est surnommée la première ville de l'Ouest, St Paul est considérée comme la dernière ville de l'Est. Fidèle à ses racines européennes, elle protège son patrimoine architectural. Son élégance originelle se reflète dans le quartier entourant Rice Park et se déploie autour de Summit Avenue. On rêve aussi sur les bords du Mississippi, avant de partir à la recherche des personnages de Charles Schulz disséminés ici et là : le chien Snoopy, son maître Charlie Brown, son amie Lucy, tous sont nés sous le crayon du dessinateur originaire de St Paul.

NOS ADRESSES PAGE 541
Hébergement, restauration, achats, activités, etc.

S'INFORMER

Visitor Information Center – *Landmark Center - 75 W. 5th St. - 651 292 3225 - www.visitsaintpaul.com.*

SE REPÉRER

Plan I (Agglomération Minneapolis/St Paul) (p. 520-521). St Paul se trouve à une quinzaine de kilomètres au sud-est de Minneapolis, en bordure du Mississippi. Les deux villes sont desservies par le même aéroport et reliées par Light Rail (*Nos adresses à Minneapolis*).

SE GARER

Nombreux parkings payants dans le centre-ville.

À NE PAS MANQUER

Le Landmark Center, un concert du St Paul Chamber Orchestra.

ORGANISER SON TEMPS
Comptez deux bonnes journées pour la ville, une pour Bloomington dans les environs, et programmez votre séjour avec la visite de Minneapolis.

AVEC LES ENFANTS
Le Science Museum of Minnesota, Como Park Zoo and Conservatory, les attractions et boutiques du Mall of America.

Se promener

Plan I (agglomération) p. 520-521 et Plan III (St Paul-Centre) page de droite

★★ DOWNTOWN Plan III B1-2

Nettement moins animé que le centre-ville de Minneapolis, Downtown à St Paul compte plusieurs sites intéressants et se découvre aisément à pied.

★★ Rice Park B2

Le ravissant jardin public élaboré en 1849 est dominé, côté est, par le palace de la ville, **The St Paul Hotel**, construit en 1910 *(Nos adresses)*. Côté sud s'élève la **James J. Hill Reference Library** *(80 W. 4th St.)*, édifiée en 1916, dont la grande salle de lecture, répartie sur deux étages, présente un plafond à caissons et un sol marqueté de marbre. Le côté ouest est occupé par la plus grande salle de spectacles de la ville, l'**Ordway Center for the Performing Arts** *(Nos adresses)*, précédée de sa longue façade en panneaux de verre.

★★ Landmark Center B2

75 W. 5th St. - 651 292 3225 - www.landmarkcenter.org - lun.-vend. 8h-17h (20h jeu.), sam. 10h-17h, dim. 12h-17h - visite guidée du bâtiment jeu. 11h, dim. 12h, ou visite libre ; demandez la brochure en français à l'accueil - entrée libre.

Bon à savoir – Vous trouverez sur place le **Visitor Center** de la ville, un café et une boutique.

Sur le côté nord de Rice Park se dresse l'édifice le plus intéressant de la ville, autant pour son histoire que pour son architecture. Cette puissante bâtisse de style roman richardsonien a été construite en 1902 pour abriter les **bureaux du gouvernement fédéral**. Ses « jumelles » du même style, dédiées aux mêmes fonctions, furent réparties dans trente-trois autres grandes villes du pays. Par la grandiloquence de l'architecture, il s'agissait de montrer au commun des citoyens la toute-puissance du gouvernement de Washington DC. De fait, avec sa façade ornementée, ses tourelles et ses pignons de granit rose coiffés de cuivre rouge, le bâtiment en impose. Lors de son inauguration, l'intérieur était tout aussi somptueux. Mais la crise des années 1930 passa par là et l'entretien laissa à désirer. Reconverti en **bureau de poste** jusqu'en 1967, l'édifice décrépit échappa de justesse à la démolition. Plusieurs organisations culturelles habitent aujourd'hui le bâtiment historique auquel des citoyens passionnés ont rendu son éclat. Il appartient désormais au comté de Ramsey, dont dépend la ville. Sur les trente-trois, seuls ont survécu les bâtiments fédéraux de Milwaukee (WI), Detroit (MI), Omaha (NE) et Washington DC.

Premier niveau – Baigné par la lumière du très haut atrium, il abrite une passionnante exposition sur l'histoire des lieux : **Uncle Sam Worked Here**. On y retrouve une petite reconstitution du bureau de poste et on croise les destins des habitués des tribunaux, Prohibition oblige, tels qu'Evelyn Frechette, la fiancée de John Dillinger, ou les membres du sinistre gang Barker-Karpis.

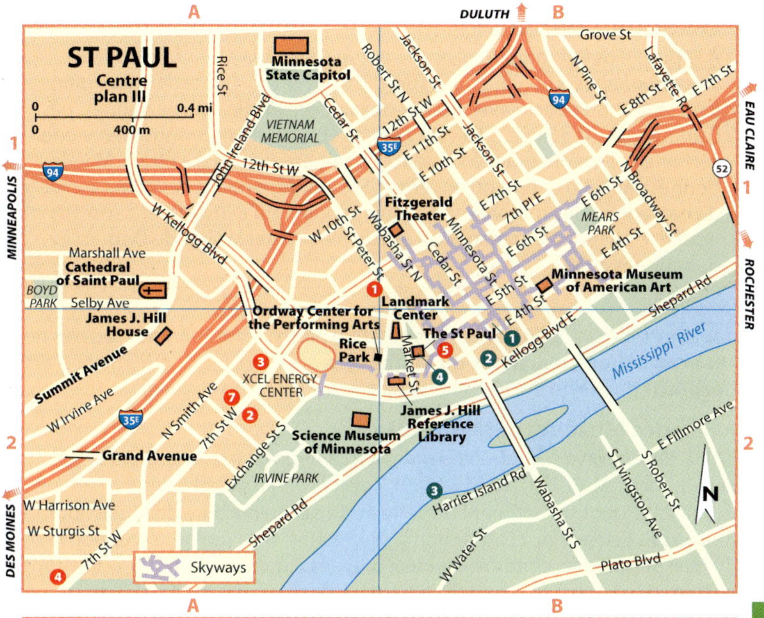

SE LOGER	SE RESTAURER	
Hotel 340 ... 1	Burger Moe's ... 2	Mickey's Diner ... 1
InterContinental St Paul Riverfront ... 2	Downtowner Woodfire Grill ... 7	Pazzaluna ... 5
The Covington Inn ... 3	Mancini's Char House ... 4	The Liffey Irish Pub ... 3
The Saint Paul Hotel ... 4		

Étages supérieurs – Plusieurs salles d'audience sont ouvertes à la visite : **Ramsey County Room** *(n° 317, 3ᵉ niveau)*, où en 1937 Alvis Karpis fut conduit à comparaître par Edgar Hoover, chef du FBI, en personne, est ornée de boiseries turquoise très victoriennes et compte une galerie pour le public ; **Sanborn Room** *(n° 408, 4ᵉ niveau)*, la cour d'appel, vitraux et marbre blanc ; **Chief Justice Room** *(n° 430, 4ᵉ niveau)*, salle du président du tribunal, dont les vitraux figurent des personnalités importantes en matière d'histoire du droit (Solon, Périclès, Cicéron, Justinien).

Gallery of Wood Art – *Deuxième niveau - www.galleryofwoodart.org - mar.-vend. 11h-16h, dim. 12h-15h - boutique.* Ce musée mérite une visite pour ses expositions temporaires sur le thème du bois.

★ **Schubert Club Museum** – *Deuxième niveau - schubert.org - tlj sf sam. 12h-16h (Nos adresses).* Exceptionnelle collection de lettres écrites par des compositeurs et des musiciens depuis le 18ᵉ s., et exposition retraçant l'évolution du piano.

Suivez 4ᵗʰ St. en direction de l'est.

Minnesota Museum of American Art B1

Historic Pioneer Endicott, 350 Robert St. N. - 651 797 2571 - mmaa.org - merc.-dim. 11h-17h (jeu. 21h) - entrée libre.

Fondé en 1894, ce musée, localement appelé The M, présente des expositions temporaires. Reflet du goût et des centres d'intérêt des collectionneurs et

LES SOURIS DANSENT

À l'époque de la Prohibition, la ville accueillit avec la plus grande bienveillance *bootleggers* et gangsters, sûrs d'y trouver un « havre de paix » grâce à un statu quo conclu avec le chef de la police locale. Pas de vagues, pas d'ennuis avec la justice... La ville y gagna en sécurité et connut même une certaine prospérité grâce à l'argent que dépensaient les malfrats. Mais les bonnes choses n'eurent qu'un temps. St Paul, dépendant des compagnies d'abattage et des minoteries de Minneapolis, qui alimentaient son économie fondée sur le transport, subit de plein fouet la Grande Dépression des années 1930.

donateurs locaux, le fonds de près de 4000 pièces comprend des œuvres de l'**Ashcan School**, d'**artistes du Minnesota** et une collection d'objets d'**art décoratif** du milieu du 20e s.

★ Science Museum of Minnesota A2

120 W. Kellogg Blvd - ✆ 651 221 9444 - www.smm.org - jeu.-sam. 9h30-21h, dim. et mar.-merc. 9h30-17h - 18,95 $ (24,95 $ avec l'Omnitheater).

Installé dans un bâtiment de verre et d'acier en bordure du Mississippi, le musée des Sciences est l'attraction la plus visitée de la région, exception faite du Mall of America. L'endroit est idéal pour les enfants, qui pour une fois sont encouragés à toucher à tout. Si la barrière de la langue peut représenter un obstacle pour certaines des animations organisées à intervalles réguliers, nul doute qu'ils trouveront le plus grand intérêt à la visite et qu'ils apprécieront les films en 3D projetés sur un écran semi-sphérique selon le procédé IMAX, dans l'un des plus beaux cinémas américains. Les collections se concentrent aux niveaux 3, 4 et 5. On peut, par exemple, se prendre pour le capitaine d'un remorqueur *(niv. 5)*, examiner de près une momie ou un brin d'ADN *(niv. 4)*, observer une collection de fossiles et un squelette de tricératops, l'un des derniers dinosaures à avoir vécu *(niv. 3)*, etc.

Traversez le Wabasha Street Bridge pour flâner sur les bords du fleuve, dans le parc aménagé sur **Harriett Island**.

AUTOUR DE SUMMIT AVENUE A2

★★ Summit Avenue

À l'ouest du centre-ville, cette longue artère qui s'étire sur les hauteurs jusqu'au Mississippi forme un trait d'union entre les Twin Cities. Bordée de quelque trois cents demeures anciennes, elle est l'une des avenues victoriennes les mieux préservées du pays, et reste – hors une période de déclin pendant les années 1930-1960 – l'adresse prestigieuse de St Paul. **Francis Scott Fitzgerald** (1896-1940), né à St Paul, écrivit son roman *L'Envers du paradis* dans son appartement, au troisième étage du 599 Summit Avenue, pendant l'été 1919.

Grand Avenue – Parallèle à Summit Avenue, elle est le pendant commerçant de sa voisine. La plupart des boutiques et des restaurants occupent des **maisons victoriennes** biscornues, en particulier vers Victoria Street.

★ State Capitol A1

Aurora Ave (entre Cedar St. et Constitution Ave) - ✆ 651 296 2881 - www.mnhs.org - lun.-vend. 8h-17h, sam. 10h-15h, dim. 13h-16h - possibilité de visites guidées (45mn), ttes les h : lun.-sam. 10h-14h, dim. 13h-15h - entrée libre, visite guidée donation suggérée 5 $.

Coupé du centre-ville par l'I-94, le Capitole est dû à **Cass Gilbert** (1859-1934), l'architecte du Woolworth Building à New York et de la Cour suprême des États-Unis à Washington DC.

★ Cathedral of St Paul A1

239 Selby Ave - ✆ 651 228 1766 - www.cathedralsaintpaul.org - 7h-18h (w.-end 7h30) - entrée libre - possibilité de visites guidées lun.-vend. 13h - concerts d'orgue et de musique sacrée (consultez le site Internet) - livret de visite 2 $.

Située à l'angle de Summit Ave, l'immense cathédrale domine de sa masse le centre-ville. Elle a été construite à partir de 1906 à l'emplacement d'un manoir tombé en déshérence. Les plans, confiés au Français **Emmanuel Masqueray**, s'inspirent de la cathédrale de Périgueux et de la basilique du Sacré-Cœur. L'architecte en chef de l'Exposition universelle de St Louis (1904) choisit des matériaux provenant du Minnesota, granit pour les murs extérieurs, travertin pour l'intérieur, tandis que le vaste dôme (23 m) est recouvert de cuivre. L'intérieur de l'édifice est éclairé par une série de **vingt-quatre vitraux**, figurant des saints et des anges, et par une rosace qui évoque la Résurrection (1940). Quant à **saint Paul,** on retrouve les épisodes de sa vie notamment autour de l'imposant baldaquin de bronze.

★ James J. Hill House A2

240 Summit Ave - ✆ 651 297 2555 - bus 63 depuis Downtown - sites.mnhs.org - merc.-sam. 10h-16h, dim. 13h-16h - visite guidée seult, brochure en français - 10 $.

D'origine modeste, James J. Hill (1838-1916), né dans l'Ontario au sein d'une famille d'immigrants écossais et irlandais, fait fortune de manière spectaculaire dans les **chemins de fer**, avant de bâtir un empire colossal en investissant dans les mines de charbon, la banque, l'agriculture, la meunerie et la navigation. En 1891, il s'installe avec sa famille dans l'immense manoir de **42 pièces** qu'il a commandé à **Peabody, Stearns et Furber**, une agence qui compte déjà à son actif de riches demeures à Newport et Rhode Island. Ils adoptent pour leur client le très prisé **style roman richardsonien** (*p. 592*), sans que soient négligées les dernières innovations en matière de confort : canalisations intérieures, chauffage central, dispositif de sûreté, téléphone, éclairage au gaz et à l'électricité. Conformément aux vœux de M. Hill, la maison sera léguée à l'Église catholique après la mort de Mme Hill. Convertie en bureaux, puis en école, elle est achetée en 1978 par la Société historique du Minnesota qui la restaure et l'ouvre au public.

Si le manoir frappe aujourd'hui par ses boiseries travaillées, il surprend aussi par l'austérité de son aménagement intérieur. Le mobilier a hélas été dispersé et les pièces sont pour la plupart vides ou meublées avec des éléments d'époque d'autre provenance. Seule la **salle à manger** a conservé l'intégrité de son décor, ses murs couverts de cuir, ses boiseries d'acajou et son plafond doré à la feuille. A. B. Cutter & Co. ont créé les **vitraux** de l'escalier, préférés par M. Hill au projet de Tiffany. Dans la galerie de peinture, le maître des lieux exposait ses toiles préférées, en particulier celles de l'**École de Barbizon**. On visite aussi les chambres aux étages supérieurs et, au sous-sol, les pièces où officiait le personnel (une douzaine d'employés permanents).

À voir aussi Plan I p. 520-521

★ Como Park Zoo and Conservatory CY

1225 Estabrook Dr. - ✆ 651 487 8201 - bus 3 depuis Kellogg Mall (Downtown St Paul) - www.comozooconservatory.org - P - avr.-sept. 10h-18h, oct.-mars 10h-16h - entrée libre - donation de 3 $ suggérée.

Situé au cœur d'un des plus grands espaces verts des Twin Cities, le parc abrite un zoo à taille… humaine, un jardin botanique et un espace de loisirs destiné aux enfants, **Como Town** (manèges et attractions).

Au zoo, quelques animaux habitués à des conditions climatiques moins rigoureuses que celles des hivers du Minnesota (girafes, lions ou primates) côtoient des **loups**, des phoques et des otaries, des **bisons**, des renards et même des **ours polaires**.

Côté plantes, le grand bâtiment d'acier et de verre (1915) du **Marjorie McNeely Conservatory** regroupe une palmeraie, un espace de fougères, une serre d'orchidées, une forêt tropicale, etc. À l'extérieur, le **jardin japonais** *(mai-sept., possibilité de cérémonie du thé)*, plein de charme et de poésie, a été offert par les habitants de Nagasaki, ville jumelée avec St Paul.

À proximité

Mall of America BZ en dir.

À une vingtaine de minutes en voiture au sud des Twin Cities, après l'I-494 et à l'est du croisement entre la route 77 et Cedar Ave - accès possible par le Light Rail (Blue Line) depuis l'aéroport, Downtown Minneapolis et Downtown St Paul (avec changement) - bus 54 direct depuis Downtown St Paul. La gare du centre commercial est située à l'extérieur, au niveau de la porte du premier étage donnant sur East Broadway. 60 E. Broadway - Bloomington (MN) - 952 883 8800 - www.mallofamerica.com - P (à moins de 100 m d'une entrée) - lun.-sam. 10h-21h30, dim. 11h-19h.

S'il est un endroit illustrant la devise américaine « Plus c'est grand, mieux c'est », c'est bien celui-ci. Le Mall of America, le plus vaste centre commercial des États-Unis, rassemble sous un même toit plus de 520 magasins, le plus grand **parc d'amusement** couvert du pays *(nickelodeonuniverse.com)*, cinquante restaurants et fast-foods, une quinzaine de salles de cinéma, un mini-golf de 18 trous, neuf discothèques, un **aquarium**, Sea Life Minnesota Aquarium, un labyrinthe aux allées couvertes de miroirs, un simulateur de vol et même une chapelle où, depuis l'ouverture du centre en 1992, plus de cinq cents mariages ont été célébrés ! Avec **42 millions de visiteurs** chaque année, le Mall of America est la première attraction touristique de l'État.

Cette immense construction de quatre niveaux s'aperçoit à peine de l'extérieur en raison du tissu d'autoroutes qui l'entoure et des 13 000 lampadaires des parkings. On ne repère que son enseigne au néon rouge. Chaque angle abrite un grand magasin (Macy's, Bloomingdale's, Nordstrom et Sears) et les allées qui les relient sont bordées d'enseignes souvent bien connues. Au **Lego Store**, on vient compléter sa collection en choisissant parmi quelque 180 pièces différentes. Les enfants créent les peluches de leurs rêves au **Build-a-bear Workshop,** ou fréquentent l'**American Girl**, un rêve pour les poupées qui y ont leur coiffeur et leur salon de thé. Les parents ont aussi le droit de craquer, chez **Hammer Made**, par exemple, une boutique de chemises pour hommes que vous ne retrouverez pas sur le dos du voisin car elles sont nées dans le Minnesota et vendues dans deux endroits seulement… Antre du mauvais goût et de la débauche capitaliste pour les uns, paradis pour les autres, Mall of America mérite une visite et il y a fort à parier que vous ne résisterez pas à une petite tentation…

★ Minnesota Valley National Wildlife Refuge - Long Meadow Lake Unit BZ en dir.

À une vingtaine de minutes en voiture au sud des Twin Cities, après l'I-494 (sortie 34th Ave) et à l'est de Mall of America, face à l'hôtel Hilton - accès possible avec

Marjorie McNeely Conservatory, Como Park.
J. Mamer/age fotostock

le Light Rail (Blue Line) depuis l'aéroport, Downtown Minneapolis et Downtown St Paul (avec changement).

3815 American Bd E., Bloomington (MN) - ✆ 952 854 5900 - www.fws.gov/refuge/minnesota_valley/.

Visitor Center – *Avr.-oct. : mar.-dim. 9h-17h ; nov.-mars : lun.-vend. et 1er w.-end du mois 9h-16h* - P.

Espace vert inespéré, à deux pas du Mall of America, ce parc couvre onze zones naturelles préservées, le long de la Minnesota River. Dans le Visitor Center se tient une exposition sur l'écosystème et les quelque **350 espèces animales** qui en dépendent : cerfs, coyotes, tortues, oiseaux, dont beaucoup de migrateurs puisque le Minnesota se trouve sur la route qu'ils empruntent pour se rendre du Canada aux tropiques. Pleins de ressources, les rangers organisent des sorties d'observation. Ils prêtent aux visiteurs des jumelles et, en hiver, des raquettes pour partir à la découverte du parc, où les attendent plates-formes d'observation, pistes cyclables VTT et sentiers de randonnée *(plans à l'accueil)*.

NOS ADRESSES À ST PAUL

Plan I (agglomération) p. 520-521
Plan III (St Paul-Centre) p. 537
Nos adresses à Minneapolis.

TRANSPORTS

Se rendre à St Paul

Avion – Minneapolis-St Paul International Airport – Plan I BZ - *À 13 km au sud-ouest de la ville - ✆ 612 726 5555 - www.mspairport.com*. Taxis (env. 30 $), voitures à louer, navettes collectives ou individuelles pour le centre-ville et au-delà (**Supershuttle** - *✆ (1) 800 BLUEVAN - www.supershuttle.com - env. 20 $*), Light Rail (Blue Line) pour le Mall of America, bus 54 pour le centre-ville *(même tarif, 4h30-0h)*.

Sur place

La visite des quartiers du centre se fait facilement à pied.

Light Rail – *www.metrotransit.org - 2/2,50 $ selon l'heure - 24h/24 - fréquence variable selon l'heure.* La Green Line du Light Rail relie Downtown St Paul à Downtown Minneapolis en 36mn.

Vélo – Tout comme sa voisine, St Paul pratique le vélo en libre-service. Les stations **Nice Ride** sont légion *(www.niceridemn.org).*

VISITES

Padelford Riverboats – *Harriett Island Rd - ✆ 651 227 1100 - www.riverrides.com.* Si le temps le permet, partez pour une courte croisière sur le Mississippi afin de profiter des paysages environnant St Paul. Commentaire historique en anglais seulement *(20 $ - env. 1h30, plusieurs départs/j de juin à oct.).*

Wabasha Street Caves – Plan III B2 - *215 Wabasha St. - ✆ 651 224 1191 - www.wabashastreetcaves.com.* Ce bâtiment à l'allure médiévale abrite un réseau de grottes creusées par l'homme dans les années 1840. Haut lieu du St Paul de la Prohibition, elles auraient été fréquentées par des gangsters comme Ma Barker ou John Dillinger, et grouillent de légendes croustillantes. Se visite *(jeu. 17h, sam.-dim. 11h, 8 $/40mn - paiement en espèces uniquement),* sert de point de départ au Gangster Tour *(sam. 12h, dim. juin-sept. 12h, 27 $/2h - paiement en espèces uniquement)* ou se métamorphose en dancing ! *(En soirée.)*

INFORMATIONS UTILES

CVS Pharmacy - Plan I CZ - *1040 Grand Ave - ✆ 651 224 2155 - 7h-22h.* Un *drugstore* avec une Minute Clinic en cas de petit problème médical *(lun.-vend. 8h30-19h30, sam. 9h-17h30, dim. 10h-17h30).*

HEBERGEMENT

BUDGET MOYEN

1 **Hotel 340** – Plan III, B2 - *340 Cedar St. - ✆ (651) 280-4120 - www.hotel340.com - P 17 $/j - ♿ - wifi - 56 ch. 89/154 $.* Très bien placé pour découvrir la ville, cet hôtel propose de belles chambres et des services de qualité pour un prix très raisonnable.

2 **InterContinental Saint Paul Riverfront** – Plan III, B2 - *11 E. Kellogg Bd - ✆ (651) 292-1900 - www.ihg.com - P 18 $/nuit - ♿ wifi - 410 ch. 149/199 $ -* ✕. C'est l'un des nombreux hôtels de chaîne du centre de St Paul. Les chambres présentent tout le confort attendu dans ce genre d'établissement. Une partie d'entre elles donnent sur le Mississippi.

POUR SE FAIRE PLAISIR

3 **The Covington Inn** – Plan III, B2 - *100 Harriett Island Rd - ✆ (651) 292-1411 - www.covingtoninn.com - wifi - 4 ch. 165/265 $.* À seulement 10mn à pied du centre-ville, ce B & B pas comme les autres est installé dans un remorqueur à la retraite. Très confortables, les chambres sont toutes dotées d'une salle de bains privée et d'une cheminée, mais pas de télévision.

4 **The Saint Paul Hotel** – Plan III, B2 - *350 Market St. - ✆ (651) 292-9292 - www.saintpaulhotel.com - P 25 $/nuit - ♿ wifi - 255 ch. 192/227 $ -* ✕. Depuis 1910, la « grande dame » de St Paul accueille les célébrités de passage sur le joli Rice Park. Il faut dire qu'avec ses dorures, ses miroirs anciens et ses tapis persans, elle est

vraiment majesteuse. Par contraste, les chambres, équipées d'un mobilier de style colonial américain, semblent d'une grande sobriété. Le St Paul Grill, excellent restaurant de l'hôtel, est réputé pour ses spécialités régionales.

POUR SE FAIRE PLAISIR

À Bloomington

Les chaînes hôtelières sont toutes présentes à proximité du Mall of America. Les établissements mettent en général à la disposition de leurs clients une navette pour le centre commercial, voire la ville, et un parking gratuit ou peu cher, ce qui n'est jamais le cas à St Paul.

Radisson Blu-Mall of America – *2100 Killebrew Dr. - (952) 881-5258 - www.radissonblu.com - P 25 $/nuit - - 500 ch. 190/262 $ -* . C'est pour le moment le seul hôtel directement relié au centre commercial. Il est gigantesque et réussit le prodige d'offrir une atmosphère chaleureuse et une décoration ultramoderne très soignée. Bon restaurant avec vue : FireLake Grill House.

RESTAURATION

PREMIER PRIX

2 **Burger Moe's** – Plan III, A2 - *242 W. 7th St. - (651) 222-3100 - http://burgermoes.com - 11h-0h - plats env. 10 $.* Sans doute le lieu le plus populaire de St Paul pour avaler un hamburger (ou un sandwich, un panini, une salade, des ailes de poulet grillées, etc.). Incroyable choix de bières, dont 60 à la pression. Écrans géants et ambiance électrique lors de compétitions sportives. Belle terrasse en saison.

1 **Mickey's Diner** – Plan III, A1 - *36 W. 7th St. - (651) 222-5633 - (651) 698-0259 - www.mickeysdiningcar.com - P - 24h/24.* Une véritable institution depuis 1939 – et désormais un authentique monument historique – que ce diner tout droit sorti d'une autre époque, avec ses parements chromés et son allure Art déco. On y sert les classiques du genre : burgers, chili, sandwichs et, comme il se doit, petit-déjeuner, quelle que soit l'heure.

BUDGET MOYEN

6 **Dixie's Smokehouse Bar and Grill** – Plan I, DZ - *695 Grand Ave - (651) 222-7345 - http://dixiesongrand.com - P - 11h-22h, merc.-jeu. 11h-23h, vend. 11h-0h, sam. 11h-0h, dim. 10h-22h - à la carte 31/42 $. Corn bread*, poulet frit, gumbo, beignets de tomates vertes, jambalaya : tous les classiques de la cuisine du sud des États-Unis sont à la carte (mais pas seulement !). La salle est vaste, ce qui ne vous empêchera pas de vous isoler dans un coin. Généreuses portions, comme dans le Sud !

7 **Downtowner Woodfire Grill** – Plan III, A2 - *253 W. 7th St. - (651) 228-9500 - www.downtownerwoodfire.com - P - 7h-22h, vend.-sam. 7h-23h, dim. 8h-21h - à la carte 34,50/44 $.* Un endroit polyvalent où il fait bon prendre place quelle que soit l'heure de la journée. La carte éclectique inclut des spécialités italiennes (pizza au feu de bois, pâtes), de belles salades et des viandes grillées d'inspiration persane. Grande salle chaleureuse avec une cheminée.

5 **Pazzaluna** – Plan III, B2 - *360 St. Peter St. - (651) 223-7000 - www.pazzaluna.com - P - lun. 16h-22h, mar.-jeu. 16h-23h, vend.-sam. 16h-0h - à la carte 39/70 $.* Située face au prestigieux St Paul Hotel, cette trattoria est de longue date

considérée comme le meilleur restaurant italien de la région. La carte est vaste et la cuisine fraîche et authentique.

3 **The Liffey Irish Pub** – Plan III, A2 - *175 W. 7th St - ✆ (651) 556-1420 - http://theliffey.com - P - 7h-0h, w.-end 7h30-0h - plats 13/17,50 $.* Un des nombreux pubs irlandais de St Paul. Avec son grand bar et ses plafonds à caissons, il vous plonge au cœur de Dublin. Cuisine sans surprise (quelques plats plus originaux ou élaborés), grand choix de bières et de whiskies. Deux terrasses en saison.

POUR SE FAIRE PLAISIR

4 **Mancini's Char House** – Plan III, A2 - *531 W. 7th St. - ✆ (651) 224-7345 - http://mancinis.com - P - 16h30-22h, vend.-sam. 16h30-23h - plats 19,50/33,50 $.* Autre institution locale, cette *steakhouse* qui maintient depuis 1948 la recette de ses spécialités : la viande et le homard grillés au charbon de bois. Le décor rouge est délicieusement suranné. Music live du merc. au sam.

PETITE PAUSE

Cossetta – Plan III A2 - *211 7th St. W. - ✆ (651) 222-3476 - http://cossettas.com - P - 11h-21h, vend.-sam. 11h-22h (d'oct. à avr. : dim. 11h-20h).* Ce bâtiment cache plusieurs endroits qui tous méritent une visite : une épicerie fine italienne qui regorge de bons produits à emporter (9h-21h, 22h sam.), un rayon pâtisserie vraiment tentant (7h-21h,22h sam.), où l'on peut aussi prendre un café, un coin pizzeria pour faire une pause (11h-21h, 22h sam.), et à l'étage un restaurant, Louis, pourvu d'un joli toit- terrasse (lun.-sam. à partir de 15h, dim. à partir de 12h) où partager des « petites assiettes » – à moins que l'on ne préfère y prendre un repas plus consistant.

Nina's Coffee Shop – Plan III A1 - *165 Western Ave N. - à proximité de Boyd Park - ✆ (651) 292-9816 - 6h30-20h.* Tout ce qu'on peut attendre d'un café de quartier aux States : de larges banquettes et des tables à partager, un grand choix de boissons chaudes et de snacks plus ou moins consistants, le wifi gratuit… et une ambiance des plus sympathiques.

EN SOIRÉE

Fitzgerald Theater – Plan III, B1 - *10 E. Exchange St. - ✆ (651) 290-1200 - http://fitzgeraldtheater.publicradio.org.* Bel édifice de style Beaux-Arts (1910), le théâtre le plus ancien de la ville porte le nom du père de Gatsby, né à St Paul. Propriété de la radio publique du Minnesota, il présente une programmation de qualité. C'est ici que fut créée en 1974 *The Prairie Home Companion* (www.prairiehome. publicradio. org), célèbre émission de Garrison Keillor, toujours diffusée le samedi soir et enregistrée en public, souvent depuis le théâtre. Le cinéaste Robert Altman a consacré au programme et au lieu son dernier film (*The Last Show*, 2006).

Ordway Center for the Performing Arts – Plan III, B1 - *345 Washington St. - ✆ (651) 224-4222 - www.ordway.org.* La grande salle de spectacles de St Paul présente comédies musicales et spectacles variés, dont ceux du Minnesota Opera, du SPCO et du Schubert Club, association qui promeut la musique (schubert. org).

St Paul Chamber Orchestra – Plan III, B2 - *408 St Peter St. - SPCO Center - Historic Hamm Building - ✆ (651) 291-1144 - www.thespco.org.* Le seul orchestre de chambre permanent des États-Unis est basé à St Paul et jouit d'une excellente réputation. Il se produit dans douze lieux, à St Paul, Minneapolis et dans la proche région.

Wabasha Street Caves – Plan III, B2 - *215 Wabasha St. - ✆ (651) 224-1191 - www.wabashastreetcaves.com.* Tous les jeudis à partir de 18h, les amateurs de danse se retrouvent ici pour prendre une leçon et donner libre cours à leur hobby dans une excellente ambiance au son d'un orchestre *live* (8 $). Le mot de passe, que personne ne connaît, est « Gus sent me ». Comme au temps des tripots clandestins…

ACHATS

Rappel – Les ventes de vêtements et de chaussures ne sont pas assujetties aux taxes dans le Minnesota.

L'incontournable **Mall of America** *(p. 540)* attend les boulimiques du shopping. À l'inverse, **Grand Avenue**, idéale pour flâner, aligne boutiques indépendantes en tout genre *(www.grandave.com)*. Encore un peu d'énergie ?

Eagan Outlets – *3965 Eagan Outlets Parkway - 12 miles/19 km au sud de St Paul par l'I-35E - www.premiumoutlets.com.* Une centaine de magasins d'usine à prix cassés (jusqu'à 80 % de réduction) – ce qui n'est pas le cas des boutiques du Mall of America.

ACTIVITÉS

Sports

Xcel Energy Center – *199 W. Kellogg Bd - ✆ (651) 265-4800 - www.xcelenergycenter.com.* Les Minnesota Wild (hockey sur glace) jouent dans le grand Xcel Energy Center, en plein centre-ville.

Minnesota United Soccer information - L'ouverture du nouveau stade est prévue pour 2018. www.mnunitedfc.com.

Nature – Activités de plein air au **Minnesota Valley National Wildlife Refuge** *(p. 540)* avec prêt de matériel sur place en hiver.

AGENDA

St Paul Winter Carnival – *Pendant une dizaine de jours fin janv.* Depuis 1886, la ville fête l'hiver à travers défilés, attractions de saison (constructions de châteaux de glace, etc.), concerts, et autres réjouissances. *www.wintercarnival.com.*

Music in the Parks – *De mai à sept.* Concerts gratuits – classiques, jazz, pop, rock –, dans plusieurs parcs de la ville dont Rice Park et Como Conservatory. *www.stpaul.gov.*

Irish Fair of Minnesota – *Un w.-end en août.* Sur Harriett Island, on célèbre le riche héritage irlandais de la ville à travers des activités variées. *www.irishfair.com.*

COMPRENDRE LE NORD-EST AMÉRICAIN

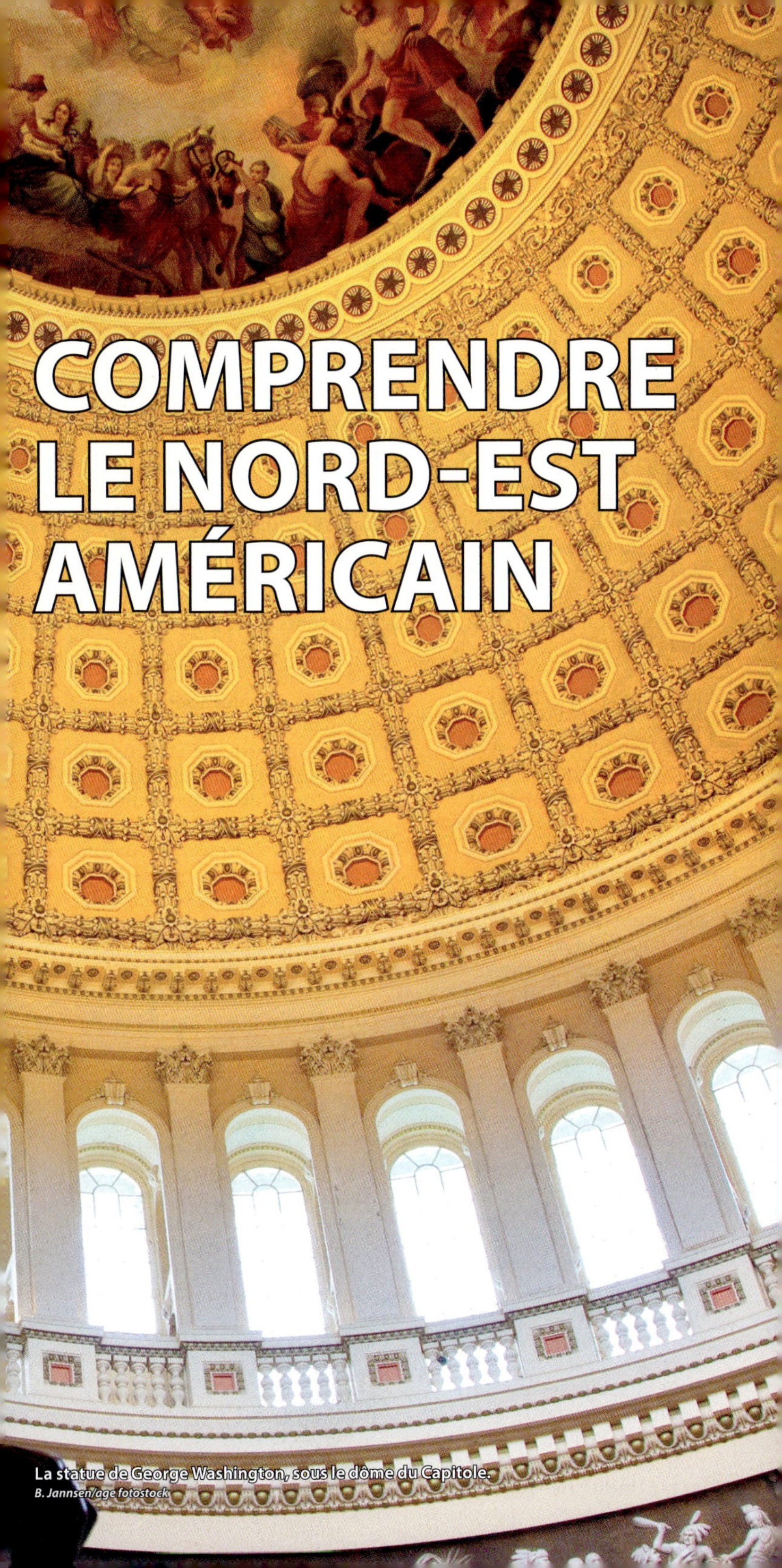

La statue de George Washington, sous le dôme du Capitole.
B. Jannsen/age fotostock

Le Nord-Est aujourd'hui

De la côte du Mid-Atlantic, très urbanisée, aux grandes plaines céréalières du Midwest, des petites villes historiques de la Route coloniale aux métropoles des Grands Lacs, avec une escapade à Boston, un séjour dans l'est des États-Unis est une immersion dans l'un des pays les plus riches, les plus diversifiés, les plus saisissants et les plus contradictoires de la planète.

Le Mid-Atlantic

Comprise entre la Nouvelle-Angleterre au nord et les États du Sud, la région est, selon l'avis de l'historien Frederick Jackson Turner au début du 20e s., « typiquement américaine ». De fait, le **melting pot** y est plus important que dans les zones qui l'entourent, en raison de la forte immigration non anglo-saxonne qui la caractérise depuis ses débuts. Très urbanisée, la région compte des villes et des conurbations de grande envergure. C'est là que se trouvent la capitale fédérale des États-Unis, **Washington DC**, mais aussi **New York**, capitale financière mondiale. Si certains États, comme la Pennsylvanie, conservent une importante composante économique agricole, le Mid-Atlantic est avant tout tourné vers les **services** et ses habitants disposent en moyenne de revenus plus élevés que leurs compatriotes ailleurs dans le pays. Forte de ses vastes ressources naturelles (minerai de fer, houille, pétrole), la Pennsylvanie continue d'être un des États américains les plus **industrialisés**, même si les puissantes aciéries de Pittsburgh ne sont plus qu'un lointain souvenir. L'État possède par ailleurs de grandes réserves de **gaz de schiste**, souvent très mal exploitées et à l'origine d'importants problèmes de pollution. **Baltimore**, où les secteurs de l'éducation et de la médecine sont devenus prépondérants, demeure, malgré les difficultés du domaine, un grand centre en matière de construction navale et le deuxième port de la côte est, très loin cependant du port de New York-New Jersey, le premier du pays. Située en Virginie, la base aéronavale de **Norfolk** est la plus vaste au monde. Enfin, le **tourisme** constitue une part considérable de l'activité de la région : New York attire les visiteurs des quatre coins de la planète, tout comme Philadelphie et Washington, villes d'art, de culture et d'histoire, tandis que, chaque été, les stations balnéaires de la côte font le plein.

Le Midwest

Historiquement terre de prédilection de l'immigration

germanique, scandinave et slave, la région, marquée par une image d'attachement aux **valeurs traditionnelles**, présente un fort contraste entre les communautés agricoles et les grandes cités industrielles que sont Chicago, Detroit ou Minneapolis. Entre les fleuves Ohio et Missouri, les récoltes de trèfle, de foin et de céréales supportent la **ceinture laitière** qui s'étend du Wisconsin (1er producteur de fromage du pays, 2e producteur de lait) à la Nouvelle-Angleterre en longeant les Grands Lacs. C'est aussi une région d'élevage, même si les abattoirs qui firent un temps la réputation d'une ville comme Chicago se sont établis dans une large mesure ailleurs. Le **Minnesota**, autrefois très industriel (Minneapolis était au début du 20e s. la première ville au monde en termes de production de farine), est aujourd'hui tourné vers les **technologies de pointe** et les **services** (médecine, commerce – le Mall of America est le plus grand centre commercial du pays) ; l'État demeure un grand producteur de maïs et de soja. La région des Grands Lacs, fertile et dotée d'abondantes ressources naturelles, a pu développer grâce à ses voies fluviales des activités commerciales, agricoles et industrielles. **Chicago** est toujours l'un des premiers marchés de **céréales** du monde (très important secteur agroalimentaire) et la deuxième place financière du pays. Berceau de l'**industrie automobile** américaine, **Detroit** et sa région restent le siège des « Big Three », Ford, General Motors, Chrysler, qui ont beaucoup délocalisé leur production. La ville, qui s'est déclarée en faillite en 2013, est désormais surtout tournée vers les activités de **service** (santé, enseignement, crédit, immobilier). Dans le Michigan, très touché par la reconversion industrielle et la crise, la reprise est au rendez-vous avec un taux de chômage passé sous la barre des 5 % en 2018.

La Nouvelle-Angleterre

C'est à cet endroit, vers Cape Cod, que les Pères Pèlerins, en quête de liberté religieuse, accostèrent un jour de novembre 1620. Depuis l'installation des premiers colons, la Nouvelle-Angleterre et **Boston**, son cœur administratif, financier, universitaire et culturel, ont toujours occupé une place à part dans l'histoire de l'Amérique. Raison pour laquelle il existe un guide uniquement consacré à Boston et la Nouvelle-Angleterre dans la collection Michelin Le Guide Vert. Cependant, la proximité de Boston avec New York City justifie pleinement que cette ville soit également développée dans le guide États-Unis Nord-Est.

La société américaine aujourd'hui

Dans le monde contemporain, il est difficile d'échapper à la langue anglaise et à l'influence du pays où elle est majoritairement parlée : les États-Unis. Politique internationale, finance, commerce, culture, quel que soit le domaine, c'est l'un des États les plus présents et les plus influents de la planète. Pourtant, bien des idées reçues circulent à son sujet et malgré son omniprésence, le pays est parfois difficile à cerner pour un Européen. Apparemment familiers, traversés par des questions qui concernent l'ensemble du monde occidental, les États-Unis affrontent aussi des problématiques qui leur sont propres. Welcome dans un univers si proche et si lointain.

Qui sont les Américains ?

D'après le dernier recensement (2013), les Américains sont **316,1 millions**, un nombre qui grimpe à 325,7 millions selon les estimations de 2017. La population, constituée à 76,6 % de Blancs, compte trois **minorités importantes** : les Hispaniques (18,1 %), les Afro-Américains (13,4 %) et les Asiatiques (5,8 %). Près de 13 % des personnes interrogées entre 2008 et 2012 sont nées à l'étranger et 20,5 % vivent dans un foyer où la première langue parlée n'est pas l'anglais. En 2016, le **revenu médian** par foyer était de 59 039 $ par an, tandis que 12,3 % des personnes vivaient en dessous du seuil de pauvreté (14,3 % en France). En 2016, l'espérance de vie moyenne était de 78,7 ans (82,6 ans en France), et, en la matière, mieux vaut vivre à Hawaï que dans le Mississippi, deux États à chaque extrémité du spectre.

Dans une société où la ségrégation raciale n'est pas si lointaine (*p. 582*), les **tensions** demeurent prégnantes : 28 % des Noirs vivent en dessous du seuil de pauvreté, ils constituent 40 % de la population carcérale masculine et s'estiment à 88 % victimes de discrimination, ce qu'illustrent régulièrement des affaires mettant en cause la police et la justice.

À la maison

Les villes étant très étendues, l'habitat américain est organisé de manière bien différente que sur le Vieux Continent. Les immeubles des **centres-villes** regroupent principalement des bureaux et peu de logements (hormis dans les très grandes

Heure de pointe à New York.
Xavier Arnau/iStock

villes), quoique la tendance semble s'infléchir depuis le début des années 2000. De jeunes actifs viennent dorénavant s'installer en ville, alors que la préférence des familles allait plutôt à la **périphérie**, où les quartiers populaires alignent des rangées de modestes pavillons et les banlieues chics des demeures à l'architecture ostentatoire. Jusqu'à la **crise des subprimes** en 2008, le marché des petites maisons préfabriquées était florissant. Lorsque l'immobilier s'est effondré, des milliers d'Américains se sont retrouvés sans toit, tandis que la crise financière gagnait l'économie mondiale. Dans certaines villes, les communautés de logement à titre expérimental partagent les valeurs montantes de l'entraide et de l'**écologie**.

Au travail

Changer de poste ou réorienter sa carrière au cours d'une vie n'est pas ressenti comme un problème ni un échec. L'emploi étant moins protégé qu'en France et le chômage moins important, les Américains sont professionnellement plus **mobiles** et prêts à remettre en question leur parcours afin d'améliorer leurs conditions de vie.

Le travail reste une façon d'échapper aux **inégalités** de la société américaine. Les grandes entreprises proposent ainsi des assurances santé à des prix abordables ou des plans épargne pour la retraite (une option dramatique si l'entreprise fait faillite). Soumis à des **horaires lourds**, les employés sont jugés aux résultats et au rendement. Les bas salaires et les postes à temps partiel conduisent les plus modestes à cumuler deux emplois. La semaine de travail de 35h et les cinq semaines de congés payés de certains Français laissent rêveurs les Américains qui jouissent en moyenne de deux semaines de congés annuels, dont la durée précise varie selon l'ancienneté. Dans ce contexte, on ne s'étonnera pas qu'ils ne partent pas beaucoup, ni très loin en **vacances**, mettant à profit les longs week-ends dont ils

L'avènement de l'automobile

Longtemps symbole de liberté, d'élégance, de sex-appeal, de richesse et de voyages, la voiture fait partie intégrante de l'identité nord-américaine et de l'*american way of life*, où motels et *drive-in* occupent une place de choix : aux États-Unis, nul besoin de descendre de sa voiture pour prendre de l'argent ou déposer un chèque à sa banque, se faire délivrer des médicaments avec ordonnance, prendre un repas et même aller au cinéma : voiture rime avec culture.

DES DÉBUTS EUROPÉENS

La « voiture sans chevaux » a germé dans l'esprit d'inventeurs européens qui rêvaient d'adapter le moteur à vapeur aux transports quotidiens. Les premières voitures à vapeur firent leur apparition au tout début du 19e s., en Angleterre. Jugées trop dangereuses, trop polluantes et trop lourdes, elles furent abandonnées en 1865. Les voitures électriques semblèrent prometteuses, mais les batteries limitaient leur vitesse et leur autonomie. Deux Allemands lancèrent enfin l'industrie automobile. En 1885, Gottlieb Daimler et Karl Benz inventèrent, séparément, le moteur à essence à quatre temps. Peugeot, Renault, ainsi que Fiat créèrent leurs usines et l'Europe se plaça à la pointe de la production automobile jusqu'en 1900. Les États-Unis (Detroit en particulier) prirent alors la tête de cette industrie.

LA DOMINATION AMÉRICAINE

Outre ses ressources naturelles et commerciales – proximité des axes de circulation, abondance en eau, bois et acier –, Detroit est riche d'un fort potentiel intellectuel, car Ransom E. Olds, Henry Ford et les frères Dodge sont des bricoleurs doués du sens des affaires, à l'affût du moindre progrès technique et commercial. Alors que les Européens fabriquent encore leurs voitures de façon artisanale, les Américains utilisent des pièces interchangeables comme dans l'industrie des armes à feu et du matériel agricole. En 1913, Henry Ford introduit la ligne d'assemblage mobile, triplant la productivité et abaissant les coûts. Le prix de revient de sa chère Tin Lizzie, la **Ford T**, est dix fois moindre que celui d'une voiture européenne. Pendant les années 1920, les constructeurs américains se livrent une concurrence impitoyable : de 108 en 1923, ils ne sont plus que 44 en 1926. À la fin des années 1930, seuls les « trois grands » (Ford, Chrysler et General Motors) survivent, sortant de nouveaux modèles chaque année.

UNE NOUVELLE DONNE

Le siège de ces trois constructeurs se trouve toujours à Detroit ou dans sa banlieue. Les maîtres de la production automobile américaine perdent leur situation hégémonique dans le courant des années 1960. Le Japon supplante les États-Unis à la fin des années 1980 et les constructeurs américains délocalisent la plupart de leurs usines dans des pays où la main-d'œuvre est moins chère. En 2015, c'est le constructeur allemand Volkswagen qui se place en tête des ventes mondiales en matière de chiffre d'affaires et le japonais Toyota pour le nombre d'unités vendues, tandis que General Motors arrive en 4e et 3e position. Signe des temps, la même année, aux cinq premiers rangs des voitures les plus vendues figurent des japonaises, Ford se plaçant en 6e position.

disposent au cours de l'année grâce au placement des jours fériés sur les lundis (hormis les dates fixes, *p. 631*).

La place de la voiture

Dans un espace aussi éclaté géographiquement, la question de la mobilité est cruciale.
Les **grandes villes** disposent de réseaux de transports en commun performants, à l'exception notable de Detroit, capitale américaine de l'industrie automobile, dont la situation s'est néanmoins améliorée en 2017 avec l'ouverture de la QLine.
Ailleurs, la possession d'une voiture, voire de deux, est indispensable. En 2016, il y avait aux États-Unis **910 véhicules pour 1 000 habitants** (468 en Europe, 231 en Chine). Alors qu'ils ne représentent que 4 % de la population mondiale, les Américains possèdent 30 % des voitures vendues dans le monde. Le trafic routier et le prix de l'essence augmentent, la pollution s'intensifie, mais l'histoire d'amour continue entre les Américains et l'automobile, **marqueur culturel** et identitaire profond (*page de gauche*). En milieu urbain, on remarque néanmoins un véritable intérêt pour les programmes de **bicyclettes en libre-service**.

Le long chemin de l'éducation

Les problèmes d'éducation font écho aux paradoxes qui traversent la société américaine.
Les **inégalités devant l'école** sont criantes. La dérive de l'enseignement et la ségrégation par l'argent condamnent les enfants issus des minorités ou des milieux défavorisés à ne pas échapper à la condition de leurs parents. Pourtant, l'**ascenseur social** fonctionne. Peu de pays favorisent à un tel degré la réussite rapide, l'esprit d'entreprise et la levée des inhibitions. Un constat qui ne doit pas cacher la compétition acharnée à laquelle se livrent ceux qui réussissent. Dans certaines familles d'immigration récente, on sacrifie beaucoup au **rêve américain** qui promet aux enfants la possibilité d'une vie meilleure.

LE CURSUS

L'école commence à 5 ans par l'année de « preschool », équivalente à notre école maternelle. L'« elementary school » (école primaire) dure six ans, du *1st grade* au *6th grade*. À douze ans, les enfants intègrent la « junior high school » (collège) où ils effectuent les *7th* et *8th grades*, puis la « high school » (lycée) où ils restent quatre ans jusqu'au **General Education Diploma** (genre de baccalauréat), à la fin du *12th grade*.
Le cursus des études supérieures se divise en trois cycles que l'on suit dans un « College » ou une « University ».
Les deux premières années d'études en premier cycle sont sanctionnées par un **Associate's Degree** (bac + 2), lequel réclame deux à cinq ans d'études selon que l'**Undergraduate** (étudiant du premier cycle) cumule ou non ses études avec un travail rémunéré. La plupart des étudiants occupent d'ailleurs un emploi et contractent de lourds emprunts auprès des banques pour financer leurs études. Après ce premier niveau, l'étudiant, désormais **Junior Graduate**, peut chercher un emploi ou poursuivre son cursus universitaire.
À l'issue du premier cycle, le **Senior Graduate** (niveau bac + 4) obtient un **Bachelor's Degree**.

Le second cycle mène au **Master's Degree** (bac + 6), et le troisième cycle au **doctorat** (PhD, bac + 8).

PRIVÉ OU PUBLIC

Le système américain repose sur ce choix, qui souligne le rôle prépondérant de l'argent. Dans le principe, les programmes éducatifs sont similaires, mais dans la pratique, les **écoles publiques** ont en général un niveau inférieur et rassemblent une majorité d'enfants issus des classes moyennes et défavorisées. Les problèmes de violence et d'insécurité s'ajoutent au tableau, comme le montrent régulièrement de sinistres faits divers. Le niveau d'éducation y a tellement baissé depuis les années 1990 que la question est devenue un enjeu politique majeur. Les gouvernements successifs lui consacrent d'énormes investissements financiers – le pays est déjà au 5e rang des 34 pays de l'OCDE en matière d'investissement par élève. À peine 70 % des élèves terminent la high school.

L'**enseignement privé** est financé par les frais d'inscription demandés aux familles et par différentes subventions (Églises, sponsors privés, legs de mécènes, etc.).

Les écoles catholiques sont souvent les plus abordables, suivies par celles des autres Églises. En haut de l'échelle se trouvent celles qui sont gérées par de prestigieuses fondations.

Comme pour le primaire et le secondaire, les universités sont publiques ou privées, mais les études sont toujours payantes et peuvent atteindre des montants de plusieurs dizaines de milliers de dollars.

LA VIE SUR LE CAMPUS

En rejoignant l'université, l'étudiant est fortement encouragé à vivre dans une résidence du **campus** (souvent obligatoire jusqu'à 21 ans) où il est accueilli par les étudiants des années supérieures. L'année commence par de grandes réjouissances. Les nouveaux sont présentés en procession devant les anciens, le président et le corps professoral. La vie associative – sportive, intellectuelle ou caritative – est intense, d'autant que les différentes Églises sont présentes.

Garçons et filles résident dans des étages séparés, à deux ou quatre par chambre, les studios étant réservés aux plus anciens. L'une des particularités de cette vie estudiantine est l'existence des confréries (**fraternities** pour les garçons, **sororities** pour les filles), sociétés quasi secrètes, aux rites pittoresques et mystérieux, qui se constituent suivant des critères variés et forment la base de réseaux d'amitié et de soutien qui perdurent bien après l'entrée dans la vie professionnelle.

Les aléas du féminisme

La place de la femme révèle, elle aussi, les paradoxes d'une Amérique où la femme émancipée, indépendante et engagée côtoie encore la femme au foyer, pétrie des codes moraux du protestantisme strict ou du catholicisme latin.

L'Amérique blanche lutta très tôt contre les inégalités entre les sexes et inventa le terme de **sexisme** pour suggérer un parallèle avec le racisme. Dressant le constat que la femme occupe dans la société une position subordonnée, les féministes avancent des analyses multiples, qui convoquent des champs d'études variés, tels que l'économie, la sociologie, l'anthropologie, la psychanalyse, la culture, la biologie. Le féminisme prend donc de nombreuses formes

Sur les marches de Columbia University à New York.
J. Chen/Stock Connection/age fotostock

selon les causes désignées. Après les courants féministes qui ont traversé l'Europe et les États-Unis au 20e s., la révolution néo-féministe, lancée dans les années 1960 par des mouvements tels que le **Women's Liberation Movement** (né à Chicago), a eu tendance à radicaliser ses positions. Un important courant éditorial met en avant la littérature écrite pour et par des femmes, telles que la Canadienne Shulamith Firestone, l'Australienne Germaine Greer, les Américaines Jo Freeman ou Kate Millet, etc. Une presse engagée se fait le porte-parole de ce féminisme américain, qui se veut **révolutionnaire** et violemment revendicatif. On parle d'oppression, d'exploitation et de libération. Dans un climat conflictuel, on critique le système patriarcal au fondement de la société américaine. On questionne la **différence entre les sexes** ; est-elle sociale et culturelle, c'est-à-dire « inventée » par la société, ou biologique et psychologique ?

Ce militantisme a pour corollaire une propension à soupçonner le conflit et l'exploitation partout. De multiples procédures ou règlements ordonnent la vie professionnelle ou sociale, et le nombre de cas de plaintes pour harcèlement sexuel a littéralement explosé depuis en 2017, année de naissance du mouvement **Me too** à la suite d'accusations portées contre le producteur de cinéma Harvey Weinstein. Le mouvement a d'ailleurs largement débordé le cadre des frontières américaines.

La place de la religion

Dieu est partout aux États-Unis, dans le « *God Bless America* » de l'hymne national, dans la « *Nation under God* » de la Constitution, ou encore dans le « *In God we trust* » des billets de banque. L'une des originalités de la société américaine est sa **religiosité**, même si elle semble plus libérée et sécularisée aujourd'hui.

LES AMISH : RETOUR VERS LE PASSÉ

On reconnaît les femmes à leur robe longue sans fioritures, doublée d'un tablier, et à leur coiffe blanche, les hommes, à leur barbe, leurs bretelles, leur chapeau de paille ou de feutre qui semblent venir d'un autre âge : les Amish constituent une communauté volontairement à part et leur habillement contribue à se distinguer des autres. Héritiers des premiers anabaptistes (*encadré p. 170*), ils se sont installés en nombre en Pennsylvanie, notamment dans la région de Lancaster, et plus tard, dans d'autres États américains (dont l'Ohio) mais aussi en Ontario (Canada). Ils seraient environ 308 030 aux États-Unis en 2016, dont 70 % en Pennsylvanie, et c'est en 1985 que le grand public européen les a découverts avec le film *Witness*, de Peter Weir (*p. 653*). Ils continuent aujourd'hui à mener une vie retirée mais active, à l'écart de ceux qu'ils appellent les « Anglais », avec pour seules lois celles de la Bible. Vous les rencontrerez *in situ* si vous partez à la découverte du Pennsylvania Dutch County mais aussi au Reading Terminal Market de Philadelphie où ils viennent vendre leurs délicieux produits. Leur artisanat, et en particulier leurs patchworks *(quilts)*, est réputé.

Il suffit d'écouter les discours politiques pour mesurer la place de la foi et de la morale religieuse dans la vie collective. Dans ce pays d'immigration, où les Églises sont un lieu de socialisation et d'intégration, les agnostiques (environ 15 %) représentent une minorité, même si leur part progresse.

La **Bible** reste une référence pour les Américains, qui ne manquent pas de convoquer le livre sacré pour organiser leur vie sociale et établir une harmonie avec l'ordre divin. Ne vous étonnez pas d'en trouver un exemplaire dans votre chambre d'hôtel, ni de tomber sur l'une des multiples chaînes évangéliques lorsque vous allumerez la télévision.

LE PROTESTANTISME

Lorsque les premiers colons abordèrent les côtes du Nouveau Monde au 17e s., ils fuyaient pour beaucoup la répression religieuse en Europe. Venus d'Angleterre et de Hollande en 1620 à bord du *Mayflower*, les **Pilgrim Fathers** (Pères Pèlerins), puritains proches du calvinisme, ont vogué vers le Nouveau Monde avec le projet de créer une Nation en alliance avec Dieu. Le protestantisme et les Églises dérivées ont conditionné le développement de la société américaine et demeurent la **première famille religieuse** (52 %) aux États-Unis. Le travail acharné est une vertu, et le succès économique la preuve du soutien divin (si l'on échoue, c'est qu'on l'a mérité). Cette conception explique en partie l'évolution des mentalités, notamment l'importance attachée à la réussite matérielle et aux valeurs morales (même si l'on se contente parfois des seules apparences).

Parmi les branches protestantes répandues dont l'essor est caractéristique de la vie religieuse américaine, la plus importante est le **baptisme**. Les Églises baptistes prônent la liberté absolue de conscience et, comme les anabaptistes, le baptême adulte par immersion, après profession de foi : parmi les baptistes célèbres, les présidents Carter et Clinton, mais aussi Martin Luther King, Rockefeller ou Britney Spears.

Le **protestantisme évangélique**, qui regroupe environ 70 millions de personnes, prêche un attachement particulier à la lecture de la Bible et à son autorité. Né au début du 18e s. d'une scission au sein des Églises protestantes, le mouvement regroupe trois branches, le pentecôtisme, le fondamentalisme et le néoévangélisme, davantage orienté vers un dialogue œcuménique. Un de ses leaders actuels les plus charismatiques, **Rick Warren**, n'hésite pas à afficher son objectif : préparer le second avènement du Christ sur la Terre.

LE CATHOLICISME

Beaucoup moins nombreux (26 %) que les protestants, les immigrés catholiques (irlandais, puis polonais et italiens) venaient de milieux défavorisés et cherchaient avant tout à échapper à la misère. Ni leur foi ni leurs valeurs n'étaient menacées. Les protestants les ont longtemps regardés de haut, les assimilant aux classes sociales inférieures. Arrivés plus tardivement, les immigrés d'origine latino-américaine (17 % de la population totale) sont aussi catholiques dans leur majorité.

En règle générale, le catholicisme américain diffère de l'européen par sa plus grande **implication sociale**, caritative et politique. Dans les communautés noires, il se rapproche du pentecôtisme et de ses offices spectaculaires. Cependant, ces dernières années, l'Église catholique américaine a été entachée de scandales financiers et pédophiles, et nombreux sont les Américains à ne pas la considérer d'un très bon œil.

La santé

La raison pour laquelle des millions d'Américains choisissent un travail plutôt qu'un autre est souvent liée au type d'assurance maladie offerte par l'entreprise. Les **dépenses de santé** sont passées, d'après la Banque mondiale, de 5 % du PIB en 1960 à près de 17,9 % en 2016, le taux le plus élevé au monde (11 % en France). L'**obésité** qui touche près de 40 % de la population représente plus de 10 % de ces dépenses. En 2016, les problèmes de santé ont contribué à plus de 60 % des banqueroutes individuelles. Dans un pays où près de 50 millions d'Américains étaient dénués de couverture maladie (les personnes de plus de 65 ans bénéficient toutefois de Medicare, un système de protection minimal, et les plus démunies, de Medicaid), la réforme de l'assurance santé était l'un des grands défis du président Obama. Votée par la Chambre des représentants en 2010, la loi **Obamacare** (Affordable Care Act) a contraint tous les Américains à souscrire une assurance avant 2014 sous peine d'amende, interdisant aux compagnies de refuser de les couvrir en raison de leurs antécédents médicaux et octroyant une aide aux familles les plus modestes. De nombreuses voix se sont élevées contre cette ingérence du gouvernement fédéral dans la vie des citoyens ; 22 États ont refusé d'étendre le système Medicaid à un plus grand nombre de leurs habitants, et les assurances médicales ont, pour beaucoup, refusé de jouer le jeu. En 2016, **Donald Trump**, candidat à la présidence, promettait de remplacer le système mis en place par un autre modèle moins coûteux et plus avantageux pour ses bénéficiaires. Une fois élu, il s'est contenté, dans sa réforme fiscale, de ne plus rendre obligatoire l'adhésion des Américains à une assurance de santé, laissant l'Obamacare s'éteindre de lui-même… et sans remplacement.

Les armes

S'il y a bien un autre domaine où les Américains décrient l'ingérence de leur gouvernement, c'est bien celui-ci. Le puissant lobby pro-armes, emmené par la NRA (National Rifle Association) persiste à mettre en avant le deuxième amendement de la Constitution qui garantit depuis 1791 à tout citoyen le droit de porter une arme.

En 2017, on estime qu'il y a plus d'armes à feu que d'habitants dans le pays et, fait nouveau, elles tendent à se concentrer dans un plus petit nombre de foyers. Pistolets, fusils d'assaut et autres armes de chasse sont en possession de plus de 40 % des ménages américains. La législation varie selon les États, voire les villes ; trente-huit d'entre eux autorisent le port d'arme dissimulé après vérification du casier judiciaire de l'acheteur… auquel, généralement, rien n'interdit de revendre son arme comme il l'entend. En 2005, la Floride, l'un des États les plus « armés » du pays, a promulgué le « Stand Your Ground Act » (loi pour la défense de son territoire), en vertu duquel les citoyens utilisant une force létale face à un assaillant ne seront pas poursuivis, même s'ils avaient la possibilité de s'enfuir en toute sécurité… une disposition appliquée aujourd'hui dans 34 États.

En 2017, on a dénombré 15 636 morts accidentelles ou criminelles par armes à feu – en plus de quelque 20 000 morts par suicide de la même manière. Chaque année apporte son lot de drames, comme les tueries de masse survenues dans des écoles et des universités (Virginia Tech, Virginie, 2007 ; Columbine, Colorado, 2009 ; Newton, New Jersey, 2012 ; UC Santa Barbara, Californie, 2014 ; Rosenberg, Oregon, 2015 ; Parkland, Floride, 2017), des bureaux, des bases militaires (Fort Hood, Texas, 2009), des centres commerciaux, des cinémas (Aurora, Colorado, 2012), des discothèques ou des concerts (Las Vegas, Nevada, 2017 – la fusillade la plus meurtrière à ce jour avec 58 morts et plus de 520 blessés – ; banlieue de Los Angeles, Californie, 2018), des lieux de culte (synagogue de Pittsburgh, Pennsylvanie, 2018) ou les situations de « légitime défense » contestée, comme la très médiatisée affaire Trayvon Martin survenue en Floride en 2012. Chaque cas remet sur le devant de la scène le problème de la libre circulation des armes auquel aucun homme politique n'a réussi à s'attaquer. Chaque fois, des voix s'élèvent pour dénoncer la situation et, chaque fois, paradoxalement, les ventes d'armes font un bond. Un véritable cercle vicieux.

Contrairement à son prédécesseur qui voulait instaurer des mesures visant à mieux contrôler l'accès aux armes à feu (systématiser la vérification des antécédents des acheteurs, renforcer les interdictions d'achat pour les personnes souffrant de troubles mentaux), Donald Trump, soutenu par la NRA, se montre extrêmement libéral en la matière.

Les relations avec la police

Selon une enquête publiée par le *Washington Post*, la police américaine aurait abattu sur le territoire national 963 personnes au cours de l'année 2017, dont 67 totalement désarmées. Par le passé, plusieurs « affaires » de ce type ont donné lieu à des poursuites contre le policier auteur des tirs et le sentiment d'injustice qui en a découlé a

Eastern State Penintentiary, Philadelphie.
W. Bibikow/age fotostock

pu susciter des manifestations suivies de violentes émeutes. L'indignation et l'émotion suscitées par ces événements s'expliquent par les nombreuses affaires similaires et, dans la plupart des cas, l'impunité de leurs auteurs. À la décharge de la police locale américaine, étant donné le nombre d'armes à feu en circulation dans le pays, elle doit réellement s'attendre au pire lors de l'interpellation d'un individu. Ces histoires révèlent un racisme toujours présent et des préjugés tenaces, qui minent la société américaine et provoquent des réactions à fleur de peau.

La peine de mort

Autre sujet sensible, la peine de mort place les États-Unis dans le cercle restreint des pays développés où elle est pratiquée, comme par exemple le Japon. Elle est abolie dans tous les pays d'Europe sauf la Biélorussie et la Russie, où elle n'est plus appliquée depuis 1999.

Au niveau fédéral, la peine capitale est aujourd'hui pratiquée dans 33 des 50 États. Elle est abolie en Alaska, Connecticut, Dakota du Nord, Hawaï, Illinois, Iowa, Maine, Maryland, Michigan, Minnesota, New Jersey, Nouveau-Mexique, Rhode Island, Vermont, Virginie-Occidentale et Wisconsin, et elle est inconstitutionnelle dans l'État de New York.

Les exécutions ont lieu à 90 % dans les États du Sud, au premier rang desquels le **Texas**. Depuis 1973, 152 condamnés à mort ont été innocentés : le chiffre donne à réfléchir sur le fonctionnement de la justice, qui semble capable de se remettre en question, mais aussi sur le nombre d'erreurs judiciaires.

Eastern State Penitentiary, à Philadelphie, *p. 151*.

Le système politique

Inchangée depuis plus de deux siècles, la Constitution des États-Unis est la plus ancienne au monde. La volonté de rompre avec le pouvoir colonial a certainement prévalu lors de la création des institutions et influença l'esprit que les pères fondateurs donnèrent à cette république du Nouveau Monde.

La jeune puissance joua pourtant très vite à son tour la carte de l'expansionnisme, s'attachant à conquérir les grands espaces de l'Ouest. Elle acquit rapidement un statut de superpuissance, symbolisant le dynamisme et la réussite, avant d'être ébranlée par les attentats de 2001 et la dernière crise économique mondiale. En 2009, Barack Obama a été le premier Afro-Américain à accéder à la magistrature suprême ; un mandat marqué par l'adoption d'une réforme de la couverture santé très controversée et un certain blocage des institutions du fait du refus du Congrès, à majorité républicaine, d'appuyer les décisions d'un président issu du parti démocrate. Donald Trump après une première moitié de mandat soutenu par le congrès à majorité républicaine, a vu basculer la chambre des députés dans le camp démocrate aux élections de novembre 2018, un classique dans la vie politique américaine. Cependant, contrairement à son prédécesseur, il bénéficie toujours d'une majorité au Sénat.

Le gouvernement fédéral…

La naissance des États-Unis d'Amérique repose sur la déclaration d'indépendance du **4 juillet 1776**, par laquelle les treize colonies de l'Est s'affranchirent du pouvoir colonial anglais. Soucieux de réguler les échanges économiques, les treize États nouvellement créés se réunirent dix ans plus tard à Philadelphie pour rédiger la **Constitution de 1787**, qui créa un État fédéral et en définit les instances communes.

La Constitution américaine établit la séparation des pouvoirs et l'égalité entre les États au sein du corps législatif. Le Congrès comprend en effet deux assemblées : la **Chambre des représentants** se compose de 435 membres, renouvelés tous les deux ans, et représentant les États proportionnellement au nombre d'habitants ; le **Sénat**, renouvelé par tiers tous les deux ans, est constitué de deux sénateurs par État, élus pour six ans. Si le texte de la Constitution reste inchangé, il

LE BIPARTISME

Dès l'origine, les deux grands partis qui dominent la vie politique américaine se sont différenciés par leur interprétation des textes constitutionnels. Pour les républicains, le pouvoir fédéral ne doit en aucun cas empiéter sur les prérogatives des États. Ils préconisent la libre entreprise, qui doit conduire à une moindre dépendance des citoyens envers l'État fédéral. À l'inverse, les démocrates sont plus interventionnistes : l'importance d'une politique économique et sociale à l'initiative du pouvoir fédéral fait partie de leurs revendications traditionnelles.

est prévu que des amendements puissent y être ajoutés, afin de préciser certains points et régler définitivement des questions laissées en suspens. En 1791, les dix premiers amendements, ou *Bill of Rights*, précisèrent les droits individuels et ceux des États, par opposition à ceux du gouvernement fédéral.

Le pouvoir exécutif est confié au **président** et à son vice-président, élus pour quatre ans selon un système de collège électoral (les citoyens votent pour une liste d'électeurs, qui soutient un candidat et procède elle-même à un vote plusieurs semaines après l'élection générale). Le président est conseillé par quatorze **secrétaires d'État**, responsables des différents ministères. Le pouvoir judiciaire est confié à la **Cour suprême**, la plus haute instance du pays, composée de neuf juges nommés à vie par le président, après accord du Sénat. Elle remplit tout à la fois le rôle de Conseil constitutionnel, de Conseil d'État et de Cour de cassation.

… et celui des États

Si le gouvernement fédéral exerce son autorité dans les affaires étrangères (défense et diplomatie), dans les échanges commerciaux internationaux et en partie dans la justice, chacun des **50 États** dispose par ailleurs de son propre gouvernement, en charge de l'enseignement, de la politique sociale, des équipements, de la police et de la justice (ce qui explique que tous les États n'adoptent pas les mêmes réglementations, ni la même position face à la peine de mort). Un **gouverneur**, élu pour deux ou quatre ans, est désigné comme chef de l'exécutif, tandis que le pouvoir législatif est assuré par **deux assemblées**.

Les partis politiques

Depuis la présidence d'Abraham Lincoln (1861-1865), deux grands partis politiques – le **Parti démocrate**, généralement progressiste, et le **Parti républicain**, relativement conservateur – dominent la vie politique américaine. Même si de petits partis indépendants présentent régulièrement des candidats, il leur est difficile de se prévaloir d'un nombre suffisant de partisans pour espérer remporter une élection, car, dans leur immense majorité, les électeurs préfèrent accorder leur suffrage à l'un des deux grands courants dominants. La majorité électorale est fixée à 18 ans et seulement 50 % environ des électeurs enregistrés participent aux élections nationales.

Économie

Plus de deux cents ans après sa naissance, l'idéal démocratique et économique des États-Unis continue d'exercer la même fascination. Toute personne entreprenante est en droit de gagner de l'argent et d'améliorer sa situation sociale, quelles que soient sa race, ses croyances ou son origine sociale. Comme l'illustrent nombre d'immigrants, devenus des célébrités ou des dirigeants, le « rêve américain » est une réalité. De fait, le revenu et le niveau de vie moyens des citoyens américains sont parmi les plus élevés au monde.

L'économie américaine s'appuie sur la libre entreprise, le seul système économique qu'elle ait jamais connu : dans cette version du capitalisme, chacun peut créer et diriger l'entreprise de son choix, sans que le gouvernement intervienne, si ce n'est dans la protection du consommateur.

L'**impôt fédéral sur le revenu** est principalement affecté aux projets gouvernementaux comme la défense nationale, l'exploration spatiale, le système scolaire ou les grands travaux publics (aéroports ou autoroutes entre États, par exemple). De plus, un pourcentage du revenu annuel des Américains est consacré au système fédéral de sécurité sociale, grâce auquel les citoyens les plus âgés bénéficient d'une retraite et de soins médicaux.

À l'image des autres nations industrialisées, les États-Unis ont connu une profonde transformation en quelques années : ils sont passés d'une économie essentiellement rurale à une économie basée sur les industries de services et de transformation. Aujourd'hui, le **produit intérieur brut** (PIB) américain, avec 20 412 milliards de dollars (2017), est le plus élevé au monde.

Les riches zones agricoles, les centres industriels et commerciaux et les vastes agglomérations urbaines de l'est des États-Unis y contribuent à hauteur de 70 %. Cependant, la situation économique de chaque État varie grandement selon ses ressources naturelles, son vivier d'emplois, son réseau de transports et son environnement géographique. Ainsi, nombre d'habitants du Nord-Est urbanisé (Connecticut, Massachusetts, New York, Pennsylvanie) sont employés dans les services de pointe et disposent à ce titre des revenus les plus élevés du pays. À Wall Street, quartier financier de New York, les investisseurs achètent et vendent des millions d'actions par le biais des trois principales Bourses américaines : **New York Stock Exchange** (NYSE), **American Stock Exchange** (AMEX) et **NASDAQ** (réseau électronique régulé par la National Association of Securities Dealers).

Plus à l'ouest, en revanche, la région des cinq **Grands Lacs** se caractérise par ses terres fertiles, ses ressources naturelles abondantes et ses voies fluviales, grâce auxquelles se sont développés le commerce et les

La Bourse de New York.
robertcicchetti/iStock

industries agricole et lourde. C'est là que se trouve la ceinture de la rouille (*Rust Belt*), zone d'implantation d'industries lourdes qui ont subi un fort déclin dans les années 1980 mais continuent de fournir 40 % de la production industrielle du pays.

Ressources naturelles

En dehors d'un climat favorable, de sols fertiles et de réserves d'eau propices à l'agriculture et à la production hydroélectrique, l'est des États-Unis bénéficie de ressources naturelles aussi abondantes qu'exceptionnelles : combustibles fossiles, minéraux, pierre, bois, faune fluviale ou maritime. Des industries extractives exploitent le sol en quête de charbon, gaz naturel, kaolin, marbre, granit, minerai de fer, pierres précieuses, voire or. Toutes activités confondues, cette exploitation minière représente environ 225 milliards de dollars du PNB américain. En dépit des dégâts environnementaux qu'elle présente, elle est encouragée depuis la présidence Trump pour des raisons électorales, au détriment des énergies propres et renouvelables. Comme le réseau électrique, les industries et les transports brûlent une quantité croissante de pétrole, de charbon et de gaz naturel, la qualité de l'air et de l'eau s'en trouve profondément affectée. Nombre de villes de l'est des États-Unis, d'Atlanta à Boston, connaissent un taux de pollution atmosphérique si important, qu'il se traduit par l'omniprésence de brumes et de brouillards.

Agriculture

Au 21e s., l'agriculture américaine devra relever le défi de la mondialisation et de l'urbanisation galopante. Si la Californie, l'Iowa et le Texas sont les trois principaux États en termes de production agricole, les fermes américaines au cachet si caractéristique continuent de prédominer dans le Middle West et le Sud.

L'Iowa constitue le cœur de la **ceinture de maïs**, vaste région comprise entre les fleuves Ohio et Missouri inférieur et jouissant en été d'un climat très chaud. Au nord, les étés plus frais favorisent les récoltes de trèfle, de foin et de céréales, supportant la **ceinture laitière** *(Dairy Belt)* qui s'étend du Wisconsin (aux fromages réputés) à la Nouvelle-Angleterre en longeant les Grands Lacs. Avec ses zones agricoles situées au nord, l'État de New York figure au second rang pour la production de sirop d'érable, derrière le Vermont.
Les fermes américaines, dont le nombre est passé de 5,3 millions en 1950 à 2,2 millions en 2012, demeurent pour 97 % d'entre elles des exploitations familiales.

Industries de service

Même dans les États où l'agriculture et les industries de transformation constituent les principales sources de revenus, les activités de service y occupent une place sans cesse croissante, depuis la petite entreprise de restauration jusqu'aux cabinets de consultants (28 % dans l'Illinois). L'industrie de service privée et non gouvernementale la plus importante demeure l'**industrie de la santé**.
Le **tourisme** et les services associés (hébergement, transport, repas, loisirs) compte aussi pour une part croissante en termes d'emploi, de biens et services ou de revenus imposables, même si le pays enregistre une légère baisse de fréquentation des touristes internationaux depuis 2017.
Cette année-là, avec 12,2 millions de visiteurs étrangers sur les 75 millions qui se sont rendus aux États-Unis, New York City demeure l'une des principales destinations touristiques du pays. Le tourisme national est également très vigoureux car les Américains voyagent essentiellement à l'intérieur de leurs frontières, dans les grandes villes, les petites bourgades historiques ou les régions dotées d'un patrimoine naturel exceptionnel.

Industries de transformation

Tandis que bien des entreprises américaines visent une commercialisation nationale, voire planétaire, de leurs produits, nombre d'industries spécifiques continuent de décentraliser leur production. Même si les grandes entreprises de télécommunications ou compagnies pharmaceutiques possèdent leur siège social à New York ou dans une autre grande ville, les usines de production ou les centres de recherche s'éparpillent de la Virginie-Occidentale à la Floride. L'industrie de haute technologie, née dans les années 1950 dans la région nord de New York avec IBM (International Business Machines), occupe une place prépondérante dans la Silicon Valley (Californie), dans la région de Washington, en Caroline du Nord et en Géorgie.
L'industrie spatiale américaine, dont le siège (National Aeronautics and Space Administration) se trouve à Washington, emploie des milliers de techniciens hautement qualifiés, que ce soit à Huntsville (Alabama) ou à Cape Canaveral (Floride). De même, les trois grands constructeurs automobiles *(p. 552)*ont implanté leurs principales usines dans un autre État que celui où se trouve leur siège social (Michigan).
Dans de multiples secteurs industriels, les États-Unis continuent d'occuper la première place à l'échelle internationale, qu'il s'agisse d'aluminium, de produits chimiques, de bois ou de carton, entre autres.

Géographie

L'immensité des États-Unis surprend toujours les Européens, qui sont stupéfiés par les distances que parcourent les Américains dans leur vie quotidienne. La région que nous vous invitons à découvrir dans ce guide est variée, à l'image de ce gigantesque pays. Malgré l'urbanisation, la nature y demeure préservée en beaucoup d'endroits.

Les gratte-ciel de New York constituent l'aboutissement d'une zone urbaine continue depuis Washington. Vers l'ouest, les grandes villes comme Chicago sont ancrées au cœur de la vaste région agricole du Midwest, qui ondule au rythme des vagues ambrées des champs de céréales.

Mais il semble également clair que certains comportements américains, plus particulièrement ceux qui relèvent des refrains de la libre entreprise « Plus c'est grand, mieux c'est » et « Cette terre m'appartient et j'en dispose à ma guise » n'ont pas toujours été bénéfiques pour la nature. Les intérêts commerciaux implacables ont bouleversé le paysage. Les fermes ont été remplacées par de gigantesques centres commerciaux et des parkings, des alignements monotones de magasins bordent les routes et, partout, les restaurants de fast-food ou les stations-services s'annoncent par leurs néons clignotants.

Pourtant, sous ce désordre apparent, subsiste un pays fascinant dont les identités régionales sont fortement marquées et présentent un environnement et des écosystèmes exceptionnels. Les régions de l'Est comprennent plusieurs milliers de kilomètres de côtes dont le climat varie du continental au tropical, une chaîne montagneuse ancienne de 2 500 km de longueur, cinq des plus grands lacs d'eau douce du monde et l'un de ses plus longs fleuves, sans compter une végétation variée.

Paysages régionaux

Le littoral de l'est des États-Unis domine l'océan Atlantique et parcourt la moitié environ du continent nord-américain. Il se compose de trois parties : la plaine Atlantique, les monts Appalaches et les Plaines centrales.

LA PLAINE ATLANTIQUE

Elle constitue la partie émergée d'une grande plaine qui borde l'est du continent nord-américain. La **plate-forme continentale**, qui en est la partie immergée, s'étend à 400 km au large sous les eaux peu profondes de l'Atlantique.

La partie nord de la plaine côtière a été profondément bouleversée sous l'action des glaciers du pléistocène, formant la Nouvelle-Angleterre moderne, avec ses affleurements rocheux, là où l'on s'attendrait plutôt à des marais plats. S'élargissant vers le sud, la plaine Atlantique embrasse la célèbre baie de Chesapeake dans le Maryland, le littoral de la Virginie et les grands marécages des Carolines.

LA CHAÎNE DES APPALACHES

Les monts Appalaches forment un ensemble complexe de montagnes et de plateaux qui, courant du nord de l'Alabama à la Pennsylvanie, s'étend pratiquement de la frontière nord à la frontière sud des États-Unis. Cette barrière naturelle longtemps infranchissable est devenue une destination touristique prisée mais aussi un paradis pour la faune, pour certaines tribus indiennes et pour de nombreux naturalistes.
La chaîne des Appalaches est constituée de plusieurs régions : le Piémont, les Blue Ridge Mountains, la région des crêtes et des vallées, le plateau appalachien qui comprend le mont Cumberland et les Alleghanys, enfin la partie située en Nouvelle-Angleterre avec les Berkshires, les Green Mountains et les White Mountains.

LE PIÉMONT

Le plateau du Piémont, qui sépare la plaine Atlantique des Blue Ridge Mountains, forme l'extrémité est de la chaîne des Appalaches. Il s'étire sur quelque 1 200 km entre l'Alabama et le sud de l'État de New York et se caractérise par un sol fertile, de nombreux cours d'eau et des collines allongées. La plupart des rivières du Piémont sont interrompues par des cascades formant la Fall Line, brusque démarcation entre le Piémont et la plaine côtière.

BLUE RIDGE MOUNTAINS

Les Blue Ridge bordent le nord du Piémont. Première chaîne de l'ensemble des Appalaches, elles doivent leur nom aux forêts de conifères, si denses qu'elles paraissent bleues. Partant du nord-est de la Géorgie, elles englobent le Parc national des monts Great Smoky et le **mont Mitchell** en Caroline du Nord, point culminant de l'est des États-Unis avec ses 2037 m d'altitude. Bien que le sud des Blue Ridge s'étende en de multiples rides, le nord se reconnaît aisément à la longue et étroite crête, traversée par la route touristique Blue Ridge Parkway, qui borde le côté est de la vallée de Shenandoah en Virginie.

LA RÉGION DES CRÊTES ET DES VALLÉES

À l'ouest des Blue Ridge, la région des crêtes et des vallées coupe les monts Appalaches en deux longues crêtes orientées nord-est/sud-ouest, séparées par de larges vallées fertiles. La Grande Vallée appalachienne, de largeur inégale, couvre la quasi-totalité des Appalaches. Au nord, où elle est nommée vallée du Piémont, elle traverse la vallée de l'Hudson pour prendre en Pennsylvanie les noms de vallée du Cumberland, du Liban, puis de Lehigh ; en Virginie, elle devient la vallée deShenandoah, la vallée de l'Est au Tennessee, la vallée de Rome en Géorgie, puis la Grande Vallée en Alabama.

LE PLATEAU APPALACHIEN

L'ouest de la région des crêtes et des vallées est un haut plateau ondulé où se déroulent les méandres du fleuve Tennessee et de ses affluents. Il comporte de nombreux reliefs comme les monts Cumberland au Tennessee et les monts Alleghanys, qui traversent la Virginie et la Pennsylvanie pour atteindre le sud de l'État de New York. Le célèbre **défilé de Cumberland**, passage crucial pour les pionniers du 18e s., se trouve au sud. La partie nord du plateau appalachien, pauvre et rocailleuse, présente d'immenses gisements de charbon à coke. Ces

Blue Ridge Mountains.
M. Runkel/ iTravelstock collection/age fotostock

régions d'exploitation minière de l'est du Kentucky, du sud-ouest de la Virginie, de la Virginie-Occidentale et de la Pennsylvanie, autrefois synonymes de populations montagnardes pauvres et exploitées, firent tourner les hauts-fourneaux des aciéries et fournirent le charbon nécessaire au premier chemin de fer, aux constructeurs automobiles et aux industries de Pittsburgh et Detroit pendant plusieurs dizaines d'années, souvent au détriment de l'environnement et de la population. La région demeure une importante source d'approvisionnement en charbon pour l'industrie et les centrales électriques.

VERS LE NORD

Bien qu'elles soient séparées des Appalaches par la vallée de l'Hudson, les multiples petites chaînes montagneuses de la Nouvelle-Angleterre sont intégrées au plateau appalachien. Leur géographie rappelle certains aspects des Appalaches du Sud : les crêtes et les vallées entourant les Berkshires et les Green Mountains ressemblent étrangement à la région des crêtes et des vallées en Virginie. Les **Adirondacks**, au nord de l'État de New York, sont par contraste nettement plus jeunes, plus accidentées et géologiquement plus proches du nord du Wisconsin et du Michigan.

LES PLAINES CENTRALES

Le cœur de l'Amérique du Nord se situe à l'ouest des Appalaches : il s'agit des Plaines centrales. La partie est de cette immensité continentale se distingue par trois phénomènes saisissants : les Grands Lacs, reliant les Plaines centrales à l'océan Atlantique par le St-Laurent, le bassin du Mississippi supérieur (celui-ci servant au transport fluvial entre les Grands Lacs et le golfe du Mexique, relayé par les fleuves Chicago et Illinois) et un sol gras et sombre, idéal pour cultiver le maïs et le blé ou faire paître des bovins.

LES GRANDS LACS

Au nombre de cinq, ils constituent la plus grande réserve d'eau douce du monde. Le **lac Supérieur** est le plus grand ; viennent ensuite le **lac Huron** et le **lac Michigan**, puis le **lac Érié**, nettement moins profond que les autres, et le plus petit des cinq, le **lac Ontario**. Frontière naturelle entre les États-Unis et les provinces canadiennes de l'Ontario et du Québec, ces lacs immenses forment un vaste ensemble conditionnant la faune, la flore et le climat, mais aussi l'activité humaine de la région. Procurant aujourd'hui des loisirs nombreux et variés, ils représentèrent longtemps, associés au **fleuve St-Laurent**, une voie vitale pour le commerce de la région.

LE RÉSEAU FLUVIAL DU MISSISSIPPI

Le fleuve Mississippi présente parfois une largeur avoisinant 1,6 km. Trouble et boueux, son cours lent est navigable sur près de 2000 km. Le Mississippi et ses affluents (l'Illinois, le Wabash et l'Ohio) arrosent l'est des Plaines centrales et enrichissent de leurs alluvions les terres cultivées du Wisconsin, de l'Indiana et de l'Illinois.

Climat

Des côtes de la Virginie aux plaines du Midwest, la région comprend deux zones climatiques : l'une, **subtropicale humide**, l'autre **continentale humide**. Des disparités de températures hivernales, de durée des saisons et de précipitations existent donc dans cet ensemble. Mais les territoires à l'est des montagnes Rocheuses ont en commun une forte humidité et des températures estivales dépassant 24 °C.
Les Plaines centrales, même aux environs de New York, subissent fréquemment des chaleurs torrides de plus de 30°. Seule la région des Grands Lacs connaît des étés agréables. Le littoral reçoit en moyenne de 120 à 250 cm de précipitations par an, alors que la partie nord, plus sèche, ne reçoit que 60 à 120 cm.
Il n'est pas rare que de Washington à New York les températures hivernales soient négatives et que la neige permette de skier dans les montagnes du nord de l'État de New York pendant plusieurs semaines. Malgré la présence des Grands Lacs qui tempèrent le climat du Midwest, Chicago et Detroit sont célèbres pour leurs hivers froids et venteux ; les régions agricoles du centre subissent d'abondantes chutes de neige ; et le Minnesota et le Wisconsin comptent parmi les États les plus froids du pays en cette saison.
En revanche, les régions s'étageant du plateau appalachien au Piémont connaissent de fortes gelées nocturnes alors que la température remonte à 5 °C en journée. Les montagnes sont enneigées mais les vallées ne voient la neige que peu souvent. Dans le Piémont, où la neige est rare, les pluies verglacées représentent un véritable danger l'hiver. Le long de la plaine Atlantique, les hivers pluvieux et doux (10 °C à 15 °C) offrent aux agriculteurs des récoltes abondantes de légumes d'hiver.
Les États de l'est sont également l'objet de tempêtes violentes. Entre juin et octobre, les côtes de l'Atlantique ne sont pas épargnées par les cyclones tropicaux appelés ouragans, accompagnés de vents pouvant atteindre 320 km/h. En hiver, les puissants nordets de l'Atlantique apportent leur lot de chutes de neige.

Flore et faune

Une région aussi étendue présente des milieux naturels très diversifiés. Le visiteur attentif pourra observer, en trois heures de randonnée dans les Appalaches, que 98 % de la végétation diffère de la base au sommet de la montagne, ce qui caractérise presque tous les habitats de l'est de l'Amérique du Nord.

LA FLORE

La **forêt boréale** ou **taïga**, typique en altitude dans les régions septentrionales du continent, est présente sur une étroite bande le long des Appalaches, du Canada à la Géorgie. Dense et humide, elle est constituée à l'origine de grands conifères (pin, sapin du Canada, épicéa et sapin), souvent accompagnés d'un tapis de **rhododendrons**, de trilliums, de mousses, de champignons et de lichens.

Au niveau immédiatement inférieur croît souvent une bande de **forêt transitoire**, mélange de conifères (sapin du Canada, sapin) et d'espèces régionales à feuilles caduques : bouleau des Alleghanys *(Betula alleghaniensis)*, tilleul d'Amérique *(Tilia americana)* et tremble *(Populus tremuloides)* sur les rives des Grands Lacs. Tacheté de soleil, le sol présente un sous-bois prospère de fougères et d'arbustes. La forêt transitoire se rencontre du Maine au Minnesota, autour des Grands Lacs et couvre la majeure partie de l'État de New York et de la Pennsylvanie. Une bande étroite court vers le sud le long des Appalaches.

Les forêts les plus abondantes sont de type **tempéré caducifolié** mêlant des arbres à bois dur et feuilles larges comme le tulipier de Virginie *(Liriodendron tulipifera)*, le copalme d'Amérique *(Liquidambar styraciflua)*, ainsi que les différentes espèces de chêne et le noyer hickory, à des arbres à feuilles persistantes, principalement des pins, des magnolias et de petits arbres comme le houx d'Amérique *(Ilex opaca)*. Parsemé de clairières et de prairies naturelles, cet habitat bigarré s'étend vers le sud et l'ouest du Massachusetts à l'Ohio, l'Indiana, l'Illinois et le Wisconsin, ainsi que dans l'est de l'Iowa, dans le Missouri et le Minnesota.

En altitude, ces forêts attirent chaque automne des millions de visiteurs en quête des couleurs extraordinaires que revêt le feuillage en cette saison.

Les **pinèdes du Sud** reflètent la variété des paysages du Piémont et de la plaine côtière, s'étendant du New Jersey jusqu'en Floride et en Louisiane. Au nord, les conifères se mêlent aux arbres à feuilles caduques ; près du littoral, la pinède alterne avec des chênes drapés de tillandsias, des marécages, des forêts maritimes.

LA FAUNE

Sans intervention humaine, l'environnement merveilleusement riche et diversifié de l'est des États-Unis comprendrait, comme il y a 200 ans, d'extraordinaires populations de grands mammifères (ours, orignal, cerf, puma) et de nombreuses espèces d'oiseaux chanteurs et de rapaces (aigles, faucons) ; les cours d'eau regorgeraient de castors, de loutres, de truites brunes et tachetées, les prairies accueilleraient des myriades de mammifères comme les renards et les loups, les lynx, les ratons laveurs, les opossums, les lapins et les musaraignes.

Néanmoins, la destruction des habitats et la présence humaine envahissante en

Les écureuils se sont adaptés aux grandes villes.
R. Paik/age fotostock

Amérique du Nord ont repoussé les grands animaux dans des zones de plus en plus réduites, isolées et élevées. Quelques grands mammifères, des ours noirs *(Ursus americanus)* et des cerfs de Virginie *(Odocoileus virginianus)* principalement, se sont adaptés et cohabitent avec l'être humain. Leurs prédateurs naturels ayant disparu depuis longtemps, les **cerfs** craintifs abondent le long des routes et les conducteurs de la région ont appris à s'en méfier. Les gardes forestiers des parcs nationaux et régionaux ne cessent de répéter aux randonneurs qu'ils doivent protéger leurs provisions et ne pas nourrir les **ours**.

Pourtant, le contrôle des naissances et la réintroduction ont porté leurs fruits et les populations d'aigles d'Amérique *(Haliaeetus leucocephalus)*, d'aigles royaux *(Aquila chrysaetos)* et de faucons pèlerins *(Falco peregrinus)* sont hors de danger. L'interdiction des substances chimiques comme le DDT a permis d'accroître les populations d'oiseaux et de poissons ; les autorités des régions côtières interdisent formellement tout contact avec les zones de ponte des **tortues marines** ou avec les dauphins sauvages. Mais la tentative du gouvernement fédéral visant à réintroduire le **loup** gris *(Canis lupus)* dans son habitat naturel s'est heurtée à l'opposition farouche des agriculteurs et des chasseurs.

Le simple visiteur ne verra, dans les régions urbanisées, que les oiseaux et les petits mammifères les plus courants : geai bleu, merle, tourterelle triste, lapin, tamia, écureuil. Un observateur attentif pourra apercevoir des colibris, des grands pics *(Dryocopus pileatus)*, des buses à queue rousse *(Buteo jamaicensis)* et des ratons laveurs (*Procion lotor)*, mais aussi dans les réserves proches du Canada ou sur la côte et selon les saisons, des colonies d'oiseaux venus nicher.

Histoire

Si les Pères Pèlerins ont bien débarqué dans la région de Boston, l'histoire du pays s'est aussi écrite dans les grandes villes de la côte est que sont New York, Washington DC, capitale fédérale, Philadelphie ou Baltimore, mais également dans les minoteries de Minneapolis, les usines automobiles de Detroit, la Bourse des céréales de Chicago. De la lutte pour l'indépendance à l'émergence de la première puissance mondiale, voici plusieurs siècles d'une histoire unique et passionnante.

Les premiers Américains

Les premiers habitants de l'actuel est des États-Unis arrivèrent il y a environ 28 000 ans. Traversant le détroit de Béring alors émergé, des **groupes d'origine asiatique** se dispersèrent vers le sud et évoluèrent en tribus à la langue et à la culture distinctes. À l'époque où Christophe Colomb découvrit le Nouveau Monde, entre 1,5 et 2 millions d'habitants vivaient sur le continent américain.

Dès 1000 av. J.-C., les **cultures Adena** et **Hopewell** établirent d'importantes populations dans la vallée de l'Ohio. Regroupées sous le nom de constructeurs de tumulus funéraires, ces cultures évoluées se distinguaient par leurs tertres funéraires de forme conique ou pyramidale, certains prenant la forme d'effigies animales.

Les fleuves du sud-est, dont les lits offraient un sol fertile, favorisèrent l'installation des agriculteurs et des artisans de la **culture dite du Mississippi** : ils fondèrent des villages et cultivèrent maïs, haricots, courges et autres récoltes. Les vestiges de quelques sites de cette culture (800-1600), caractérisée par ses immenses tumulus, sont visibles dans l'est des États-Unis. Bien que ces tribus ne soient jamais parvenues au degré de civilisation atteint par les cultures maya et aztèque, les objets mis au jour par les fouilles archéologiques témoignent de sociétés complexes.

Lorsque commença la colonisation européenne, les **Indiens des Woodlands** occupaient un vaste territoire boisé, délimité au sud par le littoral atlantique et le golfe du Mexique, à l'ouest par les Appalaches et la vallée du Mississippi, et au nord par les Grands Lacs. Ils pratiquaient la chasse, la cueillette, la pêche et l'agriculture, trouvant nourriture et matériaux de construction dans les denses forêts de l'est. Répartis en deux grands groupes linguistiques – les **Algonquins** qui vivaient dans de vastes maisons communes en bois et les **Iroquois** qui habitaient dans des *wigwams* (huttes coniques recouvertes d'écorce ou de peaux d'animaux) –, les Indiens des Woodlands s'organisaient en petites tribus.

Au nord-est vivaient les tribus Massachuset, Pequot, Mohawk, Oneida et Delaware ; dans les régions du Midwest et des Grands Lacs, les tribus Shawnee, Illinois, Sauk, Ottawa, Fox et Potawatomi. Nombre d'entre eux furent décimés

DES FRANÇAIS EN AMÉRIQUE

Dès le début du 17e s., les trappeurs et marchands de fourrures français arrivent par les Grands Lacs et descendent vers le sud par les rivières, nouant des relations favorables avec les tribus locales. Les Français verrouillent l'accès vers l'ouest aux Grandes Plaines du centre en établissant des **comptoirs commerciaux** le long du Mississippi, et baptisent la région Louisiane en hommage à Louis XIV. La présence française s'étendait au 18e s. du golfe du Mexique au Canada. Dans la région des Grands Lacs en particulier, la toponymie locale conserve le souvenir de leur passage : Louis Hennepin (1626-1705), missionnaire en Nouvelle-France, découvre le Saut St-Antoine (aujourd'hui à Minneapolis) ; Jacques Marquette (1635-1675), prêtre et missionnaire jésuite, explore les sources du Mississippi ; René-Robert Cavelier de La Salle (1643-1687) voyage entre la vallée du Saint-Laurent et le delta du Mississippi, revendiquant ces territoires au nom de la France ; Joseph Nicollet (1786-1843), géographe, trace la carte du bassin supérieur du Mississippi dans les années 1830 et participe à plusieurs expéditions locales avec l'ambition de conquérir le Texas. En 1763, le traité de Paris clôt la **guerre de Sept Ans**, au cours de laquelle Français et Indiens s'étaient ligués contre les Anglais, surtout au Canada. En arrêtant définitivement la poussée française en Amérique, le traité favorise l'arrivée des aventuriers américains, et repousse les frontières des **colonies britanniques** de l'Atlantique au Mississippi. Les immenses possessions de Louisiane, dont les 2 millions de km^2 situés à l'ouest du fleuve, sont vendues en 1803 aux Américains par le premier consul Bonaparte, qui cherche à financer ses armées. Les États-Unis venaient de doubler la superficie de leur territoire.

par des maladies apportées par les Européens (variole, grippe, rougeole, etc.), contre lesquelles ils n'étaient pas immunisés.

La période coloniale

Si l'on écarte l'hypothèse selon laquelle les Vikings venus d'Islande auraient exploré l'Amérique du Nord dès l'an 1000 apr. J.-C., on considère que les aventuriers espagnols, hollandais, français et anglais furent, après que Christophe Colomb eut découvert les Caraïbes, les premiers à explorer le Nouveau Monde et à revendiquer des droits sur les régions qu'ils traversèrent. L'Espagne, alors principale puissance militaire européenne, se concentra sur la Floride, le golfe du Mexique et la Californie, tandis que l'Angleterre privilégiait le littoral est et que les Français, après d'infructueuses tentatives de colonisation de la côte sud-est, prenaient pied au Canada et le long du Mississippi.

À partir du milieu des années 1500, forts militaires et villages ponctuèrent le littoral accidenté. En 1565, les Espagnols fondèrent à **St Augustine** (actuelle Floride) la première colonie permanente des États-Unis. En 1587, ce fut au tour des Anglais de créer la colonie Roanoke. Puis, en 1607, ils fondèrent **Jamestown** en Virginie. Dès 1624, la ville était devenue une colonie prospère, aux récoltes de tabac abondantes, et pourvue d'une législation. Pendant ce temps, quelque 1 000 km plus haut, les puritains, protestants anglais proches du calvinisme, avaient, en 1620, établi la colonie de **Plymouth** et, dès 1629, colonisé toute la région située autour de l'actuelle Boston.

En 1660, le retour de Charles II sur le trône britannique entraîna une nouvelle vague de colonisation. Une charte royale fixa les frontières du Connecticut en 1662 et celles de la Caroline en 1663. Dès 1664, la ville de New York – colonisée par les Hollandais sous le nom de New Amsterdam en 1624 – fut revendiquée par les Anglais. La Pennsylvanie et le Delaware suivirent. La 13e et dernière colonie à bénéficier d'une charte fut, en 1732, la Géorgie, refuge pour les citoyens britanniques endettés.

LA VIE DANS LES COLONIES

Entre 1700 et 1775, à la suite de l'immigration allemande, hollandaise, irlandaise ou écossaise, en quête d'une vie meilleure, la population décuple presque. En 1700, 250 000 colons habitaient le continent ; en 1800, ils sont 5,3 millions.
De dynamiques **cités** voient le jour : New York, Boston, Philadelphie ou Charleston. Bien que n'étant pas aussi peuplées que les grandes villes européennes – au milieu du 18e s., Philadelphie comptait 25 000 habitants contre 500 000 pour Londres –, ces cités florissantes ne sont pas seulement des centres d'affaires ou de commerce animés, mais aussi des foyers culturels. Si l'**économie** du Nord repose sur le commerce et celle du Sud sur l'agriculture (coton, tabac et riz), la **culture** américaine prend forme. Avant la guerre d'Indépendance, sept **universités** avaient déjà vu le jour, parmi lesquelles Harvard, Yale, Princeton, Brown, William et Mary. Ensemble, elles donnèrent naissance à la prestigieuse Ivy League.
Au début du 18e s., les colons s'inspirent du modèle anglais en matière d'architecture, de religion et d'art, mais, dès le milieu du siècle, la culture et les mœurs s'émancipent de leur modèle pour développer une typicité américaine : les architectes et les ébénistes, notamment, adoptent un style plus dépouillé que celui de leurs confrères européens.
L'**esprit d'indépendance** germe parmi les colons et le nombre des opposants à l'autorité britannique va grandissant.

LA GUERRE D'INDÉPENDANCE

Les tensions entre les colons et la Couronne britannique s'accroissent au cours des années 1760. La décision anglaise de procéder au maintien de troupes dans les colonies après les guerres françaises et indiennes (1754-1763) exaspère nombre de colons. Leur irritation grandit lorsque, en 1763, le Parlement interdit la fondation de colonies au-delà de la chaîne des Appalaches. La création d'impôts prélevés sur les colons, et notamment d'un impôt sur le thé, sera la goutte d'eau qui fera déborder le vase, d'autant que les colons, non représentés au Parlement britannique, ne peuvent s'y opposer. Fin 1773, un groupe de patriotes monte à bord de navires amarrés dans le port de Boston et vide par-dessus bord les caisses de thé. Cet incident, resté célèbre sous le nom de **Boston Tea Party**, incite les Anglais à durcir leur attitude envers les rebelles. Seize mois plus tard, en avril 1775, éclate à Lexington la première bataille de la **guerre d'Indépendance** entre colons et soldats britanniques.
Pendant les premiers mois de la guerre, l'Angleterre conserve l'avantage. Elle remporte la plupart des batailles et assiège Boston. Loin de se déclarer vaincus, les colons se rassemblent à Philadelphie en juillet 1776 et adoptent la **déclaration d'Indépendance**, rompant solennellement les liens avec

l'Angleterre. Rédigée par Thomas Jefferson, la déclaration repose sur l'esprit des Lumières et sur l'idée que le gouvernement d'une nation s'apparente à un contrat social. En décembre 1776, la victoire du général **George Washington** sur le général britannique William Howe, à Trenton, inverse le cours du conflit. Même si Howe réussit à s'emparer de Philadelphie l'année suivante, le succès de Washington galvanise les colons. Le sentiment de fidélité à la Couronne vacille et, en 1778, la cause coloniale connaît un nouveau soutien, après que la France s'est rangée aux côtés de l'armée coloniale. En 1781, les forces françaises et les forces révolutionnaires américaines tendent un piège au général Charles Cornwallis sur l'étroite presqu'île de Yorktown. Isolé de la marine britannique, sous la menace des navires français, Cornwallis capitule. En 1783, le **traité de Versailles** marque la fin de la guerre : la jeune Nation se voit accorder son indépendance vis-à-vis de l'Angleterre et ses frontières s'étendent alors du littoral est au Mississippi. Seuls certains territoires de la Floride demeurent sous contrôle espagnol.

LA NOUVELLE NATION

Les **treize colonies** avaient gagné leur indépendance, mais il leur restait à déterminer le mode de gouvernement de cette vaste Nation. En 1781, les délégués coloniaux, réunis à Philadelphie, baptisent les colonies du nom d'**États-Unis d'Amérique** et rédigent les **Articles de confédération**, document par lequel le Congrès, créé simultanément, est chargé de la politique étrangère. Cependant, les articles se révélèrent très vite insuffisants, la confédération ne disposant d'aucun pouvoir politique, fiscal ou monétaire. Ces limites provoquèrent la réunion, en 1787, de la Convention constitutionnelle de Philadelphie, au cours de laquelle fut adoptée la **Constitution américaine**, par laquelle était créé un gouvernement démocratique et centralisé, composé d'un pouvoir exécutif, d'un pouvoir législatif et d'un pouvoir judiciaire. En remerciement de sa contribution à la guerre, les délégués élirent **George Washington** (1732-1799) premier président de la jeune république.

La période fédérale (1800-1850)

De 1800 à 1850 trois thèmes majeurs dominèrent l'expérience américaine : l'expansion vers

UNE GUERRE POUR RIEN

Alors que la Grande-Bretagne était engagée dans son conflit avec la France napoléonienne, les États-Unis lui déclarèrent la guerre le 18 juin 1812, revendiquant les territoires canadiens avec lesquels ils entretenaient de fortes relations commerciales. Au début du conflit, les États-Unis tentèrent d'envahir ces colonies britanniques, mais furent repoussés. La Royal Navy décréta le blocus de la côte est qui permit aux Anglais de mener des raids côtiers et d'incendier Washington en août 1814. En revanche, les batailles navales sur les Grands Lacs tournèrent à l'avantage des États-Unis. Les deux parties étant lasses d'une guerre coûteuse qui semblait ne pouvoir déboucher que sur une impasse, le **traité de Gand** mit fin au conflit le 24 décembre 1814 et restaura les conditions d'avant guerre par un *statu quo ante bellum*.

George Washington à Valley Forge, par Frederick Coffay Yohn.
3LH-Fine Art/Super Stock/age fotostock

l'ouest, la naissance de l'industrie et les progrès massifs réalisés dans les transports. En 1800, la nouvelle Union se composait de **seize États**, après l'intégration du Vermont en 1791, du Kentucky en 1792 et du Tennessee en 1796. La population, évaluée à 5,3 millions d'habitants, était également répartie entre le nord et le sud et, dans sa plus grande part, demeurait sur l'étroite bande côtière qui s'étend, le long de l'Atlantique, de la Nouvelle-Angleterre à la Floride. Une écrasante majorité, près de 94 %, vivait en zone rurale.

Toujours plus nombreux, les citoyens de la côte est en vinrent à considérer l'Ouest comme un territoire aux séduisantes perspectives. En 1775, le pionnier Daniel Boone se fraie un chemin à travers le **défilé du Cumberland** qui, dans le sud-ouest des Appalaches, assure la jonction entre la Virginie et le Kentucky et conduit aux terres fertiles situées au-delà. Vingt ans plus tard, la **Wilderness Road**, qui suit le chemin découvert par Boone, s'ouvre aux chariots à bâche et aux diligences. Entre 1775 et 1810, plus de 300 000 Américains, en chemin pour une nouvelle vie à l'ouest, franchirent le défilé.

L'expansion vers l'ouest connut un nouvel élan en 1803 avec l'achat de la Louisiane, organisé par le président Thomas Jefferson. Acquis par le Congrès auprès de Napoléon, le territoire s'étend des Rocheuses aux rives du Mississippi, et du Canada au golfe du Mexique (*p. 572*). Un an plus tard, l'expédition scientifique de **Meriwether Lewis** et **William Clark**, parrainée par Thomas Jefferson, souligne l'importance de cette acquisition.

En progressant vers l'ouest, les colons s'emparèrent d'une part croissante des **territoires indiens**, situation qui devait déboucher sur un conflit armé. En quête d'une solution définitive à la question indienne, le président Andrew Jackson fit adopter en 1830 l'**Indian Removal Act**, une loi en vertu de laquelle les tribus indiennes de l'est des États-Unis étaient déplacées à l'ouest du Mississippi, dans des territoires réservés ; en échange, elles reçurent une compensation financière pour les terres qu'elles abandonnaient, et un droit permanent de possession sur les nouveaux territoires occupés. Les Indiens Cherokee furent la dernière tribu à emprunter la tristement célèbre « **piste des Larmes** », en direction de l'ouest, évacués de force par les troupes fédérales.

COMMERCE ET TRANSPORT

L'extension de l'horizon géographique s'accompagna d'un développement économique. L'invention par Eli Whitney de l'égreneuse à coton (1793) fit passer la **production de coton** de 10 000 livres en 1790 à 8 millions en 1800. Parallèlement, le Midwest devenait le principal producteur de porc, de blé et de maïs.
Les progrès réalisés dans les transports contribuèrent à l'explosion de l'activité industrielle. Commencée en 1811 et achevée en 1838, la première **route nationale** relia sur un axe est-ouest Cumberland et Vandalia, alors capitale de l'Illinois. Le premier **bateau à vapeur** commercial, lancé en 1807 par Robert Fulton et Robert Livingston, marqua le début du commerce fluvial sur le Mississippi et favorisa la croissance de grandes villes portuaires. À l'est, le lac Érié fut relié à l'Hudson en 1825 par le **canal Érié**, long de 580 km, qui fit de l'État de New York la plaque tournante du commerce et de l'immigration entre le littoral est et les Grands Lacs.
Le **train à vapeur** fut mis en service en Angleterre la même année que l'ouverture du canal Érié. En 1854, un réseau ferroviaire de plus de 27 200 km parcourait déjà l'est des États-Unis et 19 200 km étaient en cours de construction. Le temps et l'argent nécessaires à l'acheminement des matières premières et des produits finis vers les usines et les marchés s'en trouvèrent réduits.
Dès 1850, les Américains éprouvaient déjà un profond **sentiment national** : la population comptait 23 millions d'habitants, le pays regroupait 31 États, la production industrielle était à son plus haut niveau et le taux d'alphabétisation dépassait celui de l'Europe. Cependant, au-dessus de cet optimisme planait le sombre nuage de l'esclavage, institution qui ne cessait de diviser le nord et le sud des États-Unis.

L'ESCLAVAGE

Les esclaves furent importés d'Afrique par les Britanniques à partir de 1619, pour travailler dans les plantations du Sud, mais aussi en Virginie et au Maryland. Après 1808, la Constitution américaine interdit le trafic, mais celui-ci se poursuivit sous une forme illégale jusqu'à la guerre de Sécession. En 1860, les États-Unis comptaient 4 millions d'esclaves, dont une large majorité résidaient dans le Sud.
Dès les années 1780, des démarches avaient été entreprises auprès du Congrès et des différents corps législatifs afin d'abolir cette pratique qualifiée d'immorale et tyrannique. Cependant, au fur et à mesure que la culture du coton prospérait, le mouvement s'étiolait. Pour les délégués du Sud, l'abolition de l'esclavage signifiait la fin de leur modèle économique et de leur mode de vie. Avec l'expansion vers l'ouest, la controverse prit une tournure violente et un **mouvement abolitionniste** apparut.
Les abolitionnistes mirent en œuvre un système appelé **Underground Railroad**, réseau clandestin qui aida nombre d'esclaves à fuir vers le nord des États-Unis, en passant notamment par Detroit (*p. 360*), ou le Canada. Au Congrès, après que les Nordistes eurent affirmé avec vigueur qu'il fallait interdire

GUERRE DE SÉCESSION
1861-1865

État de l'Union — État confédéré — *Campagne de l'Union* — *Campagne des Confédérés* — Bataille

l'esclavage dans les territoires situés à l'ouest, seule une série de compromis permit d'éviter de peu le conflit armé. En 1859, l'échec de l'expédition de **John Brown** contre l'arsenal américain d'Harpers Ferry en Virginie (*p. 305*) cristallisa la paranoïa du Sud. Avec l'élection d'Abraham Lincoln à la présidence de la République en 1860, l'affrontement paraissait inévitable.

La guerre de Sécession

À la veille de la guerre de Sécession, le Nord et le Sud, bien qu'égaux en nombre d'habitants, présentaient deux visages radicalement différents. Le commerce et l'industrie dominaient l'économie du Nord, l'agriculture celle du Sud. Comme les immenses profits tirés des cultures du coton, du riz, de l'indigo ou du tabac reposaient sur l'exploitation des esclaves, la plupart des Sudistes soutenaient cette pratique, à l'inverse de la majorité des Nordistes. Ces derniers préconisaient en outre un gouvernement fort et centralisé, alors que les Sudistes privilégiaient la délégation du pouvoir aux États. Le Nord et le Sud finirent par former deux nations distinctes. Après que la Caroline du Sud se fut séparée de l'**Union** (les Nordistes) en décembre 1860, les **États confédérés** d'Amérique (les Sudistes) virent le jour en février 1861, avec Jefferson Davis à leur tête et Montgomery comme capitale (avant que celle-ci ne soit transférée, quatre mois plus tard, à Richmond). En mars, six autres États quittaient l'Union. Le 12 avril 1861, la guerre de Sécession éclatait après que les Confédérés eurent ouvert le feu sur le fort Sumter, en Caroline du Sud.

Les deux premières années, les Sudistes remportent des victoires stratégiques lors des deux batailles de Bull Run et de la campagne de la péninsule de York. En septembre 1862, continuant sa progression vers le Nord, le général sudiste **Robert E. Lee** et ses troupes opposent une farouche résistance lors de la bataille d'Antietam, l'une des plus sanglantes de la guerre de Sécession et de l'histoire américaine (24 000 victimes en un seul jour). Bien que contraint dans un premier temps de se replier, le général Lee, encouragé par le comportement de ses troupes, repart à l'assaut du Nord. Cependant, en juillet 1863, alors que les armées confédérées se dirigeaient vers Harrisburg, capitale de la Pennsylvanie, elles sont écrasées à **Gettysburg** par les troupes nordistes du général **George G. Meade**.

La même année, sur le front ouest, le siège de Vicksburg, conduit par **Ulysses Grant**, se conclut par la capitulation des Confédérés. Comme le Mississippi est désormais sous contrôle de l'Union et que les ports de l'Atlantique Sud sont soumis à un blocus, les Sudistes commencent à souffrir de pénuries. En 1864, le général de l'Union **William Sherman** s'empare d'Atlanta qu'il abandonne aux flammes, scellant le destin des sécessionnistes. Le grand incendie sera mis en scène de façon spectaculaire dans l'adaptation au cinéma d'*Autant en emporte le vent* par Victor Fleming.

En avril 1865, Robert E. Lee se rend au général Ulysses Grant : la guerre de Sécession prend fin. On déplore 600 000 morts et plusieurs milliers de blessés à l'issue d'une guerre qui demeure la plus **meurtrière** que les Américains aient jamais connue. Les États du Sud offrent un visage désolé, aussi bien sur le plan économique que géographique, et de longues années seront nécessaires pour effacer le traumatisme.

RECONSTRUCTION

Dès la fin de la guerre, des voix politiques s'élèvent pour que le Sud fasse l'objet de sanctions rigoureuses. **Abraham Lincoln** prévoit néanmoins la réintégration de la Confédération au sein de l'Union. Hélas, son plan ne verra jamais le jour : le président est assassiné le 14 avril 1865, cinq jours après la capitulation du général Lee, dans un théâtre de Washington par le comédien John Wilkes Booth, un acteur sympathisant de la cause des Confédérés. Les **décrets de Reconstruction** (1867) placent les États du Sud sous la loi martiale. En 1876, les Blancs du Sud étaient dans une situation encore plus désastreuse qu'à la fin de la guerre de Sécession, et les Noirs connaissaient une situation guère enviable. Sans instruction ni formation qualifiée, la plupart étaient au chômage et ceux qui travaillaient étaient employés comme métayers auprès de leurs anciens propriétaires. Même si la proclamation d'émancipation (Abraham Lincoln, 1863) avait, sur le papier, accordé la liberté aux esclaves, ce fut l'adoption des **13ᵉ et 14ᵉ amendements** qui fit réellement avancer leur cause en interdisant l'esclavage (1865) et en garantissant les droits civiques (1868). Le 15ᵉ amendement (1870) accorda le droit de vote à tous, à l'exception des femmes, indépendamment de leur « race, couleur ou état antérieur d'esclave ».

L'âge d'or (1870-1912)

La période de l'âge d'or se caractérise par de grandes innovations techniques et une concentration capitaliste accrue.
Les **capitaines d'industrie**, comme les magnats du chemin de fer, de l'acier ou du pétrole (Cornelius « Commodore » Vanderbilt, John D. Rockefeller, Andrew Carnegie) s'emparent des rênes de l'économie. Accumulant d'immenses fortunes (l'impôt fédéral sur le revenu n'existait pas encore), ils se font construire de luxueuses demeures à Newport, New York ou Palm Beach. Certains, comme le magnat de l'acier, Andrew Carnegie, mènent dans le même temps des actions de philanthropie : fondation d'écoles, de musées et de bibliothèques.
De 1850 à 1870, la population passe de 15 millions d'habitants à 38,6 millions, en raison notamment de l'afflux massif d'immigrants, attirés à l'est par la perspective d'**emplois industriels**. Les villes connaissent une expansion similaire, à tel point qu'en 1900, près de 40 % des Américains résident en ville.
Alors que l'**industrialisation** s'était initialement développée au nord-est, en moins d'une décennie, elle s'étendit à l'ouest. Après 1880, la découverte de gisements de fer au nord du Minnesota et en Alabama entraîna l'expansion de l'industrie de l'acier vers l'ouest. Après 1875, les abattoirs devinrent une activité majeure, concentrée essentiellement autour de Chicago et de St Louis, tandis que minoteries, brasseries et usines de matériel agricole s'implantaient au centre du pays.
Pour les milliers d'immigrants et travailleurs qui affluaient dans les villes à l'est du Mississippi, ces usines tournant à plein régime étaient synonymes d'emploi. Plus les travailleurs affluaient, plus les **conditions de vie** et de travail se dégradaient, entraînant des mouvements de contestation sociale. Influencés par les écrits d'auteurs comme **Upton Sinclair**, dont le roman *The Jungle* (1906) dénonçait les conditions de vie des ouvriers dans les abattoirs de Chicago, plusieurs États adoptèrent des lois réglementant les salaires et les conditions de travail.
En 1901, **Theodore Roosevelt** fut élu président. Fils d'un riche commerçant, Roosevelt pensait que les pratiques monopolistiques des barons de l'industrie, nommés *robber barons* (barons voleurs) dans la littérature et la critique sociales, allaient à l'encontre de l'intérêt général. Il créa le **Department of Commerce and Labor** (département du commerce et de la main-d'œuvre), agence fédérale chargée de contrôler et de réglementer le commerce et l'industrie. Craignant que l'industrialisation ne gaspille les ressources naturelles de la Nation, il s'efforça de protéger l'**environnement** en décrétant la création de réserves naturelles et de parcs nationaux. Il accentua, en outre, la législation sur le contrôle pharmaceutique et alimentaire.
Deux événements peuvent symboliser cette période : le naufrage du **Titanic**, au large de Terre-Neuve (1912), et l'adoption du 16e amendement (1913), qui créa un **impôt fédéral** sur le revenu et mit ainsi un terme aux excès outranciers de l'âge d'or.

La Première Guerre mondiale et les « Années folles »

C'est un autre naufrage qui précipita l'entrée des États-Unis, quelques années plus tard, dans la Première Guerre mondiale. Après le

Franklin Roosevelt, discours pour le New Deal.
Image Asset Managemen/World History Archive/age fotostock

torpillage du paquebot *Lusitania* par des sous-marins allemands (1915), tuant, entre autres, 124 Américains, les relations germano-américaines se dégradèrent rapidement. Le 6 avril 1917, le président **Woodrow Wilson** décidait d'entrer en guerre. Près de 2 millions d'Américains se battirent aux côtés des Alliés contre les puissances centrales, et 116 000 soldats américains moururent sur les champs de bataille. Une fois la guerre terminée, les États-Unis connurent la plus grande ère de **prospérité** de leur histoire.

Dès 1920, le pays avait achevé sa mutation : la puissance industrielle avait supplanté l'économie agricole comme principale source de revenus. La population s'élevait à environ 100 millions d'habitants et, pour la première fois, les zones urbaines (51,2 % de la population) l'emportaient sur les zones rurales (48,8 %). De nombreux produits de consommation (automobiles, réfrigérateurs et téléphones), que seuls les plus fortunés pouvaient jusque-là s'offrir, devinrent plus largement accessibles. En 1913, Henry Ford créait, dans son usine de Detroit, la première ligne d'assemblage automobile du monde : la production tripla et les coûts furent largement réduits. Les nouvelles inventions (radio, film, avion) se multipliaient et permettaient de joindre des zones précédemment isolées. En 1925 commencèrent les premiers vols commerciaux de passagers. Au milieu des années 1920, le chômage ne concernait que 2 % de la population et l'Américain moyen jouissait d'une qualité de vie inégalée.

La prospérité de l'économie, les profonds bouleversements sociaux et la modification du paysage culturel valurent à la décennie le surnom d'**Années folles**. En 1920, le 19e amendement accorda aux femmes le droit de vote, ouvrant la voie à d'autres conquêtes. Coiffée au carré et vêtue d'une robe descendant jusqu'au genou, la *flapper* (jeune fille dans le vent) symbolisa le nouveau féminisme.

Bien que la loi sur la **prohibition** (1919) ait décrété illégale la

consommation d'alcool, elle ne fut guère respectée. L'alcool coulait à flots dans les clubs appelés *speakeasies* (bars clandestins), au son du **jazz**. Comme les distillateurs s'étaient vu interdire la fabrication de boissons alcoolisées – à l'exception de quelques-uns autorisés à fabriquer des liqueurs médicinales –, une nouvelle industrie clandestine vit le jour. Le *bootlegging* (fabrication et vente illicite d'alcool) devint bientôt le domaine réservé du grand banditisme et de ses figures de légende comme Al Capone.
Néanmoins, c'est à **Wall Street** que se joua l'une des crises les plus graves de l'histoire américaine. Au cours des années 1920, l'Américain moyen avait commencé à acheter des actions cotées en Bourse, acquisition réservée jusqu'alors aux plus riches. La prospérité aidant, les cours se mirent à grimper de façon vertigineuse. Peu nombreux furent alors ceux qui virent dans le déclin naissant de la construction et de la production un premier avertissement. Le 29 octobre 1929, le marché s'effondra, réduisant à néant les valeurs boursières.

La Grande Dépression

Après le krach de 1929 et les faillites bancaires en chaîne commença l'une des plus grandes périodes de dépression économique que le pays ait jamais traversées. En 1932, près d'un quart des Américains étaient sans emploi, la production industrielle tournait à 40 % de sa capacité et le revenu national moyen avait diminué de moitié.
La sécheresse qui sévissait dans les grandes plaines contribua à accroître la misère : les récoltes furent ruinées par des tempêtes de poussière transformant la région en **Dust Bowl** (marmite de poussière).

En 1932, **Franklin D. Roosevelt**, originaire de New York, fut élu président pour le premier de ses quatre mandats et lança aussitôt des mesures ambitieuses, destinées à sauver le pays de la faillite. Son programme de réformes économiques et sociales, le **New Deal**, accrut l'intrusion de l'État dans le redressement économique : il fixa le prix auquel le gouvernement allait acheter l'or, augmenta la masse monétaire, institua le contrôle des prix et organisa le soutien des cours agricoles. Il mit également en place des agences gouvernementales chargées de réguler les Bourses et de garantir les dépôts bancaires.
Un autre axe stratégique du New Deal s'attacha à créer des emplois et à mettre fin à l'exploitation de la main-d'œuvre. Au chapitre des réformes les plus fondamentales figurent la création d'une sécurité sociale, l'élaboration d'un programme de grands travaux publics, la promulgation d'un salaire minimal, la mise en place de négociations collectives et de lois réglementant le travail des enfants.

La Seconde Guerre mondiale

Vers la fin des années 1930, plusieurs gouvernements totalitaires s'étaient emparés du pouvoir en Europe et en Asie, notamment. La progression des armées d'Adolf Hitler à travers l'Europe commença à alarmer les Américains. La politique isolationniste née de la Première Guerre mondiale vivait ses dernières heures.
Le 7 décembre 1941, les Japonais bombardaient la base navale américaine de **Pearl Harbor**, à Hawaï. Le lendemain, le Congrès déclarait la guerre au Japon et, le 11 décembre, c'était au tour des

Le mouvement des droits civiques

« Je fais ce rêve qu'un jour, sur les rouges collines de Géorgie, les enfants des anciens esclaves et ceux de leurs propriétaires s'assiéront ensemble à la table de la fraternité. » Martin Luther King, extrait du discours prononcé lors de la Marche des droits civiques à Washington, le 28 août 1963.

DEUX POIDS DEUX MESURES

En 1863, en pleine guerre de Sécession, le président Abraham Lincoln avait signé la proclamation d'émancipation qui abolissait l'esclavage. Pourquoi, cent ans plus tard, les Américains d'ascendance africaine durent-ils créer un « mouvement des droits civiques » ? Quelques mots clés résument la réponse : le **Ku Klux Klan**, organisation terroriste et raciste, fondée dans le Sud en 1865 qui affirme la suprématie des Blancs protestants ; les **lois Jim Crow**, qui renforcent au cours du 20e s. la ségrégation raciale sous tous les aspects de la vie quotidienne ; et l'arrêt **Plessy v. Ferguson**, qui légalise en 1896 l'existence d'établissements publics séparés pour les Noirs. Si le jugement rendu prévoyait que le traitement accordé aux Noirs et aux Blancs devait y être identique, la réalité se révéla tout autre.

PREMIÈRES ORGANISATIONS

Dès les années 1930 et 1940, les citoyens noirs commencèrent à migrer du Sud vers le Nord, fuyant la discrimination raciale et en quête d'un travail. Après la Seconde Guerre mondiale, des organisations comme le Congress On Racial Equality (CORE), ligue contre le racisme, et la National Association for the Advancement of Colored People (NAACP), association de défense des droits de la population noire, en appelèrent au président Harry Truman pour que la loi sur la ségrégation raciale soit abolie. Le 17 mai 1954, lors de l'**affaire Brown** contre le Bureau d'éducation de Topeka, la Cour suprême décréta à l'unanimité que les établissements d'enseignement séparés étaient « intrinsèquement inégaux ». Cette décision historique, à laquelle les États du Sud opposèrent une résistance acharnée, marqua le début du mouvement des droits civiques.

MARCHEURS DE LA LIBERTÉ

Au cours des quinze années suivantes, des militants rejoignent le mouvement, qui revêt différentes formes : boycotts, sit-in, manifestations et rassemblements. À partir de décembre 1955 et pendant plus d'un an, les citoyens noirs boycottent les bus de Montgomery, qui pratiquent la ségrégation raciale, jusqu'à ce que la Cour suprême déclare comme inconstitutionnel le fait que les passagers noirs doivent céder leur place aux Blancs. Le Congrès des dirigeants chrétiens du Sud, Southern Christian Leadership Conference (SCLC), sous la conduite du pasteur baptiste **Martin Luther King**, aide les églises et communautés noires du Sud à organiser des manifestations **non violentes** (inspirées de la philosophie du Mahatma Gandhi) et à récolter les fonds nécessaires à la poursuite du combat contre la ségrégation.

Bientôt, des centaines de jeunes Noirs organisent, dans plus de cent villes du Sud, sit-in et manifestations contre les restaurants, parcs, piscines, bibliothèques et théâtres qui pratiquent la discrimination raciale. En moins d'un an, quelque 70 000 personnes prennent part à ces manifestations, au cours desquelles on recense au moins 3600 arrestations. Nombre de ces activités sont l'œuvre d'un nouveau groupe, le comité de coordination des étudiants non violents, Student Nonviolent Coordinating Committee (SNCC).

FIN DES DISCRIMINATIONS

En dépit de la violence grandissante de nombreux Blancs, le mouvement ne faiblit pas. Les « marcheurs de la liberté » visent à faire cesser la ségrégation dans les bus assurant la liaison inter-États dans l'Alabama et le Mississippi, les écoliers de Birmingham tiennent tête aux chiens policiers et aux pompes à incendie, et 250000 personnes marchent sur Washington, où Martin Luther King prononce son discours, *I have a dream* (Je fais un rêve). Cependant, il faut attendre la mort de quatre jeunes filles noires tuées par une bombe dans une église de Birmingham (1963) et la condamnation unanime qui s'ensuit pour que le Congrès adopte la **loi sur les droits civiques** (1964) et que toute forme de discrimination raciale soit interdite. Dès 1965, les leaders du mouvement axent leur combat sur l'obtention du droit de vote et la suppression des obstacles à l'inscription des Noirs sur les listes électorales (acquittement d'une taxe, tests sur la capacité de lire et d'écrire, etc.). Après de violents affrontements à Selma et à Montgomery, le Congrès adopte la **loi sur le droit de vote** (1965).

MÉTHODES FORTES

L'émergence du **Black Power**, au milieu des années 1960, donne aux manifestations pour les droits civiques un tour plus activiste. De violentes émeutes, essentiellement dans les quartiers noirs urbains les plus pauvres, conduisent Martin Luther King à prévoir une marche sur Washington, où se trouveraient réunis tous les pauvres, qu'ils soient noirs ou blancs, l'été 1968. Mais son rêve ne verra jamais le jour. Le 4 avril 1968, le grand leader noir est **assassiné** au cours d'un voyage à Memphis. Pour des millions de personnes, cette mort signifie la fin d'un grand espoir.

Par la suite, le mouvement des droits civiques ne trouvera plus de leader de l'envergure de Martin Luther King. La cause qu'il a si brillamment défendue, en compagnie de milliers d'autres, ne cessera cependant d'occuper les débats de la vie américaine. La première investiture de **Barack Obama** se déroulera en janvier 2009, le lendemain de Martin Luther King's Day, quarante et un ans après l'assassinat du pasteur baptiste.

puissances de l'Axe (Allemagne et Italie) de déclarer la guerre aux États-Unis.
En l'espace d'une semaine, les États-Unis se retrouvèrent engagés sur deux fronts. Tandis que les Américains et leurs alliés envahissaient l'Afrique du Nord et mettaient en déroute l'armée allemande à El Alamein, les Japonais progressaient régulièrement dans le Pacifique. La **bataille de Midway** mit un terme à leur avancée et conféra aux États-Unis la suprématie maritime dans le Pacifique : cet affrontement de trois jours (juin 1942) entre les Alliés et les Japonais se déroula presque intégralement dans les airs, au-dessus des îles de Midway, dans l'océan Pacifique.
Sur le front européen, la **bataille de Normandie** débuta le 6 juin 1944. Le jour J, les soldats alliés débarquaient sur les plages normandes. En avril 1945, les Alliés perçaient les lignes allemandes et, alors qu'ils s'apprêtaient à entrer dans Berlin, Hitler se suicida et l'Allemagne capitula.
Quelques mois plus tard, le Japon se rendait à son tour, après que le président Harry Truman eut décidé de mettre un terme au conflit en lâchant la **bombe atomique** sur Hiroshima et sur Nagasaki. À la mi-août 1945, la guerre était terminée : plus de 400 000 Américains y avaient perdu la vie.

L'APRÈS-GUERRE

Les années qui suivirent la Seconde Guerre mondiale furent marquées aux États-Unis par une grande prospérité et le taux de natalité augmenta de façon si spectaculaire que la génération née à cette époque fut surnommée la « génération du baby boom ».
Après avoir été alliés pendant la Seconde Guerre mondiale, l'Union soviétique et les États-Unis, aux idéologies politiques diamétralement opposées, connurent des relations conflictuelles, qui se traduisirent par un affrontement de « guerre froide ». Candidat du parti républicain, **Dwight D. Eisenhower** fut élu président en 1952. Son mandat se caractérisa par le rôle prépondérant de la Cour suprême. Présidée par Earl Warren, celle-ci mit fin à la discrimination raciale, établit les droits des inculpés et créa la règle « un homme, un vote ».

Dix ans de révolution culturelle et scientifique

Les années 1960 furent une décennie particulièrement animée, caractérisée à la fois par la violence et par un profond changement social. Elle s'ouvrit sur une note pleine d'espoir avec l'élection de **John F. Kennedy**, devenu à 44 ans le plus jeune président des États-Unis, et se poursuivit par le combat pour l'égalité raciale. Puis, en quelques années, le président Kennedy (1963), son frère Robert Kennedy (1968) et le leader **Martin Luther King** (1968) furent assassinés. Ces morts, jointes à la forte impopularité de la guerre du Vietnam, suscitèrent une immense émotion et attisèrent la colère d'une jeunesse désenchantée.
Le mécontentement à l'égard du gouvernement, de l'argent roi et de la société de consommation allait grandissant.
Au milieu des années 1960, la révolte de la jeunesse atteignit son apogée. Les associations estudiantines organisèrent des manifestations contre la **guerre du Vietnam** sur les campus universitaires. Peu à peu, la désobéissance civile passive fit

Peace and love.
M. Wheatley/All Canada Photos/age fotostock

place à la violence, tandis que l'activisme des opposants à la conscription et des militants du **Black Power** ne cessait de croître, tandis que faiblissait la tolérance des pouvoirs établis.

La violence de la fin des années 1960 éloigna du radicalisme politique nombre de jeunes, qui préférèrent dès lors se tourner vers la contre-culture, caractérisée par le développement du **mouvement hippie** et de la libération sexuelle.

La méfiance à l'égard du pouvoir politique se généralisa entre 1965 et 1975, décennie marquée par la guerre du Vietnam, aussi longue que coûteuse, et l'affaire du **Watergate**, qui provoqua la démission du président Richard Nixon. Le scandale tire son nom du bâtiment de Washington où le parti démocrate avait installé son quartier général pendant la campagne électorale et dans lequel furent posés illégalement des micros clandestins. La commission chargée de l'enquête révéla l'implication de la Maison-Blanche dans le cambriolage du bâtiment. Plusieurs hauts fonctionnaires furent jugés et accusés d'activités criminelles.

Enfin, ce qui n'a rien d'étonnant au regard des années précédentes, la décennie 1980, parfois appelée « décennie de l'individualisme roi », fut marquée par l'émergence de mouvements préconisant le seul accomplissement personnel et spirituel.

La fin d'un millénaire

Les années 1990 connaissent un bouleversement sans précédent avec la **révolution technologique**. Dès 1990, la généralisation des ordinateurs à usage des particuliers rend les communications instantanées ; le télétravail remplace en partie le bureau. Grâce aux appareils portables, les employés remplissent leurs obligations professionnelles en tout lieu. L'utilisation croissante d'Internet révolutionne les modes d'apprentissage, les activités quotidiennes, culturelles, professionnelles et commerciales. Autre tendance au fort impact culturel : l'apparition de **nouveaux groupes ethniques** sur le devant de la scène. Aux communautés d'origine européenne ou africaine existantes viennent s'ajouter les communautés hispaniques et asiatiques. Entre 1980 et 1990, la population asiatique s'accroît de 107 % et la population hispanique de 53 %.

À l'aube d'un nouveau siècle

Le passage à l'an 2000 ne s'est pas accompagné du « bug » informatique redouté par certains mais de l'élection contestée de **George W. Bush**, 43e président des États-Unis. En septembre 2001, première année de son mandat, sont commis les attentats les plus meurtriers jamais perpétrés sur le sol américain : le **11 septembre**, quatre avions pilotés par des terroristes islamistes s'écrasent pour deux d'entre eux sur le World Trade Center à New York, tandis qu'un autre touche le Pentagone à Washington DC et que le dernier finit sa course dans un champ en Pennsylvanie, provoquant au total la mort directe de près de 3 000 personnes.

Le choc déclenche une inflexion dans la **politique étrangère** américaine, impliquant l'envoi de troupes en Afghanistan puis en Irak, et des changements dans la vie quotidienne des citoyens (mesures de protection renforcées, etc.).

À l'aube du troisième millénaire, la frange orientale des États-Unis constitue toujours le cœur de l'Amérique. La majorité des centres urbains les plus peuplés du pays (9 sur 15) se trouvent à l'est du Mississippi. **New York** demeure la capitale financière, commerciale et artistique, **Washington**, l'épicentre de la vie politique nationale et internationale, **Chicago**, le premier centre de transports, comptant dix-neuf lignes ferroviaires et un aéroport international, O'Hare, le troisième des États-Unis, après Atlanta et Los Angeles.

Arrivé au pouvoir en 2009, le démocrate **Barack Obama**, sénateur de l'Illinois, est le premier métis à accéder à cette fonction. Sur le plan intérieur, il doit faire face à de nombreux défis, même si après plusieurs années de crise, les indicateurs économiques sont de nouveau à la hausse : réforme du système de santé (Obamacare), question de la libre circulation des armes, situation des immigrés clandestins, explosions de colère de la communauté noire américaine qui s'estime souvent victime d'une justice à deux vitesses. Des réformes encore inachevées à la fin de son mandat.

En novembre 2016, à l'issue d'une campagne mouvementée, l'homme d'affaires **Donald Trump** est élu 45e président des États-Unis face à Hillary Clinton, la candidate démocrate. Les premières années de sa présidence sont marquées par la mise en pratique de l'un de ses slogans de campagne, « America First », le retrait des États-Unis de plusieurs grands accords internationaux, le désengagement écologique et une guerre commerciale avec la Chine d'une ampleur sans précédent.

Dates clés

- **1565** – Pedro Menéndez de Avilés fonde St Augustine (Floride), première colonie permanente d'origine européenne en Amérique du Nord.
- **1607** – Sur la côte de Virginie, John Smith fonde Jamestown, première implantation permanente des Anglais dans le Nouveau Monde.
- **1619** – Arrivée des premiers esclaves africains dans les colonies.
- **1620** – Les puritains anglais créent la colonie de Plymouth, dans le Massachusetts.
- **1626** – Peter Minuit achète l'île de Manhattan aux Indiens.
- **1754** – Début de la guerre de Sept Ans.
- **1763** – Le traité de Paris met fin à la guerre de Sept Ans. La France cède à l'Angleterre le Canada et ses territoires à l'est du Mississippi, et les Espagnols abandonnent la Floride aux Anglais.
- **1764-1767** – Les Britanniques prélèvent un ensemble d'impôts sur les colonies américaines.
- **1770** – Trois colons sont tués par les soldats britanniques au cours du massacre de Boston.
- **1773** – Suite au refus britannique d'abroger l'impôt sur le thé, les colons jettent les cargaisons de thé dans le port de Boston (« Boston Tea Party »).
- **1775** – L'affrontement des troupes britanniques et des « hommes-minute » (Minutemen), à Lexington et à Concord (Massachusetts), marque le début de la guerre d'Indépendance.
Daniel Boone se fraie un chemin à travers Cumberland Gap, défilé naturel au sud-ouest des Appalaches, ouvrant ainsi l'expansion de la colonisation vers l'ouest.
- **1776** – Adoption de la déclaration d'Indépendance, le 4 juillet à Philadelphie.
- **1781** – Prise de Yorktown (Virginie) : les troupes britanniques déposent les armes.
- **1783** – Le traité de Versailles met fin à la guerre d'Indépendance.
Le Mississippi marque la frontière occidentale du nouveau territoire américain.
- **1791** – Fondation de Washington DC, capitale du pays.
- **1803** – Le Congrès américain parachève l'achat de la Louisiane auprès de la France, grâce auquel les États-Unis bénéficient d'un immense territoire compris entre le Mississippi et les Rocheuses.
- **1804** – Sur ordre du président Thomas Jefferson, Meriwether Lewis et William Clark explorent les territoires obtenus lors de l'achat de la Louisiane.
- **1812** – Début de la guerre de 1812 avec la Grande-Bretagne.
- **1825** – Ouverture du canal Érié, reliant les Grands Lacs et New York City.
- **1827** – Création de la première ligne de chemin de fer, Baltimore and Ohio (B & O).
- **1838-1839** – Les Indiens Cherokee, expulsés de leurs terres situées au sud-est et contraints de trouver refuge à l'ouest, dans les réserves de l'Oklahoma, suivent la « piste des Larmes ».
- **1848** – La première Convention des droits de la femme se déroule à Seneca Falls (New York). Elle revendique l'égalité des hommes et des femmes en termes d'éducation et de vie professionnelle, ainsi que le droit de vote.

- **1861** – Organisation des États confédérés d'Amérique ; début de la guerre de Sécession.
- **1863** – Les forces de l'Union remportent la bataille de Gettysburg. Déclaration d'émancipation du président Lincoln : les esclaves des États confédérés doivent être libres à compter du 1er janvier 1863.
- **1865** – Fin de la guerre de Sécession. Le Congrès vote le 13e amendement à la Constitution, interdisant l'esclavage. Assassinat du président Abraham Lincoln au Ford's Theatre de Washington.
- **1869** – Création de la Bourse de New York. Inauguration de la première voie ferrée transcontinentale, construite par les sociétés Union Pacific et Central Pacific.
- **1870** – Vote du 15e amendement accordant à tous les hommes le droit de vote.
- **1893** – Exposition universelle de Chicago.
- **1908** – Sorti des usines Ford de Detroit, le modèle T est la première voiture produite en série.
- **1913** – Adoption du 16e amendement, établissant un impôt fédéral sur le revenu.
- **1917** – Engagement des États-Unis dans la Première Guerre mondiale aux côtés des Alliés.
- **1919** – Le 18e amendement sur la prohibition interdit la vente de boissons alcoolisées.
- **1920** – Le 19e amendement accorde le droit de vote aux femmes.
- **1927** – Charles Lindbergh traverse l'Atlantique entre New York et Paris en avion, pour la première fois seul et sans escale.
- **1929** – Effondrement du marché boursier américain. Début de la Grande Dépression.
- **1931** – Achèvement à New York du plus haut bâtiment au monde, l'Empire State Building.
- **1933** – Le président Franklin D. Roosevelt inaugure son programme de réformes sociales, le New Deal.
- **1941** – Les Japonais attaquent la base navale de Pearl Harbor, à Hawaï ; entrée des États-Unis dans la Seconde Guerre mondiale.
- **1944** – Débarquement des Alliés sur les plages de Normandie.
- **1945** – Fin de la Seconde Guerre mondiale. Mort du président Roosevelt.
- **1954** – À la suite de l'affaire Brown, la Cour suprême condamne la ségrégation raciale dans les écoles publiques.
- **1959** – L'Alaska et Hawaï deviennent le 49e et le 50e État américain.
- **1960** – Premier sit-in d'étudiants noirs du mouvement des Droits civiques, à Greensboro (Caroline du Nord).
- **1961** – Le 5 mai, l'astronaute Alan Sheard effectue le premier vol américain dans l'espace à bord de *Freedom 7*.
- **1962** – Le président John F. Kennedy envoie des conseillers militaires au Vietnam pour faire barrage aux partisans du communisme. Crise des missiles de Cuba.
- **1963** – Assassinat de Kennedy à Dallas (Texas). La police réprime les manifestations des militants des droits civiques à Montgomery (Alabama).
- **1964** – Le Congrès approuve les lois sur les droits civiques. Premières frappes de l'aviation américaine sur le Nord-Vietnam.
- **1965** – Adoption de la loi facilitant le droit de vote des électeurs noirs. Le président Lyndon Johnson envoie les premières troupes américaines au Vietnam.
- **1968** – Martin Luther King est assassiné à Memphis (Tennessee).
- **1969** – L'astronaute Neil Armstrong est le premier homme à marcher sur la Lune.

- **1972** – Richard Nixon est le premier président des États-Unis à se rendre en Chine.
- **1973** – Départ du Vietnam des dernières troupes américaines, mettant ainsi fin à la plus longue guerre des États-Unis (57 685 victimes américaines).
- **1974** – Le scandale du Watergate (pose de micros clandestins au quartier général du parti démocrate) oblige le président Nixon à démissionner.
- **1976** – La Cour suprême confirme la peine de mort comme sanction suprême.
- **1979** – Premier grave incident nucléaire dans une usine de Three Mile Island (Pennsylvanie). Début de la crise des otages en Iran qui marque la fin du mandat du président Carter.
- **1981** – Le républicain Ronald Reagan devient le 40e président des États-Unis. Ses deux mandats sont marqués par la volonté d'affaiblir l'URSS, notamment via la « guerre des étoiles ».
- **1990** – Début de la guerre du Golfe.
- **1999** – Bill Clinton est le premier président de l'histoire américaine à faire l'objet d'une procédure de destitution *(impeachment)* pour avoir menti au cours d'un procès et fait obstruction à l'action de la justice.
- **2001** – George W. Bush devient le 43e président des États-Unis, malgré des résultats contestés en faveur de son opposant Al Gore. Attentat contre le World Trade Center de New York. Le président Bush envoie des troupes en Afghanistan pour détruire les camps d'entraînement d'Al-Qaïda et déposer le gouvernement taliban.
- **2003** – Les États-Unis, alliés à la Grande-Bretagne, déclarent la guerre à l'Irak sans l'aval de l'ONU.
- **2004** – George W. Bush est réélu.
- **2005** – La Cour suprême des États-Unis interdit la peine de mort pour les criminels mineurs au moment des faits. L'ouragan Katrina ravage le golfe du Mexique et la ville de La Nouvelle-Orléans.
- **2006** – La population des États-Unis atteint 300 millions.
- **2008** – La crise des *subprimes* provoque une crise financière mondiale. Le démocrate Barack Obama est le premier métis élu à la présidence des États-Unis.
- **2009** – Le président Obama reçoit le prix Nobel de la Paix ; il lance la difficile réforme de la santé adoptée par le Congrès l'année suivante.
- **2010** –Arrêt du programme de navettes spatiales américain.
- **2011** – Les forces spéciales américaines tuent Oussama Ben Laden au Pakistan.
- **2012** – Réélection de Barack Obama.
- **2013** – Detroit se déclare en faillite.
- **2014** – Victoire des républicains aux élections de mi-mandat.
- **2015** – Rétablissement des relations diplomatiques avec Cuba.
- **2016** – Décès du chanteur Prince à Paisley Park, dans la banlieue de Minneapolis. Prix Nobel de littérature attribué à Bob Dylan. Le républicain Donald Trump est élu 45e président des États-Unis.
- **2017** – Retrait des États-Unis des accords de Paris sur le climat. Affaire Weinstein et mouvement Me too.
- **2018** – Mort d'Aretha Franklin. Sommet entre les États-Unis et la Corée du Nord. Retrait des États-Unis de l'accord sur le nucléaire iranien. Guerre commerciale avec la Chine. Nouvelle négociation des accords commerciaux de l'Alena avec le Canada et le Mexique.

Art et architecture

L'architecture et l'art américains ont été marqués par une contradiction originelle : le souci de s'émanciper des modèles européens et la persistance, malgré tout, de leur influence. En matière d'architecture, l'absence de normes contraignantes, l'immensité de l'espace et la diversité des climats ont donné naissance à une palette variée de styles à découvrir dans les villes et les campagnes qui font office de musées à ciel ouvert. Sur le plan des arts plastiques, les Américains se sont dégagés peu à peu des grands modèles européens pour forger des styles propres qui sont venus nourrir à leur tour la création de la vieille Europe. On les découvre dans les musées où l'on apprécie, outre la qualité de leurs collections, le flair extraordinaire des collectionneurs américains.

L'architecture

L'est des États-Unis, à l'horizon jalonné de gratte-ciel, porte la marque des vagues d'immigrants autant que celle des avancées technologiques ou des révolutions esthétiques. Lorsque les colons européens débarquèrent en Amérique aux 16e et 17e s., d'abord préoccupés de leur survie, ils édifièrent leurs modestes bâtiments selon les traditions de leurs pays d'origine, à l'aide des matériaux trouvés sur place.

LE STYLE GEORGIEN

Développé en Angleterre sous les règnes de George II et George III par des architectes réputés comme **Christopher Wren** et **James Gibbs**, le style georgien est popularisé outre-Atlantique à partir des années 1720. Les façades symétriques et l'ornementation classique des édifices georgiens de **Williamsburg**, ancienne capitale de la Virginie, en témoignent.
Sobre et d'une élégance un peu solennelle, le style georgien plaît à la nouvelle classe marchande, qui se fait construire de grandes demeures en bois, en pierre ou en brique dans les villes portuaires. Couronnée d'un toit à deux ou quatre versants, ou d'un toit brisé, la **maison georgienne** présente une façade dont la symétrie est soulignée par des rangées régulières de fenêtres à guillotine. Au centre, la porte d'entrée, surmontée d'une fenêtre semi-circulaire ou rectangulaire, est souvent flanquée de pilastres qui soutiennent un entablement, à la manière des baies palladiennes. Le chaînage des angles (en pierre ou en bois) est fortement souligné.
Ces maisons ouvrent sur un vestibule central équipé de cheminées ; plus grandes qu'auparavant, les pièces ont une destination désormais déterminée (salon de musique ou salle à manger) et sont décorées de boiseries ouvragées, de stucs et de coloris vifs. Dans les bourgs de campagne, la maison georgienne perpétue le plan traditionnel avec cheminée centrale, sans pour autant négliger l'ornementation extérieure.
Plusieurs exemples de ce style sont visibles en Pennsylvanie,

Le Capitole de Richmond, en Virginie.
Fotosearch RM/age fotostock

notamment à **Philadelphie** (Independence Hall, Carpenter's Hall, Christ Church, Woodford Mansion), ou dans le Maryland, à **Annapolis**. Bien que construite à la fin du 18e s., la **Maison-Blanche** (Washington) s'en inspire aussi.

NÉOCLASSICISMES

Après la guerre d'Indépendance, la mode dans les villes portuaires est au **style Adam**, un courant britannique néoclassique inspiré des maisons et villas romaines. Importé aux États-Unis sous le nom de **style fédéral**, il affiche des formes simples et claires, caractérisées par leur sobriété et leur raffinement. Guirlandes et gerbes décorent les murs, les manteaux de cheminée et les entrées, tandis que les pièces de forme ovale ou ronde constituent l'une des grandes nouveautés. Présent à **Philadelphie** (Physick House et quelques demeures de Society Hill), et à l'université de **Princeton**, dans le New Jersey, le style fédéral s'est propagé jusque dans les simples maisons villageoises, les modestes églises rurales et même les fermes.

Les architectes des bâtiments publics cherchent eux aussi leurs sources du côté de l'Antiquité. Inspiré de la Maison carrée de Nîmes, le modèle du Capitole de **Richmond** (1798), en Virginie, a irrigué le style néoclassique américain ou **style Jefferson**. Admirateur de l'architecture grecque antique, l'Anglais Benjamin Latrobe, arrivé aux États-Unis en 1796, construit la banque de Pennsylvanie (1800) à **Philadelphie** à l'image d'un temple athénien. Le style néo-grec gagne les édifices publics. La façade à « fronton de temple grec » prédomine dans les banques, les bâtiments administratifs, les églises et les résidences, à tel point que le style néoclassique sera qualifié de « **style national** ». Aux yeux de l'élite cultivée, il tisse un lien symbolique entre l'antique république grecque et la nouvelle Nation américaine.

L'ÉCLECTISME VICTORIEN

Les années 1830 voient le développement de la maison à **ossature croisée**, dite **balloon frame** (structure ballon). Légère et bon marché, elle est constituée d'une structure de pièces de bois standard, facile à assembler avec des clous. Annonçant la maison préfabriquée, elle est adaptée au mode d'installation des pionniers qui doivent construire des villes rapidement.

Alors que s'amorce en Angleterre l'ère victorienne, les maisons se parent de styles extrêmement divers, comme le **néogothique** – fenêtres en ogive, pignons pointus et corniches ouvragées – ou, plus formel, le **style italianisant** – tours carrées, toits en pente douce, corniches imposantes, fenêtres arrondies et portes à moulures. Encore plus élaborés, les édifices de **style Second Empire** présentent les caractéristiques italianisantes, auxquelles s'ajoutent un toit mansardé et une ornementation classique. On en trouve de beaux exemples parmi les demeures d'Embassy Row, à **Washington**.

Le très influent cabinet d'architectes McKim, Mead & White se taille une belle réputation avec ses maisons rustiques de **style Shingle** (style bardeau), dont les murs, les lucarnes et les moulures sont décorés de bardeaux, un style qui préfigure l'Arts and Crafts et le style Prairie.

Cependant, le **style Queen Anne** demeure le plus inventif et le plus pittoresque de ces sous-styles victoriens. Il est reconnaissable aux fenêtres en saillie, aux tours et tourelles richement décorées de treillis, bardeaux, volutes et balustres, et à l'utilisation de couleurs vives. Bordée de plus de trois cents demeures de cette époque, Grand Avenue, à **St Paul** (Minnesota), est l'une des avenues victoriennes les mieux préservées du pays.

Vers la fin du 19e s., **Henry Richardson** (1838-1886), né à Boston et formé à Paris, adapte les formes romanes de France et d'Espagne à un style typiquement américain, connu sous le nom de néoroman ou **roman richardsonien**. Caractérisé par ses arches lourdes et semi-circulaires, ses pierres grossièrement taillées et ses portes et fenêtres encastrées, il a la faveur des bâtiments publics (**Landmark Center** de St Paul), des églises et des gares.

VERTICALITÉ

Après la guerre de Sécession, la production de composants architecturaux en **fonte** et en **acier** entraîne un profond bouleversement en matière de construction. Dès 1870, l'usage de la fonte, du béton armé et l'ajout d'ascenseurs autorisent des hauteurs d'immeubles impossibles à atteindre en simple maçonnerie. **Louis Sullivan** (1856-1924), architecte établi à Chicago, et ses confrères, Daniel Burnham, William Le Baron Jenney, Dankmar Adler, William Holabird, Martin Roche, constituent de manière informelle la **première École de Chicago**. L'heure est à la reconstruction de la ville, ravagée par un incendie en 1871, et ces architectes mettent à profit les nouveaux matériaux pour construire des édifices toujours plus élevés, dont la structure en acier est revêtue de murs-rideaux non porteurs. Les espaces horizontaux et les colonnes verticales laissent voir le squelette de l'édifice et la cage d'ascenseur est couronnée par une corniche décorée avec emphase. Préfigurant le gratte-ciel moderne, les bâtiments de l'École

de Chicago atteignent jusqu'à vingt étages.
Le goût national pour les formes classiques n'est pas abandonné pour autant. En 1893, **Frederick Law Olmsted** (1822-1903), l'architecte paysagiste concepteur de Central Park, et **Daniel Burnham** (1846-1912) créent une très classique *White City* pour l'Exposition universelle de Chicago, réanimant le goût pour le vocabulaire néoclassique et pour le style dit **Beaux-Arts**. Dômes, portiques à fronton et larges escaliers continuent à s'épanouir sur les bâtiments fédéraux, les tribunaux, les bibliothèques, les musées (tel le Minneapolis Institute of Art) et les manoirs, sous la conduite d'architectes comme **Richard Morris Hunt** (1828-1895).
Pendant la décennie qui suit la Première Guerre mondiale, les entrepreneurs de **Manhattan** et de Chicago développent la notion de cité verticale afin d'accroître l'espace habitable. Les nouvelles technologies ne cessant de faciliter l'élévation des bâtiments, on leur reproche de cacher la lumière et de poser des problèmes de santé publique dans des rues déjà saturées par la pollution, en particulier à Chicago. Des mesures sont prises par différentes municipalités, imposant un rapport entre la surface au sol et la surface relative autorisée à grimper. La ville de **New York** adopte en 1916 une loi exigeant que les façades des gratte-ciel soient construites en retrait des rues.
À Chicago, la **Zoning law** en 1923 permet la pure verticalité jusqu'à 80 m et impose un retrait au-delà.

ART DÉCO

Pendant la décennie qui suit la Première Guerre mondiale, l'architecture célèbre la forme tri-dimensionnelle du gratte-ciel. Désormais, les buildings ne ressemblent plus à des maisons auxquelles on aurait ajouté des étages. Ils adoptent des plans au sol en U et des élévations en forme de chaise. Ainsi naissent les **gratte-ciel à gradins** *(setback skyscrapers)*, typiques de New York, mais visibles aussi à Chicago (Palmolive Building), donnant aux architectes tout loisir de jouer avec les formes. Influencé par l'exposition internationale des Arts décoratifs et industriels modernes tenue à Paris en 1925, le **style Art déco** adopte une esthétique aux lignes pures, aux arrangements cubiques et aux matériaux nouveaux. Ses éléments décoratifs et sculpturaux stylisés – chevrons, broches ou palmettes en matériaux brillants et réfléchissants – ornent nombre de sièges sociaux (Carbide & Carbon Building à Chicago), théâtres et hôtels. Les gratte-ciel de forme pyramidale, comme le building Chrysler ou l'Empire State Building à New York, symbolisent la puissance et le génie américains, tout comme les incroyables bâtiments qui fleurissent dans les centres-villes des cités en pleine expansion : le centre de **Detroit** réserve à cet égard de belles surprises.

HORIZONTALITÉ

Dans le Midwest, **Frank Lloyd Wright** (1867-1959), élève de Sullivan, et les architectes de l'école dite « de la Prairie » développent un style qui mêle environnement naturel et conception architecturale. Les maisons du **style Prairie** conçues par Wright (maison Robie à Chicago, Taliesin dans le Wisconsin, etc.) épousent le paysage plat de la région : les lignes horizontales sont mises en majesté, des toits plats ou à pente douce surmontent de longues rangées de fenêtres, des cloisons amovibles créent des espaces intérieurs flexibles, sur le modèle japonais qui influença l'architecte du Wisconsin.

Le mobilier

De l'époque coloniale à la fin du 19e s., les meubles américains ont subi l'influence des styles européens, en particulier anglais.

STYLE PILGRIM

Nettement marqué par les styles Tudor et jacobéen, le mobilier daté de 1620 à 1690 – coffres, tables, fauteuils et coffrets à bible – présente une inspiration encore médiévale. Il est généralement réalisé en chêne. Les coffres Hadley, Guilford et Sunflower, fabriqués dans le Connecticut et décorés de motifs floraux ou géométriques sculptés et peints, sont caractéristiques de cette époque.

WILLIAM AND MARY

Ce style est en vogue à la fin du 17e s. sous le règne de Guillaume III (d'Orange Nassau) et de Marie II Stuart, son épouse. L'influence du baroque flamand et les échanges avec l'Extrême-Orient introduisent de nouvelles techniques comme le tournage (pièces de bois travaillées au tour) et le laquage (motifs floraux ou paysages sur des surfaces laquées). Les commodes laquées, les coffres de bois fortement ouvragés et les chaises cannées ou à dossier garni de cuir sont très populaires.

QUEEN ANNE

Les années comprises entre 1720 et 1750 voient apparaître les lignes courbes et les pieds cambrés, ou pied-de-biche. Alors que le noyer, l'érable et le merisier remplacent le chêne, le décor tend vers plus de sobriété. La chaise Queen Anne se reconnaît à ses pieds galbés, sa large assise et son dossier à bords chantournés intégrant au centre un élément plat et étroit en forme de balustre. Importée d'Angleterre au début du 18e s., la **chaise Windsor** se distingue par son assise en bois et son dossier à baguettes verticales tenues par des pièces cintrées. Elle est restée populaire jusqu'à aujourd'hui au point d'être devenue typiquement américaine.

CHIPPENDALE

L'ébéniste londonien Thomas Chippendale emprunte des éléments des styles rocaille et orientaux pour créer ses recueils de modèles de meubles. Les meubles Chippendale (1750-1785), pour la plupart en acajou, reposent sur des pieds courbes se terminant par une griffe enserrant une boule, et présentent des dossiers finement chantournés.

STYLE FÉDÉRAL

L'architecte anglais Robert Adam et les ébénistes anglais George Hepplewhite et Thomas Sheraton ont inspiré ce style très populaire de 1785 à 1815. Il se définit par des lignes droites et légères et une décoration délicate faite de placages et de marqueteries de bois contrastés, d'incrustations. Le pied est généralement de section carrée, effilé et cannelé. Les dossiers des chaises Hepplewhite se signalent par leur forme de boucliers ajourés, tandis que les dossiers Sheraton sont droits.

Le salon du Traité à la Maison-Blanche s'inspire du style victorien.
SuperStock/age fotostock

STYLE EMPIRE

Importé d'Europe, ce style au décor chargé connaît son heure de gloire de 1815 à 1840. Inspiré de l'Antiquité grecque et égyptienne, il se caractérise par des dorures et des bronzes, des satins, des cariatides et des animaux ailés, des pieds léonins, des têtes de sphinx et des aigles.

STYLE VICTORIEN

Le mobilier de la période qui s'étend de 1840 à la fin du 19e s. prend un aspect éclectique en empruntant à tous les styles anciens : gothique, élisabéthain, Renaissance, rocaille… Le mobilier victorien est lourd et surchargé. Fauteuils et canapés sont abondamment capitonnés et garnis de velours ; la décoration comprend des tourelles, des formes de violons, des pendeloques, etc., et les tables à plateau de marbre ont la faveur du public.

MOBILIER SHAKER

Fabriquées à partir de 1800 jusqu'au milieu du 19e s., les chaises, tables et commodes shakers sont simples et fonctionnelles. Ce mobilier aux lignes pures est le plus souvent d'excellente facture. La chaise shaker se caractérise par un dossier en barreaux d'échelle et un siège en vannerie.

FORME ET FONCTION

Dans les années 1930, des architectes européens, en particulier **Ludwig Mies van der Rohe** (1886-1969) et **Walter Gropius** (1883-1969) – créateur de l'école du Bauhaus en Allemagne –, développent aux États-Unis une architecture fonctionnelle, sans ornement, en rupture délibérée avec les styles du passé. La forme doit naître de la fonction, tel est le credo des tenants du Mouvement moderne ou **style international**, qui se répand dans le monde entier et marque durablement l'architecture américaine juqu'aux années 1960. C'est le cas du **Seagram Building** bâti en 1958 par Ludwig Mies van der Rohe à New York. L'effet « cage de verre » fera plus d'un émule dans les grands centres urbains des États-Unis.

L'ARCHITECTURE CONTEMPORAINE

Au cours des années 1970, le développement des structures rigides permet la construction à Chicago de la **tour Sears** (aujourd'hui Willis Tower), longtemps la plus haute du monde avec ses 443 m et ses 110 étages. Depuis, des architectes comme **Frank Gehry** (né en 1929), **Philip Johnson** (1906-2005), **Ieoh Ming Pei** (né en 1917), **Michael Graves** (né en 1934) ou **Robert Venturi** (né en 1925), ont pris leurs distances avec le fonctionnalisme du style international. Tout en rendant hommage au passé par une libre interprétation des motifs historiques, leurs créations postmodernes ont recours aux nouvelles technologies et aux matériaux innovants. Les architectes d'aujourd'hui ont en tête la **préservation de l'environnement**, un principe qu'ils ne manquent pas de mettre en œuvre dans les bâtiments industriels qu'ils réhabilitent, à l'exemple des minoteries de **Minneapolis** ou des entrepôts désaffectés de **Milwaukee**. L'un des derniers bâtiments « verts » à avoir vu le jour est l'emblématique **One World Trade Center** (New York) qui se dresse à l'emplacement des tours jumelles détruites par les attentats du 11-Septembre.

La peinture

Influencée à ses débuts par l'art européen, la peinture américaine est marquée par une quête identitaire. Montrer la vie quotidienne, les grands hommes

FALLINGWATER : LA MAISON SUR LA CASCADE

En 1935, Edgar J. Kaufmann, propriétaire d'un grand magasin de Pittsburgh, charge **Frank Lloyd Wright** de transformer sa propriété, située à 120 km au sud-est de Pittsburgh, en lieu de villégiature. Saluée en 1939 par le *New York Times* comme « la plus sublime intégration de l'homme et de la nature » jamais réalisée par Wright, Fallingwater, qui surplombe une chute d'eau haute de 6 m, surgit du paysage environnant, au cœur des Allegheny Mountains. La construction est une remarquable illustration des idées de son concepteur : les armatures de soutien s'étendent bien au-delà du point direct de support et permettent ainsi l'édification de terrasses, en dépit de la formation calcaire sur laquelle elle repose. La **salle de séjour** (500 m^2) constitue l'espace le plus spectaculaire : presque entièrement vitrée, la pièce offre une vue ininterrompue sur les bois alentour.
www.fallingwater.org

Our Heaven Born Banner, par Frederic Edwin Church.
Stocktrek Images/Getty Images

mais aussi la nature en majesté sont les intentions qui animent les premiers artistes nationaux.

LES PREMIERS PEINTRES AMÉRICAINS

Parfois appelé le père de la peinture américaine, **Benjamin West** (1738-1820), né à Philadelphie, passe à Londres la dernière partie de sa carrière après un périple en Europe où il s'imprègne des œuvres des grands maîtres. Il est le premier artiste américain à atteindre une renommée internationale. Plusieurs artistes ont été formés dans son atelier londonien, notamment **Gilbert Stuart** (1755-1828), célèbre pour ses portraits à l'huile de George Washington, et **Charles Willson Peale** (1741-1827), considéré comme le premier peintre résident de l'histoire américaine, fondateur, en 1805 avec le sculpteur William Rush, de l'**académie des Beaux-Arts** de Pennsylvanie, la première école du genre en Amérique, un lieu où seront à leur tour formées des générations de peintres américains.

PEINDRE L'AMÉRIQUE

Arrivé d'Angleterre à Philadelphie en 1818, **Thomas Cole** (1801-1848) entreprend de peindre les étendues préservées de la vallée de l'Hudson et des Catskill Mountains. Considéré comme le premier peintre paysager du pays, il est à l'origine de l'**Hudson River School**. Ce mouvement regroupe des peintres américains, influencés par le romantisme européen et par la tradition du paysage classique (Poussin, Lorrain, Turner), actifs entre les années 1820 et 1880, qui s'attachèrent en premier lieu à traduire la beauté des paysages américains (en particulier les lointains bleutés de la vallée de l'Hudson). Parmi eux, **Frederic Edwin Church** (1826-1900) et **Louis Rémy Mignot** (1831-1870) ont peint les chutes du Niagara de façon spectaculaire.

Particulièrement sensibles aux effets de lumière, les paysagistes américains ont parfois été rangés sous l'étiquette du **luminisme**. C'est le cas de Fitz Hugh Lane (1804-1865), peintre de marines, de Martin Johnson Heade (1819-1904), peintre paysagiste de Pennsylvanie, et de George Caleb Bingham (1811-1879), originaire du Missouri et premier peintre d'envergure du Midwest. Proches pour certains de l'Hudson River School, ils s'en distinguent par l'éventail plus large de leurs sujets et par leur attachement à traduire une forme de quiétude quasi mystique.

VERS L'IMPRESSIONNISME

Né dans la Massachusetts, formé en Russie et à Paris où il s'établit en 1855, **James Abbott McNeill Whistler** (1834-1903) est à l'origine d'un changement radical dans l'art américain en bannissant le bitume, les ombres, l'opacité et la peinture épaisse au profit de coloris clairs et harmonieux, de l'esquisse et de la suggestion du trait ébauché. La peinture doit agir sur l'imaginaire comme la musique sur l'oreille, par lente osmose.

John Singer Sargent (1856-1925), qui travaille également en Europe, est surtout connu pour ses portraits des membres de la haute société, restitués de façon exquise. Originaire de Philadelphie, **Mary Cassatt** (1844-1926), qui a passé la plus grande partie de sa vie à Paris, a été très influencée par les **impressionnistes**, courant dont elle est l'une des représentantes majeures dans son pays.

Également engagé en faveur des impressionnistes, **William Merritt Chase** (1849-1916) en vient à créer sa propre école à New York en 1896 (aujourd'hui Parsons) ; il est l'un des portraitistes les plus importants de son temps.

UNE PEINTURE EN RUPTURE

Les peintres post-impressionnistes **Maurice Prendergast** (1858-1924) et **Thomas Eakins** (1844-1916), originaire de Philadelphie, s'émancipent de l'art académique en défendant une peinture réaliste. Élève d'Eakins, **Henry Ossawa Tanner** (1859-1937), premier peintre noir américain à accéder à la renommée hors des États-Unis, s'éloignant lui aussi de la tradition, préfère restituer ses expériences à travers des œuvres empreintes d'une profonde spiritualité. L'œuvre d'Eakins influença **Robert Henri** (1865-1929), formé à l'académie des Beaux-Arts de Philadelphie, puis à Paris. Avec un groupe d'artistes, tels **George Luks** (1867-1933), **William Glackens** (1870-1938) ou **John Sloan** (1871-1951), il réagit à l'art trop léché d'un Chase et aux sujets légers de l'impressionnisme en abordant les âpres réalités de la vie quotidienne dans les quartiers populaires à New York. Les artistes, qui se voulaient les journalistes de la peinture, n'hésitaient pas à montrer les détails les plus triviaux, jusqu'aux poubelles sur les trottoirs, qui donnèrent leur nom au mouvement : l'**Ashcan School** (école de la Poubelle).

UN TOURNANT DANS L'ART

En 1905, le photographe **Alfred Stieglitz** (1864-1946) ouvre à New York, avec **Edward Steichen** (1897-1973), la **galerie 291** (291 Fifth Ave), où il défend la place de la photographie et montre les artistes européens d'avant-garde, de Matisse à Marcel Duchamp.

Il donne là une tribune à de jeunes artistes comme **Marsden Hartley** (1877-1943), **Arthur Dove** (1880-1946), premier peintre abstrait américain, et **Georgia O'Keeffe** (1887-1986), qui deviendra sa compagne.

Le 17 février 1913 ouvre à New York l'International Exhibition of Modern Art, qui rassemble 1600 œuvres, dont un tiers venues

PEINDRE DANS LES VILLES

Né dans les années 1960, le graffiti connaît depuis les années 1990 un prolongement grand public et commercial communément appelé Street Art. Ce dernier a conquis les murs des grandes villes américaines sous différentes formes, le tag, le pochoir, la sculpture, la mosaïque ou encore la peinture. Si les fresques murales réalisées en nombre à **New York** par Franco the Great, le « Picasso de Harlem » *(www.francothegreat.com)*, dans le quartier de Spanish Harlem, ou encore à 5 Pointz, dans le Queens, contribuent à faire de Big Apple l'un des hauts lieux du genre, c'est en réalité à **Philadelphie** que revient le titre de capitale des *murals*. Depuis 1984, la ville a vu naître dans le cadre du Mural Arts Program plus de 3000 peintures murales, créant la plus grande galerie d'art à ciel ouvert au monde *(www.muralsart.org)*. D'autres villes de la côte est tirent parti de cette forme d'expression, souvent « sauvage » à ses débuts. Depuis 1975, le **Baltimore Mural Program**, plus modeste, a contribué à la réalisation de plus de 250 peintures à travers la ville, dans le même souci de combattre la dégradation des quartiers et d'impliquer les habitants dans leur embellissement *(www.baltimorearts.org)*. Lancé en 2012, le **Richmond Mural Program** s'est donné pour ambition de faire de la cité de Virginie la première destination du pays en la matière : chaque année, des artistes du monde entier *(http://richmondmuralproject.wordpress.com)* sont invités à venir s'exprimer ici ; déjà, une cinquantaine de peintures murales, issues de différents projets, sont visibles à travers la ville.

Pour en savoir plus sur les murals, *en Amérique et ailleurs : murallocator.org.*

d'outre-Atlantique. L'**Armory Show**, qui tire son nom du lieu où elle est organisée, le magasin d'armes du 69e régiment sur Lexington Avenue, accueille plusieurs centaines de milliers de visiteurs. Post-impressionnisme, fauvisme, cubisme, déformations, provocations crûment agressives, couleurs tapageuses, contours enfantins, le public attiré par la rumeur de scandale découvre médusé l'avant-garde européenne encore peu diffusée aux États-Unis. À rebours du public incrédule ou railleur, les collectionneurs américains, Walter Arensberg, Lillie P. Bliss, le Dr Barnes et Duncan Phillips, entre autres, trouvent là leur vocation.

LA PEINTURE D'UN QUOTIDIEN

La vie quotidienne inspire les œuvres de l'ère de la Dépression, comme celles de **Stuart Davis** (1882-1964), élève de Henri, ou d'**Edward Hopper** (1882-1967), influencé par l'Ashcan School.

La vie de la communauté noire de Harlem dans les années 1930 est à la source du travail du peintre afro-américain **Jacob Lawrence** (1917-2000), qui associe des formes audacieuses et des couleurs primaires pour créer des œuvres sociales éloquentes, dont la meilleure illustration demeure son tableau composé de soixante panneaux retraçant la migration des Noirs du Sud rural vers le Nord industriel (Washington, Phillips Collection).

Au cours de la même période, dans le Midwest, **Thomas Hart Benton** (1889-1975) et **Grant Wood** (1891-1942) brossent le portrait d'une Amérique rurale gagnée par l'industrialisation. L'œuvre de Wood la plus célèbre est *American Gothic* (1930 ; Chicago Art Institute), double portrait stylisé d'un pasteur paysan et de sa fille.

DE NOUVEAUX COURANTS

La Seconde Guerre mondiale entraîne l'afflux à New York d'une vague d'**artistes européens**, tels Max Ernst, Yves Tanguy et Salvador Dalí. Ils croisent d'autres exilés, l'Arménien **Arshile Gorky** (1904-1948), le Chilien **Roberto Matta** (1911-2002), tandis que l'artiste d'origine allemande **Hans Hofmann** (1880-1960) enseigne à New York. Au cours des années 1940, les ferments sont réunis pour qu'émerge de ce nouveau creuset de l'art contemporain l'**expressionnisme abstrait**. Parmi les adeptes de ce mouvement artistique radical figurent les défenseurs de l'**Action Painting** – tels **Jackson Pollock** (1912-1956), son initiateur, **Willem De Kooning** (1904-1997) et **Franz Kline** (1910-1962) – ou les représentants du **Color Field** (ou abstraction chromatique) comme **Mark Rothko** (1903-1970) et **Barnett Newman** (1905-1970). Parallèlement, le peintre **Andrew Wyeth** (1917-2009) et l'illustrateur **Norman Rockwell** (1894-1978) s'attachent à peindre, non sans nostalgie, la vie quotidienne américaine et les personnages de l'Amérique rurale, en réaction à une transformation trop rapide de la société.

Le développement de la société de consommation associé à celui des médias et de la publicité inspire une nouvelle génération d'artistes. Les objets américains font partie intégrante des œuvres de **Robert Rauschenberg (**1925-2008) qui, après avoir réduit le tableau à la nature essentielle de la peinture dans ses monochromes des années 1950, interroge dans la décennie suivante la banalité de l'objet et la reproductibilité de l'image. Il partage sa fascination pour les ready-made de Marcel Duchamp avec son ami et amant **Jasper Johns** (né en 1930) dans une démarche néo-dada. Les *Flags* et les *Targets* de ce dernier tournent le dos de façon radicale, dès les années 1950, à l'expressionnisme abstrait. Dans les années 1960, les artistes du **Pop Art**, Andy Warhol (1928-1987), Roy Lichtenstein (1923-1997), James Rosenquist

INDISPENSABLES MÉCÈNES

Pas de collections royales en Amérique! Beaucoup de musées publics ou privés ont pour origine le legs d'un industriel ou d'un banquier philanthrope, dont il n'est pas rare de retrouver les noms aux murs d'une salle ou d'une aile de ces temples de l'art. Parmi les plus connus : à Philadelphie, la collection de la **fondation Barnes**, rassemblée par un médecin amateur d'impressionnisme et de post-impressionnisme français *(p. 148)*; à Baltimore, le **Walters Art Museum** *(p. 197)*, reflet des goûts éclectiques d'un baron du rail et de son fils, ainsi que le **Baltimore Museum of Art** *(p. 189)* où figurent en bonne place les Matisse des sœurs Cone; à Washington, la **National Gallery of Art** *(p. 245)*, les **Freer and Sackler Galleries** *(p. 242)*, remarquables pour leurs collections d'art asiatique et le **Hirshhorn Museum** *(p. 250)*, réputé pour l'art contemporain, ont aussi pour fondement la passion d'un homme; et c'est celle d'une femme qui a donné naissance à l'**Isabella Stewart Gardner Museum** *(p. 117)* de Boston. L'**Art Institute of Chicago** *(p. 409)* s'appuie sur les collections des Field, des Palmer et des Ryerson, grandes fortunes locales; quant au **Detroit Institute of Arts** *(p. 357)*, il compte un nombre incalculable de pièces léguées par les Ford et les Dodge, grandes familles de l'industrie automobile.

American Gothic (détail), 1930, de Grant Wood, Art Institute de Chicago.
The Print Collector/Heritage image/age fotostock

(né en 1933) et le sculpteur Claes Oldenburg (né en 1929), adoptent la culture populaire dans des œuvres créées à partir de produits commerciaux, de bandes dessinées et de panneaux publicitaires.

Les années 1960 voient l'émergence de l'**art conceptuel**, mouvement prônant la préséance des idées sur les objets, dont Marcel Duchamp et René Magritte sont les précurseurs. Des artistes tels que **Robert Barry** (né en 1936), **Nam June Paik** (1932-2006), premier artiste du mouvement d'**art vidéo**, ou encore la photographe **Cindy Sherman** (née en 1954) sont représentatifs de ce courant.

Après la débâcle du Vietnam et dans le contexte de crise des années 1970, l'hyperréalisme d'un **Richard Estes** (né en 1932), puis les graffitis d'un **Keith Haring** (1958-1990) ou d'un Jean-Michel Basquiat (1960-1988), ou encore le néo-expressionnisme d'un **Julian Schnabel** (né en 1958) sont autant de tendances qui traversent l'art américain contemporain.

Littérature

La littérature américaine est née avec les écrits des premiers colons de Virginie et de Nouvelle-Angleterre. Elle reflète ensuite l'émergence des États-Unis au cours de la création, l'expansion, l'industrialisation, l'urbanisation de la nation et des conflits qu'elle a connus.

Vers l'indépendance

L'époque coloniale voit principalement éditer des sermons, des récits, des textes religieux, des traités de politique et des almanachs. **Benjamin Franklin** (1706-1790, p. 135) entame en 1732 la rédaction de son *Almanach du bonhomme Richard*, un condensé humoristique de calendriers, proverbes, informations pratiques et sciences en vogue. Au cours des années précédant la guerre d'Indépendance, l'opinion est relayée par de nombreux quotidiens, placards et tracts politiques. C'est un Anglais, **Thomas Paine** (1737-1809), qui retourne la population coloniale contre la Grande-Bretagne, par son pamphlet *Le Sens commun* (1776) en faveur de l'indépendance.

19e SIÈCLE

La littérature populaire du début du 19e s. trouve ses lecteurs en paraissant par épisodes dans les journaux ou par extraits dans des brochures à bon marché. **James Fenimore Cooper** (1789-1851) décrit la disparition programmée de la vie sauvage dans ses *Récits de Bas-de-Cuir*, parmi lesquels figure le roman *Le Dernier des Mohicans* (1826). Le premier écrivain américain à connaître une renommée mondiale est **Washington Irving** (1783-1859), auteur de *Rip van Winkle* (1820) et de *La Légende de Sleepy Hollow* (1820). Les poèmes et les nouvelles gothiques d'**Edgar Allan Poe** (1809-1949) font frissonner d'horreur ses lecteurs (*La Chute de la maison Usher*, 1839).

Les chefs de file du transcendantalisme, **Ralph Waldo Emerson** (1803-1882) et **Henry David Thoreau** (1817-1862), installés dans la région de Boston, placent la Nouvelle-Angleterre au premier plan de la pensée et de l'expression littéraire américaines. À Boston, James Russell Lowell participe à la fondation de la revue littéraire **Atlantic Monthly**. **Nathaniel Hawthorne** (1804-1864) explore les préceptes puritains dans ses romans (*La Lettre écarlate*, 1850). La poétesse solitaire **Emily Dickinson** (1830-1886), née à Amherst dans le Massachusetts, rédige plus de mille strophes lyriques, dont la plupart ne seront découvertes qu'après sa mort. Quelque part dans le Nord-Est, **Herman Melville** (1819-1891)écrit son roman maritime épique *Moby Dick* (1851) après 18 mois passés sur un baleinier. **Harriet Beecher Stowe** (1811-1896) attise le mouvement abolitionniste avec *La Case de l'oncle Tom* (1852). Le poète **Walt Whitman** (1819-1892) publie la première version de son recueil *Feuilles d'herbe* en 1855.

Herman Melville en 1861.
Mary Evans Picture Library/Photononstop

Alors que la Nation s'étend en cette seconde moitié du 19e s., le **régionalisme** émerge. Samuel Clemens (1835-1910), humoriste célèbre sous son nom de plume **Mark Twain**, recrée le parfum de son enfance dans une ville au bord du Mississippi (*Les Aventures de Tom Sawyer*, 1876). Dans le Sud, les *Histoires de l'oncle Remus*, écrites par le Géorgien **Joel Chandler Harris** (1848-1908) à partir de récits oraux afro-américains, sont parmi les plus belles de la littérature populaire noire. **Richard M. Johnston** (1822-1898) dépeint la vie rurale de Géorgie dans des histoires humoristiques et **George Washington Cable** (1844-1925) décrit la société créole de La Nouvelle-Orléans.

20e SIÈCLE

Le quartier de **Greenwich Village** à New York est la capitale bohème des États-Unis en ce début de siècle. Le ferment culturel créé par les écrivains, les artistes et les comédiens qui s'y installent est accompagné par l'émergence de magazines littéraires où paraissent les œuvres du poète expérimental **E. E. Cummings** (1894-1862) et de l'écrivain et poète engagé **Floyd Dell** (1887-1962). **Eugene O'Neill** (1888-1953), dont on joue les pièces à Greenwich Village, s'impose comme le plus grand dramaturge de l'époque. Quant à **Francis Scott Fitzgerald** (1896-1940), il s'autoproclame principal chroniqueur de l'ère du jazz (*Gatsby le Magnifique*, 1925). L'Exposition universelle de 1893 à Chicago donne lieu à une renaissance littéraire de la ville, qui sert de toile de fond au réalisme social de **Henry Blake Fuller** (1857-1929) (*Les Gens de Cliff*, 1893), **Theodore Dreiser** (1871-1945) (*Sister Carrie*, 1900), **Frank Norris** (1870-1902) (*La Corbeille*, 1903) et **Upton Sinclair** (1878-1968) (*La Jungle*, 1906). L'Amérique des petites villes est évoquée dans les œuvres de **Sherwood Anderson** (1876-1941) (*Winesburg, Ohio*, 1919), **Sinclair Lewis** (1885-1951) (*Main Street*, 1920) et du dramaturge

Thornton Wilder (1897-1975) (*Notre ville*, 1938).

Après la Première Guerre mondiale, un grand nombre d'auteurs vivent à Paris. Dans le salon littéraire de Gertrude Stein se croisent **Henry Miller** (1891-1980), **William Carlos Williams** (1883-1963) et **Ernest Hemingway** (1899-1961), qui décrira, dans *Paris est une fête* (1964), le bouillonnement intellectuel du Paris des années 1920.

Dans les années 1930, l'écrivain du Mississippi **William Faulkner** (1897-1962) exploite le cadre de son enfance dans une série de récits examinant les tensions sociétales, raciales et morales du Sud. Son œuvre sonne le coup d'envoi d'un renouveau de la **littérature du Sud** avec Marjorie Kinnan Rawlings (1896-1953) (*Le Yearling*, 1938), Carson McCullers (1917-1967) (*Le cœur est un chasseur solitaire*, 1940), Robert Penn Warren (1905-1989) (*Les Fous du roi*, 1946), les romancières Eudora Welty (1909-2001) (*Mariage au delta*, 1946) et Flannery O'Connor (1925-1964) (*La Sagesse dans le sang*, 1952), et le dramaturge **Tennessee Williams** (1911-1983) (*La Chatte sur un toit brûlant*, 1955).

La **littérature noire américaine** du 20e s. tire son inspiration de la célébration de la culture noire, de la bataille pour l'intégration et les droits civiques, et de la vie quotidienne des Noirs, dans le Sud comme dans le Nord.

La Renaissance noire des années 1920 attire à Harlem des artistes de l'est du pays : le poète Langston Hughes (*Le Noir parle des fleuves*, 1921), Ralph Ellison (*Homme invisible, pour qui chantes-tu ?*, 1952) et l'anthropologue Zora Neale Hurston (*Des mulets et des hommes*, 1935). Les bas quartiers de Chicago forment la trame de l'œuvre de Richard Wright (*L'Enfant du pays*, 1940) et de la poétesse Gwendolyn Brooks (*The Bean Eaters*, 1960). Parmi les contemporaines se trouvent Maya Angelou (poème à l'occasion de l'investiture de Bill Clinton en 1993), la poétesse Rita Dove (*Thomas and Beulah*, 1986), **Toni Morisson** (*Beloved*, 1987) et Alice Walker (*La Couleur pourpre*, 1982).

La ville de New York est considérée comme la capitale littéraire des États-Unis (Philip Roth, Paul Auster), mais les auteurs contemporains fourmillent dans tous les États de l'Est. Parmi les plus reconnus figurent les romanciers **Tom Wolfe** (*Le Bûcher des vanités*, 1987) et **John Updike** (la série des *Rabbit*, s'achevant en 1990 avec *Rabbit au repos*), ainsi que les auteurs dramatiques **Wendy Wasserstein** (*The Heidi Chronicles*, 1988) et **Edward Albee** (*Qui a peur de Virginia Woolf ?*, 1964).

Parmi les romanciers de la génération qui émerge après 1990, signalons **Jonathan Franzen** et **Richard Powers** et, depuis 2000, **Joshua Ferris**, tous nés dans l'Illinois…

BOB DYLAN PRIX NOBEL DE LITTÉRATURE !

À 75 ans, le légendaire songwriter originaire de Duluth, dans le Minnesota, s'est vu décerner le prix Nobel de Littérature 2016, « pour avoir créé dans le cadre de la grande tradition de la musique américaine de nouveaux modes d'expression poétique », a précisé la secrétaire générale de l'académie suédoise. L'Américain est le premier musicien à être récompensé depuis la création du prix en 1901. Du folk au blues, du rock à la country, Bob Dylan incarne avec ses ballades poétiques et mélancoliques une histoire de l'Amérique à lui seul. Il a sorti son 37e album, *Fallen Angels*, en mars 2016.

Musique

L'est des États-Unis a été un extraordinaire vivier de talents musicaux, aussi divers qu'originaux. Les musiques les plus novatrices comme les plus traditionnelles y ont trouvé un cadre favorable et la plupart des villes, même de taille modeste, possèdent un orchestre symphonique ou de chambre. Bien que New York ait longtemps représenté le cœur de la production de l'est du pays, la création musicale est loin de se cantonner aux limites de Big Apple.

Cantiques et chansons populaires ont inspiré les compositeurs américains, à l'image de leurs homologues européens. Formé à l'université de Yale, dans le Connecticut, **Charles Ives** (1874-1954) s'inspira aussi bien des danses que de la musique sacrée et intégra à ses partitions complexes divers matériaux sonores. Originaire de Pennsylvanie, **Samuel Barber** (1910-1981), dont l'*Adagio pour cordes* est un chef-d'œuvre de beauté et de sérénité, préféra une approche plus mélodique de la composition musicale. Sans doute l'esprit pionnier des Américains possède-t-il en **Aaron Copland** (1900-1990), originaire de Brooklyn, son plus parfait représentant, comme en témoigne *Appalachian Spring*, inspiré d'une chanson shaker. **George Gershwin** (1898-1937), également né à Brooklyn, composa surtout pour la chanson, la comédie musicale et le cinéma. Deux œuvres témoignent de sa prédilection pour le jazz, *Rhapsody in Blue* et le *Concerto pour piano en fa*.

SINGIN' THE BLUES

Le long du delta du Mississippi, dès la fin des années 1890, le blues se développa principalement parmi les joueurs de guitare ou d'harmonica afro-américains. Si Memphis et La Nouvelle-Orléans, où les artistes prospéraient dans les bars clandestins de la Prohibition, sont considérés comme les berceaux du blues, le genre s'est développé aussi dans le Nord, à **Chicago**, où une importante main-d'œuvre noire émigra au début du 20e s., fuyant la ségrégation raciale du Sud. Sous l'impulsion de grands musiciens comme **Muddy Waters** (1915-1983) ou **B. B. King** (né en 1925), le blues est devenu l'une des formes musicales les plus représentatives des États-Unis et a inspiré nombre de musiciens comme **Eric Clapton** ou **Bob Dylan**.

ALL THAT JAZZ

Première forme de jazz à avoir connu un large succès, le **ragtime** naquit dans les années 1890. Son plus illustre interprète, à la virtuosité inégalée, demeure le pianiste et compositeur afro-américain **Scott Joplin** (1868-1917). La Nouvelle-Orléans est traditionnellement considérée comme le berceau du jazz, influencé par les réunions d'esclaves de Congo Square. Au début du 20e s., de petits ensembles à vent interprètent des mélodies souvent

TOUS EN SCÈNE

Les comédies musicales plongent leurs racines dans le burlesque, l'opéra-comique et le vaudeville. Dans les années 1920 et au début des années 1930, les productions brillantes, les intrigues comiques et les numéros chantés et dansés créés par **Jerome Kern**, **Irving Berlin**, **Cole Porter** ou **George et Ira Gershwin** procuraient une échappatoire bienvenue aux soucis de la vie quotidienne. La pièce *Oklahoma!* de R. Rodgers et O. Hammerstein II imprima en 1943 une impulsion au genre, car les auteurs intégrèrent des parties musicales à l'intrigue et présentèrent un ballet sérieux. Cette tendance fut reprise par Jule Styne, Frank Loesser ou encore **Leonard Bernstein**, compositeur de *West Side Story* (1957). Les chansons sophistiquées et les intrigues originales d'œuvres telles que *A Little Night Music* de **Stephen Sondheim** donnèrent une direction nouvelle dans les années 1970. Cette décennie vit également le succès des metteurs en scène et chorégraphes **Jerome Robbins**, **Bob Fosse**, **Tommy Tune** et **Michael Bennett**, dont la comédie musicale *A Chorus Line* a été la plus longtemps jouée à Broadway (1975-1990). Aujourd'hui, on peut voir des productions de Broadway dans toutes les grandes villes américaines.

improvisées et soutenues par une section rythmique entraînante. Par la suite, le **dixieland** (du surnom donné au Sud, « Dixie »), musique haute en couleur, intègre le banjo et les solos instrumentaux, dont l'interprétation simultanée crée une ambiance magique. Le pianiste **Jelly Roll Morton** (1885-1941), le clarinettiste **Sidney Bechet** (1897-1959), puis le trompettiste **Louis Armstrong** (1901-1971), joueront un rôle majeur dans la diffusion de cette musique. Suivant de près les premiers développements du jazz, apparaît le **big band**, grand ensemble qui, avec le soutien de la radio, prospère des années 1920 à la Seconde Guerre mondiale. **Glenn Miller** et **Benny Goodman** comptent parmi ses plus grandes figures. Les orchestres de swing développent au sein de ces formations un son plus jazzy, donnant naissance au swing, danse très populaire entre 1930 et 1945 et qui connaît aujourd'hui un regain de succès. À la fois pianiste, chef d'orchestre, compositeur et interprète, **Duke Ellington** (1899-1974) est l'un des géants de la scène musicale américaine, depuis ses premières prestations au **Cotton Club** de New York jusqu'à la musique sacrée composée à la fin de son existence. Et c'est au sein de ces orchestres de jazz que des crooners tels que **Frank Sinatra** (1915-1998) commencèrent leur carrière.

ROCK'N ROLL

Le milieu des années 1950 voit l'explosion du rock'n'roll sur la scène américaine. Plusieurs artistes, au nombre desquels **Fats Domino**, **Little Richard** et surtout **Elvis Presley**, installé à Memphis, combinèrent l'influence du jazz et du blues avec les guitares électriques, les solos de basse complexes et les rythmes énergiques. Très populaire auprès d'un public majoritairement adolescent, le rock incarna une culture prônant la liberté et le rejet des normes sociales. Le guitariste **Chuck Berry**, le chanteur **Buddy Holly** et le pianiste **Jerry Lee Lewis** suscitèrent de nombreux émules.

PICKIN'AND GRINNIN'

Nashville (Tennessee) est la capitale de la musique country, un

Gospel Festival, Pavillon Jay Pritzker à Chicago, conçu par Frank O. Gehry.
F. Dyan/Michelin

genre qui demeure extrêmement populaire. Enracinée dans la musique des pionniers, la country possède probablement en **Hank Williams** (1923-1953) son meilleur interprète. Variante de la country, la musique **bluegrass** s'est développée dans la région des Appalaches, grâce, entre autres, au guitariste virtuose **Doc Watson** et au légendaire **Earl Scruggs**. Aujourd'hui, aux côtés de la toujours active **Dolly Parton**, la jeune génération, qui compte dans ses rangs les chanteuses **Faith Hill,** Carrie Underwood, **LeAnn Rimes** ou encore **Taylor Swift**, à la limite de la pop, renouvelle le genre. Diffusée tous les samedis sur la chaîne de radio NPR, l'émission *A Prairie Home Companion*, enregistrée en public, souvent depuis le Fitzgerald Theater de St Paul, est toujours très populaire.

TENDANCES

Detroit, la capitale américaine de l'industrie automobile, est aussi un foyer musical de premier ordre. C'est là qu'est né le label **Motown**, toujours actif, qui édita les grands noms du rhythm'n'blues et de la pop (*p. 350*). Premier chanteur blanc de rap, un genre urbain né dans les ghettos noirs à la fin des années 1970, **Eminem** (né en 1972) a connu le succès à Detroit, tout comme **Derrick May** (né en 1963), considéré comme le fondateur de la techno, ou **Kid Rock** (né en 1971), le « fils de Detroit », qui mélange le rock, le rap et la country. De fait, la musique populaire contemporaine reflète aujourd'hui une myriade de styles et d'influences. Dans les années 1980, une vague de musiciens représentée par des artistes comme **Prince** (1958-2016) donnèrent naissance à Minneapolis à un courant musical propre, le Minneapolis sound, mélange hybride de funk, rock, pop et new wave.

Aujourd'hui, le **rock alternatif** a pour une plus grande part succédé aux groupes des mouvements acid rock et heavy metal, formés durant les années 1970 et 1980.

54/Cermak

ORGANISER SON VOYAGE

Perspective sur la Trump Tower du métro de Chicago.
R. Ellis/age fotostock

Types de séjour

ART ET CULTURE	
Grands musées d'art	**New York** : MET, MoMA ; **Boston** : Museum of Fine Arts, Isabella Stewart Gardner Museum ; **Philadelphie** : Pennsylvania Academy of the Fine Arts, Barnes Foundation, Museum of Art ; **Baltimore** : Walters Art Museum, Museum of Art ; **Washington DC** : Freer and Sackler Galleries, National Gallery of Art, National Museum of African American History and Culture, Phillips Collection, National Portrait Gallery and Smithsonian American Art Museum, National Museum of Women in the Arts ; **Chicago** : Art Institute ; **Richmond** : Museum of Fine Arts ; **Milwaukee** : Art Museum ; **Minneapolis** : Walker Art Center, Sculpture Garden, Institute of Art ; **Detroit** : Institute of Arts.
Architecture	**New York** : Empire State Building, pont de Brooklyn ; **Boston** : 200 Clarendon, Harvard University, Beacon Hill ; **Philadelphie** : Eastern State Penitentiary ; **Chicago** : Downtown et plus particulièrement South Michigan Avenue, The Loop, Willis Tower ; Oak Park ; **Milwaukee** : St Joan of Arc Chapel, Old World Third Street, Historic Third Ward ; **Madison** : Monoma Terrace Community and Convention Center ; **Taliesin** ; **Minneapolis** : Foshay Tower, Mill District ; **St Paul** : Landmark Center ; **Detroit** : Guardian Building, Greenfield Village.
Demeures anciennes	**Philadelphie** : Fairmount Park Mansions ; **Brandywine Valley** ; **Cape May** ; **Hudson Valley** ; **Washington DC** : Embassy Row, Georgetown ; **Old Town Alexandria** ; **Mount Vernon** ; **Williamsburg** ; plantations de la **James River** ; **Charlottesville** ; **Monticello** ; **Chicago** : Gold Coast et Astor Street, Oak Park ; **Milwaukee** : Pabst Mansion ; **St Paul** : James J. Hill Mansion, Summit Avenue ; **Detroit** : Edsel Ford House, Meadow Brook Hall.
Musique et théâtre	**Philadelphie** : Kimmel Center for the Performing Arts ; **Washington DC** : John F. Kennedy Center for the Performing Arts ; **Chicago** : clubs de jazz et blues, comédies musicales, Chicago Symphony Orchestra ; **Minneapolis** : scène théâtrale, First Avenue Club ; **St Paul** : Schubert Club Museum, St Paul Chamber Orchestra, Prairie Home Companion (Fitzgerald Theater) ; **Detroit** : Motown Historical Museum, Detroit Symphony Orchestra.

ART ET CULTURE	
Histoire	**New York** : statue de la Liberté et Ellis Island, nouveau World Trade Center ; **Boston** : Paul Revere House, Tea Party Ship Museum ; **Philadelphie** : Independence NHP ; **Gettysburg** ; **Baltimore** : Fell's Point, Fort McHenry ; **Annapolis** ; **Washington DC** : Capitole, Maison-Blanche, Librairy of Congress, Supreme Court, National Museum of American History, mémoriaux du Mall, Ford's Theatre, Arlington, Mount Vernon ; **Monticello** ; **Richmond** ; **Williamsburg** ; **Colonial Parkway** ; **Milwaukee** : Harley-Davidson Museum ; **Minneapolis** : Fort Snelling ; **Detroit** : Charles H. Wright Museum of African-American History, The Henry Ford.
PLEIN AIR	
Plages	Long Island ; Atlantic City et sa région ; baie de Chesapeake ; Chicago : Oak Street Beach ; Indiana Dunes Lakeshore ; Milwaukee : Bradford Beach ; Madison : B. B. Clarke Beach, Brittingham Beach.
Balades et randonnées	Finger Lakes ; chutes du Niagara ; baie de Chesapeake ; Shenandoah National Park ; Minnesota Valley National Wildlife Refuge ; lac Supérieur.
CÔTÉ CUISINE	
Gastronomie et marchés	**Finger Lakes** : route des vignobles ; **Hudson Valley** : The Culinary Institute of America ; **Philadelphie** : *food trucks*, Reading Terminal Market, bières locales dans les *beer gardens, Philly Cheesesteak, Crabfries, Twinkie Burger*, fromages, charcuteries et autres spécialités amish ; **Lancaster** : Central Market et produits amish ; **Baltimore** : Cross Street Market, Broadway Market, *food trucks* ; **baie de Chesapeake** : crabes bleus, huîtres et fruits de mer ; **Chicago** : pizza pie, steaks, restaurants étoilés ; **Milwaukee** : brasseries, spécialités allemandes, fromages, commerces de Walker's Point ; **Madison** : fromages, Farmers'Market.

SITES OU ACTIVITÉS À FAIRE EN FAMILLE			
Chapitre du guide	**Musées et monuments**	**Reconstitutions historiques**	**Loisirs**
L'État de New York	Statue de la Liberté *(p. 33)*, Empire State Building *(p. 40)*, vue du Top of the Rock *(p. 41)* ; musées des baleines *(p. 50)* et des transports *(p. 51)* ; visite du destroyer *USS Slater (p. 61)* ; souffleurs de verre au musée Corning *(p. 68)* ; jeux et jouets du Strong Museum of Play *(p. 73)*.	Savoir-faire d'antan à Old Bethpage Village Restoration *(p. 51)* ; mission des colons de Sainte Marie Among the Iroquois *(p. 66)* ; Genesee Village and Museum *(p. 69)*.	Central Park *(p. 41)* ; Seabreeze Amusement Park *(p. 72)* ; chutes du Niagara *(p. 78)*.
Boston		Revivre la Tea Party de Boston à bord d'un bateau *(p. 112)*.	Aquarium *(p. 111)* ; bateaux-cygnes du Public Garden *(p. 115)* ; Duck Tours à bord d'un bus amphibie *(p. 122)*.
Philadelphie et sa région	Musée des pompiers *(p. 140)* ; musée de fossiles et de dinosaures à l'université de Drexel *(p. 147)* ; un sous-marin à Independence Seaport Museum *(p. 142)* ; activités interactives du Franklin Institute Science Museum *(p. 148)* ; bois enchantés du Winterthur Museum *(p. 163)*.	Fabrication des pièces de monnaie à la United States Mint *(p. 139)* et d'un drapeau américain à la Betsy Ross House *(p. 140)* ; cyclorama de la bataille de Gettysburg *(p. 166)*.	Nourrir les animaux du zoo *(p. 152)* ; villages amish *(p. 169)* ; loups du Wolf Sanctuary *(p. 174)* ; voyage à bord d'un train à vapeur *(p. 174)* ; fabriquer son parfum de glace au Turkey Hill Experience *(p. 175)*.
Baltimore et la baie de Chesapeake	Animations du Maryland Science Center *(p. 191)* ; grimper à bord des bateaux et du sous-marin du Baltimore Maritime Museum *(p. 194)*.		L'aquarium *(p. 194)* ; un tour en train au B & O Railroad Museum *(p. 200)* ; trains miniatures à Frederick *(p. 207)* ; le parcage des poneys *(p. 214)*.
Washington DC	Musée de l'histoire américaine *(p. 244)* ; musée national d'histoire naturelle *(p. 245)* ; histoire de la conquête du ciel et de l'espace au National Air and Space Museum *(p. 249)*.		Se fabriquer une fausse identité au Spy Museum et craquer pour un gadget dans sa boutique *(p. 267)* ; pandas géants au parc zoologique *(p. 289)*.

SITES OU ACTIVITÉS À FAIRE EN FAMILLE			
Chapitre du guide	**Musées et monuments**	**Reconstitutions historiques**	**Loisirs**
La Virginie		Village reconstitué du Frontier Culture Museum *(p. 312)* ; découvrir la vie des Indiens et des colons en 1600 au Jamestown Settlement *(p. 337)* et celle des soldats au Yorktown National Battlefield Park *(p. 338)*.	Trajets en bateau sur le Potomac *(p. 226)* ; grottes de Luray *(p. 310)* ; aquarium *(p. 341)* ; observer les dauphins *(p. 347)* ; baignade à Sandbridge ou dans la baie de Chesapeake *(p. 343)* ; emprunter le pont-tunnel entre Virginia Beach et la côte est de la baie *(p. 342)*.
Detroit et ses environs	Se promener dans la ville miniature du Michigan Science Center *(p. 361)*.	The Henry Ford *(p. 372)*.	Marcher parmi les wallabies du zoo et nourrir les girafes *(p. 363)*.
Chicago	Au Museum Campus, scruter les os de dinosaures, les planètes et visiter le plus grand aquarium du monde *(p. 412)* ; vue vertigineuse du 360° Chicago *(p. 427)* ; bâtir un pont au Chicago Children's Museum *(p. 430)*.	Descendre dans une mine de charbon au Museum of Science and Industry *(p. 478)*.	Attractions du Navy Pier *(p. 430)* ; visiter le zoo et sa ferme au Lincoln Park Zoo *(p. 446)* ; faire de l'escalade et apprendre d'où viennent des aliments au Notebaert Nature Museum *(p. 447)* ; zoo de Brookfield *(p. 487)* ; plages d'Indiana Dunes National Lakeshore *(p. 488)* ;
Milwaukee et ses environs		Reconstitutions grandeur nature au Milwaukee Public Museum *(p. 499)*.	Expériences interactives et aquarium de Discovery World *(p. 499)* ; promenade en bateau sur les canaux ou sur le lac *(p. 503)*.
Minneapolis-St Paul et leurs environs	Les installations du Mill City Museum *(p. 527)* ; toucher à tout dans le Science Museum of Minnesota *(p. 538)*.		Les animaux et attractions du Como Park Zoo and Conservatory *(p. 540)* ; le parc d'« amusement » et les boutiques du Mall of America *(p. 540)*.

Aller dans le Nord-Est américain

Nom officiel : United States of America
Capitale : Washington DC
Superficie : 9 857 306 km^2
Population : 325 719 178 habitants (est. 2017)
Monnaie : dollar
Langue officielle : anglais

En avion

LIGNES RÉGULIÈRES

Les grandes compagnies internationales desservent la destination mais les prix varient énormément de l'une à l'autre et suivant les périodes.
Temps de voyage – Les principaux vols directs évoqués dans ce guide durent entre 8h et 9h30 au départ de Paris. Buffalo, Rochester et Milwaukee sont les seules grandes villes pour lesquelles il n'existe pas de liaison directe au départ de la France, la Suisse et la Belgique.

Compagnies
Air France – ☎ 36 54 (0,34 €/mn) - www.airfrance.fr. Vols sans escale vers New York, Washington (Dulles), Minneapolis-St Paul, Detroit, Chicago.
Delta – ☎ 0892 702 609 (0,34 €/mn) - www.delta.com. Mêmes destinations qu'Air France avec laquelle la compagnie est partenaire, et également Cincinnati 5 fois/sem.
Icelandair – ☎ 01 44 51 60 51 - www.icelandair.fr. Vols avec escale en Islande vers Boston, Chicago, Minneapolis, New York, Philadelphie, Washington DC.
United Airlines – ☎ 01 71 23 03 35 - www.united.com. Cette compagnie regroupe désormais United et Continental. Vols sans escale pour New York (Newark), Washington (Dulles), Chicago.
American Airlines – ☎ 0825 880 881 (0,15 €/mn) - www.americanairlines.fr. La compagnie a fusionné avec US Airways. Vols sans escale pour Philadelphie, Chicago.

OFFRES DISCOUNT ET LOW COST

Pour les vols secs, c'est sur Internet que vous trouverez les meilleures offres, surtout en vous y prenant longtemps à l'avance : **www.anyway.com**, **www.opodo.fr**, **www.govoyages.fr, www.kayak.fr**.
XL Airways – ☎ 0892 692 123 (0,35 €/mn) - www.xl.com. La compagnie française relie Paris-CDG à New York en vol direct.
Norwegian – www.norwegian.com. La compagnie scandinave relie Paris-Orly à New York JFK et Newark (avec escale à Oslo ou Copenhague), et Paris-Charles-de-Gaulle à JFK (même escale).

Wow Air – www.wowair.fr. La compagnie islandaise relie Paris-Charles-de-Gaulle (avec escale à Reykjavík) à Boston, Chicago, Detroit, New York-Newark ou JFK, et Washington DC.

BAGAGES

Renseignez-vous auprès de votre compagnie aérienne car les surcharges sont facturées parfois très cher. Attention, si vous faites une **première escale** sur le territoire américain pour prendre une correspondance, vous devrez passer à la douane, les retirer, passer au contrôle et les faire réenregistrer pour le vol intérieur ; prévoyez au moins 2h entre les vols. Au retour, en revanche, vous pourrez les enregistrer pour tout le trajet.

Pour les **vols intérieurs**, la plupart des compagnies facturent les bagages en soute (25 $ par bagage).

SÉCURITÉ AÉRIENNE

Les mesures de sécurité pour les vols au départ ou en direction des États-Unis sont très strictes. Arrivez suffisamment à l'avance à l'aéroport pour passer les contrôles avant l'embarquement.

Les liquides, aérosols, gels, pâtes et crèmes sont interdits en cabine, sauf en petite quantité (tubes et flacons de moins de 100 ml) et s'ils sont placés dans **un seul sac** plastique transparent fermable et de moins d'1 litre, type sac de congélation. Les aliments pour bébé, les médicaments liquides indispensables (à condition de présenter une ordonnance) et les liquides achetés en duty-free (à condition d'être emballés dans un sac de sûreté scellé, avec le ticket de caisse visible) échappent à l'interdiction.

Les **appareils électroniques déchargés** ne sont désormais plus admis en cabine et doivent être placés dans les bagages en soute pour ne pas risquer leur confiscation. Il faut donc veiller à ce que les téléphones et ordinateurs que vous souhaitez emporter en cabine soient **chargés** afin qu'ils puissent être vérifiés par les agents de sécurité, le cas échéant.

Passage de l'immigration – « Pièces d'identité et visas » *(p. 618)*.

Les **bagages en soute** sont contrôlés par la Transport Security Administration (TSA) en charge de la sécurité, qui peut les ouvrir si elle l'estime nécessaire. Si vous verrouillez vos valises, utilisez de préférence une fermeture ou un cadenas agréés TSA, sans quoi ils risquent d'être fracturés.

Voir aussi « Douanes » *(p. 629)* et « Formalités » *(p. 618)*.

PASS AÉRIENS

Si vous envisagez d'effectuer plusieurs vols à l'intérieur du pays, l'acquisition d'un pass aérien peut s'avérer avantageuse. Chaque groupe de compagnies possède le sien : United et Air Canada, membres de Star Alliance *(www.staralliance.com)* vendent le **North American Pass** ; American Airlines, membre de One World *(www.oneworld.com)* vend le **Visit North America** ; Air France et Delta, membres de Skyteam *(www.skyteam.com)* proposent le **Go USA and Canada**.

Le pass doit être acheté avant le départ et oblige à effectuer le vol transatlantique à bord d'un avion affrété par l'une des compagnies membres de l'alliance qui le commercialise.

Avant de partir

Météo

PRÉVISIONS

Outre les informations dispensées à la télévision par la chaîne météo, vous trouverez des prévisions à dix jours sur les sites **www.weather.com**.

SAISONS

Le **Nord-Est**, destination touristique permanente, offre quatre saisons bien distinctes. L'été tempéré (de 21 à 27 °C) est supportable sans climatisation. L'automne est splendide et des hordes d'amateurs affluent pour admirer le chatoiement des feuilles. Plus tard, la neige attire les skieurs vers l'État de New York.

Plus au sud, les États du **Mid-Atlantic** (Maryland, Delaware, Virginie, Washington DC) connaissent des étés chauds et humides (température moyenne de 27 °C). Malgré les chutes de neige, l'hiver est souvent entrecoupé de brèves périodes de chaleur. Le printemps, tiède, commence en avril avec la floraison des cornouillers, des cerisiers et d'innombrables crocus, tulipes et jonquilles.

La région des **Grands Lacs** connaît la plus grande diversité climatique du fait des énormes masses d'eau et de leurs courants. Les étés chauds et humides affichent une température moyenne d'environ 20 °C. Les lacs influent également sur la durée des saisons, allongeant l'automne et retardant l'arrivée de l'hiver, qui se signale par des vents violents et de fréquentes chutes de neige.

Le **Midwest** subit des hivers rigoureux, avec des vents glacés et des tempêtes de neige faisant chuter les températures souvent bien en dessous de 0 °C. Au cours de l'été, qui commence rarement avant la mi-juin et connaît des températures de 20° à 27 °C, de violents orages peuvent dégénérer en tornades.

Adresses utiles

OFFICES DE TOURISME

France – **Visit USA Committee** – ✆ 0 899 70 24 70 (3 €/appel) - lun.-vend. 9h30-13h, 14h-17h30 - infos@office-tourisme-usa.com. Des informations détaillées et des brochures téléchargeables figurent sur le site **www.office-tourisme-usa.com**.

REPRÉSENTATIONS DIPLOMATIQUES AMÉRICAINES

France – Ambassade : 2 av. Gabriel - 75008 Paris - ✆ 01 43 12 22 22 - fr.usembassy.gov ; service des visas : 4 av. Gabriel - ✆ 0 810 26 46 26 (14,50 €/appel !). Il existe des consulats à Bordeaux, Lyon, Marseille, Nice, Rennes, Strasbourg et Toulouse, mais ils ne sont pas autorisés à fournir des visas (ils ne fournissent qu'une assistance aux citoyens américains).

Belgique – Ambassade : 27 bd du Régent - 1000 Bruxelles - ✆ 02 811 40 00 - be.usembassy.gov.

Suisse – Ambassade : Sulgeneck-strasse 19 - 3007 Berne - ✆ 031 357 70 11 - ch.usembassy.gov.

Canada – Ambassade : 490 Sussex Drive - Ottawa, Ontario K1N 1G8 - ✆ 613 688 5335 - ca.usembassy.gov. Il existe par ailleurs des consulats à

Calgary, Halifax, Montréal, Ottawa, Québec City, Toronto, Vancouver et Winnipeg.

Pour les représentations diplomatiques sur place, voir p. 636.

VOYAGISTES

Vols secs, hôtels, séjours ou circuits : les voyagistes rivalisent d'offres vers le Nord-Est, à condition de rester sur la côte et de séjourner principalement en ville. Le Midwest et les Grands Lacs, hormis Chicago, sont les parents pauvres des offres touristiques. Il vous faudra construire votre voyage vous-même si vous souhaitez sortir des sentiers battus.

Directours – 90 av. des Champs-Élysées, 75008 Paris, ✆ 01 45 62 62 62, www.directours.com.

Go Voyages – 118 r. Réaumur, 75002 Paris, ✆ 0 899 651 951, www.govoyages.com.

Look Voyages – 80 bd Raspail, 75006 Paris, ✆ 01 45 44 48 49, www.look-voyages.fr.

Nouvelles Frontières – ✆ 0 825 000 825 - www.tui.fr.

Thomas Cook – ✆ 01 55 90 10 41, www.thomascook.fr. Édite une brochure spécialisée USA.

Le Cercle des vacances – 4 r. Gomboust, 75001 Paris, ✆ 01 40 15 15 05, www.usavacances.com.

Spécialistes des États-Unis

Back Roads – 14 pl. Denfert-Rochereau - 75014 Paris - ✆ 01 43 22 65 65 - www.backroads.fr. L'un des meilleurs spécialistes des États-Unis : voyages organisés en tout genre, circuits en voiture, 4x4 ou camping-car, séjours sportifs (VTT, rafting), etc.

Comptoir des voyages – 2-18 r. St-Victor - 75005 Paris - ✆ 01 53 10 30 15 - www.comptoir.fr. Autre spécialiste organisant des circuits ou des séjours presque à la carte, combinant le vol et la location de voiture, de camping-car ou de moto. Agences à Lyon, Marseille et Toulouse.

La Maison des États-Unis – 3 r. Cassette - 75006 Paris - ✆ 01 53 63 13 43 - www.maisondesetatsunis.com. Propose également certains vols secs à tarifs avantageux.

Jet Set Voyages – 41-45 r. Galilée - 75016 Paris - ✆ 01 53 67 13 00 - www.jetset-voyages.fr. Le continent américain sous toutes les formes : séjours sur mesure, circuits accompagnés, en toute liberté au volant, croisières, séjours golf, équitation…

Voyageurs du Monde – 55 r. Ste-Anne - 75002 Paris - ✆ 01 42 86 16 00 - www.vdm.com. Voyages et circuits sur mesure soigneusement organisés ; agences en région.

Voyages culturels

Arts et Vie – 251 r. de Vaugirard, 75015 Paris, ✆ 01 40 43 20 21, www.artsetvie.com, une agence également à Lyon.

Clio – 34 r. du Hameau, 75015 Paris, ✆ 01 53 68 82 82, www.clio.fr.

LIBRAIRIES SPÉCIALISÉES

France – **W. H. Smith** - 248 r. de Rivoli - 75001 Paris - ✆ 01 44 77 88 99 - www.whsmith.fr.

Bibliothèque américaine : **The American Library in Paris** - 10 r. du Gén.-Camou - 75007 Paris - ✆ 01 53 59 12 60 - americanlibraryinparis.org.

Belgique – **Sterling Books** - Wolvengracht - r. Fossé-aux-Loups 23 - 1000 Bruxelles - ✆ 02 223 62 23 - www.sterlingbooks.be.

Suisse – **Books Books Books** - Rue Jean-Louis Galliard 2 - 1004 Lausanne - ✆ 21 311 25 84 - www.booksbooksbooks.

SITES INTERNET

www.viamichelin.fr et **www.mapquest.fr** : services de cartographie et de calcul d'itinéraires mondiaux.

www.diplomatie.gouv.fr/fr/conseils-aux-voyageurs : fiches pays, formalités, santé, sécurité.
www.office-tourisme-usa.com : site officiel de l'office de tourisme américain (en français).
www.visitusa.org : site institutionnel (en anglais).
voyageforum.com : forum de questions, conseils et idées de circuits.
www.travelhost.com : activités et idées de sorties dans de nombreuses villes américaines (en anglais).
www.citysearch.com : recense les propositions d'hébergement, restauration et loisirs des principales villes des États-Unis (en anglais).
www.nps.gov : Regroupe les sites des parcs nationaux.
www.nativeweb.org : Défense des intérêts des Indiens, journaux, manifestations culturelles…
frenchdistrict.com et **frenchmorning.com** : deux sites animés par des Français installés aux États-Unis, qui fournissent adresses (sorties et culture), conseils pratiques (en français).

Formalités

PIÈCES D'IDENTITÉ ET VISA

Dans tous les cas, vérifiez vos pièces d'identité **AVANT de réserver votre voyage** : si elles ne sont pas conformes ou vous imposent l'obtention d'un visa, il vous faudra prévoir de longs délais, incluant un rendez-vous en personne au consulat des États-Unis à Paris.
Passeport – Pour entrer aux États-Unis sans visa, tout voyageur doit posséder un passeport **biométrique** en cours de validité. **Les enfants, quel que soit leur âge, doivent être munis d'un passeport individuel**.
Visa – Il n'est pas exigé pour les Français, Belges, Suisses et Luxembourgeois qui effectuent des voyages touristiques, d'affaires ou de transit inférieurs à 90 jours. Il l'est pour les séjours temporaires d'étude ou d'activité professionnelle sur place. Les voyageurs dispensés de visa doivent néanmoins disposer d'un billet d'avion ou de croisière aller-retour et remplir une demande **Esta** sur Internet, au plus tard 72h avant le départ.
Sauf exception, les Canadiens n'ont pas besoin de visa ni de remplir une demande Esta.
Demande d'autorisation de voyage électronique (**Esta**) – Connectez-vous sur le site **https://esta.cbp.dhs.gov** (le seul site officiel ; évitez les autres sites que propose votre moteur de recherches), et remplissez le formulaire en ligne. Depuis décembre 2016, il a été ajouté une rubrique, pour l'instant optionnelle, concernant les réseaux sociaux (les identifiants sont demandés). L'autorisation, valable deux ans et pour des entrées multiples, coûte 14 $, payables en ligne par carte bancaire. La réponse est donnée sur le site presque immédiatement ou au bout de quelques heures. Une fois l'autorisation accordée, il est recommandé (mais pas obligatoire) de l'imprimer pour en conserver la référence. En cas de refus, il faudra solliciter un visa auprès du consulat.
Passage de l'immigration – À l'arrivée, tous les voyageurs, avec visa ou non, sont soumis à la prise de leurs empreintes digitales et à la numérisation de leur photographie, au cours d'une entrevue qui s'accompagne de quelques questions (motif du voyage, durée, etc.). De plus en plus d'aéroports ont mis en place des kiosques automatiques pour ces formalités.
« Sécurité aérienne » p. 615.

ASSURANCES RAPATRIEMENT

Ne faites pas l'économie d'une véritable assurance santé, car les frais montent très vite, surtout s'il y a radios et hospitalisation.
Les tour-opérateurs proposent en général une police d'assurance complète couvrant le remboursement en cas d'annulation, les frais de soin et de rapatriement, ainsi qu'un remboursement forfaitaire en cas de vol ou de détérioration de vos bagages. Sinon, vous pouvez vous adresser à titre individuel aux grandes compagnies spécialisées mais renseignez-vous avant auprès de votre banque, car certaines cartes bancaires, dont la **Visa Premier** ou **Gold Master**, donnent droit à une couverture à l'étranger. Les grosses compagnies mutuelles disposent aussi de ce service. Analysez les conditions de garantie : **vous ne devez pas avoir à faire l'avance des frais** et devriez demander une couverture d'au moins 150 000 €.
AVA – 25 r. de Maubeuge, 75009 Paris, ✆ 01 53 20 44 20, www.ava.fr.
AVI International – 106-108 r. La Boétie, 75008 Paris, ✆ 01 44 63 51 00, www.avi-international.com.
Europ Assistance – ✆ 01 41 85 93 65, www.europ-assistance.fr.
Mondial Assistance – 54 r. de Londres, 75008 Paris, ✆ 01 53 05 86 00, www.mondial-assistance.fr.

Téléphoner aux États-Unis

Pour appeler depuis l'étranger, composez le 00 + 1 + numéro à 10 chiffres de votre correspondant.
Pour les appels nationaux ou des États-Unis vers l'étranger, voir aussi « Téléphone », p. 639.

Budget à prévoir

Les États-Unis sont une destination qui peut être chère. Les coûts dépendent évidemment du cours du dollar mais aussi des endroits où vous séjournerez et de la manière dont vous vous déplacerez : il est difficile de fixer un budget type. Les prix qui figurent dans le tableau ci-dessous sont établis **en moyenne saison**, sur la base de deux personnes partageant une chambre et la location du véhicule. En semaine ou, au contraire, le week-end dans certaines villes, et

BUDGET

Services ou articles	Prix moyen en $
Une chambre double dans un motel de grande chaîne	80-120
Un repas simple dans un restaurant de chaîne ou dans un quartier ethnique	12-20
Une location de voiture pour 1 semaine (catégorie A)	250
Un gallon d'essence (3,8 litres)	3-4
Un billet de train Washington-Philadelphie (aller simple)	À partir de 53
Un trajet aéroport de Chicago/centre-ville en taxi	40
Une entrée dans un musée	7-15
Une petite bouteille d'eau	1-1,50

Cette moyenne ne prend pas en compte les localités non touristiques aux tarifs moins élevés.

hors saison, il est possible d'obtenir des tarifs plus avantageux sur les locations de voiture et les chambres d'hôtel.

Se loger

LES DIFFÉRENTS TYPES D'HÉBERGEMENT

Motels et hôtels

Le **motel**, construit pour le voyageur motorisé, s'organise autour du parking. Les chambres donnent sur l'extérieur (il y a rarement plus de deux étages) et vous pouvez garer votre véhicule juste devant. Il se situe en général en périphérie des villes ou le long des routes.

Le confort, et surtout l'état des lieux, sont variables, mais la plupart sont équipés d'une piscine, du wifi, et parfois d'une laverie. Les chambres sont très grandes et l'on peut souvent y loger à quatre. Même la première catégorie dispose du confort de base : salle de bains ou douche, air conditionné, télévision, téléphone, réfrigérateur… Certains offrent un petit-déjeuner très simple : boissons chaudes, viennoiseries, céréales, yaourts… *(Continental Breakfast).*

L'**hôtel** est plutôt situé en centre-ville, dans des immeubles plus importants et plus hauts. Pour le confort, tout dépend de la situation : dans le centre, les chambres sont fréquemment exiguës. Le parking est souvent payant, et le petit-déjeuner n'est généralement pas compris dans le prix de la nuit mais certains établissements proposent à leurs clients un *continental breakfast.*

Réservez suffisamment à l'avance, par téléphone ou Internet.

Bon à savoir – Pour annuler votre séjour, **prévenez impérativement** avant 18h, voire un jour avant sinon la nuit vous sera débitée.

Une **carte bancaire** est systématiquement exigée à votre arrivée lors du *check-in* pour le règlement des extras (minibar, téléphone, restauration), même si vous souhaitez les régler en espèces. L'hôtel en prend une empreinte et vous demandera lorsque vous partirez si vous souhaitez que vos éventuelles dépenses soient prélevées sur cette carte.

Grandes chaînes

Beaucoup d'établissements affiliés à de **grandes chaînes** n'ont guère de caractère et se trouvent au bord des routes, mais ils assurent un confort et un service standards. Tous disposent du **wifi** – souvent gratuit mais pas systématiquement – et certains incluent un **Continental Breakfast**, généralement pas très élaboré (fruits, céréales, toasts, etc.) mais qui évite de commencer la journée le ventre vide.

Réservation centralisée par téléphone (numéro gratuit) ou par Internet. Le web permet d'ailleurs de bénéficier de **rabais et d'offres spéciales**, notamment dans les catégories supérieures. Si vous tenez à une adresse précise, appelez-la directement. Les principales chaînes sont, par ordre de prix croissant :

Motel 6 – ✆ 1-800 466 8356, www.motel6.com.

Red Roof Inn – ✆ 1-800 733 7663, www.redroof.com.

Econo Lodge – ✆ 1-877 424 6423, www.econolodge.com.

Super 8 – ✆ 1-888 454 3213, www.super8.com.

Travelodge – ✆ 1-800 525 4055, www.travelodge.com.

Days Inn – ✆ 1-800 225 3297 - www.daysinn.com.

Comfort Inn – ✆ 1-877 424 6423 ou 1-800 267 3837 (en français), www.comfortinn.com.

Quality Inn – ✆ 1-877 424 6423 ou 1-800 267 3837 (en français), www.qualityinn.com.
La Quinta – ✆ 1-800 753 3757, www.lq.com.
Ramada – ✆ 1-800 854 9517, www.ramada.com.
Best Western – ✆ 1-800 780 7234, www.bestwestern.com. Numéro Vert depuis la France : ✆ 0 800 904 490.
Holiday Inn – 1-800 465 4329 - www.holidayinn.com. Numéro Vert depuis la France : ✆ 0 800 911 617.

Bed & Breakfast et auberges de caractère

Plus raffinés, les B & B et les auberges de caractère *(inns)* se distinguent par leur taille plus modeste, le charme de leur accueil et de leur décoration. Ils pratiquent en général des prix élevés, mais on y est traité comme des invités : plantureux petit-déjeuner, ou souvent, en fin de journée, un verre de vin et un plateau de fromages, occasion de faire connaissance avec vos hôtes et les autres résidents. Les B & B sont souvent tenus par une gouvernante *(innkeeper)* et les propriétaires n'y résident pas ou ne se mélangent pas aux hôtes. Ils peuvent compter plus de vingt chambres et ressembler à de petits hôtels de luxe.
Plusieurs sites Internet répertorient ces établissements : **www.selectregistry.com ; www.bedandbreakfast.com ; www.bbonline.com.**

Location d'appartements

Une formule intéressante si vous restez plus de deux jours au même endroit. Vous pouvez louer une chambre chez un particulier ou un studio/appartement entier. L'offre est immense et c'est une bonne manière de rencontrer des gens mais aussi de s'approprier un lieu. Les prix varient évidemment en fonction de nombreux facteurs (taille, emplacement, période de l'année), mais la formule revient souvent moins cher qu'un hôtel. **www.homelidays.com ; www.airbnb.fr.**

LES PRIX DE L'HÉBERGEMENT

C'est un poste important mais il est cependant très difficile de citer des prix précis, car les tarifs changent quasiment tous les jours, en fonction du remplissage, de la saison, du jour de la semaine, du type de chambre (taille du lit, fumeur ou non, etc.). En règle générale, les prix indiqués dans ce guide et les brochures sont ceux des tarifs publics de base *(rack rate)*, sans aucun type de réduction. En réservant par téléphone, vous n'obtiendrez pas de baisse significative mais demandez cependant le **special rate** ou les **special offers**. Mentionnez si vous êtes affilié à l'AAA (*p. 643*), car cela vous donne souvent droit à une réduction. Enfin, pensez toujours à ajouter les **taxes**, variables selon les endroits (de 10 à 17 %).

Réservations et réductions

Bon à savoir – En réservant par Internet sur des sites de discount, vous pouvez économiser de 20 à 70 % du prix (cela dépend de la saison, de l'emplacement, du remplissage de l'hôtel…), notamment dans les grandes villes.
Plusieurs sites sont spécialisés : **www.hotels.com** ; **www.discounthotels.com** ; **www.roomkey.com** ; **www.booking.com**.
Sur place, en arrivant dans les aéroports, offices de tourisme et certains supermarchés, fast-foods et stations-services, demandez les livrets de **coupons** *(coupons guides)* qui offrent des réductions sur les nuits de certains hôtels (valables surtout en semaine et hors saison).

Se restaurer

On peut se restaurer pratiquement à toute heure, exception faite des établissements les plus haut de gamme. Un plat équivaut en général à un repas, d'autant plus qu'il est souvent accompagné d'une petite soupe ou d'une salade, et d'une garniture. Les portions sont tellement généreuses qu'on vous propose souvent d'emporter vos restes : n'hésitez pas.

La plupart des restaurants ont **deux cartes différentes**, l'une pour le déjeuner, l'autre pour le dîner. Les plats proposés à midi sont moins élaborés et moins copieux que ceux du soir, et évidemment moins chers. Le déjeuner peut donc être l'occasion de s'offrir un repas dans un restaurant de catégorie supérieure.

Bon à savoir – Le prix des adresses que nous avons sélectionnées est basé sur un plat et une boisson à la carte du soir.

Type d'établissement

L'appellation « restaurant » recouvre des genres allant des **fast-foods, cafétérias** ou **restaurants familiaux** de grandes chaînes aux **restaurants** personnalisés plus raffinés. Certains ne servent que le petit-déjeuner et le déjeuner, d'autres se limitent au dîner, certains proposent les trois. Les **bars** et **coffee-shops** servent en général des plats simples, sandwichs et salades ; les **diners**, à l'origine dans des wagons ou des bâtiments préfabriqués, ont à leur carte tous les classiques populaires américains : burgers, hot dogs, omelettes variées, chili, etc.

De plus en plus répandus dans les villes (par exemple, New York, Philadelphie, Baltimore), les **food trucks** sont des camions installés au coin des rues qui proposent en journée toutes sortes de plats pour manger sur le pouce, chacun avec une spécialité : fruits, brochettes, cuisine mexicaine, soupes, etc.

Enfin, beaucoup de grands supermarchés disposent d'un **salad bar** où l'on vient composer un repas froid ou chaud, à emporter ou à consommer sur place, si l'aménagement le permet. L'excellente chaîne de produits bio **Whole Foods Market** est une bonne option.

Les repas

Le petit-déjeuner – Souvent servi dès 7h du matin et jusqu'à 11h-11h30 (voire toute la journée), le **breakfast** est très copieux et d'un bon rapport qualité-prix (selon les plats choisis, de 5 à 15 $). Il comprend le plus souvent des **œufs** au plat *(sunny side up* ou *fried eggs)*, en omelette ou brouillés *(scrambled eggs)*, accompagnés de toasts, de **bacon grillé** ou de **saucisses** et de **pommes de terre** cuites en galettes à la poêle *(hash browns)*. On propose aussi des **céréales** (souvent du granola servi avec du yaourt sous le nom de *Parfait*), **crêpes** *(pancakes)*, des **gaufres** *(waffles)*, du **pain perdu** *(french toast)*, des **muffins** (gâteaux individuels aux myrtilles, au citron…), des **doughnuts** (beignets sucrés), des **bagels** (petits pains en forme d'anneau mis à la mode par les communautés juives de New York), servis avec du *cream cheese*, du saumon fumé *(lox)*, etc. On accompagne le tout avec du thé ou du café, noir *(black)* ou avec un peu de lait *(creamer)*, en général très léger, et du jus d'orange.

Le samedi et surtout le dimanche matin, beaucoup de restaurants proposent le **brunch**.

Le déjeuner – Le **lunch** est le repas le plus léger de la journée, servi facilement jusqu'après 15h. Comptez de 5 à 10 $ pour un **sandwich**, chaud ou froid, souvent servi avec des frites, une salade ou de la soupe. Autre solution : les **salades**, souvent gargantuesques, que l'on peut aussi composer soi-même dans les *salad bars* (6/12 $).

NOS CATÉGORIES DE PRIX		
	Hébergement	**Restauration**
Premier prix	jusqu'à 75 $	moins de 15 $
Budget moyen	de 75 $ à 150 $	de 15 $ à 30 $
Pour se faire plaisir	de 150 $ à 300 $	de 30 $ à 50 $
Une folie	plus de 300 $	plus de 50 $

Pour changer, essayez les chinois et les mexicains. Et si vous rêvez de manger un **chili con carne** à petit prix, jetez un coup d'œil sur la carte, il est souvent inscrit avec les soupes. On le consomme à la cuiller, nappé d'oignons émincés, de fromage râpé, accompagné de pain (selon votre appétit, choisissez *cup* ou *bowl*, plus grand). Autre solution bon marché, les **all-you-can-eat-buffets** (buffets à volonté, autour de 10 $ le week-end, moins cher à midi).

Le dîner – Il se prend tôt (17h-19h), sauf dans les grandes villes. C'est traditionnellement le repas le plus copieux de la journée : mêmes plats qu'au déjeuner (sandwichs, salades, buffets à volonté), mais encore plus généreux et facturés plus cher. Pour les gastronomes, c'est le moment de choisir des restaurants plus raffinés. La carte se divise en trois grandes sections. Appelées *hors d'œuvre*, les entrées sont parfois assez copieuses pour constituer un plat (7 à 15 $) ; les plats principaux se nomment *entrees* (15 à 30 $). Attention, les desserts sont énormes (6/10 $).

Les boissons

Beaucoup de restaurants familiaux ou populaires ne servent pas d'alcool, car ils doivent détenir une **licence** spéciale. Les établissements de qualité proposent souvent une **carte des vins** intéressante où vous retrouverez des vins de Californie, mais aussi du Chili, d'Afrique du Sud, d'Italie, plus rarement de France. Ils sont chers, mais on peut toujours en commander au verre, et le **house wine** (vin de la maison), décliné selon plusieurs cépages, est compétitif.

En général, à peine assis, on vous sert un verre d'eau du robinet, glacée, que l'on renouvelle tout au long du repas (on boit peu d'eau minérale). La plupart des Américains commandent des sodas ou de l'*iced tea*, un thé sucré ou non *(sweetened, unsweetened)*, toujours glacé. Au cours du repas, on vous proposera un *refill* : acceptez, le second verre est compris dans le prix. Dans les bars, vous pourrez choisir parmi les nombreuses **bières** américaines (Coors, Budweiser, Michelob, etc.) ou mexicaines (Corona, Dos Equis, etc.), ou parmi les bières issues de petites brasseries artisanales *(micro-breweries)*, de plus en plus nombreuses. Pour une pression, demandez une *draft beer* ou une *beer on tap*.

Gastronomie

Les habitants des régions du nord-est des États-Unis ont la chance de pouvoir utiliser une impressionnante variété d'ingrédients locaux, souvent accommodés selon des procédés influencés par les différents immigrants qui ont aussi apporté avec eux leurs produits et leurs spécialités culinaires.

BRASSAGE DANS LE MID-ATLANTIC

Toutes les cultures ont droit de cité dans la ville de **New York**. Le visiteur goûtera un hot dog à la moutarde acheté dans la rue, des *bagels* (petits pains en anneau) au saumon fumé ou un gâteau crémeux au fromage dans une épicerie juive, des *dim. sum* dans un restaurant chinois familial, la nouvelle cuisine dans un restaurant de grande classe.

Le **crabe** est le roi du littoral du Maryland où chaque établissement concocte ses *crab cakes* (pâtés de crabe), servis frits ou poêlés. On y propose en outre un large éventail de **fruits de mer** : *clams*, sortes de coques, *mussels* (moules), *shrimps* (crevettes), *oysters* (huîtres) servies *raw* (crues), *steamed* (cuites à la vapeur), *fried* (frites) ou *baked* (préparées au four). Certains restaurants appelés **Crab Shakes** se sont fait une spécialité de ces produits qu'ils servent à la bonne franquette. Les **Raw Bars**, souvent au sein d'un restaurant, affichent à leur carte les mollusques, de préférence crus.

On trouve aussi ces spécialités en Virginie, mais la région est connue pour ses productions de **jambon** : *Smithfield ham* (jambon cru), *cured ham* (jambon cuit affiné) et autres salaisons fumées, cuites au miel, etc.

Dans le comté de Lancaster en Pennsylvanie, les traditions culinaires allemandes, perpétuées par les Amish, inspirent des plats solides servis le plus souvent sans façons : le **Snitz and Knepp** (jambon salé bouilli avec des pommes séchées et des boulettes de pâte), le porc accompagné de **Sauerkraut** (salade de chou rouge) et de purée de pommes de terre, le **chowchow** (condiment à base de chou, haricots, poivrons et maïs), le **Shoofly Pie**, tarte farcie de mélasse et sucre brun, à la croûte en mie de pain, le **Snitz Pie**, aux pommes, et bien d'autres desserts qui mettent à l'honneur la rhubarbe, les myrtilles, les noix de pécan. Impossible de ne pas mentionner la grande spécialité de Philadelphie : le **Philly Cheesesteak**, sandwich au rosbeef recouvert de fromage fondu servi chaud, dans un pain long, inventé, qui l'eût cru, par des Italiens.

LE MIDWEST, FIEF DE LA GASTRONOMIE

La cuisine du Midwest profite des innombrables produits que procurent lacs, jardins, champs et forêts : riz sauvage du Minnesota, cerises aigrelettes du Michigan, poissons des Grands Lacs et des rivières, dont le **walleye**, sorte de sandre, mets de choix dans le Minnesota où on le prépare à toutes les sauces, mais aussi bœuf, porc et agneau fermiers de l'Illinois.

Dans les grandes villes, les restaurants de viande *(steakhouses)* servent d'épaisses portions de **bœuf du Midwest** élevé au maïs : *ribs* (côtes), *sirloin* (aloyau), *tenderloin* (filet), *short loin* (faux-filet), *flank* (bavette), *round* (gîte à la noix), etc., sont grillés – de *blue* (bleu) à *well done* (bien cuit) en passant par *rare* (saignant) et *medium rare* (à point) – et accompagnés d'un assortiment de sauces et de garnitures.

Les immigrants de la fin du 19e s. ont aussi apporté leur touche aux spécialités régionales : soupe de fruits à la scandinave, *pierogi* polonais (raviolis farcis à la

Au Green City Market, l'un des marchés bio de Chicago.
J.-C. Amiel/hemis.fr

viande, à la pomme de terre, aux champignons et au fromage blanc), Bratwurst (saucisse) allemande et pizza Chicago Style, à la pâte très épaisse, cuite dans un moule à hauts bords. Très particulier, le chili de Cincinnati, servi avec des spaghettis, puis saupoudré de fromage, a été créé dans des arrière-salles de restaurants grecs.

Le nord-ouest du Wisconsin est la première région laitière du pays, ce qui vaut à l'État son surnom de *Dairy State*. Utilisant 90 % du lait produit, les quelque soixante producteurs locaux fabriquent plus de 600 types de **fromages**. Parmi les spécialités les plus typiques : le **Colby Cheese**, qui doit son nom au village où il est né en 1874, et les **Cheese Curds**, morceaux de cheddar caillé frais, servis généralement frits, accompagnés de bière.

Justement, la plupart des brasseries de Milwaukee ont été fondées par des immigrés allemands qui ont introduit en Amérique leurs **bières** de type *lager* (à fermentation basse), très différentes des bières à l'anglaise (*porter, stout, pale ale*, à fermentation haute) que l'on buvait jusqu'alors. Les plus connues, comme **Pabst** ou **Coors Miller**, font désormais face à la concurrence sévère des microbrasseries *(micro-breweries)* aux productions artisanales plus limitées en nombre mais pas en variétés, qui se déclinent au fil des saisons (Pumpkin Beer à la citrouille autour d'Halloween, etc.).

Le Wisconsin est par ailleurs l'un des États américains à la pointe du mouvement **farm to table**, particulièrement développé en Californie et à New York. L'idée ? Donner aux clients des restaurants l'occasion de déguster une nourriture locale, saine, bio. Certains établissements joignent à leurs menus une carte de la région qui indique la provenance des produits préparés par leur chef. Ces derniers ont retrouvé le chemin des **Farmers'Markets** où ils s'approvisionnent tout au long de l'année. C'est facile à Madison, capitale du Wisconsin, dont le marché est le plus grand de l'État. Le pays du fast-food se convertirait-il au slow food ?

TABLEAUX DE CONVERSION

POIDS ET MESURES

1 pound (lb)	0,45 kilogramme (kg)	*Pour convertir des pounds (livres) en kilogrammes, on multiplie par 0,45. 1 pound = 16 ounces*
1 ounce (oz)	28,35 grammes (g)	
1 long ton	1,01 tonne (t)	
1 pint (pt)	0,47 litre (l)	*Pour convertir des gallons en litres, on multiplie par 3,79*
1 gallon (gal)	3,79 litres (l)	
1 acre	0,4 hectare (ha)	*Pour convertir des acres en hectares, on multiplie par 0,4*
1 square mile (mi²)	2,59 kilomètres carrés (km²)	
1 inch (in)	2,54 centimètres (cm)	*Pour convertir des inches (pouces) en centimètres, on multiplie par 2,54*
1 foot (ft)	0,30 mètre (m)	*Pour convertir des feet (pieds) en mètres, on multiplie par 0,3*
1 yard (yd)	0,91 mètre (m)	*Pour convertir des yards en mètres, on multiplie par 0,91*
1 mile (mi)	1,6 kilomètre (km)	*Pour convertir des miles en kilomètres, on multiplie par 1,6*

VÊTEMENTS

Femmes

Chaussures	4	35
	5	36
	6	37
	7	38
	8	39
	9	40
	10	41
Robes	6	36
	8	38
	10	40
	12	42
	14	44
	16	46
Chemisier et pulls	6	36
	8	38
	10	40
	12	42
	14	44
	16	46

Hommes

Chaussures	7½	40
	8½	41
	9½	42
	10½	43
	11½	44
	12½	45
	13½	46
Costumes	36	46
	38	48
	40	50
	42	52
	44	54
	46	56
Chemises	14½	37
	15	38
	15½	39
	15¾	40
	16	41
	16½	42

LES TAILLES ONT TENDANCE À VARIER SELON LES FABRICANTS.

LES ÉQUIVALENCES SONT DONNÉES À TITRE INDICATIF.

VITESSE

MPH	10	20	30	40	50	60	70	80	90
KMH	16	32	48	64	80	96	112	128	144

TEMPÉRATURE

Fahrenheit (°F)	32°	41°	50°	59°	68°	77°	86°	104°	140°	176°	212°
Celcius (°C)	0°	5°	10°	15°	20°	25°	30°	40°	60°	80°	100°

Pour convertir les Fahrenheit en Celsius, retrancher 32 °F, multiplier par 5 et diviser par 9.
Pour convertir les Celsius en Fahrenheit, multiplier les °C par 9, diviser par 5 et ajouter 32.

Sur place de A à Z

ACHATS

Les États-Unis sont un paradis pour les amateurs de shopping, qui y feront réellement de bonnes affaires. Jeans, sportswear, équipement sportif sont nettement moins chers qu'en Europe, de même que les marques de cosmétiques américaines, la maroquinerie, l'optique, l'électronique et les articles pour la maison.

Assurez-vous toutefois que le matériel électronique soit compatible avec votre équipement (tension et fréquence sont différentes), et que les DVD pourront être lus à votre retour (les États-Unis sont en zone 1, l'Europe en zone 2).

N'oubliez pas que les prix sont indiqués **hors taxes** (de 0 à 17 % selon les États et les produits).

Bon à savoir – Quelle que soit la saison, les magasins réservent toujours un rayon aux articles soldés ; il est très rare de ne pas trouver de promotions en cours : tout conspire à vous faire dépenser votre argent !

Pointures et tailles

Bon à savoir – Les vêtements taillent plus grand qu'en Europe : si vous avez l'habitude d'acheter des tee-shirts Medium (M), vous devrez sans doute prendre la taille Small (S) aux États-Unis.

Voir aussi le tableau *(page de gauche).*

Méfiez-vous également si vous devez acheter du **linge de maison**, car les dimensions des lits et des oreillers ne sont pas les mêmes.

Où trouver les bonnes affaires

Centres commerciaux, *outlet malls* (magasins d'usine), boutiques indépendantes et solderies en tout genre : vous n'aurez que l'embarras du choix.

Les discount stores – Ces immenses solderies vendent à prix cassés des produits de marque d'anciennes collections ou avec de petits défauts. Recherchez les enseignes comme TGMaxx, Marshall's, Ross.

Les factory outlets – Véritables villages de magasins d'usine des grandes marques. Les prix y sont inférieurs d'au moins 30 % par rapport aux magasins classiques. Les sites www.premiumoutlets.com et www.tangeroutlet.com permettent de les localiser.

Voir aussi « Souvenirs et shopping » (p. 638).

Nos adresses, pour chaque site.

ALCOOL

Il faut avoir 21 ans pour acheter ou consommer de l'alcool. On en trouve dans les boutiques spécialisées *(liquor stores)* ou dans les rayons séparés des grandes surfaces et des épiceries.

D'une manière générale, évitez de transporter des bouteilles entamées dans votre voiture et de boire sur la voie publique (même si certains le font en dissimulant bouteille ou canette dans un sac en papier).

Au volant, le taux d'alcoolémie maximum autorisé est de 0,1 g par litre de sang (contre 0,5 g en France), autant dire qu'il vaut mieux ne pas boire si vous devez conduire.

ARGENT

Monnaie

L'unité monétaire américaine est le **dollar** ($), divisé en 100 cents. Il existe des billets de 1, 5, 10, 20, 50 et 100 $, ainsi que des pièces de 1 *(penny)*, 5 *(nickel)*, 10 *(dime)*, 25 *(quarter)* et 50 cents *(half dollar)*, voire de 1 $. Toutes les pièces sont de couleur argent, sauf celles de 1 cent (cuivre) et celles de 1 $ (doré). Attention, tous les billets sont verts et de la même taille et la pièce de 10 cts est plus petite que celle de 5.

Cartes bancaires

Elles sont presque toujours acceptées, sans montant minimal, et sont indispensables pour retenir une chambre d'hôtel ou louer une voiture. Le taux de change appliqué est celui du jour de la transaction et une commission est facturée.

Lorsque vous utiliserez votre carte de paiement dans un magasin, on vous demandera : *debit or credit ?* Les cartes étrangères, même si elles ne sont pas à proprement parler des cartes de crédit, sont considérées comme telles. Il vous faudra alors signer le reçu et non pas composer votre code secret.

Banques

D'innombrables **distributeurs (ATM)** sont disponibles absolument partout, y compris dans certains magasins, restaurants et *deli*.

Les banques sont ouvertes du lundi au vendredi de 9h à 16h/17h, le samedi de 9h à 12h.

Vérifiez bien avant de partir le plafond des retraits autorisés par semaine pour ne pas rester bloqué sur place. En cas d'urgence, vous pouvez envoyer ou recevoir de l'argent immédiatement auprès de **Western Union** – ✆ 0 800 900 407 (appel gratuit, disponible depuis la France) ou 1-800 325 6000 (depuis les États-Unis) - www.westernunion.com.

Change

Au moment où nous imprimons ce guide, 1 € = 1 $. Il n'est pas toujours évident de changer de l'argent, en particulier dans les villes secondaires. Prenez vos précautions.

Chèques de voyage

Ils sont de plus en plus difficiles à changer et sont à éviter.

AVION

Avec ses dizaines de compagnies aériennes concurrentes, ses centaines d'aéroports et ses milliers de vols quotidiens, le réseau national est très étendu et les prix sont compétitifs. N'oubliez pas cependant d'ajouter au tarif les déplacements vers l'aéroport dans les deux sens et les bagages en soute (25 $/pièce en général).

American Airlines – ✆ 800 433 7300, www.aa.com.

Delta Air Lines – ✆ 800 221 1212, www.delta.com.

JetBlue Airways – ✆ 800 538 2583, www.jetblue.com.

Southwest Airlines – ✆ 800 435 9792, www.southwest.com.

Spirit Airlines – ✆ 801 401 2220, www.spirit.com.

United Airlines – ✆ 800 864 8331, www.united.com.

Virgin America – ✆ 877 359 8474, www.virginamerica.com.

BUS

La première compagnie d'autocars des États-Unis, **Greyhound**, relie presque toutes les villes et petites communes. De manière générale, c'est le moyen de transport le plus économique et une manière indiscutable de côtoyer ce qu'on appelle l'Amérique profonde. Certains voyageurs trouveront inconfortables ces trajets en car longue distance, du fait du manque de couchettes. Il est recommandé de réserver et il faut se présenter à la gare routière au moins une heure avant le départ du bus.

Les cartes **Ameripass** et **International Ameripass** offrent le trajet illimité pendant 7, 10, 15, 30, 45 ou 60 jours, avec des étapes en chemin. On peut acheter Ameripass dans n'importe quelle gare Greyhound ; International Ameripass est distribuée par les agences de voyages internationales. On peut aussi se les procurer par le site Internet Greyhound (www.greyhound.com). Informations sur les horaires, tarifs et itinéraires sur le site Internet et ✆ 800 231 2222 (États-Unis seulement).

CIGARETTES

La législation concernant le tabac est très stricte. Il est ainsi **strictement interdit de fumer** dans les transports et les lieux publics (y compris les galeries marchandes), dans la plupart des restaurants, bars, clubs, etc.

De surcroît, les cigarettes sont assez chères (les prix varient considérablement d'un État à l'autre et selon les magasins).

COURANT ÉLECTRIQUE

Aux États-Unis, le courant est en **110 volts** et les prises sont dotées de fiches plates. Certains appareils de voyage peuvent basculer du 220 V au 110 V : vérifiez avant de partir. Emportez un adaptateur ou achetez-en un sur place. Motels et hôtels sont souvent équipés de sèche-cheveux et de fer à repasser.

DOUANES ET POLICE

À l'aéroport

Produits alimentaires et plantes sont interdits d'entrée, de même que les armes et les munitions. Parfums et alcools achetés à la boutique hors-taxes doivent vous être livrés dans des sacs scellés. Certains médicaments (notamment les narcotiques) sont interdits au passage de la douane. Si vous suivez un traitement, munissez-vous de l'ordonnance, traduite en anglais, avant le départ. La législation autorise l'**importation** de 1 l d'alcool par personne de plus de 21 ans, 200 cigarettes ou 50 cigares, ainsi que tout cadeau ne dépassant pas une valeur de 100 $. Pour en savoir plus, interrogez votre transporteur aérien et le site www.aviation-civile.gouv.fr.

Sur la route

Attention aux limitations de vitesse (*p. 642*). Vous pouvez être soumis à des contrôles « volants » ou à des barrages routiers. Ayez toujours vos papiers à portée de main.

DROGUE

Bien que la consommation de cannabis soit répandue, elle est passible d'une amende sauf dans les États où son usage a été légalisé (DC, Massachusetts) ou dépénalisé (New York). La possession de drogues dures ou de stupéfiants est très sévèrement punie (longues peines de prison). Si vous suivez un traitement médical à base de tranquillisants ou de narcotiques, gardez votre ordonnance sur vous (si possible avec la traduction).

EAU POTABLE

L'eau du robinet ne présente aucun risque mais elle a souvent mauvais goût. L'eau minérale est chère et rarement servie à table. Si vous comptez utiliser l'eau de source lors de vos randonnées, achetez des pastilles désinfectantes.

ÉTAGES

Pour les Américains, le **first floor** (1er étage) correspond à notre rez-de-chaussée, le **second floor** (2e étage) à notre 1er étage, etc. Dans ce guide, nous parlons donc de niveaux pour éviter les confusions : 1er niveau pour rdc, 2e niveau pour 1er étage, etc.

HABILLEMENT

Les tailles et pointures américaines sont différentes des françaises.
Voir le tableau de conversion, p. 626, et « Achats », p. 627.

HANDICAP

Les voyageurs à mobilité réduite rencontreront peu de difficultés aux États-Unis. Les restaurants sont tous pourvus d'un accès spécial et les hôtels, à l'exception des B & B et d'établissements installés dans des bâtiments anciens, sont dotés de chambres spécialement équipées. Pensez à réserver au préalable car leur nombre est limité. Même chose et mêmes restrictions dans les musées, tous équipés, à l'exception de quelques résidences anciennes qui ne sont pas intégralement accessibles. Les sites et les établissements prévoient des places de parking réservées aux personnes handicapées, à condition d'afficher un macaron dans le véhicule.

Quelques sites Internet pour en savoir plus :
www.disabled-world.com – Ressources pour les voyageurs aux États-Unis (en anglais).
www.tourisme-handicaps.org – En français.

HEURE ET DATE

Fuseaux horaires

Les États-Unis s'étendent sur **quatre fuseaux horaires** : l'heure de l'Est (EST), l'heure du Centre (CST), l'heure des montagnes Rocheuses (MST) et l'heure du Pacifique (PST). Tenez-en compte lors de vos correspondances sur place, si vous ne prenez pas un vol direct.

Les États de la côte est, l'Indiana et le Michigan observent l'**Eastern Standard Time** (EST), qui a un décalage de -6h avec la France (GMT -5).

Quand il est 18h à Paris, il est 12h à Philadelphie ou Detroit.

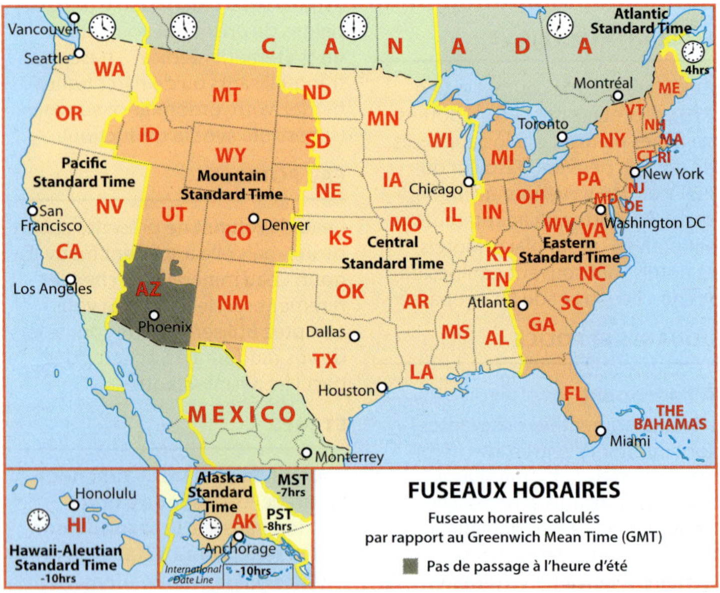

L'illinois, le Minnesota, le Wisconsin observent le **Central Standard Time** (CST), soit un décalage de -7h avec la France (GMT -6). Quand il est 18h à Paris, il est 11h à Chicago ou à Milwaukee.
L'**horaire d'été** (on avance de 1h) ou *Daylight Saving Time* s'applique du deuxième dimanche de mars au premier dimanche de novembre, soit avec un léger décalage par rapport à l'Europe, dans presque tous les États (hormis dans quasiment tout l'Indiana).

Date et heure

Aux États-Unis, la **date** s'écrit en mentionnant d'abord le mois, suivi du jour, puis de l'année : le 11 mai 2015 s'écrit 5/11/15.
L'heure n'est signalée que de 1 à 12, suivi ou non de AM (ante meridiem) pour le matin, toujours suivi de PM (post meridiem) s'il s'agit de l'après-midi : on dira 8 : 00 ou 8 AM le matin, 8 PM le soir ; en revanche, 12 : 00 ou 12 PM correspond à notre midi et 12 AM à notre minuit.

HORAIRES D'OUVERTURE

Banques, administrations et bureaux de poste ouvrent généralement la semaine de 9h à 17h, et parfois le samedi matin (hors administrations publiques).
Les **commerces** ferment plus tard : 18h en moyenne, sauf les grands centres commerciaux (20h-21h) et les petites épiceries (23h ou plus). Le dimanche, beaucoup sont ouverts de 12h-13h à 17h-18h. Certains **drugstores** sont ouverts 24h/24 et la plupart ont des horaires très étendus.
Beaucoup de **restaurants** populaires ou familiaux ouvrent dès 7h. Ils servent sans interruption jusqu'à la fermeture trois menus différents : le petit-déjeuner (jusqu'à 11h-11h30), le *lunch* (12h-16h) et le dîner (17h-21h/22h).
Dans certains restaurants, on peut commander des plats de la carte du petit-déjeuner toute la journée. Les Américains dînant tôt, il est parfois impossible de trouver un établissement ouvert après 20h-20h30 dans les petites villes.
L'appellation *early bird special* ou, plus chic, *pre-theater*, désigne le dîner servi entre 17h et 18h30-19h. Il est généralement compétitif sur le plan financier car les menus du soir sont chers.
Dans les grandes villes ou le long des autoroutes, des snacks restent ouverts tard dans la nuit, voire 24h/24.

INTERNET

Bon à savoir – Les cybercafés ont disparu depuis que le wifi est disponible partout ou presque : hôtels, cafés, restaurants, certains espaces publics dans les villes, gares, aéroports, etc.
Les **bibliothèques municipales** *(library)* diposent de postes accessibles en libre-service et du wifi pour tous.

JOURNAUX

Les journaux français et internationaux sont distribués dans les grandes villes.
Le plus lu des quotidiens américains est **USA Today**. Le **Washington Post** et le **New York Times** sont aussi très appréciés. Les plus célèbres hebdomadaires sont **Time** et **Newsweek**.

JOURS FÉRIÉS

Bon à savoir – Jour férié n'est pas forcément synonyme de fermeture, en tout cas pas dans les magasins, les restaurants ni les musées. Les plus suivis sont le 1er janvier mais surtout Thanksgiving et Noël.
Nouvel An – 1er janvier.

Martin Luther King's Day – 3e lundi de janvier.
Presidents Day – 3e lundi de février, en l'honneur des présidents Lincoln et Washington.
Memorial Day – Dernier lundi de mai, jour du souvenir à la mémoire des victimes de guerre.
Independence Day – 4 juillet, fête nationale des États-Unis.
Labor Day – 1er lundi de septembre, fête du Travail.
Columbus Day – 2e lundi d'octobre, jour où Christophe Colomb a « découvert » l'Amérique.
Veterans Day – 11 novembre, à la mémoire des vétérans de la Première Guerre mondiale.
Thanksgiving – 4e jeudi de novembre, jour d'action de grâces.
Noël – 25 décembre.
Bon à savoir – Les horaires d'été s'étendent généralement de Memorial Day à Labor Day.

MUSÉES, MONUMENTS ET SITES

Dans les grandes villes, beaucoup de musées ouvrent vers 10h-11h et ferment vers 17h, sauf un soir par semaine pour une nocturne. Attention au changement d'heure quand vous passez d'un État à l'autre. Les derniers billets sont vendus entre 30mn et 1h avant la fermeture, selon le temps nécessaire à la visite.
Les **tarifs** sont très variables mais peuvent être élevés (25 $ pour l'Art Institute de Chicago); il existe toujours un tarif réduit pour les enfants, les étudiants, les plus de 65 ans (sur présentation d'un justificatif). Dans certains musées, l'accès est libre et seule une donation est suggérée. Il n'est pas rare non plus qu'un jour ou une plage horaire par semaine soit gratuit. Regardez les conditions de visite que nous indiquons pour programmer vos visites selon ce critère, le cas échéant.
Tous les musées, à de très rares exceptions près, comptent au minimum une cafétéria, ainsi qu'une boutique de souvenirs souvent bien achalandée.
Bon plan – Dans les grandes villes, des cartes et pass à destination des touristes associent musées ou monuments aux transports en commun à des prix en général très intéressants.

OFFICES DE TOURISME

Chaque État possède un organisme supervisant le tourisme. Sur place, les bureaux en charge du développement touristique sont référencés sous la dénomination **Visitor Center**, **Chamber of Commerce** ou **Convention and Visitor's Bureau.**
Nos adresses, pour chaque site, ainsi que la rubrique « S'informer ».
Boston – www.bostonusa.com.
Chicago – choosechicago.com.
Delaware – www.visitdelaware.com.
District of Columbia – washington.org.
Illinois – www.enjoyillinois.com.
Maryland – www.visitmaryland.org.
Michigan – www.michigan.org.
Minnesota – www.exploreminnesota.com.
New York City –www.nycgo.com.
New York State – www.iloveny.com.
Virginia – www.virginia.org.
West Virginia – www.wvtourism.com.
Wisconsin – www.travelwisconsin.com.

PARCS NATIONAUX ET PARCS D'ÉTAT

Le pays compte un grand nombre de zones protégées, certaines régies par le gouvernement fédéral (59 National Parks dont un dans le Michigan et un dans le

Minnesota), d'autres par l'État, qui offrent aux visiteurs toutes sortes d'activités de plein air dans un cadre privilégié. Beaucoup sont équipées d'aires de pique-nique, de pistes cyclables, de sentiers d'interprétation permettant une visite libre des lieux, et de centres d'accueil. Certaines proposent même des promenades guidées et des locations d'équipement sportif. Comptez autour de 25 $/voiture pour entrer.
Renseignements : **www.nps.gov**.
Dans les **parcs d'État** et **parcs régionaux,** les tarifs d'entrée avoisinent 5 $/voiture.
Les heures d'ouverture et de fermeture des barrières d'accès sont souvent alignées sur celles du lever et du coucher du soleil. Les *Visitor Centers* observent des horaires plus réduits.

PHOTOGRAPHIE

On trouve des **cartes mémoires** pour appareil numérique dans la plupart des grands magasins et drugstores, où il est aussi possible de faire des **tirages photo** en quelques minutes et pour un coût très inférieur aux tarifs pratiqués en France, depuis des bornes.
Si vous souhaitez photographier une maison privée, demandez la permission (il faudra parfois acquitter un droit).

POSTE

Le courrier met de 6 à 15 jours pour parvenir en Europe, en fonction de la ville d'envoi. Les **timbres** *(stamps)* sont vendus dans les bureaux de poste, certains grands supermarchés, parfois dans les drugstores et les supérettes.
Comptez 1,15 $ pour une carte postale ou une lettre de moins de 28 g.
Il est également possible d'envoyer des lettres et des colis en express par la poste, mais le service demeure assez lent. Renseignez-vous dans un bureau de poste ou sur le site Internet de l'US Postal Service : www.usps.com.
Les bureaux des **transporteurs rapides**, comme DHL (www.dhl.com), UPS (www.ups.com) ou FedEx (www.fedex.com), sont très répandus.

Poste restante

Pour recevoir votre courrier en poste restante, faites indiquer : M. Dupont - c/o General Delivery - adresse du bureau de poste correspondant avec son code postal - USA. Renseignez-vous sur place, car tous les bureaux de poste ne font pas office de poste restante. Pour retirer votre courrier, vous devrez présenter une pièce d'identité. Attention, les bureaux ne conservent pas le courrier plus de 10 jours, sauf si votre correspondant écrit lisiblement en haut de l'enveloppe « *Hold for Arrival* ».
Bon à savoir – Si vous ne voulez pas payer de taxes à la réception d'un colis, précisez qu'il s'agit d'effets personnels ou d'un cadeau sans valeur marchande. Pour les envois précieux, faites-vous assister par le commerçant qui vous vend l'objet.

POURBOIRE

Le pourboire est **incontournable**, car il fait partie de la rémunération des employés, dont le salaire de base est bas. La coutume veut qu'on laisse au minimum 15 % de la note dans les restaurants (sauf si le service est inclus, ce qui est très rarement le cas) et environ 10 % dans les taxis.

Dans les hôtels

Il convient de laisser entre 3 et 5 $ par nuit pour la gouvernante *(housekeeper)*, avec un mot de remerciement pour lui indiquer que l'argent lui est destiné, et un minimum de 1 à 2 $ par valise pour le porteur.

Dans les restaurants
Les prix affichés sur les menus sont indiqués hors taxes et hors pourboires. Il convient de laisser entre 15 et 20 % du montant de l'addition hors taxe. Si vous payez par carte bancaire, le bordereau comporte une case spéciale pour le pourboire *(tip* ou *gratuity)*. Vous devez inscrire vous-même le montant du pourboire que vous laissez et faire l'addition totale avant de signer. Quoi que vous laissiez, remplissez à la main la case « total » pour éviter des indélicatesses après votre départ… Vous pouvez aussi laisser la somme en espèces sur la table.

Pour une excursion
La norme est de laisser au guide ou au chauffeur entre 5 et 10 $ par jour et par personne.

PRÉVENTION DES RISQUES

Le site français du ministère des Affaires étrangères liste les risques par régions. **www.diplomatie.gouv.fr**, rubrique « Conseils aux voyageurs ».

Orages et tornades
En été, des fronts orageux se forment très souvent dans toutes les Grandes Plaines. Ils peuvent évoluer ou disparaître tout aussi rapidement. On assiste parfois à des orages violents, accompagnés de grêle et d'éclairs menaçants. Les gros orages produisent parfois des tornades, colonnes d'air en rotation rapide reliant les nuages d'orage au sol, dans lesquelles les vents peuvent atteindre 400 km/h.

Consignes de sécurité en cas d'orage – Si vous êtes à l'extérieur, abritez-vous et restez à distance des arbres et objets métalliques.

Si vous êtes dans un véhicule, restez à l'intérieur jusqu'à la fin de l'orage.

Évitez d'être dans l'eau, ou près de l'eau.

Si vous êtes en bateau, rejoignez le rivage le plus proche.

N'utilisez pas les appareils électriques, en particulier le téléphone.

Consignes de sécurité en cas de tornade – Si vous êtes à l'intérieur, rendez-vous aux abris spécialement prévus (en général un sous-sol ou une cage d'escalier).

Sinon, choisissez une pièce intérieure sans fenêtre, par exemple une salle de bains.

Éloignez-vous des fenêtres.

N'essayez pas de fuir la tornade en voiture. Sortez du véhicule et allongez-vous au fond d'un fossé ou dans une cuvette du sol.

Ouragans
Les ouragans débutent comme une dépression tropicale. Leur diamètre peut atteindre 800 km et ils peuvent être accompagnés de vents de 120 à 320 km/h. La saison des tempêtes dure généralement de juin à novembre, avec un pic d'août à octobre. Le Centre national des ouragans (National Hurricane Center) de Coral Gables suit tous les phénomènes et établit des prévisions toutes les six heures. Un avis d'ouragan *(hurricane watch)* est annoncé si une zone est menacée. L'état d'alerte *(warning)* est décrété 24 heures avant le déferlement de l'ouragan sur le continent.

Consignes en cas d'ouragan – Vérifier la batterie de son véhicule et faire le plein.

En région côtière, se familiariser avec les itinéraires d'évacuation.

Ne plus sortir dès l'arrivée de l'ouragan.

Quitter mobile-homes et camping-cars pour un abri plus solide.

Éviter les zones inondables.

S'informer des prévisions météorologiques en arrivant sur les zones côtières.

Il ne faut jamais sous-estimer une tempête et toujours suivre les instructions des autorités locales.

Soleil et mer

Des pavillons sont hissés tous les miles (1,6 km) le long des plages publiques : le **drapeau bleu** signifie « eau calme », le **drapeau jaune** « mer agitée » et le **drapeau rouge** « baignade dangereuse ». La plupart des plages publiques emploient des sauveteurs en saison. Quelques recommandations de bon sens : ne jamais se baigner seul même en eau calme et ne jamais laisser les enfants sans surveillance ; garder en tête que les forts courants de marée peuvent entraîner tout nageur vers le large. Même en eaux peu profondes, se cachent parfois des méduses, des oursins et divers poissons venimeux (galères) dont les piqûres nécessitent des soins immédiats.

RANDONNÉES

Les **parcs nationaux et d'État**, les forêts et les bases de loisirs (*recreation areas*) sont sillonnés de nombreux sentiers bien aménagés, certains sont même goudronnés et accessibles aux handicapés. D'autres ne sont ouverts que si vous avez retiré un **permis** *(voir pages des sites)*. Les circuits sont cartographiés et très bien balisés. Dans les parcs nationaux, un plan très détaillé est remis à l'entrée. Demandez les fiches de randonnée et les consignes particulières à l'entrée ou au *Visitor Center*. Pour vous repérer le long des sentiers, vous verrez des petits panneaux marron avec le logo du randonneur et le nom du sentier *(trail)*.

REPAS

Se restaurer, p. 622, et Gastronomie, p. 624.

REPRÉSENTATIONS DIPLOMATIQUES

Toutes les ambassades nationales sont regroupées à Washington DC, mais localement des consulats sont ouverts dans les grandes villes.
Nos adresses à Washington, p. 225.

SANTÉ

Bien qu'il n'y ait pas de problème sanitaire particulier aux États-Unis, il est impératif de prendre une assurance avant de partir.
Formalités, p. 619.
Urgences – Composez le **911**, où que vous soyez.

Trousse à pharmacie

Si vous suivez un traitement, emportez vos médicaments, avec l'ordonnance du médecin. Une trousse de base comporte un antidouleur, un désinfectant, un antidiarrhéique et un antiseptique intestinal, un antihistaminique, des pansements, une crème pour traiter les coups de soleil ou les brûlures superficielles. Toutefois, les drugstores sont nombreux en ville, et vous n'aurez aucune difficulté à vous procurer les produits courants et les médicaments en vente libre.

Services médicaux

Faites-vous préciser par votre assurance santé complémentaire la **marche à suivre** en cas de maladie ou d'accident, et quels sont les formulaires éventuels à remplir. Envisagez toutes les éventualités (radios, dentiste, hospitalisation, maladie, etc.).
En cas de besoin, appelez le 911 ou rendez-vous à l'hôpital le plus proche, mais sachez que ces services constituent une solution très onéreuse qu'il vaut mieux éviter. S'il n'y a pas d'urgence vitale, allez dans une **walk-in clinic** ou une **medical clinic**, où vous serez reçu sans rendez-vous : il vous en coûtera au minimum 150 $ sans le traitement.

Bon à savoir – Les deux chaînes de drugstores les plus répandues proposent, dans certaines de leurs enseignes, des consultations médicales sérieuses à des prix raisonnables (50-70 $). Consultez les sites Internet de **Walgreens** (www.walgreens.com) pour trouver une *take care clinic* ou de **CVS** (www.cvs.com) pour une *minute clinic*. Une bonne option pour obtenir, par exemple, des antibiotiques délivrés seulement sur ordonnance.

Pharmacies

Les médicaments sont vendus dans les **drugstores**. À l'exception des médicaments délivrés sur ordonnance, tous sont en libre-service et le choix est immense. Ils sont rangés par affections (yeux, nez, gorge, oreille, etc.). La plupart des magasins d'alimentation et des supermarchés ont aussi un rayon petite pharmacie. Les tarifs sont très avantageux et un pharmacien pourra vous conseiller.

SAVOIR-VIVRE

Les Américains sont dans l'ensemble aimables, serviables et très professionnels ; ils feront leur possible pour que vous appréciiez leur pays et/ou leurs services. Inutile de s'énerver, en particulier dans les files d'attente, qui se déroulent dans le calme et l'ordre : il est impensable d'essayer de doubler.

Les emplacements de parking réservés aux personnes à mobilité réduite sont exclusivement destinés à cet usage. Ne vous y garez jamais, ne serait-ce que le temps d'un bref arrêt. Outre l'incivilité d'un tel geste, vous risquez une forte amende.

En voiture, laissez systématiquement la priorité aux piétons, même en l'absence de feux de signalisation.

À pied, aux feux, appuyez sur le bouton pour demander le passage. Comme les routes sont larges, le temps de traversée s'affiche. Les Américains ne s'engagent sur la chaussée que lorsqu'ils y sont autorisés.

Dans la plupart des restaurants, il est d'usage d'attendre qu'on vous installe. *Wait to be seated*, indique généralement un panneau à l'entrée de la salle.

À table

Les bonnes manières exigent que l'on garde la main gauche sur les genoux quand elle ne sert pas et que l'on tienne toujours sa fourchette dans la main droite lorsqu'on la porte à la bouche… ce qui oblige à quelques acrobaties puisqu'il faut reposer son couteau et changer sa fourchette de main.

Les sujets qui fâchent ou pas

Le **patriotisme** étant très répandu, évitez de toucher, par exemple, à la réputation de liberté, de justice et de générosité des Américains, et ne contestez pas la politique étrangère du pays.

La **religion** est un autre sujet très important. L'adhésion à une secte ou à une autre est parfaitement acceptée et il est malvenu de critiquer la religiosité ambiante ou tout simplement la notion de foi.

En revanche, ne soyez pas surpris si l'on vous pose des questions sur votre métier et si l'on tente de mesurer votre **niveau de vie** : le travail est la valeur fondamentale des Américains, de même que la réussite sociale.

SÉCURITÉ

Avec un minimum de précautions, vous ne connaîtrez pas de soucis. Dans les grandes villes, évitez les quartiers administratifs à la nuit tombée et le dimanche, et si vous y logez, prenez un taxi pour regagner votre hôtel tard le soir.

Méfiez-vous du **vol à la tire**, à proximité des distributeurs de billets. N'exhibez pas un matériel photo ou vidéo luxueux et des bijoux de prix. Ne laissez pas d'objets de valeur dans votre voiture ni dans votre chambre d'hôtel (déposez-les dans le coffre de votre chambre ou de la réception). Ne gardez dans vos poches ou votre sac qu'un minimum de monnaie. Gardez le reste, vos cartes bancaires et vos papiers dans une poche spéciale, sous vos vêtements. En cas d'agression, cédez sans hésitation ce que vous avez dans vos poches…

SKI

Les États du Nord connaissent généralement des hivers très froids et enneigés, et leurs habitants pratiquent à l'occasion le ski de fond, voire le ski alpin.
Pour en savoir plus sur les possibilités offertes dans les régions où vous séjournerez, consultez le site **www.snowpak.com**.

SOUVENIRS ET SHOPPING

Confection

Les **grandes marques américaines** (Ralph Lauren, Tommy Hilfiger, Calvin Klein, Levi's et autres) sont nettement moins chères, d'autant que les promotions sont nombreuses.
L'achat de **chaussures de sport** peut être l'occasion de faire de bonnes affaires (Nike, New Balance, etc.).

Bons plans

L'**électronique** (appareils photo numériques, smartphones, ordinateurs, etc.) et la **musique** (CD) sont moins chères aux États-Unis qu'en Europe. L'occasion de découvrir des titres ou des groupes introuvables en France. Même chose pour l'**optique** : lunettes de soleil Ray Ban ou même lunettes de vue (montures et verres). Les amateurs de **gadgets** en tout genre seront comblés : des boutiques comme celles de chaînes du Container Store (www.containerstore.com) ou Sur la table (www.surlatable.com) regorgent de trouvailles pour la maison.

Artisanat et bijoux

L'artisanat américain est connu pour le **travail du bois et du cuir** (ceintures, sacs…) et les **patchworks**, du jeté de table au jeté de lit en passant par la tenture murale (de 150 à plus de 1 000 $).

Alimentation

Pensez aux **condiments**, sauces variées, moutarde jaune et **préparations en poudre** : épices, mélange pour pancakes, pour grits, pour *biscuits*… Ramenez du **jerky**, viande de bœuf séchée des cow-boys, mais aussi des **friandises** introuvables ailleurs (par exemple celles au beurre de cacahuète).
Achats », p. 627.

TAXES

À l'exception de l'essence, la plupart des denrées ou services sont soumis à des taxes. Comme elles varient beaucoup d'un État à l'autre, les prix sont toujours indiqués hors taxes. À cela s'ajoutent les taxes locales, variables elles aussi selon les villes, soit un surcoût de 3 à 15 %.
Les restaurants et les hôtels facturent quant à eux des taxes particulières. L'ensemble majore la facture de 10 à 15 %.
Tenez-en compte en faisant vos achats et vos réservations. Pour les hôtels, demandez le prix *including tax*. Dans les restaurants, il est en général précisé sur le menu si les prix incluent ou non les taxes.
Bon à savoir – Il n'y a aucune taxe sur les vêtements et les chaussures dans le Delaware, le Minnesota, en Pennsylvanie, ni dans

l'État de New York pour les achats inférieurs à 110 $.

TÉLÉPHONE

Les numéros

Numéros utiles – **Urgences**, 911 ; **renseignements**, 411 (numéro local), 555 1212 (numéro interurbain), 1-800 874 4000, poste 324 (numéro international). Pour une aide téléphonique, faites le 0 de n'importe quelle cabine et vous aurez un opérateur qui vous passera le numéro souhaité.

Appels locaux et nationaux – Les numéros américains sont composés d'un indicatif régional à 3 chiffres, suivi du numéro de votre correspondant à 7 chiffres. Pour les appels locaux (même indicatif régional), ne composez que les 7 chiffres. Pour appeler une autre région (indicatif régional différent), composez le 1 + l'indicatif régional + le numéro du correspondant.

Appels des USA vers la France, 011 + 33 + le numéro de votre correspondant à 9 chiffres (sans le 0 initial).

Appel des USA vers la Belgique (32), la Suisse (41), le Canada (1).

Appel de la France vers les USA 00 + 1 + indicatif régional à 3 chiffres + numéro du correspondant à 7 chiffres.

Numéros gratuits et spéciaux – Les numéros commençant par 1-800, 1-877, 1-888, 1-866… sont gratuits (*toll free,* toujours indiqué), souvent utilisés par les compagnies aériennes, les hôtels, B & B et loueurs de voitures. Ils fonctionnent depuis la France mais sont payants. Il faut alors remplacer le 800 par 880, le 888 par 881, et le 877 par 882. Les numéros spéciaux se présentent souvent avec des noms ou des mots (exemple : 1-800 5 FRANCE) pour une mémorisation plus facile ; il suffit de repérer sur les touches du téléphone à quels numéros correspondent les lettres.

Appeler

De l'hôtel – Évitez de téléphoner à l'étranger de votre chambre, sauf si vous utilisez une carte prépayée, car les tarifs sont le plus souvent prohibitifs. Pour obtenir la ligne vers l'extérieur, on compose en général le 9. Le coût de l'appel sera comptabilisé sur votre facture. Si vous laissez sonner plus de cinq fois, la communication vous sera facturée même si personne ne répond.

Cabines téléphoniques – Elles fonctionnent avec des pièces qui défilent très vite et sont très peu commodes pour les appels internationaux. Elles ne rendent ni la monnaie ni les pièces non utilisées. En revanche, on peut les utiliser avec une carte prépayée.

Cartes téléphoniques prépayées *(prepaid phonecards)* – Elles s'achètent dans les épiceries, les supermarchés, les gares routières, les stations-services, les bureaux de poste et chez les marchands de journaux. Comptez 5 à 20 $ pour l'international. Dans certains quartiers de forte immigration on trouve des tarifs très avantageux. Composez le Numéro Vert (1-800), le code à 16 chiffres fourni avec la carte, puis le numéro de votre correspondant. On vous indiquera alors de combien de minutes vous bénéficiez.

Téléphone portable français – Les téléphones portables doivent être tri-bandes ou quadri-bandes et non bi-bandes pour fonctionner aux États-Unis. L'option internationale de l'abonnement doit être activée. Pensez en revanche à désactiver l'option « données à l'étranger » dans « réseau cellulaire » et aussi la 3G ou la 4G (utilisez le wifi sur place pour l'Internet mobile), sans quoi votre facture risque d'exploser. N'oubliez pas non plus de personnaliser le code d'accès à votre boîte vocale avant votre départ pour pouvoir ensuite écouter vos messages. Pour appeler vers la France, vous pouvez utiliser le signe + au lieu du 011. La communication vers la France est chère : en moyenne 2,30 €/mn et 1,50 € pour la réception d'un appel. Mieux vaut garder le contact par SMS (env. 0,30 €). Certains opérateurs incluent les États-Unis dans leur offre.

Téléphone portable prépayé *(prepaid cell phone)* – Pratique pour les séjours prolongés. Tous les magasins de téléphonie en proposent. Vous achetez l'appareil et un temps de communication (premier prix env. 30 $), que vous alimentez ensuite par des cartes à code achetées dans les mêmes lieux que les cartes téléphoniques *(voir ci-avant)*. Attention : appels sortants comme entrants sont facturés.

Une autre solution consiste à acheter sur place une **carte SIM** que vous pourrez placer dans votre appareil, à condition que celui-ci soit débloqué. Un numéro local et un crédit prépayé vous sont alors attribués. On trouve des cartes SIM dans les boutiques de téléphonie, parfois même à l'aéroport d'arrivée. Les recharges de crédit s'achètent ensuite dans les supermarchés, drugstores et stations-services.

Téléphone sur Internet – Plusieurs applications permettent de téléphoner à partir d'un ordinateur, d'une tablette ou d'un portable en passant par le web. Des logiciels comme **Skype** ou **WhatsApp** mettent gratuitement ses correspondants en communication (avec l'image) s'ils sont connectés, ou à un coût réduit sur leur téléphone.

TEMPÉRATURES

La température est donnée en degrés Fahrenheit, système très différent de celui des degrés centigrades (ou Celsius) : le 0 °C correspond à 32 °F, et l'eau bout à 212 °F. Pour convertir les degrés Fahrenheit en degrés Celsius, on soustrait 32 à la température donnée, puis on multiplie par 5 et divise par 9. 76 °F correspondent à 24 °C. Inversement, pour passer des degrés Celsius aux degrés Fahrenheit, on multiplie la température d'origine par 9, puis on divise par 5 et enfin on ajoute 32. Une température de 30 °C équivaut donc à 86 °F.

Plus simple…, consultez le tableau de conversion *(p. 626)*.

Si vous souhaitez une température d'environ 20-22 °C dans votre chambre, réglez le chauffage/climatisation sur 68-72 °F.

TRAIN

Le **réseau Amtrak** est un bon moyen de voyager sur la côte, très bien desservie. On peut choisir entre première classe (First), classe affaires (Business), classe économique (Coach), selon une grille de quatre types de tarifs offrant plus ou moins de flexibilité. La réservation est obligatoire pour certains trains.

Destiné aux visiteurs étrangers (citoyens canadiens exceptés), le **forfait USA RailPass** donne droit à un certain nombre de trajets pendant 15, 30 ou 45 jours (par exemple, 8 voyages en 15 jours pour 459 $). La **formule Thruway Bus** permet même, pour certaines destinations où Amtrak ne conduit pas directement, de compléter la liaison en autocar.

Horaires, tarifs, itinéraires et achat en ligne : francais.amtrak.com.

Bon à savoir – Prévoyez d'arriver au moins 30mn avant le départ du train car les procédures d'accès à

TABLEAU DES DISTANCES

Distances en miles

Exemple: **Minneapolis - New York = 1215 miles**

	Atlanta, GA	Boston, MA	Charleston, SC	Chicago, IL	Cincinnati, OH	Cleveland, OH	Dallas, TX	Denver, CO	Des Moines, IA	Detroit, MI	Little Rock, AR	Los Angeles, CA	Louisville, KY	Memphis, TN	Miami, FL	Milwaukee, WI	Minneapolis, MN	Montgomery, AL	Nashville, TN	Natchez, MS	New Orleans, LA	New York, NY	Orlando, FL	Philadelphia, PA	Pittsburgh, PA	Portland, ME	Richmond, VA	St. Louis, MO	Seattle, WA
Boston, MA	1109																												
Charleston, SC	313	1000																											
Chicago, IL	714	1017	918																										
Cincinnati, OH	469	899	627	291																									
Cleveland, OH	723	665	726	354	254																								
Dallas, TX	792	1796	1105	969	941	1195																							
Denver, CO	1412	2007	1716	1004	1202	1342	810																						
Des Moines, IA	962	1338	1216	337	589	675	743	667																					
Detroit, MI	738	832	874	280	269	167	1210	1268	610																				
Little Rock, AR	522	1477	835	710	622	876	319	1009	434	891																			
Los Angeles, CA	2242	3058	2520	2012	2205	2413	1450	1008	1675	2399	1685																		
Louisville, KY	420	999	614	294	100	354	841	1111	592	369	522	2105																	
Memphis, TN	383	1338	696	571	483	737	458	1148	716	752	139	1824	383																
Miami, FL	674	1526	588	1388	1143	1252	1370	2180	1636	1400	1353	2760	1094	1057															
Milwaukee, WI	809	1112	1013	95	386	449	1064	1050	383	375	800	2058	389	650	1483														
Minneapolis, MN	1108	1427	1328	410	701	764	987	911	245	690	868	1919	704	885	1798	336													
Montgomery, AL	161	1270	456	757	563	817	647	1457	1005	832	469	2097	463	330	694	852	1151												
Nashville, TN	244	1131	548	470	276	530	665	1168	718	545	346	2031	176	207	918	565	864	287											
Natchez, MS	504	1567	817	834	806	1060	384	1194	1039	1075	271	1834	706	323	1003	929	1219	359	530										
New Orleans, LA	468	1560	781	894	821	1075	527	1337	1099	1090	522	1917	721	383	865	989	1268	307	545	167									
New York, NY	874	235	765	805	651	470	1564	1793	1126	618	1242	2801	751	1103	1291	900	**1215**	1035	896	1332	1342								
Orlando, FL	439	1324	386	1153	908	1050	1135	1945	1401	1177	961	2525	859	822	230	1248	1663	964	683	768	630	1089							
Philadelphia, PA	784	332	675	779	582	432	1474	1741	1088	580	1155	2735	698	1016	1201	868	1183	945	809	1245	1238	97	999						
Pittsburgh, PA	742	614	658	472	295	137	1236	1460	793	285	917	2454	395	778	1233	567	882	903	571	1101	1164	376	1031	306					
Portland, ME	1202	103	1103	1112	994	760	1912	2159	1433	925	1585	3124	1094	1446	1618	1207	1522	1373	1239	1675	1633	327	1416	424	717				
Richmond, VA	531	578	422	857	566	485	1280	1663	1144	649	961	2646	552	822	948	952	1267	692	615	1035	999	343	746	253	353	670			
St. Louis, MO	558	1210	862	290	348	565	703	854	392	555	420	1848	257	281	1232	380	615	601	314	604	664	962	997	887	606	1305	809		
Seattle, WA	2746	3133	3050	2116	2407	2470	2144	1334	1941	2396	2343	1139	2445	2469	3514	2104	1678	2799	2502	2528	2671	2921	3185	2889	2588	3228	2973	2188	
Washington, DC	642	467	533	709	518	374	1332	1683	1070	522	1013	2691	594	874	1059	804	1119	803	667	1103	1096	232	857	142	242	559	111	851	2825

bord peuvent prendre du temps. Il est interdit de fumer dans l'ensemble des trains Amtrak.

UNITÉS DE MESURE

Pieds, onces, pouces..., le système décimal n'a pas cours aux États-Unis, où les unités de mesure sont très différentes (*tableau, p. 626*).

VOITURE

Permis de conduire

Le permis national datant de plus d'un an est suffisant pour conduire (jusqu'à 3 mois de séjour). Le permis international peut être requis par certains loueurs. Idem pour le permis moto.

Location de voiture

Les agences de location exigent en garantie une carte bancaire (type Visa ou Mastercard) et un âge minimum de 21 ans.

Si les enseignes internationales sont présentes dans les aéroports et les grandes villes, mieux vaut réserver à l'avance par Internet afin de comparer les prix et d'obtenir le meilleur tarif. Le plus intéressant est de passer par un courtier : **www.rentalcars.com, www.autoescape.com, www.ebooker.fr, www.expedia.com, www.holidayautos.fr.**

Il est possible de louer un véhicule dans un État et de le rendre dans un autre, mais il faudra payer des **frais d'abandon** *(drop off)*.

Les formules de location incluent le plus souvent un **kilométrage illimité**.

Prenez garde aux clauses concernant les **assurances**. L'assurance au tiers de base (**Liability Insurance** ou **LI**), d'une couverture insuffisante, doit être complétée par une autre nommée **SLI** *(Supplemental Liability Insurance)* ou **LIS** *(Liability Insurance Supplement)* ou **EP** *(Extended Protection)*. Vous pourrez souscrire en option une assurance collision sans franchise *(Collision Damage Waiver,* **CDW***)* ou avec franchise *(Loss Damage Waiver,* **LDW***)*, qui couvre les frais de réparation en cas d'accident ou de vol, une assurance déjà incluse si vous payez avec une carte Mastercard Gold ou Visa Premier.

Pensez à faire le **plein** avant de rendre le véhicule.

Conduite

La conduite s'effectue du côté droit de la route. Les voitures sont presque toutes équipées d'une **boîte de vitesses automatique** : D *(drive)* pour avancer, R *(reverse)* pour la marche arrière, P pour parking, N *(neutral)* pour point mort et L ou M pour les vitesses basses (1re ou 2e) en montagne.

Code de la route

La **vitesse est limitée** à 70 miles/h (110 km/h) sur la plupart des autoroutes (Interstates). En l'absence de signalisation, elle est généralement limitée à 55 ou 65 miles/h (90 ou 105 km/h) sur route, à 25 ou 35 miles/h (40 à 55 km/h) en ville, et à 15 miles/h (24 km/h) à l'approche des écoles (à respecter scrupuleusement). Il est interdit de doubler un bus scolaire dont les feux clignotent.

Il est permis de **tourner à droite** lorsque le feu est rouge, en faisant attention aux voitures arrivant de la gauche et en veillant à ce qu'aucun panneau n'indique le contraire. En ville, un couloir est souvent dessiné au centre de la chaussée : il est réservé aux voitures qui désirent quitter le trafic pour tourner à gauche. Respectez les limitations de vitesse aux abords des écoles et ne doublez pas si le panneau « Stop » du bus scolaire est abaissé. Enfin, sur les voies rapides à proximité des villes, la voie de gauche marquée d'un losange est réservée au **covoiturage** *(carpool lane)*.

Essence

Moins chère qu'en France, elle est vendue par **gallon** (3,8 l). Les prix varient beaucoup d'un État à l'autre, et entre les villes et la campagne. Excepté pour les grosses voitures, le **regular unleaded** suffit. Beaucoup de stations fonctionnent avec la carte bancaire et des automates 24h/24. Sinon, observez les autres : soit vous vous servez et allez payer ensuite, soit vous payez avant de vous servir (ce qui peut être le cas si vous avez une carte bancaire étrangère), soit vous attendez le pompiste.

Avantages club

Pour un séjour de trois mois, il est sage d'adhérer sur place à l'**AAA (American Automobile Association)**, ✆ 1-800 222 4357, www.aaa.com. L'adhésion coûte entre 50 et 95 $ selon les États. Elle donne droit à un dépannage d'urgence, des itinéraires personnalisés sous forme de livrets (à commander à l'avance) ainsi qu'à d'importantes réductions dans les hôtels. Les membres de l'Automobile Club de France, de la Fédération française des Automobiles Clubs, du Camping Club de France ou de la Fédération française de sport automobile ont droit à tous les services de l'AAA en montrant leur carte française. Dans tous les cas, il faut téléphoner au numéro de l'AAA pour que le dépannage soit gratuit.

Se diriger

En ville – Aux intersections, les panneaux indiquant les rues que vous croisez sont suspendus aux feux face à vous, de l'autre côté du croisement. Vous ne voyez donc pas le nom de l'axe sur lequel vous roulez.

Sur la route – Les distances sont données en miles **(1 mile = 1,6 km)**. Pour repérer votre destination, ne vous contentez pas du nom de la ville, mais faites attention au **numéro de la route** et à la **direction** *(north, south, east, west)*. Les grandes intersections sont appelées *junctions* et sont en général signalées à l'avance : on vous annonce la jonction avec la route que vous traversez (Jct-70 annonce que vous croisez la Route 70). Les routes précédées de la lettre I (I-25, I-40), pour *interstate highways*, sont de grandes **autoroutes fédérales**. Les impaires (I-25) sont orientées globalement du nord au sud. Les paires (I-40) vont d'est en ouest. Celles qui comportent 3 chiffres ceinturent des grandes villes. Les autres routes : code US (US-50) pour les **routes fédérales**, code de l'État suivies de chiffres pour les **routes d'État**. Les petites **routes secondaires** sont des *county roads* (entretenues par le comté) ou *township roads* (entretenues par une municipalité).

Péages

La plupart des postes de péage *(toll plaza)* comprennent plusieurs files que vous emprunterez selon votre cas : votre véhicule est équipé d'un pass prépayé (compris chez certains loueurs ou en option) et vous pouvez passer librement, vous avez l'appoint *(exact change)* ou non *(change provided)*. Dans un certain nombre de péages, il n'y a pas d'employé et vous devez jeter la somme demandée dans une corbeille. Ne vous amusez pas à passer sans payer et ayez toujours de la monnaie en quarters (25 cts) avec vous quand vous prenez la route.

Mémo

Agenda

La diversité des cultures a donné naissance à une kyrielle de fêtes colorées à travers le pays.
Nos adresses, pour chaque site.

JANVIER

Philadelphie (PA) – Mummers Parade : défilé traditionnel en costumes, célébrant l'héritage ethnique de la ville. 1er janvier.
St Paul (MN) – St Paul Winter Carnival : carnaval de St Paul. De fin janvier à début février.

FÉVRIER

New York (NY) – Chinese New Year Parade : célébration du Nouvel An chinois. De fin janvier à fin février.
Lancaster (PA) – Roots and Blues : festival de musique.

MARS

New York (NY), **Chicago** (IL), **Philadelphie** (PA) et dans toutes les villes ayant une forte communauté irlandaise – St Patrick's Day : fêtes de la Saint-Patrick (patron des Irlandais). 17 mars.
Washington DC – National Cherry Blossom Festival : fête de printemps coïncidant avec la floraison des cerisiers (au Tidal Basin). Fin mars-avril.

DIMANCHE DE PÂQUES

New York (NY) – Easter Sunday Parade : défilé du dimanche de Pâques.
Arlington (VA) – Easter Sunrise Service : service religieux militaire au cimetière national.

AVRIL

New York (NY) – Art Expo New York : exposition artistique. Courant avril.
Boston (MA) – Marathon de Boston. www.bostonmarathon.com.

MAI

Cape May (NJ) – Spring Festival : fête du printemps. Courant mai.
Cape May (NJ) – Music Festival : festival de musique. Mai-juin.
Detroit (MI) – Movement : festival de musique techno. 2e quinzaine de mai.
Detroit (MI) – Detroit Grand Prix, course automobile du championnat IndyCar. Fin mai-début juin.

JUIN

Chicago (IL) – Chicago Blues Festival : festival de musique blues. Mi-juin.
New York (NY) – JVC Jazz Festival New York : festival de jazz. De mi-juin à fin juin.
Niagara Falls (NY) – Niagara Falls Music and Art Festival : art, gastronomie, dégustations de vins, concerts en plein air. Un long week-end de juin.

JUIN-JUILLET

New York (NY) – Metropolitan Opera Parks Concerts : festival de musique classique gratuit dans les parcs de la ville.
Philadelphie (PA) – Wawa Welcoming America Festival : spectacles, défilés, feux d'artifice, etc., placés sous le patronage des supermarchés Wawa. Une semaine jusqu'au 4 juillet.

JUIN-AOÛT

New York (NY) – Shakespeare in the Park : festival de théâtre.

Chicago (IL) – Grant Park Music Festival : festival de musique à Grant Park. De mi-juin à fin août.
Milwaukee (WI) – Summerfest : fête de l'été. De fin juin à fin juillet.

JUILLET

Washington DC – Smithsonian Folklife Festival : festival folklorique. Début juillet.
New York (NY) – NY Philharmonic Summer Parks Concerts : concerts gratuits dans les parcs.
Chicago (IL) – Independence Day Concert & Fireworks : feux d'artifice, le 3 juillet.
New York (NY) – Macy's Fireworks Celebration : feux d'artifice. 4 juillet.
Washington DC – National Independence Day Celebrations : célébration de la fête nationale sur le Mall. 4 juillet.
Chicago (IL) – Taste of Chicago : le plus grand festival gastronomique du pays. Mi-juillet.
Baltimore (MD) **–** Artscape : expositions, concerts, spectacles de danse, de théâtre, d'acrobates, etc. 2e ou 3e week-end de juillet.
Minneapolis (MN) – Minneapolis Aquatennial : fête nautique. Fin juil.
Chincoteague (VA) – Pony Penning : parcage et vente de poulains. Fin juillet.

JUILLET-AOÛT

New York (NY) – Mostly Mozart Festival : festival de musique au Lincoln Center.

AOÛT

Parcs nationaux – National Park Service Founder's Day : en l'honneur du National Park Service. 25 août.
Chicago (IL) – Chicago Air & Water Show. Mi-août.
Chicago Jazz Festival : festival de jazz. W.-end précédant le premier lundi de septembre (Labor Day).
Minneapolis (MN) – Minnesota State Fair : grande foire de l'État. Fin août-début sept.

SEPTEMBRE

Atlantic City (NJ) – Miss America Pageant : concours de beauté pour l'élection de miss Amérique. Fin septembre.
Buffalo (NY) – National Buffalo Wings Festival : les ailes de poulet frites qui ont fait la renommée de la ville sont à l'honneur. Dégustations et différentes manifestations en plein air. Début sept.

OCTOBRE

Williamsburg (VA) – Williamsburg Scottish Festival : fête écossaise. Premier week-end d'octobre.
Chicago (IL) – Chicago International Film Festival : festival international de cinéma.
Cape May (NJ) – Victorian Week-End : architecture, mode et musique de l'époque victorienne. Mi-octobre.
Norfolk (VA) – Virginia Arts Festival : festival de musique. D'oct. à nov.
Annapolis (MD) – Boat Show : l'une des plus anciennes expositions de bateaux au monde.

NOVEMBRE

Arlington National Cemetery, à **Arlington** (VA) ; Vietnam Veterans Memorial et US Navy Memorial à **Washington DC** – Veterans Day Ceremonies : commémorations de l'Armistice. 11 novembre (Armistice).
New York (NY) – Macy's Thanksgiving Day Parade : défilé commémorant l'installation des premiers colons. Thanksgiving (4e jeudi de novembre).
Chicago (IL) – Magnificent Mile Lights Festival. Fin novembre.
City of Chicago Tree-Lighting Ceremony : cérémonie d'illumination de l'arbre de Noël. Lendemain de Thanksgiving.

DÉCEMBRE

New York (NY) – Lighting of the Giant Christmas Tree : illumination de l'arbre de Noël du Rockefeller Center. Début décembre.
Washington DC – National Christmas Tree Lighting : illumination de l'arbre de Noël par le président des États-Unis à l'Ellipse. Début décembre.
Williamsburg (VA) – Williamsburg Grand Illumination : illuminations de la ville. 1er w.-end de décembre.
Washington DC – Christmas Celebration : messe de Noël à la cathédrale nationale. 24-25 décembre.
Boston (MA) – First Night Boston. www.firstnight.org - 31 déc.

Bibliographie

HISTOIRE

DURPAIRE François, **L'Histoire des États-Unis,** coll. Que sais-je, PUF, 2003.
FOLHEN Claude, **Benjamin Franklin, un Américain des Lumières**, Payot, 2000. La biographie de l'un des Américains les plus connus et respectés de son temps : homme politique, inventeur, écrivain et chercheur aux multiples dons.
KASPI André, **Comprendre les États-Unis d'aujourd'hui**, Perrin, 2003. Par l'un des grands spécialistes français du pays ; **Les Présidents américains, de Washington à Obama**, Tallandier, 2012.
NDIAYE Pap, DIAMOND Andrew, **Histoire de Chicago**, Fayard, 2013. L'histoire sociale et politique d'une ville américaine à la fois archétypale et exceptionnelle.
NDIAYE Pap, **Les Noirs américains**, coll. Découvertes, Gallimard, 2009. De l'esclavage à l'élection de Barack Obama, l'histoire tourmentée d'une communauté.
TOCQUEVILLE Alexis de, **De la démocratie en Amérique**, Garnier-Flammarion, 2010. Une puissante réflexion sur les institutions et la société américaines, fruit d'une longue enquête. Rédigé en 1835 et toujours d'actualité.
WACQUANT Loïc, **Corps et âme, carnets ethnographiques d'un apprenti boxeur**, Agone, 2002. Un sociologue français en plongée dans le ghetto noir de Chicago.
WEIL François, **Histoire de New York**, Fayard, 2000. Une belle documentation et une somme historique très sérieuse.
ZINN Howard, **Une histoire populaire des États-Unis, de 1492 à nos jours**, Agone, 2003. L'histoire racontée du point de vue des révoltés, des minorités et des vaincus.

BEAUX-LIVRES ET ART

ARTHUS-BERTRAND Yann, TAURANAC John, **New York. Une histoire d'architecture**, 2010. Une centaine de photos aériennes commentées pour découvrir les gratte-ciel de Manhattan, mais aussi des quartiers moins connus, sous des angles inédits.
COLLECTIF, **L'Art américain**, Citadelles-Mazenod, 1992. Un ouvrage de référence.
COLLECTIF, **L'Art américain : identités d'une nation**, ENSBA, 2005. Les différents courants de l'art américain et leur contribution à la formation d'une identité artistique du pays.
COULON Alain, **L'École de Chicago**, coll. Que sais-je, PUF, 2012. Une synthèse claire et précise du travail des architectes de la première École de Chicago.
GOLDEN Reuel, **New York, Portrait d'une ville**, Taschen, 2010. Un gros recueil de photos de New York de 1850 à nos jours.
HAMBURG KENNEDY Marla (dir.), **New York vue par ses**

photographes, Feymedia, 2011. Des artistes connus et moins connus livrent leur vision de la ville.
HEILBRUN Françoise, **Alfred Stieglitz (1864-1946)**, catalogue d'exposition, Musée d'Orsay, 2004. Un hommage à un grand photographe, personnage clé de l'art américain.
JONES LeRoi, **Le Peuple du blues**, coll. Folio, Gallimard, 1997. Pour comprendre les origines de la musique noire américaine.
MARCHETTI Francesca Castria (dir.), **La Peinture américaine**, Gallimard, 2002. Pour une vue d'ensemble de la peinture américaine.
MARCHAND Yves, MEFFRE, Romain, **Detroit, vestiges du rêve américain**, Steidl, 2010. Entre buildings à l'abandon et maisons en ruine, un portrait photographique de la ville au plus mal.
MAZZOLENI Florent, PÉTARD Gilles, **Motown, Soul & Glamour**, Le Serpent à plumes, 2009. L'histoire d'un label musical mythique né à Detroit.
OTTINGER Didier (dir.), **Hopper**, catalogue d'exposition, Grand Palais, RMN, 2012. Une rétrospective qui fait date dans la reconnaissance du peintre en France.
PERNOUD Emmanuel, **Hopper. Peindre l'attente**, Citadelles-Mazenod, 2012. Une thématique originale pour comprendre l'œuvre singulière de ce grand artiste américain.
SMITH Kathryn, WEINTRAUB Alan, **Frank Lloyd Wright, l'intégrale**, Le Chêne, 2009. L'album passe en revue l'œuvre du plus connu des architectes américains.
TOWNSEND Gabrielle, **Winslow Homer. Aquarelles**; **John Singer Sargent. Aquarelles**, Bibliothèque de l'image, 2011.
VALDEPIED Guy, **Mary Cassatt. Les Impressionnistes et l'Amérique**, Encrage, 2014. Un retour sur l'œuvre et la vie d'une des chefs de file du courant impressionniste aux États-Unis.

LITTÉRATURE

Bon à savoir – Les livres mentionnés ci-après sont publiés en français, dans des collections de poche pour la plupart. L'année indiquée est celle de leur première parution.
ADICHIE Chimamanda Ngozi, **Americanah** (2015). Une jeune Nigériane quitte son pays pour faire ses études à Philadelphie. Un roman remarquable sur la condition des émigrés africains aux États-Unis.
AUSTER Paul, **Moon Palace** (1989) et **Trilogie new-yorkaise** (1987). Ou comment thriller existentiel et cartographie imaginaire de New York se conjuguent pour notre plus grand plaisir.
BALDWIN James, **Chronique d'un pays natal** (1955). Par l'un des auteurs majeurs de la « Harlem Renaissance ».
BURDEN Linnet, **Les Ombres de Chicago** (2008). Meurtres dans le ghetto noir de Chicago : l'enquête de la police est difficile…
CHARYN Jerome, **Isaac le mystérieux** (1978). Les aventures d'un bien étrange flic du Bronx, quartier où est né et où vit l'auteur.
CLANCY, Tom – Auteur de romans d'espionnage, il a créé le personnage de **Jack Ryan**, né à Baltimore, ancien étudiant de l'université de Georgetown et enseignant à l'académie navale d'Annapolis, directeur adjoint de la CIA, conseiller à la Sécurité nationale puis président des États-Unis ! On le retrouve dans plusieurs ouvrages qui se passent en partie à Washington dont **Dette d'honneur** (1994), **Sur ordre** (1996), **Les Dents du tigre** (2003) et sa suite, **Mort ou vif** (2010).

DECOIN Didier, **John l'enfer** (1977). Les dures aventures d'un Cheyenne, nettoyeur de gratte-ciel.
DOS PASSOS John, **Manhattan Transfer** (1925). Le « grand » roman sur New York, un des sommets de la littérature moderne.
EUGENIDES Jeffrey, **The Virgin Suicides** (1993). Dans les années 1970, le suicide de cinq sœurs adolescentes dans une banlieue aisée de Detroit marquera à jamais les esprits. Un très beau livre remarquablement adapté au cinéma par Sofia Coppola en 1999 ; **Middlesex** (2002). Une éblouissante fresque familiale, sur trois générations, de Smyrne à Berlin en passant par Detroit, dépeinte par un hermaphrodite à la recherche de son identité.
FERRIS Joshua, **Le Pied mécanique** (2011). Un homme, qui a tout pour être heureux, voit son destin basculer du jour au lendemain lorsqu'il est pris d'un irrésistible besoin de marcher… jusqu'à l'épuisement.
FITZGERALD Francis Scott, **Gatsby le Magnifique** (1925). Long Island, cadre des frasques de milliardaires américains d'avant la crise.
FOER Jonathan Safran, **Extrêmement fort et incroyablement près** (2005). Un enfant cherche, à travers New York, son père, disparu le 11 septembre.
HIGGINS CLARK Mary – De nombreux romans de la reine du polar américain se déroulent à New York : **Ni vue, ni connue** (1997), **Et nous nous reverrons** (1999), **Le Voleur de Noël** (2004).
Un cri dans la nuit (1982) nous entraîne dans le Minnesota.
HIMES Chester, **La Reine des pommes** (1957). La plus célèbre des nombreuses aventures d'un couple de *cops* de Harlem. Drôle et sarcastique.
HORAN Nancy, **Loving Frank** (2009). L'histoire d'amour, passionnée, scandaleuse et tragique de l'architecte Frank Lloyd Wright et Mamah Borthwick Cheney, intellectuelle, traductrice des écrits féministes d'Ellen Key, et la femme d'un de ses clients…
INGALLS WILDER Laura, **La Petite Maison dans les bois** (1932),

Kramerbooks & Afterwords Cafe, à Washington DC.
Jason Dixson/courtesy of washington.org

La Petite Maison dans la prairie (1935). Les souvenirs romancés d'une enfance dans le Midwest.
KENNEDY Douglas, **La Poursuite du bonheur** (2001). Un roman prenant et ambitieux où abondent de superbes descriptions de New York.
LARSON Erik, **Le Diable dans la ville blanche** (2003). Un tueur en série menace Chicago à la veille de l'Exposition universelle. On retrouve aussi l'architecte Burnham, le magicien Houdini, l'inventeur Edison.
LEWIS Sinclair, **Babbitt** (1922). Dans une ville du Midwest, le triste destin de G. Babbitt, citoyen modèle, bientôt broyé par le système capitaliste et la société de consommation.
LIEBERMAN Herbert, **Nécropolis** (1976), **Le Tueur et son ombre** (1989) et plusieurs des romans de l'auteur se déroulent à New York. De la nuit, du sang et de l'angoisse.
MOODY Rick, **Tempête de glace** (1994). Comédie amère sur la fin d'une époque, dans une banlieue du New Jersey.
MORRISON Toni, **Jazz** (1992). Quand une écrivaine noire, prix Nobel, s'empare de l'histoire du Harlem des années 1920 ; **L'Œil le plus bleu** (1970). Le destin de deux fillettes noires dans l'Ohio des années 1940 ; **Un don** (2008). Au 17e s., en Virginie, dans une Amérique encore vierge, un roman polyphonique qui met en scène colons, esclaves, hommes de couleur libres, Indiens.
OATES Joyce Carol, **Fille noire, fille blanche** (2006). Deux étudiantes que tout oppose partagent une chambre à l'université de Philadelphie, au temps de la lutte pour les droits civiques.
O'BRIEN Tim, **Juillet, juillet** (2002). Dans une petite ville du Minnesota, des étudiants de la promotion 1969 se réunissent 31 ans plus tard. Les fêlures de la génération du baby-boom et de la guerre du Vietnam passées au crible.
O'FAOLAIN Nuala, **L'Histoire de Chicago May** (2006). Enquête sur le destin d'une jeune Irlandaise qui fuit son île natale en 1890 et part tenter sa chance à Chicago où elle arrive à la veille de l'Exposition universelle.
PARETSKI Sara, **Sale temps** (2001), **Chicago banlieue sud** (2007). Les aventures d'une jeune détective privée de retour dans la ville de son enfance.
PATTERSON James – **Alex Cross**, l'un de ses personnages, vit et travaille à Washington DC, dans la police et au FBI. Ses aventures mettent souvent en scène la Maison-Blanche, l'entourage du président et des serial killers, comme **Le Masque de l'araignée** (1993), **Au chat et à la souris** (1997), **Le Jeu du furet** (1999).
POLLOCK Donald Ray, **Le Diable, tout le temps** (2012). Un roman violent et magistral, où se croisent toutes sortes de cinglés et d'estropiés de la vie, de l'Ohio à la Virginie.
ROTH Philip, **Pastorale américaine** (1997), **Le Complot contre l'Amérique** (2006), **Némésis** (2012), beaucoup des livres de l'écrivain se déroulent dans la communauté juive de Newark (New Jersey) ; **Indignation** (2008) a pour cadre une petite ville universitaire de l'Ohio.
SALINGER J.D., **L'Attrape-cœurs** (1951). La fugue d'un sacré gamin new-yorkais. Touchant, humain au possible, magnifiquement écrit.
SCHICKLER David, **Comédie new-yorkaise** (2003). La vie des habitants d'un vieil immeuble de l'Upper West Side.
SINCLAIR Upton, **La Jungle** (1906). L'horreur de la condition ouvrière dans les abattoirs de Chicago à travers le destin d'une famille d'immigrés lituaniens. Un roman qui fit réfléchir sur la question sociale.

SLIM Iceberg, **Pimp. Mémoires d'un maquereau** (1967). L'autobiographie culte d'un proxénète et dealer afro-américain, originaire de Milwaukee, qui a sévi à Chicago entre 1940 et 1960.
TYLER Anne, **Une autre femme** (1996), **Le Voyageur malgré lui** (2008). La plupart des romans de l'écrivain se déroulent à Baltimore.
WEISGARBER Ann, **L'Histoire très ordinaire de Rachel DuPree** (2010). Le destin bouleversant d'une cuisinière noire de Chicago, descendante d'esclaves, et de son mari, devenus les premiers fermiers noirs dans les Badlands du Dakota du Sud.
WHARTON Edith, **Le Temps de l'innocence** (1920), **Les New-Yorkaises** (1927), **Les Rives de l'Hudson** (1929). Des romans qui brossent une peinture lucide des milieux huppés et aristocratiques de New York au début du 20e s.
WHARTON WIlliam, **Birdy** (1978). Deux jeunes hommes originaires de Philadelphie pris dans la tourmente de la guerre du Vietnam.
WOLFE Thomas, **Le Bûcher des vanités** (1987). Un golden boy part à la dérive dans le milieu affairiste des années 1980. Méchant et drôle.

Filmographie

FILMS

ALLEN Woody – Presque toute sa filmographie a pour cadre New York. Que choisir ? **Annie Hall** (1977), **Manhattan** (1979), **Meurtre mystérieux à Manhattan** (1993), **Whatever works** (2009).
ALTMAN Robert, **Company** (2003). La vie d'une danseuse du Joffrey Ballet de Chicago. **The Last Show** (2006). Un samedi soir pluvieux à St Paul, la foule se presse au Fitzgerald Theater pour assister au show radiophonique hebdomadaire *A Prairie Home Companion.*
AVILDSEN John G., **Rocky** (1977). Dans les quartiers populaires de Philadelphie, Rocky Balboa (Sylvester Stallone) enchaîne les petits combats jusqu'à ce que le champion du monde de boxe catégorie poids lourds remette son titre en jeu. La **saga** sera poursuivie par Stallone qui passera lui-même derrière la caméra.
BADHAM John, **Saturday Night Fever** (1978). Les pérégrinations d'un jeune Italo-Américain (John Travolta) qui essaie de s'en sortir dans le New York des années disco.
BIGELOW Katherine, **Detroit** (2017). Le récit des émeutes raciales qui éclatèrent dans la ville en 1967.
CAPRA Frank, **Monsieur Smith va au Sénat** (1939). Un homme naïf et honnête, élu sénateur, découvre les intrigues politiques et la corruption de ses nouveaux collègues. Avec James Stewart dans le rôle titre.
COEN Joel et Ethan, **Fargo** (1996). Embrouilles, kidnapping et gangsters à la petite semaine, à Minneapolis en plein hiver. L'enquête est menée par une femme policier (Frances McDormand), enceinte jusqu'au cou. Hilarant. Un très grand film des frères Coen, originaires du Minnesota.
COPPOLA Francis Ford, **Le Parrain** (1972) et **Le Parrain II** (1974), sur la mafia new-yorkaise. Un Marlon Brando aux bajoues trafiquées transmet sa charge à Al Pacino.
DE PALMA Brian, **Les Incorruptibles** (1987). Eliot Ness et ses agents du FBI à la poursuite d'Al Capone dans le Chicago des années 1930.
DELPY Julie, **2 Days in New York** (2012). Une comédie française sur le thème du choc culturel.
EASTWOOD Clint, **Mystic River**, 2003. Histoire d'un meurtre mystérieux, tournée à Boston.

FORMAN Milos, **Hair** (1979). Film mythique adapté d'une comédie musicale de Broadway. L'arrivée à New York d'un jeune fermier qui s'apprête à partir pour le Vietnam, et rencontre à Central Park un groupe de hippies.

FRIEDKIN Walter, **French Connection** (1971). Avec la fameuse poursuite en voitures sous le métro aérien dans le quartier de 86th St., à Brooklyn.

GRAY James, **Little Odessa** (1995). Ce thriller nous emmène dans le monde mafieux russo-américain, dans le quartier de Brighton Beach, à Brooklyn.

KAZAN Elia, **Sur les quais** (1954), avec Marlon Brando au faîte de sa beauté sauvage et de son charisme. **America, America** (1963), une peinture de la vie des immigrants, arméniens et grecs, au tournant du 20e s.

LEE Spike, **Malcolm X** (1992). Un film engagé sur le racisme et la lutte des Noirs pour leur identité. **Do the Right Thing** (1989), ou le mélange des communautés dans le quartier de Bedford-Stuyvesant à Brooklyn.

LEONE Sergio, **Il était une fois en Amérique** (1984). L'histoire d'une bande de malfrats issus du Lower East Side, à New York.

MALOOF John, **À la recherche de Vivian Maier** (2013). Une enquête captivante sur les traces d'une mystérieuse nounou-photographe dont plus de 100 000 clichés ont été découverts, par hasard, après sa mort – dont une grande partie prise dans les rues de Chicago.

MANN Michael, **Public Enemies** (2009). Johnny Depp incarne le bandit John Dillinger, qui finira abattu par le FBI. Des scènes à Chicago, St Paul et dans le Minnesota.

McQueen Steve, **Les Veuves** (2018). Un thriller féministe où les veuves d'une bande de braqueurs prennent la suite de leurs maris dans un Chicago multiethnique et violent.

NEAME Ronald, **First Monday in October** (1981). La nomination de la première femme à la tête de la Cour suprême est l'occasion de nombreux débats.

PAKULA Alan J., **Les Hommes du président** (1976). Dustin Hoffman et Robert Redford incarnent les journalistes du *Washington Post* à l'origine de la découverte de l'affaire du Watergate.

PARKER Alan, **Fame** (1980). La célèbre comédie musicale qui se déroule dans une école de danse et de musique à Manhattan.

PETERSEN Wolfgang, **Dans la ligne de mire** (1993). Clint Eastwood en agent des services secrets chargé de protéger le président.

RAY Billy, **Agent double** (2007). Inspiré de l'histoire vraie d'Eric O'Neil, agent en formation au FBI, qui permit l'arrestation de l'agent Robert Hanssen, reconnu coupable d'espionnage au profit de l'URSS.

REINER Rob, **Le Président et Miss Wade** (1995). Un jeune président américain, veuf, en croisade contre les armes à feu, et bientôt amoureux.

SCHLESINGER John, **Marathon Man** (1976). Bon thriller et inoubliables séances d'entraînement de course à pied de Dustin Hoffman autour du Reservoir de Central Park.

SCORSESE Martin, **Taxi Driver** (1975). Le monde intérieur glauque d'un conducteur de *yellow cab*, tourné dans le bas Manhattan, avec un impressionnant De Niro. **Gangs of New York** (2002). Peinture hyperréaliste des sinistres combats entre gangs, ayant pour décor le quartier de Five Points au 19e s.

VAN SANT Gus, **Will Hunting** (1997). Histoire d'un génie de la physique travaillant comme concierge au MIT.

WEIR Peter, **WItness** (1985). Un inspecteur de police, qui enquête sur un meurtre dont le seul témoin est un jeune garçon amish, doit trouver refuge au sein de la communauté : le choc des cultures.

WILDER Billy, **Sept ans de réflexion** (1955), dont le clou est l'envol de la jupe de Marilyn au-dessus d'une bouche de métro sur Lexington, entre 42nd et 43rd Street.

WISE Robert, **West Side Story** (1961). Le quartier de l'Upper West Side est le cadre des luttes entre bandes rivales.

SÉRIES TÉLÉVISÉES

Angels in America (2003). Une minisérie sur le New York des années 1980, au moment de l'apparition du sida. Casting exceptionnel : Al Pacino, Meryl Streep, Emma Thompson… Par le réalisateur du *Lauréat*, Mike Nichols.

Boardwalk Empire (2010-2014). Atlantic City en plein cœur de la Prohibition : trafics, meurtres, règlements de comptes. On croise la route d'Al Capone et de bien des parrains de la pègre à leurs débuts.

Designated Survivor (2016-2018). Scenario catastrophe à DC où tout le gouvernement, ou presque, a été décimé lors d'un attentat.

Detroit/Wheels (1978). Drames et passions dans l'industrie automobile, avec Rock Hudson dans le rôle du grand patron.

Empire (2015-). Intrigues dans le milieu de l'industrie musicale et du hip-hop à New York.

Fargo (2014-). Inspirée du film des frères Coen, une série policière burlesque qui a pour cadre le Minnesota enneigé.

Friends (1994-2004). Les aventures d'une bande de célibataires vivant à Greenwich Village.

House of Cards (2013-2018). Intrigues, manipulations et jeux d'influences au cœur du pouvoir, dans l'entourage du président américain.

La Petite Maison dans la prairie (1974-1983). La vie de la famille Ingalls, des pionniers du 19e s. venus s'établir dans le Minnesota.

Les Incorruptibles (1959-1963). Les agents du FBI emmenés par Eliot Ness traquent les gangsters à l'heure de la Prohibition à Chicago.

Philadelphia (2005-). Les aventures d'un groupe d'amis qui tiennent un bar irlandais miteux à Philadelphie.

Sex and the City (1998-2004). New York sur des talons hauts, en compagnie de Carrie Bradshaw et de ses trois amies célibataires.

The Affair (2015-). Récit à plusieurs voix d'une histoire d'adultère à New York et dans les Hamptons.

The Americans (2013-2018). Un couple d'espions soviétiques infiltrés dans l'Amérique des années 1980. Ils vivent à Washington et tiennent une agence de voyages.

The Good Wife (2009-2016). Le quotidien d'un cabinet d'avocats sur fond d'intrigue politique impliquant le procureur de Chicago.

The Sopranos (1999-2007). Les problèmes existentiels rencontrés par un parrain de la mafia du New Jersey, qui entame une psychanalyse.

The West Wing/À la Maison-Blanche (1999-2006). La vie quotidienne du président des États-Unis et de son équipe, qui travaille dans l'aile ouest de la Maison-Blanche.

The Wire/Sur écoute (2002-2008). La criminalité à Baltimore, avec, pour fil conducteur, le démantèlement d'un réseau de trafic de drogue par la police. Une série quasi documentaire et passionnante.

Veep (2012-). Le parcours hilarant et semé d'embûches de Selina Meyer, sénatrice devenue vice-présidente des États-Unis.

INDEX GÉNÉRAL

Taliesin : villes, curiosités et régions touristiques.
Lincoln, Abraham : noms historiques ou termes faisant l'objet d'une explication.
Les sites isolés (châteaux, abbayes, grottes...) sont répertoriés à leur propre nom.
Abréviations des noms des États traités dans le guide :

DE : Delaware
IL : Illinois
NY : New York State
MD : Maryland
NJ : New Jersey
MI : Michigan
MD : Maryland
MN : Minnesota
MA : Massachusetts
PA : Pennsylvania
VA : Virginia

A

B

C

D

E

F

G

Q-R

Y–Z

CARTES ET PLANS

CARTE GÉNÉRALE

CARTES DES CIRCUITS

CARTES DES RÉGIONS

PLANS DE VILLE

NOTE AU LECTEUR

Michelin a apporté le plus grand soin à la rédaction de ce guide et à sa vérification. Toutefois, les informations pratiques (formalités administratives, prix, adresses, numéros de téléphone, adresses Internet, etc.) doivent être considérées comme des indications du fait de l'évolution constante de ces données.
Il n'est pas totalement exclu que certaines d'entre elles ne soient plus, à la date de parution du guide, tout à fait exactes ou exhaustives. N'hésitez pas à nous signaler toute omission ou inexactitude que vous pourriez constater, ainsi qu'à nous faire part de vos avis et suggestions sur les adresses contenues dans ce guide.
Avant d'entamer toute démarche, formalités administratives ou douanières notamment, vous êtes invité à vous renseigner auprès des organismes officiels. Ces informations ne sauraient, de ce fait, engager notre responsabilité.

Collection sous la direction de Philippe Orain

Responsable d'édition et rédactrice en chef du guide : Florence Dyan

Secrétaire d'édition : Delphine Storelli

Rédaction : Catherine Zerdoun, Florence Dyan, Philippe Orain, Delphine Storelli, Valentine Palfrey (traduction)

Remerciements : Olivier Barthez (Capital Region USA-France), Vanessa Cassas (Destination DC), Renee Morforton et Kalynne Defever (Detroit Metro Convention & Visitors Bureau), Kelli Norman (Virginia Beach Convention & Visitors Bureau), Christi Braginton (Virginia Tourism Corporation), Ghislain d'Humières, Wendy Sumerlin, Beth Kelly (The Colonial Williamsburg Foundation), Melissa Muntz (Visit Frederick), Jessie Krebs (Visit Baltimore), Sheryll Wagner (Staunton Convention and Visitors Bureau), Kimberly Barrett (Visit PHL), Bri Warner (Visit Charlottesville), Helen Morton (Delaware North)

Ont contribué à ce guide : Altiplano, Denis Rasse, Evelyne Girard, Alain Robert (**Cartographie**), Véronique Aissani, Carole Diascorn (**Couverture**), Maria Gaspar, Marie Simonet, Sophie Roques (**Iconographie**), Bénédicte Lathes, Isabelle Foucault, Marion Desvignes-Canonne (**Données objectives**), Bogdan Gheorghiu, Cristian Catona, Hervé Dubois, Pascal Grougon (**Prépresse**), Dominique Auclair (**Pilotage**)

Conception graphique
Christelle Le Déan, Sandro Borel (maquette intérieure)
Laurent Muller (couverture)

Régie publicitaire et partenariats
business-solutions@tp.michelin.com
Le contenu des pages de publicité insérées dans ce guide n'engage que la responsabilité des annonceurs.

Contacts
Qu'avez-vous pensé de ce guide ?
Répondez à notre questionnaire en ligne, en allant sur le site :
satisfaction.michelin.com

Vous souhaitez nous contacter ?
Envoyez-nous un email à l'adresse : tourisme@tp.michelin.com

Parution 2019

VOTRE AVIS EST ESSENTIEL
POUR AMÉLIORER NOS PRODUITS

Aidez-nous en répondant à notre questionnaire sur le site :
satisfaction.michelin.com

Michelin Travel Partner
Société par actions simplifiée au capital de 15 044 940 EUR
27 Cours de l'Ile Seguin - 92100 Boulogne Billancourt (France)
R.C.S. Nanterre 433 677 721

Dépôt légal : 01-2019 – ISSN 0293-9436
Compograveur : Michelin Travel Partner, Boulogne-Billancourt
Imprimeur Chirat, St-Just-la-Pendue - N° 201901.0142
Imprimé en France : 01-2019
Sur du papier issu de forêts gérées durablement